# 영적 생활

••• 결혼 · 가정 · 일 •••

D.M. 로이드 존스 著
서 문 강 譯

기독교문서선교회

# Life in the Spirit
## IN MARRIAGE, HOME & WORK

An Exposition of Ephesians 5:18 ~ 6:9

*By*
D. M. Lloyd-Jones

*Translated by*
Kang Seo-Moon

1978
Christian Literature Crusade
Seoul, Korea

# 머리말

본서는 『영적화해』(*God's way of Reconciliation*)이라는 제목으로 출간된(Evangelical Press 刊) 에베소서 2장의 강해 설교집 다음에 해당되는 책입니다. 에베소서 3장 강해집보다 본서가 먼저 선을 보이게 된 것은 본서가 취급하는 여러 문제들의 긴박성 때문입니다. 바라옵기는 기회가 닿는 대로 3장 강해집이 한 책으로 출판되어서 에베소서 강해집의 몫에 끼었으면 하는 것입니다.

이 일련의 설교문들은 런던의 웨스트민스터 교회당에서 1959년과 1960년 두 해 동안 주일 아침에 전했던 설교들입니다. 결혼제도마저 의문시되고 부모의 충고가 경멸을 당하고 산업쟁의가 빈번한 이때에, 본문에서 다루어진 여러 주제들에 대한 사도 바울의 교훈이 얼마나 절실한지 재삼 강조할 필요가 없습니다. 시편 기자는 "터가 무너지면 의인이 무엇을 할거냐?"고 묻습니다. 사도는 여기서 우리에게 그 기초들을 그의 특유한 방법으로 재음미시켜 줍니다. 내 생각으로는 그것들을 취급하는 사도의 방식이 여기 이러한 강해적인 설교에서 상술되어야 한다고 봅니다.

5장 마지막 절까지의 설교들은 이미 웨스트민스터 레코드(Westminster Record) 안에 1968~1969년 동안 게재, 출판되었습니다. 그러나 나머지 11편, 즉 6장 초두에 나타나 있는 부모와 자녀와의 관계, 종과 상전과의 관계를 다룬 설교만이 나와 있지 않습니다. 나는 너무 길어질 것을 염려하여 5:19-20의 설교는 빼기로 결심하였던 것입니다. 그것들은 본서에서 취급하는 주제들과 직접적인 아무런 관련을 갖고 있지 않기 때문입니다.

    많은 분들이 게재되어 나간 설교문을 읽고서 이미 받은 도움을 간증해 왔습니다. 그리고 많은 분들이 다른 설교문들을 첨부해서 이와 같은 좀더 영구한 형태로 그것들을 출판할 것을 종용해 왔던 것입니다. 저는 다만 하나님께서 이 설교들을 축복하사 혼란에 빠진 많은 그리스도인들과 이 시대에 사는 여러분을 도우시는 데 사용해 주실 것을 기도할 뿐입니다.

1974. 1.

D.M. 로이드 존스

# 차 례

머리말

## 제 1 부 성령 안에서의 새생명(엡 5:18-21) ········· 7
제 1 장 성령의 각성 ················································ 9
제 2 장 성령의 능력 ················································ 28
제 3 장 성령의 지배 ················································ 46
제 4 장 성령 안에서의 복종 ·································· 63
제 5 장 그리스도의 정신 ········································ 82

## 제 2 부 결혼(엡 5:22-33) ································ 99
제 6 장 기초적인 원리들 ········································ 101
제 7 장 창조 질서 ···················································· 119
제 8 장 몸의 유추(類推) ········································· 137
제 9 장 참된 사랑 ···················································· 156
제 10 장 그리스도의 신부 ······································ 172
제 11 장 정결한 신부 ·············································· 190
제 12 장 어린양의 혼인잔치 ·································· 208
제 13 장 한 몸 ·························································· 223
제 14 장 신부의 특권 ·············································· 239
제 15 장 남편들의 의무 ·········································· 256
제 16 장 바뀌어진 관계들 ······································ 275

## 제 3 부  가정(엡 6:1-4) ················································ *291*

    제 17 장  순종하는 자녀들 ·········································· 293
    제 18 장  믿지 않는 부모들 ·········································· 309
    제 19 장  훈육과 현대 정신 ·········································· 323
    제 20 장  균형있는 훈육 ·············································· 340
    제 21 장  경건한 양육 ················································ 356

## 제 4 부  일(엡 6:5-9) ·················································· *373*

    제 22 장  하나님의 것들 ·············································· 375
    제 23 장  그리스도인에게 우선적인 것 ··························· 392
    제 24 장  사회 안에서의 성도들 ··································· 408
    제 25 장  그리스도의 노예들 ······································· 423
    제 26 장  하늘에 있는 우리의 상전 ······························· 444

## 역자후기

# 제 I 부

# 성령 안에서의 새생명

— 엡 5:18~21 —

# 제 1 장

# 성령의 각성

술 취하지 말라 이는 방탕한 것이니 오직 성령의 충만을 받으라
(엡 5:18)

　사도 바울에 있어서 가장 괄목할 만한 것은 그의 다양한 봉사적 성격입니다. 그는 전도자이면서 설교자요, 교회의 창립자이면서 신학자며, 교사요 온유한 심정의 소유자며 자애로운 목회자입니다. 이 위대한 기독교 신앙원리를 파헤치는 데는 가히 그와 견줄 자가 없습니다. 그리고 그 원리들을 펼쳐 보이고 적용해 나가는 방식에 있어서도 역시 뛰어나 있습니다. 그가 끊임없이 강조한 바와 같이 기독교란 하나의 생명이 살아나는 것이지 단순한 철학이나 관념이 아니기 때문에 그는 파헤치는 것만큼 적용해 나가는 데도 관심을 가지고 있었던 것입니다.
　그 결과 그는 그리스도인의 생에 있어서 어떤 실제적 문제를 직접 또는 즉각적으로 접근하는 일이 결코 없습니다. 언제나 원리적인 면에서 접근해 나가는 것입니다. 그는 모든 문제를 기독교 진리의 총체에 비추어 봅니다. 이처럼 우리가 여기서 발견하게 되는 것은 바울이 그리스도인의 결혼이나 가정생활, 노동(일)의 문제들을 다룸에 있어서 그는 먼저 그리스도인의 생이란 "성령 안에서 사는 생활"(Life in the Spirit)이란 것을 상기시키는 것으로부터 다루어 나간다는 것입니다.

그는 그 점을 매혹적으로 이렇게 표현합니다. "술 취하지 말라 이는 방탕한 것이니 오직 성령의 충만을 받으라." 물론 우리는 여기서 그가 말하는 것이 단지 음주나 과음의 문제에만 그친다고 하는 견해를 간과할 수 있습니다. 어떤 이는 소위 금주를 주장하는 설교 본문을 이 18절 말씀으로 삼는데 그것은 이 귀절을 완전히 잘못 이해하였다는 것을 나타내는 것입니다. 바울 사도가 목적하는 바는 단순히 음주를 비난하고 금주케 하기 위한 것이 아닙니다. 물론 이 말씀 속에 그 점이 함축되어 있습니다. 그러나 주요 핵심 또는 주요 메시지는 그것이 아닙니다. 만일 우리가 거기서만 머물고 만다면 우리는 율법적이 되는 중대한 위험에 직면하고야 맙니다. 그보다도 이 특별한 권고의 영광을 놓쳐버리고 말 것입니다.

여기서 사도 바울은 이제까지 역설해 왔던 것보다 훨씬 더 적극적인 그리스도인의 생활관을 제시하기 시작한 것입니다. 이제까지는 주로 옛 생명과 새생명 사이의 차이를 소극적인 방식으로 지적하는 데 열심이었습니다. 그러나 이제 그는 좀더 적극적이 되어 성령 안에서의 새 생을 더욱더 적극적인 말투로써 묘사해 나갑니다. 그러면 왜 그는 겉으로 보기에도 이상할 정도의 그렇게 놀라운 전환을 시도했는가? "술 취하지 말라 이는 방탕한 것이니 오직 성령의 충만을 받으라." 불현듯 튀어나온 이 말씀은 이제까지 그가 말해 왔던 모든 말과 앞으로 할말 중에서 하나의 충격으로 우리에게 부딪혀 옵니다. 왜 바울은 성령 충만한 사람의 생활에 대한 적극적인 가르침을 직설적인 투로 계속해 나가지 않았는가? 왜 음주나 방탕의 요소가 도입되었는가?

그 물음에 대한 두 가지의 중요한 해답이 있다고 봅니다. 첫째는 이 사람들이 살고 있던 시대의 신앙 밖에 있는 외인들이 아직도 계속하고 있는 옛 생의 특징을 보면, 음주나 방탕보다 더한 것이 없다는 것입니다. 우리 주님께서 오셨던 시대의 세상적인 특징은 바로 그것입니다. 그것을 묘사해 주는 전형적인 많은 표현이 있습니다. 한 예로 로마서 1장의 하반부와 이 에베소서 4장에서 그 묘사를 발견할 것입니다. 지나간 삶은 주로 음주나 악이나 과음에 따르는 모든 것 중의 하나였습니다. 바로 이 점이 에베소교인들의 일반적인 생활방식이었습니다. 그러나 이제 이 사람들은 변화되었습니다. 이제 새사람들이 되었으며 그들은 그리스도인입니다. 그들은 이제 성령 안에 있습니다. 그래서 사도 바울은 새생명은 전혀 다르다는 사실을 다시 한 번 강조하고 있는 것입니다. 그러나 그것만으로는 충분하지 못합니다. 이 새생명과 옛생명에 차이가 있을 뿐 아니라 완전한 대조를 이룬다는 것을 보여 주길 간절히 바라고 있는 것입니다.

둘째로 그는 두 신분과 두 생활 사이에는 유사점이 있다는 것을 보여 주려는 마음을 가지고 있습니다. 이 특별한 언어와 예증을 사용하기로 결정한 것은 바로 그 재미있는 사실 때문인 것입니다. 이 시점에 있어서 사도의 마음속에는 그가 들어 알고 있는 일, 즉 오순절 날에 주 예수 그리스도를 따르는 무리들에게 어떤 이상한 일이 일어났을 때 예루살렘 시민들이 어떤 반응을 보였던가를 기억해 내고 있음에 틀림없습니다.

그 사실은 사도행전 2:12-16에 기록되어 있습니다. 사도들은 방언으로 말하고 있었습니다. 여러 나라에서 온 사람들은 "사도들이 우리의 각 방언으로 하나님의 큰 일을 말함을 듣는도다" 하고 기이히 여겨 서로 가로되 이 일이 어찌된 일이냐 하며 또 어떤 이들은 조롱하며 서로 가로되 저희가 새 술에 취하였다, 그들은 취해 있다 하였습니다. 그러나 "베드로가 열한 사도와 같이 서서 소리를 높여 가로되 유대인들과 예루살렘에 사는 모든 사람들아 이 일을 너희로 알게 할 것이니 내 말에 귀를 기울이라 때가 제삼시니 너희 생각과 같이 사람들이 취한 것이 아니라 이는 곧 선지자 요엘로 말씀하신 것이니 일렀으되 하나님이 가라사대 말세에 내가 내 영으로 모든 육체에게 부어 주리니 하였느니라." 여기에는 갑자기 성령으로 충만해진 사람들이 있습니다. 그러나 어떤 사람들은 그들이 술에 취해 있다고 생각했습니다. 그러므로 두 상태 사이에는 분명히 어떤 유사점이 있는 것입니다.

그러므로 나는 주장합니다. 사도가 그 길을 이렇게 표현한 것은 대조점과 유사점의 두 가지 요소를 다 나타내기 위해서라고 말입니다. 두 생활 사이에는 이렇게 아주 분명하고 본질적인 차이들이 있습니다. 그러나 유사한 어떤 국면들도 있습니다. 우리가 대조점과 유사점을 다 같이 마음에 두지 않는 한 기독교적 생활에 대한 참된 개념을 얻을 수 없습니다.

그래서 사도는 그것을 이렇게 표현함으로 우리에게 결정적이고 신기한 그리스도인의 삶의 모습을 충일하게, 특별히 가장 주요한 본질들 중에 몇을 가지고 그려 줍니다.

우리는 먼저 이 성령 충만한 그리스도인의 생활에 대해 우리에게 말하는 것을 개괄적으로 살펴볼 것입니다. 그런 다음에 우리는 이런 삶이 어떻게 가능할 것인가를 숙고해 보고 나아가 "성령으로 충만하라"는 말씀의 정확한 의미를 고찰해 보려고 합니다. 그리고 더 나아가서 이런 유의 생활이 그 자체를 어떻게 보여 주고 확증해 주는지를 계속 살펴보기로 하겠습니다.

우리가 객관적인 윤곽을 살펴보기 전에 고려해야 할 두 말이 있습니다. 먼저 "취한다"는 말입니다. "술 취하지 말라", 그게 무슨 의미인가? 위클리프(Wycliffe)는 성경을 번역할 때 이 말을 "충만해진"으로 번역했습니다. "술 취하지 말라 오직 성령으로 충만하라." 다른 말로 하면 전체 의도는 한 모금 정도의 술이나 조금밖에 들지 않는 사람을 말하는 것이 아니라 "술에 흠뻑 취한"(filled with wine) 사람을 말하는 것입니다. 사도가 여기서 사용한 말은 "담금질"(Soaking) 과정에서도 역시 사용된다는 것이 퍽 흥미 있습니다. 예를 들어서 동물 가죽을 이용하고 싶어 그것을 펴려 해도 그것은 굉장히 어렵습니다. 그것을 떼어내는 방법으로는 여러 가지 기름과 지방분 속에 가죽을 담가서 좀더 연해진 다음에야 쉽게 펴낼 수 있습니다. 여기 같은 단어가 담그는 과정을 표현하는 데도 사용됩니다. 그래서 그것을 "술에 흠뻑 젖어들지 말고 오직 성령의 충만을 받으라"(do not be soaked with wine, but be filled with the Spirit)고 번역할 수 있습니다. 바로 그것이 "술 취한"(drunk)이란 말의 의미입니다.

동반어는 "방탕"이란 말입니다. 이 말은 대단히 중요한 말임에 틀림없습니다. 이 말을 이해하면 사도가 들고 있는 예증을 설명하는 데 있어서의 열쇠를 얻게 되는 것입니다. 바울이 "술 취하지 말라. 그것은 방탕이다"고 말할 때 단순히 마신 술의 양에 주의를 기울인 것이 아니라 술 취하는 것이 방탕으로 이끌어 주어 방탕에 빠진다는 것을 진술한 것입니다다. 그것은 무엇을 의미하는가? 아주 흥미롭게도 그 말은 탕자를 묘사하는 데 사용한 말과 같은 말입니다. 누가복음 15장에서 우리는 "거기서 허랑방탕하여 그 재산을 허비하더니"라는 말씀을 읽게 되는데 "허랑방탕한"으로 번역된 말과 여기서 사용된 "방탕한"(excess)으로 번역된 말이 원어상으로 정확히 같은 단어라는 것입니다.

둘째 아들은 재산을 다 가지고 먼 나라에 갔습니다. 허랑방탕한 생활 가운데서 그것을 다 허비했습니다. 그러므로 우리는 "술 취하지 말라. 이는 허랑방탕한 것이라"고 읽을 수도 있는 것입니다. 혹은 "prodigality"(방탕한)를 넣어 번역할 수도 있습니다. 그것은 탕아의 품행입니다. 그래서 그것을 "탕자"의 비유라 합니다. 탕자는 그의 재산을 방탕하게 허비했습니다. 그는 허랑방탕의 죄를 지은 것입니다. 또한 "낭비적인"이란 말을 쓸 수도 "허랑한"이란 말을 써서 번역할 수도 있습니다. 또는 "분방한"이란 말을 사용할 수도 있습니다. 그러나 그 말의 근본적인 의미를 주목하는 것이 유익합니다. 그 말은 부정 접두어가 붙은 말입니다. 접두어를 뗀 어근의 의미는 "절약(저축)하다"입니다. 물론 "절약하다"는 "낭비하다의 반의어입니다. "절약하다"는 말은 자기의 가진 것을 지키고 삼가 조심하는 것입니다. 그러나 여기에는 그 어근에 부정 접두어가 붙어 있어서 "절약"의 반대인 "방탕"이 되었습니다.

여러분은 방탕하게 될 때 저축하지 않게 되고 간직하거나 고수하지 않게 됩니다. 어리석고 허랑방탕하게 제멋대로 뿌려 버립니다. 결국에는 아무것도 가진 것이 없게 됩니다. 그러므로 궁극적으로 그 말은 파괴의 개념을 전달해 줍니다. 절약이나 가지고 있는 것과는 달리 그것은 파멸의 과정입니다. 이제 뜻이 분명해지니, "술 취하지 말라. 이는 방탕한 자유분방과 낭비와 결국에는 파멸로 인도한다. 오직 성령의 충만을 받으라."

이상의 것들을 비추어서 사도가 여기서 우리에게 제시하는 그리스도인의 생활에 대한 적극적인 모습을 살펴보기로 하십시다. 그가 말하는 첫 번째는 그리스도인의 생활은 자제하는 생활이요, 질서 있는 생활이란 것입니다. 우리는 여기서 앞에서 지나쳐 버린 말씀과 하나의 연결고리를 보게 됩니다. 왜냐하면 바울은 앞에서 이르기를 우리야말로 "어떻게 행할 것을 자세히 유의하여" "지혜 없는 자같이 하지 말고 지혜 있는 자가 되라"고 했습니다. "어리석은 자가 되지 말고 오직 주의 뜻이 무엇인가 이해하라." 여기서 그는 바로 이 생각을 발전시킵니다. 그리스도인의 생활이란 자제하는 규모의 생활입니다. 그 생활은 자제를 잃어버리고 다른 무엇에 의해 조종을 받는 술 취한 사람, 이를테면 매우 무질서하고 혼돈된 상태에 있는 사람의 상태와는 정반대입니다. 과음은 무엇보다 이해력을 상실케 하고 품위를 잃게 하고 판단력과 균형을 잃게 하는 것이 특징입니다. 바로 그것이 음주가 하는 일입니다.

 술은 각성제가 아니라 억제제입니다. 술은 맨 처음으로 뇌 가운데 있는 모든 것 중 고등 중추기관들을 억제하는 것입니다. 그 중추기관들은 음주에 의해 맨 처음으로 영향을 받습니다. 그 중추기관들은 사람에게 자율, 지혜력, 이해력, 판별력, 판단력, 균형 등 모든 일을 가늠하는 힘을 제공하고 있습니다. 다른 말로 해서 그것은 최선과 최적 상태에서 행동하게끔 하는 것입니다. 그 사람의 조정능력이 좋으면 좋을수록 그도 그만큼 유능한 사람입니다.

 자기의 감정과 정취와 상태와 열심을 조정할 수 있는 사람은 그렇지 못한 사람보다 더 유능한 사람임에 틀림없습니다. 매우 유능한 어떤 사람이 있는데 그 사람에 대해 평가를 해야 할 때, "그 사람 매우 놀랍고 유능하기는 한데 불행하게도 자기 기질을 다스릴 줄 모른단 말이야"라고 말해야 한다든지, 그의 생활에 "이렇게 저러한 면에서 부족하다"고 말해야 할 경우가 있습니다. 어느 의미에선 이 조정능력, 자제력, 균형, 단련보다 더 고등한 것은 없습니다. 성경은 그 점을 내내 가르치고 있으며 이것이야말로 진정으로 "지혜로운" 사람의 보증인이라 말합니다.

 그러나 음주는 갑작스레 조정능력을 제거해 가는 것입니다. 음주가 맨 처음으로 하는 것이 그것입니다. 사도는 여기서 규모 있는 생활, 이 질서를 가진 품격, 이 균형, 이 세련됨, 수양보다 그리스도인의 성격을 특징짓고 분명하게 해 주는 것이 없다는 것을 상기시키고 있습니다. 그것은 디모데후서 1:7에서 말하는 "근신하는"(건전한) 마음입니다. 그것은 수양을 의미합니다. 그러므로 그것의 특징인 방탕이 그리스도인에게도 있지 않을까 하는 것은 얼토당토않은 것입니다.

둘째로 그리스도인의 생활은 낭비하는 생활이 아닙니다. 생산적인 생활입니다. 그 점은 그리스도인이란 칭호 자체에 분명히 내포되어 있습니다. 그리스도인은 어떠한 사람인가! 나는 그를 묘사하는 데 있어서 다음의 방식보다 더 훌륭한 것이 있다고 생각할 수가 없습니다. 곧 그리스도인, 탕자의 정반대인 여러분은 그 탕자의 비유 가운데서 우리가 살펴보고 있는 이 구절에 대한 가장 완벽한 주석을 얻게 된다고 믿습니다. 두 방면으로 묘사되어 있습니다. 즉, 먼 나라에 간 탕자와 집에 돌아온 후의 탕자입니다. 또는 탕자와 아버지, 여기 놀라운 대조가 있습니다.

술 취함은 방탕으로 인도하기 마련입니다. 또한 허랑방탕과 자유분방과 파멸로 이끌어 갑니다. 내가 의미하는 바는 술 취함은 언제나 낭비하는 것이며 허비한다는 것을 의미합니다. 무엇을 허비합니까! 그 하나는 시간을 허비하는 것입니다. 술 취해 있는 사람은 그의 사업이나 다른 일에 전혀 관심을 두지 않습니다. 그는 정작 해야 할 일은 뒤로 미룬 채 언제나 지껄이기만 하며 시간을 보냅니다. 그는 자기 시간을 낭비합니다. 그와 동시에 그의 정력을 허비합니다. 맑은 정신을 가지고서는 하지 않을 일을 하게 됩니다. 그는 그의 에너지를 발산시켜 그가 얼마나 놀라운가, 또는 강한가를 과시합니다. 방탕과 술 취함은 허랑방탕한 것인데 특별히 정력을 남용한다는 데서 그러합니다. 술 취한 사람은 에너지를 멀리 집어 던집니다. 이를테면 두 손으로 힘껏 던져 버립니다. 말이나 행동이나 그의 모든 일에서 그러합니다.

그러나 그런 유의 생활은 다른 좀더 중요한 것들까지 잃어버립니다. 순결과 정조마저 내팽개칩니다. 그것들을 지키기는 고사하고 그것을 모두 남용하고 빼앗기는 것입니다. 하나님께서 사람에게 주신 가장 값어치 있는 선물들 중 사고능력과 이성능력과 계산능력, 이해력을 집어 던져버립니다. 내가 말해 오고 있던 모든 균형을 상실한다는 것입니다. 이 모든 것은 없어져 버립니다. 바로 그것이 술 취함이 낳은 이 방탕함의 성격입니다. 그것은 사람으로 하여금 그의 순결을, 그의 정조를, 그의 도덕성을 버리도록 만드는 것입니다. 여러분은 그에게 있어서 가장 값있는 것들을 멀리 집어 던지고 있는 그런 사람을 봅니다. 그는 그것들을 낭비하고 있습니다. 그러므로 그는 언제나 파멸로 인도됩니다.

반면에 그리스도인의 삶은 이것과 정반대입니다. 나는 이 주제를 뒤에 가서 상세하게 살펴보려 합니다. 그러나 그 그리스도인 생활의 위대한 특징은 우리가 가지고 있는 것을 지키고 세우고 거기에 더한다는 것입니다. 그는 언제나 무엇인가를 얻고 있습니다. 언제나 무엇인가 새로운 것을 배우고 있습니다. 구약성경은 경건한 생활에 대해서 말하기를 "부를 이루는" 생활이라고 합니다. 모든 방면에서 부요함인즉 경건한 생활은 실로 우리로 하여금 그리스도의 측량할 수 없는 풍부로 인도합니다.

그리스도인의 생활은 그러합니다. 그 생활은 사람 안에 있는 가장 좋은 모든 것을 유지하고 고수하고 증가시키는 생활입니다. 그것은 탕자가 영위하는 삶과 정반대입니다. 그것은 모든 방면에서도 마찬가지입니다. 그리스도인은 구두쇠가 아닙니다. 신약성경은 그리스도인을 "청지기"라고 말합니다. 그리스도인은 붙잡고 보수합니다. 그는 자기가 하고 있는 일이 무엇인지 생각지 않거나 돈을 함부로 낭비하지 않습니다. 엄숙한 임무가 자기에게 부여되었다는 것을 인식하고는 그것을 올바르게 수행해야 함을 아는 사람입니다. 그러므로 그는 정말 돈의 청지기요 그 밖에 모든 일의 청지기입니다.

또 하나의 결정적인 대조는 그리스도인의 생활은 술 취함과 방탕생활과는 달리 사람을 지쳐 버리게 하지 않습니다. 사람을 지쳐 버리게 하는 것이 술 취함과 방탕생활의 비극이지 않습니까? 불쌍하게도 자기는 고무되어 있다고 생각한단 말입니다. 사실은 그의 정력과 기타 그의 모든 것을 방탕하게 사용하였기 때문에 그는 고갈되어 가고 있는 것입니다. 그러나 그리스도인의 삶은 지쳐 버리지 않게 합니다. 정반대이지요 하나님께 감사하십시다.

하나의 큰 원리가 이 점에서 도출되어 나옵니다. 즉, 다른 모든 감화는 우리를 고찰시키고 그 반면에 성령은 우리 속에 능력을 불어넣는다는 것입니다. 그것을 예를 들어 설명하면 이러합니다.

수년 전에 나는 한 번도 집회가 어떤 기독교 기관의 후원 아래 어느 기간 동안에 열렸었다는 걸 들은 적이 있습니다. 나는 그것이 끝난 바로 그 다음 얼마의 기간이 영적인 의미에서 역사상 가장 최악의 기간이었다는 것을 들은 기억이 있습니다. 기도회에 참석하거나 다른 집회에 참석한 사람은 더 적어졌습니다. 사람들이 기도회나 그들의 정규적인 기독교 사업에 참석하려 하지 않을 뿐 아니라, 그들이 늘 하던 성경도 읽지 않았습니다.

어떤 이가 이 이상한 현상의 원인과 그에 대한 해명과 답변을 요구했습니다. 그 답변은 이러했습니다. 소위 "전도대회 후의 허탈증"이라 부르는 것에 기인한다는 것입니다. 모든 것들이 음주뿐만 아니라 음주와 같은 효과를 내는 다른 많은 사회 공기에도 적용됩니다. 간단히 말해서 그것은 우리에게 역사하시는 성령의 공작과 같고 언뜻 보기에 성령의 감화같이 보이는 다른 영향이 피곤에 지치게 했고 고갈하게 만들었습니다. 바로 그것이 사람으로 하여금 혹독하게 하지 않습니까?

성령은 지치게 하지 않습니다. 그는 우리 속에 능력을 주입시킵니다. 다른 많은 기관들은 지치게 합니다. 만일 교회나 기독교 기관이 전도대회 후에 허탈 상태에 빠졌다면, 나는 그 전도대회가 어떤 기초에 입각해서 수행되었는가에 대해 아주 많은 의심을 던질 것입니다. 성령은 지치게 하지 않으나 사람에 의해 산출되고 써버린 에너지는 지치게 합니다. 알콜이나 어떤 인위적인 자극물은 사람에 의해서 제조되는데 그것은 언제나 우리를 지치고 피곤하게 만들지만 성령은 그렇지 않습니다. 술 취함은 우리를 허탈하게 합니다. 그러나 성령은 고갈되게 하지 않고 힘을 주는 것입니다.

같은 방식으로 이 방탕함과 술 취함은 언제나 무력하게 합니다. 가련한 술고래는 아무것도 없는 자신을 발견하게 됩니다. 탕자의 이야기를 보십시오. 거기서 그 불쌍한 친구는 돈도 바닥이 나고 모든 것이 가버리자 돼지에게나 주는 쥐엄열매로 배를 채우고서라도 살려고 발버둥치고 있습니다. "그에게 줄 사람이 없는지라." 그는 아무것도 가진 것 없이 완전히 고갈하게 된 것입니다. 그는 그의 가정과 아버지를 생각하고 이렇게 말했습니다. "나의 아버지에게는 나보다 훨씬 좋은 처지에 있는 양식이 풍족한

품꾼이 얼마나 많은가? 그런데 왜 나는 아무것도 없는가." 그는 모든 것을 탕진해 버렸습니다. 모든 것은 가버렸습니다. 그리고 그는 동전 한 닢도 가진 것이 없습니다. 소망이 없고 도울 자도 없고 친구도 없습니다. 그리스도인의 생활이란 그것과 정반대인 경우입니다.

　사도 바울은 그 점을 디모데에게 편지하면서 제안하고 있습니다. "이것이 장래에 자기를 위하여 좋은 터를 쌓아 참된 생명을 취하는 것이니라"(딤전 6:19). 우리는 세우고 있습니까? 자라고 발전하고 있습니까? 이 질문은 성령이 우리 안에서 충만하게 계신지 아닌지를 탐색하는 가장 좋은 시금석입니다. 본성적이고 죄 있는 삶은 고갈되어 아무것도 우리에게 남겨 두지 않습니다.

　이제 우리는 세번째 원리로 달려가야겠습니다. 나는 그리스도인의 생활이란 자제하는 삶이요, 규모있는 삶이요, 다른 이들의 삶과는 달리 생산적인 삶이라는 것을 강조해 왔습니다. 그러나 내가 무엇보다 더 강조하고 싶은 것은 그리스도인의 삶이란 단순히 소극적인 삶만은 아니라는 것입니다.

　나는 사도가 그 점을 말하기 위해서 이 비교를 사용했다고 믿습니다. 여러분은 에베소서를 읽어 왔을 것입니다. 특히 4:17로부터 여기에 이르는 부분을 겉핥기식으로 읽고는 그리스도인의 생활이란 단지 소극적인 삶에 불과하다는 인상을 받았을지 모르겠습니다. 이것을 하면 안 되고, 저것을 하면 안 되고, 어리석은 변론에 빠지면 안 되고, 술 취해서는 안 된다는 등의 소극적인 사항 말입니다. 그것을 그런 식으로 생각하고는 "당신의 그리스도인의 생활은 단순히 부정적인 생활에 불과하다. 그것은 금지의 생활이며, 언제나 순서와 절제와 훈련과 조심과 그와 유사한 것들만 강조하고 있다"고 많은 사람들은 말합니다. 그러면 정말 그리스도인의 생활이란 완전히 부정적인 삶일까요? "아닙니다. 천만 번이라도 아닙니다."

　그렇다면 어떻게 이것을 훌륭하게 강조할 수 있습니까? 우리는 이것을 다음과 같이 지적할 수 있습니다. 우리가 알아본 바와 같이 비신자로 하여금 그리스도인이란 취한 사람이라고 생각하게 할 만한 일이 그리스도인에게 있습니다. "이 사람들이 새 술에 취하였다." "술 취하지 말라 이는 방탕한 것이니라 오직 성령의 충만을 받으라." 이것은 소극적인 삶이 아닙니다. 그리고 나는 사도가 특별히 이 점을 표명하는 데 관심이 있었다고 믿습니다. 그리스도인이란 밀턴의 말을 빌려 "기쁨을 경멸하고 곤고한 날을 사는" 사람이며, 우울한 사람이며 거의 비참한 사람이요, 단지 도덕적인 사람이라고 생각하는 사람들이 약간 있습니다.

우리가 다루고 있는 이 구절보다 기독교가 단순한 소극적인 도덕률이 아니라는 점을 어떻게 더 강하게 나타낼 수 있습니까? 어느 사람이 내가 도덕률의 방면에서 기독교를 말한다고 놀라겠습니까? 나는 도덕률이란 것이 많은 경우에 있어서 기독교의 가장 커다란 적이 되기 때문에 그렇게 묻는 것입니다.

오늘날 그리스도의 십자가의 가장 큰 원수는 착한 도덕적인 사람입니다. 그래서 그들이 탄핵되는 것입니다. 기독교란 단순한 도덕률이 아닙니다. 사람의 삶에 어떤 부분을 결핍하고 있는 것도 아닙니다. 도덕률의 어떤 한 면을 떼놓아 기독교를 생각하는 것보다 기독교 신앙에 더 큰 해는 없습니다. 내가 이 요점을 강조하는 것은 오늘날 기독 교회가 당한 상태의 너무 많은 요인들이 근 100여 년 간에 걸쳐 교회가 기독교 신앙을 설교하지 않고 도덕률이나 윤리를 전해 왔다는 사실에 기인한다고 내 자신이 확증하고 있기 때문입니다.

저주받을 재난은 "선한 생활"에 대한 설교와 "선하고 귀여운 신자"가 되는 것에 대한 설교와 매튜 아놀드가 표현하듯이 종교를 "감정에 의해 접촉되는 도덕률"로 본 설교였습니다. 그러한 사람들은 교리를 벗어버렸습니다. 이지적이 되어 속죄의 사상을 싫어했고, 초자연적인 모든 견해를 무시하였고 중생에 대해 말하기를 꺼려 했던 것입니다. 그들에게 있어서 기독교는 사람에게 선한 생활을 가르치는 것입니다. 그러나 그것은 전적으로 거짓입니다. 기독교란 사람에게 새로운 생명을 줍니다. 하나의 단순한 영혼을 둔하게 하고 모든 생명에서 혼을 빼앗아 가는 부정적이고 기계적인 도덕류가 아닙니다. 사도는 이 비교를 함으로써 저 엄청난 사실, 즉 그리스도인의 생활이란 부정적인 생활만도 아니고 단순히 악과 죄를 피하는 것만의 삶이 아니라는 그 사실을 갑작스레 우리에게 던져 줍니다.

이제 나는 그 점을 네번째 위치에서 적극적인 혹은 긍정적인 형태로 지적해 보도록 하겠습니다. 기독교란 고무적인 것이며 힘을 북돋아 주는 가슴 벅찬 것입니다! 바로 그 점이 바울이 말하고 있는 바입니다. "술 취하지 말라 이는 방탕한 것이니라." 만일 너희가 하나님의 감격과 격려와 새 힘을 원한다면 술 마시러 가지 말라. "오직 성령의 충만을 받으라." 그러면 여러분은 모든 것을 더욱더 많이 갖게 될 것이다. 이것이 신약이 가르치는 바의 그처럼 놀라운 특징입니다. 술, 내가 이미 여러분에게 상기시켜 드린 바와 같이 술이란 약리적으로 말해서 각성제가 아닙니다. 그것은 진정제입니다. "그러면 왜 사람들이 자극을 받으려고 술을 마시지요?"라고 물을지 모르겠습니다.

어느 의미에서 나는 이미 그 질문에 대한 답변을 해오고 있었던 것입니다. 알콜이 작용하는 것은 다음과 같습니다. 즉, 고등 중추기관들을 마비시키고 뇌에 있어서 보다 더 하등한 요소들이 일어나 주도권을 잡습니다. 그 사람은 임시적으로는 기분이 좋아집니다. 그리고 두려운 감정이 없어지나 판별력을 잃고 판단하는 능력을 상실하게 됩니다. 알콜은 그 사람의 고등 중추기관을 마비시키고 보다 본능적이고 본태적인 요소를 풀어 놓게 합니다. 그러나 그 사람은 자기야말로 각성되어 있다고 믿는 것입니다. 사실은 그에게 일어난 일은 보다 더 동물적이 되었다는 것입니다. 그의 자제력은 감소된 것입니다.

바로 그것은 성령 충만해진 것과 정반대가 됩니다. 왜냐하면 성령의 작용은 진정으로 각성시켜 주는 것이 되기 때문입니다. 만일 약리학 교과서에 성령란을 두는 것이 가능하다면 나는 성령을 각성제 목록에다 넣겠습니다. 왜냐하면 성령은 거기에 속했기 때문입니다. 정말 성령은 각성시켜 줍니다. 성령께서는 알콜의 작용과 같이 우리를 어리석게 하거나 속게 하기 위해 나타나는 것이 아닙니다. 성령께서는 활동적이고 적극적인 진정한 각성자인 것입니다.

성령은 무엇을 각성시킵니까? 그는 우리의 모든 기능을 일으켜 세우는 것입니다. 마음과 지성을 고무시킵니다. 나는 그 점을 아주 간단하게 증명할 수 있습니다. 역사는 영적 부흥과 각성 뒤에 교육열이 일어났다는 것을 증명합니다. 그 일은 종교 개혁시대와 청교도 부흥시대 이후에, 그리고 200년 전의 복음 부흥운동 뒤에 더욱 두드러진 양상으로 발생했던 것입니다. 브리스톨 근처의 중북부 지방에 흐리멍텅하고 술고래인 광부들이 있었습니다. 그런데 갑자기 이 성령의 능력에 의해서 중생되었습니다. 그래서 그들은 학교를 극성스럽게 가기 원했으며 책을 읽을 수 있기를 바랐습니다.

성령께서 그들의 이지를 각성시키신 것입니다. 그는 믿음과 지성을 향한 직접적인 각성제인 것입니다. 그는 실로 이지의 기능들을 일깨우시고 개발시키십니다. 그는 알콜이나 다른 약품이 마음의 여러 기능들에 대해 가지고 있는 효과를 내지 않습니다. 오히려 정반대입니다. 성령께서 내시는 효과는 진정한 각성입니다.

그러나 단순히 이지만을 고무시키는 것은 아닙니다. 역시 심정도 고무시킵니다. 그는 심정을 감동시킵니다. 성령처럼 심정의 가장 깊은 곳까지 움직일 수 있는 것은 아무것도 없습니다. 술은 심정을 움직이지 못합니다. 술이 하는 일은 재언하지만 생명에 있어서 본능적인 요소를 풀어 놓습니다. 사람은 감정 때문에 잘못을 범합니다. 그것은 불성실하고 모두가 피상적인 것입니다. 그는 자기가 하고 있는 일에 대해 진정한 책임감이 없습니다. 술은 그의 심정을 전혀 감동시키지 않았습니다. 다만 그의 고등 중추기관을 마비시켜 놓았던 것에 불과합니다.

그때는 그렇게 관대할 수가 없습니다. 그러나 다음날 그것을 후회하고 자기의 행한 일을 바꿔 놓을 수 없을까 하고 원합니다. 그것은 심정을 움직인 것이 아닙니다. 그러나 여기 심정을 움직여서 담대하게 하고 심정을 활짝 여는 것이 있습니다. 의지의 경우에도 마찬가지입니다. 물론 음주는 의지를 마비시켜 사람을 유약하게 만듭니다. 우리는 말합니다. "취해 녹초가 되어 있는 그를 보란 말이야." 그러나 성령의 영향은 의지를 움직이고 고무시키는 것입니다.

어느 시대든지 그리스도인들은 자기들이 받은 그리스도인의 삶이 생각이 미칠 수 있는 범위에서 최고로 고무적이라는 점에 찬성합니다. 그것은 늘 새롭고 더 위대한 무엇으로 이어지기 마련입니다. 이 방면에 대한 내 개인의 간증을 말씀드리지요. 아마 여러분은 20년 동안이나 같은 강단에서 설교한 사람은 이제 말할 성경이 없게 되고 성경도 그를 더 이상 자극시키지 못할 거라고 생각했을 것입니다. 내가 느끼는 것은 정반대입니다. 나는 이제 시작하고 있다고만 느낄 뿐입니다. 경이로움이 갈수록 더해집니다. 주일이 바뀔 때마다 더욱더 벅찬 감격을 느끼는 것입니다. 나는 때로 한 주간에 주일이 두 번 아니 그 이상이었으면 하고 생각하곤 합니다.

그것은 너무 이상한 일입니다. 부와 깊이와 위대함이 그러하기 때문에 나는 그저 대기실에만 있었던 것처럼 느낍니다. 그 안에는 이 위대한 보화들이 있는데 말입니다. 나는 그것들을 아주 적은 것밖에는 소유하지 못했으며 그것들을 시험해 보기를 원합니다. 이 얼마나 고무적이고 벅차고 환희에 찬 생활입니까? 여러분은 늘 그 안에서 움직이고 있고 그를 바라면서 살아가고 있으며 모퉁이를 돌아서 고상한 전망을 보아 나가는 것입니다. 여러분은 "이러한 일은 처음 듣는 일인데" 하고 말할 것입니다. 그 이상의 또 다른 무엇이 있고 또 그 이상의 무엇이 있는 것입니다.

> 하늘에 우리의 자리를 펼 때까지
> 영광에서 영광으로 변화되리.
> 그 앞에 우리 면류관 던지기까지
> 놀라움에 가슴 벅차 사랑과
> 찬양드리오.

그리스도인은 그의 마음이 확장되고 그의 심정이 자라나고 커지는 사람입니다. 그리고 그는 무언가를 하고 싶어하고, 무언가 공헌하고 싶어하고, 하나님 나라를 확장하고 싶어하고, 다른 사람도 그것을 누리길 원합니다. 그것은 전인, 즉 지성과 정서와 의지에 감화를 줍니다. 얼마나 고무적입니까?

다섯째 요점으로 그리스도인의 삶은 행복한 삶입니다. 기쁨으로 충만한 삶입니다. 왜 그 불쌍한 사람이 술을 마시게 되었는가? 그가 비참하기 때문입니다! 그는 행복해지기를 원합니다. 그러나 그는 그렇지 않습니다. 그가 삶에 대해서 생각할수록 더욱더 편하지 못합니다. 다른 사람을 보니 그들도 자기처럼 불행하게 보입니다. 그러나 그의 모든 관심은 행복해지는 것입니다. 그래서 그는 술을 들게 된 것입니다. 기쁨을 찾고 행복을 찾는 겁니다. "여러분은 행복과 기쁨이 있습니까?"라고 사도는 묻습니다. 그렇다면 "성령으로 충만하십시오." "술 취하지 말라 이는 방탕한 것이니 성령에 충만하라." 그리스도인의 삶이란 것이 흐리멍텅하고 메마른 삶이라고 생각지는 않았습니까? 그렇게 생각했다면 전혀 잘못 본 것입니다.

여러분은 이렇게 말할지 모릅니다. "그러나 나는 그리스도인들로부터 그런 인상을 받았는데요." 그런 그리스도인들에게 더욱 큰 잘못이 있습니다! 하나님께서는 우리가 그리스도인의 삶을 흐리멍텅하고 메마른 것으로 나타낸다면 자비를 베푸시기를 원합니다. 다시 말해서 그것은 흥미진진하고 행복하고 기쁨이 가득한 삶입니다. 구약을 생각해 보십시오. "주를 기뻐함이 너희의 강령이라." 사도가 편지로 빌립보교인들에게 뭐라고 썼는지 보십시오. "주 안에서 항상 기뻐하라 내가 다시 말하노니 기뻐하라" (빌 4:4). 이 말씀은 그리스도인의 삶과 믿음에 대한 위대한 구절입니다. 그뿐인가요? 행복하고 기쁨이 있는 삶일 뿐만 아니라, 환난과 시험 가운데에서도 행복하고 즐거워질 수 있는 삶입니다. 사도 베드로가 그 점을 이렇게 말합니다. 그는 복음과 복음의 복됨에 관해 언급하는 자리에서 "그러므로 너희가 이제 여러 가지 시험을 인하여 잠깐 근심하게 되지 않을 수 없었으나 오히려 크게 기뻐하도다"(벧전 1:6). 그들은 아주 고달프게 어려운 때를 당하고 있었습니다. 환난과 시험에 빠져 있었습니다. 그런데도 베드로는 "나는 너희가 크게 기뻐하는 줄 안다"고 했습니다.

베드로전서 1:8이 이 말을 덧붙인 것입니다. 그리스도에 대해 언급하면서 "예수를 너희가 보지 못하였으나 사랑하는도다 이제도 보지 못하나 믿고 말할 수 없는 영광스러운 즐거움으로 기뻐하니"라고 하였습니다. 이것이 기독교입니다!

사도 바울이 로마서 5장에서 그 점을 어떻게 표현했는지 봅시다. 그는 믿음으로 의롭다 하심을 받았으니 우리가 예수 그리스도로 말미암아 하나님과 화평을 누리고, "그로 말미암아 우리가 믿음으로 서 있는 이 은혜에 들어감을 얻었으며 하나님의 영광을 바라고 즐거워하노라 그뿐 아니라 환난중에도 즐거워하나니." 그리스도인들은 환난 가운데서도 즐거워합니다. 우리가 어떻게 그럴 수 있습니까? "우리가 소망을 가진 것은 우리에게 주신 성령으로 말미암아 하나님의 사랑이 우리 마음에 부은 바 되기 때문이라"고 합니다. 불행하고 비참한 삶이 아닌 진정으로 행복한 삶은 이 그리스도인의 삶뿐입니다.

시편 4편 기자는 같은 메시지를 말합니다. "여러 사람의 말이 우리에게 선을 행할 자 누구뇨?" 대답은 "주의 얼굴을 들어 우리에게 비춰소서." "주께서 내 마음에 두신 기쁨은 저희의 곡식과 새 포도주의 풍성할 때보다 더하나이다." 시편 기자는 사람들이 추수 때에도 그처럼 행복하지는 못하다고 말합니다. 그들은 곡간에 곡식과 포도주를 모읍니다. 그들은 자기들의 "추수하는 곡간"을 두고 추수잔치를 벌이고 먹고 즐깁니다. 그들은 먹고 떠들고 행복합니다. 여름의 일이 끝나고 그들은 겨울을 위하여 준비되어 있습니다. 이날은 큰 기쁨의 날입니다.

시편 기자는 이렇게 말합니다. "오, 주께서 내 마음에 두신 기쁨은 저희의 곡식과 새 포도주의 풍성할 때보다 더하나이다." 자연적인 기쁨은 자주 불행과 비극으로 이어집니다. 주의 기쁨은 밤에도 기쁘게 할 뿐 아니라, 아침에도 다음날에도, 10년, 20년 후에도 죽음의 침상에서도 영원토록 영광중에 계속될 것입니다. "주께서 내 마음에 두신 기쁨은 저희의 곡식과 새 포도주의 풍성할 때보다 더하나이다." 역경 가운데에서까지 계속되는 기쁨은 그것밖에 없습니다. 그리스도께서는 십자가의 그늘 아래서 말씀하십니다. "내가 너희에게 내 기쁨을 주노라 아무도 너희로부터 내 기쁨을 빼앗지 못하리라." 하나님께 감사하십시오. 사람이 그렇게 할 수 있는 것은 그것이 주의 기쁨이기 때문입니다. 그것이 성령이 주는 기쁨이 되기 때문입니다.

그리스도인 생활의 여섯째 특징은 그리스도인의 삶이란 명랑한 삶이라는 것입니다. 비그리스도인은 명랑한 친구와 쾌활함과 행복한 것을 원합니다. 그리고 그는 술을 먹지 않고는 쾌활해질 수 없다고 주장합니다.

나는 이에 관한 문제의 책들을 읽었습니다. 그 책들은 "쾌활하다는 것은 술의 자극이 없이는 불가능하다"고 말하고 있습니다. 이는 술의 마취적 효과가 없이는 안 된다는 것을 뜻하는 것입니다. 그러나 그들은 쾌활함과 우정을 즐기고 있다고 생각합니다. 사도의 대답은 진정한 기쁨을 얻으려면, "술 취하지 말라 이는 방탕한 것이니 오직 성령의 충만을 받으라 시와 찬미와 신령한 노래들로 서로 화답하며"의 본문을 알아야 한다는 것입니다. 물론 그리스도인들은 서로 친구가 되는 것을 좋아합니다. 만일 여러분이 그리스도인들과 어울리는 것을 좋아하지 않는다면 여러분이 정말 그리스도인인가를 의심할 수밖에 없습니다.

"우리가 형제를 사랑함으로 우리가 사망에서 옮겨 생명으로 들어갈 줄을 아노라"(요일 3:14). 이 땅에서 그리스도의 사람들을 만나는 것과 족히 비교할 수 있는 것이 있습니까? 나는 성도와 함께 5분 간을 지내기 위해서 세상이 제공하는 모든 것을 희생할 것입니다! 세상이 최선을 다하여, 최고도로 가장 호화로운 궁전에서 가장 고상하게 세상의 모든 예술과 문학을 동원하여 가장 좋은 것을 제공한다 하여도, 다음과 같은 것을 줄 수 있습니까?

그리스도인의 이 사랑스런 심령들이 함께 모이고, 큰 구원에 관하여 함께 얘기를 나누고, 새 생활과 그들에게 있는 복된 소망과 장차 올 영광과 행복 등에 관하여 얘기를 나누고 문제들을 함께 논의하고, 서로 도와주고 서로 강하게 해 주고, 서로 일깨워 주는 것 — 세상이 최선을 다한다 해도 그런 것을 줄 수 없습니다. 그것이 진정으로 기독교적이라면 그와 같은 것이 없을 수 없습니다. 교우들간의 교제가 여러분에게 반드시 그런 것을 주는 것입니다. 도덕은 확실히 그런 기쁨을 주지 않습니다. 그러나 여러분의 교인들이 성령에 충만해질 때 자연적으로 다음과 같은 것이 오게 됩니다. 서로 사랑을 느끼고 서로에게 관심을 가지고 긍휼을 가지고 돕고 싶어하고, 주를 찬양하는 영광스럽고 위대하며 쾌활한 정신으로 함께 모이고 서로 노래로 화답하여 저축해 둔 것을 함께 맛보게 됩니다!

그의 특이한 비교를 통해서 사도는 우리 앞에 어떤 정경을 펼쳐 보였습니다. 그리고 그리스도인 생활의 진수가 되는 영광들 중 얼마를 보게 했습니다. 아니, 그것만이 아닙니다. 술 취하지 않는 것만이 아닙니다. 영화관에 가지 않는 것, 담배를 피우지 않는 것만이 아닙니다. 이런 일 저런 일을 하지 않는 것만이 아닙니다. 여러분은 그 모든 일들에 대해서 확실하나 그리스도인들이 아닐 수 있습니다. 그리스도인은 성령에 의하여 일깨움을 받는 사람입니다. 그의 성품은 넓혀집니다. 그는 행복하고 기쁨에 겹고 명랑하고 자신에 넘칩니다. 그는 가장 감격적이고 사람이 경험할 수 있는 가장 흥미진진한 삶을 살고 있는 것입니다. 그것은 모두 성령에 의해서 되는 것입니다. 그 외에 어떤 것도 이런 일을 해낼 수도 없고 그런 일들을 한꺼번에 산출할 수 있는 것도 없습니다.

위대한 의지력을 가지고 있는 사람이나 고상한 도덕적인 사람도 자신을 통제할 수 있습니다. 그러나 그는 자신을 행복하게 할 수는 없습니다. 내가 단지 도덕적인 유의 사람들과 기독교는 그저 부정적이고 슬픈 것이라는 인상을 주는 사람들을 혐오하는 것은 바로 그 때문입니다.

그러나 나는 공정을 기하기 위해서 거짓되고 위선적이고 꾸며진 기쁨을 억지로 내려는 사람도 동시에 혐오한다는 것을 일러둡니다. 그것은 성령의 사역이 아닙니다. 나는 입심좋게 지절거리면서 까불대는 사람들을 가리키는 것입니다. 그들은 "나는 언제나 그리스도인으로서 행복합니다"라고 합니다. 그들은 나로 하여금 극히 비참하게 느끼게 하고 자기의 육체를 드러내는 것이고, 성령에 관한 교리를 이해하지 못했다고 하는 것을 보여 줍니다. 그들은 그것을 짜내려고 애씁니다. 그리고 그것을 외투처럼 입습니다. 그리고 그들은 밝고 기쁜 집회를 열려고 합니다. 어떤 자들은 그것을 복음 전도사역의 진수라고 주장까지 합니다. 그러나 그것이 술 취함입니다. 방탕입니다. 그것은 알콜의 효과와 같은 것입니다. 그것은 행복한 모습을 지어 보이려고 사람이 애쓰는 것입니다.

사람이 나는 행복하다는 인상을 주려고 애쓰는 것보다 더 구역질나는 것은 없습니다. 그리스도인은 그렇게 하지 않습니다. 왜냐하면 그는 행복하기 때문입니다. 그것이 성령의 각성이요 주의 기쁨입니다. 자기 선전적인 것이라곤 없습니다. 그것은 연기가 아닙니다. 그것은 누구에게 알려주려 하는 일이 없습니다. 여기서 여러분은 그리스도인을 그렇게 되게 하신 주와 같은 사람을 보지 못합니다. 그것은 "성령 안에 있는 기쁨"입니다. "성령의 열매는 사랑과 화평과 기쁨…"입니다. 그러므로 우리는 기독교는 비참한 것이라는 인상을 주는 사람이나, 억지로 기독교란 기쁨과 명랑함과 바쁨, 그리고 육신적인 것에 불과한 노출증의 인상을 주는 사람을 동시에 혐오하고 비난해야 합니다. 술로 방탕한 것이 가져오는 효과의 범주에 떨어지는 그런 것을 나타내는 사람들을 혐오하고 질책합시다. "술 취하지 말라 이는 방탕한 것이니 오직 성령의 충만을 받으라."

# 제 2 장

# 성령의 능력

술 취하지 말라 이는 방탕한 것이니 오직 성령의 충만을 받으라
(엡 5:18)

우리가 알아본 바와 같이 사도는 여기서 우리 기독교 신앙의 이해에 서뿐만 아니라, 실로 이 세상에서의 우리 그리스도인들의 생활 전체에 관련하여 절대적으로 중요하고 진수가 되는 원리들을 설정해 놓고 있습니다. 그는 이 에베소교인들과 모든 그리스도인들에게 그리스도인의 생명이 살아가고, 사회생활을 동요시키고 비극적인 무질서로 몰아가는 커다란 난제를 해결할 수 있는 방법은 하나밖에 없다는 것을 상기시켜 주고 있는 것입니다.

그는 객관적인 진술부터 시작합니다. "만일 여러분이 당면하고 있는 어떤 문제들을 해결하려 한다면 술 취하지 말고 성령의 충만함을 받으라." 이 문제들은 무엇입니까? 가장 첫째 문제는 상호간에 사이좋게 지내는 문제입니다. 그래서 21절에 "그리스도를 경외함으로 피차 복종하라"고 한 것입니다.

사람들이 사이좋게 지내는 것은 그리 쉬운 일이 아닙니다. 세상은 분쟁과 의견충돌과 누구나 첫째가 되려고 하고 누구나 중요한 자리에 오르려고 하는 것으로 특징지워집니다. 물론 그것은 현 시대의 세상이 직면한

모든 문제들과 난제들의 주요 원인입니다. 이제 사도의 진술은 그 문제에 대한 유일한 해결책이 있는데 그것은 모든 사람들이 성령에 충만해지는 것이라고 역설합니다. 그들이 하나님을 두려워하므로 피차 복종할 수 있고, 복종은 오직 하나님의 성령에 충만할 때만 가능합니다.

그 다음 바울은 또 다른 큰 문제, 남편들과 아내들의 문제로 나아갑니다. 여기에 주요한 현대적인 문제가 있습니다. 남편들과 아내들 사이의 충돌로 인한 오늘날 세상에서의 비참과 불행을 평가해 보십시오. 남편과 아내, 자녀들에게 이런 일로 인해 어떠한 불행이 닥쳐오는가? 전세계 모든 나라들 – 선진세계나 후진세계나를 막론하고 – 을 통틀어서 생각해 보십시오. 어떻게 하면 그 문제가 해결될 수 있을까? 사도의 답변은 오직 하나, 남녀가 성령에 충만해지는 것이라고 합니다.

남편이 어떠해야 되고, 아내가 어떠해야 되며, 남편과 아내의 관계가 어떠해야 되는지, 그것에 대한 참된 관점을 가지는 이들은 오직 성령에 충만한 남편들과 아내들뿐입니다. 그것은 불화와 싸움과 이혼과 같은 악에서부터 나오는 결과와는 달리 화평과 연합과 화합을 얻는 유일한 길입니다. 그것은 이 문제에 대한 해결책입니다.

다음에 사도는 자녀들과 부모들의 문제로 옮겨 갑니다. 그는 오늘날을 위해 아주 잘 썼던 것입니다. 이것은 우리 모두가 알듯이 또 다른 우리의 주요 골칫거리입니다. 소년비행, 자녀들 사이의 무례함, 부모들의 자녀들에 대한 통제 결여, 자녀들 사이의 무례함, 부모들의 자녀들에 대한 통제결여, 자녀들이 전적으로 무책임하게 요구하는 권리들, 어떤 권위도 인식하지 못함 등과 때로는 부모들 편에서의 혹독함이 있습니다. 그런 부모들은 버릇 없는 것이 나쁘다는 것을 인식하지만 그 문제를 어떻게 해결할지 알지 못합니다. 오늘날 세계에 이러한 자녀들과 부모들의 많은 빗나간 문제들의 결과로 큰 고민과 고통이 있습니다.

그 다음에 바울은 우리에게 제시한 것 중 최종적인 문제인 종과 상전들의 관계로 나아갑니다. 파업이나 폐업 등의 이름으로 사회 기능을 어지럽게 하고 나라간의 평화를 위태롭게 하는 모든 일들의 문제에 얼마나 우리는 친숙해 있습니까! 상전과 종! 내 의도는 사도가 이 18절에서 하나의 커다란 보편적인 원리를 설정하고 있다는 것입니다. 이 모든 문제들을 해결하는 길은 성령으로 충만해지는 것이라고 사도는 말합니다. 그 문제들은 바로 그 방법과 방도 안에서만 처리될 수 있습니다.

이것은 성경 어디에서나 가르쳐지는 원리입니다. 이것은 전쟁이라는 궁극적인 문제가 해결될 수 있는 유일한 길입니다. 그것은 내가 전쟁을 넓은 의미에서 개괄적으로 말씀드린 것에 불과합니다. 그처럼 많은 사람들이 그들의 시간과 땀과 에너지를 그렇게 많이 허비하는 것은 그것의 진상을 알지 못하기 때문입니다. 그들은 전쟁이 결국 그 거대화된 사람 사이의 다툼에 불과하다는 것을 알지 못합니다. 즉, 한 가정 안에 있는 두 사람의 알력과 같은 나라에 있는 사람들 사이의 투쟁, 남편과 아내 사이, 부모와 자식 사이, 상전과 종 사이의 쟁론 등입니다. 전쟁이란 단지 이런 상황들 중 어느 하나가 확장되고 거대화된 것에 불과합니다. 전쟁은 특별하고 유별난 무엇이 아닙니다. 또한 독특한 무엇도 아닙니다. 규모가 큰 인간 관계들의 문제에 불과합니다. 그래서 여기서 우리는 성경 자체에서 교훈되는 가장 중차대한 원리를 대면하는 것입니다. 여기의 논증은 하나님의 성령에 의해 제공된 해결책을 떠나서는 이 문제들을 해결할 방도가 없다는 것입니다.

다른 말로 하면 사도는 여기 에베소교인들에게 그리스도의 사람들로서의 그들의 독특함을 보여 주려고 노력하고 있습니다. 그리고 그의 논증은 그들이 그리스도인들이 되었으니 이제는 더 이상 이전의 사람들이 아니라는 것이며, 진실하고 행복하게 살아가는 것이 이제 가능케 되었다는 것입니다.

그는 사실상 이렇게 말하고 있는 셈입니다. "자, 너희는 그리스도인이니 남편과 아내 사이에 어떤 다툼이나 난제가 있어서는 안 된다." 사도는 다른 사람들에게 할 수 없었던 호소를 그들에게는 할 수 있었던 것입니다. 그리고 부모와 자녀들, 종과 상전들에 대해서도 그와 같이 할 수 있었던 것입니다. 사도가 그렇게 쓰고 있는 것은 그리스도인이란 누구나 성령에 충만해 있는 것이 가능하기 때문입니다. "하나님께 감사하라. 결국 우리에 관한 한 해결책이 있다. 자, 이제 그것을 실천으로 옮겨 스스로 유익을 도모하라."

열려진 마음으로 선입관 없이 신약성경을 대하는 자는 누구나 신약 교훈은 그러하다는 것을 인정해야만 할 것입니다. 그러나 물론 우리는 현재 그렇게 가르쳐지고 있지 않으며 기독교와 기독 교회 이름으로 가르쳐지고 있는 것은 흔히 본질적으로 다른 무엇이라는 사실을 익히 알고 있습니다.

현재의 사상은 이러합니다. 소위 기독교 윤리, 기독교 교육이라고 하는 것은 반드시 성경 밖으로 나와야 한다. 그리고 그것은 세상에 있는 모든 잡다한 자들에게 설명되고 설교로써 가르쳐야 한다. 그것은 개인들뿐 아니라 국가들에게도 보내져야 한다. 기독교 윤리란 모든 이들에게 실제로 적용시킬 수 있고 실천으로 옮길 수 있는 것이라고 가르쳐집니다. 그리고 정부가 그렇게 할 수 있고 세상이 그렇게 할 수 있다는 것입니다. 바로 그것이 현대적인 견해요 사상입니다. 그래서 니키다 후루시초프 같은 지도자가 아주 의미심장한 기독교적 발언을 하였다고 주장하는 정치인들을 교회는 가지고 있습니다. 그것이 오늘날 복음이 오해되고 무시되는 방식입니다.

그에 대해 간단히 대답하자면, 그가 그리스도인이 되기 전에는 아무도 그리스도인다운 말을 할 수 없다는 것입니다. 그러나 그 견해는 이것이 기독교라고 하는 조류를 인정합니다. 여러분은 모든 이로부터 기독교 윤리를 배우고 가르칩니다. 모든 이들은 그것을 이해하고 인식할 능력이 있고 그것을 실제로 적용시킬 수 있다고 가르칩니다. 그래서 우리는 앞으로 보여 드리고자 합니다만, 신약의 가르침을 완전히 왜곡한 교훈으로 혼란을 겪습니다.

실로 나는 주저하지 않고 더 나아가 보겠습니다. 참다운 기독교 신앙에 가장 위태로운 것은 바로 그러한 교훈입니다. 결국 그것은 기독교 복음의 근본원리들을 부정하는 것입니다. 이 사고방식은 기독교가 세상을 개조할 것을 목표로 하기 때문에, 비록 사람들이 신앙의 대교리들을 전혀 부정한다 해도 사람들은 이 기독교 윤리를 적용할 수 있다고 가르칩니다. 기독교 윤리를 적용함으로써 전쟁이나 군비 등의 커다란 난제들을 제거할 수 있다는 것입니다. 그러면서 그것이 기독교 복음의 주요 기능이라는 것입니다. 그래서 휴전기념 주일에 수천 강단이 이러한 유의 메시지를 선포해야 한다는 것입니다. 기독교는 정치 사회의 권위자들에 의해서 적용될 수 있는 교훈으로밖에는 여겨지지 않게 된 것입니다. 따라서 설교는 어떻게 하면 전쟁을 피하고, 어떻게 하면 무기를 해제하여 다 함께 안녕을 누릴까 하는 문제에 관해서 행해질 거라는 것이지요. 기독교 메시지를 구성하는 것에 관해서 많은 사람들은 그러한 견해를 갖고 있습니다.

나는 모든 가능한 입장에서 그것이 그릇된 교훈임을 밝히고 싶습니다. 그것은 신약의 교리적인 입장에서 볼 때 신학적으로 완전히 그릇된 사상입니다. 또한 초대 교회의 실제와도 전혀 상반되는 것입니다. 셋째로 그것은 실현 가능성이 전혀 없는 것이며 그것을 주장하는 자들의 소원과는 정반대의 결과를 가져옵니다.

실로 중요한 신약의 교리를 살피기에 앞서 두세 가지 점을 잠깐 생각해 보기로 하겠습니다. 나는 그것이 신약의 실제와 완전히 반대됨을 말씀드립니다. 사도행전을 예로 듭시다. 거기서 사도들이 정치문제에 관해 설교하는 것을 본 적이 있습니까? 노예제도의 문제를 설교하며 시간을 보낸 적이 있습니까? 조금이라도 로마정부나 로마제국에게 무슨 문제의 해결책을 제시한 적이 있습니까! 오늘 교회는 그들이 하지 않은 그 일을 하고 있습니다. 정치, 사회 문제로 시간을 소일하고 있으며, 군비나 전쟁이나 폭탄 문제, 또는 인종문제에 대해 부단히 설교하지 않는 한 참된 그리스도인이 아니란 인상을 받고 있습니다.

신문이나 라디오나 텔레비전에서 받는 인상은 틀림없이 그것입니다. 우리는 바로 그것이 기독교라는 말을 듣습니다. 우리는 반드시 어떤 것들을 반대하고 그에 대해 저항하고 있어야 하며, 정부에 대해 호소하고 그 일들을 책임지라고 압력을 넣고 있어야 한다는 것입니다. 이것이 기독교라는 것입니다. 그러나 나는 여러분에게 진지하게 요구합니다. 그 모든 사상들을 신약의 척도로 재보십시오. 여러분이 사도행전을 보고서 다른 무엇을 더 상상해 낼 수 있습니까! 그 사상은 초대 교회의 실제도 아니었고, 부흥과 재각성시대의 교회가 취한 실제도 아니었습니다. 그것은 참된 교회의 실제와는 어긋나는 것입니다. 그뿐 아닙니다. 나는 실현 가능성조차 없는 것임을 주장합니다.

영국 역사에서 볼 때 기독교 메시지가 하나의 커다란 일반적인 영향을 끼친 시기가 있음을 의심할 수 없습니다. 내가 말하는 의미는 기독교의 교훈이 사회생활에 전반적으로 스며든 적이 있었다는 것입니다. 그런 일은 언제 일어났습니까? 아주 분명히 대답할 수 있는 것은 그리스도인이 대다수를 차지하고 있을 때 그런 일이 발생했다는 것입니다. 기독교의 소리가 능력이 있을 때 세상은 거기에만 귀를 기울였던 것입니다. 물론 세상은 정치와 숫자에 관심이 있습니다. 그러나 투표권을 행사할 수 있었던 그리스도인들이 대다수에 속해 있을 때 정치인들은 그들에게 주의를 기울였습니다. 그들이 선거의 결과를 기대하기 위해서는 기독교와 교회의 관점에 주의를 기울이고 그들의 환심을 사야 했던 것입니다.

다시 말하면 신앙의 부흥이 일어난 시기에 기독교 교훈은 일반 생활에 가장 잘 먹혀 들었다는 것입니다. 그러므로 교회가 사회생활에 기독교 교훈을 침투시키고 싶으면, 그것을 성취하는 가장 빠르고 간단한 방법은 정치나 사회문제를 설교하거나 그에 대해 언제고 저항적인 자세로 나가는 것을 지양하고 대량의 그리스도인을 산출하는 것입니다. 그러면 그것은 어떻게 이루어집니까?

순수한 복음을 설교함으로써 가능합니다. 사람들을 회심시키는 복음을 설교하는 것입니다. 전쟁이나 핵 폭탄에 관한 설교는 어느 누구도 회개시키지 못합니다. 이와 같이 이 사회복음적인 사상은 결국은 무산되고 마는 것입니다. 오늘날 아주 많은 교회들을 비우게 한 원인은 아주 많은 설교자들이 정치, 사회 문제밖에는 설교하지 않았기 때문입니다. 그들은 복음을 설교하지 않았습니다. 또한 사람들을 회개시키고 있지 않았습니다. 그래서 그리스도인은 더욱더 적어져 가는 것입니다. 그래서 결국 그 "큰 힘"은 사라져 갈 수밖에 없는 것입니다. 그러므로 이상의 입장에서 볼 때 신약 교훈을 전도하는 이 교훈은 완전히 그릇된 것입니다.

그러나 우리는 모든 것 중에서 가장 중요한 것으로 가봅시다. 그것이 얼마나 신약의 실제 가르침을 철저히 부정하고 있는가를 살펴보십시다.

그것이 그렇게 잘못된 첫째 이유는 그 사상이 기독교 윤리를 기독교 교리에서 떼어낸다는 데 있습니다. 나는 요즈음 이 문제를 자주 언급하는데 그것은 오늘날 사람들이 그 주장을 줄곧 접하고 있기 때문입니다. 지난 주간만 해도 어떤 사람이 내게 그 문제를 얘기했습니다. 그가 내게 말한 문제는 어느 의미에선 순전히 의학적인 문제였습니다. 이 친구는 이런 말을 했습니다.

자기는 어떤 유의 치료를 받아야 한다는 진단을 얻었다는 것입니다. 그는 이 치료를 진단한 의사가 그리스도인인지 알고 싶어서 이 문제들에 대해 어떻게 생각하느냐고 물어 보았습니다. 그 의사의 대답은 "물론 전 기독교 윤리를 믿습니다. 그러나 미안합니다만 교리라고 하는 것은 받아들이지 않습니다." 이런 태도는 정말 일반적입니다. 기독교 윤리는 믿을 수 있으나 동정녀 탄생이나 그리스도의 신인 양성, 이적, 그리스도의 속죄적 희생, 죽음, 육체적인 부활, 성령의 인격성 등은 믿을 수 없다는 태도입니다.

그들은 이들 "교리들이나 교의들"에는 관심이 없습니다. 다만 윤리에만 관심이 있다는 것입니다. 산상보훈 등 그리스도의 교훈에만 관심을 가진다는 것입니다. 그들은 주장하기를 "바로 그것이 우리가 바라는 바이고 우리가 가르쳐야 하는 것입니다. 그렇게 살라고 가르치라. 그러면 전쟁은 물러가고 복지를 누리게 될 것이다."

나는 그런 식으로 말하면서 윤리는 취하고 교리는 버릴 수 있다고 생각하는 것만큼 비기독교적인 것은 없음을 역설합니다. 내가 왜 이것을 말합니까? 그 대답은 신약 자체에서 발견됩니다. 우리가 연구하고 있는 이 에베소서에서의 사도의 방식을 살펴보시기 바랍니다. 어떻습니까? 처음 세 장은 완전히 교리에 할애되었습니다. 교리의 실제적인 적용을 다루기 시작하는 것은 그의 교리를 설정해 놓은 다음입니다.

다시 말해서 사도는 어느 의미로든지 어느 곳에서나 교리를 떠나서는 어떤 윤리도 말하지 않는 것입니다. 교리에 연결되지 않은 윤리적 교훈을 신약 어느 곳에서도 발견하지 못할 것입니다. 윤리적 교훈들을 포함하고 있는 부분은 이 서신의 후반부입니다. 또한 그 윤리적 교훈들은 언제나

"그러므로"란 말로 시작되는 것입니다. "그러므로"―내가 말해 왔던 것에 비추어 볼 때― "그러므로" 이 "그러므로"를 빼놓고 어떤 윤리도 얻을 수 없습니다.

다른 말로 하면 사도의 기본적인 가정은 이런 셈입니다. "자, 이제 나는 너희에게 아주 실제적인 문제에 관해서 말하려 한다. 서로간에 어떻게 지내야 하고, 남편과 아내, 자녀와 부모, 상전과 종 사이에는 어떻게 지내야 함을 말하려 한다. 내가 마음 놓고 이 말을 하는 것은 너희의 됨됨이 때문이다. 너희가 다른 이방인들과 같지 않기 때문이다. 전에는 너희가 그런 자리에 있었으나 지금은 아니다. 너희에게 이것을 말하는 것은 가능하다." 그것이 그의 기본적인 전제였습니다.

사도는 정부나 일반적으로 사람들을 위한 논문을 쓰고 있었던 것이 아닙니다. 로마제국이나 로마정부에게 보내는 편지를 쓰고 있었던 것이 아닙니다. 교회와 교회의 성도들에게 쓰고 있었고 그리스도의 사람들에게 말하고 있었습니다. 그가 그렇게 확신있게 쓸 수 있었던 것은 그 때문입니다. 사도가 여기서 행하는 바는 신약의 다른 모든 기자들이 행하고 있었던 바입니다. 또한 우리 주님 자신에 의해서 행해진 것입니다.

산상보훈을 일종의 사회적인 문제로, 하나님의 나라를 세상에 소개하고 정착시키는 방법으로, 사회를 개혁하는 수단으로 말하는 오늘날의 모든 주장을 생각해 봅시다. 그들은 주장합니다. 산상보훈은 진정으로 필요한 것이다. 군비를 강화하는 대신 얌전하게 해 주고 훌륭한 도덕적 모범을 제공해 주면 모든 것이 잘되어 갈 것이다. 그러나 산상설교를 읽어보십시오. 그런 생활은 어떤 특수한 유의 사람들에게만 가능하다고 주님이 말씀하고 계심을 알게 될 것입니다.

어떤 유의 사람입니까? 주님께서 8복에서 묘사하는 사람들입니다. "심령이 가난한 자는 복이 있나니." 8복에서 묘사하는 사람들은 모든 감내해 낼 만한 자들뿐입니다. 처음에는 그러한 척하나 결국에는 자신들의 악한 모습을 드러내고야 마는 사람들이 있습니다. 정말이지 "심령이 가난하지도" "애통하지도" "온유하지도" "의에 주리고 목마르지도" "화평하지도" "마음이 정결하지도" 않은 사람이 성경적인 의미의 억울한 모욕을 온순히 받을 리가 없습니다.

우리 주님은 그 점을 아주 명백하게 선언하셨습니다. 아직 성령을 소유하지 않은 사람에게 이런 행실을 기대하는 것은 무모한 일입니다. 하나님의 나라에 들어가 있지 않고는 천국의 생활을 영위할 수가 없는 것입니다. 천국의 시민이 되지 않고 천국생활을 누릴 수는 없다는 말입니다. 그러므로 천국 밖에 있는 이들에게 천국생활을 영위함에 대해 말하는 것은 그릇된 것입니다. 그것은 전체 신약의 가르침과 어긋나는 것입니다. 정말 그렇게 하는 것보다 기독교 믿음을 더 크게 부정하는 것은 없습니다.

그것을 또 다른 형식으로 표현해 보겠습니다. 이 현대적인 가르침은 죄와 육에 속한 사람의 마음이 부패했다는 성경적인 원리를 완전히 부인하는 것입니다. 바로 그 점이 전체적인 핵심입니다. 오늘날 굉장히 인기를 얻고 있는 이상의 모든 현대적인 가르침의 진정한 문제점은 사람을 타락과 죄의 결과인 차원에서 생각지도 깨닫지도 못하는 데 있습니다. 다시 말해서 이 그럴듯한 주장의 가장 큰 비극은 숙명적인 낙관주의를 말하는 데 있습니다. 실로 아연할 일입니다. 성경을 읽어본 사람이 어떻게 비성경적인 설교자들이나 가지는 그러한 낙관주의를 가질 수 있는지 도저히 이해가 가질 않습니다.

그들은 현재(1959년) 후루시초프의 발언이야말로 이 20세기에 전쟁이 없어지고 그 모든 무장이 해제될 놀라운 가능성을 시사해 준다고 믿고 있습니다. 이런 일이 정말로 있을 거라고 믿는 것입니다. 그 얼마나 비상한 낙천주의입니까! 이것은 인류 역사의 흐름에 대해 무언가 알고 있는 사람들에겐 낯설은 것입니다. 그러나 성경을 읽었다고 하는 사람이 그런 일을 믿을 수 있다니 정말 믿기지 않습니다.

그것은 다음과 같은 이유에서 그렇습니다. "죄 가운데 있는 인간"에 관한 성경적 가르침을 받아들인다면 인간은 주로 정욕과 탐욕이 조종하는 대로 움직이는 존재라는 것을 알게 될 것입니다. 어떤 이는 "아, 그러나 그것은 비관적으로 문제를 보는 것이다"라고 말할지 모릅니다. 그러나 그것은 명목만으로 해결될 수 있는 문제가 아니라, 진정한 사실과 상황에 부딪쳐 보아야 하는 문제입니다.

성경에 의하면 인간은 정욕과 탐욕의 존재입니다. 그의 이성과 마음의 통제를 받지 않습니다. 인간이 처음 죄로 타락된 후로 이성과 이지의 통제를 받은 적이 없었습니다. 사도는 이 점을 이 에베소서 2장에서 아주 분명하게 나타내고 있습니다. "너희의 죄와 허물로 죽었던 너희를 살리셨도다 그때에 너희가 그 가운데서 행하여 이 세상 풍속을 좇고 공중의 권세 잡은 자를 따랐으니 곧 지금 불순종의 아들들 가운데서 역사하는 영이라 전에는 우리도 그 가운데서 우리 육체의 욕심을 따라 지내며 육체와 마음의 원하는 것을 하여 다른 이들과 같이 본질상 진노의 자녀였었다" (엡 2:1-3). 그것은 시종을 일관하는 교훈입니다.

성경은 인간이란 자기적이고 자아중심적으로 사는 존재라고 말하고 있습니다. 도대체 제대로 눈을 가졌다고 하는 자가 그러한 성경의 명제를 논박할 수 있다니 내게는 도저히 이해하기 곤란한 점입니다. 왜 세상에 그러한 고통이 존재하는 것입니까? 왜 다른 사람들과 사이좋게 살기가 곤란합니까? 여러분은 이렇게 말하겠지요. "오, 그러나 그것은 그 다른 사람에게 문제가 있어요." 예, 그러나 다른 사람도 여러분에 대해 똑같은 것을 말하고 있습니다.

문제의 핵심은 자기는 다 옳다고 주장하는 데 있습니다. 우리는 모두 잘못되어 있습니다. 모두 이기적이고 자아중심적이기 때문에, 또한 자기 자신을 위한 것만을 원하는 우리 속의 본질적인 심보에만 귀를 기울이고 있기 때문에, 우리 모두는 문제가 있는 것입니다. 우리는 다 불의하고 다 공의롭지 못하며 다 부정직할 수 있으며 거짓과 궤사를 행사할 수 있습니다. 우리 모두가 여기서 벗어날 수는 없습니다. 이것을 논박할 수 있겠습니까?

인간이란 창세기 3장에 기록된 사건의 결과로 인해 본질상 그렇게 되게 되어 있습니다.

인간이 원수, 하나님의 원수의 말에 귀를 기울인 순간 인간은 그 원수의 세력 안에 자신을 끌어 넣은 것입니다. 그로부터 적의와 투쟁은 계속되었습니다. 그것은 아담과 하와의 자녀들 - 가인과 아벨 - 사이에서 즉각적으로 나타납니다. 가인은 아직도 살아 있습니다. 그 본성은 유전되어 우리 각자의 마음속에 살아 있는 것입니다. 그것이 여러 모습으로 변모되어 나타나지만 그것은 우리 모든 사람들 속에 존재합니다. "너희 중에 싸움이 어디서 나느뇨?" 야고보는 우리에게 묻습니다. "너희 지체 중에서 싸우는 정욕으로 좇아난 것이 아니냐"(약 4:1).

왜 사람들은 한 나라가 다른 나라에 대해 침략성을 드러내는 것을 이상하게 여깁니까? 현재(1959년) 중공이 인도에 대해 자행하는 일을 보고 이상하게 여기는 것은 무엇 때문입니까? 강대국 민족들의 약소 민족에 대한 사람들의 놀라운 태도는 어떠합니까? 인류 역사는 처음부터 그런 것의 연속입니다. 왜 개인적인 차원에서 일어나는 일은 알고 있으면서 이런 일에는 기이하게 여겨야 합니까? 어째서 우리는 한 민족 집단이 개인들과는 다른 것을 기대하는 것입니까? 그 집단은 개인들이 모여 이룬 집단이기 때문에 유사한 방식으로 행동하는 것입니다. 국가란 개인들을 모아 놓은 것에 불과합니다. 개인들에게 탐심이 있다면 국가 내에도 그것은 존재할 것입니다. 그것은 놀라운 일이 아닙니다. 실로 그것은 우리가 그러려니 하고 생각해야 하는 것입니다.

그런데도 오늘날 이 점이 완전히 망각되어 가고 있다는 것이 뼈아프고 비참한 현실입니다. 오늘날의 사상은 사람은 자기 자신으로는 근본적으로는 옳으나 그가 환경의 희생물이라는 사실 때문에 고통을 당한다는 것입니다. 그들은 말합니다. "아, 우리는 이들 옛 전통의 상속자들이다. 만일 우리가 그 속박을 풀고 그로부터 해방된다면 모든 것은 옳게 되어갈 것인데." 그들은 믿기를 인간은 이것을 갈망하며 그것을 성취할 가능성이 있다는 것입니다.

정치영역을 간섭하는 것은 내 소관이 아닙니다 — 나는 이미 교회가 그런 유의 일을 너무 많이 관여하는 상황을 혐오한 바 있습니다. 그러나 나는 그 문제를 이런 식으로는 말씀드렸습니다. 즉 내가 아는 바로는 궁극적으로 그리스도인이 아닌 사람을 신뢰하지 않아야 함은 성경 교훈의 진수입니다. 그것이 극단적으로 들릴지 모르겠습니다. 그러나 그것은 전형적인 성경의 가르침입니다. 어째서 우리는 밤에 문을 잠궈야 합니까? 왜 우리는 경찰력을 가지고 있습니까? 그것은 인간의 본성 속에 약탈성과 자기 중심성과 불의가 있다는 사실을 잘 알아 우리 자신을 방호할 필요가 있다는 것을 익히 알고 있기 때문입니다.

세상의 지혜는 전체 삶과 부딪히는 문제에 대처하려면 모든 사람이 거짓말쟁이요, 악한 사람들이라고 가정하는 것이 옳다고 가르칩니다. 비관적인 관점에서 보니 그렇습니까? 그것은 사실대로 본 것입니다. 오늘날의 사회 양태뿐만 아니라 역사의 전 과정은 그것을 입증합니다. 2차 대전이 일어난 것은 주로 사람들이 이 진의를 인식하지 못하고 히틀러와 같은 거짓말쟁이를 믿었던 데에 기인했던 것이 아닙니까? 그는 평화를 원한다고 외치면서 자신이 정말 평화를 원하듯이 가장된 행동을 했습니다. 사람들은 그런 히틀러를 믿었습니다. 정말 믿겨지지 않는 일입니다. 그러나 내가 말하려는 요점은 사람들을 그처럼 엄청난 실수에 빠뜨린 것은 복음에 대한 몰이해였다고 하는 점입니다. 복음은 우리에게 죄에 빠진 인간이란 매우 악한 성품을 가지고 있어서 그것을 만족시켜야만 잠잠케 된다고 가르치고 있습니다.

어떤 사람이 "빛의 천사로 나타나서 무장을 해제하라"는 등등 여러 가지를 주장할 것입니다. 내가 말하는 의도는 그 사람의 됨됨이가 어떠하며 그가 피상적으로 말하는 것이 무엇인가 하는 것을 알아볼 뿐 아니라, 그 사람의 깊은 곳에 어떠한 가능성들이 있는가 하는 것을 점검해 보지 않고서 그 사람을 믿는 것은 어리석다는 것입니다.

그 말이 무슨 뜻이냐고 반문하시겠지요. 전쟁을 대비하여 무장을 하라는 말인가? 그런 뜻은 추호도 없습니다. 다만 사람들이 다른 사람의 말만을 가지고 그를 믿지 않는 것은 죄에 빠진 인간은 거짓말쟁이기 때문이라는 것입니다. 또한 인간은 자기 자신의 목적과 뜻이 크게 확대될 듯이 보이면 어떤 거짓말이든지 하게 될 것이기 때문에 사람들의 말만을 가지고는 그를 신뢰하지 않는 것입니다. 그것을 규제하기 위해서 법과 권력이 필수적이라는 의미입니다.

"남편들과 아내들" – 이들 사이에 있는 모든 현대의 고민의 원인은 무엇입니까? 내가 신문에서 읽은 대로 하면 이는 주로 엄숙한 서약을 지키지 못한 결과라는 데로 집약됩니다. 거짓말을 하고 위선을 행하고, 한 일을 안 했다고 하고 안 한 일을 했다고 하는 데서 연유된 것이었습니다.

한 남자가 자기의 정욕과 음욕을 만족시키기 위해 거짓 서약을 합니다. 그럼에도 오늘날의 대중적인 가르침은 기독교 윤리를 가지고 사람들에게 나아가야만 한다고 합니다. 사람들은 그 기독교 윤리에 응하여 일어서리라는 것입니다. 또한 사람들은 그것에 귀를 기울이고, 믿을 준비가 되어 있을 거라는 거지요. 그뿐만이 아닙니다. 현대인은 기독교적인 윤리를 실천할 수 있는 가능성을 가지고 있다는 것입니다. 그런 사람이 그대로 기독교 윤리를 실천할 수 있다고 믿는 것 - 그 점이 근본적인 오류입니다.

사람들은 본래 그대로 "하나님을 두려워함으로 피차 복종할 준비가 되어 있으며, 남편들과 아내들은 자연스럽게 이것을 실천하고, 부모들과 자녀들은 이 교훈에 따라서 모든 문제들을 선뜻 해결할 용이를 가지고 있다." 그렇게 말하는 이들에게 해 줄 말은 "당신이 그릇되이 행동하고 있다는 걸 알지 못하겠습니까? 당신이 앞에서 지적한 일을 하기만 했더라도 모든 것은 잘되어 갔을 것입니다. 자, 우리 그렇게 하도록 결정하자." 장담하는 자는 누구나 "훌륭해요. 우리도 그 일에 동조하오. 자 이제 그것을 착수합시다"라고 말은 할 것입니다.

나는 그에 대해 한마디 부연합니다. 만일 그들이 그것을 할 수 있다고 믿는다면 왜 그들이 믿는 바를 실천에 옮기는 데 그렇게 오랜 시간이 걸렸습니까? 여러분도 알다시피 이런 유의 일은 여러 세기에 걸쳐 가르쳐졌습니다. 그리스도께서 오시기 전에 헬라 철학자들은 그럴듯한 유토피아를 가르치고 있었습니다. 그 다음에야 산상보훈이 나왔습니다. 거의 이천년에 가까운 기간 동안 산상보훈은 세상에 알려져 왔습니다. 산상보훈의 도덕률로써 충분하다면 어째서 그들은 그리스도를 따르지 못하는가? 대답은 간단합니다. 그렇게 할 수 없고 하기도 원치 않기 때문입니다. 인간은 죄로 인해 무력케 되었습니다. 악은 인간 본성 가운데서 가장 강력한 세력입니다.

아무튼 로마서 7장의 교훈에 친숙해 있는 자들에게는 이 문제를 더 계속할 필요가 없습니다. 바울은 그 7장에서 가르치기를 하나님이 천사를 통해 모세에게 준 하나님의 율법은 사람을 구원하는 대신 오히려 사람을 더 악하게 한다는 것입니다. "우리가 육신에 있을 때에는 율법으로 말미암는 죄의 정욕이 우리 지체 중에 역사하여 우리로 사망을 위하여 열매를 맺게 하였더니…그러나 죄가 기회를 타서 계명으로 말미암아 내 속에서 각양 탐심을 이루었나니 이는 법이 없으면 죄가 죽은 것임이니라"(5, 8절). "하나님"의 율법은 거룩하고 의롭고 선한데 그것이 "나로 하여금 죄를 더욱더 심화시키고 나를 죽게 만든다"는 것입니다. 왜 그렇습니까? 율법에 잘못이 있어서가 아니라, "내 속에 있는 죄" 때문에 그렇다는 것입니다.

"죄가 죄로 드러나기 위하여 선한 그것으로 말미암아 죄로 심히 죄되게 하려 함이라"(13절). 그 모든 것에도 불구하고 그렇게 규칙적으로 설교되는 것은 단지 기독교의 윤리뿐입니다. 국가나 정부를 향해 그것을 실천하라고 외치는 것입니다. 만일 모두가 이렇게 "하기만" 한다면 전쟁은 사라지고 화평이 올 것이라고 말합니다.

그것은 죄에 빠진 인간이 도덕률에 응할 준비가 갖추어져 있다는 위험천만한 궤변을 믿고 있기 때문에 나온 말입니다. 여러분은 그 주장이 귀에 익었을 것입니다. 그들은 주장합니다. 이 나라, 아니 한 나라만이라도 모든 무장을 해제하도록 하자. 그러면 다른 나라도 감탄하며 보게 될 것이고 "참 훌륭한 일이다. 우리도 모두 분연히 일어나서 함께 무장을 해제해야만 한다!"고 말할 것이다. 그들은 그 주장을 믿고 그런 일이 일어나리라 믿고 있습니다. 여러분도 기억하실 것입니다.

2차 대전보다 앞서 청일전쟁이 일어났습니다. 그때 한 유명한 목사가 양군 사이를 화해시키러 가겠다고 제의하고 나섰습니다. 왜냐하면 그는 양쪽편이 자기를 볼 때 "그렇지, 우리는 더 싸워서는 안돼"라고 말할 줄로 믿었기 때문입니다. 그는 죄악에 빠진 인간이 한 도덕적인 행실을 보고 너무 감동된 나머지 "아, 내가 얼마나 나빴던가! 난 이 모든 것을 그만두고 이제 새롭게 놀라운 생활을 영위해야지!"라고 말하리라 믿었던 것입니다. 정말 그렇다면 하나님의 아들이 이 세상에 오시지 않았을 것이고 그렇게 필연적으로 오실 필요가 없었을 것입니다. 거룩한 가르침과 인간적인 모범적 행실로도 충분했을 것입니다.

　이제 내가 말하려는 마지막 요점에 이릅니다. 그 교훈이 그렇게 나쁜 것은 성령에 대한 성경적인 교리를 전적으로 부정하기 때문입니다. 사도 바울은 사람들에게 "피차 복종하라 – '남편들과 아내들'이여, 서로 바르고 옳은 정신을 가지고 복종하라. 그와 같이 '자녀들과 부모들', '상전들과 종들'도 피차 복종하라"고 하지 않았습니다. "성령의 충만을 받으라"는 말을 먼저 해 놓고야 그것들을 명한 것입니다. 바울이 말하는 것은 그러한 행실이 필수적인 선결조건이 없이는 전혀 불가능하다는 것입니다. 그러나 사람들은 오늘날 성령을 믿지 않습니다. 그들은 "그리스도인 정신", "형제애와 자신의 정신"을 말합니다. 그러나 그것은 기독교가 아닙니다. 도덕률이요 이교적 교훈입니다.

　여기서 우리는 복되신 성삼위일체인 하나님 가운데 제3위신 성령에 관한 교리를 생각해 봅니다. 성령을 떠나서는 인간에게 아무런 소망도 없다고 하는 것이 성경의 가르침입니다. 그는 무슨 일을 하십니까? 첫째는 "세상에 대하여 죄와 의와 심판에 대해 책망"(증거)합니다. 세상은 죄를 믿지도 않으니 죄를 깨달아 알 필요가 있습니다. 성령은 그 일을 하기 위해 오신 것입니다. 기독교가 거의 이천 년 동안 전파되어 왔음이 사실이지만 아직 세상은 죄와 의와 심판을 믿지 않습니다. 인간을 믿고 세상 자체를 믿고 인간의 힘과 선을 믿습니다. 이것은 그리스도의 가르침과 정반대입니다. 그 외에 성령께서 하시는 일은 무엇인가? 왜 나는 보냄을 받았는가? 나는 여러분에게 이 복된 가르침을 상기시켜 드려야겠습니다.

　우리의 죄를 깨닫고 책망하고 "그의 피로 말미암은" 그리스도 안에 있는 구원을 우리에게 보여 주신 다음 그는 무엇을 합니까? 그는 생명을 새롭게 합니다 – 즉, 중생입니다. 그것은 주님께서 니고데모에게 가르치신 말씀 가운데 있습니다. 주님은 사실상 니고데모에게 이렇게 말씀하신 셈입니다. "잠자코 있으라, 진실로 진실로 내가 이르노니 사람이 성령으로 나지 않고는 하나님의 나라를 보지 못한다. 너는 반드시 거듭나야 되고 성령으로 나야 된다"(요 3:3-8).

　우리 주님은 도덕적이고 훌륭하고 신앙심이 많은 니고데모에게 "나는 너와 나의 나라에 대해 토론할 수 없노라. 너의 지금 그대로는 설명해도 이해하지 못할 것이니 난 너와 하나님 나라를 애기할 수 없다. 네가 이해하려고 애써 보았자 할 수 없다. 천국에 들어가기 전에 먼저 거듭나야 된다." 그럼에도 사람들은 여전히 하나님을 인정치 않는 무신론적인 국가나 거듭나지 않아 그리스도인이 아닌 남녀들에게 기독교 윤리를 교육하는 것을 옹호하고 나섭니다.

그러한 행실은 기독교의 전체 초석을 부정하는 것입니다. 성령은 인간을 중생시키고 새로운 본질과 새 마음과 새 사고방식과 새로운 모든 것을 주기 위해 오셨습니다. 그것을 떠나서는 어떤 소망도 없습니다. 또한 성령은 우리의 성화를 촉진시키려고 보내심을 받았습니다 — "성령의 충만을 받으라." 다른 이들과 화평을 누리며 살 수 있는 자는 하나님인 성령의 조정을 받는 사람들뿐입니다. 이것이 결혼 문제나 가정 문제, 그리고 산업쟁의를 해결하는 열쇠입니다.

사람들이 일단 성령에 충만해서 그의 지배를 받기만 하면 그들은 자기들 속에 있는 악을 알고 자신들을 쳐서 복종시키며, "은혜와 그리스도의 지식 안에서 성장하여" 우호 관계와 의견 일치가 가능하게 되는 것입니다. 그것은 우리가 "성령으로 충만해질 때"만 가능합니다. 성령이 아니고서는 불가능합니다. 이처럼 성령은 우리의 성화를 촉진시키고 조정하여 우리로 하여금 하나님께서 영위케 하시는 삶을 살 수 있도록 보내진 것입니다.

끝으로 성령은 부흥과 신앙의 재각성을 일으킵니다. 나는 앞에서 영국에서 기독교 윤리가 사회생활 영역에 최대의 영향을 끼쳤던 시기는 신앙 부흥이 일어났던 뒤이고, 몇 수천의 사람들이 그리스도인이 된 결과라고 말씀드린 바 있습니다. 빅토리아시대(The Victorianera), 그 시대가 그처럼 많은 사람에게 많은 사람에게 영향을 끼쳤던 것은 200여 년 전의 대복음운동의 차원에서 설명되어야 합니다.

교회가 늘어났던 것은 많은 교회당이나 여러 곳에서 복음이 설교되고 있었고 또 많은 사람들이 복음을 믿었기 때문입니다. 바로 그 교회 숫자는 "비국교도의 양심"이란 것을 만들어 냈고 정치가들이 그것에 귀를 기울여야 했던 것입니다.

　성령이 그러한 부흥시대에 그처럼 큰 힘으로 역사하셨기 때문에 많은 사람들이 죄를 깨닫고 회개하게 된 것입니다. 성령께서 "충만하게 역사" 하실 때는 하루에 수천의 사람들이 회개할 수 있습니다. 또한 사회 전체 분위기가 바뀔 수 있고 유흥장이 문을 닫을 수도 있습니다. 사람들은 새로운 방식으로 생각하기 시작하고 이 원리들을 생활 전체에 적용시키려고 애쓸 것입니다.

　수가 아니고는 정치가들이나 국회의원들에게 영향을 끼칠 도리가 없습니다. 한편 정치 사회 문제에 대해 설교하는 설교자들이 늘어나면 그 결과로 교회들을 비우도록 하게 되는 것입니다. 그렇게 되면 사회생활은 점점 더 악해지고 상황은 점점 더 절망적이 되어갈 것입니다.

　진정한 그리스도인 생활을 할 수 있는 길은 오직 하나밖에 없습니다ㅡ"성령의 충만을 받는 것입니다." 사람들에게 더 선해지라고 호소해 보았자 그것은 힘만 낭비하는 것입니다. 휴전기념 주일 같은 날에 전쟁의 공포를 호소한다고 해도 그것은 한낱 허공을 치는 것에 불과합니다. 약간 감흥을 일으켜서 그날 하루 동안은 그 기분을 간직할 테지요. 그러나 하루만 지나도 그것은 사라져 버리고 맙니다. 마치 아침 안개같이 사라져 버리고 말 것입니다. 또한 그것은 새해의 결심이 매년 되풀이되면서도 역시 매년 같은 식으로 잊혀져 가는 것과 같습니다. 사람은 그 일을 할 수 없습니다. 사람은 새로운 본질을 필요로 하며 변화될 필요가 있습니다. 하나님의 성령만이 그 일을 할 수 있는 것입니다. "성령에 충만"할 필요가 있습니다. 그 다음에야 그런 일들을 할 것이지 그러기 전에는 불가능합니다.

　이러한 기회에 기독교란 정말 어떠한 것인가를 접촉하는 모든 사람들에게 명백하게 말해 주는 것이 우리 그리스도인들의 주요 임무입니다. 널리 통용되는 대중적인 관점은 기독교 신앙을 부정하는 것입니다. 우리는 사람들을 깨우쳐 주도록 합시다. 그러나 무엇보다도 우리는 수시로 끊임없이 기도합시다. 부흥과 영적 소생을 위해서 하나님의 성령을 능력있게 부어 주심을 위해서 그리하여 하나님의 진리가 사실임을 알려 줄 수 있도록 기도해야 합니다. 또한 수많은 사람들이 소생함을 입어 믿음을 가질 수 있게 하기 위하여 또한 그 믿음을 실천으로 옮겨 일반적인 사회생활에 영향을 끼칠 수 있도록 기도해야겠습니다. "성령, 살아 계신 하나님의 성령으로 충만해지십시오."

# 제 3 장

# 성령의 지배

술 취하지 말라 이는 방탕한 것이니 오직 성령의 충만을 받으라
(엡 5:18)

　본문 말씀이 그리스도인의 삶에서 차지하는 비중이 중차대하기 때문에 본문을 재고해야겠습니다. 우리는 이미 본문이 우리에게 그리스도인 생활의 진수가 되는 특징을 연상시켜 준다는 것을 알았습니다. 곧 그리스도인의 생활이란 능력과 생기와 기쁨과 평강의 삶이요, 즐거움의 삶이란 것입니다. 또한 그 삶은 오직 성령의 능력으로 말미암아서만 가능한 삶이란 것도 알았습니다.
　이제 우리는 좀더 직접적으로 본문을 살펴봐야겠습니다. 우리는 "성령의 충만을 받으라"가 의미하는 바를 발견해야 하고, 어떻게 하면 성령에 충만해질 수 있는가도 알아야겠습니다.
　이 본문과 복음적인 가르침에 대체로 익숙한 사람들은 이 구절이 불행히도 논란의 대상이 되고 있음을 알 것입니다. 그것은 거의가 본문이 성화와 성결에 관한 교육의 슬로우건이 되기 때문입니다. 한 성구를 슬로우건으로 내거는 것은 늘 위험한 일입니다. 그 성구가 속해 있는 문단의 문맥을 떠난 입장에서 해석상의 어떤 억지로 부릴 여지가 있기 때문입니다. 그러므로 그 점을 명심해야 합니다. 어떤 대가를 치루고서라도 옳음을

증명하기 위해 나타내고 싶어하는 슬로우건과 선입관 그리고 관점들을 우리로부터 제거하도록 하십시다. 그 모든 것을 제거하고서 그 진술이 위치한 문맥에서 그것을 살펴보도록 힘씁시다.

먼저 우리는 본문을 성경 가운데의 유사용법들에 비추어서 살펴보도록 합시다. 이것이 가장 현명한 절차입니다. 우리가 어떤 면에서든지 난해한 진술이나 구절을 만났을 때 첫째로 해야 할 일은 성경의 다른 곳에서 그것을 어떻게 말하는가 또는 유사 구절은 어떠한가 하는 것을 살펴보는 것입니다. 그렇게 해나감에 따라서 즉시 어떤 것을 발견하게 될 것입니다.

내가 볼 때 우리의 심중에 분명히 해 두어야 할 첫째 요점은 "성령의 충만을 받는다"는 것이 "성령의 세례를 받는다"는 것과 같은 것이 아니란 사실입니다. 가장 크게 혼돈되는 것은 바로 그 점에서입니다. 성령의 충만을 받는다는 것은 성령으로 "인침"을 받는 것과도 같지 않습니다. 나는 성령의 인침을 "성령의 세례"와 같은 의미로 봅니다. 그 이유는 "성령의 충만을 받으라"는 권면을 받고 있는 대상들이 성령의 인침을 이미 받았다(엡 1:13)고 한 사람들이라는 사실입니다. "그 안에서 너희도 진리의 말씀 곧 너희의 구원의 복음을 듣고 그 안에서 또한 믿어 약속의 성령으로 인치심을 받았으니." 그러므로 성령의 충만을 받는 것이 성령의 인침과 동일시될 수는 없습니다. 4:30에서도 같은 말씀이 있습니다. "하나님의 성령을 근심하게 하지 말라 그 안에서 너희가 구속의 날까지 인치심을 받았느니라."

이것들을 명백히 구분해 놓는 것은 중요합니다. 성령의 "세례"와 성령의 "인침"은 하나의 요지부동한 체험입니다. 주로 구원의 확신과 구원의 확실성 문제와 관련됩니다. 아주 고정된 체험입니다. "믿음으로 받는" 무엇이 아닙니다. 사람은 자기가 성령의 인치심을 받았는지 어떤지를 압니다. 그것은 사도행전 2장에 아주 분명하게 나타나 있습니다. 거기 아니고도 사도행전에 여러 군데 나오는 것입니다. 성령의 인침을 알지 못하고는 성령으로 세례를 받을 수 없습니다. 그 성령 세례의 목적은 첫째로 우리로 하여금 권능과 담대함을 가지고 증거토록 하는 데 있습니다. 성령 세례의 직접적인 효과는 사도행전 2장에 분명하게 나타납니다. 이 큰 확신과 명석한 비전과 직관이고 직접적인 하나님의 지식을 받아서 한 사람의 증인노릇을 할 수 있게 됩니다. 물론 그것은 우리 주님에 의해 사도들에게 약속된 바입니다. 물론 그것은 우리 주님에 의해 사도들에게 약속된 바입니다. "너희가…내 증인이 되리라." 그보다 앞서 이 약속이 그들에게 선포되었던 것입니다(행 1:8). 문제는 여기 사도행전 2장에 있는 기록이 사도들과 다른 이들이 어떻게 성령의 세례를 받았는가 하는 것을 보여 주는 것인데도 실제로는 그들이 성령에 "충만하여"라고 되어 있다는 것입니다.

여기서 혼란이 야기됩니다. 그래서 이것을 보고는 사람들이 생각할 것도 없이 결론을 내려 버리는 것입니다. "아, 여기에 보니 사도들이 성령에 충만하였다고 되어 있구나." 또 에베소서에 보니 "성령의 충만을 받으라"고 권면하고 있다. 그러니 그것은 같은 의미이다. 이 부분에서 혼란이 이런 식으로 야기됩니다.

사도행전 2장의 기록은 "성령의 세례"입니다. 여기서는 "성령의 세례"가 "성령의 충만함"을 내포하고 있는 것이 분명합니다. 그러나 그 이상입니다. 거기에 가장 중요한 차이가 있지 않나 생각합니다. 여러분은 "성령의 충만을 받지" 않고는 "성령의 세례"를 받지 못합니다. 세례란 독특하고 유별난 체험입니다. 설명해 드리겠지만 이 말의 의미는 한 사람이 항상 계속적으로 처해야 할 고정적인 상황이요, 조건이란 뜻입니다. 그 점은 가장 중요한 구별을 짓는 요점입니다. 인침과 세례는 매우 독특한 체험입니다. "성령의 충만을 받는" 것은 끊겨졌다가 다시 계속되는 상황입니다. "세례"와 "충만"은 같은 것이 아닙니다. 앞으로 연구해 감에 따라 그 차이가 분명해질 것입니다.

"세례"나 "인침"과 구별되는 "충만"이란 낱말에 이르게 될 때 그 말 자체도 두 가지 다른 방면에서 쓰여지게 된다는 것을 알게 됩니다. 이 두 가지 차이를 명심해 둠은 참으로 중요한 것입니다. 첫째 경우 자기들에게 부여된 어떤 특수하고 고유한 임무를 수행하기 위해서 성령 충만을 입은 사람들이 있습니다. 그 예로 구약의 경우에 여러 가지 재료를 가지고 숙련된 기술로 성전을 짓는 데 쓰임받는 "브사렐"이란 자가 있습니다. 출애굽기 31:2-3에서 하나님은 모세에게 말씀하시기를 "유대지파 훌의 손자요 우리의 아들인 브사렐을 지명하여 부르고 하나님의 신을 그에게 충만히 하게 하여 지혜와 총명과 지식과 여러 가지 재주로 공교한 일을 연구하여 만들게 하며." 사람 브사렐은 그 특별한 사역을 수행키 위해서 특수한 성령 충만을 받은 것입니다. 그러나 좀더 흥미 있는 성령 충만의 증거는 오순절 날 이전에 어떻게 사람들이 성령에 충만되었는가 하는 것입니다.

누가복음 1:15에 세례 요한에 관한 예언이 주어집니다. "저가…모태로부터 성령의 충만을 입을 것이다." 그 다음에 요한의 모친 엘리사벳에 관한 얘기가 나옵니다. "엘리사벳이 마리아의 문안함을 들으매 아이가 복중에서 뛰노는지라 엘리사벳이 성령의 충만함을 입어"(눅 1:41). 세례 요한 부친 사가랴에 관해서도 같은 것을 보게 됩니다. "그 부친 사가랴가 성령의 충만을 입어 예언하여 가로되"(1:67). 이상의 매경우들에 있어서 이 사람들은 자기들이 말하거나 무슨 일을 하기 위해 성령의 충만을 받았습니다. 그것은 특수한 목적을 위해 입은 권능입니다.

신약에 있어서는 내가 이미 말한 대로 사도행전 2:4입니다. "저희가 성령의 충만을 받고 성령이 말하게 하심을 따라 다른 방언으로 말하기를 시작하니라." 이 진술은 두 가지 일이 함께 일어났기 때문에 독특한 진술이며 충만을 내포한 세례를 뜻합니다. 그리고 성령이 말하게 하심을 따라 다른 방언으로 말할 수 있었던 것은 이 성령 충만 때문입니다. 그러나 여기에 흥미로운 점이 있습니다. 사도 베드로는 다른 모든 사도들과 그늘을 따르던 무리들과 함께 오순절 날에 성령의 세례와 충만을 받은 것입니다. 그러나 사도행전 4:8에는 "이는 베드로가 성령이 충만하여 가로되…"로 되어 있습니다. 이것은 또 다른 충만입니다. 이미 오순절에 세례받고 충만된 사람이 한 특별한 목적을 위해서 재충만된 것입니다.

사도행전 4장에서 보면 베드로와 요한은 성전 미문에 앉아 있던 앉은뱅이를 고친 것 때문에 관원들 앞에서 해명해야 하는 시련에 봉착하였습니다. 성령이 베드로에게 임하여 베드로는 권위와 능력을 가지고 그를 모함하려는 관원들에게 말할 수 있도록 성령의 충만을 받았습니다. 그리고 베드로가 다시 충만함을 받은 것입니다. 나는 지금 세례와 충만 사이에 주요한 차이가 있음을 밝히려 하는 것입니다. 그러나 아직은 부여된 임무를 수행하기 위해 주어진 재능과 능력의 차원에서 성령 충만을 다루고 있는 것입니다.

또 다른 예로 베드로와 요한은 그 시련을 이긴 후 자기들의 교회에 돌아가서 자기들에게 있었던 일을 보고하고서 함께 기도하기 시작했습니다. 사도행전 4:31에 보면, "…빌기를 다하매 모인 곳이 진동하더니 무리가 다 성령이 충만하여 담대히 하나님의 말씀을 전하니라." 역시 같은 일입니다. 이 사람들은 이에 성령 세례를 받았고 세례 받을 때에 충만을 받았던 사람들입니다. 그러나 다시 충만을 받은 것입니다. 충만은 여러 번 반복될 수 있는 것입니다. 실로 가장 두드러진 예는 사도 바울의 경우입니다.

사도행전 9장에 보면 그의 회심 사건과 성령 세례에 대한 기록이 있습니다. 그러나 13장에서는 바울이 말하고 있는 것을 봅니다. 그런데 9절 말씀에 보니, "바울이라고 하는 사울이 성령이 충만하여 그를 주목하고"라 했습니다. 역사가 누가는 박수로서 총독과 함께 다니던 그 사람을 묘사하고 있습니다. 바울 사도는 그 사람이 한 말 때문에 그를 책망해야겠다고 작정했습니다. 그래서 바울이 성령이 충만하여 그를 주목하였습니다. 그는 이 사람을 혹독하게 꾸짖고 저주할 수 있도록 성령의 충만을 받은 것입니다.

이상의 모든 구절을 비추어 볼 때 우리가 다루고 있는 성령 충만은 아주 선명한 체험임에 틀림없습니다. 위의 모든 사람들은 성령이 자기들에게 임했구나 하는 것을 의식했고 자기들이 새로운 능력과 권위로 옷입고 있었다는 것을 알았던 것입니다. 그들은 일어난 것이 무엇인지 정확히 알았습니다. 그러므로 이것은 우리에게 일어나는 일을 알려 주는 체험이며 특수한 목적을 위해서 권능이 다가오고 있음을 의식하는 것입니다. 그러므로 이것은 아주 유별나고 분명한 것입니다.

그러나 감사하게도 이것은 신약에만 한정된 것이 아닙니다. 수세기를 내려오면서 교회의 위대했던 설교자들의 전기를 읽어보십시오. 특별히 부흥시대와 영적인 각성시대의 설교자들의 전기를 읽어보십시오. 그러면 이런 일이 끊임없이 되풀이되는 것을 발견하게 될 것입니다. 설교하고 있던 사람이 갑자기 성령이 자기에게 임하여 자기를 사로잡는 것을 알게 됩니다. 그는 자신을 가지게 되어 명확함과 이해력과 권능과 확신을 가지고 말할 수 있게 됩니다. 그런 다음에 엄청난 일이 일어납니다. 그 사람 자신도 그것을 알아차리고 거기 그의 설교를 듣고 있는 사람들도 알아차립니다.

하나님께 감사합시다. 이것은 과거 역사에만 국한된 것이 아닙니다. 그것은 하나님의 은혜를 인하여 여전히 계속 일어나는 일입니다. 살아 있는 사람들 중에는 이것을 알고 즐거워한 사람들이 있습니다. 아직도 정직함과 진지함을 가지고 하나님을 섬기는 사람들이 있습니다. 그들은 시시때때로 이 체험을 의식합니다. 이것이 이 "충만"의 용어가 사용되는 한 방면입니다. 그들은 성령 충만을 받아서 비상한 권능과 능력을 부여받았던 사람들입니다.

그러면 그것이 에베소서 5:18의 진술이 의미하는 바입니까? 나는 그렇지 않다고 생각합니다. 단지 표현의 유사성 때문에 판단을 그르치는 일이 있어서는 안 됩니다. 그렇다면 이 에베소서 5:18의 진정한 의미는 무엇입니까? 이 본문은 하나의 상태나 조건을 묘사한 것이라고 봅니다. 아마도 그것을 이해하는 최선의 방법은 누가복음 4:1에 있는 우리 주님에 관한 말씀을 회상해 보는 것입니다. "예수께서 성령의 충만함을 입어…광야에서 40일 동안 성령에 이끌리시며 마귀에게서 시험을 받으시더라." 지금 이 진술은 우리 주님에 대한 진술인데 그가 "성령의 충만함을" 입었다고 하였습니다. 요한복음 3장에는 "하나님의 보내신 이는 하나님의 말씀을 하나니 이는 하나님이 성령을 한량없이 주심이니라"(34절). 그는 늘 충만한 가운데서 성령의 충만을 입었습니다.

그러나 다른 진술들을 주목해 보십시오. 예를 들어 사도행전에 나오는 스데반에 관한 기록입니다. 그는 6장에서 보는 바와 같이 사도들이 말씀과 기도에 전무할 수 있도록 여러 재물을 처리하기 위해 뽑혀진 사람들 가운데 하나입니다. "스데반이 믿음과 성령이 충만하여." 그는 성령의 충만을 입었습니다. 이는 일정한 순간에 어떤 일을 하기 위하여 성령으로 충만해진 것을 뜻하는 진술이 아닙니다. 그게 아니라 그가 이 일을 하도록 선택된 것은 그가 이미 성령의 충만을 입고 있었던 사람이었기 때문입니다. 그러나 7:55에 그를 묘사하는 또 하나의 진술이 있습니다. 여기서 그는 생명의 위협을 받고 있었습니다. 그러나 "스데반이 성령이 충만하여 하늘을 우러러 주목하여 하나님의 영광과 및 예수께서 하나님 우편에 서신 것을 보았다"고 했습니다.

이 진술은 우리가 지금 생각하고 있는 범주에 넣어야 할지 판단하기가 매우 애매한 진술입니다. 아마 두 범주에 다 속한다고 하는 것이 옳을 것입니다. 스데반은 늘 평상시에 성령에 충만해 있었습니다. 그러나 특수한 환경과 위태한 지경에 처해서 이미 성령 충만해 있었으나 다시 성령의 충만을 받은 것입니다. 그것은 그가 성령의 충만을 받고 있었지만 좀더 확실한 확신이 들게 되었다는 것입니다. 더 큰 능력과 흘러 넘치는 충만을 받은 것입니다. 또한 그를 비방하고 잔해하는 자들에 대처하기 위해서 특수한 능력이 부여된 것입니다. 그래서 그 진술이 흥미가 있는 것입니다.

그러나 바울의 동역자 바나바의 경우를 보십시오. "바나바는 착한 사람이요 성령과 믿음이 충만한 자라"(행 11:24). 그는 스데반과 같은 사람이었습니다. 그는 믿음도 충만했고 성령도 충만했습니다. 마지막으로 바나바와 함께 다녔던 제자들에 관한 진술을 봅시다. "제자들은 기쁨과 성령이 충만하니라"(행 13:52).

무언가 차이가 있는 것을 아실 것입니다. 이상의 경우들 가운데 나오는(행 7:55은 예외) 자들은 특수한 임무를 감당키 위해 "권능"으로 충만한 사람들이 아닙니다. 그들의 일상적인 상태나 조건에 대한 묘사입니다. 여기서 우리는 도덕적이고 영적인 "상태"에 관한 묘사를 대하게 되는 것입니다. 그것은 권능의 문제라기보다는 사람이 어떻게 살아가는가에 대한 문제입니다. 스데반이 택하여 세움받은 것은 그가 "믿음과 성령이 충만한" 사람이었기 때문입니다. 사람들이 그를 그렇게 평했습니다. 그래서 집사들을 택해야 했을 때 그들은 한결같이 "아, 여기 믿음과 성령이 충만한 사람이 있소"라고 말했던 것입니다. 바나바도 같은 이유로 택함받은 것입니다. 일반 제자들은 "기쁨과 성령이 충만하였다"고 했습니다. 겉으로 보기엔 아주 같게 보이는 두 진술 사이에 분명한 차이가 있는 것입니다. 이 둘 사이를 구별함이 중요한 이유는, "성령 충만"의 표현이 임무 수행을 위한 특별한 충만을 지시하는 것만으로 생각되어서는 안 되겠기 때문입니다.

그 임무 수행을 위한 성령 충만은 왔다가 갑니다. 그러나 우리는 늘 "성령 충만"을 받아야만 합니다. 그래서 이 둘 사이를 구분하는 것이 중요한 것입니다. 그러나 우리가 분명히 해둘 또 다른 요점이 있습니다. 평소에 성령 충만해 있는 사람은 어느 특별한 목적을 위한 성령 충만을 갑자기 받을 수 있다는 것입니다. 위태한 지경의 스데반의 경우가 그러합니다. 또한 오순절 날의 제자들에게도 같은 경우라는 것을 예증했습니다.

이 모든 성경 말씀에 비추어 볼 때 이 에베소서 5:18이 후자, 즉 평소의 성령 충만을 지시한다는 것이 명백하지 않습니까? 본문은 한 상태나 조건을 묘사하고 있습니다. 나는 이 본문 말씀이 의심할 여지없이 그런 식으로 입증될 수 있다고 생각합니다. "술 취하지 말라 이는 방탕한 것이니 오직 성령의 충만을 받으라." 동사의 시상은 아주 중요합니다. 여기서의 시상은 현재인데 현재는 계속적인 것을 나타냅니다.

이 본문은 진정하게 번역하면 "술 취하지 말라 이는 방탕한 것이니 계속 성령의 충만한 상태로 있으라 — 끊임없이 성령의 충만을 입으라"(Be not drunk with wine, Wherein is excess, but go on being filled with the Spirit-be perpetually filled with the Spirit. Let it go on, let continue, let it be your constant Condition). 그것이 계속적인 현재 상태를 의미하기 때문에 전자의 경우인 임무 수행을 위한 충만이 아님을 주장합니다.

임무 수행을 위한 충만은 베드로나 스데반이나 사도 바울이 여러 가지의 시험과 비방을 받을 때 그랬듯이 왔다가 가고 또다시 오는 것입니다. 그러나 여기 본문에서의 충만은 계속적이고 영구적인 상태, 멸하지 않고 이질화되지 않는 조건을 말하는 것입니다. 다시 말해서 여기 본문은 우리가 항상 스데반이나 바나바나 바울이나 다른 사람들처럼 "성령 충만" 해 있어야 한다는 것입니다. 이것을 확고히 해두지 않으면 혼란밖에 가져올 것이 없기 때문에 이 점을 분명히 해두는 것은 중요합니다. 이 문제에 대해 큰 혼란이 빚어지고 있으며 이 본문의 교훈에 대한 그릇된 개념을 갖고 있으므로 충만해지는 체험을 기다리고 있는 것입니다. 우리는 그것이 신약의 전형적인 용법에서 어떤 의미를 가지고 있는가를 확고히 했습니다. 그러나 그것은 현실적인 실제에서 무언가를 뜻하고 있습니다. 우리를 위해서 실제의 문제가 남았습니다.

 이 문제에 접근하는 방법은 내가 볼 때 성령이 인격이라는 사실을 재음미해 보는 것입니다. 성령은 감화에 불과한 것이 아닙니다. 그래서 많은 사람이 성령을 마치 물과 같은 것으로 보고 성령 충만을 말합니다. "빈 병"이 있는데 그 안에 성령이 부어진다고 말합니다. 그러나 이는 극히 그릇된 것입니다. 왜냐하면 그것은 성령이 인격이라는 사실을 망각하고 있기 때문입니다. 성령은 물질이나 용액이나 전류같은 것이 아닙니다. 우리 모두 이런 그릇됨에 빠지기 쉽습니다. 성령이 삼위일체 하나님 가운데 3위라는 것을 잊고 "그것"(it)으로 말하기까지 하는 경향이 있습니다. 성령 충만에 대한 우리의 생각들이 다 틀려 있는 것은 그는 인격이라는 사실을 잊었기 때문입니다. 성령이 인격이라면 어째서 "붓다", "준다"는 말로 표현했을까? 물론 이것들은 상징에 불과합니다.

 성경은 우리 위에 나타나는 성령의 영향이 능력이라는 개념을 전달해 주려고 갖은 애를 쓰고 있습니다. 우리는 사람의 인격의 감화에 대해 압니다. 그러나 그것은 물질이 아닙니다. 감화를 주는 것은 인격입니다. 우리에게 진리를 생생하게 그려 주고 인격적 감동과 힘의 강함을 여러 가지로 인식시켜 주기 위해서 그러한 표현들과 용어들이 사용된 것뿐입니다. 이 감화가 능력있을 때 그것은 사실상 부어준 결과로 된 것입니다. 그러나 그것을 문자 그대로 유추하고 문자 그대로 생각하거나 일종의 물질적인 방식으로 생각하지 말아야 합니다. 감화는 인격적인 감화입니다. 즉, 성령 스스로의 인격의 감화입니다.

 이런 의미에서 "충만하다"는 것은 무엇을 뜻합니까? 표준적이고 권위 있는 데일러의 헬라어 사전(Thayer's Greek Lexicon)의 정의를 인용해 보겠습니다. "어떤 것이 마음을 완전히 사로잡을 때 충만하다고 말한다"

(What wholly takes possession of the mind is said to fill it). 그것은 현대적인 표현입니다. 내 마음을 사로잡은 것이 있으면 그것이 내 마음을 채웠다고 말합니다. 일반적인 말투로는 무엇으로 "가득 차" 있다고 말합니다. 어떤 사람이 갑자기 새로운 관심을 보였습니다. 그러면 "아, 그 사람, 그 생각으로 가득해 다른 것은 말하지 않는단 말이야" 하고 그를 평합니다.

다시 말하면 그는 지금 그 일로 가득 차 있는 것입니다. 혹은 인격적인 차원에서는 이렇게 말합니다. 만일 한 사람이 늘 다른 어떤 사람만 얘기하고 있으면 "아, 그 사람 아무개 생각으로 가득 차 있군." 이것은 B라는 사람에 대한 A라는 사람의 영향을 말하고 있는 것입니다. B라는 사람에 관해서 말하기를 그는 A라는 사람으로 가득 차 있다고 하는 것입니다. "늘 그 사람 얘기뿐이군. 그 사람 얘기라면 끝이 없어." 다른 말로 해서 한 사람이 다른 사람에 대해 끼치는 절대적인 영향을 그렇게 표현하는 것입니다.

본문 에베소서 5:18에서는 철저히 인격적인 차원에서 말해집니다. 그러나 나는 그것을 이렇게 지적해 봅니다. 본문에서의 사도가 사용한 유추를 생각해 보십시오. "술 취하지 말라 이는 방탕한 것이니 오직 성령의 충만을 받으라." 여러분은 "주정뱅이"를 보고 무어라고 말합니까? "그는 술 기운으로 산다." 그와 같이 사도도 어떤 의미에서 이렇게 말하고 있는 셈입니다. "술 기운으로 살지 말라. 성령의 기운으로 살아라" - 그것은 본문의 정확한 의미입니다. "충만하다"는 것은 "…의 기운으로(감화로) 산다"는 것을 뜻하는 것입니다. 바울은 술기운으로 살지 말고 성령의 기운(감화)으로 살라고 말합니다. 그것은 정확히 같은 뜻을 나타내는 표현입니다.

"…의 기운으로 산다"는 것은 우리의 전체 인격 - 지, 정, 의 - 이 다른 영향과 다른 세력에 의해서 조종을 받고 있다는 것을 의미합니다. 술 기운으로 사는 사람은 전적으로 그 영향 아래 있는 것입니다. 그의 지, 정, 의가 다 함께 그것의 영향과 감화를 받는다는 것입니다. 이것의 약리 작용에 대해서는 걱정하지 마십시오. 이것은 상징적인 표현입니다.

우리가 알다시피 사실상 사람에게 있어서 술로써 일어나는 일은 그가 술의 감화를 받는다기보다 그 안에 있는 고상하고 선한 영향력을 지워버리는 것과 실제적으로 같은 것입니다. 그러나 여기서의 유추는 사람의 이지와 감정과 의지가 그런 술로 영향을 받는 것처럼 성령에 의해서 지, 정, 의에 감화와 영향을 받는다는 것입니다. 즉, 성령이 여러분을 조종하도록 하라는 것입니다.

술의 영향 아래 있는 사람은 더 이상 자신을 통제하지 못합니다. 그것과 같이 성령께서 여러분을 통제케 하라는 것입니다. 그것이 성령으로 충만하다는 의미입니다. 그것은 병을 비우고 그것을 채우려고 하는 것처럼 내 속에다가 부어진 어떤 것이 아닙니다. 그러한 사고 방식은 완전히 그릇되어 있습니다. 그것은 성령의 인격성을 모독하는 처사입니다. "계속 성령에 의해 통제를 받으라." 여러분이 어떤 문제나 관심이 있는 어떤 사람으로 충만해지는 것처럼 성령의 충만을 받으라는 것입니다.

그 의미가 그러하다면 그것은 어떻게 가능한가? 어떻게 성령으로 충만해질 수 있는가 하는 문제가 떠오릅니다. 여기에 가장 중요한 과제가 있습니다. 첫째로 주목해야 하는 것은 성령으로 "충만하라", "계속 충만하라", "계속 성령으로 통제를 받으라"입니다. 이것은 명령이며 강압적인 엄명입니다. 그러므로 필연적으로 그것이 하나의 체험이 아님은 분명합니다. 명령이기 때문에 한 경험이 아닙니다. 그것은 계속적인 상태입니다. 어떤 위기나 어떤 괄목할 만한 경험이 아닙니다. 그러므로 그것을 하나의 "축복"으로 구할 것이 못 됩니다. 그 "성령의 충만을 받는" "그 축복"을 받으려고 하면서 이 집회, 저 집회로 떠돌아다니는 사람들이 많습니다. 그들은 집회가 끝날 즈음 성령 충만을 "받으려면" 앞으로 나오라는 말을 듣게 됩니다. 그러나 그것은 두말할 나위없이 여기서 사용된 말이나 성경의 전체적인 교훈에 비추어 볼 때 억지입니다. 성령 충만은 한 특출난 체험이 아닙니다. 이것은 우리가 늘 영구적으로 처해 있어야 하는 상태와 조건입니다.

사도는 말하기를 여러분은 항상 그래야 된다고 말합니다. 그는 그래야 된다고 명했습니다. 그러므로 나는 이것이 외부에서 우리에게 다가오는 무엇이 아니라, 우리가 조종하고 결정할 문제임을 강조하는 바입니다. 성령의 충만을 받을 것인지 아닌지, 술에 취할 것인지 아닌지를 결정하는 것이 사람이듯이, 성령의 통제를 받을 것인지 않을 것인지 결정하고 조종하는 이도 사람 자신인 것입니다. 그러므로 사람은 하나의 명령과 훈계와 권면을 받는 것입니다. 결코 그것을 "한 체험을 갖는다"는 차원에서 생각해서는 안 됩니다.

다시 나는 이 점을 명백하게 하기 위해서 그것을 다음과 같이 서술해 보겠습니다. 오순절 날 제자들에게 일어났던 일은 하나의 체험이고 그들뿐만 아니라 다른 모든 이들도 그것을 알았습니다. 고넬료와 모든 이들이 알았으며, 사마리아에 있던 사람들에게 일어난 일도 하나의 체험입니다. 베드로와 요한이 예루살렘에서 그리로 내려가서 그들을 위해서 안수하며 기도했을 때 그 일은 일어났던 것입니다. 그들은 다른 모든 이들도 안 체험이었습니다.

사도행전 19:1-6에 나와 있는 이들에게도 마찬가지입니다. 성령의 "인침"을 받는 것이나 성령의 "세례"를 받는 것은 일정한 체험입니다. 그것은 우리가 조정하지 못하고 전적으로 우리 주님의 역사에 속한 것입니다. 그것은 우리 주님이 우리에게 해 주는 일입니다. 그러나 여기 에베소서 5:18에서의 성령 충만은 분명히 우리가 조정하는 일입니다. "성령으로 계속 충만함을 입고 통제함을 받으라." 다른 말로 해서 여기에서는 수동적인 관념을 완전히 제거해 버려야 하는 것입니다.

우리가 성령에 충만할 것인지 아닌지를 결정하는 것은 여러분과 내 소관입니다. 우리가 중생될 것인지 아닌지를 결정하는 것은 우리의 소관이 아닙니다. 또한 성령의 세례를 받을 것인지 아니 받을 것인지를 결정하는 일도 우리에게 속한 것이 아닙니다. 그러나 우리가 성령에 계속 충만함을 받고 있을까 하는 것을 결정하는 것은 우리의 소관입니다. 여기서의 성령 충만을 성령의 인침과 세례로 잘못 혼동하는 것은 성경을 심히 곡해하는 것에 불과합니다. 이것은 우리가 기다리거나 기도하거나 고대할 체험이 아닙니다. 오히려 성령에 계속 충만해지고 싶으면 어떤 일들을 해야 하는 것입니다. 그 어떤 일들이란 무엇입니까?

먼저는 그 일들을 부정적으로 묘사해 봅니다. 만일 내가 성령에 계속 충만해지고 싶으면 성령을 "근심"시키지 말아야 합니다. 4:30에 "하나님의 성령을 근심하게 하지 말라 그 앞에서 너희가 구속의 날까지 인치심을 받았느니라"고 하였습니다. 이 말씀의 의미는 여러분과 내가 성령께 반대되는 어떤 것을 따라간다면 우리는 성령의 통제 아래 있지 않게 될 것이란 말입니다. 만일 내가 내 탐욕과 정욕에 나를 내맡긴다면 성령은 나를 조종하지 아니하신다는 것입니다. "육체의 소욕은 성령을 거스리고 성령의 소욕은 육체를 거스리나니 이들이 서로 대적함으로 너희의 원하는 것을 하지 못하게 하려 함이니라"(갈 5:17). 만일 내가 성령의 충만을 받고 그의 통제를 받기 원한다면 내 정욕과 탐심과 악한 소욕이 나를 조종하지 않는다는 것을 반드시 알아야 합니다.

또한 마귀도 결코 나를 조종하지 못합니다. 나는 마귀와 "세상"을 대적해야 합니다. 분명한 것은 나는 성령을 "근심"케 해선 결코 안 된다는 것입니다. 만일 내가 죄의 생활을 산다면 성령을 근심케 해 드린 것입니다. 그가 근심하게 될 때 그는 나를 인도하지 않습니다. 그는 스스로 뒤로 물러 앉습니다. 기억하실 것은 우리는 한 인격이신 분을 대하고 있다는 것입니다. 그러므로 어느 모양으로든지 성령을 근심하게 하지 않도록 극히 유의하여야만 합니다. 그는 비둘기와 같이 온유하시고 민감하십니다.

같은 식으로 성령을 "소멸"해서는 안 됩니다. 성령은 속에서 나를 깨우치시고 아이디어를 제공하시고 생각들을 유발하시고 암시해 주십니다. 내가 그런 것들을 거절하거나 기각시킬 때마다 또는 내가 "아니, 잠깐만 기다리자. 이를 먼저 하고 나서 다음에…"라고 말할 때마다 나는 성령을 소멸하고 있는 것입니다. 그러는 한에서는 성령의 인도하심을 받고 있지 않는 것입니다. 이런 일은 자발적인 것이고 내가 조정할 문제입니다. 만일 내가 고의적으로 성령을 물리치거나 성령이 시키지 않는 일을 고의적으로 한다면 성령의 인도하심을 받고 있지 않는 것입니다. 그 결과 성령의 인도하심의 복된 결과를 누릴 수 없을 것입니다.

그러면 이제 가장 중요한 긍정적(적극적)인 면으로 시선을 돌립시다. 성령에 충만하면서 동시적으로 술 취할 수는 없습니다. 그것들은 공존할 수 없는 것입니다. "빛과 어둠이 어찌 사귀며 그리스도와 벨리알이 어찌 조화되며…"(고후 6:14-15). 그것은 기본적인 것입니다. 성령을 근심케 하는 것을 멈추고 마귀를 대적하며 몸을 쳐서 복종시켜야 합니다. 또한 우리 속에 있는 죄의 습관과 잔재에 대항해서 싸워야 하는 것입니다. 그것이 첫째로 할 일입니다. 그러나 그것은 소극적인 것에 불과합니다.

적극적으로는 어떻게 해야 할까요? 이보다 더 중대한 것은 없습니다—우리는 성령께서 우리 안에 계신 것을 인식해야 한다는 것입니다. 성령은 모든 그리스도인 안에 계십니다. 바울은 고린도교인들에게 "너희 몸은 너희가 하나님께로부터 받은 바 너희 가운데 계신 성령의 전인 줄을 알지 못하느냐"(고전 6:19). 그것은 제일로 중요한 것입니다. 우리가 성령에 충만하지 못하거나 그의 인도하심을 받지 못하는 것은 이 점을 그렇게 자주 망각하기 때문입니다. 찬송가의 가사를 빌리면 그는 우리 안에 "영광스럽고 반가운 손님"으로 와 계신 것입니다.

우리 주님은 그 점을 어떻게 지적해 주셨습니까? 제자들을 남겨 두고 떠나려고 할 즈음 제자들은 풀이 죽어 있었습니다. 그때 주님은 "너희는 마음에 근심하지 말라"고 하셨습니다. 이 말씀은 "내가 너희를 고아처럼 버려두지 않고 다른 보혜사(위로자)를 보내리라"(요 14:16). "내가 너희를 위해 다른 보혜사를 보낼 터인데 그분은 내가 너와 함께 있을 동안 내가 했던 것처럼 너희를 위할 것이라. 너희가 어려움을 가지고 내게 와서 구하였을 때 나는 언제든지 그 요구에 응해 주었노라. 내가 떠날 것이라고 하니 '우리는 그럼 어떻게 되는 거냐'고 너희는 근심하나 근심하지 말라. 내가 너희에게 '다른 보혜사를 보내리라.' 나는 너희에게 다른 위로를 보낼 터인데 그는 너희 안에 너희와 항상 함께 있어 너희를 인도하고 너희가 필요한 모든 것을 해 주리라." 그러므로 계속 성령의 통제를 받는 방법은 성령께서 우리 안에 "영광스럽고 반가운 손님"으로 늘 거하신다는 사실을 기억하는 것입니다.

우리는 이 일을 아주 신중하게 행해야 합니다. 성경 말씀을 스스로 되풀이하여 읽고 뜻을 생각해 보아야 합니다. 다음과 같이 우리 자신에게 되뇌어 봅시다. "성령이 내 안에 거하고 계시다. 성령이 내 몸 안에 계시다. 내 몸은 내 속에 살아 계신 성령의 전(殿)이라. 나는 늘 이것을 기억해야 한다."

간단한 예화를 들어보겠습니다. 어린 자녀들을 가진 부모들이 집에 친구나 손님들이 머물고 계시면 어떻게 합니까? 자녀들은 아침 일찍 일어나기 쉽습니다. 부모들이 그들에게 무어라고 말합니까? "조용해요, 손님에게 방해를 해서는 안 되요." 부모는 집에 손님이 계시다는 것을 기억케 하는 것입니다. "자, 조심해요. 떠들지 말고 조용히 해요. 여기에 누가 계신지 알지요?" 우리가 정말 성령의 통제를 계속 받으려 한다면 그렇게 해야 됩니다. 그가 계신 것을 기억하십시오. 그가 여러분 안에 계십니다. 그것을 인식하지 않고는 성령의 다스림을 받지 못합니다. 이것을 명심해야 하고 스스로 기억하여 행해야 하는 것입니다.

그보다 더한 것은 그를 갈망하고 그와 함께 교제하며 교통하길 간절히 바라야 됩니다. 신약에서는 "성령의 교통하심"에 관해서 자주 대하게 됩니다. 축도를 들어보십시오. "주 예수 그리스도의 은혜와 하나님의 사랑과 성령의 교통하심이 너희 무리와 함께 있을지어다"(고후 3:13). 우리는 이 친교를 음미하고 상기하고 추구해야 합니다. 만일 그가 내 안에 계신다면 그 사실을 인식해야 할 뿐 아니라 그와 교통하고 교제를 나누어야 하는 것입니다. 그와 상의하고 그의 임재를 깊이 생각하고 성령 자신을 더욱더 나타내시길 간구해야 합니다. 이것이 성령 충만을 받는 길입니다.

또한 성령의 모든 지시하심에 극히 유의해야 하는 것입니다. "두렵고 떨림으로 너희 구원을 이루라 너희 안에서 소원을 두고 행하시는 이는 하나님이시니." 하나님께서 어떻게 그 일을 행하십니까? "성령을 통해서입니다." 그는 "여러분 안에서 소원을 두고 행하십니다." 만일 여러분이 갑작스레 하나님의 말씀을 읽을 욕망이 생기면 그것은 여러분 안에서 역사하시는 성령이 하시는 일입니다. 그는 여러분 안에 계십니다. 그는 여러분을 고무하고 계십니다. 그에게 복종하십시오. 그런 다음에 행하십시오. 만일 기도하고 싶은 마음이 생기면 기도하십시오. 하던 일을 멈추고 기도하십시오. 그것을 미루지 마십시오. 그가 여러분에게 그처럼 모든 일을 중단하도록 요구하는 것입니다.

성령께서 여러분에게 하라고 하시는 것을 하십시오. 성령의 지시에 예민하십시오. 성령에 더욱더 충만해지는 비결입니다. 여러분이 그에게 복종하면 할수록 성령은 그의 소원을 더욱더 지시하실 것이며 더욱더 여러분을 고무하실 것입니다. 그러므로 우리는 우리에게 오는 그의 모든 깨우침과 소원과 요구에 세심하게 주의를 기울여 복종해야겠습니다.

이 모든 일들은 우리 속에서 끊임없이 일어나고 있습니다. 그가 우리를 인도하고 이끌어 가십니다. 그는 언제든지 그러하며 예수 그리스도를 더 많이 보여 주시길 소원하고 계십니다. 우리는 다 하나님의 집에 참석하라는 성령의 감동을 소멸하고, 성경을 읽고 기도하고 이러저러한 수천의 일들을 하라는 성령의 자극을 묵살해 버리지는 않았습니까? 이런 일은 우리를 인도하고 다스르고 지시하시는 성령의 감동들입니다. 성령에게 귀를 기울이십시오. 성령께서 당신의 소원을 나타내도록 비켜 드리십시오. 그것이 성령 충만하라고 권고하는 의미입니다.

여러분은 여기서의 성령 충만을 하나의 체험으로 받지 못합니다. 우리가 할 수 있는 것을 왜 하나님만 바라고 있습니까? 그렇게 되기가 얼마나 쉬운지요? 그러나 이것은 하나님의 방법입니다. 그것은 인격적인 관계의 문제입니다. 우리 그리스도인들은 책임성 있는 존재들입니다. 우리가 적극적으로 되도록 하기 위해서 우리를 위해 모든 일을 하지 않으십니다. 이상하게도 우리를 위해서 모든 것이 다 되어지는 것은 아닙니다. 그러면서 더 이상의 갈등이 없습니다. 세상과 육신적 생각과 마귀가 아직도 존재합니다. 우리는 그들을 대적해야 하는 것입니다. 그리고 또한 성령께 적극적으로 청종해야 하고 시간을 내어 주의를 기울여야 하는 것입니다.

이 일에는 어떤 지름길도 존재하지 않습니다. 이 일에는 완전한 것을 한자루 가득히 받는 식으로는 받지 못하는 것입니다. 그것은 이단들의 수단입니다. 그러나 신약의 교훈은 그렇지 않습니다. 그것은 심리학이지 신약의 교훈은 아니란 말입니다. 성령의 감동에, 말씀에, 성경에 귀를 기울이십시오. 이 말씀은 무엇입니까? 성령의 말씀입니다. 성령은 말씀을 내신 분입니다. "…오직 성령의 감동을 입은 사람들이 하나님께 받아 말한 것임이니라"(벧후 1:21). 말씀은 하나도 사사로이 들어서는 안 됩니다.

그것은 사람에게 속한 것이 아니라 하나님에 속한 것입니다. 성경을 읽으시고 연구하시고 먹으시고 이해하시고 한 시간을 들여서 그것을 주의해 보십시오. 여러분은 이 말씀을 이해할 모든 기회를 활용합니까? 한 주일에 한 번으로 충분할까요? 우리는 공적 성경강해에 얼마나 많이 투자하며 그것을 이해하기 위해 얼마나 그것을 사적으로 연구합니까? 그러한 일이 성령의 인도하심을 받는 방법입니다. 그의 말씀과 그 모든 지시하심을 알기 위해서 청종하십시오. 그것들에 민감하십시오. 하나님의 말씀에 복종하십시오!

성령께서 기뻐하실 때는 누구든지 성경의 어느 말씀을 생각하고 그것을 실천에 옮길 때입니다. 우리가 그 성경 말씀이 우리의 마음을 지배하도록 하십시오. 우리의 모든 행동과 행위를 말씀의 통제 아래 있게 하십시오. 몇 가지 원리들이 있습니다. 이미 성령 충만을 받는 방법들 가운데 주요한 항목들을 언급했습니다. 우리의 삶 전체, 마음과 뜻과 정성을 다해서 하나님의 성령에 의해 다스림을 받기 위해 자발적으로 복종하는 것입니다.

그것은 어떤 결과를 가져옵니까? 사도가 계속 말해 나가는 것을 가져옵니다. 그것은 성령의 열매가 우리 안에 확증되어 나타납니다. "사랑과 희락과 화평과 오래 참음과 자비와 양선과 온유와 믿음과 절제" 등입니다 (그것들이 나타나게 되는 것입니다). 역시 사도가 다음 5:9에서 말하는 것을 가져오게 되는 것입니다. 하나님의 집에서 우리가 행동할 모든 것과 어떻게 하면 사이좋게 지낼까? 남편과 아내 사이, 부모와 자녀 사이, 종과 상전 사이가 어떠해야 하는가를 알게 된다는 것입니다. 남녀 할 것 없이 모든 사람들이 마음과 뜻과 정성을 다해서 하나님의 성령의 인도하심을 받을 때 그런 생활을 하게 될 것이란 말입니다. 여러분 안에 "영광스럽고 반가운 손님"으로 거하고 계시는 성령의 인도하심을 계속 받으시기 바랍니다.

# 제 4 장

# 성령 안에서의 복종

**그리스도를 경외함으로 피차 복종하라(엡 5:21)**

본문의 진술을 숙고해 나감에 있어서 먼저 언급해야 할 하나의 기술적인 요점이 있습니다. 그것은 모든 이들이 본문의 말씀을 "그리스도를 경외함으로 피차 복종하라"로 해야 한다는 데 의견을 같이 하고 있기 때문입니다(흠정역에는 "하나님을 경외함으로 피차 복종하라"로 번역되어 있다 - 역자주). 그것은 번역상의 문제라기보다는 사본상의 문제입니다. 의심할 여지없이 가장 좋은 사본은 "그리스도를 경외함으로"입니다. "하나님을 경외함으로"가 아닙니다. 물론 그것은 궁극적으로 같은 결과를 가져옵니다. 그러나 그것은 우리가 알아나갈 것입니다만 사도가 말하는 바에 대한 부차적인 강조점을 부각시켜 주고 있습니다.

본문은 문맥과 위치에 있어서 극히 유의해서 취급해야만 하는 진술입니다. 그것은 사도가 무엇을 말하고 있는지 진정으로 이해하기 위해서 중요합니다. 다른 말로 해서 문맥의 전후 관계를 잠깐 동안이라도 주의해 보아야 하는 것입니다. 이 진술을 새롭고 별개로 독립된 권면이 되도록까지 번역하는 사람들이 있습니다. 그들은 말하기를 일련의 별개적으로 떨어진 권면들이라는 것입니다. 그러나 그 주장은 아주 공정치 못한 것입니다. 그러므로 본문의 진술을 독립된 별개의 권면으로 보아서는 안 됩니다. 어떤 이들은 이 본문을 다음에 올 것의 서론만으로 간주합니다. 마치 "하나님을 두려워함으로 피차 복종하라 아내들아 남편들에게 복종하기를 주께 하듯 하라." "자녀들아…종들아…"의 서론 부분만으로 본다는 것입니다. 그래서 그들은 본문의 진술을 일종의 다음에 올 것의 서론만으로 삼습니다. 그러나 그들 두 주장은 다 잘못되어 있습니다. 후자가 전자보다는 좀 나은 것만은 분명합니다.

그렇다 할지라도 여기서 사도가 행하고 있는 것은 명백하게도 그가 이미 말해 왔던 것을 계속해 나가고 있는 것이고 동시에 앞으로 말하려는 일을 소개하는 역할을 한 것입니다. 그것이 이 진술을 올바로 해석하는 유일한 방법이 아닌가 생각합니다.

그것은 일종의 고리(link)입니다. 즉 전에 언급한 것과 앞으로 언급할 것 사이를 연결하는 고리라는 것입니다. 다른 말로 하면 그것은 근본적인 원리로 설정해 놓은 18절의 "술 취하지 말라 이는 방탕한 것이니 오직 성령의 충만을 받으라"에 대한 한 단계 나아간 실례입니다. 사도는 여전히 그 점을 심중에 두고 성령에 충만한 남녀들에게 말하고 있는 것입니다. 그는 이미 성령 충만하면 필연적으로 따라오는 사실에 관해서 말한 바 있습니다. 그러나 여기 다른 사실이 있습니다. 그러므로 우리는 18절의 성령 충만을 받으라는 권면에 비추어서 해석합니다.

이것을 강조하고 있는 것은 사람이 성령에 충만해지지 않고서는 이 절에서 말하고 있는 것을 행하기가 불가능하기 때문입니다. 세상에다 대고 "그리스도를 경외함으로 피차 복종하라"고 말한다고 했자 소용없는 일입니다. 세상 사람들은 그렇게 하지도 않을 것이며 할 수도 없습니다. 성령이 충만하지 않은 사람에게는 아무런 의미도 없는 권면입니다. 그러므로 나는 사도가 여기 18절에서 두 가지 생각을 진행시킨다고 주장합니다. "술 취하지 말라 이는 방탕한 것이니." 술 취한 사람은 누구에게도 복종하지 않습니다. 그는 자신을 내세울 뿐입니다. 그는 조절에서 특히 약합니다. 그는 자신을 자랑하고 뽐내고 자기를 굉장한 사람으로 생각합니다.

우리가 피차 복종하려면 술 취하고 방탕한 사람과 전적으로 달라야 합니다. 다른 면에서는 성령에 충만해져야 하는 것입니다. 나는 거기에 중요한 연관이 있다고 생각합니다. 거기에 기본적인 사상이 있습니다. 우리는 옛사람과 달라야 합니다. 또한 세상과 같지 않아야 합니다. 아직도 그 영역에 빠져 있는 사람과는 우리의 중요한 성품면에서 아주 달라야 하는 것입니다. 우리는 성령에 충만해 있어야 합니다. 우리가 그것을 어떻게 보여 줍니까? 사도는 여기까지 그것을 하나님과의 관계에서 예증하였습니다. 그는 우리의 예배를 다루어 왔습니다. "시와 찬미와 신령한 노래들로 서로 화답하며 너희의 마음으로 주께 노래하며 찬송하며 범사에 우리 주 예수 그리스도의 이름으로 항상 아버지 하나님께 감사하며." 사도는 이렇게 말하고 있는 셈입니다. 여러분이 성령에 충만해 있다면 행복과 기쁨이 있는 유쾌한 만남을 갖게 됩니다. 하나님을 경배하고 찬양하는 일에 다 하나가 되어야 합니다.

그러나 바울은 그뿐만이 아니라고 말합니다. 이 같은 정신은 피차간의 교제에서, 순전히 인간적이고 땅의 차원에서 피차간 갖는 교제에서도 나타나게 된다는 것입니다. 그러므로 바울은 성령에 충만한 남자와 여자들이 피차간의 관계에서 그 특징을 보여야 한다는 것을 명백히 함으로써 바울의 기본적인 주제를 강조하고 있는 것입니다.

그것은 본문 18절을 접근하는 방식입니다. 우리가 본문의 의미를 정확히 이해해야 함은 필수적인 일입니다. 왜냐하면 사도는 이 진리를 세 국면에서 예증하려 하기 때문입니다. 원리를 설정한 다음 그것을 특별하게 적용하면서 이렇게 말합니다. "아내들아 남편들에게 복종하기를 주께 하듯 하라…자녀들아 주 안에서 너희 부모들을 순복하라…이것이 옳으니라 종들은 육체의 상전들에게 복종하라." 우리가 알아보겠지만 이 세 국면은 그리스도인들 상호간의 관계를 지배하는 근본원리에 대한 따로 떨어진 별개의 예증들입니다. "피차 복종하라." 사도가 지적하는 그 방식이 내가 이 18절과 바로 앞 뒤에 있는 구절들과의 관련에 대해 말해 왔던 바와 일치한다는 것을 주목하십시오. "너희가 성령에 충만해 왔으면 함께 노래하며 피차 복종하여 삶에 있어서 끊을 수 없는 관계를 가지고." 개인이 아니란 것입니다. 지금 그는 한 연대의 일원(一員)입니다. 군인들 모두가 다 함께 연대장이 그들에게 지시하고 있는 명령과 훈계를 청종하고 있는 것입니다.

한 사람이 군에 입대하면 그는 사실상 자신의 생활과 행동을 결정할 자기의 권리를 양도하는 셈입니다. 그가 육군이나 공군이나 해군 어느 군에 들어가든지 간에 그는 더 이상 자기 멋대로 할 수 없습니다. 지시를 따라서 행동해야 하는 것입니다. 자기가 원할 때 휴가를 즐길 수도 없고 자기가 원하는 시간에 기상할 수도 없습니다. 그는 권위 아래 있으며 규칙이 그에게 주어집니다. 만일 그가 자기 멋대로 행동하여 다른 사람들과는 개별적으로 놀기 시작하면 명령 불복종의 죄를 범하게 되어 상당한 벌을 받게 됩니다. 사도가 사용하는 단어는 그것과 같은 것입니다. 그러므로 그가 말하고 있는 바는 성령에 충만한 우리는 상호간에 그런 식으로 자발적으로 행동하여야 한다는 것입니다.

"스스로 복종하라"(Submitting yourselves)는 어떤 의미를 가지는가? 아마 더 나은 번역은 "피차 복종하라"(Being Subject one to another)일 것입니다. 사도가 사용한 어휘를 비추어 볼 때 틀림없이 그의 심중에 있는 생각은 다음과 같은 것입니다. 한 연대 내에 있는 군인들, 한 장교의 지휘 아래 정렬한 군인들을 연상합니다. 그런 자리에 서 있는 사람의 한 특징으로 그는 어떤 의미에서 개인이 아닙니다. 우리는 같은 연대의 성원들이며 이 동일한 육군에 있는 부대들입니다. 우리는 군인들이 "해야만" 하는 것을 자발적으로 행해야 합니다.

어떻게 이런 일이 실제로 이루어집니까? 어휘들을 사용하는 것만으로 충분치 못하고 적용되어야 하는 것입니다. 우리 주님께서 제자들에게 하신 말씀과 같습니다. "이런 일을 알았으면 그대로 행하는 자가 복되도다." 그것은 무엇을 함축하고 있습니까? 우리가 피차 스스로 복종하고 굴복해야 한다는 말은 어떤 의미를 가지고 있습니까? 소극적으로 그것은 분명히 어떤 일들을 의미합니다. 사려 없이 굴지 말아야 합니다. 살아 나가는 데 있어서 가장 큰 고통과 재난은 사람들이 생각하지 않는다는 사실에 기인하고 있습니다. 성급한 행동은 모든 생활 영역에서의 충돌과 비판과 불행의 최대 이유가 됩니다. 만일 사람들이 말하기 전에 생각하고 바라보기 전과 행동하기 전에 생각하기만 한다면 얼마나 달라질 것입니까? 그러나 육신에 속한 사람의 문제는 그가 생각지 않는다는 것입니다. 그는 아이디어를 가지면 그것을 금방 표현합니다. 또한 어떤 느낌을 가졌으면 금방 행동에 옮기기를 소원합니다. 그렇게 되어 충동적으로 행동합니다. 그래서 사도는 그것을 부정적으로 지적하면서 그리스도인은 생각 없는 사람이어서는 안 되며 본능적이고 관능적인 생활 태도를 가져서는 안 된다는 것입니다.

사도가 이미 자세하게 말해 왔듯이 그리스도인은 진리와 원리들의 지배를 받는 사람입니다. 그는 앞에서 "지혜 있는 자같이 하라"고 하였고, 다시 "그러므로 어리석은 자가 되지 말고 오직 주의 뜻이 무엇인가 이해하라"고 하였던 것입니다. 지혜로운 사람은 생각하는 사람입니다. 그는 뛰기 전에 살피고 말하기 전에 생각하는 사람입니다. 그는 사상과 이해, 명상과 사려 깊은 정신을 따라 사는 사람입니다.

그가 생각하기 시작하는 순간 또 다른 아주 부정적인 측면을 발견하게 될 것입니다. 즉 자아중심적이고 자기만 알아서는 안 된다는 것을 알게 됩니다. 자기만 아는 자아중심적인 사람들에 있어서 진정한 난제는 자기들에 관한 것 외에는 전혀 아무것도 생각하지 않는다는 것입니다. 이것은 사실상 그들이 생각이 없다는 것이며 짐승들처럼 행동하고 있는 것을 뜻하는 것입니다. 동물은 언제나 자신만을 위해서 행동합니다. 동물은 생각하지 않고 본능에 의해서만 행동합니다. 일반적으로 말해서 비그리스도인의 고통이 바로 그 점입니다. 그는 자기만 알고 자아중심적입니다. 왜냐하면 그는 생각하지 않기 때문입니다.

사도의 말을 기억하면서 또한 그것이 시사하는 예화를 생각하면서 그것을 또 다른 방식으로 지적해 보겠습니다. 그리스도인은 한편으로는 한 개인이지만 개인적이 되어서는 절대 안 되는 것입니다. 개인적이 되는 순간 그릇되어지는 것입니다. 제가 말씀드리듯이 이 원리, 이 개인됨의 특징은 군대에서는 불가능합니다. 군에 입대하는 사람이 맨 먼저 억제해야 하는 것은 바로 이 점입니다. 그것은 아주 고통스런 과정일 수 있습니다. 그러나 이제는 더 이상 이전처럼 행동할 수 없다는 것을 인식해야 합니다. 아마 그는 자기 집에서는 버릇 없는 자식이었을 것입니다. 그가 어떤 일을 하고 싶을 때는 언제든지 그것을 했습니다. 자기가 왕이었습니다. 그러나 그 모든 것은 중단되야 합니다. 군대에서는 다른 이들에게 복종해야 합니다. 만일 군대가 개인주의적인 사람들로만 이루어져 있다면 군을 통솔해 나가기가 불가능한 것입니다. 그 모든 것은 사라져야 합니다.

그 문제를 다른 식으로 표현하자면 – 우리는 외고집을 그쳐야 합니다 – 외고집은 사도가 말하고 있는 것과는 아주 정반대가 되는 것입니다. "그리스도를 두려워함으로 피차 복종하라." 그 길을 추구하는 사람은 결코 외고집을 부리지 못합니다. 자아는 우리의 모든 고통의 근본 뿌리입니다. 마귀가 사람을 시험할 땐 처음부터 그 점을 이해했습니다. "하나님이 참으로 너희더러 동산 모든 나무의 실과를 먹지 말라 하시더냐? 물론 너희가 그것을 먹는 날에는 너희 눈이 밝아 하나님과 같이 되어 선악을 알 줄을 하나님이 알기 때문이다. 그것은 너에게 모독적인 것이다. 그것은 너를 얕보는 거야. 그것에 무릎을 꿇지 말아라. 너를 내세우라." 자기 주장!(Self-assertion) 자기 주장 때문에 세상에는 그 얼마나 무서운 약탈이 자행되고 있는지! 이것은 우리가 이 20세기에 겪은 양차 대전의 원인이었습니다. 그것은 개인뿐만 아니라 민족적일 수도 있습니다. "내 나라가 옳다. 네 나라가 그르다" – 그래서 전쟁과 충돌이 생기게 되는 것입니다! 그러나 그것은 개인적인 관계의 차원에 있는 것과 같은 것입니다. 모든 고통은 자기 멋대로 하고 싶어하는 이 무서운 자아에서 비롯되는 것입니다.

이것을 표현하는 또 다른 방식은 그리스도인은 절대로 자기 의견만 내세워서는 안 되는 것입니다. 그리스도인은 의견을 가져야 합니다. 그러나 자기 의견만 내세우지는 않아야 합니다. 의견을 가지되 선하고 유력한 의견을 가지고 있는 사람과 자기 의견만 내세우는 사람 – 자기만 의식하고 자기 의견만 자랑하는 사람 사이의 차이는 얼마나 큰 것입니까! 우리는 결코 자기 의견만 내세우는 사람이 되어서는 안 됩니다. 그것도 역시 자기를 나타내는 다른 양태이기 때문입니다. 자기 의견만 내세우는 사람은 자기가 믿는 대상보다도 자기가 믿는다는 사실에 더 큰 관심을 쏟는 사람입니다. 그는 항상 자기만 보고 있습니다. 그는 자신의 신념을 전시합니다. 물론 그가 그렇게 하는 방식은 그 사람을 무심코 드러냅니다. 그는 자기가 자신의 지식을 자랑하고 있다는 것을 보여 줍니다. 그것은 그가 조금 알고 있는 문제를 진정으로는 이해하지 못하고 있기 때문입니다. 만일 그가 그것을 진정으로 이해한다면 그것은 그를 겸손케 할 것입니다. 그러나 그는 사실상 진리에는 관심이 없고 그것에 대한 자기의 관계 그것을 자기가 알고 있는 데에 관심을 둡니다. 자기 의견만 내세우는 사람들은 언제나 충돌을 유발합니다.

결국 이것은 또 다른 고통으로 연결됩니다. 그러한 사람은 언제나 독단적이요—한 번 더 자기를 드러내려 합니다. 그리고 (사도 베드로의 표현을 빌리자면) 그러한 사람은 언제나 다른 사람들 위에 "주장하는" 자세로 있습니다. 베드로는 베드로전서 5장에서 "너희 중에 장로들에게 권하노니"라고 말하면서 장로들에게 권면하고 있습니다. 장로가 된 자들이 직면하게 되는 특별한 시험은 이 주장하는 자세로 빠지는 것이기 때문에 베드로는 그것을 조심하라고 장로들에게 편지한 것입니다.

장로가 된 사람은 유능한 사람이고 지도자격을 구비한 사람이라서 그 자리에 오른 것입니다. 이 그의 장로권을 이유로 특별히 이런 위험이 노출되는 수가 있습니다. "너희 중 장로들에게 권하노니…하나님의 양무리를 치되 부득이함으로 하지 말고 오직 하나님의 뜻을 좇아 자원함으로 하며…맡기운 자들에게 주장하는 자세를 하지 말고 오직 양무리의 본이 되라." 교회에서 주장하는 자세로 해야 할 사람은 아무도 없습니다. 장로들은 양무리의 본이 되어야 합니다. 주장하는 자세는 항상 그런 사람들에게 시험이요 위험입니다. 사람의 생각으로 가득 차면 찰수록 이 특수한 유혹은 더욱더 가중됩니다. 그러나 여러분은 그 시험에 빠져서는 안 된다고 사도는 말합니다. 여러분은 "피차 복종"해야 한다고 말합니다.

이 주제는 정말 끊임없이 예증될 수 있는 것입니다. 그리스도인이란 결코 이기주의가 되어서는 안 된다고 말함으로써 이제까지 말한 것을 요약할 수가 있습니다. 나는 이기주의의 증거들을 말해 왔습니다. 자기 중심은 언제나 이기주의를 불러옵니다. 이것을 더 진전시킨다면 사도가 그리스도인과 대조하고 있는 세상 사람이 주로 자아중심적이고 이기주의적이기 때문에 그는 다른 사람에 관해서는 생각하지도, 관심을 두지도 않는다는 것입니다. 그는 자기 자신만 생각하고 나머지 한순간도 다른 사람을 위해서는 관심을 기울이지 않습니다. 그는 어떤 일들을 소원합니다. 그러나 다른 이도 그것을 원한다는 것이 생각되지 않습니다. 그것을 깨닫지 못하고 자기 중심적이고 무분별하기 때문에 그는 다른 사람들의 입장이나 필요, 그들의 소원과 복지에 관해서는 특히 무관심하며 생각하지 않습니다. 급기야는 더 나아가 다른 이들을 멸시하는 경향까지 있게 되고 경멸조로 다루는 것입니다.

바울의 고린도전서에는 이에 대한 좋은 예가 있습니다. 현재 지적하고 있는 악은 그곳에서도 진정한 고통거리였습니다. 그렇기 때문에 바울은 12장에서 그리스도의 몸 된 교회에 관해서 써야 했던 것입니다. "더 잘 생긴 지체"에 속한 자들은 "좀 못한 지체들"을 멸시하고 있었던 것이고, 못 생긴 지체들은 잘 생긴 지체들이 겉보기에 아름답고 그것들이 중요하고 그것들에게 돌려지는 영광이 큰 것을 알고 시기했던 것입니다. 그래서 이 원리를 이해 못하는 근본적인 실패가 있게 된 것입니다.

이 부정적인 사려를 지적하는 한 훌륭한 방식은 자기만 알고 자기 중심적이고 개인주의적이고 이기주의적이고 사려 없는 사람은 동시에 거의 비평을 받아들이지 않는 사람임이 틀림없고 다른 관점들을 포용하지 못합니다. 만일 내가 내 의견을 매우 자랑한다면 어떤 사람이 감히 그 의견에 대해 문제를 제기하거나 회의를 표명한다는 사실은 내게 있어서 – 진리에 대해서가 아니다 – 나에게만은 굉장한 모독이 아닐 수 없다는 것입니다.

그러므로 문제는 내가 그 문제들을 믿는데 이 사람은 비평받는 것을 싫어하며 다르게 생각하는 것들은 견딜 수 없다는 일입니다. 그는 다른 의견들을 들으려 하지도 않고 그것을 원망하는 것입니다. 그는 과민합니다. 이 "자아"라고 하는 것이 얼마나 유별난 것입니까! 자기 중심은 얼마나 어리석은 질병인가요! 그 밖의 여러 증상들을 주목해 보십시오. 그것은 사람의 사고방식에 영향을 주고 그의 모든 부분 – 그의 사고, 그의 감정, 그의 정서생활, 그의 행동, 그의 의지, 그의 의지 작용 – 에 영향을 끼칩니다. 이 자아중심적이고 자기만 알고 자기 의견만 옳다고 주장하고 독단적인 데만 과민해 있는 이 사람의 모습을 살펴보십시오. 그에게 무슨 일이 일어납니까? 그는 자포자기에 빠지게 됩니다. 그는 자기가 의심을 받고 있으며 사람들이 자기를 신뢰하지 않아 자기가 말한 것과 자기가 생각하는 것을 하거나 이해하지 않는다고 느끼게 됩니다. 불행하게도 그는 소외당하고 결국 체념에 이르게 됩니다!

사도는 교회생활에 대해서 이렇게 말하는 것입니다. 여러분은 그와 같이 말아야 합니다. 만일 그와 같이 된다면, 항상 "파업만 한다면" 교회생활을 무서운 것으로 만드는 것입니다. 이상은 "그리스도를 경외함으로 피차 복종하라"는 말씀을 해석하는 부정적인 측면입니다.

그러나 그 말씀은 적극적으로 무엇을 의미합니까? 물론 적극적인 것들이라 해서 이제까지 말한 모든 것의 정반대가 되는 것이 아니라 그 이상입니다. "성령의 충만을 받으라"는 것입니다. 이것은 "여러분의 이해의 눈이 진리를 향해 열려진다"는 것을 의미합니다.

그것은 어떤 결과를 가져옵니까? 우리의 모든 문제들 – 개인적이고 특별한 문제들, 결혼과 직업과 사업과 전문 직업에 있어서는 상호 관계들, 여러 계급들과 단체, 인류들과 그 외 모든 것을 가지고 있는 국가 사이의 상호 관계에 있는 모든 문제에 대한 해결책이 여기 있습니다. 우리가 이것을 예증하기란 얼마나 쉬운지, 예를 들어 반유태주의의 경우에 있어서는 더욱 쉬운 것입니다. 반유태주의는 이 위대한 원리에 대한 한 실례에 지나지 않습니다. 그것은 정치 문제가 되는 수도 있고, 때로는 공적인 측면에서 문제가 되는 수도 있습니다. 그러나 문제는 그것 뒤에 있는 원리라는 것을 사람들은 알 수 없습니다. 만일 여러분이 원리에 정통해 있으면 그 문제뿐만 아니라 다른 많은 문제들을 해결하게 될 것입니다.

기독교적인 방법은 이와 같습니다. 만일 우리 이해의 안목이 진정으로 열려 있다면, 맨 처음 우리가 아는 일은 우리 자신의 진정한 모습입니다. 우리는 다 절망적이며 다 길을 잃고 있으며 정죄되었고 모두 다 죄인들 – 아무도 여기서 예외는 없다는 것을 깨닫게 된다는 의미입니다. "의인은 없나니 하나도 없습니다." 그 말씀이 사실임을 아는 사람은 자기를 자랑하는 것을 즉각적으로 멈추게 될 것입니다.

　그는 자기의 도덕성, 자기의 선행, 자기의 착함, 자기의 훌륭한 행동, 자기의 지식, 자기의 학식, 그 밖에 자랑하던 모든 것을 자랑하지 않게 됩니다. 만일 우리가 우리 자신들에 대한 진리를 알기만 하면 이 관계성의 문제들은 곧 풀려지는 것입니다. 복음만이 그 일을 할 수가 있고, 그것을 제외한 어떤 것도 할 수가 없습니다. 복음은 우리를 다 같은 높이로 낮추어 줍니다. 우리 사이에는 차이가 없습니다. "모든 사람이 죄를 범하였으매 하나님의 영광에 이르지 못하였습니다." "유대인이나 이방인"이 다 하나입니다. 우등한 종족이나 우수 국민이란 전혀 없습니다. 다 같습니다.

　바울은 그 점을 고린도전서 4:7에서 장려하게 묘사하고 있습니다. "누가 너를 구별하였느뇨 네게 있는 것 중에 받지 아니한 것이 무엇이냐 네가 받았은즉 어찌 받지 아니한 것같이 자랑하느냐." 이 말씀은 놀랍지 않습니까? 그런데 사람들은 그것을 이해하는 데 얼마나 더딘가요! 여기 자기의 위대한 두뇌와 마음과 재능을 자랑하면서 남을 멸시하는 사람이 있습니다. 바울은 "잠깐, 네가 무엇을 그렇게 자랑하느냐?"고 말합니다. 네가 "그 두뇌를 네게서 산출해 냈느냐? 네가 그것을 있게 했느냐? 네가 받지 아니한 것이 무엇이냐? 무엇이 너를 다른 사람과 다르게 했느냐? 네가 그 차이를 만들었느냐? 물론 아니다. 제가 가진 모든 것은 받은 것이다." 그것은 하나님에게서 온 선물입니다.

　만일 여러분이 위대한 두뇌를 가지고 있으면 그것을 뽐내지 말고 하나님께 감사하십시오. 그러면 그것은 여러분을 겸손하게 지켜줄 것입니다. 어떤 이들은 자기들의 훌륭한 외모들을 자랑합니다. 그러나 그들 스스로가 그것들을 만들었습니까? 어떤 이들은 어느 면에서의 – 음악, 예술, 화술 등 – 재능을 자랑합니다. 그러나 어디에서 그것이 나왔는가? 그 모든 것이 선물이라는 사실을 인식하는 순간 여러분은 자랑을 멈추고 이러한 어리석은 태도로 뽐내는 것을 중단합니다.

　사람을 이 지점까지 인도하는 이는 성령뿐입니다. 세상은 정반대의 일을 합니다. 세상은 사람들을 등급으로 나눕니다. 세상은 영예와 번쩍이는 상이 있고 이러한 모든 것들을 주시합니다. 이것들이 전부입니다. 세상 사람들은 그것들을 자랑하고 자랑과 그들의 성공으로 광을 냅니다.

바울은 말합니다. "너희는 그렇게 되지 말라, 즉 술 취하지 말라. 이는 방탕한 것이니라. 성령의 충만을 받으라. 만일 너희가 성령의 충만을 받으면 너희가 가진 모든 것이 하나님에 의해 주어졌으니 자랑할 것이 하나도 없다는 것을 인식하게 될 것이다. 어떤 경우에든지 성령은 너희로 하여금 너희가 가진 모든 것에도 불구하고 여전히 너희는 가난하며 무지하며 여전히 실수가 많고 여전히 많은 잘못을 범한다는 것을 알도록 인도하실 것이다."

바울은 고린도에 있는 사람들에게 이렇게 말합니다. "지식을 뽐내는 자들아 너희가 사실 무엇을 알고 있느냐? 너희는 아직 그리스도 안에서 갓난아이에 불과하다. 난 너희에게 고기를 먹일 수 없고 젖만 먹일 수 있었다. 너희가 갓난아이이기 때문이다. 그런데 너희는 지식을 뽐내고 있어." 이 상호 관계에 있어서의 난제들을 해결하는 방법은 우리 자신의 진면모를 아는 것입니다. 우리가 이 진리를 알기 시작하는 순간 우리는 갓난아이에 불과하고 초보에 불과하다는 것을 알게 됩니다. 자기의 머리가 지식으로 꽉 차 있다고 생각하는 사람은 성령의 빛에 의해서 나타난 그대로의 진리에 직면하게 될 때 자기는 초보자이며 어린아이에 불과하고 실수와 실패투성이의 사람이라는 것을 느끼게 되는 것입니다.

그래서 사도는 "타인을 판단하는 너는 누구냐?"고 계속 말할 수 있었던 것입니다. 실로 우리 주님은 이미 그것을 다음과 같이 말씀하셨습니다. "비판을 받지 아니하려거든 비판하지 말라 너희의 비판하는 그 비판으로 너희가 비판을 받을 것이요 너희의 헤아리는 헤아림으로 너희가 헤아림을 받을 것이니라." 우리 주님은 여러분이 다른 사람 아래 있다는 것을 알라는 것입니다. 자신을 내세우며 남을 깔보는 사람은 결국 자기는 아무것도 아니라는 것을 알게 될 것이란 것입니다. 문제는 몇 인치를 수마일로 생각하는 경향입니다.

일천 피트밖에 안 되는 작은 언덕이 우리에게 굉장한 산같이 보입니다. 왜냐하면 아주 많은 사람들이 해발에 기점을 두고 있기 때문입니다.

그것을 에베레스트산에 견주어서 갖다 놓아 보십시오. 하늘에 견주어 보십시오. 여러분은 여러분이 다다른 작은 언덕을 자랑하지 않게 될 것입니다. 그것은 성령께서 일하시는 방법입니다. 성령은 우리의 이해를 열어 줍니다.

그뿐 아닙니다. 그는 우리로 하여금 우리 모두가 한 몸의 지체들인 것을 깨닫도록 도우십니다. 이것은 에베소서의 전반부의 주제입니다. "피차 복종하라" – 왜? 여러분은 모두 한 몸의 다른 지체들이나 부분들과 같기 때문입니다. 사도는 1장 끝에서 그 개념을 소개하고 4:11-16에서 그것을 상세히 다루어 나갑니다. 그리고 이미 말한 바와 같이 그것은 고린도전서 12장의 주제입니다.

"너희는 그리스도의 몸이요 지체의 각 부분이라"(27절). 여러분이 그 점을 깨닫는다면 여러분이 일개 부분이 아니라 전체의 한 부분이라고 하는 것도 깨닫게 될 것입니다. 가장 문제 되는 것은 전체이지 부분이 아닙니다. 또한 그 점은 우리의 모든 문제들을 해결하는 방도이기도 합니다. 다른 말로 해서 그것은 여러분을 인도하여 여러분 자신의 특수하고 개별적인 유익보다는 몸과 몸의 유익을 항상 생각하도록 할 것입니다.

분명히 오늘날 고민거리의 태반은 우리의 전체 구원의 개념에 있어서 너무나 개인주의적이라는 사실에 기인하고 있습니다. 구원이 개별적인 것을 감사합니다. 우리는 언제든지 그것을 강조해야 합니다. 그러나 그것을 개인주의적으로 생각해서는 안 됩니다. 사람들은 언제나 자기들 자신만 생각하고 자신들만 바라보고 있습니다. 그들은 자신들을 위해 무언가를 얻기 위해서 하나님의 교회에 나오고 있습니다. 우리는 참된 교회의 개념을 얻기 위해 노력합시다. 우리가 들어 있는 이 큰 것에 대한 참된 개념을 알아야 합니다. 우리는 작은 지체들이요, 성원들이요, 부분들에 불과합니다. 그러므로 부분이 아니라 전체를 생각합시다. 군에 있는 사람은 자신을 위해서 싸우지 않습니다. 그의 나라를 위해서 싸우고 있는 것입니다. 주장할 점은 바로 그것입니다.

한 사람이 이 모든 것을 깨닫기 시작하는 순간 그는 자기의 권리, 자기의 사적인 개인주의적인 제권리를 포기할 용의를 가지게 될 것입니다.

그는 그리스도가 교회의 몸 된 이 개념과 그 안에서만 작은 지체나 부분이 존재한다고 하는 특권을 이해할 필요가 있는 것입니다. 그럼으로써 그는 자기의 권리를 먼저 생각지 않고 이제는 전체나 다른 모든 지체들의 발전이나 진보에 관심을 가지게 될 것입니다. 즉 이웃이나 자기 옆에 있는 자에게 관심을 가질 거라는 것입니다.

그들은 다 함께 이 큰 통일체, 이 사활을 좌우하는 유기적 통일체를 보게 될 것입니다. 이것을 아는 사람은 더 이상 자기의 권리들을 걱정하지도 그것들을 말하지도 않을 것이고, 언제나 그것들을 지키고 보호하였던 것은 더 이상 그렇지 않게 될 것입니다. 그것은 물러갈 것입니다. 더구나 그는 듣고 배울 용의를 가지게 됩니다.

모든 진리를 자기만 독점하고 있지 않다는 것과 다른 사람들도 자기들의 의견이나 사상을 가지고 있다는 것을 깨닫게 된 후 그는 언제나 들으려 하고 배울 용의가 있게 되는 것입니다. 그는 자동적으로 여러 가지 일들을 거부하지 않고 참고 이해하고, 어떤 이가 "그러나 잠깐 저는 이렇게 생각하는데요…"라고 말하면 그는 그 사람의 말을 듣게 될 것이고 합당하게 들어 줄 것입니다. 그는 단번에 그의 이야기를 중단시키지 않을 것입니다. 그의 입장을 피력할 충분한 기회를 줄 것입니다. 최선을 다해 그 문제를 다루게 될 것입니다. 다시 말해서 그는 내가 부정적인 차원에서 묘사해 왔던 것과는 달리 정반대의 사람이 된 것입니다.

그러나 우리는 더 나아갈 수 있습니다. 나는 이런 사람은 진리를 위해서 몸을 위해서 필요하다면 불의까지 건너 낼 용의가 있는 사람이라고 말씀드립니다. 바울은 고린도전서 13장의 그의 위대한 진술에서 그 점을 단번에 묘사했습니다. "사랑은 오래 참고 사랑은 온유하며 투기하는 자가 되지 아니하며 사랑은 자랑하지 아니하며 교만하지 아니하며 악한 것을 생각지 아니하며 불의를 기뻐하지 아니하며 진리와 함께 기뻐하고 모든 것을 참으며 모든 것을 믿으며 모든 것을 바라며 모든 것을 견디느니라… 사랑은 언제까지든지 떨어지지 아니하느니라."

사도는 또 에베소서 5:18에서 실제로 지적하고 있는 것입니다. "그리스도를 경외함으로 피차 복종하라." 자랑하는 자가 되지 마십시오. 뽐내는 자가 되지 마십시오. 그리고 의심하는 자가 되지 마십시오. 자아를 제거하고 사랑으로 충만해지고 모든 것을 믿고 모든 것을 바라며 모든 것을 견디며 모든 것을 오래 참으십시오. 나는 그 모든 것을 이렇게 말함으로써 요약할 수 있습니다. 사실상 그리스도를 경외함으로 다른 이에게 자신을 복종시키는 사람만이 성령에 충만한 자인데, 그것은 성령에 충만한 사람은 성령의 열매를 보여 주고 나타내는 자이기 때문이다.

성령의 열매는 "사랑과 희락과 화평과 오래 참음과 자비와 양선과 온유와 믿음과 절제"입니다. 그러한 특징들로 채워진 사람은 어려움이 없을 것이고 문제 될 것이 없습니다. 그는 다른 사람을 위해서 전체의 유익을 위해서 선뜻 자원하여 자발적으로 자신을 굽히는 유의 사람일 것입니다. 이것을 할 수 있는 사람만이 성령의 열매를 나타내고 있는 것입니다. 왜냐하면 그는 성령에 충만해 있기 때문입니다.

이것은 수없이 여러 방식으로 자체를 드러냅니다. 일례로 아주 실제적인 것 하나만 말씀드리겠습니다. 사도 바울은 고린도전서 14:29에서 이렇게 말합니다. "예언하는 자는 둘이나 셋이나 말하고 다른 이들은 분별할 것이라 만일 곁에 앉은 다른 이에게 계시가 있거든 먼저 하던 자는 잠잠할지니라 너희는 다 모든 사람으로 배우게 하고 모든 사람으로 권면을 받게 하기 위하여 하나씩 하나씩 예언할 수 있느니라 예언하는 자의 영이 예언하는 자들에게 제재를 받나니"ㅡ이 얼마나 완벽한 실례입니까! 고린도교회의 문제는 한 사람이 일어나서 말하기 시작하여 할말이 너무 많자 자기 혼자만 그 문제를 알고 있는 체하며 계속 자기 말만 한 데 있습니다. 그러나 다른 사람도 한 진리를 가지고 있습니다. 그도 말하기를 원합니다. 그런데 처음 일어난 사람이 그에게 자리를 양보하지 않습니다. 바로 그것이 틀렸다는 것입니다.

첫번째 사람이 "그러나 난 성령에 충만해 있어, 어떻게 할 수가 없군. 난 할말이 많아. 어떻게 제지할 수 없군" 하고 말합니다. 그러나 바울은 말하기를 "예언자들의 영들이 예언자들에게 제제를 받는다"는 것입니다. 자신을 통제하십시오. 그러면 여러분은 타인도 할말이 있다는 것을 알게 되어 자기 말을 끝마치고 앉아서 다른 사람에게 말할 기회를 주게 되는 것입니다. 그러면 그 사람도 다른 사람에게 같은 식으로 자리를 양도할 것입니다. "두셋으로 말하게 하되 다른 이들은 분별할 것이라 다 함께 그것을 숙고해 보라." 사도 바울은 그것이 이 문제들을 피하는 방법이라고 말합니다. "그리스도를 경외함으로 피차 복종하라."

이상은 사도가 말하고 있는 것에 대한 해석입니다. 그러나 만일 그것만 말해 놓고 손을 땐다면 나는 극히 위험스런 일을 하고 있는 것일 것입니다. 아마도 현재 사람으로서 할 수 있는 가장 위태로운 일을 사실상 하고 있는 것이 될 것입니다. 나는 사도 바울이 말하고 있는 것을 파헤쳐 나왔습니다. 그러나 내가 처음 말씀드린 대로 이 본문의 구절을 문맥에 비추어서 취급해야 하며 문맥에 비춰 볼 때에만 진리가 된 것을 기억하시기 바랍니다.

내가 의미하는 바는 이 본문 18절이 오늘날 말할 수 없이 오용되고 있는 본문에 속한다는 것입니다. "그리스도를 경외함으로 피차 복종하라"고 그들은 말합니다. "맞습니다. 영국 국교(Anglo-Catholics)와는 연합하지 않겠다고 하는 당신네들의 모난 복음주의자들, '아니요, 우린 그렇게 할 수 없어요. 우리는 로마교회와는 합동할 수 없어요'라고 말하는 당신들, 피차 복종하기를 거절한 당신네들 때문에 문제가 일어나는 거예요." 그들은 덧붙여 이르기를 "기독교의 대적자들인 공산주의를 보시오. 오늘날 필요한 것은 로마 카톨릭, 희랍 정교회, 자유주의적인 현대주의자들, 보수주의자들 등 모든 이들을 포함하는 세계연합 대교회입니다."

정말 어떤 이들은 그보다 더 나아가서 "하나님을 믿는 모든 이들 ― 이슬람교도, 힌두교도, 유대인 ― 을 다 포섭하자. 지금 어떤 특수한 신념을 주장할 때가 아니라"고까지 말하는 이들이 있습니다. 그들은 주장하기를 "그리스도를 경외함으로 피차 복종하라"는 의미는 그런 식으로 유별나게 행동해서는 안 된다는 것이며, 만일 그렇게 한다면 여러분 자신의 교리를 부정하고 있는 것이라고 합니다. 오늘날 본문이 그런 식으로 오용되고 있습니다. 그들은 다시 말하기를 그리스도께서 "저희가 다 하나가 되게 해달라"는 대제사장적 기도를 드리고 있지 않느냐는 것입니다. 그리고 "어째서 당신네들은 여기서 복종하지 않는 것이냐"고 묻습니다.

그들은 이와 같은 본문은 교회연합운동(Ecumenical Movement)과 모든 분파와 차별과 구별을 없애고, 세계 대교회를 세우자는 데 대한 최종적인 논거라고 믿고 있습니다. 그러므로 여러분은 이 같은 진술을 문맥에서 취급하는 것이 얼마나 중요한가를 알게 될 것입니다. 여러분은 바울이 이 구절에서 어떻게 해서든지 평화를 설교하고 있으며 진리에 대해 가볍고 느슨하게 굳어 교리라고 하는 것에는 융통성 있고 타협적이며 편리한 대로 해야 한다고 말한다고 생각하십니까? 바울이 여기서 거짓 겸손을 가르치고 있습니까? 모든 것에 앞서서 제도상의 기독교에 충절을 나타내야 되고 사람은 자기의 의견들을 옆으로 밀어 제치고 일반적인 노선에 일치해야 하고 다른 모든 사람이 말하는 대로 말해야 한다고 주장하고 있느냐 이 말입니다.

사도의 교훈이 그들 일반 노선들과 일치해 갑니다. 이 구절을 쓴 사도는 이미 에베소서 1-3장에서 기본적이고 필수적이고 근본적인 기독교 교리들을 전제해 놓았습니다. 그것이 위 질문들에 대한 답변입니다. 이 진술은 교리를 찬동하는 자들에게만 하는 소리입니다. 그는 여기서 교리를 동조하지 않는 사람들과의 관계를 논하고 있는 것이 아닙니다. 바울은 이 편지를 읽는 자들은 "사도들과 선지자들의 기초 위에" 서 있는 자들이라는 것을 전제하고 있으며, "신앙으로 통일"을 이루고 있다는 것을 가정하고 있는 것입니다. 이교도는 교회에 남도록 허락되어 있지 않았습니다. 이교도는 추방되었고 교인들은 이교도와 교제하지 않았습니다.

이와 같은 진술을 오늘날과 같은 "교회"에 적용하는 것은 신약 전체에 대한 완전한 오해입니다. 바울은 여기서 교리에 동조하는 사람들에게 편지하고 있는 것입니다. 그는 그들이 동조하고 있는 공통적인 교리를 적용하는 정신을 취급하고 있는 것입니다. 만일 달리 해석한다면 여러분은 성경과 성경이 모순되는 것으로 알게 될 것입니다. 성경은 우리에게 "열심을 다해 믿음을 경주하라"고 합니다. 바울 사도는 빌립보교인들이 그와 함께 "복음을 변명하고 확증한 데" 대해 감사합니다. 만일 다른 해석이 맞다면 그들이 그렇게 한 것은 잘못이었을 것입니다.

여러분은 갈라디아서 2장에서 바울이 베드로에게 한 일에 대해서 읽게 될 것입니다. 베드로는 바울이 할례받지 않은 자들과 함께 먹는 문제에 대해서 바울처럼 그렇게 분명하게 이해하고 있지 않았습니다. 그렇게 훌륭한 베드로가 이 점에 있어서 잘못 가르쳤습니까? 그가 그리스도를 경외함으로 베드로에게 자신을 굽히면서 "예, 내가 누구인데 베드로와 따지겠습니까? 베드로는 그리스도와 함께 있었던 제자들 중에서 가장 중심적인 세 인물 중 한 사람이었지 않습니까? 나는 그리스도가 육신에 거할 때 함께 있었던 자가 아니었습니다. 나는 그때 불경한 자였고 바리새인이었습니다. 내가 누구인데 베드로와 같이 위대한 사람과 다투겠습니까? 난 아무 말도 하지 않겠습니다. 나는 침묵을 지키고 기도만 할 뿐입니다. 그러면 우리는 함께 침묵을 도모하고 협조하는 마음으로 일하게 되겠지요." 얼마나 우스운 일입니까! 그와 반대로 바울은 "나는 그를 면박했다"고 말합니다. 바울은 베드로를 공개석상에서 바로 잡아 주었는데 그것은 베드로가 그릇되어 있었기 때문입니다. 또한 전체적인 교회 장래가 위태로운 지경에 있었기 때문입니다.

여러분은 하나의 진술을 그 문맥에서 취급해야 하는 것이 얼마나 중요한 것인가와 그 문맥에서 하나의 진술을 별도로 떼어낸다는 것이 얼마나 위태로운가를 알게 되었을 것입니다. 그것은 신약의 가르침을 부정하는 데까지 이르게 되는 것입니다. 마지막으로 하나의 예를 더 들어보겠습니다. 요한이서에 보면 그 문제가 아주 분명하게 진술된 부분이 있습니다. "누구든지 이 교훈을 가지지 않고 너희에게 나아가거든 그를 집에 들이지도 말고 인사도 말고 그에게 인사하는 자는 그 악한 일에 참여함이라"(10-11절). 그렇게 하는 것은 공범죄를 의미하는 것입니다. 우리는 결코 그에게 복종해서는 안 됩니다.

"그리스도를 경외함으로 피차 복종하라"는 것은 그릇된 교훈과 교리에 타협하라는 것이 아닙니다. 또한 거짓이 선양되고 있을 때 아무 말도 하지 말라는 것을 의미하지도 않습니다. 정말 아닙니다. 그렇게 하는 것은 모든 신약성경을 부인하는 것이 되기 때문입니다. 그뿐 아닙니다. 그것은 기독 교회에 있어서 가장 영광스럽던 시대들을 부정하는 것입니다. 교회사에 있어서 정봉은 무엇입니까? 아타니시우스(Atanasius Contra mundum)는 그리스도의 격위교리로 모든 세상에 대항해서 혼자 서야 했습니다. 마틴 루터(Martin Ruther), 그는 무엇을 하고 있었습니까? 그는 대교황교회와 전통의 15세기를 대항해 절대적으로 혼자 서야만 했던 사람입니다. 물론 사람들이 그에게 말한 것은, "네가 뭐야? 왜 그리스도를 경외함으로 자신을 굽히지 않지?" "그리스도를 경외함으로 피차 복종하라" - "네가 뭔데?" 그러나 그는 여전히 서서 "난 다르게는 할 수 없소. 하나님이여 날 도우소서!"라고 외쳤습니다. 왜 그렇게 했습니까? 성령께서 그를 깨우쳐 주었기 때문입니다. 루터는 옳았고 교회는 틀렸습니다.

이 같은 본문을 잘못 해석한다는 것은 있을 수 없습니다. 이 진술은 그 문맥에 비추어서 다루어져야 하는 것입니다. 바울은 진리를 동조하고 있는 사람들에게 편지하고 있는 것입니다. 그는 이렇게 말하고 있는 셈입니다. 진리에 동의하고 있는 너희들은 바른 대로 행하라. 자기 고집만 내세우지 말고 상대방의 의견도 인내하면서 청종하라. 혈기를 부리지 말아라. 서로 논쟁을 할 때 관대할 수 있는 법을 배우라. 다른 이들도 말하게 하고 자기의 생각을 피력하도록 하라. 비판적이지 말고 말 한마디 때문에 사람을 저주하지 말아라. 들을 용의를 가지라. 자비로우라. 네가 갈 수 있는 데까지 가라. 그러나 사활을 좌우하는 진리에 도달하게 될 때 멈춰서서 항상 바른 방식으로 성령 안에서 행하도록 하라. 겸손과 자비와 이해심과 소망감을 가지면서 그 일을 하라. 공격적이거나 불쾌하게 하지 말라. 자기 고집만 내세우지 말라. "그리스도를 경외함으로 피차 복종하라."

내가 보기에는 사도가 이 중대한 진술 속에서 말하는 의도가 있다고 생각합니다. 아직 마지막 구절인 "그리스도를 경외함으로"라는 말씀이 남아 있습니다. 우리는 그 지점에까지 계속해야 할 것입니다. 그러나 이상의 모든 것은 우리로 하여금 이 진술을 말하고 있는 문맥을 확실하게 이해하도록 보장해 줍니다. 거기에 의심할 여지 없는 확실하고도 근본적인 진수가 되는 것들이 있습니다. 기독교의 최소 한계가 있습니다. 우리는 그것만은 지켜야 합니다. 그것을 양보해서는 안 됩니다. 필요하다면 죽기까지 싸워야 하는 것입니다. 우리는 바른 방식과 바른 정신을 가지고 그렇게 해야 합니다. 그러나 우리가 그렇게 꼭 이길 수 없는 어떤 일에 부딪히게 될 때면, 특히 이 권면을 기억해야 하는 것입니다. 고린도교회 교인들은 대개가 근본적이고 진수가 되는 일들인 기독교의 기초 원리들을 찬동하고 있었습니다. 사도는 이 원리들을 가르치고 있는 것이 아니라, 다만 그것들을 상기하게만 하는 것입니다(고전 15:1-4).

바울은 어떤 면에서 그들을 가르쳐야 했습니까? 그들이 서로서로에 관해서 말하는 방식과 어떤 이들이 우상에게 바쳐진 제물을 먹고 어떤 이는 먹지 않는 사실에 관한 것들이 있습니다. 그들은 구원의 방식과 그리스도의 신성과 속죄에 대해서는 동조하고 있었습니다. 그들은 모두 다 그 문제에 대해서는 동조하고 있었습니다. 그렇지 않으면 교회에 있지 않았을 것입니다. 그러나 여러분은 그들 진리들을 찬동하면서 여전히 교회를 분리시킬 수도 있고 분열과 다른 문제를 저지를 수도 있습니다. 우리가 그리스도를 경외함으로 차차 복종하는 법을 배워야 하는 것은 바로 이 점에서입니다.

여러분이 그리스도인이면 어떠한 의견도 가지지 않을 리가 없습니다. 그러나 만일 여러분이 자기만 내세우려고 한다면 여러분은 나쁜 그리스도인입니다. 하나님은 우리에게 그것을 분별할 수 있는 능력을 허락하셨습니다! 전혀 의견을 가지지 말라는 말도 의견을 가볍게 넘겨 버리라는 말도 아닙니다. 의견을 가지고 그것을 주장하되 자기 의견만 옳다고 하지 말라는 것입니다. 즉 사랑과 희락과 화평과 오래 참음과 자비와 양선과 온유와 믿음과 절제 등 복되신 성령의 영광스런 열매들을 나타내면서 그리하라는 것입니다. "술 취하지 말라 이는 방탕한 것이니…." 뽐내지도 말고 과장하지도 무례하지도 마십시오. "성령의 충만을 받으십시오." 사랑을 가지고 진리를 주장하고 설교하고 가르치십시오. 그리하면 인격적인 관계들이 부드러워지고 사랑스럽게 되고 하나님의 이름이 온 세상에서 영화롭게 될 것입니다.

# 제 5 장

# 그리스도의 정신

**그리스도를 경외함으로 피차 복종하라(엡 5:21)**

바울 사도는 우리 그리스도인 생활 전체를 지배하는 이 위대한 명령에서 "피차 복종하라"는 말로만 끝내지 않습니다. 내가 이제 주의를 환기시킬 말씀 "그리스도를 경외함으로"가 더 있습니다.

여기서 우리는 어떻게, 왜 서로가 복종하여야 하는지 정확하게 들었습니다. 달리 말해서 사도가 쓴 이 말씀은 우리에게 피차 복종하여야 할 동기들을 제공하고 있습니다. 우리는 그것을 다음과 같이 나눌 수 있습니다. 먼저 왜 서로가 복종해야 하는지 그 이유를 살펴보도록 합시다. 그것은 "그리스도를 경외함에서"입니다. 이제 이것은 한낱 구실로 덧붙인 것이나 이 명령을 매듭짓기 위한 구절은 아닙니다. 이는 바울이 생각없이 쓴 것이 아닙니다. 우리가 하는 식으로 거의 우연적으로 저질러 놓은 것도 아닙니다. 우리로 하여금 자기들의 영성을 알리고자 하는 이들은 자기들의 대화 속에 상투적인 문구를 자주 집어 넣습니다. 그들은 거의 한 문장이 끝날 때마다 "주를 찬양합니다"는 말을 집어 넣습니다. 사도가 "그리스도를 경외함으로"라고 덧붙인 것은 그런 식으로 한 것이 아닙니다. 그것은 생각없이 얄팍하게 되어진 것이 아닙니다.

그의 교훈상 그것이 빠져서는 안 되는 것이기 때문에 그것을 덧붙인 것입니다. 나는 그것을 아주 쉽게 입증할 수 있습니다. 그는 여기서 그의 일반 원리를 설정하고 있습니다. 즉 우리는 피차 복종하는 것을 특징으로 하는 삶을 살아야 한다는 것입니다. 그 다음 그는 이것을 세 가지 특별한 경우에서 즉 아내와 남편, 자녀와 부모, 종과 성전의 경우에 적용시키고 있는 것입니다. 그러나 관찰해 보면 아주 재미있는 것이 있는데 세 경우 각각에서 이 보편 원리의 진술에 있는 이것을 아주 조심스럽게 덧붙인다는 것입니다.

첫째로 우리는 보편적인 원리에서 그것을 봅니다. "그리스도를 경외함으로 피차 복종하라." 그런 다음 첫번째 적용에서 "아내들아 남편들에게 복종하기를 주께 하듯 하라"(22절). 바울은 "아내들아 남편들에게 복종하라"는 말로 그치지 않고 거기에다 "주께 하듯 하라"는 말을 덧붙입니다. 그 다음 두번째 적용에서 "자녀들아 너희 부모들을 주 안에서 순종하라"(6:1) 합니다. 여전히 같은 말이 첨가된 것입니다! 그는 단순하게 "자녀들아 너희 부모들을 순종하라 이것이 옳으니라"고 하지 않고 "너희 부모를 주 안에서 순종하라"고 말하고 있습니다. 세번째 상전과 종에 관한 적용에서도 같은 것을 보게 됩니다. "종들아 두려워하고 떨며 성실한 마음으로 상전에게 순종하기를 그리스도께 하듯 하여 눈가림만 하여 사람을 기쁘게 하는 자처럼 하지 말고 그리스도의 종들처럼 마음으로 하나님의 뜻을 행하여"(6:5-6).

모든 구절이 이 "그리스도를 경외함"이 분명히 모든 것을 주장하는 원리라는 것을 보여 주고 있습니다. 그리고 우리가 그것을 행하는 방식에 관한 이 지배원리나 그 이유를 분명히 알지 않고, 아내의 남편에 대한 의무나 부모들에 대한 자녀들의 의무로 건너가는 것은 태만한 것입니다.

그렇다면 이 말씀은 무엇을 의미하는 것인가? 우리는 먼저 이것을 보편적인 형식으로 놓을 수 있습니다. 이것은 그리스도인의 생활 전체를 지배하는 동기입니다. 바울은 매경우마다 이것을 되풀이하여 강조합니다. 이 점이 우리가 어떻게 해서든지 묵살하려 드는 것입니다. 모든 것은 "그리스도를 경외함" 속에 있어야 합니다.

먼저 나는 그 문제를 부정적으로 살펴보겠습니다. 우리는 서로간에 복종하여야 합니다. 또한 모든 일을 그에 입각하여 하여야 합니다. 왜냐하면 그 자체가 훌륭해서가 아니라 그렇게 하지 않는 것이 나쁘기 때문입니다. 그것이 마땅히 해야 할 일이라 믿기 때문에 이런 유의 일을 하는 세상 사람들이 있습니다. 그러나 그것이 그리스도인의 이런 식의 행동 이유는 아닙니다. 그리스도를 믿고 그와 그가 하신 속죄사역을 신뢰하는 것만이 아니라, 그에 덧붙여서 그리스도인의 생활이 이분에 의해서 전적으로 지배된다는 것을 믿는 것입니다.

예수 그리스도는 주님이십니다. 그리스도인은 주 예수 그리스도를 믿습니다. 여러분은 그를 주로 믿지 않고는 그를 구세주로 믿을 수 없는 것입니다. 만일 여러분이 그에 대한 어떠한 믿음을 전적으로 가지고 있으면 여러분은 그리스도 전체를 믿고 있는 것입니다. 그래서 그가 여러분 생활의 주님이 되는 것입니다. 그리스도인은 단순히 그 일들이 좋고 옳기 때문에만 그 일들을 하는 것이 아닙니다. 그리스도인을 다르게 하는 표지(標識)는 모든 일을 "주를 위해서", "그리스도를 경외함"에서 한다는 데 있습니다. 왜냐하면 그리스도가 그의 주님이시기 때문입니다.

이것은 우리의 모든 생각에 혁명을 일으킵니다. 그러므로 나는 그것을 또 다른 부정의 형식으로 지적해 보겠습니다. "피차 복종하라", 어떤 이들은 이렇게 말합니다. 여기에 내가 전적으로 동조하는 원리가 있다. 나는 당신이 말하는 그리스도의 피나 속죄 등에 관해서는 별 관심이 없다. 그러나 우리가 다 같이 서로 복종해야 한다는 데는 나도 동조한다. 평등 국가의 기초는 바로 그것이다. 모든 계급과 분파와 차별을 없애고 우리 모두가 하나가 되고 동등하게 되게 할 수 있는 것은 "피차 복종하라"는 것이다.

그러나 사도가 말하는 것은 그것이 아닙니다. 우리는 우리가 지지할 수 있는 어떤 정치적이고 사회적인 교훈 때문에 피차 서로 복종하는 것이 아닙니다. 모든 사람들이 똑같은 수준으로 평등화되어야 한다고 하는 평등주의 철학을 주장하는 사람들이 있습니다. 그가 어떠한 사람이든지 무엇을 하든지 간에 모든 이들이 모두가 같은 수준에 있어야 된다는 것입니다. 사도가 "피차 복종하라"고 말한 것은 그것이 아니었습니다. 왜 그러합니까? 그것이 정치 사회 이론이기 때문에가 아니라, "그리스도를 경외"하기 때문입니다. 그러므로 전적으로 다른 것입니다.

그렇게 말한다고 해서 나의 정치 사회적인 의견이나 철학을 피력하고 있는 것이 아닙니다. 강조하고 싶은 것은 오직 이런 일들을 하는 그리스도인 동기들이 비그리스도인들의 경우에서 적용하는 것과는 전적으로 다르다는 것입니다. 더구나 기독교의 교훈을 정치 이론이나 사회주의 이론으로 혼란케 하는 것은 그것이 어떠한 것이든지 간에 복음을 우습게 만드는 것입니다. 또한 기독교의 교훈을 정치 이론이나 사회주의 이론의 수준으로 강등시키는 것은 어떠한 것이든지 그것은 복음을 우화로 만드는 것입니다.

나는 정치에는 관심이 없고 다만 그리스도인의 입장은 항상 "그리스도를 경외함"이라는 것을 보여 주는 데만 관심이 있습니다. 법률에 의해서 모든 사람이 공통분모에 이르게 된다 할지라도, 여러분은 그것으로 그들을 그리스도인 되게 할 수 없다는 것입니다. 그러므로 그것이 사도에 의해 주어진 이유가 아니라면 그것은 영적으로 전혀 고려할 가치가 없는 것입니다.

또 다른 부정적인 측면을 생각해 봅시다. 우리는 단순히 그것이 어떤 단체나 어떤 조건하에서 하는 일이기에 피차 복종해야 하는 것이 아닙니다. 우리에게 이렇게 하라고 요청하는 사회적인 관례가 있습니다. 뒷자리에 서서 다른 사람에게 자리를 양보합니다. "피차 복종하는 것입니다." 바울 사도가 말하는 것은 그것이 아닙니다. 그는 여러분이 어떤 사회규범에 맞춰 나가라든지 어떤 단체나 모임의 에티켓을 지키라고 하지 않습니다. 또는 여러분 자신을 굽히고 있다는 인상을 주어야 한다고도 말하지 않습니다. 사실 그렇게 하는 것은 여러분의 마음속과는 내내 정반대의 일을 하게 되는 것이기 때문입니다. 겉으로 나타나게 하는 복종이 가진 문제는 사실적으로는 자기의 우월감에 대한 표가 된다는 것이며, 자기의 지위와 사회적인 예의를 자랑하는 셈이 된다는 것입니다. 그러나 이것은 에티켓이 아닙니다. 세상은 아주 그럴듯하게 나타냅니다.

여러분은 뒤에서 굽실대면서 다른 이들에게 자리를 양보하는 사람들을 봐서 알고 있습니다. 그러나 문제는 그의 마음이 어떠하느냐에 있습니다. 왜 그가 그 일을 하고 있습니까? "그리스도를 경외함"에서 하고 있습니까? 사회적인 관습은 사도의 안중에도 없습니다. 왜냐하면 그것들은 겉치레이고 진정이 결여되었기 때문입니다. 그리스도인은 깊고 심오한 동기에 의해서만 감동을 받습니다. 그것이 "그리스도를 경외함"인 것입니다. 이 그리스도를 경외함이 그를 지배하고 그것이 항상 그를 다스립니다.

그러나 나는 또 하나의 부정적인 측면으로 나가야겠습니다. 이렇게 말씀드리면 충격적이 될는지 모르겠습니다. 우리가 아내와 남편, 자녀와 부모, 종과 상전의 관계에 있어서 서로 피차 복종해야 하는 것은 법을 지키기 위해서가 아닙니다. 심지어 하나님의 율법을 지키기 위해서조차도 아닙니다. 하나님의 율법을 지키는 것이 그리스도인의 제1차적인 동기는 아닙니다. 그리스도인의 동기는 항상 "그리스도를 경외함"입니다. 물론 주님께서 하라고 지시하시는 모든 것은 이미 율법 가운데서 말한 것들입니다. 예를 들어 자녀들에 대한 것을 생각해 보십시오. "자녀들아 네 부모를 주 안에서 순종하라 이것이 옳으니라 너희 부모를 공경하라 이것이 약속 있는 첫 계명이니라." 십계명이 그것을 말하고 있습니다. 유대인도 계명을 지킵니다. 그러나 그리스도인은 "주 안에서" 계명을 행하는 것입니다. "그리스도를 경외함"으로 하는 것입니다. 그는 단순히 율법을 지키는 데 관심이 있는 것이 아니라, 보다 높은 동기를 가지고 있는데 그것이 "그리스도를 경외함"입니다.

이것이 언제든지 그리스도인을 다르게 하는 표지입니다. 그리스도인은 이제 더 이상 율법의 차원에서 자신을 생각지 않는 것입니다. 그는 언제나 이 관계 속에서 자신을 "율법 없는 자로가 아니라 그리스도에 대하여 율법 아래 있는 자로" 생각하는 자입니다. 또한 "그리스도를 경외함"으로 주님이시요, 구세주이신 그분과의 인격적 관계의 차원 속에서 자신을 생각하는 것입니다. 그래서 사도는 이 점을 인상지워 주기 위해서 이것을 계속 반복하고 있는 것입니다. 물론 우리가 이것을 할 수 있게 되는 것은 이 동기에 의해서 지배를 받을 때만이라는 이유 때문에 주요한 것입니다.

성령 충만한 사람은 언제든지 주 예수 그리스도를 기억하는 것입니다. 성령은 그리스도를 가르치고 그를 영화롭게 하며 언제든지 그에게로 인도합니다. 그래서 성령에 충만한 사람은 언제나 그를 주시하고 있는 것입니다. 이것은 그리스도인의 일대 동기인 것입니다. "그리스도를 경외함"—이것을 모든 생각의 중심으로 삼고 이러한 여러 가지 일들을 할 수 있는 것입니다.

나는 그것을 다음과 같은 형식으로 표현함으로써 요약할 수 있습니다. 그리스도인과 비그리스도인의 차이는 이러합니다. 그리스도인은 언제나 왜 그 일을 하는지 그 이유를 알고 있습니다. 무엇을 하고 있는지도 알고 있습니다. 우리가 이미 상고한 바와 같이 그리스도인은 "어리석은 자가 아니라 주의 뜻이 무엇인지 아는 사람입니다"(17절). 바로 그것이 다릅니다.

그리스도인이 아닌 사람은 왜 그 일을 하는지 그 이유를 알지 못하고, 규례를 따라갈 뿐이며 다른 사람을 모방할 뿐입니다. 그는 다른 이들이 어떻게 하는지를 유심히 살피고서 그와 똑같이 하는 것입니다. 왜 하는지 모르고 그 일의 진정한 철학을 알지 못합니다. 그는 다만 할 뿐이고 맞추어 나갈 뿐입니다. 그러나 그리스도인은 그와 반대로 생각하고 그에 대한 이유들을 가집니다. 그 이유는 언제나 "그리스도를 경외함"입니다.

이 모든 것은 어떻게 되어 나갑니까? 그리스도인 특유의 이유들과 동기들은 무엇입니까? 첫째로 그리스도인은 다른 사람에게 자신을 복종시키고서 이러저러한 일을 합니다. 왜냐하면 주 예수 그리스도께서 친히 명백하게 가르치신 것이 이것이기 때문입니다. 이 점을 명백히 해 주는 많은 구절들을 복음서 가운데서 인용하는 것은 아주 간단한 일입니다. 마태복음 20장에 이 모든 주제를 밝혀 주고 예증해 주는 한 진술이 있습니다. 20절에서 시작되는 진술입니다. "그때에 세베대의 아들의 어미가 그 아들들을 데리고 예수께 와서 절하며 무엇을 구하니 예수께서 가라사대 무엇을 원하느뇨 가로되 이 나의 두 아들을 주의 나라에서 하나는 주의 우편에 하나는 주의 좌편에 앉게 명하소서 예수께서 가라사대 너희 구하는 것을 너희가 알지 못하는도다 나의 마시려는 잔을 너희가 마실 수 있느냐 저희가 말하되 할 수 있나이다 가라사대 너희가 과연 내 잔을 마시려니와 내 좌우편에 앉는 것은 나의 줄 것이 아니라."

　마태는 그 기사를 계속해 나갑니다. "열 제자가 듣고 두 형제에 대하여 분히 여기거늘." 왜 분하게 여겼습니까? 그들도 바로 그 최고 자리에 오를 것을 바라고 있었기 때문입니다. 두 형제가 사실상 첫 자리를 먼저 요구하였기 때문에 그들 열 제자들이 그들에게 분을 내었던 것입니다. 우리는 모두가 이처럼 다른 사람들의 결점에 대해서는 날카롭습니다. 그래서 열 제자들이 분개하여 어쩔 줄 몰랐던 것입니다.

　"그러나 예수께서 제자들을 불러다가 가라사대 이방인의 집권자들이 저희를 임의로 주관하고 그 대인들이 저희에게 권세를 부리는 줄을 너희가 알거니와 너희 중에 그렇지 아니하니 너희 중에 누구든지 크고자 하는 자는 너희를 섬기는 자가 되고 너희 중에 누가 으뜸이 되고자 하는 자는 너희 종이 되어야 하리라 인자가 온 것은 섬김을 받으려 함이 아니라 도리어 섬기려 하고 자기 목숨을 많은 사람의 대속물로 주려 함이니라."

　여기서 우리 주님은 바로 우리가 다루는 이 문제에 대한 명백한 교훈을 주신 것입니다. 그리스도인은 의심하거나 주저할 필요가 없습니다. 이것은 우리 복되신 주님께서 주신 교훈 중에서 가장 명확한 계명들과 가르침들 가운데 하나입니다.

　요한복음 13:2에 또 다른 빼어난 실례가 있습니다. 그때는 주님이 잡히시던 날 밤입니다. "세상에 있는 사람들을 사랑하시되 끝까지 사랑하시니라." 그런 다음 이 획기적인 일이 일어난 것입니다. "저희 발을 씻기신 후에 옷을 입히시고 다시 앉아 저희에게 이르시되 내가 너희에게 행한 것을 너희가 아느냐", "예수는 아버지께서 모든 것을 자기 손에 맡기신 것과 또 자기가 하나님께로부터 왔다가 하나님께로 돌아갈 것을 아시고 저녁을 잡수시다 자리에서 일어나 겉옷을 벗고 수건을 가져다가 허리에 두르시고 이 대야에 물을 담아 제자들의 발을 씻기시고 그 두르신 수건으로 씻기기를 시작하였다." 제자들은 이해할 수 없었습니다.

　베드로가 이 일을 하지 못하도록 너무나 완강히 말리므로 우리 주님은 그를 깨우치고 가르쳐야 했습니다. "저희 발을 씻기신 후에 옷을 입으시고 다시 앉아 저희에게 이르시되 내가 너희에게 행한 것을 너희가 아느냐?" 내가 하고 있는 일을 너희들이 이해하느냐? 이렇게 하는 뜻을 알겠느냐? 그 의미를 알겠느냐? "너희가 나를 선생이라 또는 주라 하니 너희 말이 옳도다 내가 그러하다 내가 네 주와 또는 선생이 되어 너희 발을 씻겼으니 너희도 서로 발을 씻기는 것이 옳으리라 내가 너희에게 행한 것같이 너희도 행하게 하려 하여 본을 보였노라 내가 진실로 너희에게 이르노니 종이 상전보다 크지 못하고 보냄을 받은 자가 보낸 자보다 크지 못하니 너희가 이것을 알고 행하면 복이 있으리라." 이보다 더 명백한 교훈은 전혀 없습니다. 이에 대해 논란할 필요가 없으며 그것에 대해 어떤 난제나 어떤 의심이나 애매한 것이 있을 필요가 없습니다. 우리 주님은 제자들의 발을 씻기신 행위에서 우리 앞에 모범을 보여 주셨습니다. 그는 어떤 일이든 그렇게 하셨습니다. 그러므로 그것이 우리 앞에 언제든지 본보기로 되어야 합니다.

우리가 피차간에 복종해야 하는 것은 그 때문입니다. 왜냐하면 우리 주님께서 그렇게 하라고 가르치셨기 때문입니다. 다시 여기서 주님의 말씀을 들어보십시오, "너희가 서로 사랑하면 이로써 모든 사람이 너희가 내 제자인 줄 알리라." 그것은 그들이 그 점을 알 방법입니다. 사실상 주님은 그의 대제사장적 기도에서 그것을 다시 말씀하십니다. 그와 아버지가 하나인 것처럼 모든 사람들이 하나 되고, 그들이 다 같이 주님의 제자 됨과 아버지께서 주님을 보내신 것을 알게 하시기를 기도하셨던 것입니다.

우리가 이 점에 대해 주의를 기울여야 할 제일 큰 이유는 우리 주님께서 우리를 가르치시기 위해서 본을 보이신 점입니다. 이 세상에서 그는 영광의 주님이십니다. 그러나 그는 자신을 낮추셨습니다. 주와 선생 옳습니다! 그러나 그는 세상의 제왕들과 같지 않습니다. 그는 다른 범주에 있습니다. 우리는 여기서 모든 인간적인 생각을 제거해야 합니다. 그는 우리의 종으로 이 땅에 오신 하나님의 아들이십니다. "인자의 온 것은 섬김을 받으려 함이 아니라 자기 목숨을 많은 사람을 위한 대속물로 주기 위함이라."

우리가 이렇게 해야 할 두번째 이유 또는 두번째 해명은 주님께 대한 은혜를 보답하기 위해서입니다. 만일 우리가 믿노라고 외치는 바를 진정으로 믿는다면, 사는 데 있어서 우리 그리스도인의 가장 큰 소원은 주님께 대한 은혜를 보답하는 것입니다. 우리가 진정으로 다음과 같은 것을 믿습니까? 그가 하나님의 아들이시며 우리를 구하기 위하여 하늘에서 땅으로 내려 오신 것을 믿습니까? 주님께서 그의 완벽한 삶을 영위함으로써만 아니라 자원해서 십자가를 지시고 우리의 모든 죄와 우리가 받을 모든 형벌을 받으심으로써 우리를 구원하신 것을 믿습니까? 그가 그의 생명을 바쳐서 우리를 용서하시고 우리가 하나님께 화해하도록 해 놓으신 것을 진실로 믿습니까? 그렇다면 우리의 최고 소원은 그를 즐거워하며 그에 대한 감사를 표하는 것이 아닙니까? 그는 우리를 위해서 그 일을 행하셨습니다. 주님은 우리에게서 무엇을 바라시겠습니까? 주님은 우리에게 그의 계명들을 행함으로 주의 이름이 다른 사람들에게서 높이 되고 영화롭게 되도록 하라고 하셨습니다.

다시 한 번 우리는 주님의 대제사장적 기도(High Priestly Prayer)에서 다음과 같이 그 점을 나타내신 것을 봅니다. 주님은 아버지 하나님께 이렇게 기도하셨습니다. "아버지를 이 세상에서 영화롭게 하였나이다." 그런 다음에 ─ "내가 저희로 말미암아 영광을 받았나이다." 우리의 모든 실제는 이것에 의해 지배되어야 합니다. 주 예수 그리스도는 우리 안에서 우리로 말미암아 영광을 받아야 하는 것입니다. 이것은 논란의 여지가 없는 것입니다. 우리가 좋아하고 싫어할 문제가 아닙니다. 그것을 말씀하신 것은 주님이시고 그것은 명백한 진리입니다.

세상 사람들은 우리가 나타내는 것을 보고 주 예수 그리스도를 밖에서 판단하고 평가합니다. 만일 그들이 우리에게서 세상에서 하는 행동이나 행위와 동등한 것을 본다면 ─ 모든 사람들처럼 어떻게 해서든지 우월하려고 하고 자신을 나타내고 자신에게 주의를 돌리려 노력한다면 ─ 그들은 말할 것입니다. "이건 세상이나 매한가지네. 세상이 그렇게 하지 않나!" 세상은 화합을 이루지 못합니다. 언제나 충돌이 일어납니다. 세상은 자기들에게 주의를 끌려고 언제든지 자기들만 내세우는 개인주의자들로 가득합니다. 세상의 사는 방법은 그러합니다. 모든 것이 그 모양입니다.

그러므로 그들이 우리에게서 같은 것을 본다면, 어떻게 그들이 주 예수 그리스도를 믿고 경배할 수 있겠는가 말입니다. 주님의 외침은 그가 우리를 위해서 죽었을 뿐만 아니라, 우리에게 새생명을 주어 우리를 새롭게 창조하며 중생시킨다고 하는 것입니다. 또한 우리는 근본적으로 달라지고 우리는 그 안에 계신 성령으로 충만해져야 한다는 것입니다.

"내가 저희로 인하여 영광을 받았나이다." 그러므로 그리스도인은 언제든지 이것을 기억하는 사람입니다. 그리스도인은 "내가 어떻게 해야 즐거울까?" 하는 사람이 아닙니다. 그리스도인은 주님에 대한 사랑과 감사로 자신을 잊는 사람입니다. 그의 소원은 그에 대한 감사를 나타내는 것입니다. 그는 주의 이름을 위해서 열심을 가집니다. 그는 다른 이들이 주님을 믿기를 간절히 소원합니다. 또한 그는 일차로 사도가 여기서 그려주고 있는 방법대로 사는 것이 그렇게 하는 길이라는 것을 압니다. 만일 여러분이 그것을 실천하기를 마다한다면 사람들에게 말하는 것은 쓸모 없는 일입니다. 만일 내가 내 생활에서 메시지를 부인하는 생활을 한다면 내가 설교하는 것은 헛된 일입니다. 사람들은 우리가 어떤 사람인가 어떻게 행하는가 유심히 봅니다. 그래서 바울은 "그리스도를 경외함으로 피차 복종하라"고 한 것입니다. 이것이 우리의 모든 것을 지배하는 동기가 되어야 합니다.

그러나 나는 논리를 한 단계 더 올려보겠습니다. 우리는 그를 기르게 하고 그에 대한 우리의 사랑을 보여 주기를 갈망합니다. 그러나 바울은 경외함(두려움)이라는 말을 사용했습니다. "그리스도를 경외(두려워) 함으로" 다른 데서는 그 받은 것을 실망시키거나 근심시키는 것을 두려워한다는 의미입니다.

히브리서는 우리에게 그리스도께서 "보라, 나와 하나님께서 내게 주신 자녀라"(2:13) 하신다고 기록하고 있습니다. 우리는 그의 소유요 그의 백성입니다. 그의 이름이 우리에게 있고 그의 대표자들이요, 그가 "사신" 백성들이요, 우리와 그의 관계는 사랑의 관계입니다. 그러므로 그리스도인은 그러한 생각의 지배를 받는 사람입니다. 그는 우리를 내려다보십니다. 말하자면 그의 평판은 우리에게 달려 있습니다. "내가 저희로 영광을 받습니다." 그는 "나는 세상의 빛이라"고 하십니다. 세상은 그를 보지 못하고 우리를 봅니다. 우리는 빛이요 세상에서 유일한 빛입니다. 그리스도인은 그것을 인식하면서 모든 것을 알고 걸어가고 행하는 사람입니다. "우리는 주님을 실망시키고 있지는 않은가?" 사랑은 그렇게 생각합니다. 그렇지 않습니까? 사랑의 영역으로 들어가는 것은 일종의 경외(두려움)입니다. 그것은 율법보다 훨씬 높은 것입니다. 이것은 여러분을 사랑하고 여러분을 믿고 신뢰하며 여러분을 좋아하고 그렇게 많은 일을 여러분을 위해 하신 이를 상심케 하고 슬프게 하고 실망시키는 데 대한 두려움입니다. 이는 사랑에 있어서 불가사의한 일입니다.

   사랑이 세상에서 가장 큰 힘이 되고 가장 큰 동기가 되는 것은 이 때문입니다. 사람은 자기 자신의 힘으로써는 할 수 없는 것을 사랑을 위해서는 할 수 있습니다. 사랑은 가장 장엄하고 위대한 동기입니다. 사랑은 일부 그렇게 작용합니다. 우리를 이처럼 사랑하사 우리를 위해서 자신을 주기까지 하신 분을 실망시키고 있다는 것을 아는 것보다 더 무서운 일이 있습니까? 우리가 그렇게 슬프게 하고 그에게 무가치해야 한다는 것보다 더 가공할 일은 없습니다. 부모들은 자녀들에게 이런 감정을 가집니다. 자녀들도 그들의 부모들에 대해 같은 감정을 가져야 합니다. 이것은 그리스도인의 생활방식입니다. 나는 그것이 하나의 규범이나 어떤 정치 사회 이론에 맞추는 것이 된다고 말하지 않습니다. 그것은 우리에 대한 주님의 사랑이요, 주님에 대한 우리의 관계요, 주님에 대한 우리의 두려움이요, 우리의 경외(敬畏)요, 어떻게 해서든지 그를 슬프게 하거나 실망시키지 않도록 하는 것입니다.

   그러나 그것을 보다 한 단계 더 나아가서 생각해 본다면 경외함 속에는 우리의 모든 됨됨이와 모든 일을 장악해야 하는 생활과 성화의 문제와 우리의 모든 봉사에 있어서 우리를 지켜야 하는 두려움이 있습니다. 그것은 신약성경에서 자주 진술되는 것입니다. 나는 내가 주의를 환기시키려고 하는 이 특별한 두려움에 의해서 우리가 얼마나 많은 영향을 받는가를 생각해 봅니다.

   사도는 고린도전서 3:9 이하에서 이렇게 진술하고 있습니다. "우리는 하나님의 동역자들이요 너희는 하나님의 밭이요 하나님의 집이니라 내게 주신 하나님의 은혜를 따라 내가 지혜로운 건축자와 같이 터를 닦아 두매 다른 이가 그 위에 세우나 그러나 각각 어떻게 그 위에 세우기를 조심할지니라 이 닦아둔 것 외에 능히 다른 터를 닦아둘 자가 없으니 이 터는 곧 예수 그리스도라 만일 누구든지 금이나 은이나 보석이나 나무나 풀이나 짚으로 이 터 위에 세우면 각각 공력이 나타날 터인데 그날이 공력을 밝히리니 이는 불로 나타내고 그 불이 각 사람의 공력이 어떠한 것을 시험할 것임이니라 만일 누구든지 그 위에 세운 공력이 그대로 있으면 상을 받고 누구든지 공력이 불타면 해를 받으리니 그러나 자기는 구원을 얻되 불 가운데서 얻은 것 같으리라 너희는 하나님의 성전인 것과 하나님의 성령이 너희 안에 거하시는 것을 알지 못하느냐 누구든지 하나님의 성전을 더럽히면 그 사람을 멸하시리라 하나님의 성전은 거룩하니 너희도 그러하니라." 여기서 우리는 다른 타입의 두려움을 – "그날이 공력을 발하리니" – 대하게 됩니다.

우리가 그로부터 교리를 끌어내기 전에 이에 대한 몇몇 다른 예를 살펴보기로 합시다. 바울이 고린도전서 9:24로 끝절까지에서 말한 것을 생각해 볼 것 같으면 "운동장에서 달음질하는 자들이 다 달아날지라도 오직 상을 얻는 자는 하나인 줄을 너희가 알지 못하느냐 너희도 얻도록 이와 같이 달음질하라 이기기를 다투는 자마다 모든 일에 절제하나니 저희는 썩을 면류관을 얻고자 하되 우리는 썩지 아니할 것을 얻고자 하노라 그러므로 내가 달음질하기를 향방 없는 것같이 아니하여 내가 내 몸을 쳐 복종하게 함은 내가 남에게 전파한 후에 자기가 도리어 버림이 될까 두려워함이로라."

다음에 고린도후서 5:9에 있는 말씀입니다. "그런즉 우리는 거하든지 떠나든지 주를 기쁘시게 하는 자 되기를 힘쓰노라 이는 우리가 다 반드시 그리스도의 심판대 앞에 드러나 각각 선악간에 그 몸으로 행한 것을 따라 받으려 함이라 우리가 주의 두려우심을 앎으로 사람을 권하노니", "그리스도를 경외함(두려움)으로 피차 복종하자!"와 같은 고린도후서 7:1을 보십시오. "그런즉 사랑하는 자들이 이 약속을 가진 우리가 하나님을 두려

위하는 가운데서 거룩함을 일제히 이루어 육과 영의 온갖 더러운 것에서 자신을 깨끗이 하자."

다시 갈라디아서 6:1 이하의 말씀을 보십시오. "형제들아 사람이 만일 무슨 범죄한 일이 드러나거든 신령한 너희는 온유한 심령으로 그러한 자를 바로잡고 네 자신을 돌아보아 너도 시험을 받을까 두려워하라 너희가 짐을 서로 지라 그리하여 그리스도의 법을 성찰하라." 이어서 "만일 누가 아무것도 되지 못하고 된 줄로 생각하면 스스로 속임이니라 각자 자기의 일을 살피라 그리하면 자랑할 것이 자기에게만 있고 남에게는 있지 아니하리니 각각 자기의 짐을 질 것임이니라." 그 다음에 빌립보서 2:12-13에 있는 대진술로 나아갑니다. "그러므로 나의 사랑하는 자들아 너희가 나 있을 때뿐 아니라 더욱 지금 나 없을 때에도 항상 복종하여 두렵고 떨림으로 너희 구원을 이루라." 그것이 여러분이 해 나가야 하는 방식입니다. 그렇기 때문에 여러분은 그리스도를 경외함으로 피차 복종하여야 하는 것입니다. "두렵고 떨림으로 너희 구원을 이루라." 바울은 다시 디모데후서 2:19에서 이렇게 말하고 있습니다. 거기에 그른 것을 말하며 행하는 자들이 있었습니다. "그러나 하나님의 견고한 터는 섰으니 외침이 있어 일렀으되 주께서 자기 백성을 아신다 하며 또 주의 이름을 부르는 자마다 불의에서 떠날지어다 하였느니라." 그러나 여러 말에서 볼 때 모든 것 중에서 최상의 예는 히브리서 12:28-29에 있는 말씀입니다. "그러므로 우리가 진동치 못할 나라를 받았은즉 은혜를 받자 이로 말미암아 경건함과 두려움으로 하나님을 기쁘시게 섬길지니 우리 하나님은 소멸하는 불이심이니라."

물론 이상의 모든 것은 우리의 칭의와는 하등의 관계가 없습니다. 우리가 구원받는 것과도 관계가 없습니다. 이것은 다른 문제, 즉 상급의 문제에 관련된 두려움입니다. 우리가 인용한 고린도전서 3장을 보십시오. "만일 누구든지 금이나 은이나 보석이나 나무나 풀이나 짚으로 이 터 위에 세우면 각각 공력이 나타날 터인데 그날이 공력을 밝히리니." 남는 것이 아무것도 없을 경우 "그는 해를 받으리니 그러나 자기는 구원을 얻되 불 가운데서 얻은 것 같으리라." 이는 굉장한 신비입니다. 나는 그것을 이해하는 것처럼 과장하지 않습니다. 그것을 이해할 사람은 하나도 없습니다. 그러나 가르침은 분명한 것 같습니다. 또한 그것은 다른 모든 구절에게도 해당이 됩니다. 우리가 인용한 모든 구절들 중 한 가지라도 사람의 구원과 관련을 가지지 않습니다. 다만 그가 받을 상급과는 관련을 가집니다.

사람이 "불 가운데서라도" 구원받는 것은 가능합니다. 그는 아무것도 없이 영원토록 지나게 될 것입니다. 가치 있는 일은 아무것도 하지 않았기 때문입니다 — 아무 일도! 그것은 모두 사라지고 심판의 불에 의해서 소멸됩니다. 그 자신은 "불 가운데서" 구원받습니다. 그 모든 것은 예를 든 다른 구절에서도 매한가지입니다. 그것은 한 사람이 은혜에서 떨어질 수 있다는 것을 뜻하지 않습니다. 구원받은 사람은 "주의 두려움"을 알 수 있다는 뜻입니다. "우리가 다 반드시 그리스도의 심판대 앞에 드러나 각자 선악간에 그 몸으로 행한 것을 따라 받으려 함이라"(고후 5:10).

그래서 사도는 그리스도를 경외함으로 피차 복종하라고 하는 것입니다. 우리 그리스도의 백성들은 주님 앞에 서서, 그의 보시는 앞에서 서서 그의 얼굴을 대하게 될 것입니다. 여러분은 그 순간에 어떤 것을 느낄 것 같이 생각됩니까? "아예 나는 당신께서 나를 위해 죽으신 것을 믿습니다. 당신의 흘리신 피를 믿습니다. 나는 그것을 받아들였습니다. 그런데 난 내가 원하는 대로 했고 당신의 계명들에 복종하지 않았습니다. 당신이 내게 이르신 대로 행하지 않았습니다. 나는 하나님을 두려워함으로 완전한 거룩을 이루지 못했습니다. 나는 다른 이들에게 내 자신을 복송시키지 않았습니다. 내 고집만 세우고 육에 속한 자연인이 하는 대로 행했습니다."

여러분은 그의 눈을 쳐다보는 것이 어떠하리라 상상됩니까? 나는 여러분에게 그에 대한 복종의 개념을 제시할 수 있습니다. 우리 주님이 사도 베드로에게 닭 울기 전에 네가 나를 세 번 부인하리라 하셨을 때 베드로가 일어나 완강히 아니라고 한 것을 우리는 복음서를 통해 알고 있습니다. 그런 후에 주의 고난의 때가 오고 그때에 하녀가 베드로에게 삿대질을 했습니다. 그는 자기 목숨을 구하기 위해 겁에 질린 나머지 주를 부인했습니다. 그러나 그 후에 무어라고 기록되어 있는지 기억하십니까? "주께서 베드로를 바라보셨더니 베드로는 밖에다가 통곡했더라." 주님은 그에게 한마디의 말도 하지 않았습니다. 다만 바라보시기만 했습니다. 왜냐하면 베드로가 그를 놓쳤기 때문입니다. 그는 질책하는 눈초리로 보시지 않았던 것입니다. 베드로는 그것을 참을 수 없었습니다. 베드로는 차라리 뭐라고 말씀하시든지 질책하시고 매꽂아 버리시는 편이 더 나았을 것입니다. 그를 무너뜨리고 그의 양심을 죽여 놓은 것은 주님의 바라보심이었습니다. "주께서 베드로를 보시니라." 거기에 심판의 요소를 더하여 보십시오.

여러분은 "주의 두려움을 압니다." "그리스도를 경외함으로 피차 복종하라." "아내들과 남편들아." 여기에 대해 논란할 필요가 없습니다. 그는 우리에게 그의 원하는 것이 무엇인지 말씀하셨습니다. 주님은 우리에게 한 가지 본보기를 보여 주셨습니다. 우리는 핑계하지 못합니다. 그러므로 우리 다 같이 "그리스도를 경외함으로 피차 복종하십시다." 그것이 유일한 동기요 충족한 동기입니다.

그러나 하나님께 감사하십시오. 그는 우리에게 용기를 주시고 격려해 주십니다. 우리는 이 영광스런 격려를 받습니다. 그것이 무엇입니까? 그것은 주님 자신이 친히 행하신 바입니다. 바울은 5장 초두에서 그것을 사용했습니다. "그러므로 사랑을 입는 자녀같이 너희는 하나님을 본받는 자 되고 그리스도께서 너희를 사랑하신 것같이 너희도 사랑 가운데서 행하라 그는 우리를 위하여 자신을 버리사 향기로운 제물과 생축으로 하나님께 드리셨느니라." 다음의 빌립보서 2장에 있는 것은 그에 대한 가장 영광스런 진술입니다. "아무 일에든지 다툼이나 허영으로 하지 말고 오직 겸손한 마음으로 각각 자기보다 남을 낮게 여기고 각각 자기 일을 돌아보아 나의 기쁨을 충만케 하라 너희 안에 이 마음을 품으라 곧 그리스도 예수의 마음이니." 우리가 지시해 온 대로 다른 사람에게 자신을 낮추는 것이 어렵습니까? 우리 자신을 쳐서 복종시키고 이기주의를 제거하는 것이 어려운가? 예, 만일 여러분이 그것이 어렵다는 것을 안다면 그리스도인으로서의 여러분의 해답은 여기 있습니다. "너희 안에 이 마음을 품으라 곧 그리스도 예수의 마음이니 그는 근본 하나님의 본체시니 하나님과 동등됨을 취할 것을 여기지 아니하시고 오히려 자기를 비어 종의 형체를 가져 사람들과 같이 되었고 사람의 모양으로 나타나셨으매 자기를 낮추시고 죽기까지 복종하셨으니 곧 십자가에 죽으심이라."

만일 이 말씀이 여러분으로 하여금 여러분 자신을 복종시키지 못한다면 어떤 것도 여러분을 그렇게 만들 수 없습니다. "그리스도를 경외함으로 피차 복종하라." "이를 위하여 너희가 부르심을 입었으니 그리스도도 너희를 위하여 고난을 받으사 너희에게 본을 끼쳐 그 자취를 따라오게 하려 하셨느니라 저는 죄를 범치 아니하시고 그 입에 궤사도 없으시며 욕을 받으시되 위협하지 아니하시고 오직 공의로 심판하시는 자에게 부탁하시며 친히 나무에 달려 그 몸으로 우리 죄를 담당하셨으니 이는 우리로 죄에 대하여 죽고 의에 대하여 살게 하려 하심이라 저가 채찍에 맞음으로 너희는 나음을 얻었나니"(벧전 2:21-24). "그리스도를 경외함으로 피차 복종하라." 우리는 이런 삶을 살아야 합니다. 마땅히 그래야 되기 때문에서가 아닙니다. 그것이 우리 구원받고 회심한 자들이 입고 있는 "유니폼"(uniform)이기 때문에서가 아닙니다. 다른 이유는 없습니다. 오직 한 가지 이유 - "그리스도를 경외함"에서입니다. 하나님께 감사하나이다. 그것이면 충분하고 충분 이상입니다. "너희 안에 이 마음을 품으라."

# 제Ⅱ부

# 결 혼

– 엡 5:22~33 –

# 제 6 장

# 기초적인 원리들

아내들이여 자기 남편에게 복종하기를 주께 하듯 하라 이는 남편이 아내의 머리 됨이 그리스도께서 교회의 머리 됨과 같음이니 그가 친히 몸의 구주시니라 그러나 교회가 그리스도에게 하듯 아내들도 범사에 그 남편에게 복종할지니라 남편들아 아내 사랑하기를 그리스도께서 교회를 사랑하시고 위하여 자신을 주심같이 하라 이는 곧 물로 씻어 말씀으로 깨끗하게 하사 거룩하게 하시고 자기 앞에 영광스러운 교회로 세우사 티나 주름잡힌 것이나 이런 것들이 없이 거룩하고 흠이 없게 하려 하심이니라 이와 같이 남편들도 자기 아내 사랑하기를 제 몸같이 할지니 자기 아내를 사랑하는 자는 자기를 사랑하는 것이라 누구든지 언제든지 제 육체를 미워하지 않고 오직 양육하여 보호하기를 그리스도께서 교회를 보양함과 같이 하나니 우리는 그 몸의 지체임이니라 이러므로 사람이 부모를 떠나 그 아내와 합하여 그 둘이 한 육체가 될지니 이 비밀이 크도다 내가 그리스도와 교회에 대하여 말하노라 그러나 너희도 각각 자기의 아내 사랑하기를 자기같이 하고 아내도 그 남편을 경외하라(엡 5:22-33)

우리는 이제 "그리스도를 경외함으로 피차 복종하라"는 21절의 원리에 대한 실제적인 적용으로 지적해 온 것에 이르게 되었습니다. 보편적인 원리를 설정한 다음 바울 사도의 변함없는 관례대로 그 원리에 대한 실제적인 적용을 해 나가는 것입니다.

바울 사도가 행하고 있는 바가 그렇다는 데에 전혀 의문의 여지가 없습니다. 우리는 그 점을 다른 세 방면에서 증명할 수 있습니다. 첫째는 흠정역(AV)의 "복종하다"(submit)는 단어입니다. 다른 번역들에도 그것은 마찬가지입니다. "아내들아 자기 남편들에게 복종하라"(Wives, submit yourselves unto your own husbands). 사실 원어에는 "복종하라"는 말이 전혀 보이지 않습니다. 다만 "아내들이여 남편들에게 주께 하듯이"로 되어 있습니다. 그러면 그 말의 생략을 어떻게 설명하겠습니까? 그것은 사도가 "복종하라"는 권면을 21-22절까지에 걸쳐서 하고 있다는 것을 뜻하는 것이고 아직도 "복종"에 대한 일반적인 원리, 즉 같은 주제를 취급하고 있다는 것을 뜻하는 것입니다.

사도는 그의 편지를 읽는 독자들의 심중에 있을 것을 알고는 "아내들이여 (이 복종의 문제에 있어서) 남편들에게 하라"고 말했던 것입니다. 그러므로 "복종하라"는 말이 원본에는 없다는 것은 그 자체가 사도가 여기서 무엇을 하고 있는지를 입증해 주고 있는 것입니다.

그러나 두번째 증거가 있습니다. 그것은 남편들을 언급하기에 앞서서 아내들을 언급한다는 사실 가운데서 발견됩니다. 그것은 우연적인 것이 아닙니다. 예의를 갖추느라고 그랬다든지 "레이디 퍼스트"(Ladies first)의 원리를 따라가느라고 그런 것도 아닙니다. 우리가 알고 있고 또 사도가 파헤치는 것과 같이 성경은 변함없이 다른 순서를 따릅니다.

나라 법이나 우리의 일반적인 말투에서도 다 그렇게 합니다. "아무개 부인(Mrs.)과 아무개 씨"(Mr.)라 하지 않고 "미스터", "미세스"의 순으로 말합니다. 그러므로 바울이 남편들과 아내들의 관계에서 아내들을 먼저 고려할 때 그는 그럴 만한 이유를 가지고 있습니다. 그 이유는 그가 특별히 복종의 문제에 관련하고 있다는 것입니다 - "복종하라." 그것은 21절에서 묘사한 원리입니다. 결혼한 관계에서 복종의 국면은 특별히 아내들에게 적용됩니다. 남편들에게 해당하는 국면은 다른 것이 있습니다 - 또한 바울은 그의 진술이 하나의 온전한 진술이고 균형을 이룬 진술이기 때문에 그것을 다루는 것입니다. 그러나 1차적으로 복종의 문제를 언급할 때만은 필연적이고 아주 자연스럽게 아내들을 처음에 놓습니다. 그러므로 우리는 여기 본문에서 다루고 있는 것이 21절에서 전제한 일반 원리에 대한 외적인 적용이라고 하는 주장에 대한 두번째 증거를 갖게 되는 것입니다.

이에 대한 또 다른 세번째 논증은 바울이 "저희 남편들에게 하라" (Unto your own husbands)는 표현을 사용한다는 것입니다. 21절에서 사도는 모든 그리스도인들이 다른 이들에게 복종하는 일반적인 원리를 전제해 놓았습니다. "피차 복종하라" 이러한 논리가 나옵니다. 만일 여러분이 보편적으로 피차 복종한다면 말하자면 여러분이 모든 이들에 대해서 피차 복종한다면 구약에서 아주 합당하게 규정된 이 특별한 부부 관계에서 아내들이 남편들에게 복종해야 한다는 것은 더욱 절실한 문제일 것입니다.

내가 이 점을 특별히 강조하는 이유는, 만일 우리가 21절이 사실상 근본적인 원리라는 것을 명확하게 알지 못한다면 그의 상세한 교훈을 바르게 이해하는 것이 가능할 수 없기 때문입니다.

우리가 이 중차대한 주제에 이르기 전에 — 특히 오늘날에 있어서는 더욱 중대함 — 첫번째로 사도의 진술을 개괄적으로 살펴보는 것은 중요합니다. 우리는 그의 방식을 관찰하십시다. 내가 이렇게 하는 데는 많은 이유들을 가지고 있습니다. 여기서 사도가 행하는 바는 "자녀들과 부모들", "종과 상전"의 경우에서도 발견됩니다. 여러분은 매경우에서의 순서를 보고 계실 것입니다. 부모들보다 자녀들을 말합니다. 왜 그렇습니까? 바울은 복종하는 문제에 관심이 있기 때문입니다. 자녀들이 부모들 위에 서지 않습니다. 그러나 이 문제에 있어서는 부모들보다 자녀들이 앞서 나옵니다. 그것은 복종의 문제이기 때문입니다. 종들이 상전들보다 먼저 나오는데 그것도 같은 이유를 가집니다. 내가 주장하고 있는 바는 우리가 이같은 성경 본문을 연구할 때 — 내가 말했듯이 그 순간에는 문제를 일반적으로 다루는 데 관심이 있음 — 바울 사도가 그가 항상 습관처럼 쓰는 특유한 그의 방식을 채용하고 있음을 발견하게 된다는 것입니다.

또한 우리가 어떤 특별한 경우에서 그의 방식을 알아내는 데 성공하면 그의 다른 서신을 이해하는 열쇠를 얻게 될 것이라는 점입니다. 그뿐만이 아닙니다. 만일 우리가 그의 방식을 진정으로 발견한 다음 어떤 문제에 직면하게 될 때에 필요한 것이 그의 방식을 적용하는 것이라는 점을 알게 된다는 것입니다. 우리가 그의 방식을 적용하게 될 때에 해답을 발견할 수 있을 거라는 것입니다. 그러므로 우리가 맨 먼저 하고자 하는 일은 그의 방식을 연구하는 것입니다. 그렇게 한 다음에 그가 다루고 있는 특정한 주제들을 살펴보게 될 것입니다.

　사도의 방식을 입증하는 이 특정 문단에서 아주 분명하게 뛰어난 확실한 것들이 있습니다. 우리가 그리스도인이 되었다는 이 사실이 자동적으로 우리가 생각하고 행하는 바는 무엇이든지 다 옳다는 것을 의미하지는 않습니다. 그렇게 생각하는 이들이 있는 것 같습니다. 그들에 의하면 한 사람이 그리스도인이 되는 순간에 모든 것은 완벽할 정도로 분명하고 뚜렷해진다는 것입니다. 전도자들은 흔히 그럴 가능성을 많이 지니고 있습니다. 그들은 결신자들을 얻기에 혈안이 된 나머지 엉뚱한 소리를 하게 되고 그렇게 함으로써 목회자들과 교사들에게 어려움을 안겨 주게 되는 것입니다. 마술적인 환희에 들어간 것 같은 인상을 받게 됩니다. 같은 것은 없다. 모든 것은 달라진다. 어떤 문제나 어려움은 없다! 오직 당신의 할 일은 결심하는 일이다. 그러므로 이야기는 "당신은 그 다음의 모든 생이 행복할 것이다"로 연결됩니다. 어떤 문제나 어려움도 없을 거라고 합니다. 물론 그 주장은 그릇된 것입니다. 만일 그게 사실이라면 신약 가운데 한 서신도 남아나지 못할 것입니다.

　우리가 그리스도인이 되었다는 사실, 하나님과의 관계라는 기본적인 과제가 정립되었다는 사실이 자동적으로 이제는 우리가 생각하고 말하고 행하는 모든 것이 다 옳다는 것을 의미하지는 않습니다. 우리가 살펴보고 있는 이 본문의 문단은 이 특정 문제들에 대해 우리가 가르침받을 필요가 있음을 스스로 증명합니다.

　이에 대한 두번째 원리입니다. 내가 말씀드렸던 것뿐 아니라 그리스도인은 자동적으로 모든 것에 관해 다 옳다고는 말할 수 없다는 것입니다. 우리는 심지어 그리스도인이 된 사람도 그리스도인이 되기 전에는 당해 보지 않았던 새로운 문제들이 그에게 부딪혀 올 것이라고까지 말할 수 있습니다. 그렇지는 않다 하더라도 그 전에는 이런 식으로는 부딪혀 보지 않은 문제들을 반드시 직면하게 될 것입니다. 그는 이제 그 전에는 몰랐던 상황들을 알게 되는 것입니다. 전에는 사실 그대로를 생각지 않았지만 이제는 생각지 않을 수 없게 된 것입니다. 그가 생각하는 순간 생각하기 때문에 생소한 문제들에 직면하게 되는 것입니다.

이런 경우는 초대 교회에 아주 많았습니다. 상황은 이러했습니다. 아내의 경우를 생각해 보십시다. 한 남편과 아내가 이교도(異教徒)로서 함께 살고 있었습니다. 그때에 그들은 그리스도인들이 아니었기 때문에 이교도들이 하는 식으로 결혼생활을 하게 되었습니다. 그런데 아내가 회개하고 그리스도인이 되었습니다. 그 아내에게 즉시 "아, 난 이제 자유야. 전에는 이해하지 못했던 것들을 이제 알겠어. 복음은 내게 '야만인이나 개인이나, 남자나 여자나, 종이나 자유자가 없다'고 했어. 그러니 난 이런 식으로 계속 살 필요가 없어. 내 남편이 알지 못한 것을 난 알게 되었어"라는 유혹을 받게 된 것입니다. 그 아내에게 있어서 위험한 것은 새 생활을 결혼 관계를 끊는 것으로까지 잘못 해석하는 것이었습니다. 그것은 자녀들과 부모들의 관계에서도 똑같은 양태로 나타납니다.

아주 흔하게 있는 일로 자녀들이 개종하고 부모들이 그렇지 못할 때 또한 자녀들이 부모들은 알지 못한 것을 알게 될 때, 그들은 새로운 상황을 오판하여 그것을 오용하고 모독하는 마귀의 꾀임에 넘어갑니다. 그래서 결국에는 부모들을 공경하라는 하나님의 계명을 어기는 데까지 이르게 되는 것입니다. 이처럼 거의 필연적으로 기독교와 함께 온 계몽(啓蒙)으로 말미암아 전에는 한 번도 당하지 않았던 새로운 문제들이 일어나게 되는 것입니다. 그러므로 우리가 이 본문에서 간추릴 수 있는 것은 중생으로 일어난 대변혁은 새로운 문제들을 야기시킬 경향을 지니고 있다는 것입니다. 결과적으로 우리는 이 새로운 삶에서 무엇이 옳고 우리 자신들이 처한 새로운 상황에 이 새 교훈을 어떻게 적용해야 하는지 정확히 알기 위해 극히 조심스럽게 생각해야 한다는 것입니다.

세번째 원리는 기독교란 우리의 삶 전체를 관설(關說)한다는 것입니다. 기독교의 고려 대상에서 제외되거나 간섭을 받지 않는 삶의 국면은 하나도 없습니다. 우리의 기독교적인 삶에 있어서 별실은 없어야 합니다. 아주 흔하게 별실을 두고 사는 경우가 있습니다. 초대 교회의 위험은 이 사람들 — 남편과 아내, 부모와 자녀들 — 이 개종하여 그리스도인이 될 때에 스스로에게 사실상 이렇게 말해야 한다는 데 있습니다. "물론 이것은 내 종교생활이나 예배 요소에만 속한 것이다. 그것은 내 결혼생활이나 내

직장생활과는 관계가 없어. 부모들에게 상관이 없어…이것은 그 교훈에 따르면 그릇된 것입니다. 간막이들 속에서 사는 것만큼 그릇되고 비극적인 것은 없습니다. 주일이 오면 "난 신앙인이야"라고 말하고는 내 신앙의 가방을 들고 일어섭니다. 그러나 월요일 아침이 오면, "난 이제 사업가야" 하면서 다른 가방을 들고 일어섭니다. 그러므로 간막이생활을 하고 있는 것입니다. 월요일에 '나는 그리스도인'이라고 말하기가 더 어렵습니다. 물론 나는 주일날 예배당에 나갈 때는 그 신분을 나타냅니다. 이러한 관념은 전적으로 그릇된 것입니다. 그리스도인의 삶이란 하나의 전체입니다. 기독교 신앙은 삶의 모든 영역이나 모든 국면에 대해서 할말을 가지고 있습니다.

이상의 모든 요점들마다 다 중요하고 상세하게 말씀드릴 수 있는 것들입니다. 우리의 현재 교회들이나 기독교의 상태는 빅토리아시대의 선조들 대부분이 기독교란 인간 삶의 일부분뿐만이 아닌 삶 전체를 지배한다는 사실을 너무나도 깨닫지 못한 데 크게 기인한다고 말하는 사람들이 있습니다. 나는 어느 지점까지는 그들과 의견을 같이 할 용의가 있습니다. 그들 중 많은 사람들이 아주 종교적인 사람들이었습니다. 그들 가운데 어떤 이들은 그들의 일과를 위해서 아침에 기도도 했습니다. 그러나 그들이 기도를 끝내고 난 다음에 강퍅한 구두쇠가 되고 불친절하고 공정하지 못한 사람이 되고 율법적이 되어 버립니다. 말할 필요도 없이 그들은 기독교 신앙에 대해서 상당한 적대행위를 하고 있는 것입니다.

왜냐하면 거기엔 너무나 흔하게도 이런 유의 분열 행위와 그리스도인 생활의 전체성을 인식하지 못한 소행이 있기 때문입니다. 그리고 그리스도인이 간막이생활을 해서는 안 된다는 것을 인식하지 못하기 때문입니다. 우리 기독교는 우리의 결혼생활과 부모와 자녀와의 관계와 나의 일과 우리가 하고 있는 모든 일에 침투해 들어가야 합니다.

이제 네번째 원리, 즉 교리나 신학적인 입장에서 가장 중요한 원리 중 하나에 이르게 됩니다. 그것은 신학적인 입장뿐 아닌 일반 생활의 경우에서도 마찬가지로 중요한 것입니다. 기독교 교훈은 삶과 생활에 대해서 근본적인 성경 교훈과 상반되거나 모순되어서는 안 됩니다. 이 점은 현 시점에서 강조될 필요가 있는데 그것은 구약에 대한 일반적인 태도 때문에 그러합니다. 사람들은 그럴듯하면서도 피상적으로 말하기를 "아, 물론 우리는 이제 더 이상 구약에서 말한 것에 신경을 쓸 필요가 없어요. 우리는 신약시대의 사람들이니까요"라고 합니다. 어떤 이들은 구약의 하나님은 믿지 않는다고 말할 정도로 어리석은 사람들도 있습니다. 그들은 말합니다. "나는 하나님을 믿되 우리 주 예수 그리스도의 아버지를 믿습니다." 소위 기독교 설교자라고 하는 이들도 그들의 강단에서 말하기를 자기네들은 시내산의 하나님, 십계명과 모세 율법을 주셨던 하나님은 믿지 않는다고 합니다. 그들은 구약의 교훈을 묵살해 버리면서 다만 신약의 교훈에 의해서만 인도되어야 한다고 주장합니다. 그들 가운데 어떤 이들은 그보다 더 나아가기까지 하여 우리는 신약에 의해서도 지배받지 않는데, 그것은 우리가 지금은 그보다는 훨씬 더 많은 것을 알고 있기 때문이라는 것입니다.

이처럼 성경적인 가르침을 묵살하는 경향이 있습니다. 저는 거기에 대해 이렇게 답합니다. 신약은 결코 인간 관계와 생활의 질서들에 대해서 근본적인 성경 교훈과 충돌하지도 상반되지도 않습니다. 피상적인 기독교 교훈의 입장에서 보더라도 그러합니다. 물론 나는 우리가 여기서 알아볼 결혼과 같은 주제들을 언급하고 있는 것입니다. 사도의 논증은 부분적으로 구약에서 심지어 창세기에서 가르쳐지고 있는 것에 기초를 두고 있습니다. 가족에 관해서도 삶에 있어서의 근본적인 질서들에 관해서도 같습니다. 여러분이 그리스도인이 된다는 사실은 그것들을 전혀 다치게 하지 않습니다. 사실상 그것이 하는 일은 구약을 보충해 주고 구약을 열어 보이고 그것에 대해서 더 넓은 전망을 주며, 근본적인 계명 뒤에 숨은 영(정신)을 아는 데 도움을 줍니다. 그러나 그것이 투약을 상해(傷害)하지 않습니다.

이는 가장 중요하며 사활을 좌우하는 원리입니다. 내가 그것을 강조하고 있는 것은 육회자로서 내가 그 문제들을 너무나 많이 만나기 때문입니다. 어떤 사람들은 자기들이 새로운 존재들이 되었으니 이제는 더 이상 옛 근본 원리들을 고수할 필요가 없다는 견해를 취하고 있습니다. 신약의 답변은 그들이 그러한 견해를 취하고 있다고 합니다. 사도가 이 모든 경우들에 있어서 어떻게 구약을 인용하는지 살펴보시기 바랍니다. 사도는 본래의 교훈이 하나님께로부터 나왔으며 더 새로운 교훈으로 그것이 어떻게 보충을 받든지 간에 항상 고려되어야 한다는 것을 보여 주기 위해서 이 모든 경우들에 있어서 구약을 인용합니다.

이제, 다섯번째 원리로 나아갑시다. 신약(新約)은 항상 그 교훈의 이유들을 제시합니다. 항상 그것은 논증을 제공합니다. 그에 관해서 그처럼 기분좋은 것은 없습니다. 신약은 단지 몇몇 규칙들이나 규율들을 던져 놓고는 "그것들을 지키라"고 말하지 않습니다. 정말 아닙니다! 신약은 언제나 설명을 하고 논리를 제공합니다. 하나의 이유를 제시하는 것입니다. 단순하게 규율들이나 규칙들을 사람들에게 제시하기만 하는 기독교가 있다면 그것은 신약의 교훈에 어긋난 기독교입니다. 그것은 우리를 어린아이들로 취급하려 듭니다. 안타깝게도 그런 유의 기독교가 있습니다. 하나의 유니폼(Uniform)을 입게 됩니다. 모든 그리스도인들은 "이래야만 된다"고 합니다. 우리는 언제나 우리가 왜 이렇게 믿어야 하는지 그 이유를 알아야 합니다. 그것에 대한 이유를 이해해야 하는 것입니다. 그것에 대해서 명백해야 합니다.

어떠한 모순도 없어야 하고 "가시채를 뒷발질하는 일"도 없어야 합니다. 혹은 거스르는 일을 해서는 안 되는 일이지만 원할 수밖에 없다고, 아니 내가 그로부터 할 수 있는 것만큼만 바라야 한다고 느껴서도 안 되는 것입니다. 그렇게 하는 것은 기독교가 아닙니다. 그리스도인은 자기의 살아가는 방식을 즐거워하는 사람입니다. 그리스도인은 그것을 명백하게 압니다. 그 외의 것은 원치 않습니다. 그가 살아가는 방식은 필연적인 것이며 그의 마음은 흡족합니다. 그렇기 때문에 그리스도인이 아닌 사람은 어떤 사람이 된다는 것이 진정으로 무엇인지 알지 못합니다. 이 하나님의 말씀처럼 예의를 갖추는 교훈은 세상에 없습니다. 하나님 말씀의 교훈은 우리를 어린아이들로 취급하거나 규율이나 규칙들로 얽매지 않습니다. 여러분의 이성이나 이해에다 교훈을 제시합니다. 그것이 참된 성경 교훈입니다. 그것은 도매금으로 받은 것도, 다소 수동적이고 무의식적인 상태에 있을 때 온 것도 아닙니다. 그것은 교훈을 합리적으로 설명하고 사도가 여기서 하는 것처럼 한 원리를 들어서 상세히 풀어나가는 것입니다. 그것이 신약적인 성결과 성화(聖化)의 방식입니다. 그 점에 대해서 하나님께 감사합니다.

여기서 관찰할 여섯번째 원리는 가장 영광스런 것입니다. 이 성경은 얼마나 놀랍습니까! 여러분이 이 교훈을 보며 아! 이거 결혼, 즉 남편과 아내에 관한 교훈에 지나지 않는다고 쉽고도 빨리 말하는 것을 볼 때 의아스럽기만 합니다. 그러나 여러분은 여기 있는 보화들을 발견하기 시작합니다. 점점 깊이 들어갈수록 더 놀라게 됩니다. 여러분이 이 구절을 읽을 때 교리와 실천이 친밀하게 관계된 것을 보지 않았습니까? 교리와 실제는 절대로 분리되어서는 안 됩니다. 왜냐하면 그것들은 서로 상호 보완적이고 상호 예증을 제공하기 때문입니다.

우리가 살펴보고 있는 이 본문이 어느 면에 있어선 성경 전체에서 가장 특출한 것 중 하나입니다. 그것이 가장 위대하다고 말하고 있는 것이 아니라 가장 놀라운 것 중 하나라고 말하고 있는 것입니다. 우리는 지금 에베소서 5장 종반부에 접어들었습니다. 이 부문에서 어떤 일이 일어나고 있습니까? 모든 이들은 "아, 그거요 지금 실제적인 영역에 접어들고 있어요"라고 말하기를 좋아합니다. 물론 대교리 부분은 1-3장이었고 4장의 초두에까지 연결되었지만, 그러나 우리는 지금 실천적인 문제들과 보통의 일상 생활의 관계, 가장 평범한 문제들을 다루는 곳에 와 있습니다. 지금 이 대목에서보다 사도가 실천적인 데는 전혀 없다. 아내들과 남편들 자녀들과 부모들, 상전들과 종들 – 순전히 실천 생활을 다루는 것이다. 그러나 여러분은 아셨을 것입니다. 결혼식 예배에 참석하게 되어서 이 성경 부분이 낭독될 때, 또는 자기 혼자서 그 성경 본문을 읽을 때 놀라지 않았습니까? – 바울 사도가 가장 실제적인 문제를 다룸에 있어서 갑작스레 가장 자랑스런 교리로 우리를 인도해 가는 것을 보고서 여러분의 정곡에 찔림을 받거나 오싹해지지 않았습니까?

아내들과 남편들이 서로 상대방에게 어떻게 행동해야 할까를 일러주면서 바울은 교회의 본질과 교회와 그리스도의 관계에 대한 교리를 도입하는 것입니다. 정말 나는 좀 더 나아가야겠습니다. 사도는 바로 이 본문에서 교회의 본질과 교회와 그리스도의 관계에 대한 것 중에서 가장 존귀한 교훈을 제시하고 있습니다. 이것은 우리가 결코 눈을 떼어서는 안 될 것입니다. 여러분이 에베소서를 읽을 때 놀랄 것을 대비하십시오. 여러분 스스로에게 이르기를 "예, 좋아요. 난 이것에 지나친 관심을 쓸 필요가 없어. 물론 이것은 실제적이고 단순한 그리고 직설적인 것인데 뭐" 하지 말라는 것입니다. 별로 기대도 하지 않았는데 갑자기 문을 열고 들어와서 우리의 생애 중에 만났던 것 중 가장 위엄에 차고 영광스런 교리와 맞부딪히게 될 것입니다.

그 점은 나로 하여금 실제적인 논평을 하게 합니다. 성경을 피상적으로 분해하는 것을 알아차리시기 바랍니다. "1장은 이것이고 2장은 저것이다. 모든 것이 이처럼 완벽하고 깔끔하고 정연하다"고 말하는 파일의 사람을 우리는 알고 있습니다. 에베소서를 그런 식으로 분해하려고 해보면 자기도 모르게 어리둥절한 자신을 발견케 될 것입니다. 여러분의 작은 계획이 무색케 됩니다. 여기 여러 대목들 가운데 가장 실제적인 대목에서 바울은 갑자기 교회의 본질과 교회와 그리스도의 관계를 말하는 교리를 소개합니다. 그러나 우리가 늘 명심해야 할 일은 ─ 그 모든 것이 그 모든 것으로부터 나오는 것이기 때문임 ─ 교리와 실천이 너무나 친밀하게 관계되어 있어서 그것들이 분리될 수 없다는 것입니다. 그러므로 "난 실천에만 흥미가 있다"고 말하는 사람은 사실상 기독교 메시지의 진수를 부정하는 것입니다. 이 대본문은 그 점을 완벽하게 나타내 주고 있습니다.

이상의 여섯 가지를 말씀드렸기 때문에 일곱번째를 말합니다. 이상의 모든 것을 비추어서 볼 때, 여러분이 어떤 문제에 봉착하게 될 때에 그것을 직접적으로 접근하지 마십시오. 그 일 자체를 개별적으로 떼어서 생각지 마십시오. 우리 모두가 그럴 경향이 있습니다. 우리는 이것을 토론회나 집회에서 얼마나 자주 보는지 모릅니다. 한 문제가 제기됩니다. 어떤 사람의 일상 생활의 실제적인 문제가 있어서 그것을 회합에 내놓습니다. 그러면 단번에 일어나서 그 문제에 관해 직접 말하거나 그들의 의견들을 제시하는 경향이 사람들에게 농후합니다. 물론 전에 말씀드린 이유로 해서 그들은 일반적으로 잘못된 것입니다. 왜냐하면 그것은 어떤 문제를 접근하는 방식이 아니기 때문입니다.

바울 사도는 남편들과 아내들의 문제를 직접적으로 개별적으로 마치 하나의 고립된 문제처럼 접근해 가지 않습니다. 그의 접근방식은 이것이니, 언제나 그것을 간접적으로 접근해야 한다는 것입니다. 즉, 그것은 "간접적인 접근전략"입니다. 내가 어떤 특정 문제에 직면하게 될 때 나는 나의 마음을 그 문제에 즉시 적용시켜서는 안 됩니다. 먼저 "어떤 원리가 있을까, 성경에 이런 종류의 문제를 지배하는 교리는 없을까?"라고 자문해 보아야 합니다. 다른 말로 해서 개인적인 문제를 다루어 나가기 전에, 그 문제를 앞에 놓고 "그가 어떠한 가계(家係)에 속하는가?" 더 넓게는 그가 어떤 민족에 속한 사람인가를 물어보는 것입니다. 큰 덩어리를 붙잡으십시오. 그런 다음에야 그룹이나 계층이나 큰 덩어리에 관한 진리를 발견할 것입니다. 그리고 이러한 진리를 발견한 후에야 그 원리를 특정 경우나 실례에 적용시켜 나가게 되는 것입니다. 바로 그것이 사도가 여기서 행하는 바입니다. 그는 일반적이고 보편적인 것부터 시작하고 난 뒤에 특별한 것으로 나아갑니다.

나는 자주 다음의 예화를 사용했었습니다. 어떤 화학분해를 해본 사람이나 한 물질을 분석하는 일을 해본 사람은 그 방식을 재빨리 인식할 것입니다. 어떤 과정을 통해서 일해 나갑니까? 내가 말해온 것과 똑같은 것입니다. 그는 먼저 가장 일반적인 테스트부터 시작합니다. 큰 덩어리로 나눠서 테스트합니다. 그러므로 해당되지 않는 어떤 덩어리들을 떼어 제외시킬 수 있습니다. 그런 다음에 한 덩어리 한 덩어리 점점 요구하는 것이 들어 있는 덩어리로 좁혀지게 됩니다. 그 다음에 그 덩어리를 대분(大分)합니다. 그리고 그것을 다시 세분하여 좁혀 나가서 결국에는 어떤 요구하는 물질을 찾아 내게 되는 것입니다. 여기서 사도의 방식이 그러합니다. 어느 곳에서나 사도의 방식은 늘 그렇습니다. 그것이 "간접적인 접근방식의 전략"(the Strategy of the indirect approach)입니다. 일반적인 데서 특별한 데로 나아가는 방식입니다. 한 문제로 대번에 뛰어 나가서 그 자체만을 가지고 부딪치지 마십시오. 대원리와 지배원리를 붙잡으십시오.

　내가 말씀드리려는 마지막 요점은 다시 아주 실제적인 것입니다. 그것은 앞에서 말한 모든 것에서부터 연원된 것입니다. 사도의 논조에 깔린 정신을 보시기 바랍니다. 여기서 그는 아내들과 남편들, 남편들과 아내들의 문제를 거론하고 있습니다. 그러나 그의 방식, 그의 거론하는 정신 자세를 주목해 보시오. 이 점은 가장 뛰어난 세상의 농담거리 가운데 하나입니다. 그렇지 않습니까? 이것은 언제나 웃음을 살 수 있는 것입니다. 가장 가련한 코미디언이 다른 소재를 가지고 있지 않을 때 이 결혼 관계, 남편과 아내의 관계 중 어느 것을 택하여 시도해 보는 것입니다. 사도가 그런 식으로 그 문제를 취급하지 않는다는 것을 지적할 필요조차 없습니다. 여러분은 어떠한 문제든지 그리스도인의 문제를 그같이 취급할 수 없습니다.

　그러나 거기엔 또 역시 다른 부정적인 측면들이 있습니다. 사도는 그것을 농담조로나 경박하게 다루지 않을 뿐더러 편파적인 정신도 완전히 배제하고 있는 것입니다. 조금도 흥분이나 자기 주장적이거나 자기 권리를 주장하는 식이거나, 이것은 옳고 그 외의 것은 그르다는 것을 증명하려고 혈안이 되어 있지도 않다는 것입니다. 그렇게 하는 것이 문제들을 정상적으로 다루는 방식이 아닌가 합니다. 그처럼 많은 고심을 하고 있는 것은 바로 그 때문입니다. 사도는 말씀드린 것처럼 그것을 들어서 또 다른 문맥에 넣음으로 그 모든 것을 배제합니다. 또한 그렇게 함으로 모든 난관을 피한 것입니다.

　적극적으로 그의 방식은 이러합니다. 그것은 그가 이미 21절에서 설정해 놓은 "그리스도를 경외함" 속에 있는 원리입니다. "그리스도를 경외함으로 피차 복종하라." 그런 다음에 사도는 그것을 반복합니다. "아내들아, 남편들에게 복종하기를 주께 하듯 하라." 좌로나 우로 치우치기 전에—만약 그렇게 한다면 처음부터 실패를 도맡아 놓은 것이나 다름이 없는데 그것은 편파적인 정신에 빠져 있기 때문입니다. 그러하기 전에 사도는 모든 편파적인 정신을 막아주고 즉각적으로 양편에게 "주께 하듯"이라는 말을 제기하고 있는 것입니다.

그리스도인들에 의해서 논의되는 모든 과제들은 반드시 그런 식으로 논의되어야 하는 것입니다. 논쟁을 할 때 자기의 냉정을 잃고 혈기를 내는 그리스도인은 말하지 않아야 합니다. 여러분의 주장을 입증하든지 못하든지 간에 냉정을 잃음으로써 모든 것을 잃게 되는 것입니다. "주 안에서" "그리스도를 경외함"을 지키십시오. 바울은 복종하는 것에 관해서 거론하고 있습니다. 그의 요지는 시시비비를 가리기 전에 그들 모두가 다 함께 "그리스도를 경외함으로 피차 복종해야 한다"는 것입니다. 양편에서 그렇게 할 때 서로를 "높여 주면서" 논쟁을 할 수 있을 것입니다. 그것은 얼마나 엄청난 차이를 가져옵니까! 내가 야비하게 굴지라도 당신은 발 뒤꿈치를 드는 행동 등을 해서는 안 됩니다. 무릎을 꿇고 있어야 합니다. 만일 우리가 이런 어려운 난제들을 무릎을 꿇으면서 해 나간다면 그것은 얼마나 엄청난 차이를 가져올 것입니까!

이것은 남편들과 아내들의 문제에만 관련된 진리가 아닙니다. 반전론(反戰論)에 관한 논란에 가열되는 열기와 오늘날 사람들을 고조시키는 다양한 문제들을 생각해 봅시다 — 혈기와 편파심과 증오심! 사도가 말하는 방식과 정신은 언제나 주께 복종하는 가운데서 그것을 하고 그를 기쁘시게 할 욕심과 언제나 그와 그의 말씀에 의해 가르침을 받고 인도받을 용의를 가지고서 하라는 것입니다.

이상에서 우리는 남편과 아내의 문제뿐 아니라 그리스도인의 생활에서 언제든지 제기될 수 있는 모든 문제를 지배하는 8개의 일반적인 원리를 살펴보았습니다. 이제 우리는 해당 문제로 나아가기로 하겠습니다. 말씀드려 온 모든 것은 기독교의 결혼관 내지 결혼에 관련된 기독교 교훈을 사도가 다룰 때 완벽하게 예증됩니다. 그러나 다시 한 번 말하지만 우리는 그 방식을 따라야 합니다. 우리가 세부적인 데로 가기 전에 이에 관해서 사도가 보편적으로 말하는 바를 살펴보아야겠습니다.

그가 우리에게 말하는 첫째로 큰 것은 기독교의 결혼관은 유일무이하다는 것입니다. 그것은 다른 모든 관점과 완전히 다른 관점입니다. 그것은 성경에서만 발견되는 관점입니다. 기독교의 결혼관은 어떠합니까? 그 교훈은 무엇입니까? 확정적인 측면부터 살펴봅시다. 결혼을 보는 기독교

방식은 대다수의 사람들이 일반적으로 결혼을 보는 방식과는 다릅니다. 여러분은 결혼을 어떻게 보았습니까? 만일 우리가 명백하고 잘 규정된 관점을 가지지 못하면 그리스도인들인 우리가 부끄러운 것입니다. 기독교의 결혼관에 대한 유일무이성을 발견했습니까? 기독교 결혼관이 일반적인 결혼관과 그렇게 필연적으로 다르다는 것을 인식하셨습니까? 일반적인 관점은 무엇입니까?

별로 달갑지 않은 것이지만 나는 여러분에게 그것을 상기시켜 드려야겠습니다. 일반적인 결혼관은 순전히 육신적인 것입니다. 거의가 육체적인 매력에 기초한 것이요, 육신적인 희열에 대한 욕구에 기초한 것입니다. 그것은 어느 면으로 보면 육체의 매력과 육체의 만족을 합법화시킨 것입니다. 너무도 자주 결혼이 그것 이외에 아무것도 아닌 것이 됩니다. 그래서 이혼의 추문이 늘어가는 것입니다. 정당들은 그 문제에 관해 생각조차 하지 않았습니다. 그들은 전혀 결혼관을 갖지 못했습니다. 그들은 전적으로 본능과 충동의 지배를 받습니다. 그것은 순전히 동물적인 차원에서이지 그 이상이 되지 않습니다. 결혼에 대해서 그 자체로는 아무 의미도 없습니다. 단지 그들이 하고 싶은 것을 합법화한 것에 불과합니다.

첫번째 것보다 약간 더 고상한 두번째 결혼관이 있습니다. 앞의 것보다 약간 더 지적인 것은 결혼을 인간적인 합의와 인간의 고안품으로 여기기 때문입니다. 인류학은 우리에게 이렇게 가르쳐 준다고 그들은 주장합니다. 그들은 주장하기를 인류가 동물들과 방불했을 때가 있었다는 것은 의심할 여지가 없다는 것입니다. 그러나 인간이 발전하고 진화하기 시작함에 따라 어떤 협정이 필요한 것을 알게 되었고 난혼(亂婚)이 혼란과 난행과 많은 문제를 야기시킨다는 것을 인식하게 되었다는 것입니다. 고투와 발전, 경험과 시련과 오류의 긴 과정을 통해서 지혜를 가진 인간 본성, 곧 문명이 일부일처제로 되는 것이 바르고 선한 것이라는 결론에까지 이르게 되었다는 것입니다.

인류학의 교훈은 그것은 사회발전의 문제라는 것입니다. 그러나 결혼이란 어느 때를 막론하고 인간이 발견했다는 것입니다. 의회에서 법률 조항을 통과시켜 교통을 통제하고 주차 질서를 통제하는 것처럼 인간은 이러한 남녀간의 문제, 자녀들과 부모간의 문제를 해결할 방식을 발견했다는 것입니다. 그것은 순전히 인간적인 수준에서 결정된 것이라는 겁니다. 아마 사람들의 대다수가 갖고 있는 공통적인 가정일 것입니다. 정말 가슴 아프게도 때로는 그리스도인들이라고 하는 사람들 사이에서까지도 그것을 발견할 때가 있습니다.

이 결혼관의 또 다른 특징은 - 그것이 일어나는 것은 근본적으로 바른 교훈관을 가지고 있지 않은 데 있습니다 - 결혼에 대한 전체적인 접근 방식의 거의가 갈등을 내다본다는 것입니다. 이교 세계에서는 그것이 사실입니다. 남편들은 그들의 아내들 위에서 폭군노릇을 하고 있으며 아내들을 노예로 삼고 아내들은 교활하게 행동합니다. 분위기가 질투와 증오로 휩싸이게 되고 급기야는 약탈과 싸움을 필연적으로 불러오게 되는 것입니다. 주님께 복종하는 대신 각자가 서로 자기의 권리를 주장하고 나서는 것입니다. 진정한 협력체제가 아니고 어떤 목적을 위해서 어떤 일을 함께 하기로 협정한 것에 불과합니다. 그러나 거기엔 비애감과 적대감, 그리고 반대의식이 깔려 있습니다.

일반적으로 고수하고 있는 결혼관, 결혼 상태나 결혼 관계를 보는 관점을 시험해 보십시오. 여러분은 만화나 법정 기사에서 그것을 볼 것이고 지속적인 농담에서 그것을 엿볼 수 있습니다. 그것은 왜 그래야 합니까? 어떻게 해서 그런 풍조로 되어갔습니까? 그것은 결혼이 진정으로 무엇을 의미하는지에 대한 관점이 틀려 있기 때문입니다.

오늘날 소위 여권신장운동(Feminist Movement)의 결과로 남녀 동등의 개념이 일어났기 때문에 전체 문제가 심각하게 되었습니다. 이것은 전체 문제를 악화시켰습니다. 그것은 현 시점에서 특별히 긴급하게 다루고 있는 과제를 만들어 놓습니다. 남녀가 모든 국면에서 동등하고 남녀간에 어떤 차별이나 구별도 해서는 안 되며 완전히 평등하다고 주장하는 현대적 여성 해방운동이 있었습니다. 이것은 한편으로 순전히 지적인 사람을 충동하며 어떤 남자 그리스도인도 그의 존재를 두고 수긍해야만 하는 국면들이 있기는 하나, 그것을 보편적인 하나의 원리로 받아들임으로써 이 점에 있어서 성경의 명백한 교훈을 손상시키고 있습니다. 그것은 의심할 것도 없이 결혼 신분뿐 아니라 생활의 단위로서의 가정에 대해서 많은 혼란과 고민, 그리고 많은 위험을 야기시키고 있습니다.

그 결과 규율과 질서가 무너져 버리고 아이들에겐 어떤 기회도 주어지지 않습니다. 왜 그렇습니까? 그들의 부모들이 상호간에 정상적인 관계를 유지하고 있지 않기 때문입니다. 하나님의 화합이 있어야 하는 데서 이 싸움과 갈등을 봄으로써 아이는 어리둥절하게 되는 것입니다. 이 현대의 여성운동은 전체를 흐려 놓는 데로 전개되어 갔습니다. 정말 불행합니다! 아니 자칭 복음주의자라며 성경을 정확무오한 하나님의 말씀이요, 우리의 유일한 권위로 믿노라고 외치는 많은 사람들의 사상에까지 그것이 스며들고 있다니!

우리는 여기서 즉시 그것은 결혼에 대한 기독교적인 접근방식이 아니라는 것을 압니다. 기독교의 결혼관은 오직 전적으로 성경의 교훈에 의해서 조정됩니다. 구약과 신약 전부에 의해서입니다. 사도는 그의 논증을 그리스도에게서뿐 아니라 구약에서도 끌어냅니다. 이처럼 그리스도인이라고 외치는 사람은 "아 예 난 결혼을 이렇게 생각하는데요"라고 말해서는 안 됩니다. 오히려 "성경이 결혼에 대해서 무엇이라 하는가?"라고 말해야 합니다. 그러므로 시초부터 완전히 다릅니다.

그는 자신을 이 책의 가르침에 복종시킵니다. 그는 "물론 우리는 지금까지 이처럼 많이 발전하고 전진했어. 당신도 아시다시피 바울 사도까지도 여자를 사실상 노예로 생각했다. 그는 속죄에서처럼 여자 문제에 대해서는 옳지 않았어!"라고 말하지 않습니다. 그렇게 말하는 순간 더 이상 여러분은 성경을 믿지 않으며 나는 정확무오한 하나님의 말씀을 믿는다고 말할 자격이 없게 되는 것입니다. 그리스도인은 "성경이 내게 말하는 것을 떠나서는 아무것도 모른다"고 말하는 사람입니다. 그처럼 그는 구약과 신약에 복종합니다. 그의 전체 생활이 그 원리에 입각해서 통제를 받습니다. 행실뿐 아니라 생각도 그러합니다.

둘째로 우리는 결혼이란 인간이 고안해 낸 것이나 협정에 의해서 된 것이 아니라, 하나님께서 부여하신 것이며 하나님이 세우신 제도라는 것을 알았습니다. 결혼이란 하나님께서 그의 은혜와 자비하심으로 여자를 위해서 지정하시고 준비하시고 제정하신 것이라는 점을 발견했습니다. 그것은 하나님의 것이지 인간에게서 나온 것이 아닙니다. 인류학자들의 가르침은 사색과 상상 위에 기초하고 있는 것입니다. 그것은 진리가 아닙니다. 성경의 교훈은 이 문제에 관해서 진리입니다-그것은 하나님이 제정하신 것이요, 하나님의 세우신 의식입니다.

셋째로 우리가 알아볼 것이지만 관계에 대한 용어들이 명백하고 분명하게 진술됩니다.

네째로 결혼은 주 예수 그리스도와 교회에 관한 교리를 이해할 때만 완전히 이해될 수 있습니다. 여러분은 그 교리가 중심인 것을 압니다. 사도는 그리스도와 교회에 관한 논증을 이 문단에서 내내 다루고 있습니다. 다른 말로 하면 만일 우리가 주 예수 그리스도와의 관계를 명백히 알지 못하면 우리는 결혼을 이해할 수 없습니다. 그것이 불가능한 것은 그 교리에 비추어서만 결혼에 관한 교리를 진정으로 이해하기 때문입니다.

그러므로 나는 두 가지 추론을 드러냅니다. 결혼을 진정으로 이해하고 평가하는 것은 그리스도인뿐입니다. 그것은 그리스도인이 된 여러 결과들 중 하나입니다. 기독교란 영혼이나 최종 구원이나 지옥을 피해서 하늘나라로 가는 것만을 다루지 않습니다.

기독교는 이 세상에서 사는 날 동안의 모든 생활을 간섭합니다. 내가 목회 경험 중 가장 놀라웠던 것은 기독교가 남편과 아내의 관계를 바르게 한 차이를 아는 것이었음을 솔직히 말씀드릴 수 있습니다. 서로 분리되고 떨어져 나갈 징후가 농후하고 증오와 미움과 비열함이 존재하던 곳에 두 사람이 그리스도인이 되고 나서 처음으로 상대방, 즉 남편은 아내를 아내는 남편을 발견하였습니다. 그들은 처음으로 결혼이 진정으로 무엇을 의미하는가를 발견했습니다. 몇 수년 동안 결혼생활을 했음에도 불구하고 발견하지 못했던 것이 그리스도인이 된 뒤에는 발견되었습니다. 그들은 이제 결혼이 얼마나 놀랍고 영광스러운 것인가를 알게 되었습니다. 여러분은 그리스도인이 아니면 결혼을 이해할 수 없다는 것입니다.

나는 감히 이렇게 말할 수 있을는지 모르겠습니다. 이 모든 것을 비추어 볼 때 놀라운 것은 이혼이 그처럼 많다는 것이 아니라, 이혼이 그보다 더욱 많이 행해지지 않는다는 데 있습니다. 보편적으로 생각의 결핍이나 심지어 생각한다 해도 잘못된 생각을 하는데도 불구하고 결혼이 그런대로 유지되고 있다는 것이 놀랍고 이상하지 않습니까? 그리스도인이 아닌 사람은 어떤 남자와 여자도 결혼에 대한 바른 개념을 가지지 못합니다. 그러나 만일 우리가 그리스도인들이라면 결혼이 무엇인지 결혼이 무엇을 의미하는지 아는 데 어떠한 난관도 없습니다. 어떤 논란이나 변론도 있어서는 안 됩니다.

만일 여러분이 교리적인 가르침을 믿는다면 결혼관은 필연적입니다. 그것이 필연적일 뿐만이 아닙니다. 그것은 필연적인 것이라는 데에 기쁨을 느낍니다. 그것은 그처럼 놀랍고 그처럼 영광스럽고 그처럼 자랑스러운 것입니다. 여러분은 자신을 그리스도에게 복종시켰습니다. 다른 사람도 그러했습니다. 여러분은 둘 다 상대방에게 자신을 복종시켰을 뿐만 아니라, 교회의 모든 사람들에게 여러분이 속한 공동체에 자신들을 복종시키는 것입니다. 여러분은 자기 자신의 권리와 특권을 생각지 않고 오직 여러분과 여러분의 절실한 필요만을 생각하시는 그리스도 그분에 대한 높은 충성심의 지배를 받습니다. 그는 자신을 비웠고 자신의 특권과 권리를 사양하고 종의 모양을 입으시고 십자가에 죽기까지 낮아지셨습니다. 그를 바라보며 그가 여러분을 지옥에서 구원할 뿐 아니라 여러분에게 생명을 주고 여러분의 생명을 더욱 넘치게 하고 그 자신의 영광이 속한 모든 것의 이해를 충만케 하기 위해서 어떻게 오셨는가를 알면, 여러분은 결혼을 다시 보게 되고 모든 것이 새롭게 보일 것입니다. 여러분은 성경의 교훈을 반대하지도 않으며 그것에 여러분을 복종하도록 할 뿐 아니라, 그것을 즐거워하고 그것 때문에 하나님께 찬양할 것입니다.

이상이 에베소서에서의 결혼에 관한 사도 바울의 교훈의 서론이었습니다. 우리는 이제 그 교훈을 세밀하게 숙고해 나갈 수 있게 되었습니다.

# 제 7 장

# 창조 질서

> 아내들이여 자기 남편에게 복종하기를 주께 하듯 하라 이는 남편이 아내의 머리 됨이 그리스도께서 교회의 머리 됨과 같음이니 그가 친히 몸의 구주시니라 그러나 교회가 그리스도에게 하듯 아내들도 범사에 그 남편에게 복종할지니라(엡 5:22-24)

우리는 이제 본문의 결혼에 관한 교훈을 자세히 숙고해 보게 되었습니다. 그 교훈은 결혼에 관한 한 신약과 전체 성경의 교훈이라 할 수 있습니다. 우리는 그 교훈을 개관적으로 고찰해 보았는데 그것은 사도가 우리에게 교훈을 나타내는 방식 때문입니다. 또한 우리가 그 모든 점을 심중에 간직하는 것은 중차대합니다.

우리가 이 문제를 접근하는 정신은 가장 중요합니다. 교회의 차원에서 행해지는 모든 일은 교회 밖에서 행해지는 것과는 다릅니다. 세상은 토론회에서 결혼의 주제를 놓고 특별한 방식으로 토론을 벌입니다. 양면으로 나뉘어서 결혼을 반대하는 측과 결혼을 찬성하는 측이 서로 토론을 하게 되는 것입니다.

그러나 교회는 문제를 그런 식으로 대처하지 않습니다. 문제를 그처럼 대하는 일이 교회에는 없습니다. 여기서 우리는 말씀 속에 있는 권위에 직면하게 됩니다. 우리는 우리 나름의 의견을 표현하는 데 관심이 있지 않고 우리의 목적은 말씀의 교훈을 이해하는 데 있습니다. 우리는 다함께 그 일을 합니다. 이편 저편이 나뉘든지, 반대 야당과 여당이 나뉘는 것이 아닙니다. 우리는 다 함께 성경의 교훈을 발견하기 위해서 갑니다. 또한 우리는 확실한데 원리들이 너무나 명백하게 설정되어 있기 때문에 이 모든 것은 즉시 기독교 교리의 최고 수준으로까지 인정을 받게 된다는 것을 알았습니다. 우리는 성경 어디서나 발견되는 기독교 교회의 본질에 관한 가장 심오한 교훈 중 몇을 대하게 됩니다.

그들 일반적 원리들을 살펴본 지금 우리는 특별한 적용으로 나아갈 수 있습니다. 여러분은 첫번째 것이 아내들에게 주어진 명령임을 아실 것입니다. 여러분은 오직 하나의 이유, 즉 사도가 복종하는 문제를 다루고 있기 때문에 남편들보다 아내들이 앞서 나왔다는 것도 기억하실 것입니다. 그 원리는 21절의 말씀입니다. "그리스도를 경외함으로 피차 복종하라." 바울은 이 복종하는 문제에 있어서 맨 먼저 "아내들아 남편들에게 복종하기를 주께 하듯 하라"고 합니다. 우리가 숙고해야 할 문제는 남편에 대한 아내의 "복종"입니다. 사도는 그 점을 아내들에게 상기시킬 뿐 아니라, 그렇게 하는 것이 아내들의 의무임을 아주 뚜렷하게 말하고 있는 것입니다. 피차 복종하는 것이 우리 모든 사람의 의무이듯이 말입니다. 이것은 매우 특수한 일입니다.

"아내들아 너희 남편들에게 복종하라." 복종하는 대상이 그들 자신의 남편들이고, 결혼에 대한 전체 문제에 관한 교훈이기 때문에 이것은 더욱 명확합니다. 핵심적인 요점, 여기서 절실한 것은 복종의 문제라고 말하고 있는 것입니다. 바울이 강조하고 있는 것은 그것입니다. 그러므로 우리는 반드시 이 점을 관찰해 보아야 합니다. 다행히도 사도는 우리가 그렇게 하도록 도움을 주고 있습니다. 그것은 아무렇게나 던져진 권면이 아닙니다.

바울이 먼저 이복 종에 대한 큰 동기를 제공합니다. "아내들이여 너희 남편들에게 복종하기를 주께 하듯 하라"(Wives, submit yourselves unto your own husbands, as unto the Lord). 우리는 이 본문에 대해 분명해야만 합니다. 왜냐하면 잘못 이해될 수 있고 또 그래왔습니다. "아내들아 너희 남편들에게 복종하기를 주께 복종하는 것과 똑같은 방식으로 복종하라"는 것을 의미하지는 않습니다. 그것은 너무 지나칩니다. 모든 아내와 남녀를 막론하고 모든 기독교 신자들의 주 예수 그리스도에 대한 복종은 하나의 절대적인 것입니다. 바울 사도가 아내들이 남편들에게 가지는 관계를 그렇다고 말하지는 않는다는 것입니다. 우리는 다 예수 그리스도의 종들이요 "노예"들입니다. 그러나 아내가 남편의 노예가 되라고는 말하지 않습니다. 주께 대한 우리의 관계는 절대적인 것이요 완전하고 철저한 복종입니다. 그러나 그런 식으로 하라고 아내들에게 권면하지는 않습니다.

그러면 주께 하듯 하라는 그 말씀은 무엇을 의미합니까? 그것은 "아내들아, 너희 남편들에게 복종하라, 왜냐하면 그것이 주께 대한 너희 의무의 일부이기 때문이요, 그렇게 하는 것이 주께 대한 너희 복종의 표현이기 때문이다"는 의미입니다. 혹은 "아내들아 너희 남편들에게 복종하라 주께 대한 복종의 일부로써 주께 복종하듯이 하라." 다른 말로 하면 너희는 남편만을 위해서 복종하는 것이 아니라, 먼저는 주님 자신을 위해서 복종하라는 것입니다. 그것은 21절에서 지적된 일반적인 요점의 반복입니다. "그리스도를 경외함으로 피차 복종하라." 아내들은 최종적으로 남편만을 위해서 그렇게 하는 것이 아닙니다. 궁극적인 이유는 거기에 있는 것이 아니라 복종은 "주께 대한" 것입니다. 그리스도를 위해서 그렇게 하는 것이며 주님께서 그렇게 하라고 하신다는 것을 알기 때문이며, 또한 그렇게 하고 있어야만 그의 보시기에 기쁘시기 때문입니다. 그것은 아내들의 그리스도인다운 행실의 일부요 아내들이 지킬 규칙의 일부입니다.

바울 사도는 고린도전서 10장에서 유사한 논증을 하면서 "먹든지 마시든지 무엇을 하든지 주께 하듯 하라"고 하였습니다. 우리가 하는 모든 일은 그를 위하고 그를 기쁘게 하기 위한 것입니다. 그가 우리로 그렇게 하시도록 하실 것을 알기 때문입니다.

그래서 사도는 처음부터 이 문제를 논란의 범주에서 끌어내어 바른 정신으로 접근하도록 했던 것입니다. 만일 주 예수 그리스도를 기쁘게 해 드리고 싶다면, 주님의 부탁과 뜻을 이루길 간절히 소망한다면 아내들은 남편들에게 복종하라는 것이지요. 어느 행동을 하든지 이것보다 더욱 강력한 동기는 있을 수 없습니다. 무엇보다도 주 예수 그리스도를 기쁘시게 해 드리고 싶은 그리스도인 아내는 누구나 이 문단에서 어떤 어려움도 발견하지 못할 것입니다. 여기서 사도가 말하는 대로 행하는 것이 그녀에겐 더 큰 기쁨이 될 것입니다. 더 나아가보겠습니다. 세상 사람들의 삶이 갈수록 자신의 모습을 다채롭게 드러내고 있는 오늘 현 세대보다 기독교가 진정으로 무엇을 뜻하는지를 우리 그리스도인들이 보여 줄 더 좋은 때가 없었습니다.

　세상의 삶은 결혼 문제나 기타 다른 모든 국면에서 더욱더 혼돈상태에 빠지고 있습니다. 여기에 그리스도인이 되는 것이 어떤 차이를 가져오는지 보여 줄 영광스런 기회가 우리에게 주어진 것입니다. 그래서 사도는 그리스도인 아내들이 놀라운 기회를 가지고 있음을 말하고 있는 것입니다. 여러분은 이교도나 더 이상 비종교적인 자들이 아니며, 세상에 더 이상 속해 있지 않다는 것을 보여 줄 수 있기 때문에 자기 멋대로 살고 제 고집만 내세우다가 결국에는 그런 삶을 특징짓는 모든 혼란으로 빠질 오만을 부리는 세상 사람들로부터 "이게 뭐야. 왜 당신들은 그렇게 행하지? 그 이유가 뭐야?"라는 말을 듣게 될 것입니다. 그러면 당신들의 대답은, "아, 천성이 그래"라고 하지 말고, "이렇게 하는 것이 나의 주님의 뜻이기 때문이야"라고 말해야 하는 것입니다. 이렇게 해서 여러분은 즉시 복음을 전파하고 진술할 기회를 얻게 되는 것입니다. 그렇기 때문에 사도는 그 아내들에게 그렇게 권면하는 것입니다.

　이 전체 권면의 요점은 우리가 이 장 자체와 앞장 거의에서 알아보겠지만 그리스도의 사람들은 그들 삶의 상세한 국면에서 그리스도인이 일단 되기만 하면 모든 국면에서 달라진다고 하는 것을 보여 주게 된다는 것입니다. 그러므로 그리스도인 삶의 이 위대한 특징은 아내들이 자기들의 남편들에게 복종함으로써 보여질 수 있습니다. 그것이 장엄한 동기입니다. 우리가 그로 인하여 감동을 받지 않고 그것에 대해 생기를 되찾지 못한다면, 어떤 다른 논증도 우리에게 부각되지 않을 것입니다. 만일 우리가 주 예수 그리스도에게 복종되지 않거나 무엇보다 그의 이름과 영광에 관심을 두지 않는다면, 다른 모든 논증은 우리를 감동시키지 못할 것입니다. 사도는 그것을 첫번째로 놓습니다. 우리도 그것을 처음에 놓아야 합니다.

　그러나 바울은 그렇게 말하고 난 뒤에 계속해서 특별한 이유들과 2차적인 이유들을 제시하는 것입니다. 여기서 다시 우리는 성경의 부와 영광을 보게 됩니다. 사도는 말하기를 이들 2차적인 이유들 때문에 모든 그리스도인 아내들이 자신의 남편들에게 복종해야 한다는 것입니다. 첫째는 "창조의 질서"로 부를 수 있는 것이고, 둘째는 교회와 그리스도인의 관계권에 속한 것입니다. 두 이유들은 모두 23절에 있습니다. 이는(왜냐하면) - 첫째 이유는 "남편이 아내의 머리 됨이라." 둘째는 "마치 그리스도가 교회의 머리 됨과 같음이니 그가 친히 몸의 구주시니이다."

첫째 이유를 살펴봅시다. 그것은 창조질서와 하나님의 경륜과 뜻의 일부이며 그것은 하나님께서 남녀 사이의 관계에 관해 건설하신 바에서 나오신 것입니다. 이는 성경의 여러 곳에서 발견되는 가르침입니다. 맨먼저 창조로 돌아가 창세기 2장에서 발견할 수 있습니다. 여러분은 신약에 언급한 사실이 어떻게 해서 그곳을 되돌아보게 하는지 아실 것입니다. 내가 그렇게 말하는 것은 그곳이 창조질서에 속한 것이라는 의미입니다. 여러분은 특별하게 기독교적인 입장에서 결혼을 생각하기 전에 훨씬 뒤로 가보아야 한다는 것입니다. 왜냐하면 신약이 여러분을 뒤로 보내기 때문입니다. 창세기로 되돌아가서 창조의 문제에 봉착하게 합니다. 그것은 타락의 문제도 암시해 줍니다. 중요한 구절은 16절입니다. 이 구절은 여자가 사탄의 말을 듣고 시행에 빠져 금과(禁果)를 먹은 결과로 하나님께서 여자에게 어떻게 말씀하셨는지를 알려 줍니다.

"여자에게 이르시되 내가 네게 잉태하는 고통을 크게 더하리니 네가 수고하고 사식을 낳을 것이며 너는 남편을 사모하고 남편은 너를 다스릴 것이니라." 이 말씀은 창세기 2장에 첨가한 것입니다. 우리는 반드시 그것에 세심한 주의를 기울여야 합니다.

이 가장 중요한 결혼 문제와 가정 문제에 관한 성경 교훈을 요약하기 위해서 성경의 여러 부분에서 우리 앞에 제시된 원리들을 끌어낼 수 있습니다. 우리가 지금 다루고 있는 것이 본질적으로 결혼에 관한 것이지, 그러한 여자(혹은 모든 여자들의)의 신분을 다루고 있는 것이 아닙니다. 확실히 우리는 성경에서 보편적인 여자에 관한 교훈을 연역해 내야 합니다. 또한 여자가 직업 전선에 뛰어드는 것 같은 문제 등에 그러한 일반적인 성경 교훈을 끌어내야 합니다. 그러나 난 그것이 아니고 다만 결혼의 문제만을 다루고 있는 것입니다. 사도가 여기서 행하는 바가 그것입니다. 그는 아내들에게 말하고 있는 것입니다. 이 시점에서는 미혼 여성들은 관설하고 있지 않습니다. 미혼 여성에 관한 교훈이 있습니다만 간접적으로는 몰라도 여기 본문들 가운데서는 나오지 않습니다.

그 교훈은 다음과 같습니다. 첫째의 강조점은 남자가 먼저 창조되었지 여자가 아니라는 사실에 부단히 주어지고 있습니다. 그러므로 남자에게 본래적인 우선권이 있습니다. 성경은 또한 여자가 남자에게서 만들어졌으며 남자에게서 취해졌다는 사실을 강조합니다. 또한 여자는 남자의 돕는 자로서 작정되었으며 남자의 필요를 충족시킬 배필이 되기 위해 지어졌습니다. 어떠한 짐승도 그 필요를 보증할 수 없습니다. "아담이 모든 육축과 공중의 새와 들의 모든 짐승에게 이름을 주니라 아담은 돕는 배필이 없었더라." 모든 짐승들 가운데는 아담을 도울 배필이 없었으므로 여자가 창조된 것입니다.

그것이 기본적인 가르침입니다. 사도들이 그 점에 강세를 주고 있다는 것을 아십시오. 아담이 먼저 창조되었습니다. 그러나 그뿐만이 아닙니다. 남자는 피조물의 영장으로 지어졌습니다. 동물이나 육축을 다스리는 이 권위가 주어진 것은 남자에게입니다. 그들에게 이름을 지어 줄 명령을 받은 것은 남자였습니다. 여기서 남자가 지도자와 주장자와 권위와 권세의 자리에 올려졌다고 하는 것을 지시해 주는 것입니다. 그가 결정을 내리고 판결을 내립니다. 그 점이 이 전체 문제에 대한 근본 교훈입니다.

사도 베드로는 의미심장한 구절에서 이 모든 것을 강조합니다. 그는 남편들에게 이르기를 아내들을 "더 연약한 그릇으로 알아 저를 귀히 여기라고 합니다"(벧전 3:7). 여기서 "더 연약한 그릇"이란 무엇을 뜻합니까? 창세기의 처음 몇 장과 성경 어디서나 아주 뚜렷하게 가르쳐지는 것을 뜻하고 있음이 분명합니다. 그것은 일차적으로 남자의 머리 됨과 지도자격의 전체 문제를 의미합니다. 육체적으로 말해서 남자는 본래 여자보다 더 강합니다. 더 강하도록 만들어졌고 더 강합니다. 나는 아주 세밀하게 고찰해 갈 수가 있습니다. 나는 이 모든 것을 극히 쉽게 정립할 수 있습니다. 해부학의 입장에서만이 아니라 생리학의 입장에서는 더욱 쉽게 그것을 정립할 수 있습니다.

여자는 육체적으로나 정신적으로, 아니 많은 국면에서 남자만큼 강하게는 지음받지 못했습니다. 여자는 다른 방식으로 지음을 받았습니다. 베드로가 여자는 "더 약한 그릇"이라 말할 때 가치를 손상시키는 의미로써는 전혀 말하지 않고 있다는 것입니다. 다만 여자란 본질적으로 남자와 다르며, 남자는 반드시 그 점에 명심해야 한다고 말하고 있을 따름입니다. 남자는 여자를 마치 이러한 면에서 자기와 같은 것으로 취급해서는 안 됩니다. 남자가 반드시 기억해야 할 것은 여자란 다르게 만들어졌으며 남자는 그녀를 존귀히 여겨야 되고, 따라서 여자를 인도하고 보호할 책임이 있다는 것입니다.

이것이 바로 남자는 아내의 머리이며 가족의 머리라고 하는 기본적인 근본 교훈입니다. 하나님은 남자를 그런 식으로 만드셨습니다. 그로 하여금 이 일들을 해낼 수 있도록 기능과 힘과 천성을 부여하셨던 것입니다. 또한 여자는 남자의 "보조자"가 되도록 만드셨던 것입니다. "보조자"란 말 자체가 복종의 개념을 나타냅니다. 여자의 주요 역할은 남자 안에 있는 부족분을 채우는 것입니다. 둘이 "한 몸"을 이루는 것은 그 때문입니다. 여자는 남자의 보충자입니다. 그래서 남자는 자신뿐만 아니라 자기 아내에 대해서, 그의 가족에 대해서뿐 아니라 모든 궁극적인 문제에 있어서 책임이 있다는 데 강조점이 주어지는 것입니다. 그러므로 하나님께서 남편에게 부여하신 창조계의 주(主)로서의 역할을 감당할 수 있도록, 그의 남편을 도와주고 보좌하여 그가 할 수 있는 한의 모든 일을 하도록 하는 것이 그녀의 일입니다. 여자는 남자가 영광스럽고 놀랍고 위대한 임무를 수행하는 것을 도와주기 위해서 창조함을 받은 것입니다. 그것이 창조의 질서 자체에서 설정된 남편과 아내의 관계에 대한 기본적인 교훈이요, 이 세상에서의 인간의 삶에 관한 근본적인 법칙입니다.

그러나 우리는 더 나아가야 합니다. 타락 전에 그러했습니다. 남자와 여자가 아직 완전했을 때, 아무 죄도 흠도 없이 동산에 머물러 있을 동안에 하나님께서 제정하신 관계가 그러했습니다. 그러나 불행히도 일이 벌어졌습니다. 타락입니다. 그것의 중대함은 아주 분명하게 되었습니다. 특별히 바울 사도는 디모데전서 2:11-15에서 그 점을 아주 분명히 했습니다. 먼저 유혹을 받아서 타락한 것은 여자였지 남자가 아니었습니다. 이 사실을 상당히 강조하는 것을 주목하시기 바랍니다. 이처럼 타락은 훨씬 다르게 만들어 놓았습니다. 창세기 3:16은 그 점을 강조합니다. "또 여자에게 이르시되 내가 네게 잉태하는 고통을 크게 하리니." 우리는 이 말씀에서 만일 죄와 타락이 아니었다면 아이를 낳는 것이 고통 없이 되었을 것이라는 결론을 얻을 수밖에 없습니다.

"네가 수고하고 자식을 낳을 것이며." 그러나 지금 우리가 그 말씀을 인용하는 목적을 잘 말해 주는 부가적인 말씀으로, "너는 남편을 사모하고 남편은 너를 다스릴 것이니라"는 것이 있습니다. 그것은 타락 전에 이미 설정된 주격(lordship)과 지도자격(leadership)과 수장권(headship)을 되풀이 언급하는 것만이 아닙니다. "남편이 너를 다스릴 것이라"는 것을 강조하는 말입니다. 여기서 새로운 요소가 나옵니다. 여자의 남자에 대한 복종성은 타락의 결과로 더욱 증가되었다는 것입니다. 하나님의 이 명령이 이 이유 때문에 선포되었다는 것은 논증할 수 있는 것입니다. 하나님에게 일어난 타락의 진수는 그녀가 마귀의 꾀임과 암시를 받을 때에 마땅히 그가 해야 했었고 그때까지 했던 대로 그의 남편 아담에게 가서 그 문제를 상의하지 않고서 자기 스스로 문제를 결정하여 자신이 지도자의 위치에 오른 데 있는 것입니다.

마땅히 그래야 할 것을, 아담에게 그 문제를 가지고 가는 대신에 그 상황을 자신이 처리한 결과 그녀는 타락하고 말았던 것입니다. 그녀는 아담을 그와 같이 타락에 끌어내어 결국은 전 인류로 타락하게 한 것입니다. 그 결과로 본다면 원죄란 어느 의미에서 여자가 결혼 관계에서 자기의 위치와 신분이 무엇인지를 인식하지 못하고 지위와 권위와 권세를 찬탈함으로써 혼돈과 참화를 가져온 것이라 하겠습니다. 그것은 창세기 3:16에서만 진술되는 것이 아닙니다. 그것은 여자가 권위를 가지는 것에 관한 바울 사도의 논증의 전 초석을 형성하고 있습니다. 사도의 디모데전서 2장의 교훈과 전파의 초석을 이루고 있는 것입니다.

바로 그 점이 본질적인 교훈입니다. 그러나 즉시 반대 의견이 제시됩니다. 불행히도 성경을 정확무오한 하나님의 영감된 말씀으로 믿으라고 부르짖는 복음주의적인 사람들로부터도 얼마나 자주 그 반대 의견을 접합니까! 사람이 그처럼 자주 대하는 반대 의견은 이러합니다. "아, 그러나 그것은 사도 바울의 관점일 뿐이다. 바울은 반여성 운동자임에 틀림없다. 그 당시 아주 관례적으로 여자를 그렇게 취급하던 한 사람에 불과하다." 그 당시에는 여자의 가치가 아주 낮게 평가되었다는 것을 강조합니다. 전 세계에 걸쳐 모든 이들이 그러한 관점을 가지고 있었으며, 여자는 솔직히 말해서 상품과 노예에 불과했었다. 이것은 유대인의 경우에도 마찬가지였으며, 바울은 단지 전형적인 랍비 투의 유대인에 불과했었다. 논증은 그런 식으로 진행되어 나갑니다.

성경을 하나님의 말씀으로 믿지 않는다는 사람들이 그렇게 말하는 것은 논할 일이 못 됩니다. 그들은 바울뿐 아니라 주 예수 그리스도 틀렸다고 말하기를 서슴치 않는 이들입니다. 자기딴엔 그들은 권위자들이라고 알고 이해합니다. 나는 그런 이들과 따지고 싶지 않습니다. 내가 말하는 것은 다만 그들과는 전혀 토론이 되지 않는다는 것입니다. 왜냐하면 그것은 그들의 의견에 대항해서 내 견해를 피력하는 문제만이 아니기 때문입니다. 그것에 대해서 달리 말할 수 없습니다─그것은 전혀 기독교적이 아니랄 수밖에─그리스도인이란 자신을 성경 계시에 전적으로 복종시키는 사람입니다. 그는 이 성경계시(聖經啓示)를 떠나서는 아무것도 알지 않습니다.

그러므로 우리가 이 전 주장을 들을 때, 그것을 탄식하고 유감스럽게 생각합니다. 그것을 답변하되 이런 식으로 답변합니다. 일반적으로 말해서 우리 주님과 사도 바울시대의 여성관이 낮게 평가되었다는 것은 완전히 진리입니다. 그러나 그것은 유대인의 관점이 아닙니다. 왜냐하면 그들은 이 성경을 가지고 있어서 그것을 믿었기 때문입니다. 그것은 사도 바울의 관점도 아닙니다. 고린도전서 11:1에서 바울이 말하는 것을 듣지 못했습니까? "그러나 주 안에서는 남자 없이 여자만 있지 않고 여자 없이 남자만 있지 아니하니라." 이 대 사도는 그리스도 예수 안에서는 야만인이나 미개인이나 종이나 자유자나 남자나 여자가 차별이 없다는 사실을 자랑스럽게 생각합니다. "구원에 있어서는 남자나 여자나 동등하며, 구원에 있어서 여자는 남자와 동등한 기회를 가지고 있다"는 것이 바울 사도의 복음 전도의 중요한 부분이었습니다. 그는 그것을 자랑했으며 사도 바울보다 여성과 여성의 참된 영광에 대해 섬세하게 말한 이가 없습니다.

더 나아가 아내들의 남편들에게 대한 의무만을 말하는 것으로 끝나지 않는다는 사실을 주목하십시오. 그의 그리스도인 남편의 여성관 내지 부인관과 그의 아내를 보는 관점은 이제까지 세상이 알았던 것보다 훨씬 뛰어나다는 것을 보여 줍니다. 바울은 모든 것을 제 위치로 갖다 놓습니다. 그는 언제나 우리에게 양면을 제시합니다.

그러나 그 모든 것을 차치 하고라도 사도는 결코 이것을 자기 자신의 의견으로 내세우지 않는다는 것입니다. 그는 언제든지 창세기로 돌아가서 창조의 질서를 알아봅니다. 그는 사실 이렇게 말하고 있는 셈입니다. 그것은 내 의견이 아니다. 그것은 하나님께서 제정하신 바이다. 사도에 있어서 유일한 관심은 하나님의 진리가 알려져야 한다는 것이며 하나님께서 제정하신 바가 부단히 실제에 적용되어야 한다는 데 있습니다. 그러므로 그것은 "오직 바울의 의견"일 뿐이다라고 말하는 이 경향은 성경을 부인하는 것입니다. 우리는 이것에 대해 아주 명백해야 합니다. 만일 성경을 하나님의 영감으로 된 말씀으로 확실히 믿는다고 말한다면 그 사람은 사도 바울에 관해서 세상이 하는 식으로 말하지 않아야 됩니다. 왜냐하면 바울이 서신을 쓸 때에 성경을 인용할 뿐 아니라, 또한 영감된 사도로서 쓰는 것이기 때문입니다. 그 자신의 견해를 제시할 때는 언제나 매우 조심스럽게 그 일을 했습니다. 만일 그것을 자기의 의견이라고 말하지 않으면, 그것은 영감된 것입니다.

사도 베드로가 그의 편지를 읽는 자들에게 사도 바울의 말을 들으라고 한 것을 기억하십시오. 그는 어떤 이들이 바울의 말을 "다른 성경들과 같이 그것도 억지로 풀다가 멸망에 이른다"(벧후 3:16)고 말합니다. 바울이 쓴 것은 성경입니다. 그러므로 비평주의자들은 바울과 싸우고 있는 것이 아니라, 하나님과 변론하고 있는 것이므로 성령과 다투고 있는 것입니다. 동시에 그들은 자기들이 20세기의 산물이라고 믿기에 이른 것과 상충되지 않는 한에서만 성경을 믿는다고 말하는 모순된 처지로 몰아 넣고 있는 것입니다. 그것은 성경의 권위에 대한 신념을 부정하는 것입니다.

그렇게 말하는 것보다 더욱 어리석은 것이 없는 그 어리석은 반대 의견을 처리해 보았으니, 나는 다시 그 입장을 요약하겠습니다. 교훈에 따라 여자와 아내는 확실한 지위를 부여받은 것입니다. 그 여자의 남편에게 복종하는 것은 그 여자가 그의 노예라는 것을 뜻하지 않습니다. 어떤 순간이라도 그렇지 않습니다. 사도가 말하는 아내에 대한 남편의 의무에 이르게 될 때 이 점을 더욱더 알게 될 것입니다. 바울이 말하고 있는 것은 여자란 별다른 존재이며 남자의 돕는 배필이라는 것입니다. 바울이 금하는 것은 여자가 중요하게 되기를 추구하는 것입니다. 여자는 남자처럼 행동하려고 하지 말아야 된다는 것입니다. 또한 여자는 하나님께서 친히 남자에게 부여하신 자리와 지위와 권능을 찬탈하는 일을 추구하지 말아야 된다는 것입니다. 바로 그것이 바울이 말하는 전부입니다. 그것은 노예제도가 아닙니다. 바울은 그의 독자들에게 하나님께서 세우신 것을 깨달으라고 권고하고 있는 것입니다.

그러므로 아내는 자기의 남편이 이 세상에서 하나님의 대리자로서의 기능을 도와주도록 하나님에 의해서 지음을 받은 것입니다. 그는 가정을 조성하고 어머니로서 아내로서 남편을 도울 자이며 그의 안위자입니다. 아내는 남편에게 위로와 용기를 구할 자입니다. 그녀는 남편을 돕는 배필입니다. 남자와 자신에 관한 진리를 인식합니다. 그녀도 역시 자신에 관한 진리를 인식합니다. 그래서 그녀는 남자를 보필해 주고 도와줍니다. 그들은 다 함께 하나님과 주 예수 그리스도의 영광을 위해서 삽니다.

하나의 예화를 드는 것이 이 시점에서 도움을 줄지 모르겠습니다. 지도자격과 머리 됨의 개념은 어떤 사람들을 넘어뜨리는 것입니다. 왜냐하면 그들에게 그 사장은 필연적으로 유전과 본질상의 열등감을 암시하는 것으로 보이기 때문입니다. 그러나 그렇지가 않습니다. 남자의 머리 됨의 전체 개념은 결혼 관계에서 부대의 지휘자들과 많은 면에서 비교가 됩니다. 만일 각자가 취할 행동을 제멋대로 결정한다면 부대는 완전히 혼란에 빠지게 될 것입니다. 내가 이미 앞에서 말씀드렸듯이 남자가 자기가 지원하는 군에 입대하는 순간, 그는 명령이 떨어지면 그것이 어떻게 생각되든지 간에 그 명령에 복종하겠다고 말하고 있는 것입니다. 그렇게 하는 것이 그의 의무입니다. 그는 그의 상관에게 이 명령권을 넘겨준 것입니다. 비록 자기의 의견이 다를지라도 그 의견들을 포기하고 복종하며 생활해 나갑니다.

또는 축구팀에 소속된 선수를 생각해 보십시오. 그들이 해야 할 첫번째 일은 주장(主長)을 뽑는 일입니다. 그들 모두가 다 주장이 아닙니다. 만일 그들이 모두 주장이라면 경기에 결코 이길 수 없습니다. 선수들이 해야 할 첫번째 일은 그들 가운데서 한 사람을 주장으로 지정하는 것입니다. 그 주장이 그들 가운데서 가장 잘 뛰는 선수가 아닐 수도 있습니다. 그러나 그들 선수들은 전체적으로 볼 때 그가 통솔력이 가장 뛰어나다는 결정을 하는 것입니다. 그러므로 그들은 그를 주장의 자리에 올려 놓습니다. 그런 다음에 그들 선수들은 그에게 복종해야 합니다. 만일 그들이 그렇게 하지 못할 때 혼돈이 다시 찾아옵니다.

그렇지 않으면 하나의 주제를 숙고하기 위해서 소집된 한 회합을 생각해 보십시오. 한 무리의 사람들이 모입니다. 그들은 맨 먼저 의장을 선출하는 일을 합니다. 왜 그렇습니까? 물론 말할 필요도 없습니다. 어떤 권위자를 가져야 하기 때문입니다. 회의를 진행할 의장이 없으면 업무 처리를 할 수 없습니다. 의장의 진행 아래서 발언권을 얻어야 합니다. 여기에 전과 같은 열등감의 문제는 끼여들지 않습니다. 그것은 일을 효과적으로 처리하기 위해서 한 리더를 가져야 한다는 의미입니다. 새로운 하원 의원들이 선출되면 먼저 그들은 의장을 선출하게 됩니다. 의장의 임무는 의장석에 앉아서 회의 진행과 통제권을 행사하는 것입니다. 그것은 그들이 의장보다 열등하다는 것을 의미하지는 않습니다. 천만에요! 그들의 지혜로 볼 때 이렇게 하지 않고는 업무를 처리할 수 없기 때문에 어떤 이를 권위의 자리에 올려 놓아야 하는 것입니다. 이제 성경에 가르치기를 하나님께서 남자를 그 자리에 올려 놓았다고 합니다. 그래서 사도는 아내들에게 말하기를 "아내들이여! 너희 남편들에게 복종하라." 그것은 남편이 머리로 지명되었기 때문입니다.

그러나 더욱 큰 논증은 고린도전서 1:11에서 발견됩니다. 거기서 우리는 남자가 아내의 머리이며, 그리스도가 남자의 머리이며, 하나님이 그리스도의 머리라는 말씀을 접하는 것입니다. 이는 논박될 여지가 없는 논증입니다. 하나님이 어떤 의미에서 그리스도의 머리가 됩니까? 답변은 우리가 흔히 경륜적 삼위일체(Economic Trinity)라 부르는 것입니다. 아버지와 아들과 성령이 동등하며 다 함께 영원합니다. 그런데 어떻게 해서 아버지(하나님)가 그리스도의 머리입니까? 구원의 목적을 위해서 아들이 그 자신을 아버지께 복종시켰으며, 성령이 아들과 아버지께 자신을 복종시킨 것입니다. 그것은 구원을 이루기 위한 자원적 복종이라고 하는 것입니다. 또한 그것은 구원을 이루기 위한 진수입니다.

아들이 말하기를, "내가 여기 있나이다. 나를 보내소서." 그는 자원하셨습니다. 그는 이 동등됨을 취하시지 않으셨습니다. 그는 그 아버지의 종이 되셨으며 아버지는 그를 보내셨습니다. "그리스도의 머리는 하나님이라." 사도가 표현한 방식은 그것이었습니다. "하나님이 그리스도의 머리 됨과 같이 남자의 머리는 그리스도이며 여자의 머리는 남자이니라 그러므로 아내들아 너희 남편들에게 복종하기를 주께 하듯 하라."

이상이 유독 진정한 결혼관만을 제시해 주고 있는 이 커다란 교훈에 대한 적극적인 해석입니다. 생각지도 않게 나는 어리석은 변론에 대해 상고해 보았는데 이것은 너무나 흔하게 주장되는 것입니다. 어떤 이는 말합니다. "당신 의견은 틀립니다. 나는 아내가 남편보다 훨씬 유능하고, 여러 면에서 더욱더 많은 재질을 가지고 있는 경우를 많이 보았습니다. 그렇게 명석하고 유능한 여자가 그의 남편이나 보다 못한 남자에게 복종해야 한다고 말하지 않았습니까?" 그런 주장에 대해서 대답할 말은 하나밖에 없습니다. "그런 말을 퍼뜨리는 사람은 하나님을 대적하여 변론하고 있다"고 말입니다. 하나님은 그와 같은 경우를 모두 아십니다. 하나님께서 말씀하신 것은 만일 재질이 많고 명석한 여자가 자신을 남편에게 복종하고 있지 않는다면, 그 여자는 죄를 짓고 있다는 것입니다. 그 여자가 어떠한 재능을 가지고 있다 하더라도 결혼 관계에 있어서는 그녀의 반려

자에게 복종해야 한다는 것입니다.

　나는 이 시점에 있어서 두 가지 논평을 하려고 합니다. 그 여자가 어떤 재질이 있든지 간에 그녀가 이런 식으로 복종할 태세를 갖추고 있지 않다면, 어떠한 사람하고도 결혼할 계획을 가질 자격이 없다는 것입니다. 그 복종은 그리스도께서 자신을 낮추시고 복종하신 것처럼 복종하는 자원적인 복종입니다. 그런 식으로 행동해야 합니다.

　그렇게 할 용의가 되어 있지 않는 한, 자신을 그 남자에게 복종할 수 있다는 생각이 들지 않는 한에서의 그 여자는 결혼해서는 안 됩니다. 만일 그런 여자가 어떤 다른 생각을 가지고 결혼에 들어간다면 그것은 하나님의 뜻을 어기는 것입니다. 또한 그 여자는 죄를 짓고 있는 것입니다.

　두번째 논평은 이러합니다. 나는 때때로 생각하기를 나에게 증거하라고 부여된 특권 가운데서 가장 놀라운 것 중 하나는 내가 언급하고 있는 바로 이 일을 실제에 적용시키는 것이었다고 봅니다. 나는 여러 해 동안 여러 지방들을 순방하면서 설교하고, 설교가 끝난 뒤에는 그 교회 목회자 내외와 함께 목사관에서 밤시간을 가져보곤 하였습니다. 내가 그들을 재능의 입장에서 볼 때 남편과 아내 사이는 비교도 되지 않았던 적이 있었습니다. 처음 방문임에도 불구하고 그것은 너무나 드러나 보였습니다. 그렇기 때문에 나는 항상 그것을 흥미 있게 생각합니다. 아내는 유별나게 재능이 뛰어나고 명석한 여자였습니다. 남편도 재능을 가지고 있지 않은 것은 아니지만, 그의 주요 은사는 그의 성품에 있었습니다. 정말로 친절하고 자비롭고 은혜로운 사람이었습니다. 그러나 지적인 입장에서 보면, 그녀와 비교도 되지 않았습니다. 실로 그들의 학업 성적이ㅡ그들은 모두 학사 출신이었음ㅡ이것을 입증해 주었습니다.

　부인은 그 당시에 몇몇 여자들밖에는 취득하지 못하고 있는 전문과목에서 학위를 수여했습니다. 그녀는 수석의 영광을 차지했었습니다. 남편은 그보다 훨씬 쉬운 과목에서 그것도 중간 정도의 성적으로 학위를 받았습니다. 그녀의 재능에 관한 한 의심할 여지가 없었습니다. 그녀의 지적인 파악 능력, 그녀의 이해력은 즉각적으로 느껴졌고 그것들을 알수록 그것은 더욱 확실해졌습니다.

그러나 내가 말하고 싶은 것은 그 여자가 언제든지 그녀의 남편을 진정한 성경적인 신분으로 올려 놓더라는 것입니다. 나는 그보다 더 놀라운 것을 전에 본 적이 있었는지도 모릅니다. 그러나 그녀는 아주 영리하고 섬세하게 그 일을 했습니다. 남편이 해야 할 말을 그녀가 하곤 했습니다. 그러나 그것은 자기 말이 아니라 남편의 말이라고 느껴지게끔 처신하였습니다. 거기에 흐뭇한 면이 있습니다. 나는 그것을 내가 체험했던 일 중에서 가장 감동적인 일로 기록해 두고 있습니다. 그 부인은 유능한 사람일 뿐 아니라 그리스도인이었습니다. 그녀는 남편은 머리라고 하는 이 원리를 실행하고 있었던 것입니다. 비록 그 부인이 많은 이유들을 제시하기는 하지만 결정을 내리는 일은 언제나 남편이 해야 했습니다. 그녀는 언제나 그를 돕는 배필로서 행동했습니다. 그녀는 그가 결하고 있는 자질을 갖추고 있었습니다. 그녀는 그를 보충해 주고 있었습니다. 그 부인은 그녀의 남편을 보좌하고 있었습니다.

나는 이 교훈을 이해하고 인식하고 포착하는 것의 중요함을 보여 주어야겠습니다. 왜 이것이 그렇게 중요합니까? 특별히 오늘날 왜 그러합니까? 왜 국제적인 문제나 정치에 관하여 나의 의견을 표명하는 것보다 내가 지금까지 말해 왔던 일이 더 중요한 것입니까! 그것은 바로 이 교훈을 이해하지 못하고 이행하지 못한 것이 오늘날 세상에서 거의 모든 문제의 원인이 되기 때문입니다.

오늘날 세상의 근본적인 문제는 권위의 문제입니다. 세상의 혼란은 사람들이 생의 모든 영역에서 권위에 대한 존경심을 잃어버렸다는 사실에서 기인합니다. 국가와 국가 사이든지, 산업 사회에서든지, 가정에서든지 마찬가지입니다. 학교에서나 다른 모든 영역에서도 동일합니다. 권위상실! 그것은 내가 볼 때 가정과 결혼생활에서 전적으로 출발한다고 봅니다. 그렇기 때문에 파경에 이른 정치인은 누구든지 간에 세상 정치문제에 관해 말할 자격이 있다고는 믿지 않습니다. 만일 그가 가장 많은 권한이 부여된 곳에서 실패하였다면 무슨 권리로 다른 일을 말하겠습니까! 그는 공적 생활에서 물러나야 합니다. 진정한 파경은 가정과 결혼 관계에서 시작된 것입니다. 2차 대전 후의 이혼의 극심한 증가(그 당시에 약간 이혼

추세가 떨어졌다고 하나 그것은 일시적일 따름임)는 오직 한 가지 일에 기인하는 것입니다. 즉, 결혼과 남편과 아내에 대한 성경의 가르침을 남녀가 다 같이 이해하지 못한 데 그 원인이 있다고 나는 역설하고 있는 것입니다.

이 같은 이해의 결핍은 가정생활과 가족 사이에 있어서의 파탄을 설명해 줍니다. 그것은 다시 현금에 와서 아주 뚜렷해졌습니다. 가정이 그 전처럼 중심이 되지 못합니다. 가족들은 언제나 밖에 나와 있습니다. 흔히는 밤에도 돌아가지 않고 밖에서 보냅니다. 놀라운 결합력을 가지고 있던 가정 — 그 가정은 삶의 근본 단위 — 은 사라져 가고 있습니다. 우리는 여기서 자녀들 사이에 있어서의 버릇이 없음과 훈련되어 있지 않는 아이들의 모습에 대한 이유를 발견합니다. 그러므로 그것은 소년 비행을 거의 설명해 주고 있는 것이라고 하겠습니다. 이것은 통계만으로도 입증될 수 있습니다. 비행을 저지른 아이들은 거의 모두가 파탄에 이른 가정이나 이혼한 가정의 아이들이라는 것입니다.

우리가 말하듯이 그들에겐 어떤 기회도 주어지지 않았습니다. 그들은 불확실한 분위기에서 자라났습니다. 미결상태에서 갈등을 겪고 있는 가정, 아내가 남편을 향해 대들고 남편이 아내를 구박하는 분위기 속에서 자라났던 것입니다. 그런 아이들은 아버지나 어머니나 다른 누구에 대해서도 존경심을 가지지 않습니다. 권위나 지도력이나 보호에 신뢰심을 가져야 하는데 그것을 찾을 수 있는 곳이 없습니다. 아무것도 없고 그래서 그 가련한 아이는 비행을 저지르게 됩니다. 그는 아버지와 어머니, 남편과 아내 사이의 싸우는 분위기 속에서 자라났던 것입니다.

내가 볼 때 이렇게 나쁘게 보이는 추세에 대한 또 다른 국면이 있습니다. 남자들이 그들의 신분을 포기하고 그것에서 물러나 태만과 이기주의로 아버지와 남편으로서의 의무를 갈수록 이행하지 않음이 사실이 아닙니까? 남편은 점점 가정생활의 통제를 아내와 아이들의 어머니들에게 맡기고 있습니다. 그들은 귀찮은 것은 싫어합니다. 피곤하여서 일터에서 돌아오면 자기 아내에게 부탁하기를 아이들을 자리로 데려가라고 합니다. 아이들이 묻는 말도 아내에게 일임합니다. 이런 일이 갈수록 심해지고 있지 않습니까? 남편이 하나님께서 자기에게 부여한 자리를 일부러 비우고 있는 것입니다. 그것은 그리스도인들 사이에서도 일어납니다. 그러나 비그리스도인의 경우에 더욱 심합니다. 남편이 자기의 신분을 버리고 나태함으로 그 신분을 자기 아내에게 맡기고 있는 것입니다.

이런 일은 다른 많은 방향에서도 일어나고 있습니다. 오늘날 그처럼 많은 사람들이 "더러운 게임"이라고 말하면서 정치에는 참여하지 않습니다. 그러나 그것은 얼마나 어처구니 없는 주장입니까? 관심을 갖는 것은 그 나라 시민으로서의 의무입니다. 그러나 여기서 우리는 특별한 결혼의 영역에 관심이 있습니다.

그 다음 여성운동이 아내와 어머니에게 호전성(好戰性)을 가져다 주었습니다. 아내나 어머니가 대등한 위치에 자신들을 세워 놓고 아이들의 마음 속에서 아버지의 영향력을 약화시켰던 것입니다. 그 결과는 전체 문제에 거짓되고 그릇된 접근방식을 가져왔습니다.

나는 비평하는 마음으로 이것을 말하고 있는 것이 아닙니다. 우리는 우리 나라(영국)에서 이것이 증가되어 가고 있는 것을 보고 있습니다. 그러나 미국의 정도에까지는 이르지 않았습니다. 미국에서는 여가장(女家長) 사회로 불리어지기까지 하는 상황을 접하고 있습니다. 그리고 남자는 점점 달러를 생산하는 사람이며 봉급을 타오는 사람으로밖에는 여겨지지 않고 있습니다. 남자는 필요한 돈을 버는 사람입니다. 여자와 어머니는 문화적인 사람이요 가장입니다. 또한 아이들은 어머니만을 바라봅니다.

남자와 여자에 대한 비성경적인 관점, 아버지와 어머니에 대한 비성경적인 관점이 여가장적 사회를 불러온 것입니다. 내게 있어서 그것은 가장 위험한 것입니다. 물론 결과는 그런 나라에서 고심하고 있는 범죄들과 심각한 사회 문제를 증가시키는 것입니다. 영화와 여러 방면을 통하여 다른 모든 나라에 영향을 끼침으로써, 이러한 태세는 전세계에 두루 퍼지게 되었습니다. 여자를 가정의 머리와 중심으로 하는 여가장적 사회는 성경의 교훈에 대한 부정입니다.

그 문제가 점점 인식되어 가고 있습니다. 결혼 상담소나 그와 유사한 단체들이 조직된 이유가 바로 그 점에 있습니다. 그러나 안타깝게도 그들

단체들은 일반적으로 그 문제들을 심리학의 차원에서 접근해 나갑니다. 여러분이 많은 심리학자들의 결혼생활을 시험해 보면 여러분은 충격을 받게 될 것입니다. 결혼생활이 어떻게 영위되어야 하는지에 대해서 충고하는 사람들이 그 교훈을 그들 자신의 결혼에는 적용할 수 없다니! 그들이 그럴 수 없는 것은 물론입니다. 그것은 심리학의 문제가 아닙니다. 필요한 것은 약간의 어떤 상식이나 지혜, 동료의식, 또한 주고받는 것만의 문제가 아닙니다. 남자들과 여자들은 그 모든 것에 관해 알며 항상 모든 것을 알고 있었습니다. 그러나 그들은 그것을 실천할 수 없습니다. 오직 하나의 소망만이 있을 뿐입니다. 하나님이 권위자가 되고 남편과 아내가 하나님께 복종하고 그들이 "주께 하듯" 모든 일을 할 때까지, 그것이 하나님이 그리스도 위에, 그리스도가 남자 위에 머리 됨과 같은 유의 것이라는 것을 인식하지 않을 때까지는 소망이 없습니다.

　이러한 심각한 사회 장애와 문제들이 더욱더 급증하게 된 것은 최근 100여 년 간에 걸쳐서 남자들과 여자들이 점점 성경의 권위에서 떨어져 나갔기 때문입니다. "당신은 혹독하고 강압적이고 독재적인 빅토리아 풍의 남편들이나 아버지가 되라는 말이군요"라는 소리를 듣게 될 것을 압니다. 그것은 아주 틀린 것입니다. 나는 현대의 많은 문제들이 빅토리아 풍에 대한 반동에 기인한다는 것을 알고 있습니다. 나는 빅토리아 풍을 현재 상황만큼이나 혐오합니다. 우리는 성경으로 되돌아가야 합니다. 나는 빅토리아식의 생각으로 돌아가라고 호소하지 않습니다. 나는 말합니다. 하나님께 돌아가라. 그리스도에게 돌아가라. 하나님의 권위있는 말씀의 계시로 되돌아가라는 것입니다. 하나님의 완벽한 계획을 다시 바라보라는 것입니다. 장자와 그를 옆에서 보필하라고 주신 여자에 대한 영원한 하나님의 계획을 다시 주목하라는 것입니다. 서로 사랑하라. 피차 존경하고 피차 존귀히 여기라. 두 영역을 결코 혼돈하지 말라. 하나님께서 은혜로 말미암아 우리로 하여금 그 교훈을 알게 하실 뿐 아니라, 그것에 우리 자신을 복종할 수 있게 하소서. 그럼으로써 복되신 주님의 이름에 존귀와 영광을 돌리도록 하소서. "주께 하듯 하라."

# 제 8 장

# 몸의 유추(類推)

**아내들이여 자기 남편에게 복종하기를 주께 하듯 하라 이는 남편이 아내의 머리 됨이 그리스도께서 교회의 머리 됨과 같음이니 그가 친히 몸의 구주시니라 그러나 교회가 그리스도에게 하듯 아내들도 범사에 그 남편에게 복종할지니라(엡 5:22-24)**

우리는 이 본문의 진술로 되돌아갑시다. 그것은 우리가 여기까지 한 국면만 세밀하게 살펴보았기 때문입니다. 바울 사도는 아내들이 왜 자기 남편들에게 복종해야 하는지 그 두 가지 커다란 특별 이유를 제시하고 있습니다. 우리는 먼저 그것이 자연 질서의 문제라는 것을 생각하였습니다. 바울은 "남편이 아내의 머리 되기 때문이다"고 말하며 하나님께서 태초에 남자와 여자를 만드실 때 그렇게 제정하셨다고 말합니다. 우리는 신약성경이 어떻게 그 점을 확증하고 어떻게 부단하게 그 하나님의 원초적인 작정에 되돌아가는가를 알아보았습니다. 그러므로 여기서 우리는 이 땅에서의 인간의 전체 생활과 인간 복지에 있어서 근본적이고 기본적인 것을 다루고 있는 것입니다.

우리는 이상의 모든 것 가운데서 고유하고 특수하게 기독교적인 것은 아직 말하지 않았습니다. 그것은 구약성경의 교훈임과 동시에 그리스도인이든 아니든 간에 누구나 인식해야 하는 것입니다. 이는 생활 전체에 관해서 하나님께서 부여하신 질서입니다. 가정을 이루어 놓은 하나님은 결혼의 질서를 세워 놓으셨습니다. 국가를 세워 놓으신 하나님은 결혼제도도 세워 놓으셨습니다. 우리가 국가에 복종해야 하는 것과 같이 남편들과 아내들의 상관적인 지위에 관한 하나님이 세우신 이 근본적인 제도에 유의해야만 합니다. 여기까지 그 모든 것은 일반적인 것입니다.

우리가 그리스도인이라는 사실은 일반적인 것에는 무관심하다는 것을 의미하지 않습니다. 우리가 그리스도인이라는 사실은 구약성경을 필요로 하지 않는다는 것을 뜻하지 않습니다. 그것은 여전히 초석으로서 존재하는 것이며 그 위에 우리는 모든 것을 세우는 것입니다. 그렇기 때문에 사도가 그것을 처음에 놓은 것입니다.

그러나 이제 바울은 이 두번째 이유, 즉 고유하게 기독교적인 것으로 나아가는 것입니다. "남편이 아내의 머리라." 그 다음에 기독교적인 것이 첨가됩니다. "그리스도께서 교회의 머리 됨같이." 이것은 우리에게 더 나아가게 한 것입니다. 그것은 첫째의 것을 떼어 내버린 것이 아니라 그것에다 더한 것입니다. 진실로 그것은 처음 것을 이해하는 데 도움을 줍니다. 그것은 기독교 신앙이 생활 자체에 관해 행하는 바입니다.

이 세상에서의 일반적인 삶을 진정으로 이해할 수 있는 이는 그리스도인뿐입니다. 그리스도인은 자연을 세상 사람과는 다른 방식으로 봅니다. 그에 관한 하나의 해답이 있습니다. 그리스도인은 사물을 그 자체만으로 보는 것이 아니라, 위대한 창조자와 하나님의 하시는 일의 놀라움과 다양함 또한 다채로움과 아름다움을 봅니다. 다시 말해서 그리스도인이 된다는 것은 여러분의 생활에 대한 전체 사고방식이 부요케 된다는 것을 의미하는 것입니다. 그것이 무엇인지는 문제가 아닙니다. 인간이 소유하고 확증하고 있는 모든 은사들은 그리스도인에 의해서만 진정으로 평가될 수 있습니다. 그리스도인은 더 큰 깊이를 가지고 보며 더욱 완전한 이해를 가집니다. 말하자면 기독교 메시지는 우리가 전에 가지고 있던 것에다가 무엇을 더하는 것만이 아니고 전에 가지고 있던 것을 더욱 부요케 하며 더욱 깊은 통찰력을 제공합니다. 여기서 우리는 이 고유한 기독교적인 더해짐으로 이미 설정된 자연질서를 이해하도록 도와줄 뿐 아니라, 더 나아가 그 위에다가 새로운 자질, 말하자면 또 다른 국면을 더하는 것이 그 모든 것에 대해 또 다른 강조점을 주게 되는 것입니다.

"남편이 아내의 머리 됨이 그리스도께서 교회의 머리 됨과 같으니 그는 몸의 구주시니라." 우리가 이 본문에서 보고 있는 것은 그리스도인만이 이해할 수 있는 것입니다. 주 예수 그리스도를 믿지 않는 사람, 구원의 길을 알지 못하는 사람은 성경이 "그리스도가 몸 된 교회의 머리라"고 하는 의미를 이해하지 못함은 틀림없습니다. 그는 그 모든 것을 전혀 이해하지 못합니다. 그러므로 그러한 사람은 이렇게 특수한 기독교적인 결혼관을 이해할 수 없습니다. 이는 교회에 대한 기독교의 교리에서 추론된 것입니다. 그러므로 사도의 말에 의하면 기독교의 교회에 대한 교리를 이해하지 못하는 사람은 결국 기독교의 결혼관을 이해할 수 없다는 것입니다.

이는 즉각적으로 우리로 하여금 어떤 결혼들을 끌어내도록 이끌어 줍니다. 첫째로 확실한 것은 그리스도인은 비그리스도인과 결단코 결혼해서는 안 된다는 것입니다. 우리는 특별히 고린도후서에서 그 점을 대하게 됩니다. "저희는 믿지 않는 자와 멍에를 같이 하지 말라 의와 불법이 어찌 함께 하며 빛과 어두움이 어찌 사귀며"(고후 6:14). 이 말씀은 의심할 여지도 없이 이 결혼 문제를 언급하고 있습니다. 그리고 만일 우리가 그 권면을 받아들일 이유를 필요로 한다면 이 말씀 속에서 찾아냅니다.

만일 신자가 불신자와 결혼한다면 한 쪽은 이 빼어난 기독교적인 결혼관을 가지고 있고 또 한 쪽은 그것을 전혀 알지 못하는 입장이 될 것입니다. 결혼생활에서 다툼이 일어날 것입니다. 그들은 그것에서 하나가 되지 못합니다. 그들은 같은 방식으로 결혼생활을 영위하지 못합니다. 벌써 틈이 생긴 것입니다. 하나는 가지고 있는 것을 다른 한 쪽은 가지고 있지 않습니다. 벌써 불화의 씨앗이 있습니다. 그것은 사도가 고린도후서 6장의 그 진술 속에서 입증하는 바와 같습니다.

내가 끌어내려고 하는 두번째 추론은 결혼과 관련된 기독교 예배는 그리스도인에게만 고유하다는 것입니다. 이는 매우 큰 과제입니다. 그것은 기독 교회의 훈련 과제 중 하나입니다. 상황이 아주 혼란하게 되었습니다. 또한 기독교에 관해서 전혀 아는 것이 없는 사람들이 "그리스도가 교회의 머리 됨같이" 남편이 아내의 머리 된다고 하는 이 진술이 읽혀지는 기독교 예배에 참석하게 됩니다. 그것은 그들에겐 무의미한 것입니다.

그러므로 나는 그래서는 안 된다는 것을 추론하는 것입니다. 그리스도인이 아닌 자들에겐 고등한 기독교 교리를 가르치지 않고 그들에겐 회개와 믿음의 필요성에 대해서만 전달합니다. 그들은 결혼에 관한 교리를 이해할 수가 없습니다. 그것을 이해하기 위해서는 먼저 그리스도인이 되어야 합니다. 그래서 나는 결혼식 예배는 그리스도인들에게만 독점적으로 베풀어져야 한다고 역설하는 바입니다.

셋째로 그리스도인들이 결혼할 때 그러한 예배는 바르고 적절한 것이며 반드시 드려져야 하는 것임을 나는 주장합니다. 300여 년 전의 청교도들 가운데 어떤 이들은 로마 카톨릭에 대해 극한 반감에서 결혼할 때 어떤 예배도 드려져서는 안 된다고 단언했던 적이 있습니다. 그들은 결혼이란 법적인 계약에 불과하다고 주장했습니다. 지금 우리는 그들의 반감을 넉넉히 이해할 수 있고 크게 동정심을 표합니다.

로마교회는 결혼이 성례(Sacrament)라는 거짓되고 비성경적인 관점을 가르쳤습니다. 그래서 청교도들은 될 수 있는 한 그 사상을 멀리 떼어내어야만 한다고 느꼈던 것입니다. 그리하여 그들 퓨리탄들은 예배를 전혀 드리지 않게 되었습니다. 그러나 여기서의 사도의 가르침에 비추어 볼 때 그것은 얼마나 확실하게 그릇된 것입니까! 그것은 너무 심한 반동이다 못해서 비성경적인 태도로까지 발전케 되었던 것입니다. 우리가 살펴보는 이 성경 본문이나 다른 부분의 가르침과 이해를 토대로 볼 때 결혼에는 예배를 필요로 하는 요소가 있습니다. 결혼이란 그리스도와 교회 사이의 신비적 연합(mystical union)과 비교될 수 있는 것이라는 가르침과 같이 그것은 경배와 진정한 기독교 예배의식을 드려야 할 경우임을 주장합니다.

결혼이란 법적인 계약만이 아닙니다. 내가 지적해 드린 바와 같이 우리는 생각이 틀린 사람들로 하여금 우리의 생각이나 행동을 지배하도록 해서는 안 됩니다. 그리스도인은 결코 어떤 것에 대항해서 단순하게 반감만을 가져서는 안 됩니다. 그는 적극적이어야 하고 성경적이어야 합니다. 그러나 로마 카톨릭을 미워하는 것이 너무 지나친 나머지 결국 그들이 표방하고 내세운 성경 자체를 부정하는 데까지 가는 사람들이 있습니다.

어쨌든 나는 계속해서 기독교의 결혼관이 이 세 가지를 함축하고 있다고 하더라도 여기 본문에서는 로마 카톨릭처럼 결혼이 성례라고 가르치지는 않는다는 것을 역설합니다. 성경 어디서나 그렇게 주장하는 곳은 없습니다. 그러면 그 교훈은 무엇입니까? 여기서 주어진 것은 신비적인 모험에 관한 전체 사상입니다. 남편과 아내, 아내와 남편 사이의 관계는 그리스도와 교회, 교회와 그리스도 사이의 관계와 비교될 수 있는 것입니다. 사도는 우리의 편의를 위해서 뒤에 가서 "이는 커다란 신비"라고 말해 줍니다. 그리스도와 교회의 관계는 신비입니다. 그것은 사실입니다. 이 교회와 그리스도의 연합과 그리스도와 개개 신자 사이의 연합 — 이것은 사실이며 커다란 신비입니다. 그러나 그것이 사실이긴 하지만 그것을 이해하기 위해서 갈수록 더 노력해야 합니다.

바울은 남편과 아내, 아내와 남편 사이의 관계는 그 사실과 비교될 수 있다고 말하는 것입니다. 그것은 그 순서에 속하는 것이며 우리는 그런 식으로 그것을 생각하기 시작해야 한다는 것입니다. 우리는 여기서 기독 교회에 관련한 고등한 교리의 영역으로 인도됩니다. 사도는 논리적으로 생각해서 에베소교인들의 마음속에서는 이것에 관해 어떤 어려움도 없을 것을 알고 있었습니다. 왜냐하면 이미 그들에게 그 교리를 가르쳤기 때문입니다.

그는 에베소서 1장 끝에서 "그들을 향하신 하나님의 능력의 지극히 크심이 무엇인지" 알도록 기도하는 자리에서 그것을 가르쳤습니다. 그는 "그 능력이 그리스도 안에서 역사하사 죽은 자들 가운데서 다시 살리시고 하늘에서 자기의 오른 편에 앉히사 모든 정사와 권세와 능력과 주관하는 자와 또 만물을 그 발 아래 복종하게 하시고 그를 만물 위에 교회의 머리로 주셨느니라 교회는 그의 몸이니 만물 안에서 만물을 충만케 하시는 자의 충만이니라"(엡 1:20-23)고 말합니다.

바울은 이 말씀 가운데서 에베소교인들에게 교회의 교리를 소개합니다. 여기서 그는 그것을 적용하고 있는 것입니다. 처음을 읽지 않고 서신의 마지막 부분으로 성급하게 치달려 가는 사람들은 언제나 오류에 빠집니다. 우리가 여기서 대하는 것들은 추론들입니다. 그는 4:15-16에서 재차 같은 일을 하고 거기에 조금 더 첨가하는 것입니다. "오직 사랑 안에서 참된 것을 하여 범사에 그에게까지 자랄지라 그는 머리니 곧 그리스도라 그에게서 온몸이 각 마디를 통하여 도움을 입음으로 연락하고 상합하여 각 지체의 분량대로 역사하여 그 몸을 자라게 하며 사랑 안에서 스스로 세우느니라." 바울은 지금 그들이 기독교적인 결혼의 참된 본질을 이해하도록 하기 위해서 그 교훈을 끌어내는 것입니다.

요점은 무엇입니까? 그것은 이것임에 틀림없습니다. 그는 유기적이고 사활적으로 중대한 연합과 친밀한 관계를 강조하고 있는 것입니다. 그는 4:16에서 "연락"에 대해서 언급합니다. 그들 "지체", 즉 신경과 뼈대들이 머리와 중추로부터 나와서 몸의 각 부분으로 연결된다는 것입니다. 이것이 한 남편과 한 아내 사이에 존재하는 중차대한 유기적 연합을 강조하는 방식입니다. 그것은 한 상(像)입니다. 그것은 머리 되신 그리스도와의 관계에서의 교회의 생명과 같은 식으로 한 생명입니다. 여기서 물론 사도는 특별히 그 모든 것 중에서 한 국면, 즉 의존 관계에 관심이 있는 것입니다. "아내들아 너희 남편들에게 복종하기를 주께 하듯 하라 이는 그리스도가 교회의 머리 되심과 같이 남편은 아내의 머리임이니라." 그는 이 의존 내지 복종의 국면을 다루고 있으며, 왜 그것이 필연적으로 오게 되는지 그 이유를 분명히 이해시키기 위해서 더 광범한 이 요소를 소개하는 것입니다. 뒤에 가서 그는 그것의 다른 면, 즉 아내에 대해 남편이 어떻게 해야 하는지를 다루게 될 것입니다.

우리 이 위대한 진술을 숙고할 때 즉시 한 가지 난관에 봉착하게 됩니다. 다시 보시기 바랍니다. "남편이 아내의 머리 됨이 그리스도께서 교회의 머리 됨과 같음이니—그가 친히 몸의 구주시라." 옳게도 주석가들의 주의를 그렇게 많이 요하는 문제는 이것입니다. 왜 사도는 이 진술을 덧붙여야만 했던가요? 왜 "남편이 아내의 머리 됨이 그리스도께서 교회의 머리 됨과 같음이니…그러므로 교회가 그리스도께 복종하듯이 아내들이여 모든 일에 너희 남편들에게 복종하도록 하라"고 말하지 않고, "그가 친히 몸의 구주시니라"를 덧붙여야 했는가? 신학자, 예를 들어서 찰스 핫지(Charles Hodge) 같은 분들까지 포함해서 대다수의 주석가들은 이 점에 있어서 이 구절은 앞의 것과 상관없이 별개로 붙여진 것이며 사도가 "그는 친히 몸의 구주시라"고 할 때 그는 주 예수 그리스도가 교회의 구주라는 것을 가리키고 있음이 틀림없다고 말하기를 서슴지 않습니다.

그들은 더 나아가 이것은 남편과 하등의 관계가 없다고 말합니다. 그러면 왜 바울이 그것을 언급했을까요? 그들은 주장하기를 바울이 그렇게 말한 이유는 이렇다는 것입니다. 바울은 이 일에 스스로 얽매였다. 즉, 남편이 아내의 머리 됨은 그리스도께서 교회의 머리 되심과 같다고 했는데 그리스도의 이름을 언급하는 그 자체가 바울로 하여금 "그는 몸의 구주시라"고 부르짖게 했다는 것입니다. 그 구절은 바울이 그때에 주장하고 있는 것과는 상관이 없는 것이다. 그러나 그리스도의 이름을 들먹이게 되는 것이 그로 하여금 놀라운 일을 말하게 하였다. 그러므로 그들은 이 구절은 별개의 것이며 아내에 대한 남편의 관계에 해당되는 것이 아니라고 논증합니다.

그들의 논증들은 이렇게 진행됩니다. 그들은 묻기를 그리스도께서 교회의 구주 되심같이 남편이 아내의 구주라고 말할 수 있느냐는 것입니다. 그것은 넌센스라는 것이지요. 우리는 그리스도께서 교회를 위해서 죽으셨음을 안다. 그리스도께서는 그의 속죄의 죽음과 부활로써 우리를 구원하신다. 그러나 어떤 다른 관계성에 관해서는 말할 수 없다. 그것은 아주 독특하다. 사도는 그의 깊은 느낌으로 도취된 나머지 틀림없이 남편과 아내의 관계성과 관계없는 독립된 구절을 넣었던 것입니다. 우리는 그것에 관해서 무어라고 말하겠습니까? 물론 만일 그 구절을 건성으로 조심해서 점검하지 않고 읽으면 그런 주장이 옳다고 수긍하게 될 것이라는 것을 인정합니다. 이 점에 대해서는 논란할 필요도 없습니다. 이런 의미에서 교회의 구주로서의 그리스도는 독특하며 그 점이 남편에게 해당되지 않는다는 것은 명약관화한 일입니다.

그러나 그것이 그들이 논증하는 전체 요지는 아닙니다. 그들이 매우 큰 중요성을 부여하는 그 이상의 논증이 있습니다. 그 주장은 24절 처음에 있는 '그러므로'라고 번역된 어휘에 기초를 하고 있습니다. "그러므로 교회가 그리스도에게 하듯 아내들도 범사에 그 남편에게 복종하라" (Therefore as the Church is subject unto Christ…). 그들이 이 말씀에서 지적하는 포인트는 그것입니다. 그들은 "그러므로"란 번역이 아주 그릇된 것이라고 말합니다. 정말 그들의 말은 옳습니다. 그러나 그 다음에 그들이 하는 말은 "그러므로"라고 번역된 어휘가 사실상 "그럼에도 불구하고"(Nevertheless)로 번역되어야 한다는 것입니다. 그 말은 대조어이며 언제나 대조를 나타냅니다. 그러므로 그들은 그 말씀을 이렇게 읽어야 한다고 말하는 것입니다. "그럼에도 불구하고 — 비록 그것이 아내와 방관의 관계에 해당되는 것이기는 하더라도 — 아내들아 범사에 너희 남편들에게 복종하라." 그래서 그들은 그 경우 아주 난해한 것이라고 느끼게 되어 결국 사도 자신은 이렇게 말하고 있는 셈이라 합니다. "내가 지금 그리스도께서 몸의 구주시라고 말할 때 나는 잠깐 동안 그리스도와 교회, 남편과 아내 사이의 관계를 유추하고 있다는 것을 잊었다. 그럼에도 불구하고 그것이 남편과 아내 사이에도 해당되는 것은 아니나 그럼에도 불구하고 아내들은 자기 남편들에게 복종하기를 교회가 그리스도께 하듯 해야 한다."

나는 이상의 모든 논리에 대해 하나의 적절한 대답이 있다는 생각이 듭니다. 무엇보다 먼저 그것은 "구주"(Savior)라는 말의 의미를 제한하는 것입니다. 구주라는 말은 항상 한 가지 의미, 즉 교회를 위해서 자기의 생명을 주고 그 피가 흘려졌다는 의미만을 나타내지는 않습니다. 그것은 보통의 의미입니다만 그것만은 아닙니다. "구주"라는 용어에는 더 광범한 의미가 내포되어 있습니다. 디모데전서 4:10에 그 한 예가 있습니다. "이를 위하여 우리가 수고하고 진력하는 것은 우리 소망을 살아 계신 하나님께 둠이니 곧 모든 사람, 특히 믿는 자들의 구주시라." 여기에 쓰여진 구주라는 말과 "몸의 구주"라고 할 때의 "구주"라는 말과는 동일하게 쓰여졌습니다.

디모데전서 4:10에서 우리는 살아 계신 하나님이 우리 모든 이들, 특히 믿는 자들의 구주라는 것을 듣게 됩니다. 여러분은 그 말이 모든 사람이 영적 의미에서의 구원을 누리게 됨을 의미한다고 말할 수는 없습니다. 왜냐하면 그렇게 말하면 만인구원론자가 되기 때문입니다. 물론 아닙니다! 그렇다면 거기에서의 구주라는 말은 다른 것을 함축하고 있다는 의미입니다. 거기서의 구주는 "보호자"(Preserver)를 의미합니다. 즉, 하나님은 돌보아 주고 길러 주는 자라는 뜻이지요. 그는 모든 사람의 보호자이며 특별히 믿는 자의 보호자입니다.

우리는 "하나님이 그 해를 악인과 선인에게 비치게 하시며 비를 의로운 자와 불의한 자에게 내리우심이니라"는 주님의 말씀을 상기하게 됩니다. 그러므로 모든 자에게 식물을 주십니다. 그가 모든 사람의 구주라고 하는 것은 그런 의미에서입니다. 그렇다면 왜 여기 에베소서 5:24의 "구주"라는 말에 의미를 부여하지 않습니까? 그는 몸을 돌보고 안전하게 보양하시는 분입니다. 그것이 우리가 앞의 인용한 논리를 대항하여 제시할 수 있는 유일한 답변입니다.

그러나 내가 그 해석을 반대하는 데는 그 이상의 이유들을 가집니다. 그 해석은 이 적은 구절을 주 예수 그리스도와 그의 구원사역에만 제한시키는 것입니다. 두번째 이유는 다음에 나올 28-29절이 우리의 해석을 지지해 줍니다. 우리의 해석인즉 이 구절이 그리스도와 교회 사이뿐 아니라 남편과 아내 사이에도 적용된다고 해석한 것입니다. 바울은 "이와 같이 남편들과 자기 아내 사랑하기를 제 몸같이 할지니 자기 아내를 사랑하는 자는 자기를 사랑하는 것이라." 여기서 바울이 무슨 말을 하고 있습니까? "남편이 제 육체를 양육하여 보호한다"는 것입니다. 예, 그는 몸에 대해 구주로서 행동하고 있습니다. 그는 돌보고 있으며 몸을 보호하고 있습니다.

"누구든지 제 육체를 미워하지 않고 오직 양육하여 보호하기를 그리스도께서 교회를 보양함같이 하나니." 남편은 반드시 자기 아내를 제 육신처럼 대접해야 한다는 것입니다. 그는 자기의 몸을 돌아보는 일에 게으름을 피우지 않습니다. 몸을 양육하고 보양합니다. 다시 말해서 그는 "몸의 구주"입니다. 생각해 보십시오. 한 구절을 문맥 중에서 살펴보는 일이 얼마나 중요합니까! 대가(大家)까지도 이런 점에서 실수할 수 있습니다. 나는 그들 두 구절이 우리의 이 해석을 지지해 준다고 주장합니다. 이것은 고립된 별개의 구절이 아닙니다. 오직 주 예수 그리스도에게만 해당되는 것이 아닙니다. 바울은 여전히 남편과 아내에 관해서 취급하고 있습니다. "남편이 아내의 머리 됨이 그리스도께서 교회의 머리 됨과 같음이니 그가 친히 몸의 구주시라."그것은 남편과 그리스도에게 다 해당됩니다.

그러나 24절 처음의 "그러므로"(Therefore, 흠정역에는 그렇게 되어 있으나 우리 말 개역성경에서는 그렇게 되어 있지 않고 '그러나'로 되어 있음-역자주)라 번역된 말에 대해서 어떠합니까? 이 단어에 대해 관심있게 살펴봅시다. 나는 그 점에서 가장 훌륭한 원어사전들 몇을 찾아보았습니다. 그것은 헬라말로 "알라"($\dot{\alpha}\lambda - \lambda\dot{\alpha}$)란 말입니다. 나는 그것이 언제나 대조나 반대되는 것을 표현하는 부정어로 번역될 필요는 없음을 발견했습니다. 예를 들어서 가장 권위있고 훌륭한 헬라어-영어 렉시콘(Lexicon)인 안트와 킹그리히(Arndt und Gingrich)가 엮은 렉시콘(1952년 판)을 생각해 봅니다. 그 사전은 그 말을 이렇게 말하고 있습니다. 그 "알라"는 말은 사실상 "이제"(now), "그런즉"(Then)이란 의미라는 것입니다. 그것을 인용하면 "그것은 명령을 강하게 해 주는 데 사용된다"는 것입니다. 대조나 차이만을 위해서가 아니라 제시하고 있는 명령을 강화하기 위해서 쓰여진다는 것입니다. 그들은 실제로 에베소서 5:24을 이 특별 용법의 실례로 지적하고 있습니다. 그림 데일러(Grimm Thayler)도 유사한 진술을 하고 있습니다.

그러므로 그 모든 것을 토대로 하여 볼 때 이 구절이 오직 주님께만 한정된 독립된 구절이라고 하는 해석을 받아들여서는 안 된다는 생각이 듭니다. 주님께만 한정되었다면 그것은 이 절에서 아주 맹목적인 것이 될 것입니다. 다만 혼란만을 가져옵니다. 바울 사도는 그런 유의 일을 하게 되어 있지 않습니다. 이와 같이 우리는 "남편이 아내의 머리 됨이 그리스도께서 교회의 머리 됨과 같음이니 그가 친히 몸의 구주시로다"라고 읽습니다. 그러니 "교회가 그리스도께 복종하듯이 아내들도 범사에 그 남편들에게 복종하라"입니다.

그러면 우리는 무엇입니까? 그것은 분명합니다. 아내가 남편에게서 보호함과 보양과 양육을 받는 자라는 것입니다. 그런 관계입니다. 즉, 그리스도께서 그 교회를 보호하며 양육하는 것같이 남편도 아내도 보호하고 양육한다는 것입니다. 아내는 이 관계에서 그녀의 위치가 그렇다는 것을 인식해야 합니다. 남편은 보호자요 몸의 구주입니다. 그런즉 아내는 이 생각을 먼저 해야 하고 언제나 여기에 비추어서 행동해야 합니다.

그러나 우리는 그 이상 더 나아갈 수 있습니다. 몸과 머리의 관계는 무엇입니까? 교회와 그리스도의 관계에 있어서 진리는 남편과 아내의 관계에 있어서도 진리입니다. 바울이 여기서 사용하고 있는 예증을 살펴봅시다. 내가 앞에서 여러 경우들에서 고린도전서 12장과 로마서 12장에서와 같이 교회를 그리스도의 몸으로 규정했습니다. 그것이 무슨 뜻입니까? 아내가 남편에 대해 가지는 관계는 몸이 머리에 대해 가지는 관계나 교회가 그리스도에 대해 가지는 관계나 같다는 것입니다. 그것은 다시 "보충" 사상입니다. 기독교적인 결혼의 개념에 있어서 진수가 되는 것은 전체성과 완전성의 사상입니다.

우리는 이것을 창세기 2장에서 만납니다. "돕는 배필"—아담에게서 취해진 그녀는 그의 지체입니다. 그러나 그를 보충해 주고 전체성을 이루어 줍니다. 여러분의 몸을 전체로 생각할 때 피할 수 없이 생각되는 것은 바로 그 사상입니다. 몸은 지체들의 집합이 아닙니다. 여러 개의 손가락이 손과 발가락이 발에 붙어 있고 손발이 서로 붙어 있는 것이 몸은 아닙니다. 그것은 완전히 몸의 거짓된 개념입니다. 몸은 유기적이고 사활적인 연합체입니다. 그것은 하나요 전체입니다. 그것은 우리가 여기서 갖는 바로 그 사상입니다. 남편과 아내는 나누어 있는 것이 아닙니다. 그들은 외교 관계를 맺고 있으나 언제나 긴장과 분쟁의 위험 속에 있는 두 나라와 같지 않습니다. 그것은 결혼이 무엇을 의미하는가에 대한 기독교적인 개념의 정반대입니다. 그리스도와 교회는 몸으로서 하나이며 머리도 하나입니다. 그러나 이러한 이상(理想)은 기능의 다양화는 허용합니다. 그 점이 우리가 포착해야 하는 것입니다—다른 기능들, 다른 목적들, 오직 그 지체만이 이행할 수 있는 특별한 의무들, 그러나 아주 중요한 것은 각 지체가 전체의 부분이요, 모든 분화된 행동들은 공동의 결과를 가져오는 통일된 행동의 부분이라는 것을 기억하는 것입니다.

그러므로 우리는 이 점을 약간 더 정교화시켜서 결혼 상태와 결혼 관계의 문제를 밝혀 보도록 합시다. 이 모든 것은 얼마나 중요합니까! 나는 이미 그 몇몇 이유들을 말씀드렸습니다. 나는 오늘날의 많은 반종교는 부분적으로 빅토리아 풍의 생활 유형에 관한 반동이라고 믿습니다. 그 상황에서 많은 부부들이 위대한 그리스도인들로 보이나 그들에 대해서 사람들은 말하기를 "만일 그들의 사생활을 알기만 한다면 평판은 달라질 거요"라고 했던 것입니다. 사람이 교회나 밖에서나 사무실에서 하는 것과 같이 집에서는 하지 않는다는 것만큼 기독교에 해로운 것은 없습니다. 그 사람을 진정으로 아는 것은 가정에서입니다. 거기에 무슨 관계가 있습니까? 이 일들은 그 자체로뿐만 아니라 우리의 그리스도인으로서의 일반적 간증의 일부로서도 중요합니다.

그러면 아내가 복종하는 문제에 있어서 남편과 아내의 관계에 관해서 이것은 무엇을 가르치고 있습니까? 그것은 단지 순전한 피동적인 복종을 가르치는 것이 아님은 확실한 것 같습니다. 아내는 완전히 피동적이 되어서는 안 됩니다. 아내가 말을 하거나 의견을 제시해서는 결코 안 되고 벙어리가 되어서 완전히 피동적으로 움직이지 않아야 한다고 말하는 것은 이 묘사에 대한 잘못된 해석입니다. 그것은 무의미한 유추와 실례의 복사판입니다. 그러나 그것의 의미는 아내가 결단코 혼자서 단독적인 행동을 꾀해서는 결코 안 된다는 것입니다. 몸과 머리의 유추는 그 점을 뒷받침해 줍니다. 내 몸의 임무는 나를 떠나서 독립적으로 해서는 안 된다는 것입니다. 내 마음과 두뇌와 의지를 가지고 행동하기로 결정하는 것은 나입니다. 내 몸은 그것을 표현하는 방편입니다. 만일 내 몸이 나와는 상관없이 행동하기 시작한다면 모종의 "경련"으로 앓고 있는 것입니다. 이것은 정확히 경련이 의미하는 바입니다. 사람 몸의 각 지체들은 제멋대로 움직이고 있습니다. 어떤 목적을 두고 하는 행동이 아닙니다. 그는 그렇게 행동하기를 원치 않으나 그것을 멈출 수가 없습니다. 그의 마음과 의지와는 상관없이 행동하고 있는 것입니다. 그것은 시련이요 경련을 일으키고 있는 것입니다. 여기에 유추가 있습니다. "아내들아 너희 남편들에게 복종하라 범사에 그 남편에게 복종하라." 왜 그렇습니까? 아내로서 이 결혼관계에서 그 남편과는 상관없이 행동하지 않기 때문입니다. 만일 아내가 멋대로 행동한다면 그것은 혼란이요 이별입니다.

그렇지 않으면 그것을 더욱더 쪼개 나가겠습니다. 아내는 남편에 앞서서 행동해서는 안 됩니다. 그 모든 교훈은 남편이 머리이며 궁극적으로 그가 통제한다는 것을 지시합니다. 그러므로 아내는 남편과 상의없이 멋대로 행동하지 않습니다. 그리고 남편보다 앞장서 나가지 않습니다. 그러나 나는 이 점을 강조해야겠습니다. 즉, 아내가 남편보다 먼저 행동해서는 안 된다고 말하는 것이 진리인 것처럼 아내가 행동을 연기한다든지 행동을 멈추거나 버티어서는 안 된다는 것도 동등하게 진리입니다.

몸의 유추로 되돌아가서 "중풍"을 일으킨 몸을 생각해 보십시다. 이 사람은 행동하기를 원하나 수족이 말을 듣지 않아서 행동할 수 없습니다. 움직이기를 원하지만 움직여지지 않습니다. 팔은 힘이 없고 움직이지 않습니다. 이것은 교훈의 일부입니다. 복종은 아내가 남편에 앞서 행동하지 않는다는 것과 행동을 늦추거나 행동을 멈추지 않는다는 것을 내포하고 있습니다. 이 점들은 이 결혼 관계에 있어서 모두 중요한 요점들입니다. 우리 주위에서 결혼생활이 깨어지고 있는 것은 사람들이 이것들을 깨닫거나 알지 못하기 때문입니다.

우리는 그것을 이렇게 요약할 수 있습니다. 주도권과 지도권은 궁극적으로 남편에게 속해 있으며 행동은 언제나 상호 연관되어 있어야 된다는 것입니다. 그것이 본문이 묘사하는 의미입니다. 상호 협조 아래 된 행동이지만 머리가 주도권을 가집니다. 이것으로 어떤 열등의식도 암시하고 있지 않습니다. 아내는 남편에게 열등하지 않습니다. 아내는 다릅니다. 그녀는 자신의 고유한 지위를 갖고 있습니다. 경외와 존경심이 충만한 자리입니다. 그렇기 때문에 남자는 그의 아내를 보호하고 양육하고 사랑하고 돌보아 주고 자기 아내를 존귀히 여기라고 하는 것입니다. 어떤 열등감도 포함되어 있지 않습니다. 바울이 가르치고 있는 바는 이 모든 것을 깨닫는 여성 그리스도인은 자기와 남편을 기쁘게 하고 자기 남편에게 소용되고 그를 돕고 보필하여 남편의 기능을 잘할 수 있게 할 것이라는 것입니다. 그녀는 결혼식 예배에서 "그러니 복종하라"는 말을 싫어하지 않을 것입니다.

얼마나 슬픈 일인지 모르겠습니다. 최근에 어떤 친구로부터 이런 말을 들은 적이 있습니다. 결혼식 예배에 참석하려고 하는 교구 목사가 자신은 "복종하라"는 말은 하지 않겠다고 말하더라는 것입니다. 그는 자기는 현대적이요, 그렇게 하는 것이 "거기에 있는 사람"에게 호소력이 강하고 결국은 기독교란 좁은 것이 아니라고 하는 것을 보여 주는 것이라고 생각했던 것입니다. 그는 자기가 성경 교리를 부정하고 있다는 사실을 깨닫지 못했던 것입니다. 또한 그런 사람들은 얼마나 일관성이 없는지요!

그러한 사람이 축구경기에 임하고 있다면 팀 정신을 자랑할 사람입니다. 그들은 모두 개별적으로 경기를 하고 있고 그들 모두가 재능을 갖고 있지만 주장 선수는 하나여야만 된다고 말하면서 시작합니다. 각자 모두가 "나는 주장이 아니다. 나는 주장에게 복종하겠어"라고 말합니다. 그것은 신기한데 그것이 팀 정신입니다. 각 선수가 주장에게 복종하려 합니다. 그러나 결혼에 관해서는 그렇게 말해서는 안 됩니다! 그것은 부인들의 가치를 떨어뜨리는 것이다. 그것은 유행이 지난 거야. 바울 - 그는 완고한 바리새인이었고 율법적이요 구약적이다! 그러나 그렇게 말하는 것은 전체 교리를 부정하는 것이고 현대적 결혼에서조차 부합되지 않습니다.

이 모든 것을 알고 있는 그리스도인 부인은 "그러니 복종하라", "사랑하라, 기쁨으로 복종하라"는 말을 하기를 원합니다. 물론이지요! 왜 그녀는 결혼했습니까? "한 몸", 한 몸둥이가 되기 위해서가 아닙니까? 통합된 행동, 이 완전성을 누리기 위해서가 아닙니까? 그것이 세상에 나타낸 바 되도록 하기 위해서가 아닙니까? 그것은 노예적이 아닙니다. 그것은 교회가 그 주님을 존경하듯 하는 생활입니다. 그것은 기독교의 진수적인 정신을 나타내고 있습니다.

그러나 마지막으로 이런 말씀을 드리고 싶습니다. 여러분은 그 권면의 끝에 가서 "그러므로 교회가 그리스도께 하듯 아내들이여 범사에 너희 남편들께 복종하라"는 말씀을 봅니다. "범사"에 정말 그런 의미입니까? 여기서 우리는 다시 완벽한 성경의 유추의 차원에서 대답합니다. 성경이 그와 같은 전반에 걸친 일반적인 진술을 할 때 그것은 언제나 성경 자체의 교훈에 비추어서 해석될 것을 기대합니다. 그러므로 우리가 여기서 아내는 범사에 자기 남편에게 복종해야 한다고 하는 말을 들을 때, 그것은 그리스도인은 국가에, 로마서 13장과 다른 곳에도 나와 있는 권세들에게

제 8 장 몸의 유추(類推)  · 151 ·

복종해야 한다고 말하는 것과 정확히 같은 말입니다. 그렇다면 그 말은 아내는 어떤 환경이나 조건에서도 자기 남편이 자기더러 하라는 일은 문자 그대로 무엇이든지 해야 한다는 것을 뜻할까요? 물론 아닙니다! 그렇다면 성경을 우습게 만드는 것입니다. 여기에 한계들이 있습니다. 그 하나는 어느 누구도 자기 양심에 거리끼는 일을 해서는 안 된다는 것입니다. 이 권면은 아내는 자신의 양심에 거리껴서 행동하라고 하지 않습니다. 결혼 관계 안에서도 남편은 아내의 양심을 지시할 어떤 권리도 가지고 있지 않습니다.

여기서 우리는 여러 가지 아주 흥미로운 경우들을 뽑아 볼 수 있겠습니다. 양심에 복종하는 것과 의견을 고집하는 것 사이에 때로 굉장한 혼란이 있습니다. 그것들은 같은 것이 아닙니다. 성경은 우리에게 모든 환경에서 양심에 복종하라고 권면합니다. 그러나 그것은 자신의 견해를 고집하는 것과 필연적으로 같은 것이 아닙니다. 나는 이에 대해 한 가지 실례를 들려고 합니다. 나는 존 맥클레오드 박사(Dr. John Macleod)의 『스코틀랜드의 신학』(Scottish Theology)이란 책에서 바로 이 점을 잘 지적해 주는 아주 흥미로운 사례를 읽은 적이 있습니다.

18세기에 스코틀랜드에서는 지방 자치정부와 그리스도인과의 관계에 대해 논란이 있었습니다. 그래서 교회는 저 유명한 지방자치 정부편과 그 반대편으로 양분되었습니다. 이것은 커다란 논란거리였습니다. 그런데 그 때 앨리슨(Alison)이란 이름의 아주 탁월한 아내를 가진 제임스 스코트(James Scott)란 이름의 목사가 있었습니다. 그녀는 저 유명한 원래의 스코틀랜드 분리교회의 창시자 중 한 사람인 아주 유능한 에벤에저 어스킨(Ebenezer Erskine)의 딸이었습니다. 그녀는 매우 강한 성격을 가지고 있으면서 아주 유능한 사람의 아내였습니다. 스코트 씨와 그의 아내는 이 점에서 의견일치가 되지 않았습니다. 즉, 스코트 씨는 반지방자치 정부편에 속해 있었고 스코트 부인은 찬성편에 속해 있었습니다.

많은 어려운 경우가 발생합니다. 스코트 씨는 사실상 그의 장인과 숙부 그리고 처남을 비난하고 질책하는 대회(Synod)편에 속해 있었습니다. 그는 그의 편에서 아주 고무적인 역할을 했습니다. 그런 다음 그 대회를 마치고 집으로 돌아와서 그의 아내에게 자기가 한 일을 말했습니다. 앨리슨 부인은 그에 답하면서 아주 유명한 말을 했습니다. "여보, 당신은 아직도 내 남편이지만 이젠 더 이상 당신은 내 목회자가 아니오." 그녀는 그것을 역시 실천하였고 그래서 매주일이 되면 그녀는 자기의 남편이 예배를 인도하고 설교하는 교회에 출석지 않고 지방자치 찬성교파 교회로 나갔습니다. 여러분은 그와 같은 경우를 무어라 하겠습니까? 나는 서슴치 않고 앨리슨 스코트가 전적으로 잘못되었다고 말하렵니다. 왜냐하면 그녀는 양심의 자리에 의견을 갖다 놓고 있었습니다. 분명히 모든 이유, 그녀가 남편의 인도와 지도에 복종했어야 할 경우임에 틀림없습니다. 그녀의 양심을 거스르는 것이 없었을 것입니다. 그것은 순전히 견해 차이의 문제입니다. 우리는 결단코 양심과 견해 사이를 혼동하는 실수를 범해서는 안 됩니다. 아내가 자기 의견을 피력할 수 있습니다. 그러나 남편이 결정을 내린 것을 보면 그녀는 남편의 다스림에 따라야 합니다.

나는 이것과 균형을 맞추기 위해서 또 다른 실례를 들어야겠습니다. 날짜가 확실한지는 모르겠습니다. 아마 18개월 전인가 합니다. 웨스트민스터 교회의 목회자가 된 이래 내가 겪었던 경험 중에서 가장 괄목할 만하고 감동적인 경험을 하나 했습니다. 여름 휴가를 마치고 처음 맞는 주일 밤 예배에서 "나는 그리스도의 사신"이란 제목에 입각하여 설교를 하고 있었습니다. 사신의 소명과 또 다른 몇 가지를 강조하고 있었습니다. 설교단에서 내려와 내 방에 들어가자 어느 숙녀 한 분이 갑자기 아주 흥분된 상태로 들어왔습니다. 그녀의 말이 자기는 그 설교가 자기를 위해 설교된 것을 확신한다는 것이었습니다. 그녀는 그녀의 장편과 몇 십년 전에 결혼했습니다. 그 남편은 자기가 목회의 소명을 받았다고 느끼고는 학교 교사의 일을 집어치우고 있었습니다. 그녀는 그 일에 전혀 찬성하지를 않았습니다. 그녀는 할 수 있는 데까지는 자기의 남편을 막아 보려고 애써 보았습니다. 그러나 그 남편은 여전히 확신을 가지고 밀고 나가고 있었습니다. 그래서 그들의 결혼생활에 정말 위기가 왔습니다.

그러나 그 부인은 이 예배가 드려지는 동안 이 문제에 관해 깊이 깨닫게 되었습니다. 그래서 내게 고백하기에 이르렀고 그래서 자기는 서부에 내려가 있는 남편에게 전화를 걸려고 가장 가까운 전화대로 달려가던 중이었다는 것입니다. 그 남편은 바로 그 아침에 목회자가 되기 위한 시험을 치러야 했습니다. 그녀는 자기의 고집을 세웠던 것이 얼마나 나보다는 것과 그것이 하나님께서 자기 남편을 통해 하려고 하시는 일을 방해했다는 것을 알게 되었습니다. 그것은 양심이 아니라 제 주장을 내세우는 것입니다.

　우리는 결코 양심을 거스려서는 안 됩니다. 또한 아울러 우리는 견해 차이의 문제에 있어서 복종할 용의를 가져야 함도 말씀드립니다. 결혼 관계에서 아내의 위치는 자기의 양심을 저해하는 데까지 굴려서는 안 됩니다. 또한 자기 남편으로 하여금 죄를 짓게 허용해서는 안 됩니다. 만일 남편이 아내로 하여금 죄짓도록 하려고 한다면 "그녀는 아닙니다!"고 말해야 합니다. 그렇게 말하지 않으면 성경을 엉뚱하게 만드는 것입니다. 남편이 제정신을 잃고 잔악하게 되었다면 아내는 범사에 그에게 복종해서는 안 된다는 것은 말할 필요도 없습니다. 성경은 결코 어리석지 않습니다. 성경은 자체의 의미를 지니고 있습니다. 거기엔 이러한 피할 수 없는 한계들이 있습니다.

　말씀드리려는 네번째 요점은 아내는 남편이 자기와 하나님, 자기와 주 예수 그리스도와의 관계를 저해하도록까지 내버려두어서는 안 된다는 것입니다. 그녀는 간단히 말해서 모든 일을 해야 합니다. 그러나 그것만은 해서는 안 됩니다!

　다섯째로 음행은 결혼 관계를 끊습니다. 그리고 만일 남편이 음행의 연고가 있으면 아내는 더 이상 범사에 자기 남편에게 복종하려 해서는 안 됩니다. 그녀는 그와 이혼할 수 있는데 그것은 성경이 허락하는 것입니다. 그녀는 그렇게 할 권리가 있습니다. 음행이란 연합과 관계를 끊어 버립니다. 그들은 이제 나눠져 있으며 더 이상 하나가 아닙니다. 남편은 연합을 깨고 연합에서 벗어났습니다. 그러므로 우리는 이 성경을 아내는 그의 전생애를 음행한 남편에게 꼭 매여서 할 수 없이 복종해야 한다고 해석해서는 안 됩니다. 그녀는 선택할 수 있습니다. 결정하는 것은 그녀입니다. 내가 말한 것의 모든 요점은 이 성경은 그것을 명하지 않으며 그것을 불가피한 것으로 보지 않는다는 것입니다. 다른 말로 해서 이 문제들에 이처럼 한계들이 있다는 것입니다.

　내가 보는 바로는 이 놀라운 예화들로부터 나오는 주요한 추론들이 있습니다. 강조되는 큰 요점은 아내는 반드시 그리스도를 위해서 자기 남편에게 극한점까지 가야 하되, 우리가 전제해 놓은 바로 그 원리들을 해치지 않는 범위 내에서 그래야 된다는 것입니다. 이 문제로 고민하는 아내에게 나는 어떤 실제적인 도움을 드려야 합니다. 만일 여러분이 고민하고 있다면 자신에게 이런 질문을 던져 보십시오. 나는 "왜 이 사람과 결혼했는가? 그럼 그것이 뭐냐? 다시 회복할 수 있느냐?" 그리스도의 정신과 복음의 정신 안에서 그 점을 재포착하도록 노력하십시오. "아, 그러나 그건 불가능해요. 난 할 수 없어요"라고 말하렵니까? 좋습니다. 하나의 그리스도인으로서 그에게 미안한 생각을 가지고 그에게 간절하게 대하십시오.

　베드로전서 3장에 있는 사도 베드로의 교훈을 실천에 옮기십시오. 거기서 베드로는 복종하기가 너무 고통스러운 아내들뿐 아니라 그리스도인들에게도 이런 말을 합니다. "아내 된 자들아, 이와 같이 자기 남편에게 순복하라 이는 혹 도를 순종치 않는 자라도 말로 말미암지 않고 그 아내의 행위로 말미암아 구원을 얻게 하려 함이니 너희의 두려워하며 정결한 행위를 봄이라." 그것을 실천에 옮기도록 하십시오. 남편을 얻기 위해서 겸손과 온유로 하십시오. "너희 단장(丹粧)은 머리를 꾸미고 금을 차고 아름다운 옷을 입는 외모로 하지 말고 오직 마음에 숨은 사람을 은유하고 안정한 심령의 썩지 아니할 것으로 하라 이는 하나님 앞에서 값진 것이니라." 이 원리들 안에서 최선을 다하십시오. 이 원리들이 허용하는 한에서 최선을 다하십시오. 그리고 끝으로 자신에게 이런 질문을 던져 보십시오 ─ 나는 나의 현재의 태도와 상태로 주의 존전에 정직하게 나아갈 수 있는가? 나의 죄와 허물에도 불구하고 주님은 하늘로서 갈보리 십자가에까지 내려가시고 나를 위해 자신을 주셨는데 그 주님 앞에 떳떳이 설 수 있겠느냐 말입니다 ─ 만일 그를 대면할 수 있다면 만사는 잘된 것입니다. 더 드릴 말씀이 없습니다.

　그러나 여러분이 하나님이 보시기에 여러분의 태도와 어떤 면에서든 여러분의 관계에 무엇인가 정죄받을 만한 것이 있는 줄로 느껴지거든 그것을 바로잡으십시오. 여러분이 다시 주님께 돌아갈 때 조용한 양심과 열려진 정신을 가지게 되고 그의 거룩한 존전에서 기뻐할 수 있을 것입니다. 이것은 그리스도인의 과제입니다. 그것은 교회와 그리스도, 머리와 몸의 관계와 유사합니다. 우리가 그런 차원에서 이 문제를 보는 한 문제가 없습니다. 그것은 위대한 특권입니다. 그것은 하나님께서 기쁨과 즐거움을 가지시고 내려다보시는 일입니다. "아내들아…복종하라", "온유하고 안정한 심령의 썩지 아니할 것으로 하라 이는 하나님 앞에서 값진 것이니라." 여러분이 이 세상에서 어떻게 고통을 당하든지 간에 하늘에서 여러분의 상이 매우 클 것입니다.

# 제 9 장

# 참된 사랑

남편들아 아내 사랑하기를 그리스도께서 교회를 사랑하시고 위하여 자신을 주심같이 하라 이는 곧 물로 씻어 말씀으로 깨끗하게 하사 거룩하게 하시고 자기 앞에 영광스러운 교회로 세우사 티나 주름잡힌 것이나 이런 것들이 없이 거룩하고 흠이 없게 하려 하심이니라 이와 같이 남편들도 자기 아내 사랑하기를 제 몸같이 할지니 자기 아내를 사랑하는 자는 자기를 사랑하는 것이라 누구든지 언제든지 제 육체를 미워하지 않고 오직 양육하여 보호하기를 그리스도께서 교회를 보양함과 같이 하나니 우리는 그 몸의 지체임이니라 이러므로 사람이 부모를 떠나 그 아내와 합하여 그 둘이 한 육체가 될지니 이 비밀이 크도다 내가 그리스도와 교회에 대하여 말하노라 그러나 너희도 각각 자기의 아내 사랑하기를 자기 같이 하고 아내도 그 남편을 경외하라(엡 5:25-33)

여기까지 우리는 아내들에게 말해야 하는 바를 살펴보았습니다. 이제 우리는 남편들에게 주는 말을 살펴보기에 이르렀습니다. 그것은 25절에서부터 마지막 절까지의 진술에서 발견됩니다. 그것은 두 면에서 괄목할 만합니다. 즉, 남편의 의무에 관해서 말함과 동시에 더 놀라운 것은 거기에서 주 예수 그리스도와 기독교 교회의 관계에 대해서 말하고 있다는 것입니다. 그것은 언제나 바울의 서신들에서 유별난 점들 가운데 하나입니다. 여러분은 언제 어디서 가장 값진 진주를 발견하게 될지 결코 알지 못합니다. 이 에베소서 가운데 주로 실천적인 부분인 이들 본문들 가운데서 바울은 교회의 본질과 교회와 주 예수 그리스도와의 관계에 관해서 어느 곳에서보다 빼어나고 아름다운 진술을 갑자기 던져 주고 있는 것입니다.

여러분은 이 남편들의 문제를 다루어 나가면서 그 점을 관찰하게 될 것입니다. 또한 남편들이 자기의 아내들에 대해서 어떻게 행동해야 하는지를 관찰하게 됩니다. 바울은 또한 다른 주제를 다루면서 이 두 놀라운 진술을 다 함께 제시하고 있습니다.

여러분이 아시게 될 두 가지는 한데 얽혀 있습니다. 그러므로 우리가 첫째로 해야 할 일은 그 문제를 몇 가지로 세분하는 일입니다. 바울은 이것에서 저것으로 전진해 나가지만 다시 처음으로 되돌아옵니다. 이것은 바울이 자주 쓰는 방법입니다. 바울은 한편만 완전히 진술한 다음 그것을 적용시키지 않습니다. 단지 부분적으로 진술한 다음 그것을 적용하고 그런 다음에는 다른 진술로 넘어가고, 그 다음 일부분을 진술하고서 그것을 적용시킵니다. 내 나름으로 그것을 분해해 보면 다음과 같습니다. 25-27절에서는 그리스도께서 교회를 위해서 하신 일을 말하고 있으며 어째서 그렇게 하셨는지 그 이유를 말하고 있습니다. 28-29절에서는 앞에서 말한 바에서 추론한 것을 말하고 있는데 특별히 그리스도와 교회 사이, 남편과 아내 사이에 존재하는 연합의 차원에서 남편의 아내에 대한 의무를 말하고 있습니다. 그 다음 29절 하반절과 30-32절에서는 교회와 그리스도 사이에 있는 신비적 연합에 관한 숭고한 교리로 발전시키고 있습니다. 31-33절에서 바울은 최종적인 결론을 끌어내고 있습니다.

이상이 우리가 연구하고 있는 본문 구절들에 대한 분해라고 봅니다. 그러나 우리가 이 교훈을 좀더 분명하게 포착하기 위해서 다음과 같은 방식으로 본문을 접근할 것을 제안합니다.

첫째로 우리는 먼저 바울의 일반적인 권고부터 알아보기로 하자는 것입니다. "남편들아 너희 아내들을 사랑하라." 그 점은 바울이 무엇보다 강조하고 싶어하는 바입니다. 다른 말로 해서 남편에 관해서 주도적인 사상은 사랑이라는 것입니다. 여러분은 아내들에 관해서 주도적인 사상은 복종이었다는 것을 아실 것입니다. "아내들아, 너희 남편들에게 복종하라." 아내 측에서는 복종이요 남편 측에서는 사랑입니다! 우리는 이 점에 관해서 분명해야 하는 것입니다. 물론 이것은 남편만이 사랑하는 일을 해야 한다는 것은 아닙니다. "여기서는 아내들이 자기 남편들을 사랑하는 것에 관해서는 말하고 있지 않다"고 논평할지도 모르겠습니다. 그러나 그렇게 말하는 것은 사도의 목적을 전혀 오해한 것입니다.

바울은 결혼에 관한 철저한 논문을 발표하고 있는 것이 아닙니다. 아내가 남편에게 자신을 복종하는 사상에서 사랑이 함축되어 있는 것입니다. 우리는 반드시 사도가 무엇을 하는 데 관심을 가지고 있는지를 인식해야 합니다. 바울은 한 가지 기본적인 요점에만 관심이 있는 것입니다. 소위 결혼 관계와 가정에서 펼쳐지는 화평과 조화와 연합에 관심이 있는 것입니다. 그것이 주도적인 주제이기 때문에 바울은 양편에서 가장 강조될 필요가 있는 요소를 지적하여 내세우고 있는 것입니다. 조화를 유지하는 데 있어서 아내가 항상 주시해야 하는 것은 복종의 요소입니다. 한편 남편에겐 사랑의 요소입니다. 이처럼 바울은 그리스도인 생활의 영광을 그처럼 분명하게 드러낼 수 있는 이 놀라운 관계에서 각 반려자들이 담당해야 하는 주요 특징과 주요 봉사를 지적하고 있는 것입니다.

그러므로 남편들에게 향한 말은 "너희 아내들을 사랑하라"는 것입니다. 이것은 가장 중요한 것입니다. 특히 앞의 교훈과의 관계에서 그러합니다. 그것은 앞의 교훈을 보좌합니다. 그는 "남편이 아내의 머리 됨은 그리스도가 교회의 머리 됨과 같음"을 강조해 왔습니다. 우리는 남편이 지도적인 위치에 있다는 것을 알았습니다. 또한 남편이 아내의 주(主)가 된다는 것도 알았습니다. 이는 구약의 교훈임과 동시에 신약의 교훈입니다. 그러므로 사도는 그 점을 강조하고 있습니다. 그러나 그는 이것을 갑자기 덧붙입니다. "남편들아 너희 아내들을 사랑하라." 말하자면 "너희는 머리요 지도자요, 사실 이 결혼 관계에 있어서 주(主)가 된다. 그러나 너희가 너희 아내들을 사랑하기 때문에 지도 정신은 결코 폭군 같지 아니할 것이며 비록 너희가 '주'가 되지만 너희는 결단코 폭군이 되지 않으리라." 그것이 두 가르침 사이의 관련성입니다.

이 점은 신약의 교훈 속에서 아주 일반적으로 발견되는 것입니다. 하나의 예를 든다면 이러합니다. 여러 면에서 볼 때 이 문제에 관한 가장 훌륭한 주석은 디모데후서 1:7에서 발견됩니다. 거기서 바울은 "하나님이 우리에게 주신 것은 두려워하는 마음이 아니요 오직 능력과 사랑과 근신

하는 마음"이라고 말하였습니다. 이 말씀 가운데서 다시 같은 것을 더하게 됩니다. "하나님께서 우리에게 두려움의 영을 주시지 않으셨다." 그럼 무엇을 주셨습니까? "능력의 마음"입니다. 그러나 어떤 사람이 그것을 독재적인 것으로 생각하지 않도록 하기 위해서 바울은 "그러니 사랑하라"를 첨가하는 것입니다. 그것은 사랑의 능력입니다. 터무니없는 능력이나 조금치도 폭군의 능력이 아닌 것입니다. 자기의 권리만 주장하고 아내의 감정은 무시해 버리는 사람이나 가정에 앉아서 호령이나 하는 남자를 연상하지 않습니다.

나는 앞선 연구에서 생활에 대한 빅토리아 풍의 사고방식, 심지어는 빅토리아 식의 기독교에 있어서 가장 큰 결점이 있었던 것을 언급한 바 있습니다. 바로 이 일에서입니다. 그들은 다른 쪽을 희생하고서라도 한 편만을 강조하는 경향이 있었습니다. 그리고 오늘날 이처럼 많은 문제들은 그 당시 거짓된 강조에 대한 격한 반동에 기인합니다.

우리는 언제나 이 균형을 유지해야만 합니다. 우리의 능력이란 사랑으로 조화되어야 합니다. 그것은 사랑으로 조종됩니다. 그것이 사랑의 능력입니다. 어떤 남편도 자기 아내를 사랑치 않는 이상 아내의 머리라고 말할 자격이 없습니다. 아내를 사랑하지 않는 한 성경의 권고를 이행하지 않고 있는 것입니다. 이러한 일들은 함께 갑니다. 다른 말로 해서 그것은 성령의 나타남입니다. 성령은 능력을 주실 뿐 아니라 사랑과 근신하는 마음을 줍니다. 이처럼 남편이 아내와 가정의 머리로서의 자기의 특권을 행사할 때 그는 이런 식으로 해야 합니다. 그는 언제나 사랑으로 통제를 받아야 하며 근신하는 마음의 통제를 받아야 합니다. 호령만 할 경향이 있습니다만 그래서는 안 됩니다. "사랑과 능력과 근신하는 마음", 이 모든 것이 여기 이 "사랑하라"는 말 속에 함축되어 있습니다.

이와 같이 남편의 다스림은 사랑의 다스림이며 통치입니다. 그것이 사랑의 지도력입니다. 그것은 독재자나 교황의 사상이 아닙니다. 그것은 "독단적인 말"(ipse dixit)의 경우가 아닙니다. "교황의 무오성"(ex-cathedra)을 말하고 있지 않습니다. 그것은 사랑의 능력이요, 성령의 근신이요, 남편에게 주어진 이 능력과 이 권위와 위엄을 보좌합니다. 그것은 분명히 이 문제의 전체를 주도하는 근본적인 사상입니다 — "남편들아 너희 아내들을 사랑하라."

그러나 이제 우리는 그 사랑의 성격이나 본질을 일반적인 면에서 숙고해 나가야만 하겠습니다. 이것은 현 시대에 있어서 매우 크게 필요로 하고 있는 것입니다. 오늘날 특출하게 뛰어나 있는 두 가지 일이 있습니다. 하나는 능력의 사상에 대한 모독이요, 또 하나 더욱더 심한 것으로는 사랑의 생각에 대한 모독입니다. 세상은 사랑에 관해서 오늘날과 같이 그렇게 많이 말한 적이 결코 없습니다. 그러나 오늘보다도 사랑이 더 적었던 시대가 있었을까 의문이 갑니다. 이 위대한 과제가 얼마나 그 가치가 손상되었던지 많은 사람들이 "사랑"이란 말의 의미조차 생각하지 않는다는 것입니다.

"남편들아 너희 아내들을 사랑하라." 이 사랑은 무엇입니까? 다행히도 사도는 그 점을 두 방면에서 말합니다. "남편들아 너희 아내들을 사랑하기를 그리스도께서 교회를 사랑하듯 하라." 여기에 두 규정이 있습니다. 첫째는 "사랑하라"란 말 자체에 있습니다. 사도가 여기서 사용한 "사랑하라"란 말은 그 교훈과 의미에 있어서 가장 웅변적인 것입니다. 사도 바울의 시대에 사용된 헬라어 중에서 영어의 "Love"로 번역될 수 있는 말은 세 개나 되었습니다. 우리가 이 점을 분명히 알아서 그들 사이를 구분하는 것은 가장 중요합니다. 오늘날 이 영역에서의 많은 해이한 생각은 이것을 이해하지 못한 데 기인합니다.

세 단어 중 하나는 — 신약 가운데서는 나오지 않음 — "에로스"(eros)란 말인데 이것은 순전히 육신에 속한 사랑을 묘사하는 말입니다. 물론 그것도 사랑의 종류입니다. 그러나 그것은 육신의 사랑이요 정욕이며 육체적입니다. 그것이 육신적인 것이라고 해서 절대로 틀린 것은 아닙니다. 그러나 그런 유의 사랑은 자기 중심적인 사랑입니다. 그것은 정욕으로 생겨난 것입니다. 그 사람은 무엇인가를 원하며 주로 거기에만 관심을 갖습니다. 에로스란 말은 그런 차원입니다. 말하자면 그것은 사람 안에 있는 동물적인 부분입니다. 그리고 오늘날 세상에서 주로 "사랑"으로 통용되는 것입니다. 세상은 그 사랑의 "기막힌" 낭만을 자랑하고 그것이 얼마나 멋

진가를 말합니다.

　남자가 자기 아내에 대해 신실하지 못하고 역리(逆理)로 이용함으로써 어린아이들이 고통을 당한다는 사실에 관해서 아무것도 말하지 않습니다. "이 놀라운 낭만"은 결혼하려는 남자와 여자의 생활 속에 찾아왔습니다. 그들 모두가 그들의 서약을 깨뜨리고 신성한 것을 모독한다는 것은 언급되지 않습니다. 선전되는 것은 이 놀라운 "사랑의 행진", 이 놀라운 육체적 낭만입니다! 여러분은 매일의 신문들에서 이런 유의 일을 발견합니다. 그것은 이 에로틱하고 육체적이고 자기 중심적이고 음욕에 지나지 않습니다. 그러나 나는 "에로스"가 오늘날에 있어서는 확실히 사랑으로 간주되고 있음을 상기시켜 드립니다.

　신약(흠정역 성경)에서 사랑으로 번역된 두 단어, 즉 하나는 "필레오"(Phileo)인데 그것은 "좋아한다"(be fond of)는 것을 뜻하는 것입니다. 그것은 "Philanthropic"이나 "Philadelpia"의 어원입니다. 그 말의 사용에 대한 전형적인 실례는 베드로와 다른 제자들이 밤에 물고기를 잡다가 해변에서 우리 주님을 갑자기 만나게 되는 사건을 묘사한 요한복음 21장에서 발견됩니다. 거기서 주님은 그들을 위해 조반을 준비하시고 그들에게 말씀하시기 시작합니다. "저희가 조반 먹은 후에 예수께서 시몬 베드로에게 이르시되 요한의 아들 시몬아 네가 이 사람들보다 나를 더 사랑하느냐 가로되 주여 그러하외다 내가 주를 사랑하는 줄 주께서 아시나이다 가라사대 내 어린양을 먹이라 하시고." 여기서 흥미로운 점은 베드로가 "내가 당신을 사랑하는 줄 주께서 아시나이다" 했을 때 베드로가 사용한 말은 "내가 주를 좋아하는 줄 주께서 아시나이다"였습니다.

　우리 주님은 우리가 아직 알아보지 못한 세번째 사랑을 생각하시면서 네가 나를 정말 사랑하느냐고 물어보았습니다. 그러나 베드로는 "내가 주를 좋아(사랑)하는 줄 주께서 아시나이다"라고 대답합니다. "두번째 가라사대 요한의 아들 시몬아 네가 나를 사랑하느냐 하시니 가로되 주여 그러하외다 내가 주를 사랑하는 줄 주께서 아시나이다." 그것은 "내가 주를 좋아하는 줄 주께서 아시나이다"를 의미합니다. "주께서 가라사대 내 양을 치라." 그런 다음에 10절에서 "세번째 가라사대 요한의 아들 시몬아 네가 나를 사랑하느냐 하시니." 여기서 우리 주님은 아주 흥미로운 일을 하고 계십니다. 주님은 앞에서 사용하셨던 단어를 사용하시지 않았다는 것입니다. 이제 주님은 베드로가 사용한 말을 사용하신다는 것입니다.

"세번째 가라사대 요한의 아들 시몬아 네가 나를 정말 좋아하느냐?" 그는 단계를 낮추어서 "네가 나를 진정으로 좋아하느냐?" "주께서 세번째 네가 나를 사랑하느냐 하시므로 베드로가 근심하여 가로되 주여 모든 것을 아시오매 내가 주를 사랑하는 줄 아시나이다." 베드로는 주께서 자기가 그를 좋아하는 것조차 의심하는 것 같아서 근심했습니다. 그래서 그의 실수에 비추어 볼 때 그는 주의 아심에 자신을 맡길 수밖에 없어서 "주께서 내가 주를 좋아하는 줄 아신다"고 말합니다. 그러나 우리는 마음에 "사랑"으로 번역된 말이 "…을 좋아함"을 의미할 수 있다는 것을 간직하도록 하십시다.

다른 신약 어휘는 훨씬 더 높이까지 이릅니다. 성경에서 하나님의 사랑을 표현하는 데 언제나 사용된 단어는 "아가파오"(Agapao)입니다. 이 단어는 우리가 고찰하고 있는 본문에서 사용된 단어입니다. "남편들아, 하나님이 사랑하신 그 차원에서 아내들을 사랑하라." 이보다 더 높은 차원은 없습니다. 또 다른 방식으로 진술한다면 이렇습니다. 갈라디아서 5:22의 성령의 열매를 열거한 것을 예로 들어봅시다. 사도는 육체의 일과 성령의 열매를 대조시키고 있습니다. 바울은 "성령의 열매는 사랑"이라 했습니다. 에로틱한 감정도 아니고 좋아하는 것만도 아닌 하나님의 사랑을 닮은 사랑입니다. 사랑, 기쁨, 화평 등등 바로 그것이 남편이 자기 아내들을 향해 가지는 사랑이어야만 한다고 말합니다.

여러분은 그 모든 것이 18절의 "술 취하지 말라 이는 방탕한 것이니 오직 성령의 충만을 받으라"는 말과 어떻게나 완벽하게 연결되어 있는지 아실 것입니다. 만일 성령의 충만을 받으면 성령의 열매가 가득할 것이고 성령의 열매는 "사랑"입니다.

사도는 성령에 충만한 자들에게 권고하고 있는 것입니다. 왜냐하면 그들만이 이 사랑을 나타낼 수 있기 때문입니다. 그리스도인이 아닌 자에게 이것을 말하는 것은 태만한 것입니다. 그는 그것을 행할 능력이 없습니다. 그는 이런 유의 사랑을 할 수가 없습니다. 그러나 사도는 말하기를 그리스도인들은 성령에 충만한 자들이니 반드시 이런 유의 사랑을 나타내야 한다고 합니다. 내가 성령에 충만하다는 것을 보여 주는 여러 방법들 중 하나는 환상의 세계를 들어 어떤 현상을 나타내는 것이 아니다. 그것은 내가 집에 있을 때 내 아내에게 행동하는 방법이다. 그 방법은 "성령의 열매"인 이 사랑입니다.

사도가 선택한 단어 자체가 그가 나타내고자 하는 정확한 생각으로 우리를 즉시 인도합니다. 그러므로 나는 사랑을 이들 어휘들의 차원에서 진술하렵니다.

우리는 결혼과 결혼 관계의 전체 문제에 초점을 맞추도록 합시다. 나는 사도가 육신에 속한 첫째 요소는 전혀 개입되지 않아야 함을 가르친다고 말하고 있지는 않습니다. 육신에 속한 첫째 요소가 전혀 배제된다고 하는 것은 아주 잘못된 것입니다. 그렇게 가르치는 사람들이 있었습니다. 독신생활에 대한 로마 카톨릭의 교훈은 궁극적으로 그릇된 개념에 기초하고 있습니다. 나는 그 문제에 대해서 고통하는 그리스도인들이 많이 있다는 것을 알았습니다. 그들은 그리스도인이란 더 이상 인간적이어서는 안 되며, 더 이상 자연적이어서는 안 된다고 생각하고는 성(性)을 악(惡)으로 간주합니다. 그것은 기독교 교훈이 아닐 뿐 아니라 그것은 아주 그릇되고 틀린 것입니다. "에로스"(eros)의 요소가 가입되고 포함됩니다. 사람은 사람이지 사람 이하도 이상도 아닙니다.

하나님은 인간을 그렇게 만드셨습니다. 하나님은 우리에게 성(性)을 포함한 이 은사들을 주셨습니다. 에로틱한 요소 그 자체 내에나 자체로는 아무런 잘못이 없습니다. 좀더 나아가서 나는 성(性)이 선물이어야 한다고 주장합니다. 내가 이것을 언급하는 것은 매우 흔하게 이런 일들을 해결해 달라는 청탁을 받아 왔기 때문입니다. 이 잘못된 성관(性觀) 때문에, 자연적인 성 때문에 남성 그리스도인들은 어느 누구나 어떤 여성 그리스도인과도 결혼할 수 있다고 하는 결론을 다소 정직하게 내렸던 그리스도인들을 알고 있습니다. 그들에게 문제 되고 생각해야 되는 것은 오직 우리가 그리스도인들이라는 사실뿐이라고 주장합니다. 그들은 자연적인 요소는 완전히 떠나야 한다고 생각합니다. 그러나 성경은 그렇게 말하지 않습니다.

　우리가 비록 그리스도인이라 하더라도 우리가 다른 사람들보다 그 사람에게 더 매력을 느끼는 것은 옳은 일입니다. 그리스도인에게도 자연적인 것이 있으며 그것을 배제해서는 결코 안 됩니다. 그러나 우리는 결코 우리들 중 어느 사람도 다른 어느 누구와도 아주 정당하게 결혼할 수 있다는 입장을 취해서는 안 됩니다. 여러분은 함께 살 수는 있습니다만 그것은 이 자연스런 요소를 배제하는 결과가 됩니다.

　나는 기독교 교훈이 결코 자연적인 것을 떠나 있지 않으며 하나님께서 우리를 창조하셨던 방식을 전혀 무시하지 않는다는 점을 심혈을 기울여 보여 주려고 했습니다. 하나님께서는 우리를 그렇게 만드셨기 때문에 한 사람이 어떤 다른 이보다도 그 사람에게 매력을 느낍니다. 그것은 자연적인 것입니다. 그것은 옳은 것입니다. 그것을 옆으로 밀어붙이지 마십시오. 그것은 여기서 추정되고 있는 것입니다. 이 남자와 이 여자가 서로 끌리고 일반적인 문구를 사용한다면 서로 사랑을 느끼기 때문에 결혼한 것이라고 가정하고 있는 것입니다. 그리스도인은 그 일에 있어서 다른 사람들과 같이 행동해야 합니다. 이것은 기계적인 일이 아닙니다. 그리스도인은 "자 나는 이제 그리스도인이니 냉정하게 결혼할 상대를 둘러보고 결정하려 한다"고 말하지 않습니다. 그것은 성경적인 교훈이 아닙니다. 이는 어떤 이에게 괴이하고 우습게 들릴지 모릅니다. 그러나 바로 그 원리에 입각해서 행동했던 그리스도인들이 많이 있었습니다.

　나는 목회 경험에서 말하고 있는 것입니다. 그들은 매우 정직한 사람들입니다. 그러나 성(性)을 악으로 여기고는 이 거짓된 입장에 말려듭니다. 그러나 우리는 타고난 것을 배제하지 않습니다. 사도가 가정하고 있는 것은 이 남자와 저 여자가 상호간의 매력을 느꼈던 것이고 그래서 그들은 바로 그것을 토대로 하여 함께 마음이 끌리게 되었다는 것입니다.

　그보다 더한 것은 사도는 그들이 서로 좋아한다는 것을 추정하고 있습니다. 그 말의 의미는 그들이 서로 반려가 된 것을 좋아한다는 것입니다. 나는 그것이 역시 그리스도인의 결혼에도 부가된다는 것을 강조해야겠습니다. 거기엔 자연적인 친근성이 있으며 우리가 그것을 무시하는 것은 아주 위험천만한 것입니다.

나는 두 사람이 자기네들은 그리스도인들이므로 아무것도 문제 될 게 없다고 상상하고는 그것을 믿고 결혼하는 사람들을 자주 보았습니다. 만일 그들이 서로 좋아하지 않는데 육체적인 것만을 기초하여 결혼했다면 그것은 쉬 바닥이 들어날 것입니다. 어떤 영구성도 없습니다. 그러나 다른 편에서는 영구성을 가진 일들 가운데 하나는 둘이 서로 좋아하는 것입니다. 이러한 결혼 상태에는 어떤 헤아릴 수 없는 것들이 있습니다. 결혼한 사람들이 같은 유사성과 같은 관심을 가지고 같은 일에 끌리는 것은 좋은 일입니다. 그들이 아무리 서로 사랑한다 할지라도 만일 이러한 국면에서 근본적인 차이들이 있다면 그들은 고통을 겪게 될 것입니다. 조화를 이룬 결혼생활과 삶의 문제는 더욱더 크게 될 것입니다. 나는 주장합니다. 이 두번째 요소, 즉 베드로가 "내가 주를 사랑하는 줄 주께서 아신다"고 했을 때 내내 사용한 말이 제구실을 해야 함은 중요합니다.

사도는 이 두 가지를 고려해 넣고 있습니다. 그리스도인들 가운데는 그들이 이교도들이었을 때 결혼했다는 것과 그 결혼이 이 "에로스"와 "필레오"를 포함하였다는 것은 있음직한 일입니다. 예, 좋습니다. 바울은 기독교가 여기에도 영향을 미친다고 말하고 있는 것입니다. "자 너희가 그리스도인들이 되었으니 더 놀라운 요소가 첨가된다." 그것은 다른 두 요소를 고양시켜 그것들을 성화하고 그것들에게 영광을 입혀 그것들이 더욱더 찬란하게 한다는 것입니다. 그것은 그리스도께서 결혼에 대해 만들어 놓은 차이입니다. 이 수준으로 오를 수 있는 자는 그리스도인뿐입니다. 이것이 없이도 행복하고 성공적인 결혼생활을 할 수 있습니다. 그들은 여전히 성공적인 결혼생활을 하고 있는 것을 하나님께 감사합니다.

자연인(自然人)의 수준에서 행복한 결혼생활이 있을 수 있으며 내가 앞에서 말한 처음 두 가지의 어의에 기초하고 있는 것입니다. 만일 그들이 첫번째의 에로틱한 요소에다 이 서로 좋아함의 요소를 더하게 되면 그들은 매우 행복하고 성공적인 결혼생활을 누릴 수 있습니다. 그러나 이 더 높은 수준에는 오를 수 없습니다. 바로 이것이 바울이 우리가 오르기를 원하는 수준입니다. 그것은 자연인에겐 이룰 수 없는 불가능한 것입니다. 거기는 이 진정한 사랑이 들어오며 하나님의 사랑, 고린도전서 13장에서 정의하고 있는 사랑이 들어오는 것입니다.

사도는 그의 어휘를 선별함으로써 우리에게 매우 큰 것을 말하고 있음이 틀림없습니다. 그러므로 이 말에 비추어서 자신들을 시험해 보는 것은 이 권면을 듣거나 읽는 남편의 의무입니다. 여러분 안에는 현재 세 요소가 현존합니까? 모든 일이 하나님 자신의 것으로까지 간주될 수 있는 이 사랑으로 관 씌웠으며 영광스럽게 되었습니까?

그러나 우리가 이 점 때문에 어떤 어려움도 겪지 않게 하기 위해서 사도는 그의 두번째 요점에서 하나의 예증을 더 제시하고 있습니다. "남편들아 너희 아내 사랑하기를 마치…" — "마치 그리스도께서 교회를 사랑한 것같이 사랑하라"고 하는 것입니다. 여기서 다시 바울은 얼마나 간절히 우리를 돕고 싶어하는지를 나타내고 있습니다. 그리스도의 이름을 언급하는 그 자체가 그로 하여금 대번에 그 진술을 정교화시키는 것입니다. 바울은 단순히 "그리스도께서 교회를 사랑한 것같이"라고 말할 수 없습니다. 한 걸음 더 나아가 "그리스도께서 교회를 사랑하시고 위하여 자신을 주심같이 하라 이는 물로 씻어 말씀으로 깨끗하게 하사 거룩하게 하시고 자기 앞에 영광스러운 교회로 세우사 티나 주름잡힌 것이나 이런 것들이 없이 거룩하고 흠이 없게 하려 하심이니라." 그가 이 모든 것을 말함은 남편들을 도와 그들의 아내를 마땅한 바대로 사랑하도록 하는 데 있습니다.

왜 그는 그 문제를 그렇게 정교화시킵니까? 나는 거기에 세 가지 주요 이유가 있다고 생각합니다.

첫째로 바울은 우리 모든 자들이 우리를 향한 그리스도의 위대한 사랑을 알기 원합니다. 왜 그는 이것에 관심을 가집니까? 그의 논증인즉 그리스도가 교회에 가지는 관계를 진정으로 인식할 때만이 그리스도인 남편들이 자기의 기능을 올바르게 감당한다는 것입니다. 이 점을 분명히 하기 위해서 "이 비밀이 크도다 내가 그리스도와 교회에 대해 말하노라"는 말로 끝맺습니다. 그런데 왜 바울은 교회와 그리스도에 대해 말하고 있습니까? 왜 그는 우리를 그 신비로 이끌어 갑니까? 그것은 남편들이 자기의

## 제 9 장 참된 사랑

아내들을 어떻게 사랑해야 하는지 알리기 위해서입니다.

교회를 조롱하는 입심좋고 피상적인 사람들이 자기들의 무식과 어리석음을 드러내는 곳이 바로 이 점입니다. 그들은 말하지요. "아 그런 사람들은 오직 교회에만 관심이 있어. 그러나 우린 실천적인 사람들이야." 그러나 교회가 없이는 실천적일 수 없고 이 교리, 이 비밀에 관한 것을 이해하지 않는 한 자기 아내를 진정으로 사랑할 수는 없는 것입니다. 또 다른 이들은 말합니다. "아 그건 너무 어려워! 나는 그것을 전혀 종잡을 수가 없군." 그러나 만일 여러분이 그리스도인으로서 살고 싶으면 그것을 이해해야만 합니다. 또한 마음을 거기에 적용시키고 생각하고 연구하고 이해하고 그것을 파악하려고 해야 합니다.

여러분을 위해 그 말씀이 여기에 있는 것입니다. 만일 이것에 등을 돌려댄다면, 하나님께서 주신 것을 거절하고 있는 것이며 무서운 죄인이 된 것입니다. 교리를 부정하는 것은 엄청난 죄입니다. 여러분은 결코 교리와 상반되게 실천에 옮겨서는 안 되는데, 그것은 교리 없이는 실천할 수 없기 때문입니다. 그러므로 사도는 그리스도와 사도의 관계에 관한 이 놀라운 교리를 정교화하는 수고를 하고 있습니다. 마치 그것이 중요한 것처럼 그것을 진술하기 위한 단순한 목적에서가 아니라 여러분과 내가 가정에서 우리의 아내들을 마땅히 사랑하도록 하기 위한 것입니다. "마치 그리스도께서 교회를 사랑한 것처럼" 말입니다.

그러므로 우리는 그 문제를 다음과 같은 방식으로 살펴볼 수 있습니다. 우리의 실제 생활을 조종해야 하는 원리는 남편과 아내 사이와 관계가 그 본질과 근본에 있어서 그리스도와 교회 사이의 관계와 같은 것입니다. 그러나 우리는 어떻게 그것을 접근해야 합니까? 우리는 그리스도와 교회의 관계로부터 연구해 봄이 마땅합니다. 그런 후에야 남편과 아내의 관계를 알아볼 수 있습니다. 그것이 사도가 행하고 있는 바입니다. "남편들아 너희 아내 사랑하기를 그리스도께서 교회를 사랑한 것같이 하라." 이 말은 그리스도께서 교회를 어떻게 사랑했는가를 말해 줍니다. 그런 다음에 그대로 행하라고 합니다. 그것이 제일 큰 교리입니다.

우리는 그리스도와 교회의 관계부터 숙고해 봅니다. 모든 이에게 관계된 것이 있습니다. 남편뿐만이 아니라 모든 사람들에게 관련된 일입니다. 그리스도와 교회 사이의 관계에 대한 본문의 말씀은 우리 각 개인 모두에게 해당됩니다.

그리스도는 교회의 남편이요 그리스도는 모든 개개 신자의 남편입니다. 이 교리를 성경 어디에서 발견했느냐고 물으실지 모르겠습니다. 그 예로 로마서 7:4을 들 수 있겠습니다. "그러므로 내 형제들아 너희도 그리스도의 몸으로 말미암아 율법에 대하여 죽임을 당하였으니 이는 다른 이 곧 죽은 자 가운데서 살아나신 이에게 가서 우리로 하나님을 위하여 열매를 맺게 하려 함이니." 그리스도는 교회의 남편이요, 교회는 그리스도의 신부입니다. 우리 모든 이는 다 그 의미에서 주 예수 그리스도를 남편으로 바라보고 집합적으로 우리는 기독 교회의 성원으로서 주님을 남편으로 바라보는 것입니다.

사도는 이것에 대해 우리에게 무어라고 말합니까? 첫째는 교회에 대한 주 예수 그리스도의 태도에 대한 것, 즉 그리스도께서 교회를 어떻게 보시는가입니다. 여기에 남편들을 위한 교훈이 있습니다. 여러분의 태도는 무엇입니까? 여러분은 여러분의 아내를 어떻게 보십니까? 바로 여기에서 사도는 몇몇 신비한 일들을 말합니다. 그리스도인들인 여러분은 이것들이 그리스도 교회의 성원들인 여러분에게도 진리라는 것을 인식하셨습니까? 우리 주께서 그의 신부인 교회를 보시는 태도의 특징들을 살펴보십시오. 그는 교회를 사랑합니다. "그리스도께서 교회를 사랑한 것같이" 그 얼마나 웅변적인 표현입니까! 주님은 교회가 보잘것없음에도 불구하고 교회를 사랑하였고 교회의 부족함에도 불구하고 사랑하셨습니다. 그리스도께서 교회를 위해 하시는 일을 생각해 보십시오. 교회는 씻기워지고 정결해질 필요가 있습니다.

그리스도는 교회의 누더기 같음과 비열을 아셨습니다. 그러나 그는 교회를 사랑했습니다. 그것이 구원 교리의 탁월함입니다. 그가 우리를 사랑하신 것은 우리 안에 있는 어떤 것으로 인한 때문이 아닙니다. 우리 안에 무엇이 있든지 간에 "우리가 아직 죄인 되었을 때에" 경건치 않은 자를 사랑하셨습니다. 우리의 모든 쓸모 없음과 누추함에도 불구하고 그리스도는 우리를 사랑하셨습니다. 그는 교회를 사랑하셨습니다. 교회가 영광스럽고 아름다워서가 아니라 영광스럽고 아름답게 만들기 위해서 교회를 사랑하셨습니다. 그 교리를 정리해 봅시다. 그리고 남편들에게 무엇을 말해야 할지 아십시오. 남편은 아내의 어려움과 부족함에 대해 알게 될 때 그녀를 비평할 수 있습니다. 그러나 "그리스도께서 교회를 사랑한 것 같이" 사랑해야 합니다. 그것이 남편이 보여 줘야 할 유의 사랑입니다. 첫째 원리는 이만큼 해둡시다. 두번째 원리는 "그는 교회를 위해서 자신을 주셨다"입니다. 그는 사실상 교회를 위해서 자신을 희생하셨습니다. 교회에 대한 그리스도의 사랑은 그러합니다. 그는 오직 그의 생명을 교회를 위해 내어줌으로써만이 교회를 구원할 수 있었습니다. 그리고 그의 생명을 주셨습니다. 그것이 주님의 사랑의 특징입니다.

그 다음 교회와 그의 잘됨을 위한 그리스도의 큰 관심을 주목해 보십시오. 그리스도는 교회에 관심이 깊습니다. 그는 교회 안에 있는 가능성을 압니다. 그리스도는 교회가 완벽해지기를 열망하고 있습니다. 그렇기 때문에 바울은 계속해서 "이는 곧 물로 씻어 말씀으로 깨끗하게 하사 거룩하게 하시고 자기 앞에 영광스러운 교회로 세우사 티나 주름잡힌 것이나 이런 것들이 없이 거룩하고 흠이 없게 하려 하심이니라." 여러분은 교회에 대한 그리스도의 관심과 사랑과 긍지를 압니다. 이상이 그리스도가 교회를 사랑하는 특징들입니다 - 이 위대한 열망, 교회가 완전해져야 한다는 것입니다. 그리고 그리스도는 교회가 완전해지기까지 만족해 하지 않으실 것입니다. 그는 교회가 그에게 "흠도 티도 주름잡힌 것이" 없는 교회로 나타날 수 있기를 원합니다. 교회가 완전해져 비평받을 여지가 없이 되기를 바랍니다. 전세계가 교회를 보고 감탄해 마지않기를 바랍니다.

그래서 에베소서 3:10에 "이는 이제 교회로 말미암아 하늘에서 정사와 권세들에게 하나님의 각종 지혜를 알게 하려 하심이니"라는 말씀을 대하게 됩니다. 그것은 아내에 대한 신랑의 모형입니다. 신랑은 신부의 아름다움과 그의 모습과 그녀에게 속한 모든 것을 사랑합니다. 신랑은 신부를 가족에게 보이길 원합니다. 주님은 신부를 모든 피조물들에게 나타내 보이길 희망합니다. 이것이 주 예수 그리스도와 그의 교회 사이에 존재하는 관계입니다. 나는 그 자세한 것들로부터 먼저 원리를 추출해 내고 있습니다. 왜냐하면 그 자세한 것들이 우리에게 이 경이로운 신비적 관계를 이해시켜 주기 때문입니다. 그와 같이 주께서 그 관계를 기뻐하고 행복해 하시는 모습입니다. 그리고 그것 안에서 승리하시며 자랑하시는 것입니다. 주께서 그의 신부인 교회를 위해서라면 무엇을 못 하시겠습니까?

이상이 사도가 다루는 이 광범하고 뛰어난 주제 안에 숨어 있는 첫째로 위대한 과제입니다. 우리는 이 그리스도와 교회의 관계로부터 출발해야 합니다. 여러분은 그리스도께서 교회를 어떻게 보시며, 그런 식으로 보시기 때문에 그가 교회를 위해 무엇을 하는지 아십니다. 또한 교회를 위해서 주님은 어떤 전망, 어떤 궁극적인 목적을 가지고 있는가를 알았습니다. 이 모든 것 때문에 뛰어난 신비적 관계와 연합 개념과 그들이 한 몸이며, 교회는 그리스도의 몸이라고 하는 관념이 존재하는 것입니다. "남편들아 너희 아내들을 사랑하라 그리스도께서 교회를 사랑한 것같이."

그러므로 첫째로 그 원리는 그리스도께서 교회를 사랑하신다는 것입니다. 그리스도와 교회 사이의 관계는 남편과 아내 사이에 존재하는 관계입니다. 그러므로 그리스도와 교회의 관계부터 출발하십시오. 교회의 위대한 교리를 살펴보십시오. 결혼을 했든 안 했든 모든 이들이 따라가야 합니다. 우리는 다 교회 안에 있기 때문에 우리 모두에게 다 해당됩니다. 우리가 그리스도에 대해 이런 관계에 있다는 것을 인식하는 것이 얼마나 놀라운 일입니까! 그것이 그리스도께서 여러분을 보시는 방식이요, 여러분을 향한 그리스도의 태도입니다.

원리는 이것이니 이 사랑, 하나님과 같은 사랑은 세상이 기껏해야 알 수 있는 육정적인 사랑이나 박애보다 훨씬 더 위에 있습니다. 이 사랑의 큰 특징 — 이것은 다른 사랑과 본질적으로 다른 곳에 있음 — 은 갖고 싶은 것보다 주고 싶은 욕망이 더 많이 지배하는 사랑입니다. "하나님이 세상을 이처럼 사랑하셨다." 어떻게? "주셨으니." 내가 앞에서 말씀드린 다른 사랑도 그릇된 것이 없습니다. 그러나 최선을 다한다 할지라도 사람들은 자기 중심적이고 항상 자기만을 생각합니다. 그러나 이 사랑의 특징은 자기를 생각지 않습니다. 그는 자신을 주셨습니다. 그는 교회를 위해 주셨습니다. "죽기까지" 하셨습니다. 희생이 이 사랑의 특징입니다. 이 사랑은 주는 사랑입니다. 이 사랑은 언제나 가지려고 하는 것을 생각하지 않고 다른 이에게 유익을 주기 위해 승리합니다. "남편들아 너희 아내 사랑하기를 주께서 교회를 사랑하신 것같이 하라."

　이상 그리스도께서 교회를 향하신 자세를 개관적으로 살펴보았으니 그 자세가 실제에 있어서 어떻게 나타나는가를 밝히기 위해서 나아갈 수 있게 되었습니다. 그 다음에 그것을 넘어서 그 사실의 궁극적인 목적과 결국에는 신비적인 연합 관계를 알아보기에 이르렀습니다. 우리가 결혼을 숙고해 볼 때에 하나님께 감사하십시오. 만일 우리가 그리스도인이라면 그것이 너무나 일반적이고 명백하다는 것을 발견합니다. 즉, 우리는 결혼을 그런 방식으로 숙고해야 하는데, 그것은 우리로 하여금 기독교 진리의 중심, 신학과 교리의 핵심과 교회 안에서 교회로 말미암아 나타난 그리스도 안에서의 하나님의 신비들로 들어가게 한다는 것입니다. 하나님께서 우리가 그 점을 깊이 생각할 때 축복하시길 기원합니다.

## 제 10 장

## 그리스도의 신부

　　남편들아 아내 사랑하기를 그리스도께서 교회를 사랑하시고 위하여 자신을 주심같이 하라 이는 곧 물로 씻어 말씀으로 깨끗하게 하사 거룩하게 하시고 자기 앞에 영광스러운 교회로 세우사 티나 주름잡힌 것이나 이런 것들이 없이 거룩하고 흠이 없게 하려 하심이니라 이와 같이 남편들도 자기 아내 사랑하기를 제 몸같이 할지니 자기 아내를 사랑하는 자는 자기를 사랑하는 것이라 누구든지 언제든지 제 육체를 미워하지 않고 오직 양육하여 보호하기를 그리스도께서 교회를 보양함과 같이 하나니 우리는 그 몸의 지체임이니라 이러므로 사람이 부모를 떠나 그 아내와 합하여 그 둘이 한 육체가 될지니 이 비밀이 크다 내가 그리스도와 교회에 대하여 말하노라 그러나 너희도 각각 자기의 아내 사랑하기를 자기 같이 하고 아내도 그 남편을 경외하라(엡 5:25-33)

　　사도의 근본적인 전제는 우리가 알아본 바와 같이 그리스도와 교회에 관한 진리를 알지 않고서는 남편과 아내의 의무를 이해할 수 없다는 것입니다. 그래서 우리는 사도가 하는 것같이 그 진리부터 알아보기 시작했던 것입니다. 남편은 그 아내 사랑하기를 "그리스도께서 교회를 사랑하심같이" 해야 하는 것입니다. 우리는 "사랑"이란 말의 내용을 스스로 음미해 보았습니다. 그것은 성경이 알고 있는 말 중에서 가장 고차원적인 말입니다. 그것은 그리스도께서 교회를 사랑하셨을 때 가진 사랑과 같은 종류의 사랑입니다. 정말 하나님께서 세상을 그런 식으로 사랑하셨습니다. 그러므로 우리는 교회를 위한 그리스도의 사랑에 초점을 집중시키고 있는 것입니다.

우리는 지금까지 교회를 향한 그리스도의 사랑을 개괄적으로만 살펴보았습니다. 우리는 교회를 향한 그리스도의 전반적인 자세에 관해서 알아보았습니다. 주님의 교회를 향한 관심, 교회를 향한 긍지, 그리스도께서 교회를 지키시고 인도하시며 보호하시는 방식 등을 알아보았습니다.

그러나 우리는 그 국면 이상으로 나아가 보아야 합니다. 왜냐하면 사도가 심혈을 기울여서 우리에게 명심시키고자 하는 것은 교회를 향한 그리스도의 태도가 실제적으로 증명되는 일이라고 하기 때문에 그러합니다. 바로 그 문제가 우리가 이제 거론하는 문제입니다. "남편들아 아내 사랑하기를 그리스도께서 교회를 사랑하시고 위하여 자신을 주심같이 하라." 교회를 향한 그리스도의 태도와 그리스도께서 교회를 어떻게 보시고, 어떻게 여기시는가 하는 것을 숙고하는 것만으로 만족하지 않습니다. 바울은 그것이 실제에서 증명된 것이라고 말하고 있습니다. 그리고 우리는 이 점을 강조해야겠습니다. 그것은 사도가 여기서 강조하는 바이기 때문입니다.

그러므로 사랑이란 원리는 신학적인 것이 아닌 것입니다. 사랑은 단지 말만으로는 않는 것입니다. 사랑은 쓰여진 것만도 아니며 시(詩)로만 표현되는 것이 아니라는 것입니다. 사랑은 단순하게 오페라의 위대한 아리아(Aria)의 주제나 어떤 위대한 성악곡의 테마가 아니라는 것입니다. 비극적인 유행가의 주제나 되는 그런 것이 아니라는 것입니다. 그것이 무엇이든지 간에 그런 식으로만 취급되는 것이 아니란 말입니다. 사랑은 세상에서 가장 실제적인 것입니다. 그 점이 바로 여기 본문 가운데서 가르쳐지고 있는 위대한 원리입니다.

현 시대에 있어서 "사랑"이란 말만큼 가치가 떨어진 말이 있을지 의문이 갑니다. 틀림없이 많은 사람들이 사랑의 뜻하는 바에 대한 어떠한 사상도 가지고 있지 않습니다. 아마도 세상은 친애의 어휘들을 그렇게 자유롭게 구사한 적이 없었을 것으로 보입니다. 아니 아주 적은 사람도 없습니다. 모든 사람들은 다른 어느 누구에게나 친애를 나타내는 용어를 씁니다. 누구나 최상급의 경어를 사용하고 있습니다. 피차간에 잘 모르는 사람들도 이러한 부드러운 말치레를 합니다. 그러나 거기에는 아무런 내용도 없습니다. 그런 사람들의 말을 듣는다면 세상에서 가장 사랑하는 사람들 사이가 아닌가 할 정도로 들리는 것은 이 때문입니다. 실은 그들은 서로간에 사랑에 관해 아는 바 없으며 그 다음날이면 이혼할지도 모를 사람들입니다. 몇 가지 이유들로 해서 사랑이란 말해지거나 노래로 불려지는 것이라는 사상이 편만해 있습니다. 시인들이 그렇게 위험할 수 있는 것은 바로 그 점에서입니다.

여러분은 시인들이 그들의 시(詩)로써 노래하는 것과 그들의 실제 생활이 유별나게 대조를 이루고 있는 것을 보셨습니까? 사랑에 관해서 그렇게 아름답고 신기하게 묘사할 수 있는 사람들이 그럴 것이라니 비극이 아닙니까? 그런 사람들의 전기를 읽을 때 그것이 사실일 수 있을까 하고 충격과 놀람을 금치 못합니다. 그것은 전적으로 사랑의 의미를 이해한 적이 없기 때문입니다. 그들은 사랑을 신학적인 면에서 아주 아름다운 것으로 생각합니다. 그러나 사랑에 관한 진리는 그것이 세상에서 가장 실제적인 것이라는 점입니다.

우리 주님께서 가르치신 바가 그러합니다. "나의 계명을 가지고 지키는 자라야 나를 사랑하는 자니"(요 14:21). 사랑을 그저 로맨틱하게 보아오기만 한 우리에게 그것은 얼마나 고리타분하게 들립니까? 물론 그것은 전혀 로맨틱하지 않습니다. 사랑을 그렇게 생각하는 것은 우습고 감상적이고 육신적인 생각입니다.

그리스도께서 말씀하시기를 "사람이 내 계명을 지키는 것, 이것이 사랑이라." 왜냐하면 여러분과 내가 말하는 것이 우리가 진정으로 사랑을 실천하고 최종적으로 증명하지 않기 때문입니다. 증명하는 것은 우리가 행하는 바입니다. 남편과 아내 사이의 관계에 있어서 진수가 되는 문제는 바로 이것입니다. 문제는 얼마나 기묘하게 쓰느냐, 얼마나 위대한 표현을 사용하고 사랑을 어떻게 잘 변증할 수 있느냐가 아닙니다. 그 사람의 사랑을 시험하는 시금석은 날마다의 가정생활에서의 그의 행실입니다.

그들이 결혼할 때나 밀월여행을 할 때는 그렇지 않았고 신혼 몇 개월간은 그렇지가 않았습니다. 치명적인 문제는 어려움과 시련이 닥치고 병을 앓고 중년이 되어갈 때, 또 그 이후에 그가 어떻게 하느냐에 있습니다. 처음부터 사랑이란 어떤 것인지 진정으로 인식하지 않았기 때문에 많은 사람들의 결혼생활이 파탄에 이르는 것입니다. 바울 사도가 고린도전서 13장에서 사랑을 어떻게 묘사하고 있는지를 기억해 보시기 바랍니다. 거기서 그는 사랑의 실천성을 본질적으로 강조합니다. 바울은 사랑은 그렇게 행하는 것이 아니고 이렇게 행하는 것이라고 말해 놓고는 요약해서 말하기를 "사랑은 떨어지지 않는다"고 하였습니다. 바로 그 점이 사랑의 시금석입니다. 만일 그 남자가 그 아내를 정말로 사랑하는지를 테스트하기 원한다면 그가 무어라고 말하는지를 귀담아 듣지 말고 그가 어떻게 행하는지, 그가 어떠한 사람인지를 관찰해 보시기 바랍니다. 시금석은 바로 그것입니다.

사도는 여기서 그 모든 점을 나타내고 있으며 가장 경이로운 방식으로 그 일을 하고 있습니다. "남편들아 아내 사랑하기를 그리스도께서 교회를 사랑하시고 위하여 자신을 주심같이 하라"ㅡ그것이 사랑입니다. "교회를 위해서 주님은 자신을 주셨습니다." 그러나 사도는 거기에서만 멈추지 않았습니다. "남편들아 그리스도께서 교회를 사랑하시고 위하여 자신을 주심같이 하라." "이는 곧 물로 씻어 말씀으로 깨끗하게 하사 거룩하게 하시고 자기 앞에 영광스러운 교회로 세우사 티나 주름잡힌 것이나 이런 것들이 없이 거룩하고 흠이 없게 하려 하심이라"(없게 하기 위하심이라).

우리는 그것을 조심스럽게 분석해 봅시다. 사도가 본문 가운데서 말하는 것이 세 가지인 것은 확실합니다. 교회를 향하신 주님의 사랑과 태도는 세 가지 국면에서 실천되었습니다. 첫째는 그리스도께서 교회를 위하여 이미 해 놓으신 일입니다. 그리스도께서 교회를 사랑하시고 주셨습니다. "위하여 자신을 주셨습니다." 이것이 교회를 위하여 행하신 바입니다. 물론 우리는 여기서 기독교 신앙의 핵심에 도달해 있는 것입니다. 이것이 아니고서는 교회란 없었을 것입니다. 이것이야말로 절대적으로 중요한 첫째 되는 일입니다. 이것이 초석입니다. 그래서 사도는 고린도교회에 편지하면서 "다른 터를 닦을 자가 없다"고 하였습니다. 그것이 바로 주 예수 그리스도와 그의 행하신 일입니다. 그렇기 때문에 주 예수 그리스도와 그의 십자가에 못박히심 이외에 아무것도 알지 않기로 한 것입니다.

그것이 아니었더라면 고린도에 교회란 것은 없었을 것입니다. 다른 곳에서도 마찬가지입니다. 에베소교회 장로들과 작별할 때 바울 사도가 한 말을 회상해 보시기 바랍니다. 사도행전 20장에서 그 사건의 기사를 봅니다.

바울은 이르기를 "하나님이 자기 피로 사신 교회를 치라." 그것이 그리스도와 교회, 신랑과 신부 사이의 위대한 낭만적인 부분입니다. "그리스도는 교회를 자기의 신부로 맞아들이기 전에 교회를 사야 했습니다. 여기서 사도는 교회를 전체로 취급하여 표현하였습니다. 그러나 우리가 명심하고 있어야 하고 확실히 알고 있어야 하는 것은 이 점은 모든 각개 그리스도인과 모든 교회의 성도들에게도 사실이라는 것입니다. 사도는 서슴치 않고 그 자신의 경우에서 그렇게 말합니다. 갈라디아서 2:20에서 "나를 위하여 자기 몸을 버리신 하나님의 아들"이라고 말하고 있습니다. 그리스도께서는 교회를 사랑하사 자신을 주셨습니다. 그뿐 아니라 "나를 위해서" 우리 각자 모든 사람을 위해서입니다.

사도는 바로 이 에베소서에서 위대한 주제를 소개하였습니다. 그는 1:7에서 이렇게 말합니다. "우리가 그리스도 안에서 그의 은혜의 풍성함을 따라 그의 피로 말미암아 구속 곧 죄사함을 받았느니라." 그것은 역시 2장의 대주제이기도 합니다. "그러나 이제는 전에 멀리 있던 너희가 가까워졌느니라." 어떻게 가까워졌습니까? "그리스도의 피로 말미암아서"입니다. "그는 우리의 화평이신지라 둘로 하나를 만드사 중간에 막힌 담을 허셨습니다." 바로 "그 육체 안에서"입니다. "또 십자가로 이 둘을 한 몸으로 하나님과 화목하게 하려 하심이라." 원수 된 것을 십자가로 소멸하셨습니다. 바로 이 5장에서 같은 사상을 도입하였다는 것을 숙고하고 있습니다. "그리스도께서 너희를 사랑하신 것같이 너희도 사랑 가운데서 행하라 그는 우리를 위하여 자신을 버리사 향기로운 제물과 생축으로 하나님께 드리셨느니라." 그는 그 점을 반복하여 나갑니다. 우리도 그 점을 반복해야겠습니다.

어리석은 사람들은 말하기를 "이 십자가는 내가 회개할 때만 적용되는 것이지 이제는…합니다. 아닙니다! 신자들은 이것에서 떨어져 나가서는 결코 안 됩니다. 이것은 우리가 망각해서는 안 되는 것입니다. 그것은 계속 필요한 것입니다. 십자가는 근본이요 초석일 뿐 아니라 계속되는 생활과 능력의 원천입니다. 사랑하시고 위하여 자신을 주셨습니다."

바울이 말하고 있는 것은 최상의 교리이며 그보다 더 위로 가는 것은 없습니다. 바울은 주 예수님께서 하신 일과 교회를 위하여 하신 모든 일을 말하고 있는 것입니다. 그리스도께서 교회를 사랑하시고 위하여 자신을 주셨습니다. 우리 주님은 요한복음 17장에 기록된 대제사장적 기도에서 아버지께 이 사실을 아룁니다. "아버지여 때가 이르렀사오니 아들을 영화롭게 하게 하옵소서. 아버지께서 아들에게 주신 모든 자에게 영생을 주게 하시려고 만민을 다스리는 권세를 주셨음이로다." 그들은 그의 백성이요 그의 교회입니다. "내가 비옵는 것은 세상을 위함이 아니요 내게 주신 자들을 위함이니이다."

우리는 여기서 그리스도께서는 교회를 위하여 죽으셨다는 것을 상기하게 됩니다. 우리는 절대로 이것을 놓쳐서는 안 됩니다. 그는 교회를 위하여 죽으셨습니다. 그의 다른 제자들을 위하여는 죽지 않으셨습니다. 칼빈과 다른 주석자들이 상기시켜 주는 바와 같이 그리스도의 죽으심은 그것이 영원하고 그리스도가 하나님의 아들이기 때문에 모든 세상을 위해서 충분합니다. 그러나 그것은 교회만을 위해서 유효합니다. 그리스도는 그의 죽으심으로 말미암아 교회를 구속할 것을 목적했던 것입니다. 그는 교회가 완성되고 완전해질 때 교회에 속한 모든 이들을 위해 자신을 주셨습니다. 모든 이들이 영원 전부터 하나님에게 아신 바 되었으며 아들이 오셔서 자신을 주셨습니다.

그러므로 우리가 기억해야 하는 것은 그리스도께서 이 일을 행하시지 않으셨다면 우리는 그리스도의 것일 수가 없으며, 이러한 그리스도인 생활의 유익을 하나도 누리지 못했을 것입니다. 여러분과 나는 교회에 속하기 전에 해방되고 구속되어야 합니다. 그 외에 어떠한 것도 그리스도인이 되게 하지 못합니다. 우리는 지나가면서 이 점을 스스로 상기해 보도록 하십시다. 여러분은 세상에서 가장 착한 도덕인일 수 있습니다. 그러나 그것이 여러분을 그리스도인이 되게 하지 못합니다. 결단코 그것이 그리스도의 성도가 되게 하지 못할 것입니다. 교회의 성원이 되게 하지 못합니다. 사람을 교회로 들여 놓는 유일한 것이 있습니다. 그것은 그리스도께서 자기의 피로 그 사람을 사신 것이며 그를 위해서 죽으셨다는 사실입니다. 그리고 그를 구속하신 것입니다. 이것이 참된 교회 — 눈에 보이지 않으나 참된 교회, 불가견적이고 영적인 그리스도의 몸에 가입하는 유일한 길입니다. 우리는 "그리스도의 보배로운 피"로 말미암아 구원을 받는 것입니다.

그러니 사도가 여기서 특히 크게 관심을 기울이고 있는 것은 교회를 향한 그리스도의 사랑의 위대성을 보여 주는 입장에서 진리를 강조하는 것입니다. 왜 그는 그 일을 행하셨습니까? 그리고 어떻게 그는 이 일들을 우리를 위해 하십니까? 우리는 성경의 여러 곳에서 그에 대한 대답을 얻습니다. 남편은 자기 아내를 어떻게 사랑해야 합니까? 그리스도께서 교회를 사랑하시고 위하여 자신을 주심같이 해야 합니다. 그것은 무엇을 함축하고 있습니까? 아마 그 문제에 대한 가장 훌륭한 진술은 빌립보서 2:5일 것입니다. "너희 안에 이 마음을 품으라 곧 그리스도 예수의 마음이니 그는 근본 하나님의 본체시나 하나님과 동등됨을 취할 것으로 여기지 아니하시고 오히려 자기를 비어 종의 형체를 가져 사람들과 같이 되었고 사람의 모양으로 나타나셨으매 자기를 낮추시고 죽기까지 복종하셨으니 곧 십자가에 죽으심이라." 그것은 무엇을 의미하는가? 그것은 그리스도께서 교회를 얼마나 사랑하셨으며 위하여 자신을 어떤 방식으로 주셨는가를 의미하는 것입니다.

그리스도는 자신을 생각하지 않으셨습니다. 그것이 제일의 요점입니다. "하나님과 동등됨을 취할 것으로 여기지 않으시고." 이 말씀이 의미하는 바는 그가 자기를 하나님과 동등하게 대접받아야 하는 것으로 여기지 않으셨다는 의미입니다. 그는 하나님의 영원한 아들입니다. 영원 전부터 아버지와 성령과 함께 영광을 누리던 분이셨습니다. 그러나 그것을 고수하지 않으셨고 "내가 왜 땅에 내려가야 합니까? 왜 나의 영광의 권좌를 사양해야 합니까? 왜 내가 내려가서 할퀴고 상함을 받아야 합니까?"라고도 말씀하시지 않으셨습니다. 정말 "그는 하나님과 동등됨을 취할 것으로 여기지 않으셨습니다." 그리스도께서는 그것이 나의 권리이니 전력을 기울여 고수해야만 하는 것으로 여기지 않으셨습니다. 오히려 "그는 자기를 비웠습니다." 그러나 주님은 그럴 필요가 없었습니다. 사랑의 강권 이외에는 그를 강권하는 것이 아무것도 없었습니다. 만일 주 예수 그리스도께서 자신을 생각하고 자신의 영원한 영광과 위엄을 생각하셨더라면 한 교회도 존재하지 않았을 것입니다.

만물이 그로 말미암아서 지은 바 되었습니다. 모든 천사들이 그를 경배하였습니다. 모든 큰 권세와 군왕들이 그에게 복종했습니다. 그들은 그를 성자와 영광자로 경배하였습니다. 만일 그가 "난 그럴 수 없어. 난 그것을 사양할 수 없어. 나에게 주어진 이 국면을 지니고 있어야만 해. 난 내 지위를 지켜야만 해"라고 말했더라면 그는 정반대의 일을 하셨을 것입니다. 그는 자기를 비어 사람의 모양으로 어린아이로 나셔서 사람같이 되셨습니다. 그뿐만이 아닙니다. 그는 종까지 되셨습니다. 그는 자신을 전혀 생각지 않았습니다. 만일 그가 자기 자신을 생각했다면 우리 가운데 어느 누구도 구원받지 않을 것이고 교회도 없었을 것입니다. 주님은 자기의 권리들을 말씀하지 않으셨고 그의 공로에 대해서 말씀하시지 않으셨습니다. "왜 내가 고난을 받아야 하며 왜 내가 자신을 낮추어야 하느냐?"고 말씀하시지 않으셨습니다. 그는 대가를 생각하지 않으셨고 부끄러움을 개의치 않으셨습니다. 그는 그 일에 무엇이 함축되어 있는지를 아셨고 바리새인들과 서기관들과 사두개인들과 율법사들에게서 내침을 받고 그들이 자기에게 조롱하고 돌을 던지며 침을 뱉을 줄 알고 계셨습니다. 그런 일을 받을 만한 짓을 하지 않았음에도 그 모든 것이 올 것을 아셨습니다.

그러면 왜 그 일을 행하셨습니까? 그것은 다만 교회를 위해서, 교회를 향한 그의 사랑 때문입니다. 그는 자기를 낮추시고 자기를 비웠습니다. 그는 한 생각밖에는 없었습니다. 그것이 그의 신부가 될 교회에게 선한 것이라는 생각입니다. 그리스도는 교회를 사셨고 교회 외에 아무것도 생각하시지 않으셨습니다. 자신을 생각하신 것이 아니고 교회를 위해서 "남편들이여, 너희 안에 이 마음을 품으시오!" "남편들아 아내 사랑하기를 그리스도께서 교회를 사랑하시고 위하여 자신을 주심같이 하라."

그러나 그 교훈의 깊이를 나타내기 위해서 우리가 강조해야 할 이 점에 또 다른 국면이 있습니다. 우리 주님은 우리를 위해 교회를 위해서 그 일을 행하셨습니다. 그것도 우리가 아직 죄인 되었고 경건치 않았던 자요 원수였던 때에 그 일을 행하셨습니다. 로마서 5장에서 바울은 바로 이 말씀을 인용합니다. "우리가 아직 죄인이었을 때에 기약대로 그리스도께서 경건치 않은 자를 위하여 죽으셨도다. "만일 우리가 원수 되었을 때에 그 아들의 죽으심으로 하나님과 더불어 화목되었은즉 화목된 자로서는 더욱 그의 살으심을 인하여 구원을 얻을 것이니라." 이 말씀을 주목해 보십시오. 우리는 "경건치 않은 자"였고 원수였고 죄인 되었었고 비열하였기에 우리를 내세울 만한 것이 전혀 없었습니다.

사랑의 소설을 읽어야 한다고 느끼고 신데렐라의 이야기를 즐거워하는 분은 이 점을 보십시오. 비열성과 죄와 원수 됨과 추함 속에 있는 교회를 살펴보십시오. 영광의 왕자이신 하나님의 아들은 교회가 그와 같음에도 불구하고 교회를 사랑하셨습니다. 교회를 위해 자신을 주시기까지 사랑하셨으며 교회를 위해서 죽기까지 하셨습니다. "남편들아 너희 아내 사랑하기를 그리스도께서 교회를 사랑하심같이 하라." 그리스도께서 하신 그 정도까지 하라는 것이 아닙니다. 그러나 그리스도께서는 그 모든 더러움에도 불구하고 자신을 주는 정도까지 사랑하셨습니다. 그의 피는 문자 그대로 우리를 위해 흘리신 바 되셨습니다.

사도는 이렇게 말하고 있습니다. "이 결혼 상태에 있는 너희는 피차간에 상대방에게서 싫어하는 실수와 결점과 실수로 인한 죄를 볼 때, 너희는 위엄을 부리고 정죄하고 싸우고 비평적이고 분리한다. 그 이유는 너희가 어떻게 구원받았는지를 기억하지 못하고, 너희가 어떻게 해서 그리스도인이 되었으며 교회의 성도가 되었는지 생각지 않는 단순한 사실 때문이다." 바울은 그들 결혼생활을 하는 자들에게 음미시켜 주기를 만일 그리스도께서 그들이 서로간에 하는 방식대로 그들에게 했더라면 절대로 하나의 교회도 없었을 것이라는 점입니다. "사랑은 떨어지지 아니합니다." 사랑은 모든 것에도 불구하고 사랑하기를 멈추지 않습니다. 그리스도는 그런 사랑을 가지시고 교회를 사랑하셨습니다.

다시 말씀드리지만 교리와 실천 생활을 분리하는 것만큼 나쁜 것이 어디 있습니까? 우리는 그러한 실수를 얼마나 많이 범하는지 모릅니다. 우리 중 얼마나 많은 사람들이 결혼 관계를 속죄교리의 차원에서 항상 생각해야 함을 인식했습니까? 우리 모두 남편들과 아내들이 결혼을 그런 식으로 생각해 왔습니까? 우리가 본능적으로 결혼을 생각하는 방식이 속죄교리의 차원에서입니까? 책들 가운데 어느 항목에서 결혼에 관해 말하고 있습니까? 이는 윤리학의 제목입니다. 그러나 그것은 거기에 속한 것이 아닙니다. 우리는 결혼을 반드시 속죄교리의 차원에서 숙고해야 합니다.

그리스도인들 가운데서 가장 어리석은 자들은 교리를 싫어하고 신학과 교육의 중요성을 헐뜯는 자들입니다. 그것이 그들이 왜 실천생활에서 실패하는지를 보여 주지 않습니까? 교리와 실제를 분리할 수 없습니다. 결단코 속죄교리를 단지 회심과 연구에만 한정시켜서는 안 됩니다. 그렇게 많은 그리스도인들이 밤예배에 참석지 않는 것은 무슨 이유에서입니까? 그들은 말하지요. "이 설교가 십자가에 관한 것, 용서함에 관한 것일 테니까요. 그것은 기독교생활의 초보예요. 나는 수년 전에 그리스도인이 되었어요. 그러나 그 십자가 설교는 내게 아무것도 말해 주는 것이 없어요." 어리석은 그리스도인이여! 여러분은 십자가에 관해 듣기에 지쳐 있습니까? 여러분은 그 십자가에 관해서 그렇게 많이 알고 있습니까? 여러분을 더 이상은 감동시키지 못할 정도로 속속들이 십자가를 이해하고 있단 말입니까? 그러면 이렇게 말하겠지요. "나는 지금 더 높은 교훈을 원해요. 나는 어떻게 하면 성화생활(聖化生活)을 할까에 관한 상세한 교훈을 듣고 싶은 거예요." 그 십자가가 곁에 항상 있지 않으면 성화생활은 결단코 할 수 없습니다. 또한 그것이 여러분의 모든 삶을 지배하지 않고 있으면, 여러분의 사고방식과 모든 행동에 영향을 끼치고 있지 않으면 결단코 성화생활을 영위하지 못합니다.

우리는 여기서 에베소서 하반부의 실제 생활에 관한 교훈에 이르러 있습니다. 여기서 바울은 이러한 일반적인 의문점들을 거론하고 있는 것입니다. 그러나 바로 그 문맥에서 바울은 갑자기 교회교리와 속죄교리를 들이대고 있습니다. 여러분은 십자가를 뒤로 밀쳐 놓을 수 없습니다. 여러분은 여러분에게 십자가가 단순한 시초에 불과할 만큼 장성한 그리스도인일 수 없습니다. 그것이 결혼을 파멸로 이끌고 기타 모든 일을 낭패케 하는 길입니다. 실로 "사랑은 그처럼 놀랍고 그처럼 신성하고 나의 혼과 생명과 모든 것을 요구하는 것입니다"-언제나! 나는 사랑으로 출발하고 사랑으로 일관합니다. 그리고 만일 내가 그 자리에서 떠나게 되면 그것은 나에게 비애로운 일입니다.

이상이 사도가 주장하는 첫째 요지인 그리스도의 사랑입니다. 그러나 그는 다음의 두번째 논지로 옮아갑니다. 즉, 그리스도는 이 위대한 그의 사랑 때문에 교회를 위해 계속 일을 하고 계시다는 것입니다. 바울은 그 점을 "위하여 자신을 주셨다"는 말로 표현합니다. "위하여 자신을 주심같이 하라 이는 곧 물로 씻어 말씀으로 깨끗하게 하사 거룩하게 하시고"(26절). 본문은 이 위대하고 가장 중요한 진술들 가운데서의 또 다른 면입니다. 이 26절 말씀이 두 가지 주요 기능을 갖고 있음을 주목하시기 바랍니다.

첫째는 내가 이미 말씀드렸던 바인데 그것은 주 예수 그리스도가 교회를 위해서 계속하시는 일을 생각나게 합니다. 그러나 그것은 역시 두번째 목적을 가지고 있습니다. 그것은 그리스도께서 우리에게 왜 첫째 일을 하셨는지 그 이유를 말해 줍니다. "위하여 자신을 주셨습니다." 이것이 그리스도의 목적입니다. 왜 그리스도께서는 죽으셨습니까? "물로 씻어 말씀으로 깨끗하게 하사 거룩하게 하시려고" 죽으셨습니다. 그 점이 성화교리(聖化敎理)에 관련한 교훈입니다. 속죄와 칭의가 다 여기 본문에 있고 이제는 성화가 나옵니다.

우리가 강조하고 못박는 첫째 요점은 죄사함과 정죄 및 지옥에서의 해방은 결코 그 자체로는 목적이 아니라는 점입니다. 결코 그렇게 생각해서는 안 된다는 것입니다. 그것들은 더 큰 목적에 이르는 수단입니다. 여러분은 죄사함과 칭의에서만 멈추어서는 안 됩니다.

우리는 이 본문에서 가르치고 있는 성화교리에 관해서 좀더 가까이에서 관찰해 보기로 하십시다. 첫째 원리는 칭의와 성화를 따로 받아 놓는 것만큼 전적으로 비성경적인 것은 없다는 것입니다. 그렇게 떼어놓는 이들이 많이 있습니다. 그들은 "당신은 주 예수 그리스도를 당신의 구세주로 믿을 수는 있습니다. 그러므로 당신의 죄가 사함받고 의롭다 함을 받을 것입니다. 그러나 거기서만 끝나버릴 수 있습니다"라고 말합니다. 그들은 덧붙여서 "물론 그렇게 해서는 안 되지요. 두번째 단계로 나아가야지요. 그러나 거기서 멈추는 그리스도인들이 많아요. 그들은 그리스도를 믿음으로 구원을 얻었습니다. 그리고 죄사함과 의롭다 함을 받았어요. 그러나 그들은 성화는 취하지 못하고 말았어요"라고 말하고 나서 권면하기를 "전에 의롭다 함을 받을 때처럼 성화를 취하라"고 합니다.

그러한 교리는 여기 본문 가운데서 가르쳐지고 있는 사도의 교훈과는 완전히 대치되는 것이며 전혀 비성경적입니다. 그리스도의 사랑은 단지 우리를 죄사함과 하나님 보시기에 법적으로 의롭게 되고 의롭다 함을 받는 것만을 위한 것이 아닙니다. "그는 위하여 자신을 주셨는데 그것은…위함입니다." 그것은 일련의 구원의 과정에서 시동(始動)에 불과합니다. 어떤 의미로라도 마지막 동작이 아닙니다. 거기에서만 멈출 수가 없습니다.

사도는 이 진리를 에베소교인들에게만 가르친 것이 아닙니다. 그는 전 교회에게 가르칩니다. 로마서 8:3-4에서 같은 진리를 보게 됩니다. 또한 디도서 2:14에서도 나타납니다. "그가 우리를 대신하여 자신을 주심을 모든 불법에서 우리를 구속하시고 우리를 깨끗하게 하사 선한 일에 열심하는 친백성이 되게 하려 하심이니라." 그가 우리를 위하여 자신을 주신 이유가 바로 그것입니다. 그가 우리를 용서하고 지옥에서 건져 내기만을 위한 것이 아니고 깨끗하게 하사 선한 일에 열심인 친백성이 되게 하려 한 데 그 이유가 있습니다. 우리 주님은 그의 대제사장적 기도에서 그 모든 것을 말씀하셨습니다. "또 저희를 위하여 내가 나를 거룩하게 하오니 이는 저희도 진리로 거룩함을 얻게 하려 함이니이다"(요 17:19).

칭의에서 멈추는 것은 생각에서만 잘못된 게 아닙니다. 그리스도께서 하시는 일이 그러하기 때문에 칭의에서만 멈추는 것은 불가능합니다. 그는 교회를 위해 자신을 주셨습니다. 왜냐하면 교회를 거룩하게 하고 깨끗케 하시기 위해서입니다. 그는 그 일을 하십니다. 어떤 이들이 성화를 우리가 결정하는 일로 여기고 고집부린다는 사실에서 모든 문제는 발생합니다. 그것은 성경 중 어느 곳에서도 가르쳐지지 않습니다. 성경의 교훈은 그리스도께서 그의 교훈을 위해서 심혈을 쏟으셨다는 것입니다. 그의 교회는 정죄와 비열함과 더러움 가운데 있었습니다. 주 예수 그리스도는 오셨습니다. 성육신은 일어나야 했습니다. 그는 죄 있는 육신의 모양을 하시고 오셨습니다. 자기 위에 죄를 짊어지시고 나무에 달려 자기 자신의 몸으로 교회의 죄를 담당하셨습니다. 또한 그는 심판을 받으시고 죽으셔서 속죄를 이루셨습니다. 그리고 하나님께 화해하셨습니다. 그래서 교회는 정죄로부터 구원을 받은 것입니다.

그러나 주님은 그것으로 만족하지 않으셨습니다. 그는 교회가 영광스런 교회가 되기를 원했고 그 앞에 "점도 티도 주름잡힌 것이 없는 영광스런 교회로 나타나기를" 원하십니다. 그는 첫 단계에서 멈추실 수 없습니다. 그래서 주님은 즉시 그런 운명을 위해 준비할 용의를 가지신 것입니다. 그는 교회를 계속 성화해 나갑니다. 다른 말로 해서 우리와 우리 죄를 위한 십자가에서의 그의 죽음은 이 커다란 과정에서 첫 단계에 불과했다는 것입니다. 그리고 그는 거기에서 멈추지 않습니다. 그는 교회를 위한 완전한 목적을 가지고 있습니다. 그리고 그 모든 목적을 한 단계 한 단계 이루어 나갈 것입니다.

나는 이 점을 아주 강하게 진술하려 합니다. 지난 분석에서 여러분과 나는 이 성화 문제에 대한 어떠한 기회도 갖지 못했습니다. 성화는 그리스도께서 하시는 일입니다. 그는 여러분을 위해 죽으셨습니다. 그리스도는 여러분을 성화하고 깨끗하게 하려 하시고 씻으려 하시며 기어코 해낼 것입니다. 이 점에 대해 실수하는 일이 없도록 하십시다. 만일 그가 여러분을 위해 죽으셨다면 여러분 안에서 성화의 과정을 계속해 나갈 것입니다. 그는 끝내 여러분을 완전케 할 것입니다. 이 점에 있어서 놀랄 일이 있습니다. 그러나 그것은 진수가 되는 성경적인 교훈입니다. 만일 여러분과 내가 이 교훈에 가까이 복종하지 않는다면 우리를 정결케 할 또 다른 방법을 가지고 있습니다. 주께서는 그것을 사용하실 것입니다. "주께서 사랑하시는 자를 징계하시고 그의 받으시는 아들마다 채찍질하심이라"(히 12:6). 주님께서 여러분을 더러움과 허무한 데 내버려두시지 않으실 것입니다. "나는 만사가 형통하다. 그리스도께서 나를 위해 죽으셨으니 나는 용서함을 받고 그리스도인이 되었다"라고 말하지 못하게 하십니다. 그는 그렇게 하지 못하게 할 것입니다. 그는 여러분을 사랑하시고 여러분은 그에게 속해 있습니다. 그는 여러분을 깨끗하게 하실 것입니다.

만일 여러분이 자발적으로 바른 방식으로 가지 않을 때 히브리서 19장에 나오는 연단장(演壇場)에 집어 넣습니다. 그는 모난 부분들을 제거하실 것입니다. 그리고 더러움과 비열함을 제거하실 것입니다. 그는 여러분을 씻고야 말 것입니다. 그것은 주께서 보내시는 질병을 통해서 올 수도 있습니다. 하나님께서 결코 질병을 보내시지 않는다고 말하는 "신유"(信有)는 성경을 부정하고 있는 것에 불과합니다. 그리스도는 하나의 방식으로써 징계를 하시는 것입니다. 여러분의 환경이 악하게 될 수도 있습니다. 여러분이 직장을 잃어버릴 수도 있습니다. 여러분의 친히 사랑하는 자가 죽을 수도 있습니다. 그리스도인 여러분이 그리스도에게 속해 있기 때문에, 그리스도께서 여러분을 위해 죽으셨기 때문에 그는 여러분을 완전케 할 것입니다. 어리석음으로 그를 대항하여 싸울 때 그리스도는 여러분을 녹아웃시킬 것입니다. 그리고 여러분을 깨끗케 하고 완전케 할 것입니다.

성화는 그리스도께서 하시는 일입니다. 성화는 여러분과 내가 결정할 일이 아닙니다. "그리스도께서 교회를 위하여 자신을 주셨습니다." 이는 곧 물로 씻어 깨끗하게 하시고 거룩하게 하시고 자기 앞에 영광스러운 교회로 세우사 티나 주름잡힌 것이나 이런 것들이 없이 거룩하고 흠이 없게 하기 위함입니다. 그러므로 첫째 원리로 우리가 붙잡아야 하는 성화란 것은 원초적으로 주 예수 그리스도께서 우리에 대해 행하시는 것입니다. 그는 그것을 행하시는 그의 방식을 가지고 있습니다. 물론 그것은 우리 측에서의 순종을 포함합니다. 그러나 여러분은 거기에다 첫째 강조점을 두어서는 안 되는 것입니다. 성화를 위한 결정은 우리 소관이 아닙니다. 그것은 주의 소관입니다. 그것은 창세 전에 영원 가운데서 결정된 일입니다. 그것은 그리스도의 활동 분야입니다. 그의 작업에 속하는 것입니다. 그리스도께서 우리를 위해 죽으셨기 때문에 그 일을 하시고야 말 것입니다. 전심을 다해 그를 붙잡으십시오. 그는 부름받았던 모든 자들을 저 최종적인 영원한 영광으로 인도할 것입니다. 히브리서 12장에서 말하듯이

"만일 주께서 여러분을 그런 식으로 다루지 않으신다면 여러분은 사생자요 참 아들이 아닙니다"(히 12:5-11).

이상이 사도의 교훈의 기초를 형성하고 있는 대원리입니다. 그리스도는 어떻게 그것을 효력있게 수행하십니까? "거룩하게 하신다"고 하는 말속에 대답이 있습니다. "그리스도께서 교회를 사랑하시고 위하여 자신을 주심같이 하라 이는…거룩하게 하려 하심이니라." "거룩하다"는 말은 성경에서 여러 방식으로 사용됩니다. 그러나 가장 일차적인 의미는 "하나님을 위해 구별되다"는 것임을 의미합니다. "하나님의 소유와 쓰임을 위해 따로 구별되다"는 의미입니다. 그 예로 출애굽기 19장에서 발견되는 것으로 하나님은 모세와 대면하여 십계명을 주셨는데 바로 그 산이 그런 식으로 "구별된 것입니다." 그 산이 구별되었기 때문에 "거룩한 산"이라 불려지는 것입니다. 그 산 자체는 하나님의 목적과 하나님께 쓰임을 받기 위해, 하나님께 전적으로 소유되기 위해서 구별된 것입니다. 성막의식에 사용되었던 병들이 그와 같이 성화되었습니다. 구별된 것입니다. 그 잔이나 주전자에 질료(質料)의 변화는 아무것도 없었으나 그것들이 하나님께 사용되고 그의 특별한 목적을 위해서 하나님의 전유물로 구별되었다는 것을 의미합니다. 그래서 우리는 "그의 소유된 백성"이 되는 것입니다.

이제는 이차적인 의미가 드러납니다. 그것들이 그렇게 구별되었기 때문에 그것들은 역시 "거룩하게" 된 것입니다. 여기 본문 가운데서는 이 "거룩하게 함"(성화)이란 말의 의미가 의심할 여지없이 분명합니다. 본문의 말은 첫째 의미를 전달해 주고 있습니다. "그가 교회를 거룩하게 함입니다." 그 말은 자신을 위해 구별하셨다는 의미를 지니고 있습니다. 또한 "주님의 목적을 위해 자기가 쓰시려고 자신의 기쁨을 위해 다른 모든 것과 구별하다"는 의미를 지니고 있습니다. 여기서는 그 이상의 의미를 가지고 있지는 않습니다. 왜냐하면 사도가 깨끗함이란 말을 첨가하고 성화의 두번째 의미를 보충하고 있기 때문입니다. 바울은 그것을 두 단계로 나눕니다. 여기 더러움과 비열함과 허무함에 빠진 교회가 있습니다! 그리스도는 교회를 위해 죽으셨습니다. 교회를 정죄로부터 구원하셨습니다. 교회가 "어두움의 나라에서 하나님 아들의 나라로 옮겨졌습니다"(골 1:13). 교

말하자면 세상에서 교회라는 특유하게 차지하고 있는 특별한 지위로 옮아 갔다는 것입니다.

이것은 놀라운 일입니다. 한 남자가 천인의 처녀 가운데서 한 사람에게 애정을 느끼고 사랑하게 되면 같은 일이 일어납니다. 그는 자신을 위해 그녀를 선택하고 다른 모든 여자들로부터 그녀를 선택한 것입니다. "이 여자는 나의 것이야"라고 말합니다. 그는 자신을 위해서 그녀를 원하는 것입니다. 그것은 우리 각자 모든 그리스도인에 있어서 단순한 진리입니다. 진정한 의미에 있어서의 기독 교회에 속한 자들에게는 간단한 진리입니다. 여러분은 그 점을 깨달았습니까? 하나님의 영원한 아들이신 영광의 주님은 그 자신을 위해서 우리를 구별하시고 따로 떼어놓으셨습니다. 우리가 "그의 소유된 백성"이 되기 위해서입니다. 그것을 아셨느냐는 말입니다.

나는 여러분에게 이 점을 그렇게 영광스럽게 진술하는 베드로전서 2:9을 다시 한 번 음미시켜 드려야겠습니다. 여러분은 바로 이 시점에서 여러분에게 사실적으로 해당되는 것을 아셨습니까? "오직 너희는 택하신 족속들이요 왕 같은 제사장들이요 거룩한 나라요 그의 소유된 백성이니." 우리는 완전치 못하고 죄 있는 자들입니다. 그러나 우리는 "한 무리"라는 의미에서 "거룩한 나라"입니다. 베드로는 이어서 "그의 소유된 백성이요"-그리스도의 전유(全有)된 백성이요-"이는 너희를 어두운 데서 불러내어 그의 기이한 빛에 들어가게 하신 자의 아름다운 덕을 선전하게 하려 하심이라." 바로 그것이 그리스도께서 교회를 위해서 행하신 바입니다. 그는 우리를 불러내셨습니다. 그것이 "에클레시아"(ecclesia)란 말의 한 가지 의미입니다. "불러냄을 받은 자들"(Called out ones)입니다. 우리는 세상에서 부름을 받아 이곳에 모여 이 몸, 이 그리스도를 위한 신부를 형성한 것입니다. 그런 다음에 그리스도는 우리를 다루어 나가십니다.

다른 말로 해서 다시 베드로의 말을 빌린다면 우리는 지금 "외인이요 나그네"입니다. 베드로는 그 점을 이렇게 진술합니다. "사랑하는 자들이 나그네와 행인 같은 너희를 권하노니"(벧전 2:11)라고 말합니다. 우리는 더 이상 이 세상에 속해 있지 않습니다. 우리는 세상에서 택함을 받았습니다. 그리고 이제 우리는 성화되고 구별되었습니다. 우리는 오직 여기서만 외인이요 나그네입니다. 우리는 이제 전에 속해 있던 그 영역에 속해 있지 않습니다. 사도 바울은 이미 이 모든 것을 에베소서 2장 마지막에서 말한 바 있습니다. "너희는 이제 외인도 아니요 손자도 아니요 오직 성도들과 동일한 시민이요 하나님의 권속이라." 전에는 외인이었습니다. 그러나 이제 여러분은 여기에 속해 있고 세상에 대해 외인입니다. 주님을 위해서 분리되고 구별되었습니다. 해석한다면 그것은 신부가 이제는 더 이상 전에 하던 식으로 자유롭게 행동할 수 없다는 것입니다. 그러나 그녀는 남편을 위해서 살며 남편은 신부를 위해서 삽니다. 남편은 다른 여자는 보지 않습니다. 왜냐하면 이 신부가 그 남자의 선택을 받아서 선별되고 구별된 자이기 때문입니다.

그리스도께서 교회를 그러한 식으로 보십니다. 남편은 자기 아내를 그렇게 여겨 주어야 합니다. 우리 그리스도의 신부는 우리 자신이 자유롭다고 생각해서는 안 되며 더 이상 우리 자신에게 속하지도 않습니다. 그리고 우리가 행할 바를 자신이 결정하지 못합니다. 이제 우리는 더 이상 세상에 속하지 않습니다.

나는 이 모든 문제를 질문 형식으로 끝맺으려 합니다. 나는 교회와 성도들에게 말하고 있는 것입니다. 그리고 후에 가서 남편들에게 적용해 나가기로 하겠습니다. 여기 주 예수 그리스도를 믿는 신자라고 자처하는 모든 자들과 "나는 그리스도께서 나와 나의 죄를 위해서 죽으시고 나를 구출하셨음을 믿노라"고 말하는 모든 자들에게 실제적인 질문을 주셨습니다. 그리스도께서 여러분을 구별해 내셨고 거룩하게 하고 계시다는 사실을 아셨습니까? 만일 당신이 그 사실을 인식하지 못했다면 그리스도께서 당신을 위해 죽으셨다고 하는 생각으로 자신을 속이고 어리석게 하고 있는 것입니다.

그러므로 우리가 그리스도께서 우리를 구별하셨다는 것을 알지 못하는 한 그리스도께서 우리를 위해 죽으셨다고 외치는 것은 쓸데없는 일입니다. 여러분은 더 이상 세상에 속해 있지 않으며 여러분 안에서 변화가 일어났고 감동되고 "어둠의 나라에서 하나님의 사랑하시는 아들의 나라"로 옮겨졌음을 확실하게 아셨습니까? 여기서 외인(外人)이라는 느낌이 듭니까? 여러분은 바울처럼 "우리의 시민권은 하늘에 있다"고 말할 수 있습니까?(빌 3:20) "그는 교회를 위하여 자신을 주셨습니다. 이는 그리스도 자신을 위해서 한 쪽으로 제쳐놓고 자기의 소유로 하기 위함입니다." 오, 그리스도인 됨의 특권이여! 그리스도께서 우리를 위해 죽으시고 자신을 위해 예비하신 하늘나라에 속하는 그리스도인의 특권 ─ 우리가 그리스도와 함께 누릴 영광을 위해서 세상에서 구별된 그리스도인의 특권입니다. 남편들이여, 아내를 사랑하되 그런 방법으로 사랑하십시오.

# 제 11 장

# 정결한 신부

　　남편들아 아내 사랑하기를 그리스도께서 교회를 사랑하시고 위하여 자신을 주심같이 하라 이는 곧 물로 씻어 말씀으로 깨끗하게 하사 거룩하게 하시고 자기 앞에 영광스러운 교회로 세우사 티나 주름잡힌 것이나 이런 것들이 없이 거룩하고 흠이 없게 하려 하심이니라 이와 같이 남편들도 자기 아내 사랑하기를 제 몸같이 할지니 자기 아내를 사랑하는 자는 자기를 사랑하는 것이라 누구든지 언제든지 제 육체를 미워하지 않고 오직 양육하여 보호하기를 그리스도께서 교회를 보양함과 같이 하나니 우리는 그 몸의 지체임이니라 이러므로 사람이 부모를 떠나 그 아내와 합하여 그 둘이 한 육체가 될지니 이 비밀이 크도다 내가 그리스도와 교회에 대하여 말하노라 그러나 너희도 각각 자기의 아내 사랑하기를 자기 같이 하고 아내도 그 남편을 경외하라(엡 5:25-33)

　　아내에 대한 남편의 의무에 관하여 사도의 진술을 숙고함에 있어서 우리는 교회와 우리 주님의 관계에 관련된 교훈에 관심을 집중시키고 있습니다. 우리는 교회를 위한 그의 관심과 교회에 대한 그의 자세를 알았습니다. 우리는 이러한 태도와 관심이 실제 행동에서 어떻게 표현되었는가를 강조하고 있습니다. 우리는 주께서 하신 일을 알았습니다. 그는 교회를 위해 자신을 주셨습니다. 그는 첫번째 일을 단번에 하셨습니다. 그리고 교회를 향하여 교회를 위해 무엇인가를 계속하고 있습니다.

　　우리는 또 "거룩하게 하다"는 말과 그 의미를 살펴보았습니다. 주님은 자신을 위해 교회를 따로 세워 두셨던 것입니다. 우리는 "그의 소유된 백성이요"—그 자신을 위한 소유와 그에게만 전유된 소유입니다. 또한 그의 신부입니다. 주님은 자신을 위해서 어떤 일을 하게 하기 위해 따로 세워 두셨습니다.

그로부터 우리는 지금 여기까지 이르렀습니다. 우리가 고찰해 본 다음 말은 "깨끗하게 하다"는 말입니다. "이는 곧 물로 씻어 말씀으로 깨끗하게 하사 거룩하게 하시고." 이 "깨끗하게 하다"는 말로써 우리가 정상적으로 성화로 부르고 있는 정결케 함의 개념이 실제로 들어옵니다.

여기서 우리는 더 "깨끗하게 하다"는 말의 충분한 내용을 유의하여 주시해야만 합니다. 그 말의 의미를 단순하게 우리의 죄책으로부터 빚어지는 것에만 한정시키는 자들이 있습니다. 그러나 그것만으로는 충분치 않음이 분명합니다. 우리는 이미 주께서 교회를 위해서 자신을 주셨고 교회를 구별하셨다는 진술 가운데서 그러한 국면을 발견했었습니다. 그 말 속에 우리가 직책으로부터 구출을 받았다고 하는 개념을 함축하고 있습니다. 그러나 나는 이 "깨끗하게 하다"는 말 속에 그 개념을 포함시키기를 원하는 사람과 다투겠다고 나서는 것은 아닙니다. 분명히 그리스도는 우리의 죄책에서 우리를 깨끗하게 하셨습니다. 그러나 이 말은 우리에게 더욱더 넓은 의미를 가져다 줍니다. 나는 그것이 견해상의 문제만은 아님을 증명할 수 있다고 생각합니다. 깨끗하게 됨이 "물로 씻어 말씀으로…"된다는 것을 덧붙이는 것을 보면 그것이 계속적으로 이루어 나가는 과정이라는 것을 증명해 주고 있습니다. 죄책에서 깨끗하게 되는 것은 단번에 이루어지는 것입니다. 그 일은 단회적인 행동입니다. 그러나 계속적인 역사가 있습니다.

"이는 물로 씻어 말씀으로 깨끗하게 하려 하심이라." 이 진술은 그것이 단순히 죄책을 제거하는 문제가 아니라는 것을 보여 줍니다. 그러나 27절이 이 문제를 더욱더 적극적으로 못박아 놓습니다. "자기 앞에 영광스런 교회로 세우사 티나 주름잡힌 것이나 이런 것들이 없이 거룩하고 흠이 없게 하려 하심이니라." 이 말씀들은 그리스도의 궁극적인 목적을 규정지어 줍니다. 즉, 교회가 죄책으로부터 구원받을 뿐 아니라, 교회는 모든 형태의 죄로부터 완전하게 구원되어야 하는 궁극적인 목적을 말하는 것입니다. 토플래디(Toplady)가 이 사상을 다음과 같이 표현한 것은 완벽에 가깝습니다.

죄로부터 나를 거듭 치료하소서.
죄책과 죄의 능력에게서 깨끗이 하소서.

　신약성경은 죄책에서만 멈추지 않습니다. 역시 죄의 세력에서 깨끗하게 되는 이 개념으로 항상 나갑니다. 이 깨끗하게 됨은 죄책에서뿐 아니라 죄의 세력과 죄의 오염에도 해당됩니다. 바로 이 세번째 국면인 죄의 오염에 대한 것이 아주 흔하게 망각됩니다. 여러분은 많은 복음 전도집회에서 소위 그들의 "기본적인 믿음"이란 것의 죄의 세력은 언급하나 죄의 오염은 말하지 않는다는 것을 발견하게 될 것입니다. 여러 방면에서 보면 타락에 있어서 가장 가공할 일은 타락이 우리의 본성을 오염시켰다고 하는 점입니다. 죄는 우리의 오염된 본성 때문에 우리 안에서 매우 크게 세력을 부리고 있습니다. 이것은 로마서 7장 가운데서 아주 생생하게 묘사되고 있습니다. 바울은 말합니다. "내 속 곧 내 육신에 선한 것이 거하지 아니하는 줄을 아노니." 이제 그것이 오염입니다. 그것은 세력이 아닙니다. 그 오염이 세력을 가져오는 것이지요. 그러나 그것은 타락으로 인해 우리의 본성이 오염되고 손상되어 더럽혀져 있기 때문입니다. 그러므로 우리는 죄책에서뿐만이 아니고 죄의 세력에서도, 특히 죄의 가공할 오염에서도 깨끗해질 필요가 있습니다.
　죄가 인간 본성의 전반에 걸쳐 침투해 들어왔습니다. 우리의 본성들이 비열해지고 꼬이고 뒤틀렸습니다. 우리가 모두 본성적으로 그렇게 되어 있다는 것을 인식하는 것이 얼마나 중대한 것인지! 그것은 우리가 본질상 중성(中性)이라는 의미도 아니고, 외부로부터 유혹을 받는다는 것도 아닙니다. 우리는 "죄 가운데서" 태어났습니다. 우리는 불법하게 모양지 워졌습니다. "나의 모친이 죄중에서 나를 잉태하였나이다"(시 51:5). 이것은 성경의 가르침입니다.
　사도는 이 사실을 "우리가 본질상 죄와 허물로 죽었던 우리"라고 한 2장 처음의 진술들 가운데서 이미 명백하게 진술하였습니다. 또한 바울은

"육신과 마음의 정욕"에 관해서 말하고 있습니다. 이 표현은 "내 지체 안에 있는 법"을 다르게 묘사한 것입니다. 그것은 하나의 능력입니다. 또한 그것은 감염력입니다. 내가 말씀드렸듯이 그것은 하나의 오염입니다. 그것은 흘러가는 과정에서 오염된 것이라기보다는 원천에서부터 오염된 시냇물과 같은 것입니다. 우리가 주님에 의해서 주님 자신에게 "흠이나 티나 주름잡힌 것이나 이런 것들이 없는 교회로 나타나기 전에 먼저 깨끗이 씻어져야 하는 것이 있습니다.

그러므로 문제는 우리를 위한 이것이 어떻게 완성되는가입니다. 사도는 그 일이 "물로 씻어 말씀으로 깨끗하게 함으로" 이루어진다고 말합니다. 여기서 우리는 중요하고 아주 난해한 구절을 대하게 됩니다. 그러므로 흔하게 오해되고 잘못 해석된 구절이었습니다. 소위 "세례 중생"이라 칭하는 교훈이 가르쳐 주고 있는 것으로 아는 사람들이 많이 있습니다. 다시 말해서 우리가 세례에 의해서 우리의 죄로부터 완전하게 구출되고 깨끗해진다고 하는 교훈입니다.

그 교훈은 1세기에 교회로 슬며시 들어온 오류입니다. 이 교훈은 로마 카톨릭이나 다른 형태의 카톨릭교회에서 오늘에 이르기까지 가르쳐지고 있는 오류입니다. 나는 그 모든 문제 속으로 들어가지 않으려고 합니다. 왜냐하면 내가 볼 때 그것은 겉으로 나타난 대로 자연스럽게 생각하였더라면 억측을 부리지 않아도 될 의미의 그 말씀에 너무 심한 억지 해석을 부과했기 때문입니다. 물론 그 해석은 교권(敎權)을 가졌던 사람의 관심들 가운데서 들어온 것입니다.

아직도 그렇게 가르치고 있는 모든 사람들은 어떠한 형태의 카톨릭주의이든 간에 같은 오류를 범하고 있는 것입니다. 여기서의 요점은 세례가 베풀어지는 곳에서 어떤 마술적인 작용도, 사용되는 특별한 형식이 아닙니다. 어떤 이들은 문제는 유아에게 세례를 주고 있는 사람에 의해서 말해지는 말씀이라고 주장함으로써 후자를 강조했습니다. 또한 그들은 형식이 효력적인 능력을 공급한다고 주장합니다. 그것은 사제(司祭)주의에 불과하며 사제제도를 치켜 올리는 방법이기에 아무것도 아닙니다.

그러면 이 말씀은 무어라고 가르칩니까? 여기 본문 가운데서 세례의 행동과 사실을 언급하는 것만은 확실합니다. 물론 그것은 놀랄 일이 아닙니다. 왜냐하면 여기 본문은 전에 이교도였던 사람들을 다루고 있기 때문입니다. 그들은 복음을 들어 믿었고 교회로 들어오기 전에 그들은 세례를 받아야 했습니다. 세례를 받았기 때문에 기독 교회의 일원으로 받아들여진 것입니다. 그러므로 세례는 이 깨끗함과 한 영역에서 구출되어 다른 영역으로 "옮아가는 것"을 대표해 주는 향로로써 그들의 마음속에 강한 인상을 받고 있었던 것입니다. 그래서 바울은 고린도교회에 보내는 서신에서 그 점을 진술했던 것입니다. "불의한 자가 하나님의 나라를 유업으로 받지 못할 줄을 알지 못하느냐 미혹을 받지 말라 음란하는 자나 우상 숭배하는자나 남색하는 자나 도적이나 탐람하는 자나 술 취하는 자나 후욕하는 자나 토색하는 자들은 하나님의 나라를 유업으로 받지 못하리라 너희 중에 이와 같은 자들이 있더니 주 예수 그리스도의 이름과 우리 하나님의 성령 안에서 씻음과 거룩함과 의롭다 하심을 얻었느니라"(고전 6:9-11). 이 말씀 가운데에서 같은 "씻음"의 사상이 사용되고 있습니다. 바울은 말합니다. "저희가 전에는 그러했다. 이젠 더 이상 그런 조건에 있지 않고 교회의 성도들이다. 너희는 씻음을 받았느니라." 세례의 목적 중 하나는 그런 변화를 표증해 주는 것입니다.

사도 베드로는 같은 사상을 그의 전서 3:20 이하에서 매우 많이 나타내고 있습니다. 그는 옥에 있는 영(靈)들에 관해서 언급하고 있습니다. "그들은 전에 노아의 날 방주 예비할 동안 하나님이 오래 참고 기다리실 때에 순종치 아니하던 자들이라 방주에서 물로 말미암아 구원을 얻은 자가 몇 명뿐이니 겨우 여덟 명이라 물은 예수 그리스도의 부활하심으로 말미암아 이제 너희를 구원하는 표니 곧 세례라 육체의 더러운 것을 제하여 버림이 아니요 오직 선한 양심이 하나님을 향하여 찾아가는 것이라 저는 하늘에 오르사 하나님 우편에 계시니 천사들과 권세들과 능력들이 저에게 순복하느니라."

아주 명백한 것은 우리가 살펴보고 있는 에베소서의 본문 가운데 나타나는 사상이 이 말씀 가운데 있다는 것입니다. 세례는 하나의 표(標)요, 우리 주 예수 그리스도께서 성화의 과정 중에서 우리를 위해서 하시는 일에 대한 상징적인 방식으로 나타낸 표입니다. 그러므로 세례의 목적은 그것을 나타내며 그것을 우리에게 인쳐 주며 우리의 마음과 심령 속에 인쳐 주는 데 있습니다. 그 이상 가지 않습니다. 세례는 그 자체로서는 아무것도 아닙니다. 단지 세례 받는다는 것 자체가 우리를 그처럼 변화시키지 않습니다. 변화시킨다고 주장하는 것은 거짓된 성례 사상입니다. 로마 카톨릭이나 그 밖에 모든 카톨릭교회의 교훈이 사용하는 전문적인 용구는 성례가 역사하여 효과적인 "외형의 작용"(exopere operato)을 한다는 것입니다. 다시 말해서 성례 그 자체가 그 성례를 받는 자측의 어떤 행동에도 상관없이 역사한다는 것입니다. 세례 행위 그 자체가 어린아이나 어른을 중생시킨다는 것이지요.

성경에 그런 가르침은 없습니다. "무엇 때문에 주는 표증과 같은" 것입니까? 그것은 극적인 표현입니다. 물론 그것은 최후만찬 석상의 주님의 말씀과도 일치합니다. 우리는 떡이 그리스도 몸 자체로 변화된다고 믿지 않습니다. 그것은 하나의 표입니다. 사실상 우리 주님은 이렇게 말씀하고 계시는 셈입니다. 이 떡을 보라. 너희가 그것을 먹을 때에 그것으로 나를 생각하도록 하고 내 찢긴 몸을 나타내고 기념하도록 하라. 포도주도 마찬가지다. "이 잔은 새 언약이니." 이상이 포도주가 피로 변화된다고 주장하는 로마 카톨릭에 대한 우리의 답변입니다. 그들은 주장하기를 우리는 이 말을 문자 그대로 받아들여야 한다고 합니다. 좋습니다. 그것을 문자 그대로 받아들인다면 왜 우리 주님께서 "이 잔"이라 하셨습니까? 그는 "이 포도주"라 하지 않았습니다. "이 잔은 피로 세우는 새 언약이니." 주님은 그것이 단순히 기념적이고 상징적이라는 것을 증명하고 있습니다.

세례도 같습니다. 세례는 무엇을 나타냅니까? 명백한 것은 세례는 우리가 죄책에서 벗어난 것을 표시해 주고 있습니다. 우리가 전에는 죄인들이요, 죄 가운데서 하나님의 진노 아래 있었습니다. 이제 주 예수 그리스도를 믿음으로 그가 우리를 위해 하신 일로 말미암아 죄로부터 구원을 받았습니다. 세례는 그 구원을 상기시켜 줍니다.

둘째로 그것은 우리로 하여금 죄의 오염과 능력에서 깨끗함을 받고 있다는 사실을 생각케 합니다. 그것이 일종의 "씻음"이요, 깨끗하게 하는 과정을 상징적으로 나타내 주는 것입니다. 그것은 역시 그 사상을 포함합니다.

　셋째로 세례는 우리가 성령에 의해서 그리스도에게 세례되고 있다는 전체 개념을 뚜렷하게 해 줍니다. 여러분은 바울이 고린도전서 10장에서 이스라엘 사람들이 모세에게 속하여 "구름"에서 세례를 받았다고 하는 말을 기억하실 것입니다. 이스라엘 사람들이 구름 속으로 끌려 올라간 것이 아니라 구름이 그들 위에 드리워 있었습니다. 같은 방식으로 세례는 우리가 성령으로 말미암아 그리스도에게 세례를 받는다고 하는 사실을 나타냅니다. 그 점이 바울이 본문 가운데서 말하는 전체 사상, 즉 우리와 그리스도와의 연합입니다. 바울은 "우리가 그의 몸과 뼈와 살의 지체라고 말합니다. 그러면 어떻게 해서 그리됩니까? 우리가 한 성령으로 말미암아 그리스도에게 세례를 받았기 때문에 그렇게 되는 것입니다. 세례는 역시 그 점을 나타냅니다. 그래서 본문 가운데 세례라는 말이 나와 있는 것이지요. 세례는 사도가 이 본문에서 그렇게 유별나게 강조하고 있는 세 가지 일에 대한 외적인 상징적 표입니다.

　명백한 것은 바울이 여기 본문 가운데서 그리스도가 교회를 얼마나 깨끗하게 하고 있으며, 자신을 위해 교회를 어떻게 준비하고 있는가를 우리에게 보여 줄 것을 주요한 목표로 하고 있다는 것입니다. 그리고 그 일은 성령을 통해서 하신다고 하는 것을 보여 주고자 하는 데 있었던 것입니다. 우리 주님이 요단강에서 자신의 세례를 위해서 계실 때 성령께서 비둘기의 모양으로 그리스도에게 내려오셨다고 하는 것은 분명히 우발적인 것이 아닙니다. 그러므로 우리는 세례를 받을 때 언제나 성령이 우리에게 임하사 그리스도로 세례를 받게 하고 성화의 과정을 착수하신다고 하는 것을 생각하고 있어야 하는 것입니다.

　그 구절의 주요 용어들을 숙고하는 것은 이쯤 해두겠습니다. "물로 씻는다"는 구절은 매우 난해한 구절이며, 언제나 많은 논란을 야기시켜 왔습니다. 그러나 사실상 본문에서 중요한 용어는 말씀이란 단어입니다. "이는 물로 씻어 말씀으로 깨끗하게 하려 하심이라"이나 혹 어구의 순서를 바꾸는 것이 여러분에게 도움이 된다면, "이는 말씀으로 인하여 둘로 씻어 깨끗케 하려 하심이라." "말씀으로"란 표현은 사활을 좌우하는 것입니다. 그 말은 "깨끗하게 하다"는 말에 걸리는 말입니다. 세례에 그것에 대한 표가 있습니다. 그러나 그것은 표(標) 이상입니다. 성화에 대한 진정한 사역은 말씀으로 혹은 말씀을 통하여 이루어지며, 성령은 말씀을 방편으로 하여 사역을 우리 안에서 행하십니다. 이는 그리스도인들이 포착해야 하고 이해해야 할 가장 중요한 진리입니다. 우리를 깨끗게 하는 데 있어서 성령에 의해 사용되는 방편은 "말씀"(the Word)입니다.

이것은 성화와 거룩에 대한 신약의 중요한 교훈입니다. 그 일은 성령께서 말씀을 사용하심으로 말미암아 우리 안에서 일어나는 것입니다. 우리는 이 성화가 하나의 과정이라고 하는 사실을 강조하도록 합시다. 우리가 모든 흠과 티와 그러한 것들로부터 벗어날 때까지 점진적으로 깨끗하게 되는 것입니다. 모든 흠에서 자유롭게 되어 완전히 거룩하게 될 것이기 때문입니다. 그리스도인에게 있어서 하나의 사실은 그가 구원받은 사람이기는 하지만 그가 여전히 그의 죄 가운데 남아 있다고 가르치는 사람들이 있습니다. 그가 "그리스도 안에 거하는" 동안에는 죄를 짓지 않게 될 것이나 죄의 오염에 관해서는 아무런 변화도 없다는 것입니다. 그가 죽을 때에만 그것은 처리될 뿐이라는 것입니다. 그러나 이 교훈에 비춰볼 때 그 주장은 분명히 그릇된 것입니다.

우리는 여기서 깨끗케 하신 과정에 대해서 읽습니다. 한 사람이 그리스도인의 생활을 계속해 나갈 때 그 안에 있는 죄의 오염이 갈수록 적어져야 합니다. 그는 이 과정이 계속됨에 따라서 점차적으로 성화되고 있어야 하는 것입니다. 이는 단순히 죄의 세력을 저항할 수 있게 되어 있는 것만이 아닙니다. 그는 죄의 오염으로부터 깨끗함을 받고 있는 것입니다. 그는 점점 그가 당할 더 이상 나무랄 데 없게 될 완벽한 상태로 인도되고 있는 것입니다. 이것은 말씀을 방편으로 해서 이루어지는 것입니다. "말씀으로 깨끗하게 하사." 우리가 반드시 고수해야 할 대원리는 우리 안에서의 성령의 공작은 일반적으로 말씀으로 인하여 말씀을 통하여 일어납니다. 그렇기 때문에 성령과 말씀을 따로 떼어놓는 것은 항상 위험합니다. 많은 사람들이 그렇게 합니다.

흔히 극히 지나쳤습니다. 퀘이커(Quaker)라 부르는 사람들이 기독교 신앙에서 사실상 이탈한 것은 바로 이런 일로 기인한 것입니다. 그들은 "내적 광명"을 너무 강조하던 나머지 말씀을 무시해 버렸습니다. 그들은 말씀은 문제가 아니라는 투로 말합니다. 문제는 "내적 광명"이라는 것입니다. 그래서 신약의 교리에서 떨어져 나와서 주 예수 그리스도가 그들의 체제에 그렇게 필연적으로 필요한 것은 아니라고 하는 지점까지 이르렀던 것입니다.

성령을 말씀에서 분리시킬 정도로 지나치게 강조했던 사람들이 있습니다. 그들은 가르침을 받기 원치 않으며 교훈을 원치 않습니다. 그들은 느낌과 분위기와 체험 속에서 살아갑니다. 결국은 "믿음의 파선"뿐 아니라 큰 부도덕과 무절제와 실수를 저지르게 하는 환상에 사로잡히게 됩니다. 말씀은 성령에 의해 주어졌고 성령은 그 자신의 말씀을 사용하십니다.

말씀은 성령이 사용하시는 도구입니다. 나는 성령께서 우리에게 직접 말씀할 수 있다는 것을 부인하고 있지는 않습니다. 그러나 그것은 예외입니다. 더 나아가 나는 이렇게까지 주장합니다. 우리 안에 계신 성령의 역사라고 생각할 수 있는 어떤 것이든지 말씀으로 재어보아야 합니다. 성령은 결코 그 자신의 말씀과 어긋나는 일은 하지 않습니다. 그러므로 "영들을 시험해 보라", "영들을 분별해 보라"고 우리에게 말하는 것입니다. 모든 영과 정신들이 다 하나님의 것은 아닙니다. 그러므로 어떤 특정한 영에 대한 증명과 시험을 필요로 합니다. 그러한 증거를 제공하는 것이 무엇입니까? 말씀입니다. 그러므로 이 역사는 성령에 의해 행해집니다. 그러나 그것은 말씀을 통해서 말씀으로 말미암아 이루어집니다.

나는 이것이 그렇게 중차대한 것이기 때문에 이 점을 더욱더 확고히 해두려 합니다. 신자 안에 행하시는 거의 모든 역사를 보여 주는 것은 말씀을 방편으로 해서입니다.

이제 중생부터 알아보십시다. 야고보는 그것을 이렇게 표시합니다. "그러므로 모든 더러운 것과 넘치는 악을 내어 버리고 능히 너희 영혼을 구원할 바 마음에 심긴 도(말씀)를 온유함으로 받으라"(약 1:21). 다시 야고보는 "그가 그 조물 중에 우리로 한 첫 열매가 되게 하시려고 자기의 뜻을 좇아 진리의 말씀으로 우리를 낳으셨느니라"(약 1:18). 베드로도 같은 것을 말합니다. "너희가 거듭난 것이 썩어진 씨로 될 것이 아니요 썩지 아니할 씨로 된 것이니 하나님의 살아 있고 항상 있는 말씀으로 되었느니라"(벧전 1:23).

거듭난 것은 성령의 역사입니다. "거듭난 것이 썩어질 씨로가 아니라 하나님의 살아 있고 항상 있는 말씀으로 되었느니라." 우리에게 이 새생명을 준 것은 성령에 의해서 사용된 말씀입니다. 바울은 데살로니가전서 2:13에서 "이러므로 우리가 하나님께 쉬지 않고 감사함은 너희가 우리에게 들은 바 하나님의 말씀을 받을 때에 사람의 말로 아니하고 하나님의 말씀으로 받음이니 진실로 그러하다. 이 말씀이 또한 너희 믿는 자 속에서 역사하느니라." 이 말씀은 믿는 우리 안에서 효과적으로 일하십니다. 그것은 우리를 영원한 생명으로 인도합니다. 또한 그것은 우리 안에서 계속 효과적으로 역사하십니다. "두렵고 떨림으로 너희 구원을 이루라 너희 속에 소원을 두고 행하시는 하나님이시니"(빌 2:12-13). 하나님은 그 일을 어떻게 행하십니까? 말씀으로 말미암습니다.

본질적으로 이와 같은 것에 대해 몇 가지 예를 더 들려고 합니다. 우리 주님이 친히 이 점을 아주 분명하고 뚜렷하게 가르치셨습니다. 요한복음 8장에 보면, 어느 날 주님이 전도를 하고 계셨는데 주님의 말씀을 듣고서 많은 사람들이 그를 믿었다고 하는 기록을 대하게 됩니다. 31절에 "예수께서 자기를 믿는 유대인들에게 이르시되 너희가 내 말에 거하면 참내 제자가 되고 진리를 알지니 진리가 너희를 자유케 하리라." 여기서 거하면이란 말은, "계속적으로 말씀에 거한다"는 것을 뜻하는 것입니다. 만일 그렇게 한다면 "진리가 그들을 자유케 하리라"는 것입니다.

다시 요한복음 15:3의 말씀을 들어보십시오. "너희는 내가 일러준 말로 이미 깨끗하였다." 깨끗케 하는 것은 말씀입니다. 요한복음 17장 속에서도 그에 대한 두 가지 실례가 있습니다. 하나는 17절 "저희를 진리로 거룩하게 하소서 아버지의 말씀은 진리니이다." 그는 세상에 있는 자기 제자들을 떠나려는데 원수는 달려듭니다. 내가 비옵는 것은 저희를 세상에서 데려가시기를 위함이 아니요, 오직 악에 빠지지 않게 보전하시기를 위함이니이다. "당신의 진리로 거룩하게 하소서." 다시 주님께서 "또 저희를 위하여 내가 나를 거룩하게 하오니." 주님은 지금 십자가의 죽음에 자신을 내 주실 것을 말씀하고 계십니다. 왜 그는 그렇게 하시려 합니까? "저희도 진리로 거룩함을 얻게 하고저 함이니라." 이것은 신약성경 어디에서나 가르쳐 주는 대원리입니다. 그리스도는 그가 보내신 성령의 역사를 통해서 교회를 깨끗하게 하십니다. 성령은 그 일을 하시는 데 있어서 이 말씀을 사용하시는 것입니다.

그러나 우리는 이 중차대한 질문, 성령이 사용하시는 이 말씀은 무엇인가라는 문제를 마무리지으려 합니다. 우리는 이 "말씀"을 방편으로 해서 거룩하게 되어야 합니다. 거룩하게라는 말씀은 무엇입니까? 죄의 세력과 오염으로부터 우리를 점진적으로 거룩하게 하고 구원해 주는 교훈은 무엇입니까? 이 성화의 교리에 대한 전반적인 문제에 있어서 진수가 되는 중요한 요점이 여기에 있습니다.

왜냐하면 성화에 대한 메시지를 축소시키고 그것을 성화에 관한 특수한 교훈이나 식사(式辭)에 한정시키는 것이기 때문입니다. 성화란 아주 단순한 (그들의 말로) 것이라고 주장하는 사람들이 있는데, 그들은 아주 단순하다고 하는 성화와 거룩함과 관련한 한 특수한 메시지를 가지고 외칩니다. 그들은 사실 이렇게 말하는 데까지 이르는 것입니다. "신뢰하고 복종하라." "하나님으로 하여금 하시게 하라." 이것이 성화에 관한 성경의 교훈이라는 것이지요. 그러므로 여러분은 그들이 일반적으로 말하는 것이 아니고 아주 빈번하게 구약의 어떤 이야기 속에서 그들의 교훈을 전하는 것을 발견할 것입니다. 그것도 그들의 상상을 마음대로 펼 수 있는 스토리 속에서입니다. 그들은 이 공식, 그들이 말하는 대로 성화에 관한 간단한 공식을 표현하는 것에만 마음이 쏠려 있습니다. 그것은 아주 간단합니다. 여러분은 갈등을 일으키는 것과 투쟁하기를 그치고 "신뢰하고 복종하기만 하면 됩니다. 여러분은 믿음으로 그것을 받습니다. 여러분은 그것을 얻었고 앞으로 계속 가지고 있으리라고 믿으십시오." 그들은 더 이상 말할 것이나 할 일이 없다고 주장합니다.

그러나 그것이 말씀을 대하는 올바른 태도입니까? 그것이 우리를 성화로 이끄는 "말씀"입니까? 성경 어디에서 여러분이 고안한 성화가 그처럼 어떤 "공식"(公式)으로 단순하게 표현된 적이 있습니까? 구약의 다양한 설화 속에서 이 단순한 과정에 대한 충분한 실례들이 있습니까? 분명히 그 주장은 성경의 가르침을 못쓰게 만드는 것입니까? 우리에게 성화를 가르치고 거룩하게 하는 말씀은 무엇입니까? 물론 대답은 전체 성경이요, 성경에서 발견하는 모든 진리입니다. 혹은 신약의 서신들이 다 해당됩니다. 왜 사도 바울은 이 에베소서를 썼습니까? 그것은 에베소교인들의 성화가 촉진되기 위해서입니다. 그들은 1장에서 말한 것과 같이 진리를 믿었습니다.

그러나 바울은 그들이 은혜 안에서 자라고 발전하여 죄를 제거하기를 바랍니다. 죄책과 그 세력, 그리고 죄의 오염 가운데서 벗어나기를 바라는 것입니다. 그는 에베소교인들이 완전해지고 거룩하게 되어 흠도 티도 전혀 없게 되는 것이 목표라는 것을 알기 원합니다. 그리고 그들은 이 과정을 치러야 하는 것입니다. 이 에베소서 자체는 성화에 관한 것입니다. 이것이 "말씀"입니다. 아주 간단하고 "그것이다"고 단정할 만한 "아주 간단한" 어떤 작은 공식이 아닙니다. 천만에요! 이 서신에서 보는 모든 말씀으로 들어가야 합니다. 다시 말해서 우리가 거룩함을 받는 방법인 말씀은 모든 성경적인 교훈입니다. 특별히 그것은 전체 성경을 꿰뚫고 가르쳐지고 있는 모든 위대한 교리들입니다. 이 점을 깨달을 때에야 비로소 성화와 거룩에 대한 교훈을 하나의 아주 작은 공식에 한정시키고 축수시키는 그 다른 주장이 얼마나 성경을 무시하고 있는가를 알 수 있습니다.

성령께서 우리를 거룩하게 하는 방편인 "말씀"은 무엇입니까? 맨 먼저 그것은 하나님에 관한 말씀입니다. 여러분이 성화를 가르치고 있을 때 사람에게서부터 출발하지 마십시오. 그러나 그것이 얼마나 일반적인 일입니까? 그렇지 않습니까? 그런 사람들은 말하지요. 당신의 삶에 있어서 어떤 실패가 있습니까? 불행합니까? 여러분은 패배하는 생활을 하고 있습니까? 그들은 그것부터 시작합니다. 그들은 말하기를, "자, 당신네들은 이 모든 고통에서 구출될 수 있습니다. 다만 여러분이 할 일은 그 문제를 넘겨 주는 일입니다. 다만 그것을 주님께 맡기십시오. 그러면 주께서 당신들을 거기서 건져 내실 것입니다. 거기서 여러분을 끌어 내시는 데 오직 당신들이 할 일은 그 안에서 거하는 것입니다. 그러면 여러분을 바르게 지켜 주실 것입니다." 이것이 그렇게 많은 성화와 거룩을 가르치는 전형적인 투입니다. "어떻게 하면 난 더 행복할 수 있을까?" "행복한 그리스도인의 삶의 비결" 등등 사람에게서 시작하고 사람의 문제부터 꺼냅니다. 그러나 성화에 대한 성경의 가르침은 그렇지가 않습니다.

그리고 성경은 성화에 대해서 어떻게 가르칩니까? 먼저 하나님의 얼굴을 우러러보기부터 하십시오! 사람에게서 시작하지 마십시오. 여러분은 하나님께로부터 시작하십시오. 성화에 대해 단순하게 하나님의 존재와 본질 그리고 하나님의 속성에 관한 교리를 가르치는 것보다 더 확실한 교육 방법이 없습니다. 여러분 자신이나 자신의 문제 또는 필요로부터 시작하지 마시고 하나님에게서 시작하십시오. 여러분의 욕구로부터 시작하지 말고 전능자로부터 시작하십시오. "거룩, 거룩, 전능하신 주여!"

그것만큼 성화를 촉진하는 것이 있습니까? 성경은 이 교훈으로 가득 차 있습니다. 이사야 6장에 기록된 이사야 선지의 소명(召命)에 관한 대진술을 상기해 보시기 바랍니다. "웃시야 왕의 죽던 해에 내가 본즉 주께서 높이 들린 보좌에 앉으셨는데 그 옷자락은 성전에 가득하였고 스랍들은 모셔 섰는데 각기 여섯 날개가 있어 그 둘로는 그 얼굴을 가리었고 그 둘로는 발을 가리었고 그 둘로는 날며 서로 창화하여 가로되 거룩하다 거룩하다 거룩하다 만군의 여호와여 그 영광이 온 땅에 충만하도다 이같이 창화하는 자의 소리로 인하여 문지방의 터가 요동하며 집에 연기가 충만한지라 그때에 내가 말하되 화로다 나 망하게 되었도다 나는 입술이 부정한 사람이요 입술이 부정한 백성 중에 거하면서 만군의 여호와이신 왕을 뵈었음이로다." 이렇습니다. 성경이 거룩과 성화를 가르치는 방식은 이렇습니다. 왜 우리가 이 모양입니까? 왜 우리의 삶 속에 그처럼 많은 실패와 죄가 있습니까? 대답은 그 말씀 가운데서 발견됩니다. 이는 우리가 하나님을 알지 못하고 있다는 것입니다. 우리 주님은 말씀하시기를 "거룩하신 아버지를 알지 못하여도 나는 아버지를 알았삽나이다." "아, 그들이 아버지를 알았더라면 그들이 지금 그렇게 살고 있지는 않을 것이니이다.

그러나 그들은 아버지를 알지 못하나이다."

그들은 하나님에 관해서 말하고 변론하지만 그들이 아버지를 알지 못하나이다! "거룩하신 아버지여 세상이 아버지를 알지 못합니다!" 우리 그리스도인들에게조차 하나님을 알지 못하는 고통이 있습니다. 여러분의 방식을 잊어버리라, 여러분 자신과 여러분을 괴롭히고 넘어뜨리는 것들을 생각지 마십시오. 그것이 여러분의 문제가 아닙니다. 바로 여러분의 본성이 오염되어 있습니다. 그 특별한 문제를 해결한 뒤에야 당신은 다른 문제를 만나야 합니다. 요는 우리가 하나님을 알지 못하는 것이 문제입니다. 가장 거룩했던 사람들은 하나님을 믿고 하나님의 얼굴을 보았던 자들입니다. 먼저 우리가 필요로 하는 것은 어떤 체험이 아닙니다. 하나님에 대한 지식, 그의 영광, 그의 형용할 수 없는 거룩함, 어디나 계심 등을 아는 것이 선결 문제입니다.

우리가 무슨 일을 하는 자들이든지 우리가 무엇을 하든지 간에 하나님이 우리를 보고 계시다는 것을 깨닫기만 한다면 우리의 삶이 변화될 것입니다. 그러므로 우리 주님께서 언급하시는 "말씀"이 성경은 하나님, "거룩하신 아버지"에 관한 말씀입니다.

거룩에 관한 신약의 교훈이 그러합니다. 먼저 이 제일 되고 핵심적이고 중추적인 교회로부터 출발하시기 바랍니다. 그것은 이사야서에만 나오지 않습니다. 에스겔서도 이와 같은 것을 보여 줍니다. 그는 하나님에 대한 환상을 보고 깨끗치 못함을 느끼고 엎드러지게 되었습니다. 욥은 하나님에 관해 많은 것을 말하고 비평했습니다. 그러나 그가 하나님의 영광을 볼 때 "내 눈이 주를 뵈었나이다"고 말하고 있습니다. "내 손으로 내 입을 가릴 뿐이니이다." "내가 스스로 한(恨)하고 티끌과 재 가운데서 회개하나이다"(욥 40:4; 42:5-6). 여러분은 거룩과 성화에 관한 집회에서 하나님의 존재와 성품에 대해 많은 교훈을 들어보셨습니까? 우리는 하나님의 본질과 존재와 속성에 관한 설교를 얼마나 자주 듣습니까? 그러므로 그것은 다 아는 것으로 전제해 놓고 우리의 문제로부터 출발합니다. 그래서 몇 가지 문제들을 제거할 수 있는 방법과 어떤 특별한 축복을 얻을 수 있는 길이 없을까 하고 바랍니다. 접근방식이 잘못되었습니다. 말씀, "주의 말씀"이 본질적인 것입니다. 먼저 하나님에 관한 말씀, 하나님의 존재와 속성에 관한 계시로부터 출발하십시오. 그러면 "물로 씻어 말씀으로 깨끗게 하십니다."

같은 "말씀"이 죄 가운데 있는 우리의 상태를 계시해 줍니다. 말씀은 사람이 본래 그러하다고 말합니다. 타락하기 전에 아담의 상태에 관해서 설교하는 것이 성화를 설교하는 가장 최선의 방법입니다. 얼마나 자주 우리는 성화와 거룩함을 위한 집회에서 아담에 관한 설교를 듣습니까? 타락과 인간의 타락이 가져온 고통과 그 고통의 결과들에 대해서는? 성화에 대해서는?

로마서 5:12-21까지 말씀을 읽고 아담 안에 있는 우리의 존재와 그의 죄 가운데 빠져 들어간 우리의 존재를 알아보시기 바랍니다. 그 문제의 뿌리가 있습니다. 우리는 그것을 잘 이해하여야만 합니다. 말씀은 우리에게 그 모든 것을 가르칩니다. 그것이 성화에 관한 신약의 교훈입니다.

이상의 여러 서신들에서 나타난 이 같은 고차원적인 교리는 우리와 이론을 예증하기 위해 사용할 수 있는 몇 가지 구약의 이야기보다 특징적입니다. 성화는 죄를 미워하시는 하나님, 모든 죄를 벌하시는 하나님에 관한 진리의 해석을 밑받침으로 합니다. 그 다음은 십계명(十戒命)입니다. 십계명은 죄의 사실을 확정하고 죄를 정확하게 가르쳐 주고 제시해 줍니다. 죄가 무엇인지 우리에게 가르쳐 줍니다. 그래서 십계명은 성화의 교훈 역할을 합니다. 우리는 "십계명" 안에 머물지 않습니다. 그러나 우리가 필요한 것이 무엇인지 깨우쳐 주기 위하여 십계명이 필요합니다. 율법은 "그리스도로 인도하는 몽학선생"이며 하나님의 거룩을 계시해 줍니다. 교부들이 교회 벽에 십계명을 그려 놓곤 했던 이유가 바로 거기에 있습니다.

율법은 구원의 방도는 아니나 구원의 필요성을 보여 주는 방도이기는 합니다. 다음, 창세 전에 성부(聖父)와 성자(聖子)와 성령(聖靈) 사이에 인간의 구원을 작정하신 구속언약과 하나님의 영광스런 구속의 목적입니다. 바울은 이미 에베소서 서두에서 그에 관해 말했습니다. "하나님 곧 우리 주 예수 그리스도의 아버지께서 그리스도 안에서 하늘에 속한 모든 신령한 복으로 복 주시되." 이것이 성화를 설교하기 시작하는 방식입니다. "곧 창세 전에 그리스도 안에서 우리를 택하사 우리로 사랑 안에서 그 앞에 거룩하고 흠이 없게 하시려고 그 기쁘신 뜻대로 우리를 예정하사 예수 그리스도로 말미암아 자기의 아들들이 되게 하셨으니."

다음으로 주 예수 그리스도 자신의 인격과 사역에 관한 모든 것, 그가 이루시고 참아내신 모든 것이 나옵니다. 성화를 설교하는 데 있어서 십자가에 관해서 설교하는 것보다 더 좋은 방법은 없습니다. 왜냐하면 내가 십자가를 바라볼 때 다음과 같은 결론에 도달하기 때문입니다.

> 온 세상 만물 다 가져도
> 주 은혜 못다 갚겠네.
> 특별한 사랑받은 나
> 몸으로 제물 삼겠네.

어떤 이들은 말할 것입니다. "우리는 거룩에 관심이 있소. 우린 이미 구원을 받았고 죄사함에 관해서는 끝났소. 거룩을 위한 예배에 십자가는 설교하지 마시오. 물론이고 말고요. 우리는 지금 성화를 위한 하나의 공식에 관심이 있어요. 여기서는 십자가 같은 것은 설교하지 마시오. 그러나 십자가만큼 설화와 거룩을 풍성케 촉진시키는 것이 어디 있습니까?

> 주 달려 죽은 십지기
> 우리가 생각할 때에
> 세상에 붙은 욕심을
> 헛된 줄 알고 버리네.

우리가 지금 이러한 상태에 있는 것은 십자가의 온전한 의미를 진정으로 알지 못하였기 때문입니다. 그것이 우리의 실패와 약함의 원인이 됩니다. 우리는 우리를 향하신 하나님의 사랑을 깨닫지 않았습니다. 만일 우리가 십자가의 의미를 진정으로 알기만 했더라면! 십자가의 그림을 바라보면서 "주께서 날 위해 이 일을 행하셨다니 나는 주 위해 무엇을 하리이까?"라고 외쳤던 진젠돌프(C. Zinzendorf)의 체험을 했더라면? 그는 십자가를 바라보면서, "나 자랑할 것 그리스도뿐일세. 그리스도뿐일세"라고 말했습니다.

모든 위대한 교리들, 성령의 인격과 사역과 능력을 포함한 위대한 모든 교리들 — 이것이 말씀입니다. 그 다음은? 그리스도 안에서 우리에게 세례 주시고 우리와 그리스도를 연합케 하시는 성령의 역사, 그 다음은 교회에 관한 교리, 이것이 성화를 촉진시키는 말씀입니다. 우리는 이 모든 교리들로부터 시작하여 재림에 관한 교리에까지 나아가야 합니다. "자기 앞에 영광스러운 교회로 세우신 티나 주름잡힌 것이나 이런 것들이 없이 거룩하고 흠이 없게 하려 하심이라." 성화를 목적으로 연 집회에서 그리스도의 재림에 관한 설교를 가장 최초에 들었던 때가 언제였습니까? "아 그러나 그건 틀렸어요. 그걸 위해서라면 재림을 위한 집회에 가야지요. 재림 교회를 위해 연 집회에 가야합니다!"라고 말하는 그것으로 우리가 성경에서 얼마나 이탈되어 있었는지를 알게 됩니다.

우리는 교회 내에서 특수하게 분화된 성화 교훈을 수없이 소개받았습니다. 거룩? "여기서는 그리스도는 필요치 않아요. 재림도 필요없구요. 오직 한 가지 일, 아주 간단한 것만 있으면 됩니다!" 나의 성화가 촉진되는 것은 내가 장차 올 영광스런 그날에 나를 위한 그리스도의 목적을 깨달을 때만입니다. 그때 그리스도는 교회를 흠도 티도 없이 주름잡힌 것도 없는 영광스러운 교회로 자기 앞에 나타나게 하실 것입니다. 이것이 나에게 거룩해지라고 강권하는 교훈입니다.

사도 요한도 같은 것을 말합니다. "보라 아버지께서 어떠한 사랑을 우리에게 주사 하나님의 자녀라 일컬음을 얻게 하셨는고 우리가 그러하도다 그러므로 세상이 우리를 알지 못함은 그를 알지 못함이니라 사랑하는 자들아 우리가 지금은 하나님의 자녀라." "이 소망을 가진 자마다 그의 깨끗하심과 같이 자기를 깨끗하게 하시느니라"(요일 3:1-3).

재림교리는 성화와 정결함으로 인도합니다. 바울 사도가 여기 본문 가운데 말하고 있는 것은 성경의 모든 말씀 — 모든 교리, 처음부터 끝까지의 전체 구속영역, 전 성경을 망라합니다. "물로 씻어 말씀으로 깨끗하게 하십니다."

　나는 이 영광스런 교리를 표현하였으니 한마디 권고로써 이 장을 마치려 합니다. 이 모든 것이 진리일진대, 우리는 어떤 종류의 사람들이 되어야겠습니까? 바울이 설명한 바와 같이 이 모든 것이 진리이니 고전과 같은 사람일 수 없고 자신을 구별해야 합니다. 성화에 정진하십시오. "하나님을 두려워함으로 모든 육체와 마음의 더러운 것에서 자신을 깨끗케 하사 온전한 거룩을 이루십시오." "손을 깨끗케 하고 두 마음을 품지 마십시오." 이것들은 성경의 권면들입니다. 그러나 그 권면들은 모두 위대한 교리들로부터 떠오른 것들입니다.

　그러므로 우리는 여기서 그리스도께서 보내신 성령을 방편으로 하여 그리스도께서 수행하시는 성화의 과정이 말씀 안에서 말씀으로 말미암아 이루어진다는 것을 발견합니다. "저희를 진리로 거룩하게 하옵소서. 아버지의 말씀은 진리이니이다." 여러분이 그 말씀 어디를 보더라도 그 말씀은 여러분을 겸비케 하고 거룩함으로 여러분을 인도할 것입니다. 그러나 무엇보다 먼저 하나님으로부터 출발하십시오. "마음이 청결한 자 복이 있나니 저가 하나님을 볼 것임이로다." 허송하거나 남아 돌아갈 시간이 있습니까? 우리가 필요한 것은 이러한 우리 삶의 작은 문제를 해결하는 것이 아닙니다. 필요한 것은 영광을 위해 준비하는 것입니다. 우리가 거룩하게 될 필요성을 알게 되고 우리의 거룩하게 됨이 성취될 수 있는 방식을 찾아내게 되는 것은 하나님의 얼굴을 우러러볼 때입니다. 이 일을 하는 것은 성령의 기능입니다. 그는 우리를 말씀으로 인도하고, 우리를 말씀으로 열어 주고, 우리의 지성과 마음과 의지 속에 말씀을 심어 줍니다. 그는 우리에게 주님을 보여 주십니다.

　그리하여 우리의 성화, 깨끗케 됨이 나날이, 주마다, 달마다 진전되어 나가는 것입니다. 알고 있듯이 성령께서는 다 이루시기까지 계속할 것입니다. 그리하여 우리는 그의 거룩을 존전에서 거룩하게 되어 흠도 티도 없게 될 것입니다. 주님은 주의 백성들과 교회 안에서만 이 일을 계속하고 계십니다.

# 제 12 장

# 어린양의 혼인잔치

남편들아 아내 사랑하기를 그리스도께서 교회를 사랑하시고 위하여 자신을 주심같이 하라 이는 곧 물로 씻어 말씀으로 깨끗하게 하사 거룩하게 하시고 자기 앞에 영광스러운 교회로 세우사 티나 주름잡힌 것이나 이런 것들이 없이 거룩하고 흠이 없게 하려 하심이니라 이와 같이 남편들도 자기 아내 사랑하기를 제 몸같이 할지니 자기 아내를 사랑하는 자는 자기를 사랑하는 것이라 누구든지 언제든지 제 육체를 미워하지 않고 오직 양육하여 보호하기를 그리스도께서 교회를 보양함과 같이 하나니 우리는 그 몸의 지체임이니라 이러므로 사람이 부모를 떠나 그 아내와 합하여 그 둘이 한 육체가 될지니 이 비밀이 크도다 내가 그리스도와 교회에 대하여 말하노라 그러나 너희도 각각 자기의 아내 사랑하기를 자기 같이 하고 아내도 그 남편을 경외하라(엡 5:25-33)

우리가 아직 살펴보고 있는 이 가장 놀라운 본문에서, 사도는 아내에 대한 남편의 의무를 남편들에게 가르쳐 주는 것을 제1차적인 목적으로 삼고 있습니다. 사도는 그 일을 주 예수 그리스도와 교회의 관계라는 차원에서 가르치고 있습니다. 사도는 이 교회와 그리스도의 관계에서 아내와 남편의 관계로 재빨리 지나쳐 갑니다만, 이해를 쉽게 하기 위해서 그 둘을 따로 떼어서 보는 것이 더 좋은 절차인 것을 알았습니다. 그리스도와 교회의 관계를 완벽하게 이해함으로서, 그 교리를 남편과 아내의 관계에 있어서 남편에게 적용할 수 있는 입장에 서야겠습니다. 그러하기 위해서 먼저 우리는 그리스도와 교회의 관계에 대해 진술한 것부터 숙고해 보았습니다.

우리는 주님께서 어떻게 교회를 위해서 죽으셨고, 어떻게 자신을 주셨으며, 교회를 깨끗케 하시고 영적 성화의 과정을 계속할 수 있기 위해 주님께서 어떻게 교회를 자기에게로 구별하는지를 숙고해 보았습니다.

아직도 주님의 교회에 대한 계속적인 처우에 관련하여 숙고할 두 가지 표현이 있습니다. 29절에 보면 "누구든지 언제든지 제 육체를 미워하지 않고 오직 양육하여 보호하기를 그리스도께서 교회를 보호함과 같이 하나니"라고 되어 있습니다. 바울은 "과거에 주께서 교회를 양육하고 보호하셨다"고 말하지 않습니다. 주께서 지금도 그 일을 진행하고 계시다는 것을 강조하는 데 바울의 의도가 있습니다. 이것은 분명히 계속적인 성화의 과정인 깨끗케 함에 관한 말씀과 전적으로 보조를 같이 하는 것입니다. 양육함과 보호함은 역시 계속되는 일이지, 과거에 성취된 한 행동만이 아닙니다. 그렇기 때문에 우리가 다루어 온 26절에 있는 이 점을 과거의 행동에 국한시키는 사람들은 전체 흐름과 이 전체 대목의 교훈을 놓치고 있는 것이라고 볼 수밖에 없습니다.

우리 주님의 죽으심은 단번에 되어진 사실입니다만, 그 외의 것은 궁극적인 목표에서 볼 때 계속되고 있는 것입니다. 그런즉 우리는 흥미로운 이 두 낱말에 대해 살펴보기로 하십시다. "주께서…양육하다." 이 표현이 그 자체를 설명합니다. 그 말의 중요한 의미는 먹이고 음식을 공급하고 영양을 공급한다는 것입니다. 그리스도는 그와 교회의 건강과 성장과 발전과 잘됨에 관심이 있습니다. 그럼으로써 교회를 양육하는 것입니다.

어떤 의미에서 사도는 이 주제를 4장에서 다루고 있었다고 해야 할 것입니다. 바울은 그 점을 이렇게 표현합니다. "그가 혹은 사도로 선지자로 혹은 복음 전하는 자로 혹은 목사와 교사로 주셨으니." 무엇 때문에 그러하셨습니까? "성도를 온전케 하고…이 과정 때문에 양육하는 일이 계속되는 것입니다. 그것은 "봉사의 일과 그리스도의 몸을 세우기 위해서" 계속되는 일입니다. "우리가 온전한 사람을 이루게 되어 장성한 분량에 이르게 되기까지…."

다시 여기에 궁극적인 목표가 있습니다. 여기 에베소서 5:26의 본문 가운데서 같은 것을 말하는 또 다른 방식을 만나게 됩니다. 우리가 그리스도 교회의 일원으로서 주께서 교회의 생명을 양육한다고 하는 것을 깨닫는 것은 굉장한 일입니다. 주님께서 우리가 필요로 하는 영적인 양식을 공급한다고 하는 것은 우리에 대한 그리스도의 사랑과 돌보심을 나타내는 것입니다. 성경은 하나님과 주 예수 그리스도에 의해서, 성령을 통해서 우리 영혼을 위한 양식으로 주어졌습니다.

성경은 주께서 우리를 양육하시는 것의 일익을 담당합니다. 4장이 우리에게 일깨워 주는 바와 같이 교회의 모든 봉사는 같은 목적을 위해 되어집니다. 다시 말해서, 교회가 무지하고 발전되지 않고 약하고 쇠약할 때 핑계할 수 없습니다. 개인의 경우에도 역시 마찬가지입니다. 주님 자신이 친히 우리를 양육하고 계십니다.

베드로후서에서 베드로는 "그의 신기한 능력으로 생명과 경건에 속한 모든 것을 우리에게 주셨다"고 하였습니다. 이 말씀은 불평하는 그리스도인의 입장을 아주 난처하게 만듭니다. 우리가 황폐하여 있는 것을 보니 충분한 양식이 없는 것이라고 핑계를 늘어 놓을 수가 결단코 없을 것입니다. 양식은 충분하고 하늘 만나는 주어졌습니다. 누구든지 언제나 필요로 할 수 있는 모든 것이 성경에 있습니다. 베드로전서 2장에서 언급하듯이 순수하고 응집된 영양분이 여기에 있는 것입니다. "순전한 말씀의 젖을 사모하라 이로 말미암아 너희로 구원에 이르도록 자라게 함이니라." 주님이 그것을 공급하셨습니다. 주께서 교회를 양육하고 계시다는 것을 깊이 생각해 보는 것은 놀라운 일입니다. 남편은 자기 아내를 돌봄에 있어서 아내가 필요로 하는 양식과 모든 것을 공급하기 위해서 일합니다. 부모들은 아이들이 좋은 음식을 제때에 충분하게 먹을 수 있도록 합니다. 부모들은 그 일에 얼마나 큰 관심을 보이는지 무한하게 더 위대한 방식으로 주님은 우리를 위해 그 일을 하고 계십니다.

우리는 그 일에 대해 어떻게 반응을 나타내고 있습니까? 주께서 우리를 양육하고 계시다는 것을 알고 있습니까? 주님의 돌보심의 일익을 공중예배가 담당하고 있습니다. 공중예배는 인간의 제도나 인간의 고안품이 아닙니다. 하나의 제도같이 취급될 것이 아닙니다. 사람들이 하나님의 집에 오는 것은 의무감으로써가 아닙니다. 그래서는 안 되지요. 하나님의 집에 오지 않으면 자라나지 못한다는 것을 인식하기 때문에 오는 것입니다. 그들은 와서 먹게 되고 영혼의 양식을 얻게 됩니다. "영양분"을 얻게 되는 것입니다. 주님께서 그것을 공급하셨습니다. 내가 설교단에 서는 것이 그렇게 하기를 내가 선택했기 때문만이 아니라는 것을 하나님은 아십니다. 주의 부르심이 아니었더라면 나는 그 일을 하고 있지 않을 것입니다. 나는 다만 그 부르심을 받들고 있는 것입니다. 그것이 주님의 방식입니다. 그는 사람들을 부르시고 구별하여 그들에게 메시지를 주십니다. 그리고 성령께서 나타나셔서 조명하십니다. 이 모든 것이 주님께서 교회를 양육하시는 일면입니다.

그 다음에 "보호한다"는 말입니다. 이 말은 신약에서 두 번밖에는 쓰이지 않았습니다. 이 말은 아주 한정된 개념을 전달해 주는데 주로 옷 입히는 것을 나타냅니다. 아이들이 가장 필요로 하는 것은 먹고 입는 것입니다. 신부나 아내가 필요로 하는 것도 같습니다. "보호함"에 대해서 생각할 때 첫째로 생각해야 할 일은 먹는 것과 입는 것입니다. 그러나 "보호함"이란 의미는 더 넓은 의미로 "돌보다", "보살펴 주다", "지켜 주다"는 의미를 전달해 줍니다. 그것은 "염려해 주는 것"을 나타냅니다. 여러분이 한 사람을 양육하고 보호할 때 끊임없는 관심과 배려를 지니게 되며, 또한 발전하고 있는가를 염려합니다. "양육하다"는 말에 덧붙인 "보호하다"라는 말은 바로 그 사상을 전달해 주고 있습니다.

우리의 주된 고민은 주님의 우리에 대한 관심과 염려의 올바른 개념을 가지지 못하고 있다는 것입니다. 우리가 그의 사랑을 모른다는 것은 우리의 근본적인 결핍입니다. 사람들은 흔히 주님께 대한 그들의 사랑에 관심을 기울입니다. 물론 옳습니다. 그러나 우리를 향하신 하나님의 사랑에 대해서 무언가 알기 전에는 결코 그를 사랑할 수 없습니다. 사랑은 "일으킬 수" 없습니다. 흥분이나 육적인 것은 사랑이 아닙니다. 그가 친히 자기 신부를 자기 자신에게 데리고 나오는 것은 아무도 그 일을 할 수 없고 그 일을 하기에 적합한 자가 아무도 없기 때문입니다. 주님만이 그 일을 하십니다. 그는 우리를 위한 모든 일을 처음부터 끝까지 하십니다. 여기에서 기술된 이 모든 영광 가운데서 우리를 그 자신에게 인도하실 것입니다.

　그러므로 우리 앞에 펼쳐진 전경은 장차 교회를 자기 자신에게 알현케 할 그 순간과 그날을 내다보시는 우리 주 구세주의 것입니다. 교회는 어떻게 될 것입니까? 영광스런 교회로 될 것입니다. 그 말은 영광으로 특성 지은 교회란 의미입니다. 성경에 개별적인 의미에서 우리와 친숙한 용구가 있습니다. 우리 각자의 궁극적인 도달점이요, 모든 개인적인 구원의 궁극적인 목표인 영화(榮化)입니다. 칭의에서 성화, 성화에서 영화로, 때로 그것은 고린도전서 1:30의 위대한 진술에서와 같이 "구속"이란 말로 묘사됩니다. "예수는 하나님께서 나서 우리에게 지혜와 의로움과 거룩함과 구속함이 되셨으니." 여기서 "구속함"이란 말은 실제로 "영화"를 의미합니다. 또한 그것은 바울이 로마서 8장에서 진술한 바와 같습니다. "부르신 자를 또한 의롭다 하시고 의롭다 하신 자를 또한 영화롭게 하셨느니라"(롬 8:30).

　영화는 목표입니다. 바울은 빌립보서 3장 마지막에서 그것을 이렇게 표현했습니다. "우리의 시민권은 하늘에 있는지라 거기로써 구원하는 자 곧 예수 그리스도를 기다리노니 그가 만물을 자기에게 복종케 하실 수 있는 자의 역사로 우리의 낮은 몸을 자기 영광의 몸(자기의 영화된 몸)의 형체와 같이 변화되게 하시리라." 이 일은 우리에게 개별적으로 일어납니다. 그러나 교회 전체로서도 영화되는 것입니다. 이상이 "영광스러운 교회"라는 말이 뜻하는 바입니다. 교회는 영광의 상태에 있게 될 것입니다.

　사도는 우리가 그것을 이해하도록 하기 위해서 먼저 외모적인 것을 두 가지 부정적인 측면에서 묘사합니다. 영광스런 교회는 점도 흠도 티도 주름잡힌 것도 없다는 것입니다. 거기엔 구겨진 부분이나 더러운 것이 하나도 없을 것입니다. 이것을 우리가 인식한다는 것은 극히 어려운 일입니다. 교회는 죄와 수치의 이 세상에서는 흙탕물과 더러운 오물로 더럽혀집니다. 그러므로 거기엔 얼룩과 점이 있습니다. 그리고 그것들을 완전히 제거하기란 극히 어렵습니다. 우리가 잘 알고 있는 모든 약품이나 세척 수단으로도 이 점과 얼룩은 때내기 불가능합니다. 여기에서의 교회는 깨끗지 못합니다. 비록 깨끗함을 받고 있기는 하지만 많은 흠이 여전히 존재하는 것입니다.

그러나 영광과 영화의 상태에 있게 될 때 교회는 한 점의 티도 없을 것입니다. 또한 한 점의 얼룩도 없게 될 것입니다. 그리스도께서는 왕들과 권력자들과 하늘의 모든 만조 백관들이 이 놀라운 일을 지켜보는 가운데 자기 교회를 자기 자신에게 데리고 나올 때 그 교회는 어떤 티도 점도 흠도 없을 것입니다. 아무리 세심한 점검으로도 무가치함이나 죄의 극히 작은 반점 하나를 발견해 내지 못할 것입니다. 사도는 이제 이미 이 세계를 3:10에서 우리에게 소개한 바 있습니다. "이는 이제 교회로 말미암아 하늘에서 정사와 권세들에게 하나님의 각종 지혜를 알게 하려 하심이니." 정사와 권세자들이 목도하고 있을 것입니다. 주님은 자랑스럽게 자기에게 교회를 데리고 나올 뿐 아니라 그들 앞에도 보일 것입니다. 신부와 신랑은 영원한 들러리들 앞에 서게 될 것이고 그리스도는 그들에게 와서 보라고 초청할 것입니다. 그들은 교회에 와서 보라는 초청을 받고 가보니 한 점의 티도 얼룩도 흠도 없는 것을 발견할 것입니다. "흠도 없는 교회를."

그렇습니다. "주름잡힌 것이나 흠이 없게 됨"을 감사합니다. 우리가 알고 있듯이 주름살은 나이와 질병과 어떤 체질적인 고통의 표시입니다. 또한 그것은 불완전의 표입니다. 우리가 나이들게 되면 주름살은 늘어납니다. 살 같은 팽팽함은 없어져 갑니다. 역시 병은 우리로부터 이 팽팽한 윤기를 탈취해 가고 그래서 나이보다 늙어 보이게 됩니다. 원인이야 어떻든 염려와 근심 걱정은 주름살을 더해 갑니다. 주름살은 모두 질병과 고민의 표시이자 나이가 많이 먹고 몰락해 간다는 증표입니다. 이 세상에서 교회는 많은 주름살을 가지고 있습니다. 교회는 늙어 보이고 나이들어 보입니다. 그러나 감사하게도 그 큰 날이 오는 그때 그리스도께서 교회를 모든 영광으로 옷입혀 데리고 나올 뿐 아니라 점이나 주름잡힌 것 하나라도 남기지 않으실 것입니다. 모든 것이 펴지고 신부의 피부는 완벽하게 되고 모두 다듬어집니다. 이 완벽함을 묘사하기는 불가능합니다.

어느 의미에서 그것의 전체 개념이 시편 110편에 있다 하겠습니다. 선지자의 눈으로 내다보는 시편 기자는 이 완벽성의 희미한 그림자를 알게 되었습니다. 110:3에서 "주의 권능의 날에 주의 백성이 거룩한 옷을 입고 즐거이 헌신하니 새벽 이슬 같은 주의 청년들이 주께 나오는도다." 그때 교회는 젊음으로 새롭게 되어 나타날 것입니다. 이렇게 표현할 수 있을지도 모르겠습니까? 최대의 미용사가 교회를 최후로 손질할 것이고 마사지가 너무나 완벽하여 주름살이 하나도 없게 될 것입니다. 그래서 신부는 양볼이 발그레하고 젊음이 넘쳐 날 것이며, 점도 티도 없는 아름다운 피부를 가지게 될 것입니다. 그리하여 그 신부는 영원토록 그런 모양을 유지할 것입니다. 신부와 낮은 몸은 어디론지 가버렸고 이제 그것은 영광의 몸으로 변형되어 있을 것입니다.

이것이 교회에 대한 보편적인 진술입니다. 그러나 빌립보서 3:20-21에 있는 것을 다시 상기해야겠습니다. 그 일은 각자 그리스도인 모두에게 임한다는 것입니다. 우리의 각자 몸들이 영화되어 가고 있습니다. 불완전하고 질병과 쇠퇴와 나이 먹어가는 것이 하나도 없게 될 것입니다. 젊음이 왕성히 넘칠 것입니다. 그리고 우리는 영구한 젊음의 상태로 그 영원 가운데서 내내 살아 나갈 것입니다. 어떤 질병이나 아픔도, 우리에게 속한 영광이 하나도 감함이 없이 그렇게 영원토록 살아갈 것입니다. 이것이 교회의 외면적인 모습이 될 것입니다. 사도가 전달하고자 하는 사상은 자기의 신부를 사랑스럽게 여기는 신랑의 긍지라고 하는 사실을 잊어서는 안 됩니다. 신랑이 "그날"을 위해 신부를 준비하고 있습니다. 신랑의 큰 의식이 있게 될 것입니다. 신랑은 그 신부를 전 우주에 내어 자랑하길 원합니다.

그러나 교회의 외면적인 모습에만 국한되는 것은 아닙니다. 내면적으로도 역시 같이 될 것입니다. 시편 45편은 가장 괄목할 만한 방식으로써 이 모든 것을 예언적으로 완벽하게 묘사하고 있습니다. "왕의 땅이 궁중에서 모든 영화를 누리리라!" 기자는 "그 옷은 금으로 수놓았다"라거나 "수놓은 옷을 입은 자가 왕께로 인도함을 받으며 시종하는 동료 처녀들도 왕께로 이끌려 갈 것이니라"고만 말하는 데 만족해 하지 않습니다. 그는 그녀가 "그 안에서 모든 영화를 누린다"는 것을 강조하고 있습니다.

사도는 그 점을 여기 에베소서 가운데서 이렇게 표현하고 있습니다. "그러나 자기 앞에 영광스러운 교회로 세우사 티나 주름잡힌 것이나 이런 것들이 없이 거룩하고 흠이 없게 하려 하심이니라." 교회의 거룩과 의는 단순히 죄가 없어졌다는 것이 아닙니다. 그것은 주님 자신의 의를 함께 누리고 있다는 것입니다.

도덕적인 사람들이 전혀 이해할 수 없는 면이 바로 그 점에서입니다. 그들은 소극적인 도덕성밖에는 아무런 개념을 갖고 있지 못합니다. 그들에게 도덕성이란 어떤 일을 하지 않는 것을 의미할 뿐입니다. 성경이 의라 말하는 것은 그것이 아닙니다. 성경적인 의미는 "하나님과 같다"고 하는 것을 뜻하는 것입니다. 하나님은 거룩하고 교회도 이 적극적으로 비추이는 의로 거룩하게 됩니다. 그것은 단순히 악이 없는 것 이상입니다. 하나님 안에서와 같이 그것은 본질에 있어서 의로움과 영광스러운 모든 것이 그 안에 있는 것입니다. 교회는 그것을 함께 누립니다. 교회는 지금 그리스도의 의로 옷입혀 있습니다. 그는 그것을 보시되 우리는 보시지 않습니다! 그러나 그것 이상일 것입니다. 교회는 그분과 같이 될 것입니다. 적극적이고 완전한 거룩과 의로움을 갖게 될 것입니다.

사도는 우리가 이해하고 있는 그것을 더욱 확고히 해 주기 위해서 "흠이 없다"고 말하는데, 그 말은 "부끄러움이 없다"는 의미입니다. 그는 이미 1:4에서 말한 바 있습니다. "곧 창세 전에 그리스도 안에서 거룩하고 흠이 없게 하시려고 그 기쁘신 뜻대로 우리를 예정하사…무엇 때문에 그렇게 하셨습니까? 이는 그의 사랑하시는 자 안에서 우리에게 거저 주시는 바 그의 은혜의 영광을 찬미하게 하려 하심입니다. 말하자면 서곡(序曲)이었습니다. 서곡에는 언제든지 주도적인 주제(theme)들이 던져지기 마련입니다. 바울은 1:4에서 말한 그 주제를 끄집어 낸 것입니다. 5장에서는 그것을 좀더 세밀하게 펼쳐 나가는 것입니다.

그것을 다음과 같은 방법으로 요약해 봅니다. 사도가 사용한 용구들은 육체미와 건강과 균형미의 완벽성, 영적 특성의 완벽성을 전달해 주고자 채용된 것입니다. 여러분이 보아 온 여인 중에서 가장 아름다운 신부를 생각해 보십시오. 그리하여 그것을 무한정하게 확대시켜 보십시오. 그렇다 하여도 여기서 말하는 완벽한 아름다움을 이해하지조차 못합니다. 그러나 교회는 필경 그렇게 되고야 맙니다. 이 세상에서는 완벽한 아름다움이란 없습니다. 그러므로 아름다운 얼굴을 가졌으면 손이 밉든지 할 것입니다. 거기엔 어떤 흠이 있기 마련입니다. 그러나 장차 영광중에 있을 신부인 교회에는 어떤 흠도 없을 것입니다. 내가 생각하기엔 여기서 묘사되고 있는 이 아름다움의 최상의 특징은 균형미, 모든 국면마다에 절대적인 완벽을 기한 균형미일 것입니다.

이는 분명히 우리가 무엇보다도 사모해야 할 일입니다. 어떤 이들은 머리에 지식이 가득 차 있어서 신학적인 교리의 지식으로 충만합니다. 그런데 거기서 더 나아가지를 못합니다. 어떤 이들은 교리를 알지 못하고 행위와 생활면만을 알고 있습니다. 그들은 모두 균형을 잃고 있는 것입니다. 이러한 일들을 신학적으로만 이해하면서 생활에서 그 능력을 나타내지 못하는 이는 주님의 아주 쓸모 없는 대변자입니다. 생활면만 알고 있는 이들도 마찬가지입니다. 소위 실천적인 사람은 교리를 위해서는 전혀 여유가 없으며, 또한 저 사람은 교리밖에는 아는 것이 없습니다. 그들은 둘 다 실책을 범하고 있는 것입니다. 장차 우리가 완전해져 아무 부족함이 없이 완전히 균형 잡히게 될 그날을 주신 데 대해 하나님께 감사하십시오.

오, 여기서 묘사된 이 아름다움의 영광이여! 날마다 달마다 해마다 복되신 주께서 우리를 준비하고 계시니 말입니다! 그리스도인들은 들으십시오. 여러분 자신에게 있어서의 이 일을 깨달았습니까? 그리스도인이라고 하는 사실은 바로 그것을 의미하는 것입니다. 미장원에 가는 데만 정신없는 여러분이여, 여러분은 그리스도의 미장원에 달려가렵니까? 교회가 바로 그 일을 합니다. 우리는 교회가 그리스도께서 위하여 죽으시고 지금도 이러한 모든 일들을 해 주고 계시는 그리스도의 신부라는 진정한 이해를 갖고 있습니까? 그리스도께서 여러분을 양육하고 계시는 것을 아십니까? 또한 여러분의 이름이 그리스도의 손에뿐 아니라 마음에도 새겨진 사실을 아십니까? 그리스도는 영원한 사랑을 가지고 우리를 사랑하셨으며 우리를 위하여 죽으셨고 우리를 위해 이 모든 계획을 세우셨습니다. 그 큰 날에 그리스도는 우리를 점도 티도 없으며 주름잡힌 것이나 흠이 없는 거룩하고 영광스러운 교회로서 나타나게 하시기 위해 준비중에 계십니다.

이는 진행되는 과정입니다. 우리는 완성되기까지 그것은 계속될 것임을 생각해야 되겠습니다. 아무것도 그것을 멈추지 못합니다. 아무것이라도 그 일을 중단하도록 허락되지 않을 것입니다. 왜냐하면 교회는 그의 신부이기 때문입니다. 만일 신인동형(神人同型)으로 생각한다 해도 자기 신부에 대한 긍지가 그러하기 때문에 그는 그 일을 중단하거나 멈추게 할 어떤 일도 허락하지 않을 것입니다. 그 일은 계속됩니다. 여기에 성경적인 보장이 있습니다. 사도는 이미 3:20-21에서 그것을 말한 바 있습니다. "우리 가운데서 역사하시는 능력대로 우리의 온갖 구하는 것이나 생각하는 것에 더 넘치도록 능히 하실 이에게 교회 안에서와 그리스도 예수 안에서 영광이 대대로 영원무궁하기를 원하노라." 우리 안에서 역사하시는 능력은 그러합니다. 그리고 그것은 계속 역사하실 것입니다. 그는 죽으심으로만 끝내지 않으셨습니다. 사도가 기술하고 있는 모든 것을 하시는데, 그것은 교회 안에서와 그리스도 예수 안에서 영광이 대대로 무궁하기 위해서입니다.

그 능력을 막을 법이 없습니다. 그러므로 나는 이 경고를 다시 한 번 말하겠습니다. 만일 여러분이 진정으로 하나님의 자녀요, 교회의 일원이요, 그리스도 몸의 지체라면, 이 뛰어나고 영광스러운 교훈을 비추어 볼 때 이 몸이 완전해져 가고 있으며, 완벽하게 될 것이라는 것을 다시 경고하지 않을 수 없습니다. 그러므로 그를 반항하지 마십시오. 그리고 성령의 감동을 소멸치 마십시오. 또한 여러 다른 방면에서 말씀 가운데서 권면하시는 부드러운 교훈을 저항하지 마십시오. 왜냐하면 여러분이 죄로 깊이 물들어 있다면, 그는 이용하실 수 있는 아주 강력한 산성액을 가지고 여러분의 죄를 제거하실 수 있을 것입니다. "주께서 사랑하는 자마다 징계하나니 그가 받는 아들마다 채찍질하시느니라."

우리가 성찬식에 참여할 때 듣는 성구인 고린도전서 11:12 이하의 말씀을 보십시오. "사람이 자기를 살피고 그 후에야 이 떡을 먹고 이 잔을 마실지니." 뒤이어 만일 우리가 자신을 시험해 보고 살폈으면 우리가 판단을 받지 않는다는 것입니다. 그러나 우리가 그렇게 하지 못할 때 그가 우리를 판단하고 징계를 행할 것이라는 것입니다. 이 점에 관해서 하등의 문제가 될 것이 없습니다. 이것은 아주 확연합니다. "사람이 자기를 살피고 그 후에야 이 떡을 먹고 이 잔을 마실지니 주의 몸을 분별치 못하고 먹고 마시는 자는 자기의 죄를 먹고 마시는 것이니." 이것은 분별없이 자기가 무엇을 하고 있는가를 생각지 않고 행동하는 것을 뜻하는 말씀입니다. 정말 그럴 수 있습니다. 주일에 조금은 기독교에 관해서 생각하나 6일 동안은 그것을 까맣게 잊어버리고 생활하고서도 자기는 교인이니 성찬에 참여한다는 식으로 할 수 있습니다.

사도가 말하는 바는 만일 그런 식으로 행했다면 깨달으라는 것입니다. "사람이 자기를 살피고 그런 후에야 이 떡을 먹고 이 잔을 마시도록 하라"는 것입니다. 왜냐하면 분별없이 먹게 되면 죄를 먹고 마시는 것이 되기 때문입니다. 여기서 "죄"(damnation)란 말은 판단이란 의미입니다. 그는 자기가 하고 있는 일을 이해하지 못하고 있는 것입니다. "이러므로" — 그들이 자기를 살피지도 않고 교회가 그리스도의 신부이며 그 교회를 완벽하게 하고 영화롭게 하려 한다는 사실을 모르기 때문에 — "너희 중에 약한 자와 병든 자가 많고 잠자는 자도 적지 아니하니." "many are weak"의 의미는 "느낌도 없고, 왜 그러한가 그 이유도 이해하지 못한다"는 뜻입니다.

"병든 자가 많다"는 것은 말하자면 심하게 앓고 있다는 것입니다. "이러므로" — 그들이 자기를 살피지 않기 때문에 주께서는 이 일을 하실 다른 방법을 가지고 있다는 것입니다. 성도들의 전기들을 읽어보면, 그들 중 많은 이들이 회개하면서 자기들에게 온 병을 하나님께 감사하는 것을 발견하실 것입니다. 가장 훌륭한 실례 가운데 하나는 토마스 찰머스 (Thomas Chalmers)의 경우입니다. 그가 거의 12개월 동안 병상에 누워 있지 않았으면 복음적인 설교자가 되지는 못했을 것입니다. 그로 하여금 진리를 충분하게 볼 수 있는 자리까지 인도하신 하나님의 방식이 이러하였습니다. "이 때문에 많은 자들이 약하고 앓고 있다." 그렇습니다 — "많은 사람이 잠들어 있습니다" — 그 말은 그들이 죽어 있다는 의미입니다. 그것은 커다란 신비입니다. 나는 그것을 억지로 이해하려 하지 않습니다. 그러나 사도의 교훈은 명백하고 분명합니다. 그는 말하기를 "만일 우리가 자신을 판단할진대" — 만일 우리가 자신을 시험해 보고 자신을 해결하고 벌한다면 — "우리는 심판받아서는 안 된다. 그러나 우리가 판단받을 때에" — 이 말은 무슨 뜻인가? — "우리는 주께 징계를 받으니 이는 우리가 세상과 함께 정죄를 받지 않기 위함입니다.

　이 모든 말씀의 의미는 교회가 그리스도의 신부이고, 교회를 향한 그리스도의 열망이 그로 하여금 "점도 티도 흠도 그러한 것이 없이 거룩하고 책망할 것 없이 사랑 가운데서 그 앞에 나타날" 그날을 하게 하기 때문에 그 목표를 향해 그의 사역을 수행해 나가고 있는 것입니다. 또한 만일 우리가 그에게 반응을 보이고, 그의 애정과 그의 온유한 사랑과 보살핌에 대한 확증들을 따른다면, 주의 이름을 두고 단언합니다. 여러분을 그처럼 사랑하시기 때문에 여러분을 깨끗한 거리로 인도하실 것입니다. 주께서 "악함"과 "질병"의 산성액을 여러분에게 투입하셔야만 할 때가 있을지 모릅니다. 그러나 그것은 여러분에게 유익함을 주기 위해서입니다. 이 말을 오해하지 마십시오. 이 말은 우리가 병들 때 여느 때와 같은 징계일 것이라는 의미는 아닙니다. 성경은 그렇게 말하지 아니합니다. 그러나 징계일 수도 있다고 말합니다.

　그런 일은 자주 일어납니다. 성경에 보면 그런 경우가 많이 있습니다. 바울에게 육신에 가시가 주어진 것은 그를 겸손하게 하여 자긍하지 않도록 하기 위함이었다는 것을 바울은 알았습니다(고후 12:7-10). 사람이 질병을 앓는 것은 주의 뜻일 수가 없다고 말하는 어리석은 자들이 있습니다. 성경은 "주께서 사랑하는 자마다 징계한다"고 가르치고 있습니다. 질병은 주께서 쓰시는 징계의 한 방법입니다. "너희 중에 약한 자와 병든 자가 많고 잠자는 자도 적지 아니하니." 만일 여러분이 진정한 하나님의 자녀들이라 해도 조심하십시오. 그리스도께서 머리 된 몸에 속해 있기 때문에 그를 깨끗케 할 것이고 완전케 하실 것이며 주께서 정하신 지점까지 이르게 하실 것입니다. 한 가지 의문점이 남아 있습니다. 언제 이 모든 일이 일어납니까? 이에 대해서는 어떠한 의심도 할 필요가 없는 것 같습니다. 그것은 우리 주님의 "재림"을 언급하는 것이 분명합니다. 그래서 그리스도는 오셔서 교회를 데리고 가실 것입니다. "내가 너희를 위하여 처소를 예비하러 가노니 가서 너희를 위하여 처소를 예비하면 내가 다시 와서 너희를 내게로 영접하여 나 있는 곳에 너희도 있게 하리라."

요한복음 17장에 기록된 주님의 대제사장적 기도에서 우리는 정확히 같은 가르침을 대합니다. 그리스도의 뜻은 교회가 "주께서 창세 전에 아버지와 함께 누렸던 영광"을 보게 될 것이라는 것입니다. 나와 여러분, 그리스도인들은 그것을 보게 될 것입니다. "우리는 그를 얼굴과 얼굴을 대하여 보는 것처럼 볼 것입니다." 그는 지금 아버지와 영원 전부터 누렸던 영광을 다시 누리고 있습니다. 주께서 여기 땅에 계실 때 그 영광에 대한 여러 가지의 표들을 가리셨습니다. 내가 주님의 모습을 그리려는 어떠한 시도도 결코 승인하지 않는 것은 그 때문입니다. 그것은 순전히 상상일 뿐이고 거의 잘못 그릴 것이 분명합니다. 주님의 육신적인 외모에 대해 언급된 기록이 하나도 없습니다. 성경은 그 점에 대해서 침묵합니다.

그는 이 땅에 계실 때 "죄인의 모양"을 취하고 계셨습니다. 요한복음 8:57을 보고 그가 나이보다 늙어 보였던 것이 아닌가 하는 추측이 있을 뿐입니다. 주께서 자신에 대해서 말씀하시기를, "아브라함이 나기 전부터 내가 있느니라"고 하셨습니다. 그러자 유대인들은 "네가 아직 50도 못 되었는데 아브라함을 보았느냐?"고 힐난하였습니다. 그의 나이 33세 가량 되었지만 50에 가깝게 보였던 것입니다. 그것은 조금밖에 문제가 되지 않습니다. 문제는 주께서 승천하실 때 영광을 되찾고 지금은 영화로운 상태로 계신다는 사실입니다. 바울은 다메섹 도상에서 그의 영광중에 있는 그를 어렴풋하게 보았습니다. 그것이 얼마나 놀라웠던지 눈을 감고 땅에 엎드려졌습니다.

그러나 우리는 "그 모습 그대로" 보게 될 것입니다. 그런 자리에 서기 전에 먼저 우리는 영화될 필요가 있습니다. 그러나 그것은 우리에게 필연코 있어질 일입니다. "내가 그들 얼굴을 대하여 보게 될 것입니다." 우리는 그리스도의 신부로서 이 영광을 누리면서 하나님 우편에 있게 될 것입니다.

언제 이런 일이 있게 되겠습니까? 모든 것이 성취되고 이방인과 이스라엘의 충만한 수가 구원받아 교회가 완전하게 될 때입니다. 그때는 부족함이나 빠진 사람은 단 한 사람도 없을 것입니다. 마귀는 이 일을 낭패케 하지 못합니다. 사탄은 이미 패배한 원수입니다. 사도는 늘 그렇게 말하기를 즐거워했습니다. 빌립보서 1:6에서 그는 아주 영광스럽게 그 사실을 진술하여 이르기를 "저희 속에 착한 일을 시작하신 이가 그리스도 예수의 날까지 이루실 줄을 확신하노라." 언제까지입니까? 그리스도 예수의 날까지입니다. 바로 그날은 "주의 날"이요, "예수 그리스도의 날"이요, "장차 올 최상의 날"입니다.

다시 빌립보서 3장 마지막 부분에서 "오직 우리의 시민권은 하늘에 있는지라 거기로서 구원하는 자 곧 예수 그리스도를 기다리노니." 그때에 "그가 만물을 자기에게 복종케 하실 수 있는 자의 역사로 우리의 낮은 몸을 자기 영광의 몸의 형체와 같이 변케 하시리라." 아무것도 그 일을 중단시킬 수 없습니다. 다시 바울은 로마서 8:22-23에서, "모든 피조물이 이제까지 함께 탄식하며 함께 고통하는 것을 우리가 아나니 이뿐 아니라 또한 우리 곧 성령의 처음 익은 열매를 받은 우리까지도 속으로 탄식하여 양자 될 것 곧 우리 몸의 구속을 기다리느리라." 이 말씀은 점이나 흠이나 주름잡힌 것이나 그러한 모든 것들을 제거하여 그의 존전에서 완전하고 영광스럽게 됨을 의미하는 것입니다.

요한계시록 19:6-9은 이 사건을 보여 줍니다. "또 내가 들으니 허다한 무리의 음성도 같고 많은 물 소리도 같고 큰 뇌성도 같아서 가로되 할렐루야 주 우리 하나님 곧 전능하신 이가 통치하시도다 우리가 즐거워하고 크게 기뻐하여 그에게 영광을 돌리세 어린양의 혼인 기약이 이르렀고 그 아내가 예비하였으니 그에게 허락하사 빛나고 깨끗한 세마포를 입게 하셨은즉 이 세마포는 성도들의 옳은 행실이로다 하더라 천사가 내게 말하기를 기록하라 어린양의 혼인잔치에 청함을 입은 자들이 복이 있도다 하고 또 내게 말하되 이것은 하나님의 참되신 말씀이라."

어린양 되신 주께서 신부를 자기 자신에게로 데려가는 어린양의 혼인잔치에 청함을 받는 자의 특권이여! 신부는 밖에나 안에나 완전한 의의 예복을 입고 나타날 것입니다. 그 기이한 결혼잔치에 나타날 자의 축복이여! 유다가 그의 짧은 서신을 끝맺으면서, "능히 너희를 보호하사 거침이 없게 하시고 너희로 그 영광 앞에 흠이 없이 즐거움으로 서게 하실 자, 곧 우리 구주 홀로 하나이신 하나님께 우리 주 예수 그리스도로 말미암아 영광과 위엄과 권력과 권세가 만고 전부터 이제와 세세에 있을지어다." 이렇게 말한 것은 이상한 일이 아닙니다.

우리는 어떻게 느껴야겠습니까? 우리는 정확히 결혼하게 될 어떤 여자와 같은 느낌을 가져야 할 것입니다. 우리는 그 큰 날을 고대하고 그날을 위해서 살아 나가야 할 것입니다. 그 외에 모든 일보다 이것을 우리 생애의 중심으로 삼아야 할 것입니다. 우리는 이것으로 활력을 얻고 감격하여 살며 그날ㅡ친지들이 지켜보는 가운데서 거행될 영광스럽고 아름답고 찬란한 그 결혼식 날을 고대하고 살아야 할 것입니다.

"이는 자기 앞에 영광스러운 교회로 세우사 티나 주름잡힌 것이나 이런 것들이 없이 거룩하고 흠이 없게 하려 하심이니라." 신랑은 신부의 눈을 바라보고 신부는 신랑의 눈을 쳐다봅니다! 우리 주님께서 이 땅에 오셔서 살다가 죽으시고 그런 후 다시 살아나셨는데, 그것은 바로 그날을 위해서입니다. 그것이 우리를 향하신 주님의 목적이십니다.

우리가 그런 자리에 이르게 하기 위해서 죽으셨고 우리를 구별해 내셨습니다. 그렇게 되도록 우리를 양육합니다. 우리에게 은혜를 주사 그리스도 교회의 지체 된 것이 얼마나 찬란한 특권인가를 깨닫게 하여 주소서! 우리는 땅엣 것이 아니라 우리를 기다리는 그 영광에 애정을 쏟게 될 것입니다. 주여! 우리에게 은혜와 강함과 지혜를 주셔서 그 영광의 얼마를 깨닫게 하소서!

## 제 13 장

## 한 몸

> 남편들아 아내 사랑하기를 그리스도께서 교회를 사랑하시고 위하여 자신을 주심같이 하라 이는 곧 물로 씻어 말씀으로 깨끗하게 하사 거룩하게 하시고 자기 앞에 영광스러운 교회로 세우사 티나 주름잡힌 것이나 이런 것들이 없이 거룩하고 흠이 없게 하려 하심이니라 이와 같이 남편들도 자기 아내 사랑하기를 제 몸같이 할지니 자기 아내를 사랑하는 자는 자기를 사랑하는 것이라 누구든지 언제든지 제 육체를 미워하지 않고 오직 양육하여 보호하기를 그리스도께서 교회를 보양함과 같이 하나니 우리는 그 몸의 지체임이니라 이러므로 사람이 부모를 떠나 그 아내와 합하여 그 둘이 한 육체가 될지니 이 비밀이 크도다 내가 그리스도와 교회에 대하여 말하노라 그러나 너희도 각각 자기의 아내 사랑하기를 자기같이 하고 아내도 그 남편을 경외하라(엡 5:25-33)

우리는 아직도 교회와 그리스도의 관계를 말하는 교리를 고찰하고 있습니다. 그러나 우리가 알아본 것만으로는 만족할 수 없습니다. 좀더 나아가 봐야 합니다. 그렇게 할 때 사도가 주장하는 원리가 훨씬 더 높은 차원에까지 미친다는 것을 발견하게 될 것입니다. 여러분은 그리스도의 신부인 우리를 기다리는 영광에 대해 27절만큼 뛰어난 진술이 없을 거라고 생각하셨을 것입니다. 그러나 그 교리는 그보다 더 나아갑니다. 아직도 너무 놀라워서 거의 믿어지지 않을 정도로 경이로운 일이 있습니다. 그리스도와 교회 사이의 신비적 연합이라는 특이한 교리가 바로 그것입니다.

사도의 논증은 이러합니다. 우리가 그리스도와 교회의 신비적 연합의 교리를 이해하기까지는 결혼이 무엇을 뜻하는지 진정으로 이해할 수 없다는 것입니다. 우리는 그 교리들이 각각 서로간에 빛을 던져 주고 있음을 발견하게 될 것입니다. 그리스도와 교회 사이의 신비적 연합을 이해할 수 있도록 합시다. 교회와 그리스도 사이의 신비적 연합은 우리를 도와 남편과 아내 사이의 연합을 이해할 수 있게 합니다. 바꾸어서 남편과 아내 사이의 연합은 그리스도와 교회의 신비적 연합에, 교회와 그리스도 사이의 신비적 연합은 우리를 도와 남편과 아내 사이의 연합을 이해할 수 있게 어느 정도의 빛을 비춰 주고 있습니다. 그 점은 이 전체 진술에 있어서 경이로운 것입니다.

인간적인 유추와 예화는 성스런 진리를 이해하는 데 도움을 줍니다. 그러나 우리가 지난 장에서 분석한 바에 비추어 볼 때, 모든 일을 이해할 수 있게 하는 것은 신성한 진리를 이해하는 것입니다. 그러므로 우리는 스스로에게 이 존귀한 교회와 그리스도의 연합 교리를 명심시켜야 하는 것입니다.

우리는 모두 32절의 "이 비밀이 크다"는 말씀에 의하여 의심할 여지 없는 위로를 받습니다. 그러므로 우리는 조심스럽게 기도하는 마음으로 그것에 접근해 나가야겠습니다. 우리가 성령만이 하실 수 있는 기름부음과 감동을 떠나서는 그것을 전혀 이해하지 못하게 될 것입니다. 중생치 못한 자들이나 회개하지 못한 자나 세상 사람에게 있어서 그것은 순전히 넌센스입니다. 세상이 그 일에 대해 말하는 것은 "이 비밀이 크다"는 것입니다. 그 일은 심지어 그리스도인들에게까지도 커다란 신비입니다.

그러나 하나님께 감사합니다. 신약성경에서 "비밀"이라는 어휘가 그것은 전혀 이해될 수 없는 것이라고 하는 의미를 결코 나타낸 적이 없습니다. "비밀"이라는 말은 도움을 입지 않는 인간의 마음에는 어려운 의미입니다. 그 마음이 얼마나 위대하느냐는 문제가 아닙니다. 세상에서 가장 위대한 두뇌를 가진 자나 가장 위대한 철학자라 할지라도 그가 중생치 않은 사람이라면, 풋나기에 지나지 않으며 어린아이에 불과합니다. 정말 그는 영적인 의미에서 죽어 있는 사람입니다. 그는 이와 같은 유의 문제에 대해서는 그것이 어떠한 것이든지 이해하지 못하는 것입니다. 이것은 영적인 진리입니다. 다만 그것은 영적인 방식으로만 이해되는 것입니다. 이 모든 일에 대한 가장 훌륭한 논평은 다시 말씀드리지만 고린도전서 2:6 이하에 있는 말씀입니다. 그러므로 그런 차원 높은 주제가 흔히 오해된다든지 그것도 아주 철저하게 오해되는 일이 있다는 것은 이상한 일이 아닙니다. 예를 들어서 이 점에 대한 로마 카톨릭교회의 교훈을 생각해 보십시다. 로마 카톨릭교회는 흠정역 성경(AV)이 "비밀"이라고 번역한 말을 "성사"(Sacrament)라고 번역합니다. "이는 큰 성사"라고 읽습니다. 그들이 그들의 교리를 정교화시켜 결혼이 7성례 중에 하나라고 주장하는 근거가 바로 이 진술입니다. 그들은 프로테스탄트가 말하는 두 성례, 즉 세례와 성찬만이 성례가 아니라 결혼도 성례라는 것입니다. 그들은 이 본문 구절을 그 주장의 근거로 삼습니다. 그런 근거 위에서 결혼을 사제에 의해서만 수행될 수 있는 성례로 간주하는 것입니다. 그것은 단지 사제주의를 정교화시키고 기독교에 마술적인 요소를 도입하는 방식 중 그 한 실례에 지나지 않습니다. 그것은 모두 그 일을 위해서 고안된 것입니다.

그러나 그것은 전체를 통제하는 이론의 관심 여하에 따라서 성경이 얼마나 많이 곡해되며 잘못 사용될 수 있고 얼마나 잘못 적용될 수 있는가를 보여 주는 것입니다. 처음부터 교회와 사제제도를 높이기 시작하려면 가능한 모든 수단을 써서 주위를 울타리로 막아야만 할 것입니다. 그것이 로마 카톨릭이 하는 일입니다. "종부성사"(extremenunction)는 사제에 의해서만 집행될 수 있는 일이다. 그러나 종부성사는 성례다 운운… 이 모든 일들은 순전히 인위적인 사제의 권력을 보충하기 위해서 만들어진 것입니다.

내가 여기에 주의를 집중시키고 있는 것은 오로지 이와 같은 진술이 얼마나 잘못 해석될 수 있는가를 보여 주기 위한 것입니다. 결국 로마 카톨릭의 해석이 얼마나 철저하게 잘못되어 있는가를 보여 주는 것은 사도가 같은 점에서 연이어 하는 말씀입니다. "내가 그리스도와 교회에 대하여 말하노라." 바로 그것이 바울이 언급하고 있는 신론(비밀)입니다. 그것은 한 남자와 한 여자 사이의 결혼에 빛을 비추어 줍니다. 그러나 사도는 "그리스도와 교회에 대하여" 말하고 있는 것입니다. 이처럼 진정한 신비는 그리스도와 교회 사이의 관계입니다. 그렇게 볼 때 로마 카톨릭은 그리스도와 교회 사이의 관계가 성사라고 믿을 수밖에 없게 되어 있습니다. 그러나 그들이 그렇게 말하지 않는 것은 자기들이 그렇게 믿으면 어리석게 될 것이기 때문입니다. 어쨌든 이상은 이 문제가 철저하게 오해될 수 있는 방식 중 한 가지 예에 불과합니다.

우리는 로마 카톨릭교회의 견해를 반박하였으니 다시 이 구절을 살펴보십시다. "이 비밀이 크도다." 바울이 의미하는 바는 그것이 매우 심오한 문제라는 것입니다. 이 문제는 여러분의 모든 주의력을 집중시킬 것입니다. 사도가 이미 1장에서 이 서신의 수신자들을 위하여 기도했던 것이 필요하다는 것을 보여 주는 문제입니다. 성령으로 말미암아 "너희의 이해의 눈이 밝혀지길 바란다"는 것입니다. 만일 그 문제를 성령에 의한 기름 부음을 통하여 접근하지 않는다면 우리에게 직면해 올 세 가지 주요 위험들이 있습니다.

첫째는, 그것을 전혀 숙고하지 않으려는 것입니다. 안타깝게도 많은 그리스도인들이 그런 위험에 빠져 있습니다. 그들은 말합니다. "아 이것은 어려운 문제다." 그것이 어렵기 때문에 자기들은 그것을 이해하려는 시도를 그만두고 다음 진술로 건너 뛴다는 것이지요. 이런 태도에 대해 오랜 시간을 지체할 필요가 없습니다. 그런 짓은 절대로 옹호될 수도 행해져서도 안 되는 일입니다. 성경에 어려운 문제들이 있다는 단순한 사실이 우리가 그것들을 지나쳐 버려야 함을 의미하지는 않습니다. 그 난제들이 거기에 있는 것은 우리의 배움과 교훈을 위한 것입니다.

그것들이 아무리 어렵다 할지라도 우리는 반드시 최선을 다해 그것을 이해하고 파악해야 하는 것입니다. 바로 그 점이 기독 교회가 존재하는 이유들 가운데 하나입니다. 주님이 "어떤 이들을 사도와 선지자와 목사와 반포자와 교사로 세우신 것"은 그 때문에입니다. 이러한 일들에 우리를 훈계하기 위해서입니다. 또한 그렇게 함으로써 우리는 그 난제들을 파악할 수 있는 것입니다. "아 이것은 너무 어려운데" 하고는 바로 다른 데로 옮아가지 말아야 합니다. 만일 이 비밀 — 그리스도와 교회 사이의 비밀 — 을 이해하려 노력하지 않는 한, 여러분이 결혼한 사람들이라고 하더라도 여러분 자신의 결혼을 결코 이해하지 못하게 될 것입니다. 사도가 이것을 쏨은 여러분의 이해를 돕기 위함입니다.

둘째는, 완전히 신비를 제외시켜 놓거나 떼어 버릴 정도로까지 그것을 다루는 위험입니다. 여러 주석가들을 포함해서 많은 사람들이 그렇게 해왔습니다. 그들은 이 "신비적 연합"과 이에 관한 교훈을 너무나 두려워한 나머지 그것을 단순한 일반적인 유사성의 문제로, 단순한 관심의 통일성의 문제로 귀추시키는 것입니다. 그러나 그것은 그로부터 바른 "비밀"(신비)을 떼어 내버린 것입니다. 그들은 말합니다. "이것은 단지 과장되게 표현한 말에 불과하다. 그것은 사도에 의해서 사용된 극히 극적인 표현이다." 그러나 그렇게 말하는 것은 바울이 "이 비밀이 크다"고 말한 사실을 무시한 처사입니다.

비밀(신비)을 감해서는 안 됩니다. 그것을 평범한 것으로 만들어서도 안 됩니다. 이것은 우리가 그리스도인의 생활과 기독교 교훈의 여러 국면에서 직면하는 위험입니다. 두 성례에 관련하여 우리가 당하는 위험입니다. 너무 많이 말하는 것을 두려워한 나머지 너무 적게 말하는 위험! 우리는 그 위험을 피해야 합니다.

세번째 위험은, 이 모든 비밀을 너무 세밀하게 파헤치려는 위험입니다. 그 문제에 부딪쳐 보는 것이 우리의 임무임을 깨닫고 그것을 이해하려고 노력합니다. 그런 다음에 그것을 파헤쳐 나갑니다. 그러다가 그것을 너무나 파헤치다 보니 비밀(신비)이 하나도 없게 됩니다. 역시 그것이 나쁜 것은 명백합니다. 왜냐하면 사도는 친히 "이 비밀이 크다"고 말했기 때문입니다. 그것은 우리가 그것을 전혀 이해할 수 없다는 것을 의미하는 것이 아닙니다. 그러나 그것을 완전하고 철저하게 이해할 수 없는 것이라는 것을 의미합니다. 여전히 우리의 이해를 추월하고 결국 경외와 놀람으로 남겨 둘 수밖에 없는 부분이 있다는 것을 의미하고 있습니다.

우리가 이 큰 신비를 접하게 될 때 이들 특별한 함정들을 피하도록 노력합시다. 이것은 놀라운 진리입니다. 우리는 여기서 성경에서만 발견되는 희귀한 차원들에 도달해 있는 것입니다. 그리스도와 교회의 신비적인 관계에 관해서 사도는 무어라 가르치고 있습니까? 우리는 매우 친숙한 것으로부터 시작할 수 있습니다. 왜냐하면 우리는 이 서신의 앞부분에서 그것을 벌써 만나보았기 때문입니다. 사도가 말하는 첫번째는 교회란 그리스도의 "몸"이라는 것입니다. "이와 같이 남편들도 자기 아내 사랑하기를 제 몸같이 할지니 자기 아내를 사랑하는 자는 자기를 사랑하는 것이라"(28절). "누구든지 언제든지 제 육체를 미워하지 않고 오직 양육하여 보호함같이 하나니"(29절). 더 나아가 "우리는 그의 몸의 지체들이라." 바울은 이미 1장 끝에서 다시 4:16에서 이 교훈을 소개했습니다.

그러나 사도는 관계가 친밀하다는 특징적인 원리를 나타내 주길 갈망하기 때문에, 이 점을 우리에게 상기시키는 일을 조심스럽게 하고 있습니다. 그것은 머리와 몸, 각 지체간의 관계입니다. 바울이 강조하고 싶어하는 것은 남편과 아내의 관계가 단순히 외적 관계만은 아니라는 것입니다. 외적인 관계도 있긴 하지만 그것보다 훨씬 이상의 것이 있다는 것입니다. 결혼의 주요한 특징은 단순히 두 사람이 함께 산다는 데 있는 것이 아닙니다. 그것은 시작에 불과합니다. 그보다 훨씬 놀라운 것이 있습니다. 바울은 이르기를 교회란 사실상 그리스도의 지체라는 것입니다. 몸의 각 지체들이 몸의 일부분들이고 머리가 몸의 주요 부분인 것처럼 그리스도는 교회의 머리가 되신다는 것입니다.

바울은 1장 말미에서 "또 만물을 그 발 아래 복종하게 하시고 그를 만물 위에 교회의 머리로 주셨느니라 교회는 그의 몸이니 만물 안에서 만물을 충만케 하시는 자의 충만이니라." 다시 4장에서 "그는 곧 머리니 그리스도라 그에게서 온몸이 각 마디를 통하여 도움을 입음으로 연락하고 상합하여 각 지체의 분량대로 역사하여 그 몸을 자라게 하며 사랑 안에서 스스로 싸우느니라"(16절). 우리는 그 원리를 꼭 붙잡고 있어야 합니다. 그 원리는 일차적으로 신비적 교리를 이해하는 데 있어서 진수가 되는 것입니다.

그러나 그것은 서론에 불과합니다. 바울은 더 나아가서 30절에 이르기를 "우리는 그 몸의 지체입니다." 여기에다 "그 살과 뼈의 지체"라고 하는 것을 붙이고 있습니다. 교회가 주 예수 그리스도에게 가지는 관례를 언급하고 있는 것입니다. 사실상 신비로 접어 들어가는 지점은 바로 여기입니다. 교회를 그리스도의 몸으로 보는 개념은 어렵기는 하지만 "그의 살과 뼈의 지체라"고 하는 것만큼 어려운 것은 아닙니다. 어떤 이들은 이 부분의 말씀이 어떤 사본(寫本)들에는 나타나지 않는다는 것을 지적만 하고 이것을 완전히 언급하지 않으려 하는 사람들이 있습니다. 그러나 가장 훌륭한 사본들에는 "또한 그의 살과 뼈의 지체로"(of his flesh and his bones)라는 말이 나타난다는 것을 가장 권위있는 자라면 어느 누구나 인정하고 있는 바입니다.

그러므로 그런 모양으로 그 문제를 풀 수는 없습니다. 실로 전체 문맥과 창세기 2장은 그 부분을 고수해야 하는 것을 주요하게 만듭니다. 그것을 고수하지 않는다면 창세기 2장을 인용하는 것은 무모하고 쓸데없는 일입니다. 내가 보여 드리고자 하는 바와 같이 바울은 거기서 창세기 2장을 지적하고 있음이 분명합니다. 그는 틀림없이 여기서도 같은 일을 행하고 있습니다.

여기서 우리는 이 신비의 핵심에 들어갑니다. 사도의 의도와 목적도 여전히 동일하다고 하는 것을 의중에 두어야 합니다. 만일 교회가 그리스도의 몸이라고 말하는 것만으로 끝마친다면, 우리가 느슨한 접촉을 연상하면서 그것을 생각할 수 있는 것입니다. 물론 그렇게 해서는 안 됩니다. 왜냐하면 몸에 관해서 어느 정도 아는 사람은 누구나 각 부분의 지체들이 느슨한 연락(連絡)으로 구성되지 않았다는 것을 알기 때문입니다. 손가락이 손에 붙어 있고 손이 팔에 붙어 있는 식으로 몸이 구성돼 있지 않다는 것은 두 말할 필요가 없습니다. 몸에 있어서 진수와 같은 사항은 유기적인 통일체라는 것입니다. 사도가 "우리는 그 몸의 지체요 그의 살과 뼈라"(We are members of His body, of His flesh, and of His bones)고 한 것은 바로 그 원리를 강조하고 보전하기 위해서입니다.

그 문제를 해결하는 유일한 방법은 여기서 보는 바대로 사도 자신이 우리에게 제공한 힌트를 따라 가보는 것이며, 창세기 2:23에 있는 진술로 되돌아가 보는 것입니다. "아담이 가로되 이는 내 뼈 중의 뼈요 살 중의 살이라"는 이 말씀은 잘못 해석되어 왔던 진술입니다. 에베소서 5:30은 성육신을 언급하고 있는 것이라고 주장하는 사람이 있습니다. 그 말씀은 단지 주 예수 그리스도께서 세상에 오셔서 인성(人性)을 입으셨다는 것,

다시 말하면 우리의 살과 뼈를 취하셨다는 것을 돌려서 표현하는 것에 불과하다고 주장합니다. 그러나 그러한 해석은 전혀 불가능한 해석입니다. 사도는 주 예수 그리스도가 복되신 삼위일체의 제2격위(Second Person)로서 "우리의 살과 뼈를 취하셨다"는 것을 말하고 있지 않습니다. 그가 말하는 것은 "우리가" 그의 살과 뼈에 참여하여 "우리가 그의 몸의 지체요 살과 뼈라"는 것입니다. 그 해석과 반대입니다. 그렇기 때문에 그것은 올바른 설명이 되지 않습니다.

다음 이 31절은 주의 성찬 문제에서 심각하게 오해되었습니다. 사도가 "우리는 그 몸의 지체요 살과 뼈"라고 쓸 때, 그는 우리 주님의 영화된 몸을 가리키고 있는 것이라고 주장했던 자들이 있었습니다. 주 예수 그리스도께서 입으신 몸은 영화되었는데, 그들은 말하기를 우리가 문자 그대로 그 영화된 몸의 지체들이요 부분이라는 것입니다. 그러나 그 주장을 일축해 버리는 것이 있는데, 일단 영화된 몸은 하늘에 있다는 사려 깊은 생각이 그것입니다. 그러므로 그것이 우리에게 적용된다는 것은 불가한 일입니다.

그러나 더 나아가 보면 그들은 성찬의 문제를 들고 나왔습니다. 로마 카톨릭 신봉자들은 여기에 문제가 없다고 말합니다. 그들은 성찬탁(聖餐卓)에서 사제가 한 이적을 베풀어서 떡덩이를 바로 그 주 예수 그리스도의 "살과 뼈"로 바꾼다고 가르치고 있습니다. 그것이 화체이론(transubstantiation)입니다. 접시에 놓인 것이 떡같이 보이지만 그것은 비본질적인 떡의 "성질"뿐이지 실체는 변화되었다는 것이지요. 겉으로 희게 보이기는 하지만 사실은 성찬을 참여하는 자에게 주는 것은 그리스도의 몸이라는 것입니다. 그래서 떡을 받아 먹을 때 아울러 "그의 살과 뼈"를 먹고 있는 것이라고 합니다. 그리하여 그리스도의 일부분이 된다는 것입니다. 그들은 요한복음 6장의 가르침에서 이 주장을 뒷받침하기 위한 시도를 폅니다.

화체이론은 아니나 "공재설"(Consubstantiation)이라 하는 루터파 교리도 거의 이와 같은 것입니다. 그들은 말하기를 떡이 실제로 그리스도의 몸으로 변하는 것은 아니나 그리스도의 영화로운 몸이 떡 속에 들어가 거기에 임재하여 있다는 것입니다. 그러므로 떡과 함께 그리스도의 영화된 몸을 먹고 있는 것이 됩니다. 이 주장들은 이 구절이나 전체 문맥을 살펴보아도 사도가 그런 식으로 말했다고는 도저히 추측될 수 없는 것입니다. 그런데 그것을 개입시켜 넣었던 것입니다. 그것은 문맥을 떠나서 신비를 캐보려는 시도입니다. 이상의 분석을 비추어 볼 때 그것은 비밀을 완전히 제거해 버린 것입니다.

사도 자신의 인도함을 따라하기만 한다면 우리는 기어코 진정한 해결점에 이르게 될 것입니다. 바울은 창세기 2:23을 인용하고 있는 것이 틀림없습니다. "아담이 가로되 이는 내 뼈 중의 뼈요 살 중의 살이라." 바울의 유추는 분명히 아담과 하와를 그리스도와 교회에 적용시킨 것입니다. 그러므로 교회를 말할 때 "우리가 그의 몸의 지체요 살과 뼈라"고 하는 것은 바른 것입니다.

그러나 그것은 무엇을 암시하고 있습니까? 우리는 아직도 신비의 세계로 더 들어가 보아야 합니다. 이 일은 마치 어떤 동굴을 따라 걸어 들어가는 것과 같습니다. 거기서 첫번째 방을 봅니다. 그 다음에 또 다른 열려 있는 통로를 발견합니다. 계속해서 그리로 따라 들어갑니다. 그런데 가장 깊은 밀실에 가보니 거기에 최고의 보화가 있습니다. 사도는 무엇을 의도하고 있습니까? 그것은 창세기 2:23의 의미에 달려 있습니다. 대답은 분명합니다. 여자가 남자에게서 취한 것으로 만들어졌다는 것입니다. 창세기 2:23의 정확한 말씀을 아십니까? "아담이 가로되 이는 내 뼈 중의 뼈요 살 중의 살이라 이것을 남자에게서 취하였은즉 여자라 하니라." 그러면 왜 그녀가 "여자"라고 불리어졌습니까? 그것은 "그녀가 남자에게서 취하여졌기 때문입니다." 그러므로 여자에 대한 진정한 정의는 남자에게서 취한 자라고 하는 것입니다.

그러나 다시 이것이 되어진 방식을 주목해 보십시오. "여호와 하나님이 가라사대 사람의 독처하는 것이 좋지 못하니 내가 그를 위하여 돕는 배필을 지으리라"(18절). 20절에는 "아담이 모든 육축과 공중의 새와 들의 모든 짐승에게 이름을 주니라 그러나 아담이 돕는 배필이 없으므로"라 하였습니다. 짐승들이 지음을 받았고 아주 훌륭했지만 그들 가운데 하나도 그 남자를 돕는 배필은 아니었습니다. 거기에 사람과 짐승의 주요한 차이가 있습니다. 사람은 맨 마지막에 창조되었지만 동물에서 진화된 것이 아닙니다. 짐승이 아무리 훌륭하다 해도 가장 못난 사람과 본질적으로 다릅니다. 그는 다른 질서, 전혀 다른 체제에 속해 있습니다. 인간은 독특하게 하나님의 형상으로 만들어졌습니다. 그러므로 짐승들이 아무리 훌륭하다 해도 인간과 비교될 수 있는 짐승이 없으며 인간이 필요로 하는 반려(伴侶)는 되지 못합니다.

"여호와 하나님이 아담을 깊이 잠들게 하시니 잠들매 그가 그 갈빗대 하나를 취하고 살로 대신 채우시고 여호와 하나님이 아담에게서 취하신 그 갈빗대로 여자를 만드시고 그를 아담에게로 이끌어 오니라." 여자는 남자에게서 취함을 받았습니다. 그의 실체와 "살"과 "뼈"로부터 취함을 받은 것입니다. 여자는 무엇입니까? 그녀는 남자와 같은 실체요, "그의 몸과 뼈"입니다. 하나님은 수술을 하셨습니다. 남자를 깊이 잠들게 하신 다음에 수술이 진행되었습니다. 한 지체가 취함을 받아 그로부터 여자가 만들어졌습니다.

"이 비밀이 크도다 내가 그리스도와 교회에 대하여 말하노라", "우리는 그 몸의 지체요 살과 뼈이다." 왜 그렇습니까? 여자는 처음에 하나님께서 남자에게 하신 수술 결과 만들어졌습니다. 왜 교회가 존재케 되었습니까? 하나님께서 갈보리 언덕 위에 두번째 사람인 그의 독생자, 그의 사랑하는 아들에게 어떤 일을 하신 결과입니다. 깊은 잠이 아담에게 닥쳐왔습니다. 깊은 잠이 하나님의 아들에게 왔습니다. 하나님은 그 어린양을 버리셨습니다. 그 다음에 하나님은 숨을 깊이 내쉬셨습니다. 교회가 탄생한 것입니다. 여자가 아담에게서 취함을 받은 것처럼 교회가 그리스도에게서 취함을 받았습니다. 여자가 아담의 갈빗대에서 취함을 받았듯이, 교회도 주님의 피흘림에서 나오고 창에 상한 허리에서 교회가 나옵니다. 그것이 교회의 근원입니다. 역시 교회는 "그리스도의 살 중의 살이요 뼈 중의 뼈입니다." "이 비밀이 크도다."

여러분은 그 점을 아시겠습니까? 주 예수 그리스도가 신약에서 "둘째 사람", "마지막 아담"으로 지정되는 것이 우연이 아닙니다. 사도는 여기의 이런 국면에서 이것이 그리스도에게도 진리라는 것입니다. 우리는 개인적인 의미에서 그리스도에 대한 우리의 관계를 정상적으로 생각합니다. 그것은 옳은 일입니다. 로마서 5장의 그리스도인과 주 예수 그리스도와의 관계에 관련한 교훈을 생각해 봅시다. 거기서 여러분은 첫 사람과 둘째 사람 사이의 비교를 하게 될 것입니다. 로마서 5장은 우리가 아담의 범죄에 어떻게 참여하며, 어떻게 해서 우리가 그리스도의 의에 참여하게 되는가를 말해 주고 있습니다. 이쪽에서 적용되는 진리는 저쪽에도 적용이 됩니다. 거기서는 강조점이 개인에게 주어져 있습니다. 여기서는 교회 전체의 입장에서 상호 관계를 말합니다. 바울이 가르치고 있는 것은 크게 신비로운 것입니다. 여자가 남자의 허리에서 취하여졌기 때문에 여자를 "그의 살과 뼈라" 하는 것은 진리입니다. 이와 같이 교회는 그리스도에게서 취함을 받았고, 그의 부분이며 그 몸과 그 뼈의 지체입니다. 그는 마지막 아담이요 둘째 사람입니다. 하나님께서 첫 사람을 수술하여 그의 신부를 내셨듯이 두번째 사람에게 하신 수술을 통해서 더 무한한 영광으로 같은 일을 하셨습니다.

그러나 우리는 더 나아가 보십시다. 우리는 두렵고 떨림으로 그렇게 해야겠지만 더욱 나아가 봅시다. 사도는 우리가 그리스도의 본질 자체의 일부라고 하는 사실을 강조하고 있습니다. 28절에서 "자기"(himself)라는 말을 사용하는 것을 보실 것입니다. "이와 같이 남편들도 자기 아내 사랑하기를 제 몸같이 할지니 자기 아내를 사랑하는 자는 자기를 사랑하는 것이라." 여전히 같은 사상입니다! 몸은 남자의 일부입니다. 그러므로 제 몸에 관심을 둘 때 자기 자신에게 관심을 두고 있는 것입니다. 그는 자기와 이혼할 수 없습니다. 그의 몸을 위해 일하고, 일하고 있을 때 자기 자신을 위해서 무엇을 행하고 있는 것입니다. 그것은 몸이 그 자신의 일부이기 때문입니다.

그리스도와 교회 사이의 관계가 바로 그러합니다. 그것은 우리가 신적(神的)이라는 것을 의미하지 않습니다. 우리는 반드시 그에 관해서 조심해야 합니다. 우리 그리스도인은 신들도 아니며 신적이지도 않습니다. 그러나 그것은 주 예수 그리스도가 새로운 인간성의 형성자요 창시자임을 의미하는 것입니다. 한 인간성이 아담 안에서 시작되었고 새로운 인간성이 주 예수 그리스도 안에서 시작되었습니다. 우리는 그것을 누리는 분참자들입니다. 베드로후서 1:4의 "우리가 신의 성품에 참여하는 자가 되게 하려 하셨다"고 하는 말씀이 있는 것은 그 이유에서입니다. 우리는 중보자가 지금 가지고 있는 이 성품에 참여하는 자입니다. 성육신을 통하여 오셔서 계획하셨던 모든 것을 행하신 그분의 성품에 함께 참여하고 있는 것입니다. 우리는 우리의 생명과 존재의 젖줄을 그에게 두고 있습니다. 우리는 진정으로 그의 지체들입니다.

그러나 마지막으로 31-32절로 나아가 보아야 합니다. "이러므로 사람이 부모를 떠나 그 아내와 합하여 그 둘이 한 육체가 될지니 이 비밀이 크도다." "내가 그리스도와 교회에 대하여 말하노라." 여기서 우리는 다시 사도가 창세기 2장으로 되돌아가는 의미가 무엇인지 이해할 수가 있습니다. 이 구절은 창세기 2:24의 직접적인 인용입니다. 그러나 정확히 그것은 무엇을 의미합니까? 이 점에 있어서 경악하면서 "아, 이것은 큰 비밀이다. 그러니 너무나 억지를 부리지 않도록 반드시 주의해야만 한다"고 말하는 사람이 있습니다.

그래서 그들은 사도가 "둘이 한 육체가 될지니"라는 창세기 2:24을 인용하여 소개하는 것을 단순히 그의 인용을 마무리짓기 위한 것이라고 주장합니다. 그러나 사도는 그런 유의 일을 하고 있는 것이 아닙니다. 사도는 어떤 말씀을 인용함에 있어서 어떤 목적이나 의도 없이 인용하는 일은 없습니다. 그들은 주장합니다. 물론 이 말은 명백히 주 예수 그리스도와 교회와 아무런 관계를 갖고 있지 않다.

여기서 바울은 사실상 남편들과 아내들에 관해서 말하고 있다. 그는 이 시점에 있어서 교회에 관해 말하고 있지 않다. 그러나 나는 그것을 받아들일 수 없습니다. 왜냐하면 바울이 "이는—내가 말해 왔던 바로 그것은—큰 비밀이다. 그러나 나는 그리스도와 교회에 대해 말하노라"고 말하고 있기 때문입니다.

나는 "한 몸"에 관한 표현이 남편과 아내의 관계에 적용되는 것처럼 그리스도와 교회 사이에도 적용된다고 믿습니다. 그러나 우리가 유의해야 할 것이 있는데 이것은 큰 비밀(신비)이라는 것입니다. 나는 그것을 완전하게 이해한 척하지도 그런 시도도 하지 않습니다. 그러나 동시에 신비를 떼어내길 원치도 않습니다. 다만 이 신비적인 관계, 즉 바울이 말하는 특이한 연합, 바울이 말하는 일체에 관한 이 교훈을 고수하기를 원합니다. 이렇게 설명하는 것이 좋을 것 같습니다.

곧 창세기 2장으로 돌아가 보면 이런 말씀이 발견됩니다. 아담은 원래 하나의 완벽한 사람이었습니다. 그러면서 그에게 부족한 것이 있었는데, 그것은 그에게 도울 배필이 없었다는 것입니다. 그래서 하나님이 아담을 잠들게 하시고 그에게 수술을 하심으로 한 사람이었던 이 사람이 두 사람, 아담과 하와, 남자와 여자로 됩니다. 여자가 남자에게서 취함을 받았습니다. 이처럼 여자는 남자의 일부입니다. 그 여자는 남자처럼 무에서 창조된 것이 아니고 남자에게서 취함을 받은 것입니다. 그래서 그녀는 남자의 일부가 되는 것입니다.

그러나 거기서만 끝나지 않습니다. 그리고 내가 비밀의 포인트를 아는 곳은 이 점에서입니다. 한편에서는 그들은 이제 둘입니다. 그러나 다른 편에서는 그들은 둘이 아닙니다. "이러므로 사람과 부모를 떠나 그 아내와 합하여 그 둘이 한 육체가 될지니." 바로 이것이 비밀의 진수입니다. 어느 의미에서 그들이 둘이 되고, 어느 의미에서 그들은 둘이 아닙니다. 우리는 결코 이 연합을 잊어서는 안 됩니다. 이 일체성, "한 육체"의 사상을 잊지 마십시오.

우리는 그 비밀의 가장 높은 봉우리에 오르도록 하십시다. 아담은 하와가 아니고서는 불완전했습니다. 부족함과 미비점이 하와의 창조로 말미암아 메꾸어졌습니다. 그러므로 어느 의미에서 하와는 아담을 "완전하게" 하였으며, 아담 안에 있는 부족을 메꾸었다고 말할 수 있습니다. 그리고 그것은 정확히 그리스도와의 관계에 있어서, 교회에 관해서 사도가 말하는 바입니다. 다행히도 사도는 이미 1:23에서 우리를 위해 "교회는 그의 몸이 만물 안에서 만물을 충만케 하시는 자의 충만이니라"고 말했습니다.

교회는 그리스도의 "충만"입니다. 바울은 이르기를 교회는 말하자면 만물을 충만케 하는 "그리스도의 충만"이라는 것입니다. 나는 여기 5장에서도 사도가 그 진리를 반복하고 있는 것임을 주장합니다. 아담과 하와가 한 육체가 되었고 하와가 아담의 충만을 조성해 주었듯이 교회도 그리스도의 충만을 이루어 준다는 것입니다. 신약 어디서나 이 "충만"이란 어휘가 쓰일 때는 바로 그런 의미가 부여됩니다. 권위있는 자들은 누구나 그 의견에 동조합니다. 그리스도가 교회의 충만이 아니라 교회가 그의 충만을 이룹니다. "교회는 만물 안에서 만물을 충만케 하시는 자의 충만이니라."

우리는 그 문제를 이런 식으로 살펴볼 수 있습니다. 주 예수 그리스도는 하나님의 영원한 아들로서 완벽하고 완전하고 철저하며 영원부터 계셨습니다. "하나님의 모든 충만하심이 그 안에서 몸으로 거하십니다." 그는 아버지와 동등하며 동등하게 영원하십니다. 신성의 전체 충만이 3위(位)의 각위 안에 있습니다. 부족함이란 없으며 배울 것도 없으며 결핍하여 있는 것도 없습니다. 그러나 중보자로서의 그리스도는 교회가 아니고서는 충만하지 못합니다. 이제 그것이 신비입니다. 모든 것 중에서 가장 영광스러운 신비입니다. 중보자로서 그리스도는 친히 위하여 죽으신 모든 영혼들이 그 안에 모이기 전에는 충만하거나 완전하지 못합니다. "이방인과 모든 이스라엘의 충만한 수가 차기까지"는 아닙니다. 그때에만 그리스도는 충만해질 것이요, 그에 대한 그 충만이 완전하게 될 것입니다.

이는 구원의 큰 비밀이며 우리가 그처럼 유의하는 것도 그 까닭에서입니다. 그러나 구원의 교리는 하나님의 복되신 영원한 아들이 우리를 구원하시기 위해서 스스로 제한되셨다는 것을 함축합니다. 인성 안에 제한되셨습니다. 그러면서 영원히 하나님의 본체로 계십니다. 거기에는 어떤 제한이나 그의 신성에 손상도 없습니다. 그것이 큰 신비입니다. 그리고 우리는 결코 그것을 뿌리까지 이해해야 했다고 별러서는 안 됩니다. 그렇게 이해될 수가 없습니다. 그러나 이것은 교훈입니다. 그는 변함없는 분으로 존재하십니다. 그렇습니다. 그러나 그는 사람이 되었고, 이 세상에 계실 때 죄 있는 몸의 모양으로 계시고 무지와 약함 아래에 들어가셨습니다. 그리고 중보자로서 그의 교회가 완전하게 될 때까지는 완전치 못할 것입니다. 그는 자기에게 연합되어야 할 신부가 있습니다. 그 둘이 "한 육체"가 됩니다.

주 예수 그리스도께서 하늘로 가실 때 그는 그의 몸을 떼어 버리지 않으시고 몸을 입고 가셨습니다. 지금 그는 인성을 지니고 있습니다. 앞으로 언제나 그럴 것입니다. 그는 여전히 성삼위 안에서 제2위입니다. 그러나 여러분과 내가 취하고 있는 인성이 그 안에 있습니다. 그리고 우리는 영원토록 그 안에 있을 것입니다. 그리스도 자신을 그런 일에 복종시키셨습니다. 나는 사변으로 흐를지도 모르는 모험을 저지를지 모릅니다. 그러나 사도는 이 말씀을 인용합니다. "이러므로 사람이 부모를 떠나 그의 아내와 합하여 그들이 한 육체가 될지니." 나는 세밀하게 설명하려고 억지를 부리지 않습니다.

그러나 주 예수 그리스도께서 영광의 보좌를 비우시고 이 세상에 오실 것은 땅에 있는 그의 신부를 위한 것입니다. 사람이 자기 아내와 연합하기 위해 그 부모를 떠나는 것처럼 그의 경우엔 "떠남"이 있었습니다. 정말 그는 영광의 보좌를 떠나셨습니다. 찰스 웨슬리는 그것을 이렇게 표현했습니다.

> 그는 아버지의 보좌를 떠나셨네!
> 그처럼 값없고 그처럼 무한하신 그의 은혜여!

그는 그의 신부를 위해서 하늘과 영광의 보좌를 떠나셨습니다. "나의 하나님, 나의 하나님, 어찌하여 나를 버리시나이까?" 외치신 엄숙한 순간이 있었습니다. 그 순간 그는 아버지와 분리되셨습니다. 왜 그렇습니까? 오, 그의 신부를 사서 구원하시기 위해서입니다. 그 수술 결과로 인해서 신부는 그의 몸의 살과 뼈의 일부입니다.

이것은 최고의 비밀입니다. 그보다 더 놀랍고 더 영광스런 것은 없습니다. 우리는 그의 인성의 분참자들이요, 그와 합하여 영원히 있게 될 것입니다. 성경에서 보면 우리는 천사들보다 더 위에서 그들을 판단할 것입니다. 고린도전서 6장에서 "성도가 세상을 판단할 것을 너희가 알지 못하느냐 우리가 천사를 판단할 것을 너희가 알지 못하느냐?" 천사까지도입니다. 왜 그렇습니까? 우리가 그들보다 위에 있기 때문입니다. 우리는 아들 안에 있고 그의 일부입니다. 그와 합하여 그와 함께 "한 육체"입니다. 교회는 그리스도의 신부이며 우리가 이 관계를 생각할 때, 우리는 반드시 이 신비를 주시하고 있어야 합니다. 다만 "우리는 그의 몸의 지체요 그의 살과 뼈"라는 것을 인식해야 합니다.

그러나 무엇보다 우리는 우리가 그의 신부가 되기 위해서 그리스도께서 하신 이 일을 깨닫도록 하십시다. 그는 그의 아버지의 보좌를 비우시고 "그는 자신을 낮추셨습니다." "그는 자신을 무명의 존재로 만드셨습니다." 그것이 교회를 사랑하신 그의 방식입니다.

"남편들아 너희 아내 사랑하기를 그리스도께서 교회를 사랑하시고 위하여 자신을 주신 것같이 하라."

# 제 14 장

# 신부의 특권

　　이는 남편이 아내의 머리 됨이 그리스도께서 교회의 머리 됨과 같음이니 그가 친히 몸의 구주시니라 그러나 교회가 그리스도에게 하듯 아내도 범사에 그 남편에게 복종할지니라 남편들아 아내 사랑하기를 그리스도께서 교회를 사랑하시고 위하여 자신을 주심같이 하라 이는 곧 물로 씻어 말씀으로 깨끗하게 하사 거룩하게 하시고 자기 앞에 영광스러운 교회로 세우사 티나 주름잡힌 것이나 이런 것들이 없이 거룩하고 흠이 없게 하려 하심이니라 이와 같이 남편들도 자기 아내 사랑하기를 제 몸같이 할지니 자기 아내를 사랑하는 자는 자기를 사랑하는 것이라 누구든지 언제든지 제 육체를 미워하지 않고 오직 양육하여 보호하기를 그리스도께서 교회를 보양함과 같이 하나니 우리는 그 몸의 지체임이니라 이러므로 사람이 부모를 떠나 그 아내와 합하여 그 둘이 한 육체가 될지니 이 비밀이 크도다 내가 그리스도와 교회에 대하여 말하노라 그러나 너희도 각각 자기의 아내 사랑하기를 자기같이 하고 아내도 그 남편을 경외하라

(엡 5:23-33)

　　우리는 이 위대한 진술을 파헤쳐 가고 있습니다. 이 진술은 제1차적으로 남편들의 덕(德)을 위해서 행해진 것이지만 그것은 역시 모든 그리스도인들에게까지 영광스러운 메시지가 아닐 수 없습니다. 그 이유는 사도가 남편에게 주는 메시지에서 그리스도와 교회 사이의 관계를 비교하고 있기 때문입니다. 어쨌든 남편들이 아내들에게 해야 할 특정 의무들에 그 교훈을 적용하기 전에 우리가 해야 할 또 하나의 문제가 있습니다. 사도는 실제적인 적용을 위해서 크게 중요할 뿐 아니라 우리 그리스도인들이

그리스도와의 관계를 깨닫고, 우리가 모두 그리스도의 신부라고 하는 것을 인식하게 될 때만이 개개인 모두에게 말할 수 없이 큰 가치가 부여된다는 것을 말하고 있는데 거기에 더 함축적인 뜻이 있습니다.

　이제까지 우리가 고찰해 온 것 때문에 남편이 그의 신부에게 어떤 것들을 부여한다는 것은 필연적으로 오게 되는 것입니다. 그리고 우리는 지금 주 예수 그리스도가 신랑이 되어 그의 신부인 교회에게 주는 것에 관해 생각해 보려고 합니다. 그렇게 함으로써 우리는 그리스도인 됨과 기독 교회의 성도가 되었다고 하는 영광스런 특권을 깨닫게 될 것입니다. 내가 여러분에게 이 진리를 고집스럽게 주장하는 까닭은 오늘날 중요하고 심각한 고통의 문제로 대두되는 것으로써 그리스도인들이 기독 교회가 그리스도의 몸의 지체로서의 특권과 존엄을 깨닫지 못하는 데 있는 것을 갈수록 강하게 확신하고 있기 때문입니다. 세상의 상태에 관심을 두는 것은 옳다고 알고 또한 그것에 관심을 두는 것에 동의합니다. 그런데 관심이 없는 사람은 그리스도인일 리가 없습니다.

　그러나 어떻게 교회의 상태에 대해서는 그렇게 만족해 할 수 있는지 이해가 가질 않습니다. 분명한 것은 세상의 상태를 가장 잘 설명한 것은 교회의 상태입니다. 내가 볼 때 오늘날 모든 것 중에서 가장 슬프고 심각한 것은 신약이 우리에게 대해 말하는 것과 그리스도의 몸의 지체가 되었다는 것이 무엇인지 깨닫지 못하는 것입니다. 명예와 영광과 지위에 의미를 부여하는 세상에서, 우리가 교회의 지체가 되었다는 것을 그런 식으로 여길 수 있다는 것이 이상한 일이 아닐 수 없습니다. 많은 사람들은 교회의 일원이 되는 것이 사람이 누릴 수 있고 알 수 있는 가장 높고 가장 영광스러운 특권으로 알기는커녕, 교회에 일종의 선심을 쓰는 것으로 생각하는 것 같습니다. 또 다른 이들은 교회의 지체가 되는 것을 하나의 의무와 임무로 간주하고는 어떤 기능을 수행하면 거기에서 만족을 얻는 정도입니다. 바로 그 점이 주 예수 그리스도의 신부인 이 몸의 지체라고 하는 것이 사실상 무엇을 의미하는지 완전히 이해하지 못한다고 하는 것을 드러내는 것입니다.

　그러므로 그리스도께서 우리에게 부여하신 것들 몇몇과 그리스도인들과 교회의 지체로서의 우리에게 진리인 것들 몇 가지를 살펴보도록 하겠습니다. 만일 교회가 이러한 일들을 깨닫기만 한다면 교회가 더 이상 변명조가 되지 않을 것이며 무기력하거나 소심하지도, 그러한 비참한 모습도 나타내지 않을 것입니다. 그렇게 되면 교회는 긍지와 기쁨과 영광으로 충만하게 될 것입니다.

그러면 그리스도께서 우리에게 부여하신 것들은 무엇입니까? 첫째는 그의 생명입니다. 우리는 이미 그 진리를 살펴 나왔습니다. 그러나 이와 관련해서 다시 그 진리를 금하지 않을 수 없습니다.

그는 우리에게 자신의 생명의 일부를 주셨습니다. 우리는 그의 생명을 누리게 되었습니다. 사람이 결혼하게 되면 이 일이 일어나지 않습니까? 즉, 자기 자신의 삶을 독점적으로 영위하지 않고 그와 아내가 그의 삶을 함께 누리게 되는 것입니다. 아내는 그의 일부이기 때문에 그의 생명과 행동과 기타 남편에게 관련된 모든 것을 누리게 되는 것입니다. 결혼한 남자가 첫째로 알아야 할 사항으로는 그가 여러 상황들에 직면하게 될 때 그는 이제 새로운 것을 해야 한다는 것입니다. 전에 그에게 있어서 주요한 문제는 "이것이 얼마나 나를 기쁘게 할까? 내가 어떻게 이것에 대처해야 할까?"였습니다. 그러나 이제는 거기에만 머물러서는 안 됩니다. 그는 이제 그것이 자기 아내에게도 얼마나 큰 기쁨을 줄 수 있는가를 생각해야 합니다. 말하자면 그는 이제 더 이상 고립된 삶을 살지 않는다는 것입니다. 그는 언제나 자기의 삶을 함께 누리는 자를 생각해야만 하는 것입니다. 어떤 일들은 그에게 용납될 수 있습니다. 그러나 이제 생각해 줘야 할 또 다른 인물이 있습니다.

나는 그것을 정교화시킬 수 있었습니다. 나는 나의 많은 목회 경험에서 내가 처리해야 했던 여러 가지 난제들을 말할 수 있었습니다. 왜냐하면 남편들이 바로 이 점을 망각하기 일쑤였기 때문입니다. 하나의 실례를 들어보겠습니다. 그렇게 하는 이유는 내가 자주 겪었던 문제였고 자주 오해받아 온 하나의 관심이기 때문입니다. 그러나 오해를 무릅쓰고서라도 이 요점을 예증하기 위해서 그 실례를 제시하는 것입니다. 어떤 사람이 내게 와서 자기는 외국 선교지역에 가라는 소명을 느낀다는 것입니다. 좋습니다. 그것은 훌륭합니다. 그러나 하나의 질문을 던져야 하겠습니다. 결혼한 사람에게는 난 언제나 그 질문을 던집니다. 당신의 아내는 그에 관해서 어떻게 생각하는가? 때때로 나는 그 질문에 관심이 있는 것같이 보이지 않는 사람들의 문제를 해결해 주어야 했습니다. 그들은 마치 그 문제가 순전히 개별적인 결정이라고 생각하는 것같이 보입니다. 그러나 그것이 아닙니다! 그런 문제에 관해서 남자는 그의 아내와 상관없이 혼자 결정할 권리를 가지고 있지 않습니다. 둘이 한 몸이기 때문에 그는 아내의 견해를 고려해야 하는 것입니다.

우리는 남편들에 대한 아내들의 의무들을 다루어 왔습니다. 그 일에 관해서 말할 것이 아주 많습니다. 그러나 내가 설정하고 있는 요점은 "난 어떤 일에 부름을 받았으니 내 아내가 무어라고 하든 상관없어"라고 말하는 사람은 아주 못난 그리스도인이라는 것입니다. 그것이 문제입니다! 이 교훈에 대한 완벽한 오해입니다.

그러나 우리는 그것을 다른 국면에서 살펴보고, 우리가 주 예수 그리스도의 생명의 분참자들이라고 하는 것을 깨닫도록 해야겠습니다. 그것은 엄청난 사실입니다. 그러므로 우리는 영원토록 그리스도의 심중에 있다고 말할 권리가 있습니다. 또한 그는 전 사고방식 가운데서 우리의 자리와 처소를 차지하고 있습니다. 우리는 "그리스도 안에" 있습니다. 우리는 그의 생명의 분참자들입니다.

바울은 골로새서 3:4에서 이 특이한 구절을 사용합니다. "우리의 생명이신 그리스도께서 나타날 때에" 그는 우리의 생명입니다. 우리가 그의 생명에 참여하고 있다는 것을 다르게 표현한 것입니다. 사실 그것에 지나는 것이 없습니다. 우리는 사실상 "우리는 몸의 지체요 그의 살과 뼈라"고 한 진술을 연구할 때에 그 점을 생각하고 있었던 것입니다. 신비적 연합의 측면에서는 그만 하면 되겠지만, 주께서 자신의 생명을 주고 계시며 그것을 함께 나눠 주고 있다는 것을 주님 자신이 알고 계시다는 것과 우리가 그 안에 들어가서 그의 생명의 일부요, 지체들이라는 측면에서 살펴보아야 할 것입니다.

그러나 우리는 여러 확증을 통해서 이것을 보여 주도록 하겠습니다.

그 하나는 주께서 우리에게 그의 이름을 주셨다는 점입니다. 주께서 우리에게 당신의 이름을 주시기 때문에 우리는 그의 이름을 우리 자신들에게 붙입니다. 우리는 우리에게 있어서 가장 큰 진리입니다. 우리는 더 이상 예전의 우리가 아니라 이름들을 바꿨습니다. 여자가 결혼을 하게 되면 그녀의 성(姓)을 바꾸게 됩니다. 그 점은 우리가 에베소서 5장에 있는 사도의 교훈을 이해하는 데 있어서 얼마나 중요한 역할을 하는지 모릅니다. 소위 여성 해방운동(feminism)이라고 하는 어리석은 동향에 대해서 할말이 얼마나 많든지!

한 여자가 결혼하게 될 때 자기의 성을 버리고 그녀의 남편의 성을 따릅니다. 그것은 성경적이며 전세계의 관습입니다. 그것은 남편과 아내 사이의 관계를 가르치고 있습니다. 이름을 바꾸는 것은 남편이 아니라 그의 아내입니다. 최초에 이것에 관해서 아주 충격적인 사건이 있었습니다. 제가 그것을 언급하는 것은 그 실례가 이 진리를 심중에 확고히 심어 주는 데 도움을 줄 것이라고 기대하기 때문입니다. 모든 나라들은 마가렛 공주에게 일어났던 일을 잘 알고 있습니다. 그녀의 이름이 언급될 때는 언제나 그녀의 남편의 이름과 성에 따라다닙니다. 그것은 옳은 일입니다. 그렇게 하지 않는 것은 비성경적인 것입니다. 붙여지는 것은 남편의 이름이지 아내의 이름이 아닙니다. 그들이 누구이든 그렇게 하는 것은 성경적인 일입니다.

그러면 이것을 기독 교회의 지체들인 우리의 입장에서 살펴보십시다. 그리스도는 그의 이름을 우리에게 붙여 주셨습니다. 우리가 받을 수 있는 칭호 중에서 그보다 더 큰 것은 없습니다. 그것은 이 결혼 관계에 대한 가장 명백한 표현입니다. 이것은 신약성경에서 여러 방면을 통해 우리에게 주어진 선물입니다. "이제는 더 이상 유대인이나 이방인이나 야만인이나 지혜자나 종이나 자유자가 없습니다." 전에는 그러했습니다. 우리가 전에 가졌던 이름이 있었습니다. 그러나 더 이상 그렇지 않습니다. 우리는 이제 그리스도인들이요 새로운 이름을 가지고 있습니다.

그러므로 같은 사람 사도 바울이 고린도후서 5장에서 그 점을 어떻게 표현하였는지 생각해 보십시오. "그러므로 우리가 이제부터는 아무 사람도 육체대로 알지 아니하노라 비록 우리가 그리스도도 육체대로 알았으나 이제부터는 이같이 알지 아니하노라." 그는 이렇게 말하고 있는 셈입니다. "나는 유대인으로서 그 사람이 무슨 민족에 속하느냐? 유대인이냐? 그렇지 않다면 그는 개에 불과하다고 말해 왔다. 그러나 나는 더 이상 그런 범주에서 생각지 않는다. 이제 새로운 용구를 사용하는 데 내가 알고자 하는 것은 이 사람이 그리스도인이냐는 것이다. 그의 옛날 이름이 무엇이었느냐 보다 그가 지금 "그리스도인"이라는 이름을 가지고 있느냐에 관심이 있는 것이다." 그리스도의 이름을 자기에게 덧입혔느냐? 그러므로 우리는 주 예수 그리스도가 그의 이름을 우리에게 수여하심을 깨닫습니다.

그것은 다시 갈라디아서에서 말한 것만큼 사실적인 것입니다. "내가 사는 것은 내가 아니요 그리스도니라." 바로 그 사상입니다. 바울은 어떤 의미에 심취해 있습니다. "이제 내가 육체 가운데 사는 것은 나를 사랑하사 나를 위하여 자기 몸을 버리신 하나님의 아들을 믿는 믿음 안에서 사는 것이라." 이것은 결혼 관계를 진술하는 얼마나 엄청난 진술입니까? 어느 의미에서 그리스도인의 전체 삶은 남편 되신 그리스도 안에 있습니다. 그래서 그리스도인은 온전히 자기를 상실한 것이 아닙니다. 그는 여전히 존재합니다. "이제 내가 육체 가운데 사는 것은 믿음 안에서 사는 것이라."

이 결혼 관계의 큰 신비여! 그러나 우리는 주 예수 그리스도의 이름이 우리에게 붙어 있다고 하는 이 위대한 사실을 고수하고 있어야 하겠습니다. 우리 모두에게 문제가 되고 문제가 될 수밖에 없는 것은 우리의 이름을 바꾸었다고 하는 사실입니다. 교회의 범주에서 그 외 다른 이름들은 전혀 문제가 되지 않는 것입니다. 그 사람의 이름이 무엇이든지 문제가 안 됩니다. 그의 지위나 직책이 무엇이든지, 그의 능력이 어떠하든지 그 모든 것이 문제가 되질 않습니다. 지금 그에게 문제가 되는 한 가지 일은 그리스도의 이름이 우리에게 입혀졌다고 하는 것입니다. 우리는 다 거기 주 안에 있습니다. 그는 우리를 그 자신에게 데려가셨습니다. 교회는 그리스도의 신부입니다. 그는 사실상 우리에게 이렇게 말하는 셈입니다. "그 옛날 이름을 잊어버리고 내 이름을 취하라 너는 나에게 속했노라."

우리는 그것을 요한계시록 3:12에서 발견합니다 "이기는 자는 내 하나님 성전에 기둥이 되게 하리니 그가 결코 다시 나가지 아니하리라 내가 하나님의 이름과 하나님의 성 곧 하늘에서 내 하나님께로부터 내려오는 새 예루살렘의 이름과 나의 새 이름을 그의 위에 기록하리라." 바로 그것입니다.

주의 새 이름 내 심정에 쓰시고
주의 가장 선한 사랑의 이름 내 가슴에 쓰소서.

이 일은 그리스도인이며 그리스도의 신부 된 이 몸의 지체들이면 누구에게나 있는 경이로운 일입니다. 여러분은 영광의 왕좌에의 새 이름을 받았습니다. 불가사의 중의 불가사의입니다! 그 이름은 그 자신의 이름입니다. 여러분은 새 이름 안에 몰입돼 있습니다. 그것은 모든 것 중에서 가장 고상한 이름입니다. 우리는 "하늘에나 땅에 있는 것들이나 땅 아래 있는 모든 것들이 예수의 이름에 무릎을 꿇을 날"이 오고 있다는 것을 알고 있습니다. 그 이름을 그리스도의 신부로 작정된 우리에게 주셨습니다. 그로부터 우리는 그의 존영과 그의 위대하고 영광스런 지위를 누린다는 사실을 알게 됩니다.

사도는 이미 2장에서 그 점을 어느 정도 언급한 바 있습니다. "또 함께 일으키사 그리스도 예수 안에서 함께 하늘에 앉히시니." 그것은 지금 우리의 것입니다. 만일 우리가 전적으로 그리스도인이라면 우리는 "그리스도 안에" 있는 것입니다. 그것은 우리가 그와 함께 "하늘 보좌에 앉게 되었다"는 것을 의미하는 것입니다. 신랑이 있는 곳에는 언제나 신부도 함께 있고 신랑에게 속한 지위와 처지는 역시 신부에게도 속한 것입니다. 신부가 누구이든지 간에 전혀 문제가 안 됩니다. 그녀가 그 남자의 신부가 되는 순간 그녀는 그와 함께 모든 것을 누리고 있는 것입니다. 자기 신부와 존영과 지위를 함께 하지 않는 자마다 화 있을진저! 신랑이 자기 신부를 영예롭게 하기를 싫어하는 것보다 더 큰 모욕은 없습니다.

신약성경은 그리스도인의 경우에도 마찬가지라고 말합니다. 그것은 되풀이해서 듣는 바입니다. 요한복음 17:22에서 주님은 말씀하시기를, "내게 주신 영광을 내가 저희에게 주었사오니." 주님은 이르시기를 아버지께서 받았던 영광을 그의 백성들에게 주셨다는 것입니다. 이것은 결혼에서 필연적으로 일어나는 일입니다. 남편의 일부인 신부는 그의 이름을 얻고 남편의 전체 지위를 함께 누리는 것입니다. "내게 주신 영광을 내가 저희에게 주었습니다."

그에 대한 또 다른 진술을 봅시다. 주 예수 그리스도는 스스로에 관해 말씀하시기를, "나는 세상의 빛이라"고 하셨습니다. 그것은 그의 선포요 그보다 더 높은 선언은 없습니다. 주님은 세상이 주님에게서 떠나 있어 어둡다고 하십니다. 세상이 받을 수 있는 빛은 나밖에 없으며 그 외의 모든 것은 빛을 발견하려는 인간의 시도에 불과하다는 것입니다. 그들은 결국 실패를 당합니다. 그리스도를 떠나서는 어떤 빛도 없습니다. 그러나 주님께서 우리에 대해 하시는 말씀을 들어보십시오. "너희는 세상의 빛이라." 다시 말해서 그가 세상의 빛이시고 우리가 그와 관계를 맺고 있기 때문에 세상의 빛이라는 것입니다. 그것을 깨닫기란 매우 어렵습니다.

우리는 이교도 가운데 사는 소수에 불과합니다. 고작해야 100분의 10에 지나지 않습니다. 하나님의 집이 반박에 채워지지 않습니다. 그러므로 우리는 좀 미안스럽고 무언가 부끄러운 감이 듭니다. 그러나 우리에 관한 진리는 이것이니, "우리는 세상의 빛이라!"이며 이를 말씀하신 것은 주 예수 그리스도이십니다. 이 어둡고 사악한 세상은 빛을 알지 못합니다. 또한 빛을 가지고도 못하고 여러분과 내가 조명을 받고 있는 그 빛에서 떠나 있습니다.

그러나 우리의 존영과 영광의 측면에서 그 문제를 생각해 보십시오. 그가 가진 것과 우리가 그처럼 되게 하신 것을 보십시오. 이것은 관계성 때문에 피할 수 없습니다. 이것에 관해서 매우 놀라운 진술들이 많이 있습니다. 다시 라오디게아교회에 주신 말씀을 생각해 보십시오. "이기는 자에게는 내가 내 보좌에 함께 앉게 하여 주기를 내가 이기고 아버지 보좌에 함께 앉은 것과 같이 하리라." 교회는 그리스도의 신부이기 때문에 그의 보좌에서 그와 함께 앉게 되는 것입니다. "그녀는 평민이야"라고 말쓸하실지 모르겠습니다. 그렇습니다. 그러나 그건 문제가 안 됩니다. 그녀는 왕자와 결혼하여 그와 함께 보좌를 누리는 것입니다. 그것이 주께서 우리에게 베푸신 존영이요 특권입니다.

사도 바울은 고린도교인들에게 이 위대함과 영광을 가르치고자 애쓰면서 고린도전서 6:2에서 이렇게 표현하고 있습니다. "성도들이 세상을 판단할 줄을 알지 못하느냐?" "너희가 천사라도 판단할 줄을 알지 못하느냐?" 이는 여러분과 저를 두고 하는 말입니다. 고린도교회의 그 가련한 교인들을 생각해 보십시오. 사도는 묻습니다.

"그게 뭐냐? 형제간에 싸우다니 웬말이냐?" "왜 이 사람이나 저 사람 편을 들면서 다른 사람을 세상 법정에 고소하느냐? 너희 각자 모두가 세상을 판단하고 천사까지라도 판단할 줄을 모르겠느냐?" 여기에 우리에게 속한 존영이 있는 것입니다.

나는 그것을 이런 식으로 표현해 보도록 하겠습니다. 그리스도인을 천사와 관련시켜 생각해 보십시오. 여러분은 우리가 필연적으로 천사보다 위에 서게 될 것을 아십니까? 천사는 놀라운 존재들입니다. 그들은 "강함이 충만한 자들입니다." 그러나 우리는 그 천사들보다 더 높게 될 운명을 받았습니다! 히브리서 기자는 그것을 이렇게 말합니다. "저를 잠깐 동안 천사보다 못하게 하시며 영광과 존귀로 관 씌우시며 만물을 그 발 아래 복종케 하셨느니라"(히 2:7-8). 그러나 어떤 이는 이렇게 반문할지 모릅니다. "그러나 난 만물이 아직도 복종치 않는 것을 보는데 이것은 어찌된 거냐?"

히브리서 기자는 이렇게 말합니다. "우리가 만물이 아직 저에게 복종한 것을 보지 못하고 우리가 천사들보다 잠깐 동안 못하게 하심을 입은 자 곧 죽음의 고난받으심을 인하여 영광과 존귀로 관 쓰신 예수를 보니" (6절). 이 말씀은 여러분과 내가 그런 자리에 처하게 된다는 것을 의미합니다. 하나님께로서 이미 우리가 그것을 가진 것으로 되어 있습니다. 우리가 그것을 보지는 못합니다. 그러나 그것은 결국 우리의 것입니다. 우리는 천사들보다 높습니다. 우리는 그리스도의 신부이기 때문입니다. 그리고 그는 하늘 보좌에서 그들 위에 있습니다. 우리는 지금도 그 존영과 위대함과 그런 지위에 위치해 있는 것입니다.

    그것은 우리를 다음 요점, 즉 우리가 그의 생명뿐만이 아니라 그의 특권들도 함께 누린다는 점에 인도하여 줍니다. 한 아내는 그 남편의 특전을 함께 누리는 것입니다. 그 특권들이 무엇이든지 간에 그 아내는 그것들을 함께 누리는 자가 되는 것입니다. 사도는 바로 교회가 그런 위치에 있다고 말하고 있습니다. 우리는 무엇을 함께 누리고 있습니까? 여러 면에서 볼 때 성경 가운데서 가장 충격적인 구절들 가운데 한 구절이 있습니다. 그것은 요한복음 17:23입니다. 주님은 말씀하시기를, "아버지께서 나를 보내신 것과 또 나를 사랑하심같이 저희도 사랑하신 것을 세상으로 알게 하려 함이로소이다"라고 하셨습니다. 사실상 그 말씀은 하나님 아버지께서 그의 독생자를 사랑하심같이 우리 그리스도인들을 사랑하셨다는 것을 의미하고 있습니다. 그것이 의미하는 것은 우리가 그리스도와 그런 관계하에 있기 때문에 하나님과의 관계에 있어서도 그런 관계에 있다는 뜻입니다.

    딸이 하나도 없는 어떤 사람이 그 아들을 장가보냈다고 생각해 보십시오. 그는 이제 그의 자부(子婦)에게 "넌 내 딸이다. 전에 내겐 딸이라곤 없었는데 이제 너는 내 딸이다"고 말하게 됩니다. 그리고 그의 자부를 딸처럼 여겨 줍니다. 자부는 자기 아들과 하나입니다. 그러므로 아버지는 그의 아들에게 쏟는 부성애를 그녀에게 쏟습니다. "아버지께서 나를 보내신 것과 또 나를 사랑하심같이 (아버지께서) 저희도 사랑하신 것을 세상으로 알게 하려 하심이라." 특권은 바로 그것입니다. 그것은 이런 식으로 되어집니다. 즉, 그것이 우리를 아버지께로 나아갈 수 있게 합니다. 어떤 아버지가 자기 자부를 맞을 준비를 갖추고 있습니다. 그 자부는 그 신랑의 아버지께 나갈 자격이 없었습니다. 그러나 그녀가 그 아들과 결혼하는 순간에야 그 아버지께 나아갈 권리를 얻게 되는 것입니다.

    아버지가 아들을 맞이할 준비를 갖추고 아무리 신실하고 사랑하는 종들이라도 결코 주지 않는 특권을 그 아들에게 주려고 하고 있는 것과 같이, 이제 그 아버지는 그 특권들을 그 신부에게 허락하는데 그것은 그녀가 아들의 신부이기 때문입니다. 우리 그리스도인들은 이 고귀한 특권들을 스스로 이용합니까? 우리가 하나님 아버지의 존전에 나아갈 자격을 얻었다는 것을 깨닫습니까? 그리고 아버지께서 전 우주의 통치자이시지만 여러분이 필요하다면 그의 존전에 나아갈 권리를 지녔다는 것을 기억하십시오. 그의 아들을 위해서라도 여러분을 거절하지 않으실 것입니다.

그리스도의 신부여! 하나님은 언제나 당신의 소원을 들어주실 것입니다. 그는 언제나 여러분을 위해 줄곧 깨어 지키실 것입니다. 이것보다 더 고귀한 특권은 없습니다. 그가 그의 아들을 사랑하는 것과 같이 우리를 사랑하고, 그의 거룩한 존전에 들어갈 수 있는 권리를 주시는 것입니다.

사실 난 여러분이 그것을 심사숙고하는 것을 위해 제목들을 제시하고 있을 따름입니다. 우리는 그것들을 생각하면서 이러한 요점을 많은 시간을 들여서 숙고해 보아야 합니다. 여러분이 무릎 꿇고 기도해 나갈 때 즉시 말하기를 시작하지 마십시오. 멈추어서 생각하십시오. 여러분이 하고 있는 일이 무엇인지 여러분이 누구인지 아시기 바랍니다. 여러분이 어떤 사람인지, 여러분에게 해당되는 일이 무엇인지 생각하라는 말씀입니다. 그리고 여러분에게 주어진 권리들과 특권들을 생각하십시오. 그런 다음에 주께서 우리에게 주신 소유들을 숙고해 나가십시오. 우리는 그의 소유를 함께 누리고 있습니다. 바울 사도는 고린도교회에게 준 특이한 진술 가운데서 사실 이렇게 말하고 있는 셈입니다. "너희가 무얼 고민하고 있느냐? 왜 너희가 스스로 분쟁하고 서로를 투기하고 서로 시기하느냐? 무엇이 너희에게 문제인가? 모든 것이 너희 것이다. 모든 것이! 난 그것들이 무엇인지를 캐묻는 것이 아니라, 나 바울은 그 모든 것이 다 너희 것이라고 말하는 것이다! 왜 그런가? 너희가 그리스도의 것이고 그리스도는 하나님의 것이기 때문이다." 고린도전서 4장 마지막을 유의하여 연구해 보십시오.

다시 묻습니다. 내가 오늘날 진정한 비극은 교회가 자신에 관한 진리를 깨닫지 못하는 것이라고 말한 것이 옳지 않습니까? "모든 것이 다 여러분의 것입니다." 모든 것이 우리가 그리스도에게 속해 있기 때문에 어느 의미에서 우주는 우리의 것입니다. 사도 바울은 이 지식으로 가슴 벅차 있었습니다. 우리 기독교의 시금석 내지 우리 영성의 시금석은 이런 일들로 감동되고 감격하는 정도입니다. 우리는 고난을 당할 수도, 핍박을 받을 수도, 경멸을 당할 수도 있으며, 우리가 그리스도인이라는 이유 때문에 사람들이 우리를 비웃을 수도 있습니다. 우리가 스스로에게 할말이 무엇인지 아십니까? 우리는 이렇게 말해야 합니다. "우리는 자녀니 자녀면 후사요 그리스도와 함께 한 후사라"(롬 8:17). 세상이 무어라고 말하든지, 어떻게 생각하든지 크게 문제가 되질 않습니다. "모든 것이 다 여러분의 것입니다." 그리스도인은 "그리스도와 함께 한 유업을 이끌 자입니다."

그러나 나는 특별히 히브리서 기자가 2:5에서 표현한 방식을 좋아합니다. 그 말씀을 이미 인용한 바 있습니다만 다시 인용합니다. "하나님이 우리의 말한 바 장차 오는 세상을 천사들에게는 복종케 하심이 아니라"(흠정역은 이렇게 번역하고 있다. For unto the angels hath he not put in subjection the world to come of which we speak). 흠정역이 그런 식으로 번역한 것은 좀 안된 일입니다. 그것은 어색한 번역이고 군더더기가 붙은 부정문입니다. 그것은 "그가 우리가 말하는 장차 오는 세상을 천사들에게 복종시키지 않고 우리에게 복종케 한다"는 의미입니다.

히브리서 기자가 말하고 있는 "오는 세상"이란 무엇입니까? 그가 말하고 있는 "오는 세상"은 여러분과 내가 현재 살고 있는 이 옛부터의 세상입니다. 그렇습니다. 그러나 지금과 같은 세상은 아닙니다. 그것은 그리스도께서 재림하셔서 그의 적들과 모든 악인들과 악의 잔재들을 쳐부술 그 세상입니다. 그때 큰 불이 일어날 것이고 깨끗케 하고 소생시키는 큰 일이 있고, "의에 거하는 바 새 하늘과 새 땅"이 존재하게 될 것입니다. 그것이 히브리서 기자가 말하는 바 "장차 오는 세상"입니다. 이는 기독교 메시지의 진수가 되는 부분입니다. 우리가 지금 살고 있는 이 세상은 단지 지나가는 세상에 불과합니다. 이 세상은 참된 세계가 아닙니다. 그리고 영구한 세계가 아닙니다. 우리가 보는 것은 사람이 이루어 놓은 결과로 되어진 세상입니다. 우리는 인간이 만들어 낸 혼돈을 봅니다.

물론 세상 자체는 가시적이고 현재적입니다. 누구나 가장 최근의 회의들이 이루어 놓을 것에 경탄하고 있습니다. 무장이 해제될 것인가? 전쟁이 사라질 것인가? 남은 동안 모든 것이 완벽해질 것인가? 그러나 그것은 모두 헛된 것입니다. 이 세상은 사악한 세상입니다. 악과 죄가 계속해서 자신을 드러낼 것이며, 하나님의 정하신 심판의 기약이 이르기까지 그러할 것입니다. 그러나 "장차 오는 세상"이 있습니다. 그것은 하늘로부터 올 새 예루살렘입니다. 이 옛부터의 세상은 원래의 모든 영광을 회복하고 처음 하나님께서 만드셨을 당시의 모습으로 되돌아갈 것입니다. 아니 그보다 더 영광스럽기조차 할 것입니다. 그 일은 그리스도의 재림으로 이루어질 것입니다. 그리스도는 스스로 그 신세계 안에 그의 신부와 함께 계실 것입니다. 누가 그 세상에서 살게 되고 그 세상을 물려 받게 되겠습니까? 천사가 아닙니다. 우리가 말하는 바 "오는 세상을 천사들에게는 복종시키지 않게 하십니다." 바로 우리에게입니다. 우리는 장차 올 이 영광의 상속자들입니다.

그리스도의 사람들인 여러분은 그 영광을 마음속에 그려 본 적이 있습니까? 스스로 생각해 본 적이 있습니까? 여러분은 세상과 필사의 고투를 하고 계실지도 모르겠습니다. 육체와 악마와는 그렇게 적나게 싸우고 있을지도 모르겠습니다. 여러분은 여러 가지의 장애와 난관에 처해 있을지도 모르겠습니다. 그것으로부터 눈을 돌리십시오! 그곳을 바라보지 마십시오! "우리의 돌아보는 것은 보이는 것이 아니요 보이지 않는 것이니 보이는 것은 잠간이요 보이지 않는 것은 영원함이니라"(고후 4:18). 여러분의 머리를 드십시오. 여러분은 그리스도의 기업과 그의 소유를 누릴 것입니다. 여러분은 그와 결혼했습니다. 또는 그가 여러분과 결혼했습니다. 그리고 이것들을 여러분의 소유로 주셨습니다. 여러분은 그의 소유들을 함께 누리는 자들입니다.

나는 다시 우리가 그의 계획과 목적에 관심을 갖고 함께 참여하고 있다고 하는 사실을 강조해야겠습니다. 여러분의 개교회를 단순히 여러분 자신이나 여러분이 하고 있는 일의 차원에서 생각지 마십시오. 또는 여러분의 교파나 어떤 운동의 차원에서도 생각지 마시기 바랍니다. 그보다 더 높이 올라가서 그리스도의 관심이 무엇인지 숙고해 보십시오.

나는 다시 "너희는 세상의 빛이라"고 하는 말씀을 인용합니다. 주님은 세상에 대하여 어떠한 목적을 가지고 계십니다. 그런데 여러분과 나도 거기에 포함되어 있고 그 목적에 참여하고 있습니다. 남편은 자기 아내에게 모든 것을 말합니다. 아내는 남편의 모든 비밀과 소원과 야망과 희망과 그의 마음으로 그리는 모든 계획 등을 다 알고 있습니다. 그녀는 그와 일체입니다. 남편은 다른 사람들에게는 하지 않을 얘기를 아내에게는 합니다. 그녀는 모든 것에 함께 참여하고 있습니다. 숨긴 것이나 감춘 것이 없습니다. 남편과 아내의 관계는 그러한 것입니다.

그리스도와 교회의 관계도 역시 그러합니다. 우리는 사람을 구원하시는 이 사업에 있어서 그리스도와 함께 참여하는 자들입니다. 여러분은 주님의 관심을 아십니까? 여러분은 그것을 느끼고 그것에 관해 생각해 보기 시작했으며, 비밀을 함께 누리는 특권을 상급으로 받았습니까? 여러분은 어떤 부담을 느끼십니까? 여러분은 그리스도를 돕고 있습니까? 그것이 바로 그리스도인이 위해서 해야 할 일이며 아내로서의 돕는 역할이 되는 것입니다. 그러므로 교회는 그리스도의 신부입니다. 여러분은 복음이 성공리에 전파되게끔 얼마나 많은 기도를 합니까? 여러분 교회의 복음 전도의 필요성을 외치는 메시지에 어느 정도나 관심을 가지고 있습니까? 여러분은 그것을 생각하고 있습니까? 여러분이 그 일에 책임이 있다고 느끼거나 그것을 위해 기도합니까? 아내가 남편의 일에 관심을 가지라는 명목상 권면을 받을 필요는 없습니다. 그녀는 남편을 돕고 있다는 것을 최상의 특권으로 여깁니다. 그리고 그녀는 남편이 하는 일마다 모두 비상하게 관심을 가지고 그것들이 성공하길 원하는 것입니다.

교회는 그리스도의 신부입니다. 그리스도는 모든 것을 우리와 함께 누리고 있습니다. 우리 다 같이 이것들을 깨닫고 그 모든 것의 존영과 특권을 향유하도록 하십시다. 그러나 내가 볼 때 그 모든 것 중에서 가장 황홀하고 매혹적인 국면의 하나라고 여겨지는 것을 언급해야겠습니다. 주님은 그의 소유와 그의 관심과 그의 계획과 그의 목적을 우리와 함께 누리실 뿐 아니라, 그의 종들도 우리와 함께 누린다는 것입니다. 여러분과 교회는 누더기 옷을 입고 노예와 같은 어려운 고난의 세월을 살았던 신데렐라일 수도 있습니다. 신데렐라는 다른 자매들이 하기 싫어하는 모든 잡일을 했습니다. 그러나 신데렐라가 왕자와 결혼하게 되자 어떻게 되었습니까? 그 전의 노예와 같은 생활은 고사하고 자기의 몸종들을 거느리게 되었습니다. 누구의 종들이었습니까? 왕자의 종들이었습니다. 그녀가 왕비가 되었으므로 왕자에 속한 모든 종들이 그녀의 종들이 된 것이었습니다. 그 종들은 왕자에게 하는 것과 같이 그녀를 섬기게 된 것입니다. 여러분은 이것이 여러분에게도 해당된다는 사실을 인식하십니까?

이제 우리는 다시 한 번 히브리서로 돌아가서 1장을 살펴봅시다. 기자는 주 예수 그리스도와 천사들을 비교하고 있습니다. "하나님께서 어느 때에 천사 중 누구에게 내가 네 원수로 네 발등상 되게 하기까지 너는 내 우편에 앉으라 하셨느뇨." 그런 다음 "모든 천사들은 부리는 영으로서 구원 얻을 후사들을 위하여 섬기라고 보내심이 아니뇨"(히 1:13-14). 그 말씀은 우리가 그리스도인들이기 때문에 하나님의 천사들이 우리의 종들이라는 것을 의미합니다. 히브리서가 천사를 묘사하는 방식입니다. 천사는 "부리는 영"이며, 그가 말하는 바 "오는 세상"을 상속할 우리를 섬기고 봉사하라고 보냄을 받은 자들입니다. 나는 우리가 천사들의 봉사를 무시하고 있는 것이 두렵습니다. 우리는 그 점에 관해서 충분하게 생각지 않는 것입니다.

그러나 우리가 그것을 깨닫든지 못 깨닫든지 우리를 돌봐 주고 있는 천사들이 있습니다. 그들은 우리의 주위에 있습니다. 우리는 그들을 보지 못합니다. 그러나 그것은 문제가 안 됩니다. 우리는 가장 중요한 것들은 보지 아니하고 단지 보이는 것만을 봅니다. 그러나 우리는 천사들에게 둘러싸여 있습니다. 천사들은 우리를 보호하고 봉사하라고 지명된 자들입니다. 나는 성경이 말하는 그 이상은 알 수 없습니다. 그러나 그리스도의 천사들이 나의 종들임은 틀림없이 알고 있습니다. 그들은 우리를 보호하고 있으며, 우리가 이해할 수 없는 방법으로 우리를 위해 일들을 조종해 나가고 있습니다. 더 나아가 우리가 죽게 될 때 그들이 우리를 우리의 지정된 장소로 옮겨 줄 것임을 압니다.

누가복음 16장에 있는 부자와 나사로의 비유로써 그 사실을 가르치실 분은 바로 우리 주님이십니다. 부자가 죽어 장사되었습니다. 그러나 나사로에겐 어떤 일이 있었습니까? 그는 천사들에게 받들려 아브라함의 품에 들어갔습니다. 여러분은 하나님 독생자의 신부이기 때문에 천사들이 우리에게 봉사하고 있다는 것을 아십니까? 원래부터 천사들은 그리스도에게 봉사하였고 그리스도께 시중을 들어왔습니다. 새로운 관계 때문에 이제 그들은 우리의 종들이며 우리를 섬기고 있습니다. 하나님께서 우리에게 은혜를 베푸사 그런 봉사자들과 종들과 조력자들이 우리를 둘러싸고 있다는 것을 깨닫기를 원합니다. 결국 아무것도 우리를 해롭게 할 수 없습니다. 그들은 우리를 돌보아 주라고 하나님이 보내신 자들입니다.

그러나 우리는 역시 그의 문제들과 그의 고통들을 함께 나누는 자들이라는 사실을 기억하십시오. 그는 말하되 "만일 그들이 나를 핍박하였으면 역시 너희도 핍박할 것이라." 그는 역시 대적자들에게 관해 말씀하셨습니다. 우리는 그의 고난을 함께 누립니까? 우리가 이것을 압니까? 바울은 갈라디아교인들에게 이렇게 말하였습니다. "나의 자녀들아 너희 속에 그리스도의 형상이 이루기까지 다시 너희를 위하여 해산하는 수고를 하노니." 그는 무엇인가 아픔을 느꼈습니다. 그러나 그는 골로새서 1:24에서 더욱더 두드러진 방식으로 말합니다. "내가 이제 너희를 위하여 받는 괴로움을 기뻐하고 그리스도의 남은 고난을 그의 몸 된 교회를 위하여 내 육체에 채우노라." 사도 바울은 주 예수 그리스도와 우리의 이 관계를 너무나 깊이 의식한 나머지 자기 몸에 그리스도의 남은 고난을 채우려 한다고 말하고 있는 것입니다. 아내란 그녀의 남편이 고통당하는 것을 볼 때마다 아파합니다. 그래서 바울은 자기 자신의 몸에 그리스도의 남은 고난을 채우려고 작정했던 것입니다.

그리스도는 세상에서 자기의 목적을 이루어 나가고 있습니다. 하나님의 아들로서의 고민과 고통은 "대관식날"이 당도하기까지 계속될 것입니다. 교회는 그리스도의 신부입니다. 우리는 그리스도의 몸의 지체들로서 머리의 고통과 고민을 알지 못합니까?

끝으로 우리는 그의 고대하는 영광을 나누게 됩니다. 나는 다시 "오는 세상"을 언급합니다. "우리 생명이신 그리스도께서 나타나실 그때에 너희도 그와 함께 영광중에 나타나리라"(골 3:4). "자기 앞에 영광스러운 교회로 세우사 티나 주름잡힌 것이나 이런 것들이 없이 거룩하고 흠이 없게 하려 하심이니라." 언제입니까? 그가 영광중에 오실 때입니다. 만일 우리가 이미 죽었다면 우리는 그와 함께 올 것입니다. 만일 우리가 살아 있다면 우리는 공중의 그를 영접하기 위해 변화되어 들려 올라갈 것입니다. 우리는 하나님의 아들과 영원한 영광을 함께 나눌 것입니다. 주님께서 성부께 드린 특별 기도에서 "아버지여 내게 주신 자도 나 있는 곳에 나와 함께 있어 아버지께서 창세기 전부터 나를 사랑하시므로 내게 주신 나의 영광을 저희로 보게 하시기를 원하옵나이다"(요 17:24). "아버지께서 내게 주신 영광을 저희에게 주었사오니." 우리는 영원토록 그와 함께 그 영광을 누리게 될 것입니다. 이와 족히 비교될 수 있는 것이 있겠습니까? 그리스도의 몸의 지체들이며, 교회의 지체들이며, 그리스도의 신부가 되는 것에 비교될 수 있는 것이 있습니까?

 소위 세상의 그야말로 아름다운 생활과 세상의 기쁨과 즐거움을 반은 질투하며 불만족으로 기진해 있는 우리의 약함과 무능을 부끄럽게 생각하십시다. 그것은 죽어가는 세상입니다. 그것은 사악한 세상입니다. 세상은 정죄와 저주 아래 있습니다. 세상은 사라져 가고 있습니다. 그것은 이제 "한물 가버린 것입니다." 그러나 여러분과 나는 그 위대한 날에 주 예수 그리스도와 함께 누릴 영광을 기대하고 있는 것입니다. "오는 세상"의 그 영광은 묘사할 수 없을 정도입니다. 우리는 그와 함께 그 영광을 누리게 될 것입니다.

 그리스도는 교회를 자기의 신부로 맞아들이고 교회에게 모든 것을 부여하셨습니다. 그의 전망이 우리의 것이 되고 그의 영광이 우리의 것입니다. "온유한 자가 땅을 기업으로 받을 것이라." 우리는 그리스도와 함께 전 우주를 다스릴 것입니다. 우리는 천사들을 심판하게 될 것입니다. 여러분과 내가 말입니다! 그리스도인은 바로 그러한 사람입니다. 그리스도의 신부인 기독 교회의 영광이여!

## 제 15 장

## 남편들의 의무

　　남편들아 아내 사랑하기를 그리스도께서 교회를 사랑하시고 위하여 자신을 주심같이 하라 이는 곧 물로 씻어 말씀으로 깨끗하게 하사 거룩하게 하시고 자기 앞에 영광스러운 교회로 세우사 티나 주름잡힌 것이나 이런 것들이 없이 거룩하고 흠이 없게 하려 하심이니라 이와 같이 남편들도 자기 아내 사랑하기를 제 몸같이 할지니 자기 아내를 사랑하는 자는 자기를 사랑하는 것이라 누구든지 언제든지 제 육체를 미워하지 않고 오직 양육하여 보호하기를 그리스도께서 교회를 보양함과 같이 하나니 우리는 그 몸의 지체임이니라 이러므로 사람이 부모를 떠나 그 아내와 합하여 그 둘이 한 육체가 될지니 이 비밀이 크도다 내가 그리스도와 교회에 대하여 말하노라 그러나 너희도 각각 자기의 아내 사랑하기를 자기 같이 하고 아내도 그 남편을 경외하라(엡 5:25-33)

　　본문의 진술을 숙고함에 있어서 우리는 두 주요 주제들이 있다는 것을 알았습니다. 그 하나는 주 예수 그리스도와 교회의 관계이며, 또 다른 하나는 남편과 아내들의 관계입니다. 사도는 그리스도와 교회의 대교리를 이해할 때에야 남편과 아내의 관계를 진정으로 이해할 수 있다는 것을 가르치고 있습니다. 그래서 우리는 먼저 그리스도와 교회의 교리를 숙고해 왔던 것입니다.

　　이제 우리는 그 교리를 적용할 수 있는 입장에 처해 있습니다. 33절은 아내의 입장에서 그 문제를 주의 깊게 숙고하고 있기는 하지만 특별히 남편들에게 적용할 수 있는 위치에 놓여 있는 것입니다. 그 교리의 적용은 "이와 같이", "마치~"라는 비교사로써 시작이 됩니다. "남편들아 아내 사랑하기를 ~같이 하라", "그러나 너희도 각각 자기의 아내 사랑하기를 자기같이 하고." 다른 말로 해서 사도는 우리 앞에 펼쳐 놓은 그리스도와 교회의 관계를 남편과 아내의 관계에서 비교해 나가고 있는 것입니다.

우리가 적용을 하기에 이를 때 그것을 두 가지 주요 부분으로 나눠 보는 것입니다. 첫째는 남편들과 그 아내들에 관한 "원리"들이 가르쳐지는 부분입니다. 우리는 두번째 부분으로 옮겨 갈 수 있습니다. 그 두번째 부분은 구체적인 상황에 그 원리들을 자세하고 실제적으로 적용하고 있는 부분입니다.

내가 알기로는 보편적인 원리들이란 이러합니다. 첫째로, 우리는 기타 모든 그리스도인의 생활에 관해서도 그렇듯이 결혼에 관련해서도 성공의 비결은 생각하고 이해하는 것임을 인식해야 합니다. 본문을 피상적으로 살펴본다 하더라도 그 점은 명백합니다. 그리스도인의 삶에 자동적으로 되는 일이란 아무것도 없습니다. 그 점은 매우 심오한 원리입니다. 나는 우리가 당하는 고통의 대부분은 무슨 일들이 저절로 되어진다고 억측을 부리려는 사실에 기인한다고 믿기 때문입니다. 이미 우리에게 되어진 일을 생각하니 나머지 얘기도 간단하다고 하면서, "결국 그들은 이제 영원토록 행복하게 살거야"라고 단정하는 반마술적인 중생관을 염두에 두고 나는 말하고 있습니다. 그러나 물론 그 이론은 진리가 아닙니다.

그리스도인의 삶에는 여러 난제들이 있습니다. 그것은 그렇게 많은 사람들이 저절로 되는 일은 없다는 것을 인식하지 못하며, 그들이 고통과 난경에 처하게 될 것이라는 것을 깨닫지 못하는 데서 오는 것입니다. 그것을 교정하는 길은 생각하고 이해하고 사리를 철저하게 캐보는 것입니다. 세상은 그렇게 하지 않습니다. 성경에 의하면, 세상의 고민은 궁극적으로 생각지 않는다는 데 있다는 것입니다. 만일 사람들이 생각하기만 했더라면 그들의 거의 모든 문제들은 해결되었을 것입니다.

예를 들어 전쟁의 문제를 생각해 보십시다. 전쟁은 원래부터 어리석고 미친 짓입니다. 그런데 왜 사람들은 싸웁니까? 그것은 그들이 생각지 않기 때문이라는 것입니다. 그들은 본능적으로 행동합니다. 정욕과 탐욕과 성냄 등 원시적인 본능의 지배를 받습니다. 그들은 생각하기 전에 때리기부터 먼저 합니다. 그들이 모두 일단 멈추어서 생각하기만 했더라면, 전쟁은 없었을 것입니다. 휴머니스트의 궤변은 물론 이러합니다. 즉, 자기는 사람들이 할 일은 오직 생각하는 것이라고 하는 주장을 믿는다는 것입니다. 그러나 그들이 죄인들인 한에서는 생각지 않을 것입니다. 이들 본질적인 세력들은 이성의 힘보다 훨씬 강하기 때문에 "죄 안에 있는 사람"은 언제나 비합리적입니다.

우리가 그리스도인이 될 때 우리는 이 동일한 원리를 강화할 필요를 더욱 느끼게 되는 것입니다. 그리스도인마저도 스스로 생각지 않습니다. 생각하라는 가르침을 받아야 하는 것입니다. 그래서 이들 신약성경의 서신들이 있게 된 것입니다. 무엇 때문에 신약의 서신들을 써야만 했습니까? 또한 만일 여러분이 행동 하나하나를 통해서 만족과 축복을 받을 수 있다고 한다면 이 서신들이 기록되어야 했느냔 말입니다. 여기 서신들은 논리와 논증, 유추와 변증과 비교법으로 가득 차 있습니다. 왜 그렇습니까? 우리에게 생각하는 법을 가르치기 위해서입니다. 우리로 하여금 이 일들을 풀어 나가는 방식과 어떻게 이해해야 되는지 그 방법을 가르쳐 주기 위한 것입니다.

사도가 보여 주는 바와 같이 사고는 결혼의 주제에 관련해서 볼 때 진수입니다. 세상은 결혼을 다음과 같은 방식으로 봅니다. 즉, 결혼을 제 1차적으로 어떤 큰 일을 하도록 허락받는 것으로 생각합니다. 결혼은 소위 세상이 말하는 "사랑"이란 것에 달려 있습니다. 어떤 감정들에 따른 무엇으로 보는 것입니다. 두 사람은 말합니다. 우리는 서로 "사랑에 푹 빠졌어요." 그 사랑의 강도에 따라서 그들은 결혼을 하게 됩니다. 그들은 일단 멈추어서 생각하고 자문해 보지 않습니다. 그렇게 하는 것은 아주 드문 일입니다. 그들은 모든 것이 잘되어 갈 것이며, 그들의 행복은 줄곧 계속되어 결코 실패하지 않을 것이라는 "느낌"에 감동되고 도취됩니다. 모든 것은 대중문학과 극장에서 상영되는 영화나 안방 극장에서 방영되는 TV극에 의해서 조장되는 것입니다.

그러나 신문을 읽으면 그들이 잘못 생각하고 있다는 것을 알게 됩니다. 어째서 결혼이 실패합니까? 그것은 그들이 그 문제를 철저하게 생각지 않기 때문입니다. 그래서 그것은 생활을 영위함에 따라서 매일매일 찾아오는 권태와 육체적인 피로, 그리고 어려움을 산출하는 여러 다른 많은 일들을 만남으로 인해서 필연적으로 다가오는 긴장과 시련에 견뎌 내지 못하게 되는 것입니다. 그것은 그런 사람들이 그런 문제를 전혀 고려하지 않아서 결코 파경에 이르지 않을 것이라고 생각하는 데서 오는 것입니다. 그들은 감정과 충동에 따라서 행동합니다. 그들은 기분에 따라 행동하는 자들입니다. 이지는 전혀 작용을 하지 못합니다. 그 결과 그들에게 어려움들이 닥쳐올 때 그들이 깨지리라는 생각은 전혀 예상하지 않습니다. 그들은 어떻게 할 줄을 모릅니다. 모든 일이 사라져 없어져 가는 것 같습니다. 그래서 그들은 당황하여 갑작스럽게 이혼 소송을 제기합니다. 많은 사람들이 같은 과정을 반복하고 있습니다. 골칫거리의 전체 이유는 이해의 결핍과 사상의 부족입니다.

여러분이 그리스도인의 입장을 숙고할 때 이런 것과 중요한 차이가 있음을 알게 될 것입니다 — 즉, 그리스도인은 생각하고 이해하라는 권면을 받으며, 생각하고 이해하는 데 필요한 기초를 제공받는다는 점입니다. 바로 그것이 우리를 위해 제공된 이 교훈의 의미요 의도입니다. 그러므로 우리가 그것을 몰랐다고 핑계할 수 없는 것입니다. 세상은 그러한 교훈을 알지 못합니다. 그러나 우리는 더 이상 그런 위치에 있지 않습니다. 이와 같이 이 문단을 통해서 상기할 첫째의 일은 우리가 반드시 생각해야 한다는 것입니다. 우리는 어떻게 그렇게 할 수 있는가를 알게 됩니다. 그것이 상세하게 우리 앞에 펼쳐져 있습니다. 그것이 제1의 원리입니다.

제2의 원리는 그리스도인들인 우리의 결혼에 관한 개념은 반드시 적극적이어야 한다는 것입니다. 그리스도인들 사이에서의 결혼을 세상 사람들의 결혼과 본질적으로 같은 것으로 생각하는 것은 위험합니다. 오직 유일한 차이가 있는데 이 쪽은 그리스도인들인데 다른 사람들은 그리스도인이 아니라는 데서 기인되는 것입니다. 만일 우리가 결혼에 대해서 아직도 세상적으로 생각한다면 이 위대한 문단을 숙고해 온 것은 전혀 쓸데없는 일이었습니다. 그리스도인의 결혼, 기독교의 결혼관은 세상 사람들의 결혼관과 본질적으로 다른 무엇입니다. 그 점은 우리가 이 문단을 철저하게 연구해 나감에 따라서 뚜렷하게 떠오르는 요점인 것입니다.

여기서 우리는 기독교 신앙 밖에서는 가능할 수 없는 결혼관을 얻게 됩니다. 그것은 그리스도와 교회와의 관계의 위치까지 끌어 올려집니다. 그러므로 그리스도인의 결혼에 대한 태도는 항상 적극적이어야 하고, 항상 이 이상을 끊임없이 추구하고 있어야 하는 것입니다. 그리스도인의 관점은 그런 의미에서 부정적(소극적)이어서는 안 됩니다. 왜냐하면 새로운 동인(動因)들이 들어 있기 때문입니다. 그러므로 이 결혼을 끝까지 견뎌내야 합니다. 반면에 비그리스도인은 선뜻 그렇게 되기가 쉽지 않습니다. 그런 태도는 순전히 소극적인 것입니다. 그것은 비그리스도인들에게 해당되는 것을 피하는 것만이 아닙니다. 우리는 반드시 이 이상, 즉 결혼에 관해 적극적인 개념을 갖고 있어야 합니다. 그것은 반드시 그리스도와 교회의 관계에 비추어서 생각되어야 합니다.

우리는 다음과 같이 자문해 봄으로 말미암아 자신을 언제나 시험해 봐야 합니다. 나의 결혼생활은 그리스도와 교회의 관계와 상응하고 있는가? 그것을 나타내고 있는가? 그것에 의해서 지배를 받고 있는가? 그리스도인의 입장에서 결혼한 지 몇 개월이 지나면 이런 일들은 생각지 않습니다. 그러나 우리는 계속 그것을 생각해야 하고 갈수록 더욱 생각해야 합니다. 우리의 결혼에 관해서 생각하면 할수록 더욱 훌륭한 그리스도인이 되며 은혜 안에서 더욱더 자라나게 될 것입니다. 우리가 결혼에 관해서 깊이 생각하면 할수록 결혼이란 것이 하늘나라의 본(patten)에 일치되어야 하고, 주 예수 그리스도와 교회 사이의 관계에 대한 이 영광스런 이상과 일치되어야 한다는 데 더욱 관심을 가지게 될 것입니다.

이런 일은 말로 표현하기가 힘듭니다. 내가 전달하려고 하는 바는 그리스도인들의 결혼과 비그리스도인들의 결혼 사이에 존재하는 현격한 차이는 갈수록 더욱 현저하게 나타나야 된다는 것입니다. 그리고 더욱 놀랍고 영광스럽게 나타나야 합니다. 즉, 결혼이 점점 그 이상에 가까워져야 합니다. 결혼에 대해서 비그리스도인들뿐 아니라 그리스도인들에게 조차도 아주 일반적으로 공통되는 것에 그것을 적용시킬 때 우리 모두는 그 의미를 분명히 알게 됩니다. 결혼에 대한 기독교의 개념은 계속 자라고 발전하고 증가하는 것입니다.

　세번째이자 마지막 원리는 강한 전체를 통해서 나오는 것입니다. 궁극적으로 결혼이 실패하는 진정한 원인은 언제나 자아이며, 다양하게 나타나는 이기적인 생각 때문입니다. 물론 그것은 어디서나 어느 영역에서나 고통의 원인이 됩니다. 자아와 자기 중심은 세상을 어지럽게 하는 가장 큰 괴수입니다. 국가나 정치가의 입장에서 살펴보든지, 산업과 사회 조건 또는 다른 어떠한 입장에서 살펴보든지 세계가 직면하고 있는 모든 주요 난제들, 이 모든 고통들은 궁극적으로 "자기 중심", "내 권리", "내가 바라는 것", "그가 누구이든 상관할 것 없어"라고 하는 것에서 연유하는 것입니다.

　자아는 언제나 불쾌한 자기 표현으로 나타나서 고통거리를 만드는 것입니다. 왜냐하면 두 사람의 "자기"가 대적하게 되면 서로 충돌이 있을 것은 뻔하기 때문입니다. 자아는 언제나 그 자신만을 위해서 모든 것을 원합니다. 그것은 내 것이다. 그러나 그것은 동시에 너의 것이다. 여러분은 즉시 저절로 일어나는 두 세력을 보게 됩니다. 각각 "자아"에서 충동하여 일어난 두 세력은 결국 필연적인 충돌을 가져오고 맙니다. 그러한 충돌들은 모든 부문에서 일어납니다. 두 사람 개인의 권리에서부터 시작하여 대 사회나 제국 등과 국가간에도 일어나는 것입니다.

　본문에서 말하는 사도의 가르침을 자세히 숙고해 보면, 그것은 "자기"로부터 결과되는 참극들이 어떻게 되가는가 하는 것을 보여 줄 것을 목적한 것입니다. 결혼 문제를 고찰하기 전에 내가 21절을 그렇게 강하게 강조했던 것은 그 때문입니다. "하나님(그리스도)을 두려워함으로 피차 복종하라" – 그것은 이 문단 전체의 열쇠입니다.

　그것은 기본적인 원리이며 기독 교회의 모든 성도들에게 해당되는 것입니다. 기혼자든 미혼자든, 우리는 모두 하나님을 두려워함으로 피차 복종해야 하는 것입니다. 그런 다음에 사도는 그 원리를 남자와 여자, 남편과 아내의 특정 경우에 적용시켜 나가는 것입니다. 그가 그것을 얼마나 명백하게 했던지 아무도 그냥 지나칠 수가 없습니다.

　결혼에 있어서 진수가 되는 점은 무엇입니까? 그는 말하기를 그것은 이 연합, 이 두 사람, 이 쌍(雙)이 하나의 몸을 이루는 것이라 합니다. 그러므로 여러분은 그들을 둘로 보는 것을 멈추고 하나로 보아야 합니다. 그러므로 자기를 주장하는 어떤 경향이든지 그것은 즉시 결혼에 관한 근본적인 개념과 마찰을 일으킵니다. 사도는 말하기를 결혼에 있어서 그러한 충동이 야기되는 일은 생각할 수조차 없는 일이라는 것입니다. 왜냐하면 이 두 사람을 둘로 생각하는 것은 그들이 하나라고 하는 결혼의 기본적인 원리를 부정하는 것이기 때문입니다. "이 둘이 한 몸을 이루리라." 아내는 "남편"의 "몸"입니다. 마치 교회가 그리스도의 몸인 것과 같습니다. 그래서 우리는 여기서 자기와 자기를 나타내는 모든 무서운 생각에 대한 최종적인 폐기 통고를 대하게 되는 것입니다. 우리는 우리가 그 자아에서 완전히 해방될 수 있는 유일한 방법을 보게 되는 것입니다.

 주 예수 그리스도와 교회의 관계에 대한 교리를 실제적으로 적용시키는 데 있어서 밑에 깔린 세 가지 보편적인 원리들은 이상과 같습니다. 이제 남편은 바로 이 원리들의 통제를 받아야 하는 것입니다. 이 일이 실제 어떻게 이루어져 나가겠습니까? 먼저 남편은 반드시 아내가 자신의 일부라고 하는 사실을 인식해야 합니다. 그는 이것을 본능적으로는 느끼지 못할 것입니다. 가르침을 받아야만 됩니다. 그리고 성경은 모든 부분에서 그 점을 가르치고 있습니다. 다른 말로 해서 남편은 반드시 자기와 자기 아내가 둘이 아니란 점을 이해해야 합니다. 그들은 하나입니다. 사도는 그 점을 계속적으로 반복해 나갑니다. "이와 같이 남편들도 자기 아내 사랑하기를 제 몸같이 할지니", "그 둘이 한 육체가 될지니", "우리는 그 몸의 지체임이라." 그것은 우리와 우리 주님과의 관계에서도 사실임과 동시에 또한 이 결혼 관계에 있어서도 사실입니다.

 그러므로 나는 그것을 이렇게 표현해 보겠습니다. 곧 우리의 아내들을 파트너로 여기는 것까지도 만족지 못하다는 것입니다. 여러분은 파트너가 되어서 동업을 하는 두 사람을 생각할지 모르나 그러한 것을 뜻하는 것이 아닙니다. 그런 비유는 그것 이상을 넘어가지 못합니다. 그것은 동업정신의 문제가 아닙니다. 비록 그 개념을 포함하고 있기는 하지만 말입니다. 흔히 사용되는 또 다른 용구가 있는데 적어도 그것은 평범하게 사용되어 왔고 훨씬 나은 것으로 기독교 교훈을 무의식적으로 표현한 진술이라 생각합니다.

그것은 자기 아내를 "나의 좋은 짝"(my better half)이라고 부를 때 쓰는 표현입니다. 바로 그 "짝"(half)이란 말은 사도가 여기서 정교화시키는 전체 경우를 암시합니다. 우리는 두 개가 합해진 것, 두 완전체를 다루고 있는 것이 아니라 하나의 두 짝들을 이루고 있는 것입니다. "이 둘이 한 육체가 될지니라." 그러므로 이것으로 봐서 남편은 더 이상 자신을 각인(各人)으로나 단수(單數) 개인으로 생각해서는 안 됩니다. 그런 것은 결혼에 있어서 전혀 생각지 말아야 합니다. 왜냐하면 남편은 "자기 아내 사랑하기를 제 몸같이 하는 자"이기 때문입니다. 결혼은 그러한 차이를 만들어 냅니다.

그러므로 실제적인 차원에서 남편의 전체 생각은 역시 그의 아내를 포함하고 있어야 할 것입니다. 그는 자신을 따로 떼어 생각지 말아야 합니다. 그가 그렇게 하는 순간 그는 결혼에 있어서 가장 근본적인 원리를 깨뜨리고 만 것입니다. 육신적인 차원에서 그런 일이 있을 때 누구나 그것을 알게 됩니다. 그러나 진정한 위험은 그 전에 일어납니다. 즉, 지적인 면과 영적인 수준에서 일어납니다.

사람이 자신을 독립적으로 생각할 때 어느 의미에서 결혼을 깨뜨리고 만 것입니다. 그는 그렇게 할 아무런 권리가 없습니다. 그가 그렇게 할 수 없는 의미가 있는데, 그것은 아내는 자신의 일부이기 때문입니다. 그러나 만일 그런 일이 일어난다면 그는 그의 아내에 대해서 큰 해를 끼치고 있는 것입니다. 그것은 자기 자신에게도 손해입니다. 왜냐하면 그녀는 그의 일부이기 때문입니다. 그러므로 그는 자신을 대적하여 행동하고 있는 것이 되는 것입니다. 그러므로 남편의 생각은 반드시 개별적인 의미에의 한 사람이 아니어야 합니다. 그는 다만 한 짝에 불과하고 그 짝은 또 다른 한 짝을 필요로 합니다.

그가 소원하는 것도 마찬가지입니다. 그는 결코 자신만을 위한 어떤 소원을 가져서는 안 됩니다. 그는 더 이상 한 사람이 아니며 그런 의미에서 더 이상 자유롭지 못합니다. 그의 아내는 그의 모든 소원에 함께 참여해야 합니다. 그러므로 남편은 언제나 이러한 생각에 깨어 있어야 함을 알아야 합니다. 그것이 그의 임무입니다. 그는 자기 아내를 다른 말로 어떤 첨가물로 보아서는 안 됩니다. 그런 표현을 빌려야 한다는 것이 퍽 미안합니다만, 자기 아내를 장해물로까지 생각하는 사람이 있습니다. 아니 그렇게 하는 사람들이 많이 있습니다.

이를 요약하면, 결혼한 사람은 결코 이기적이어서는 안 된다는 위대한 계명입니다. 물론 아내도 역시 마찬가지입니다. 모든 것이 양편에 똑같이 적용되는 것입니다. 그러나 여기서는 특별히 남편들만을 다루고 있습니다. 우리는 이미 아내는 자신을 복종시켜야 한다는 것을 알았습니다. 그렇게 복종하는 데 있어서 아내도 같은 원리에 입각해서 행동하였던 것입니다. 이제는 그 문제를 남편의 입장에서 생각하는 것입니다. 그러므로 그는 이 결혼 상태에서 그에게 해당되는 것이 무엇인지 의도적으로 끊임없이 되새겨야 하는 것입니다. 또한 그의 모든 생각과 그의 모든 소원과 욕구, 아니 그의 삶과 행동 전체를 지배하고 통제해야 하는 것이 무엇인지 부단히 생각해야 합니다.

그러나 우리는 더 나아가서 이것을 더욱더 강하게 표현할 수 있습니다. 28절은 이렇게 시작합니다. "남편들아 자기 아내 사랑하기를 제 몸같이 할지니." 그러나 주님과 교회의 관계를 묘사함에 있어서 사도는 몸의 유추를 사용하였다는 것을 잊어서는 안 됩니다. 그는 더 나아가 같은 28절에서 "자기 아내를 사랑하는 자는 자기를 사랑하는 것이라"고 합니다. 그런 다음에 그는 29절에서 그것을 정교화시킵니다. "누구든지 언제든지 제 육체를 미워하지 않고 오직 양육하여 보호하기를 그리스도께서 교회를 보양함과 같이 하나니." 여기서 교훈하는 바는 우리가 "남편과 아내가 하나니라"는 것을 인식해야 함은 물론이고, 남편은 반드시 아내가 실제로 이 몸의 유추에 따라 남편 자신의 일부라는 것도 깨달아야 한다는 것입니다.

사도는 말하기를 자기 아내에 대한 남편의 자세는 반드시 자기 몸에 대한 태도와 같아야 한다는 것입니다. 유추는 바로 그러합니다. 그것은 하나의 유추 이상입니다. 우리는 이미 그것이 창세기 2장에서 어떻게 가르쳐지고 있는가를 생각해 보았습니다. 여자는 근원적으로 볼 때 남자에게서 취하여졌습니다. 거기서 우리는 여자는 남자의 일부라는 사실과 연합의 특징을 묘사하는 그 사건에 대한 증거를 갖게 되는 것입니다. 그러므로 남자에겐 이런 말씀이 있었습니다. "남편들도 자기 아내 사랑하기를 제 몸같이 할지니." 지금 여기 "같이"라고 하는 작은 어휘는 가장 중요한 것입니다. 그것은 우리가 그것을 쉽게 오해할 수 있기 때문입니다.

바울은 "남편들도 마땅히 그들의 아내 사랑하기를 자기들이 자기 몸을 사랑함같이 해야 한다"고 말하지 않습니다. 28절의 말씀은 그런 의미가 아닙니다. 그 말씀의 의미는 "남편들도 자기 아내를 사랑해야 한다. 그것은 아내가 남편 자신의 몸이기 때문이다"라는 것입니다. 남편은 자기 아내를 제 몸으로 알고 사랑합니다. 그가 자기 몸을 사랑하는 것 "같이" 자기 아내를 사랑해야 한다고 하는 것이 아닙니다.

그 말이 아닙니다. 남편은 자기 아내를 자기 몸으로, 자신의 일부로서 사랑해야 합니다. 하와가 아담의 갈비뼈에서 취하여진 아담의 일부인 것처럼 아내는 남편에게 속해 있습니다. 그녀는 그 남편의 일부이기 때문입니다.

내가 이 점을 역설하고 있는 것은 사도가 다음과 같은 것을 보여 주기 위해서 명백하게 나타내는 이유 때문입니다. 즉, 성경의 교훈에 의하면 음행의 연고가 아니고서는 깨질 수 없는 불용해적 요소가 결혼에 존재한다는 점 말입니다. 그러나 지금 주장해야 하는 것은 사도는 남편이 자기 아내로부터 자신을 떼어 낼 수 없다는 것을 알도록 하기 위해서 그것을 이런 형식으로 표현한 것입니다. 여러분은 자신의 몸에서 자신을 분리시킬 수 없습니다. 그와 같이 여러분은 자신을 여러분의 아내에게서 떼어 낼 수 없는 것입니다. 아내는 여러분의 일부라고 사도는 말하고 있는 것입니다. 그러므로 그것을 언제나 기억하십시오. 여러분이 혼자서 살 수 없는 것과 같이 떨어져서는 살 수 없습니다. 만일 여러분이 그것을 인식한다면 떨어져 나갈 염려는 없게 될 것입니다. 또한 여러분이 어떤 이별을 소원하든지 하고 싶은 생각이나 욕망의 위험은 없을 것입니다. 어떤 적대감이나 혐오감 같은 것도 훨씬 덜할 수 있을 것입니다.

"누구든지 언제든지 제 육체를 미워하지 않고 오직 양육하여 보호하기를 그리스도께서 교회를 보양함과 같이 하나니." 그러므로 남편과 아내 간에 있는 어떤 혐오의 요소는 순전히 미친 짓에 불과합니다. 그리고 그 것은 남편이 결혼이 무엇을 뜻하는가에 대한 아무런 개념도 갖고 있지 못 하다는 것을 보여 주고 있습니다. "누구든지 제 육체를 미워하지 않고" – 아내는 자신의 육체입니다. 아내는 또한 그의 몸입니다. 그러므로 남편은 자기 아내를 사랑하기를 자기의 몸같이 사랑해야 합니다.

이것은 실제에 있어서 무엇으로 인도합니까? 여기서 나는 모든 사람 그리스도인들뿐 아니라 다른 모든 사람들이 아주 갈급해 하는 상세한 교 훈에 이르게 됩니다. 하나님은 우리가 모두 실패했다는 것을 아십니다. 우리 모두는 이 교훈을 이해하지 못하고 그것을 상세하게 적용시키지 못 함으로써 죄를 지었습니다. 원리를 말하자면 아내는 남편의 몸이라는 것 입니다. 그러므로 그의 몸이 아내에게 속한 것임과 같이 그녀도 남편에게 속해야 합니다. 그로부터 사도의 정교한 교훈이 나오는 것입니다.

남편은 자기 아내를 어떻게 대접해야 하는가? 나는 먼저 몇 가지 부 정적인 것들을 말씀드려야겠습니다. 그는 그녀를 모욕하지 않습니다. 남 편이 자기의 몸을 욕되게 하는 것은 가능합니다. 많은 사람들은 과식과 과음 등 여러 가지 방법으로 자신들의 몸을 너무나 욕되게 합니다. 그것 은 몸을 욕되게 하는 것이며 몸을 학대하고 불친절하게 하는 것입니다. 그러므로 사도는 그렇게 하는 남자는 어리석다고 말하고 있습니다. 왜냐 하면 그가 만일 몸을 학대하고 욕되게 한다면 그 자신은 고난을 받게 되 기 때문입니다. 여러분은 여러분의 몸으로 자신을 떼어놓을 수 없습니다. 그러나 여러분이 만일 할 수 있다고 생각한다면, 몸을 한번 욕되게 해보 십시오. 여러분은 고통을 당하게 될 것입니다. 여러분의 마음은 아프게 될 것이고 고초를 겪게 될 것입니다. 나아가서 여러분의 생(生) 전체가 고난을 겪게 될 것입니다. 여러분은 이렇게 말할지 모릅니다. "난 내 몸 같은 것을 돌보지 않는다. 난 지성의 삶을 살아가고 있을 뿐이다." 그러 나 여러분이 그런 방법으로 계속 나간다면 여러분은 곧 알게 될 것입니 다. 전에는 가졌던 지성을 더 이상 갖지 못한다는 것을 발견하게 될 것입 니다.

만일 여러분이 자신의 몸을 모욕한다면 여러분이 고난을 겪게 될 것입니다. 몸뿐만 아니라 여러분 자신이 고통을 겪게 될 것입니다. 마찬가지로 그것은 결혼 관계에 있어서도 같습니다. 만일 남편이 그의 아내를 모욕한다면 그는 아내와 함께 고통을 당합니다. 그러므로 천성적으로 그가 어떤 나쁜 성격을 가지고 있는 것과 상관할 바 없이 그런 남자는 어리석은 자입니다. 만일 그가 자기 아내를 모욕한다면 아내뿐 아니라 남편, 즉 둘 사이의 관계를 파괴시킬 것입니다. 이 일은 오늘의 세계에서 아주 다반사로 되어지는 일임에 틀림없습니다. 그리스도인이 그의 아내를 모욕한다는 것은 상상조차 할 수 없는 일입니다. 그러나 남편은 그의 아내를 모욕하지 않는 것만이 아닙니다.

두번째로 그는 아내를 무시하지 않습니다. 그런 일은 자주 일어납니다. 그것은 언제나 골칫거리를 만듭니다. 몸을 멸시하는 것은 나쁜 것입니다. 그것은 어리석고 그릇된 것입니다. 사람은 몸과 마음과 영(靈)으로 이루어지도록 지어졌습니다. 사람은 서로 친밀한 관계를 가지고 있습니다. 우리는 모두 이것을 확실히 의식합니다. 몸의 약함에서 예를 들어봅시다. 만일 내가 후두염을 앓게 된다면 내가 설교하기를 원해도 설교할 수 없게 됩니다. 난 설교할 생각과 소원으로 부풀어 있지만, 나의 목청이 성하지 못하므로 난 말할 수 없게 되는 것입니다. 만일 내 몸을 무시한다면 그것 때문에 난 고통을 받게 됩니다. 많은 사람은 그렇게 하려 했고 많은 학자들도 그랬습니다. 몸을 무시함으로 인하여 그의 사역이 괴로웠던 것입니다. 그것은 우리의 전인(全人)의 여러 부분 사이에 필수적인 연합 때문에 그러합니다. 그것은 정확히 결혼 관계에서도 같다고 사도는 말합니다. 결혼에 있어서 단지 무시하는 것 때문에 일어나는 문제들이 얼마나 많은가!

아주 최근에 어느 신문에 난 것을 읽었는데, 거기엔 어느 의학계의 학자가 조사한 내용이 실려 있었습니다. 오늘날 아내들의 대부분이 담배를 계속 입에 물고 살고 싶은 충동을 느낀다는 것입니다. 남편들은 밤이 늦도록 스포츠나 어느 모임에서 게임을 즐기면서 보냅니다. 그런데 가련한 아내는 아이들과 함께 집에 남아서 일을 합니다. 남편은 밤에 집에 들어와서는 그냥 잠자리로 들어 곯아떨어집니다. 그리고 아침에 일어나서 나갑니다. 아내를 무시하는 것은 아내로 하여금 무절제한 흡연과 신경과민의 증상들로 모습을 드러내는 이러한 신경질적인 상황들을 가져오게 합니다. 한 남자가 결혼을 하여 자기 아내를 멸시한다는 것은 애닯은 일입니다. 달리 말해서 여기 결혼을 한 사람이 있습니다. 그런데 마치 그는 아직도 홀아비인 것처럼 살고 있다니 그것이 큰 문제입니다. 그는 아직도 자신의 홀로 떨어진 삶을 살고 있습니다. 그는 아직도 그의 희비를 그의 남자 친구들과 지내고 있습니다.

 난 이 점을 아주 쉽게 정교화할 수 있습니다. 그러나 그렇게 하는 일들은 우리와 너무 친숙하기 때문에 불필요합니다. 그러나 난 기독교 소위 복음적인 교파에서까지도 이 특별한 요점을 잊는 경향이 있음을 느끼곤 합니다. 결혼한 남자는 더 이상 자기 혼자 사는 것같이 행동해서는 안 됩니다. 모든 일에 그의 아내를 동반해야 합니다. 나는 예전에 어떤 복음적인 단체와 연관을 맺고 있는 사회 행사에 초청장을 받은 일이 있습니다. 그러나 그 초청장은 나만을 청하는 것이었습니다. 나는 의식적으로 그 초청에 응하지 않았습니다. 나는 그런 경우에 언제나 같은 식으로 행동합니다. 이것은 이 문제들을 명확히 생각지 않았던 복음적인 단체의 경우입니다. 그리스도인 남편은 그의 아내를 동반하라는 초청이 없는 초청장은 받아들이지 말아야 한다는 것을 하나의 법칙으로 전제하기까지 하렵니다.

 어떤 모임에 아내를 동반하지 않고 남자들만 모임으로 인해서 결혼생활에 돌이킬 수 없는 해를 끼친 적이 많이 있습니다. 그것은 잘못된 일입니다. 왜냐하면 그것은 첫번째 원리들을 부정하는 것이기 때문입니다. 남편과 아내는 모든 일을 함께 해야 합니다. 물론 사업에 있어서는 남편 혼자만이 합니다. 또한 남자 혼자만 갈 행사가 있습니다. 그러나 만일 그것이 아내들도 참석할 수 있는 사교적인 행사일 경우엔 아내와 함께 가야 합니다. 아내가 가도 좋은지를 아는 것은 남편의 임무입니다. 모든 그리스도인 남편들은 동부인(同婦人)을 요청하지 않고 남편들만 오라고 하는 어떤 초청장에도 응해서는 안 된다고 재언합니다.

 그러나 때때로 나로 하여금 커다란 관심을 불러일으키는 또 다른 국면이 있습니다. 나는 흔히 "복음적인 과부"(evangelical widows)라고 불리어지는 것에 대해서 부단히 듣고 있습니다. 그 표현은 어떤 특별한 타입의 여자의 남편이 매일 밤 이 모임 저 모임에 나간다는 뜻입니다. 그의 변명, 아니 그의 논리는 이러합니다. "나는 훌륭한 기독교 사업에 종사하고 있다." 그러나 그는 자기가 결혼한 남자라는 사실을 잊고 있는 것 같습니다. 물론 또 다른 극단에 흘러 게으름과 편안한 것만 좋아하여 온종일 집에서 보내는 유의 그리스도인도 없지 않아 있습니다. 두 극단들은 언제나 틀리기 마련입니다. 그러나 내가 지금 이 순간에 관심을 기울이고 있는 것은 기독교 사업으로 너무 분주한 나머지 자기 아내를 무시하는 남자의 경우입니다.

나는 이에 대한 많은 경우를 알고 있습니다. 최근 잉글랜드의 북부에서 있었던 한 경우를 알고 있습니다. 그는 이 집회 저 집회에 나가서 밤마다 강사로 일하는 사람입니다. 어떤 사람이 귀띔해 주기를 그는 그저 같은 일에만 몰두하여 빠져 들어가고 있었다는 것입니다. 그런데 그는 모든 사람이 입에 올리고 있는 이 사람의 아내를 만났을 때 깜짝 놀랐다는 것입니다. 그 가련한 부인은 노예처럼 보이더라는 것입니다. 그녀는 기진하여 피로에 지치고 불행하고 멸시를 받은 것 같았고 병을 앓고 있는 사람 같더라는 것입니다. 그러한 남편의 행위는 지독하게 죄악적입니다. 아무리 그 일이 기독교 사업이라는 명목 아래 행해진다 하더라도 그런 식으로 자기의 결혼 관계를 축소시킬 수 없고 시켜서도 안 되는 것입니다. 왜냐하면 아내는 남편의 일부이기 때문이요, 그의 "좋은 짝"이지 노예가 아니기 때문입니다.

그러므로 그리스도인 남편들은 이런 문제에 있어서 자신들을 시험해봐야 합니다. 한 가정은 남자가 잠자러 돌아오는 기숙사가 아닙니다. 가정에는 이 적극적이고 이상적이고 생생한 관계가 있어야 합니다. 우리는 늘 이 점을 우리 마음의 제일선에 간직하고 있어야 합니다. 그러므로 남편은 이런 면에 있어서 자신을 간수하는 방법을 알기 위해 하나님께로부터 나오는 지혜를 구해야 하는 것입니다. 나는 그가 무엇을 하는 사람인지 고려하지 않습니다. 다만 그가 결혼한 남자라면 그는 홀아비처럼 행동해서는 안 됩니다. 심지어 기독교 사업에 있어서조차 그러합니다. 왜냐하면 그렇게 함으로써 그는 자기가 외치고 있는 복음의 교훈 자체를 부정하고 있는 것이 되기 때문입니다. 바로 그런 면에 있어서 말로 다할 수 없는 이기주의가 있을 수 있습니다. 이런 일은 주로 무분별보다 더 나쁜 것의 결과로 일어납니다. 그러나 무분별은 이기주의를 가져옵니다. 어떤 경우에서든지 그리스도인은 무분별의 죄를 범해서는 안 됩니다.

이제 우리는 그 교훈의 세번째 실제적인 외적 사역으로 나아갑니다. 남편은 자기 아내를 욕되게 해서도 무시해서도 안 됩니다. 세번째로 한편은 아내를 아주 완벽한 무엇으로 여겨서도 안 된다는 것입니다. 여기에 적극적인 요소가 있어야 합니다. 한 남자의 아내는 단지 그의 집지킴이어서는 안 됩니다. 거기에 이 적극적인 요소가 있습니다. 어떻게 하면 이 점을 가장 잘 나타낼 수 있을까요? 사도 자신이 말한 용구를 생각해 보도록 합시다. 그는 그것을 이렇게 표현합니다. "이와 같이 남편들도 자기 아내 사랑하기를 제 몸같이 할지니 자기 아내를 사랑하는 자는 자기를 사랑하는 것이라 누구든지 언제든지 제 육체를 미워하지 않고 오직 양육하여 보호하기를 그리스도께서 교회를 보양함과 같이 하나니." 여러분은 이 말씀을 숙고하였을 때 주께서 우리를 양육하고 보호하는 방식을 보고 깜짝 놀란 적이 있음을 기억하실 것입니다. 그러나 그것은 남편이 자기 아내에 대해서도 해야 하는 방식입니다. "보호하고 양육하라." 여러분은 이 일을 생각함이 없이는 할 수 없습니다.

다시 한 번 이것은 사람이 자기의 몸을 미워하지 않고 보호하고 양속한다고 하는 유추로써 풀어 나갈 수 있습니다. 어떻게 그가 그렇게 합니까? 우리는 그것을 간단히 나눌 수 있습니다. 무엇보다 먼저 식단의 문제가 있습니다. 사람은 자기의 식단 또는 그의 음식에 대해 생각해야 합니다. 충분한 영양을 섭취해야 하되 규칙적으로 해야 합니다. 그 모든 것은 남편과 아내의 경우에 있어서도 적용되어야 합니다. 남편은 무슨 음식이 아내에게 도움이 되고 아내를 강건케 하는 것인지 생각하고 있어야만 합니다. 우리는 음식물을 섭취할 때 칼로리와 프로테인과 탄수화물과 지방질만 생각하는 것이 아닙니다. 우리는 단순히 과학적인 것만을 취해서는 안 됩니다. 음식의 문제에 있어서 또 다른 요소가 들어 있습니다. 우리는 미각에 대해서도 영향을 받습니다. 그것이 즐거움과 기쁨을 주느냐에 따라서도 우리는 영향을 받습니다.

그러므로 자기 아내에 대해서도 그렇게 대접해야 합니다. 그는 무엇이 그녀를 즐겁게 하는 것인가를 늘 생각하고 있어야 합니다. 물론 그가 결혼하기 전에는 식단을 이런 식으로 짰지만 결혼한 후에는 자주 그렇게 하는 것을 멈추어야 합니다. 그것은 어렵지 않습니까? 네, 좋습니다. 사도는 말합니다. 멈추어서는 안 되고 계속 생각하고 있어야 한다는 것입니다. 여러분이 그리스도인이기 때문에 더욱더 생각을 해야 하는 것입니다. 그것이 사도가 주장하는 핵심입니다. 우리는 모두 정죄를 받습니까? 그러나 이것은 사도의 가르침이요 신약의 교훈입니다. 식단-아내의 모든 성품과 그녀의 영혼을 생각해 보십시오. 하나님께서 친히 세우신 놀라운 이 관계 속에서 아내와 그녀의 삶이 발전하고 있는가 능동적으로 생각해야 합니다.

다시 연습의 문제가 있습니다. 몸의 유추는 즉시 그것을 시사합니다. 몸을 위한 연습은 진수입니다. 운동은 결혼 관계에 있어서도 동시에 주요합니다. 대화와 같은 단순한 일을 의미할 수 있습니다. 안타깝게도 단순히 대화가 없다는 것 때문에 고통을 당하는 것을 너무 자주 봅니다. 우리는 모두 변명의 방법으로 말해지는 것이 얼마나 많은지 알고 있습니다. 남자가 피곤에 지칩니다. 온종일 업무나 사무에 시달리다 피곤하여 지쳐 돌아와서는 편안히 쉬길 원합니다. 그런데 같은 일이 그의 아내에게도 역시 해당됩니다. 아마도 그녀는 혼자서 온종일 아이들과 씨름하고 있었다는 차이가 있을 뿐입니다. 그것이 좋게 느껴지든 않든가에 우리는 말해야 합니다.

아내는 이런 의미에서 연단을 필요로 합니다. 여러분의 사업에 관해서, 여러분의 걱정거리에 관해서, 일에 대해서 아내에게 말해 주십시오. 그녀는 몸이요 당신의 일부입니다. 그리하여 그 일에 관하여 말하게 허락하십시오. 그녀와 상의하고 그녀의 소견을 말하도록 합니다. 그녀는 당신 생명의 일부입니다. 그러므로 당신의 아내로 하여금 여러분 삶 전체로 들어오도록 하십시오. 당신 스스로가 대화를 만드십시오. 달리 말해서 스스로 생각할 수 있게끔 분위기를 만들어야 합니다. 나는 모든 구실들을 이해하고 있음을 다시 한 번 되풀이해 말씀드립니다. 그리고 그것이 흔히 얼마나 어렵게 될 수가 있는지! 그래서 나는 그것을 이렇게 표현하겠습니다. 난 그것이 정당한 논리라고 생각한다고, 이 사람은 결혼하기 전에도 똑같이 피곤하고 똑같이 고되게 일을 했습니다. 그러나 결혼하기 전에는 그가 무엇을 했던지 간에 그의 약혼녀에게 틈만 있으면 말을 걸고 싶고 모든 일을 그녀에게 말했었습니다. 그런데 결혼을 한 뒤에는 왜 그렇게 하기를 싫어합니까?

사도는 그래서는 안 된다는 것입니다. 남편과 아내는 하나입니다. 남편은 아내를 보되 자기 몸을 생각하듯이 생각하고 보아야 합니다. 그리고 이 연단의 요소를 기억하시기 바랍니다. 의도적으로 아내에게 모든 일을 가르쳐 줘야 합니다. 그것은 그녀에게 놀랍게 여겨질 것이고 그녀의 발전을 위해서 좋은 것입니다. 그리고 그것은 여러분 자신을 위해서 좋은 것입니다. 왜냐하면 그렇게 해나감에 따라 결혼생활이 성장하고 발전해 나갈 것입니다.

그리고 그것은 우리를 네번째 요점으로 인도합니다. 그것은 보호의 요소입니다. 몸은 식물과 연단을 필요로 합니다. 그러나 거기에 덧붙여서 사람마다 자기 자신의 몸을 이해하는 법을 배워야 합니다. 사도는 그 논증을 풀어 나갑니다. 사도 베드로는 여러분이 기억하다시피 그것을 이렇게 말하고 있습니다. 베드로는 남편에게 "아내는 더욱 연약한 그릇"임을 기억하라고 일러줍니다. 이 말씀은 우리의 몸들은 어떤 것에 복종해야 한다는 것을 의미합니다. 우리는 육신적인 의미에서조차 모두 다릅니다. 우리 가운데 어떤 이들은 감기에 견뎌내지 못하는 사람들이 있고 어떤 이들은 다른 사람들에게 하등의 걱정거리가 아닌데 한기를 느낍니다. 또한 어떤 이들은 체질적으로 이런 작은 문제를 가지고 있습니다. 그리고 우리에게 시련을 안겨 주는 이상한 분위기와 다양한 다른 것들에 굴복하기도 합니다. 현명한 사람은 어떻게 합니까? 그는 그런 일들을 매우 조심합니다. 그래서 겨울에는 두꺼운 외투를 입고 목도리마저 두릅니다. 그리고 어떤

## 제 15 장 남편들의 의무

일들은 삼가합니다. 그는 자신을 감싸고 생활 가운데서 부딪혀 오는 몇몇 장애물들에서 자기의 약한 체질을 보호합니다.

"이와 같이 남편들도 자기 아내를 사랑해야 합니다." 여러분은 여러분의 아내가 체질적으로 특수하게 약한 부분이 있음을 발견했습니까? 그녀가 어떤 특별한 성격이 있음을 발견했느냐 말입니다. 그녀가 신경질적이든지 날카롭지는 않습니까? 또는 너무 말이 많지 않습니까? 그 특별한 것이 무엇이든지 그것은 문제가 아닙니다. 그녀는 어느 의미에서 약한 어떤 성격들을 가지고 있는 것입니다. 여러분은 그러한 약한 성격들에 대해서 어떤 반응을 나타냅니까? 여러분은 초조해 하거나 화를 냅니까? 여러분은 그 약한 성격들을 비난하고 천시합니까? 사도는 여러분의 몸에 하는 것처럼 행동하라는 것입니다. 그녀를 그녀의 약한 특징들에서 보호하십시오. 만일 여러분의 아내가 천성적으로 겁이 많다면 그녀를 거기서 건져 내고 보호하십시오. 할 수 있는 한 모든 일을 동원해서 그녀를 그 연약함과 유치함과 견고치 못한 데에 빠지지 않도록 안전하게 보호하십시오. 여러분이 여러분의 몸을 위해서 하는 것처럼 여러분의 아내에게 해 주십시오.

물론 큰 전염병, 즉 인플루엔자나 열병이나 기타 수천의 사람들을 죽이는 다른 질병이 유행되어 나타나기도 합니다. 결혼생활에도 그에 상응하는 일들, 즉 시련과 고통과 환난 등이 극도에까지 결혼생활을 시험하러 찾아옵니다.

우리는 이 일에 관해 어떻게 행합니까? 그런 질병을 얻었습니다. 여러분의 몸에 어떻게 행합니까? 그런 질병을 얻을 때 그만 격하게 성을 내어 그 인플루엔자를 공격합니까? 아니지요. 침대에 편히 누워서 뜨거운 물찜질을 하지요. 그리고 적당한 영양분을 섭취하지 않습니까? 최선을 다해서 처리하여 여러분의 몸이 그 병을 이겨낼 수 있도록 합니다. "이와 같이 남편들도 자기 아내를 사랑하기를 제 몸같이 하나니." 만일 여러분의 아내를 끝까지 괴롭히는 어떤 특별하고 예외적인 시련과 걱정과 난제들이 있거들랑 남편 되는 여러분은 하던 일을 멈추고 여러분의 아내를 보호하고 도와주어야 합니다. 그녀는 "더 연약한 그릇"입니다.

이제 우리는 마지막 요점에 이르렀습니다. 여러분은 여러 예방 접종을 통해서 여러분의 몸을 보호하려 애씁니다. 그것을 결혼 관계에도 적용시키십시오. 최선을 다해서 저항력을 기르시고 여러분의 아내가 생명의 여러 장애물들을 대처하도록 준비시켜 주십시오.

여러분은 아내를 견고케 해야 합니다. 말하자면 모든 일을 혼자서만 하지 마십시오. 아내를 견고케 하여 주면 그녀도 역시 행동할 수 있을 것입니다. 남편이 죽어 세상을 떠난다 해도 그녀는 궁지에 빠지지 않을 것입니다. 우리가 세밀한 면에 이르기까지 몸을 돌보는 것같이 우리의 아내를 생각해야 합니다. 만일 질병이 찾아온다면 특별한 배려를 하여 적당한 의약을 써야 하는 것입니다. 건강을 회복하고 활기와 행복을 되찾는 역할을 할 이들 특별한 일에 신경을 쓰시기 바랍니다.

우리는 이 정도로 본장을 끝맺습니다. 그러나 우리는 가장 중요한 큰 원리를 살펴 나왔습니다. 남편은 "이처럼" 자기의 아내를 사랑해야 하는데 그것은 아내가 자기의 몸이기 때문입니다. "누구든지 언제든지 제 육체를 미워하지 않고 오직 양육하여 보호하기를 그리스도께서 교회를 보양함과 같이 하나니", "남편들아 아내 사랑하기를 그리스도께서 교회를 사랑하셨던 것같이 하라."

# 제 16 장

# 바뀌어진 관계들

남편들아 아내 사랑하기를 그리스도께서 교회를 사랑하시고 위하여 자신을 주심같이 하라 이는 곧 물로 씻어 말씀으로 깨끗하게 하사 거룩하게 하시고 자기 앞에 영광스러운 교회로 세우사 티나 주름잡힌 것이나 이런 것들이 없이 거룩하고 흠이 없게 하려 하심이니라 이와 같이 남편들도 자기 아내 사랑하기를 제 몸같이 할지니 자기 아내를 사랑하는 자는 자기를 사랑하는 것이라 누구든지 언제든지 제 육체를 미워하지 않고 오직 양육하여 보호하기를 그리스도께서 교회를 보양함과 같이 하나니 우리는 그 몸의 지체임이니라 이러므로 사람이 부모를 떠나 그 아내와 합하여 그 둘이 한 육체가 될지니 이 비밀이 크도다 내가 그리스도와 교회에 대하여 말하노라 그러나 너희도 각각 자기의 아내 사랑하기를 자기같이 하고 아내도 그 남편을 경외하라(엡 5:25-33)

우리는 이 가장 중요하고 특이한 진술에 대한 최종적인 고찰을 하기에 이르렀습니다. 그것이 마지막 부분에서 나오는 것이긴 하지만 사도는 장관들이 아내들에게 가지는 의무들을 가장 중요하게 다루고 있는 것입니다. 사도는 다시 결혼에 관한 그의 교훈을 전체의 완벽한 형태로 나타내기 위해서 아내들이 남편들에게 가지는 의무로 되돌아갑니다. 이 모든 것을 적용함에 있어서 큰 일은 그 교훈을 이해하는 것입니다. 모든 사람들 중에서 그리스도인은 생각하고 따져보고 자기의 이지를 사용하는 자여야 합니다. 그리스도인 생활에 있어서 마술적인 것이란 하나도 없습니다. 중생의 위대한 역사는 하나님의 하시는 일입니다. 그러나 생명을 받는 순간 우리는 생각할 수 있고 따져볼 수 있고 우리의 이해력을 사용할 수 있습니다.

그러므로 이 모든 신약서신들은 이해력에 호소한 것입니다. 사도는 이 에베소서 초두에서 에베소교인들의 이해의 눈이 성령에 의해서 밝혀지기를 기도했습니다. 그러므로 우리는 사도가 여기서 하는 일은 이 위대한 그리스도와 교회의 교리를 세우는 데 있다는 것을 알았습니다. 그러므로 "이와 같이"라고 합니다. 우리의 강해가 완벽을 기하기 위해서 취급되어야 할 몇 가지 실제적인 요점들이 있습니다. 여기서 사도가 제시하고 있는 어떤 실제적인 명령이 있습니다. 그 명령들은 모두 다 여기서 사용되고 있는 이 위대한 유추에 관련을 맺고 있는 것입니다. 그 위대한 원리는 바로 그 연합입니다. 우리가 포착해야 하는 것은 남편과 아내 사이의 생명적인 연합입니다. "이 둘이 한 몸을 이룰지라." 이 연합은 남자가 자기 자신의 몸 사이의 연합과 비교될 수 있습니다. 또한 그것은 그리스도와 교회의 신비적인 연합과 비교될 수 있는 것입니다.

연합은 결혼에 있어서 중심 원리입니다. 막연하게 결혼으로 들어가 놓고는 결혼 서약을 파괴하는 이혼이 우리 세대의 중요 문제가 된 것은 현대 세계의 많은 사람들이 결혼이 함축하는 바에 대한 개념을 연합의 입장에서 가지지 않기 때문입니다. 그들은 이 연합을 안중에도 두지 않습니다. 그들은 아직도 그들 개개인의 차원에서 생각하고 그래서 두 사람이 자기들의 권리를 주장하고 있음을 봅니다. 그래서 충돌을 일으키고 나아가 헤어지게 되는 것입니다. 그 모든 것에 대한 해결책은 이 위대한 연합의 원리를 이해하는 것이라고 사도는 말하고 있는 것입니다.

사도는 그것을 몸의 경우에서 풀어 나갑니다. 그러나 이제 그는 창세기 2장에서 말한 바 하와가 아담의 "돕는 배필"이 되기 위해서 아담에게서 취하여 지음을 받았다고 하는 것을 다시 상기시켜 주고 있습니다. 그럼으로써 그는 연합의 원리를 아주 노골적으로 나타내고 있습니다. 남자와 여자가 이 결혼상태로 들어가게 하기 위해서 하나님께서 하와를 만드신 순간 남자는 자기의 부모를 떠나 자기 아내와 합하여 "그 둘이 한 몸이 되리라"는 말씀을 듣게 됩니다. 사도는 31절에서 바로 그 말씀을 인용하고 있습니다. "이러므로 사람이 부모를 떠나 그 아내와 합하여 그 둘이 한 육체가 될지니." 이것은 남편이 될 남자에게 주어진 명령입니다. 그는 그의 부모를 왜 떠나야 합니까? 남자와 여자 사이에 존재케 될 이 새로운 연합 때문입니다. "이 이유 때문에"라고 사도는 말합니다. 어떤 이유 때문에 그렇습니까? 그는 우리에게 이렇게 말하고 있지 않습니까? "우리는 그의 몸의 지체임이라." 그것이 남편과 아내의 관계입니다. 그 관계 때문에 — "이 이유 때문에" — 사람이 그의 아내와 합하여 하나가 되기 위해서 그 부모를 떠나야 합니다.

　이는 가장 중요한 요점입니다. 어떤 면에서는 그것은 진정한 결혼에 있어서 존재하는 연합의 최종적인 증거입니다. 그것은 연합에 대해 나타난 증거입니다. 다시 말해서 사도는 그가 결혼을 하게 될 때 전에 가졌던 관계를 깨뜨리는 새로운 연합에 들어간다고 말하고 있습니다. 그는 이제 더 이상 이전의 관계에 매여 있거나 고수할 필요가 없습니다. 왜냐하면 그는 새롭고 보다 친밀한 연합의 관계로 들어가 있기 때문입니다. 그가 결혼하기까지는 그 사람에게 가장 높은 사람은 그의 아버지와 어머니였습니다. 그러나 그것은 더 이상 그런 경우가 아닙니다.

　그는 이제 그의 아버지와 어머니를 떠나 이 새로운 관계로 들어가는 것입니다. 그것은 엄청난 진술입니다. 특별히 부모와 자녀의 관계에 관해서 성경에서는 그렇게 많이 말하지 않는다는 사실을 비추어 볼 때 그러합니다. 가족은 삶에 있어서 근본적인 단위입니다. 그러므로 사도는 6장에서 "자녀들아 너희 부모를 주 안에서 순종하라 이것이 옳으리라." 그러나 그 진술은 이 사실, 즉 사람이 결혼을 하게 되면 더 이상 그런 의미에서의 자녀는 아니라고 하는 사실에 비추어서 생각되어야 합니다. 그는 그의 아버지와 어머니를 떠나 이제 새로운 연합으로 들어가고 있는 것입니다. 그는 이 새로운 관계, 이 새로운 연합으로 들어가기 위해서 예전에 있던 자리에서 나와야 하는 것입니다. 그는 이제 새로운 단위, 즉 새 가정의 머리가 된 것입니다.

　결혼 관계에 있어서 긴장감이 가장 날카롭게 일어나고 어려운 일들이 일어나는 이유는 대부분 바로 이 점에서입니다. 이 모든 문제들에 있어서 성경적 진술들이 그 진술들의 문맥에서 취급되어야 하고 앞뒤를 재어서 생각해야만 함은 명백합니다. 우리는 이 일들에 있어서 결코 규칙으로 고

정시켜서는 안 됩니다. 남자가 "그의 부모를 떠나"라는 진술을 생각해 보십시오. 이제 그 부모들과 어떤 관계를 가져서도 안 된다는 의미가 아님이 분명합니다. "떠나게 하라"(let him leave)입니다. 그러므로 "떠난다"의 의미를 숙고해 보아야 합니다. 물론 그것은 아주 실제적인 문제입니다. 그러나 중요한 것은 거기에 함축되어 있는 것을 영적으로 이해하는 것입니다. 때때로 그것이 너무나 율법적으로 취급되어서 그 부모들에게 불손하게 굴고 거의 불쾌하게 하는 일이 있습니다. 그것은 사도가 가르치는 바가 아닙니다. 그는 다만 그 원리에 관심이 있는 것이며, 우리가 중요 관심을 기울여야 하는 것도 바로 그 문제입니다.

실제로 그 말씀의 의미는 이후부터는 자신을 한낱 부모의 아이가 아니라, 한 아내의 남편으로 여겨야 한다는 것입니다. 그는 지난 모든 생애 동안 자신을 부모에게 속한 아이로 여겨왔습니다. 그것은 옳습니다. "네 부모를 공경하라"는 계명은 10계명 가운데 하나입니다. 그러나 이제 그는 하나의 커다란 정신적인 정리를 해야 합니다. 그는 문제들을 철저히 생각하고 새로운 책임을 떠맡아야 하는 것입니다. 그리고 여기서 새로운 방식으로 살기 시작해야 합니다. 그는 이제 더 이상 따라가는 입장이 아니라 새 가족의 머리가 되었습니다. 이제 그는 자신을 위로해야 하는 것입니다. 현실적으로 부모를 떠난다고 하는 것은 그의 부모가 자기를 이제까지처럼 통제하도록 해서는 안 된다는 것을 뜻하는 것입니다. 어려움이 있게 되는 것은 바로 이 점에서입니다. 20년, 25년, 30년 동안 존재했던 옛 관계—아버지, 어머니, 자식, 그것이 하나의 습관이 되어 버렸고 본능적으로 이 노선을 따라서 생각했습니다. 그러나 이제 이 사람은 결혼했습니다. 현실화된 새로운 처지를 인식한다는 것은 그에게 있어서 어려운 일입니다. 오히려 그의 부모의 입장에선 더 어렵기조차 할 것입니다.

그러나 여기 본문에서 가르치는 바는 사람이 그 아내와 합하기 위하여 그의 부모를 떠나야 한다는 것입니다. 그는 그의 새로운 위치를 지켜야 되고 안전케 해야 하며 부모들 편에서의 어떤 간섭에 대해서도 방호를 해야 합니다. 그리고 자기 자신의 행위에 있어서도 그 전에 했던 식으로 단순하게 자기 혼자서 행동해서는 안 됩니다. 그는 더 이상 예전의 그가 아닙니다. 전의 위치에 무엇이 더 들어붙어서 결국 그것이 옛 관계와 새 관계 사이를 다르게 만드는 것입니다.

이상이 "그의 부모를 떠난다"고 하는 말씀의 의미입니다. 그는 결혼한 결과로 현실화된 새로운 지위를 고수해야 하는 것입니다. 물론 여러분이 그것을 아버지와 어머니의 입장에서 볼 때도 그 상황은 똑같이 분명해야 합니다. 부모들은 그들의 아들과 똑같이 자신들을 재조정해야 합니다. 그 부모들은 이제는 자기들의 아들의 제일 큰 권좌는 아들의 아내라고 하는 사실을 인식해야 함과 동시에, 만일 그 권좌를 보여 주지 못할 때, 제 아들이 아주 되지 못하고 못난 남편이요, 아주 못난 자식이구나 하는 것을 깨달아야 하는 것입니다. 이제 부모들은 이 새로운 결혼 관계에 끼여들어서는 안 됩니다. 과거엔 자기 자식을 여러 방면에서 이래라 저래라 했고 그렇게 한 것은 옳았습니다. 그러나 이제부터 그렇게 해서는 안 됩니다. 무언가 완전히 새로운 것이 일어났다는 것을 인식해야만 하고, 그들의 아들을 더 이상 자기들의 아들로만 생각해서는 안 됩니다. 아들은 이제 결혼하였고 새로운 연합이 이루어진 것입니다. 부모들은 아들에게 하는 것과 똑같이 그들의 자부에게도 해줘야 합니다.

사람이 아내와 연합하기 위해서 자기의 부모를 떠난다고 하는 이 사상 속에 이상의 모든 요점들이 함축되어 있습니다. 결혼에 수반되는 모든 당사자들이 하나의 새로운 연합이 생겨났다고 하는 것을 지각해야 한다는 것은 결혼에 관한 사도의 교훈의 진수입니다. 전에는 그렇지 않았습니다만 이제는 그러합니다. 새 남편은 그 전의 자기가 아니라는 것을 알아야 하고 새 아내도 자기의 부모들과 가졌던 옛 관계하에서의 자기가 아니라는 것을 인식해야 하는 것입니다.

양편의 부모들은 그들이 더 이상 예전의 그들이 아니라고 하는 사실을 알아야 합니다. 모든 것이 달라졌습니다. 모든 면에 있어서의 재조정이 있어야 하는 것입니다. 왜냐하면 결혼한 결과 존재케 된 새로운 연합 때문입니다. "이러므로 사람이 그의 부모를 떠날 것이니라."

성경적인 교훈에 따르면 "떠남"과 "합하는 일" — 이 이중적인 사역보다 더 단호한 것은 없습니다. 가정은 우리의 지상생활의 근본적인 단위입니다. 비록 그 사람이 여전히 그의 부모들의 아들이고, 여전히 일반적인 의미에서 그의 가족에게 속해 있지만 그에게 있어서 중요한 것은 그가 이제 새 가정의 머리이며, 그는 이제 새로운 지위에 상응하는 대우를 받아야 한다는 것입니다. 그는 자신을 이런 식으로 생각해야 합니다. 그는 결코 그 전의 자기 자신으로 되돌아가서는 안 되는 것입니다. 부모들이 그런 식으로 자기를 취급하는 일을 허락해서도 안 됩니다.

우리가 이것을 깨닫는 순간 결혼은 하나의 가장 중대한 것이 되는 것입니다. 실로 생애에서 가장 놀라운 일이 될 것입니다. 여러분은 결혼식 예배에 참석할 때 새로운 연합체가 태어나고 있다는 것을 인식해야 합니다. 그리고 여러분은 여러분의 생각을 재조절하여 이제부터 그들을 신랑과 신부의 입장에서 보아야 합니다. 이 새 결혼 상태는 이제 다른 모든 인간 관계에 우선하는 것입니다. 남편은 그의 부모 곁을 떠납니다. 그의 아내도 그렇게 합니다. 여러분이 여기서 강조된 이상적인 결혼상을 가지는 것은 이 원리를 포착하고 그것을 실제로 적용시킬 때입니다. 여러분이 기독교적인 결혼과 비기독교적인 결혼 사이의 차이를 알게 되는 것도 그때입니다. 이상이 사도가 우리에게 제시하는 첫번째 실천적인 권고입니다.

둘째는 "그러나 너희도 각각 자기 아내 사랑하기를 자기같이 하고 아내도 그 남편을 경외하라." 이것은 어느 의미에서 사람이 그의 몸과 가지는 관계, 그의 아내에 대한 배려를 다룰 때에 이미 취급한 문제입니다. 그 문제에 대한 가장 훌륭한 주해는 골로새서 3:19의 말씀입니다. "남편들아 아내를 사랑하며 괴롭게 하지 말라." 이 말씀에 있는 부정어는 에베소서 5:33에 있는 긍정어를 이해하는 데 도움을 줍니다. 남편에게 있어서 큰 위험은 독재자가 되는 것입니다. 강조점을 자기가 내리며 자기가 리더이며 책임자라는 사실에 둡니다. 그것은 하나님께서 태초에 정하신 바입니다. 그러므로 남자가 직면하는 위험은 사도가 말하듯이 언제나 "괴롭게" 굴고 무섭게 구는 데 있습니다. 해결책은 "너희도 각각 자기 아내 사랑하기를 자기같이 하라"입니다. 여러분은 자신에 대해 거칠게 굴지 않습니다. 아내에게도 거칠게 굴거나 독재자 노릇을 하지 말라는 것입니다.

사도에 의해 기록된 이 진술은 종이에 기록되었던 것 중에서 가장 아연할 일 중 하나입니다. 우리가 이교도의 결혼관을 읽을 때 특별히 아내들에 대한 남편들의 틀에 박힌 태도에 대해서 읽게 될 때 ― 이교도의 경우에서뿐 아니라 구약에서도 읽게 됨 ― 이 교훈이 얼마나 획기적이고 혁명적인 것인지 알 수 있습니다. 아내들은 사실상 노예 이외에 아무것도 아닙니다. 일부다처제(一夫多妻制)의 개념이 바로 그런 사상을 나타냅니다. 에스더 1장에서 아하수에로 왕의 아내 와스디는 그 관점을 항거하는 여자의 아주 영웅적인 실례를 보여 줍니다. 그러나 그것은 아주 예외적인 것입니다. 말하자면 아내는 단지 종자(從者)와 노예와 재산에 지나지 않습니다.

그러나 일단 기독교의 메시지가 오게 되면 전체 개념은 완전히 변화되고 바꾸어집니다. 기독교 신앙이 1세기의 고대 세계를 섭렵하고 정복한 것은 이와 같은 문제에서입니다. 그 전에는 이와 같은 것은 가르쳐지지 않았습니다. 우리 구주의 복음이 고대 세계에 퍼진 것은 부분적으로 그리스도인들이 이러한 새로운 유의 삶을 영위한 결과였습니다. 이것은 그리스도인 복음 진리를 증거하는 방법입니다. 그리스도인들이 어느 모임에서 일어나 말을 해서 증인의 노릇을 했다는 사상이 신약에서 많이, 아니 거의 발견되지 않습니다. 그들의 일상 생활에서 증거가 나타났습니다. 한 사람이 그의 아내에게 자상하고 애정 어리게 말하는 것이 그들에겐 거의 들어보지 못한 것이기 때문입니다. 사람들이 이것은 어떻게 된거냐고 의논을 갖기 시작하는 것은 그들이 이런 일을 볼 때입니다. 그리고 특별히 예전에는 이교도로서 아주 어려웠던 사람에게서 그것을 발견할 때 더욱 그러합니다. 새로운 온유함이 인간 생활에 찾아온 것입니다.

진정한 결혼은 신약의 교훈에 나타난 사랑에 관한 실례입니다. 참된 결혼은 고린도전서 13장에 있는 사랑이 결혼생활에서 실제화된 것입니다. 그 모든 것에 대한 열쇠는 에베소서 5:18 이하의 말씀입니다. "술 취하지 말라 이는 방탕한 것이니 오직 성령의 충만을 받으라." 여러분이 만일 성령에 충만해지면 여러분은 모든 영역과 관계에서 달라질 것입니다. 사도는 여기서 그에 대한 하나의 실례를 제시하고 있습니다. 즉, 가정입니다. 가정은 어느 곳에서라도 성령 충만의 여부를 아는 곳입니다. 남자와 여자를 평가할 곳이 가정입니다. 가정, 거기에서 그들의 참된 모습이 드러납니다. 사도는 말합니다. 이제 여러분이 성령 충만하다는 것을 가정에서 알게 하라는 것입니다. 그리하여 가정을 방문하는 어느 누구나 이상히 여기면서, 이것이 어찌된 것이냐고 묻게 될 것입니다.

그리스도인 된 남편과 아내, 기독교적인 결혼과 기독교적 신앙의 진리와 능력을 더 크게 높이는 것은 없습니다. 그것은 옛 세계에 대변혁을 일으킵니다. 다음에 남편에게 주는 두번째 훈계를 기억하십시오. 그는 권위와 지도자와 머리 격의 자리에 있게 되었습니다. 그리고 만일 그것이 의미하는 바를 그가 이해한다면 그는 결코 그것을 독단적이거나 불친절이나 불공평이나 무례함으로 잘못 사용하지 않을 것입니다. 그런 행동을 취하는 것은 결혼 원리를 부정하는 것이고 성령이 없다고 하는 것을 의미합니다.

그러나 우리는 다른 편을 살펴보십시다. 세번째 권고 "아내도 그 남편을 경외하라." 사도는 여기서 아주 두드러진 어휘를 사용하고 있습니다. 흠정역(AV)에 "경외하라"(reverence)고 번역한 것은 잘한 일입니다. 그러나 그 말이 실제로 의미하는 것은 "두려워하다"(fear)입니다. "아내들도 그의 남편을 두려워하라." 그러나 두려움에도 여러 가지의 위협이 있음을 기억해야 합니다. 요한 사도가 요한일서 4장에서 상기시켜 주는 바와 같이 "형벌이 있는" 두려움이 있습니다. 사도가 여기서 말하는 두려움은 그 두려움이 아닙니다. "아내들이여, 너희 남편들을 존경함을 가지고 대하라", "경외함으로 사랑하라." 여기서 사도는 아내들을 다룰 때 이미 소개했던 사상이 있습니다. "아내들은 자기 남편에게 복종하기를 주께 하듯 하라 이는 남편이 아내의 머리 됨이 그리스도께서 교회의 머리 됨과 같음이니 그가 친히 몸의 구주시니라 그러나 교회가 그리스도에게 하듯 아내들도 범사에 남편에게 복종할지니." 그는 다시 여기서 "아내도 그 남편을 경외하는 마음과 존경심을 가지고 복종하라"고 했습니다.

아마 이에 대해서 가장 훌륭한 주석은 베드로전서 3:6에 있는 말씀입니다. 거기서 베드로는 정확히 같은 주제를 그 나름의 방식으로 다루고 있는 것입니다. 베드로는 이 특정 교훈에 대한 위대한 실례와 본을 보여 줍니다. 그는 이렇게 말합니다. "아내 된 자들아 이와 같이 자기 남편에게 순종하라 이는 혹 도를 순종치 않는 자라도 말로 말미암지 않고 그 아내의 행위로 말미암아 구원을 얻게 하려 함이니."

베드로는 여기서 약간 다른 문제를 소개합니다. 언젠가 언급해 보려고 합니다. 어쨌든 그는 아내들에게 이 점을 인식시키기 위해서 더 나아갑니다. "전에 하나님께 소망을 두었던 거룩한 부녀들도 이와 같이 자기 남편에게 순복함으로 자기를 단장하였나니." 6절에 "사도가 아브라함을 주라 칭하여 순복한 것같이 너희가 선을 행하고 아무 두려운 일에도 놀라지 아니함으로 그의 딸이 되었느니라." 그것을 해석하면 이런 의미를 나타냅니다. 아내는 그녀의 남편을 경외함으로 대합니다. 다른 말로 해서 그녀는 성경적이고 기독교적인 결혼관을 인식해야 합니다. 그녀는 남편을 자기의 머리로, 이 새 연합체의 머리로 여겨야 합니다. 그들은 둘이 하나입니다.

그러나 그 단위의 머리가 있습니다. 마치 우리의 몸에 머리가 있고 그리스도께서 교회의 머리 됨과 같이 말입니다. 남편이 머리이기 때문에 아내는 존경심을 가지고 남편을 대접해야 합니다. 그리하여 아내는 그 관계를 깨달아 가는 것입니다. 아내에게 있어서 그것이 뜻하는 바는 전에 자기의 부모들에게 드렸던 존경심을 이제는 그의 남편에게 주어야 한다는 것입니다. 시편 45:10에 "딸이여 듣고 생각하고 귀를 기울일지어다 네 백성과 네 아비의 집을 잊어버리라"고 했는데 그것이 바로 이 말씀이 의미하는 바입니다. 그 말씀은 기독교 교회에서 예언적으로 주신 말씀이었습니다. 기독교가 하늘의 신랑과 연합하게 될 때 기독 교회는 그렇게 되어야 합니다. 그러나 그것은 역시 결혼 관계에 있어서 아내의 경우에 해당됩니다. "네 백성과 네 아비의 집을 잊어버리라."

남편이 자기의 부모를 떠나라는 명령을 들었듯이 아내도 자기의 가족들과 아버지의 집을 잊어버려야 하는 것입니다. 거듭 말씀드리는 것이지만 이러한 말씀을 해석하는 데 있어서 상식을 가져야 합니다. 그것을 절대적인 의미에서 잊으라는 말이 아니라, 그녀는 이제 더 이상 부모들의 통제를 받지 않는다는 의미에서 잊으라는 말입니다. 남편이 그의 부모들에

의하여서 통제받지 않으며, 아내도 친정 부모들에 의해 통제받아서도 안 됩니다.

이런 의문을 제기할지도 모르겠습니다. 결혼에 관한 명백한 교훈과 관련하여 사람이 그의 부모를 떠나 아내와 합해야 한다는 말을 듣게 되는데 왜 창세기 2장이나 에베소서 5장에서 그 여자에 관해 언급된 진술이 없느냐? 그것은 내가 볼 때 아주 간단한 문제입니다. 여자는 언제나 복종하는 위치에 있습니다. 남자는 그가 결혼하기까지 그런 자리에 있었습니다. 그러나 결혼한 순간부터 그는 머리가 됩니다. 여자는 그녀의 부모들에게 복종합니다. 결혼한 후부터는 자기 남편에게 복종하게 되는 것입니다. 그녀는 언제나 순종하는 위치에 있지 머리에 있지 않습니다. 그러나 전에는 자녀이었으나 이제는 남자가 그의 아내의 머리가 되고 아내로부터 경외함을 받게 되는 것입니다. 우리가 이러한 것들을 상세하게 파헤쳐 나갈 때 사람들이 결혼에 있어서 그렇게 많은 고통을 겪고, 그렇게 많은 사람들이 파경에 이르는 것이 이 교훈이 가지고 있는 개념을 포착하지 못하기 때문이라는 것이 확실해지지 않습니까?

결혼에 있어서 아내와 남편 중 어느 누구라 할지라도 제3자에게 경외어린 눈빛을 보내는 것만큼 치명적인 것은 없습니다. 그렇게 함으로써 연합을 깨뜨리게 되는 것입니다. 그것은 이런 새로운 연합과 새 연합체에서 남자가 머리 된다고 하는 사실을 깨닫지 못하고 있습니다. 그래서 아내는 자기 남편을 경애하는 마음으로 복종해야 하는 것입니다. 그녀는 그녀의 남편이 자기 나름으로 정신적이고 영적인 조정을 한 것처럼 해야 하는 것입니다. 그녀는 이제 더 이상 그녀의 부모들의 지시를 받지 않습니다. 그들에게 복종하지 않고 남편에게 복종합니다. 물론 딸의 관계는 유지합니다. 그러나 자기 자신의 태도나 아버지와 어머니의 태도 모두가 다치지 않게 해야 합니다.

한편 또는 양편 모두 바로 이 요점에서 실패하는 일이 흔합니다. 결혼한 남자가 아내의 가정에 합하여 들어가는 수가 있습니다. 그것은 양편 모두에게 나쁜 것이며 그런 일이 있게 해서는 결코 안 됩니다. 이제는 하나의 새 가정이 생긴 것입니다. 사랑의 관계는 양편 모두에게서 유지되어야 합니다. 그러나 복종과 경외의 차원에서는 양편이 다 동일하지는 않습니다. 기독교적인 결혼과 행복한 결혼생활의 진수와 비밀은 결혼한 남녀가 처음부터 이 점을 깨달아 그에 따라 행동하고 사력을 다해서 그것을 지키는 것입니다. 신부측이나 신랑측 어디서나 부모들의 간섭이 있다면 그들 부모들은 죄를 범하고 있는 것이며, 결혼에 관한 성경 교훈을 이해하지도 그에 따라 살지도 못하고 있는 것입니다.

"아내도 남편을 경외하라." 그것은 아내가 해야 할 커다란 재정비입니다. 그녀는 그에게 복종합니다. 아내는 남편과 겨루어서도 팽팽하게 맞서서도 안 됩니다. 아내는 결혼의 진수가 남편을 경외하는 것임을 인식해야 하는 것입니다. 사도 베드로가 사용한 특이한 용구가 있습니다. 잠시 그것을 살펴보기로 합시다. "사라는 아브라함을 주라 칭하여 복종하였다." 여러분은 이 문제에 관한 유행의 변화에 관심을 가졌습니까? 18세기의 사람들에 관해서 읽을 수 있습니다. 그리고 아내가 습관적으로 남편 이름을 "○○씨"(Mr.) 부르면서 운운하는 것을 봅니다. 그것을 보고 여러분은 비웃고 조롱할지 모릅니다. 나도 그런 생각을 가지고 있습니다. 그러나 우리가 그와 반대되는 너무나 극단으로 흘러가고 있음을 아주 확신합니다. 그 문제에 아주 바른 균형을 이루고 있어야 하는 것입니다. 사라는 아브라함을 "주"라 칭하고, 그것으로 보아 그녀는 성경적인 원리를 깨닫고 있었던 것입니다.

"이와 같이 너희가 선을 행하고 아무 두려운 일에도 놀라지 아니함으로 그의 딸이 되었느니라." 그 의미는 그리스도인 아내들은 그들의 남편들을 경외해야 한다는 것입니다. 베드로는 그리스도인 아내들에게 이르기를 그들 주위에 있는 이교도 여자들이 무어라 하든 간에 남편을 주로 칭하고 복종해야 한다는 것입니다. 여기에 새로운 무엇이 있었습니다. 그것은 드물고 예외적인 것이었습니다. 물론 그것은 큰 혼란을 일으켰습니다. 어떤 여자가 자기의 남편에게 경외심을 가지고 복종하는 것을 침착하지 못하고 제멋대로 구는 이교적인 여자들이 보게 되면 그들 중 많은 사람들이 그녀를 공격하고 핍박하게 될 것입니다. 베드로가 말하고 있는 것은 이러합니다. 그것이 옳으니 그것을 강행하라는 것입니다. 그들에게 겁먹지 말라는 것입니다. 그들이 아무리 비난한다 해도 조금도 달라지지 말라는 것입니다. 그들이 욕설을 하고 싶은 대로 하도록 내버려두십시오. 그들에게 어떤 관심도 두지 마십시오. 어떤 놀림에도 두려워하지 마십시오. 더 나아가서 남편조차 그것을 이해하지 못하고 비웃는다 할지라도 멈추지 말라고 사도는 말하고 있습니다. 옳은 일을 하지만 그들이 어떻게 이해하겠습니까? 그들은 그리스도의 마음을 갖고 있지도 성령에 충만하지도 않습니다. 옳고 선한 일은 되고야 만다는 것을 언제나 인식하십시오. 놀라지도 말고 지체하지도 말고 아무도 여러분의 행위와 행동을 간섭하지 못하게 하십시오. 바울 사도의 마지막 권고가 그것입니다. 우리는 성경에서 늘 유지하고 있는 놀라운 균형에 대해서 한마디 하지 않을 수 없습니다.

　　사도는 이상의 모든 것을 33절에서 요약하고 있습니다. "그러나 너희도 각각 자기의 아내 사랑하기를 자기같이 하고 아내도 그 남편을 경외하라." 남편과 아내 모두 그와 같이 한다면 "권리"니 "내 지위"니 하는 것에 관해서 갑론을박할 필요가 없을 것입니다. 여기 머리가 된 남자가 있습니다. 예, 그러나 그가 자기 아내를 자기처럼 사랑하기 때문에 그는 결코 자기 지위를 내세우지 않습니다. 그리고 이 위대하고 영광스런 이상에 자신을 복종시키는 여자가 있습니다. 그녀는 결코 자기가 권리를 찾아야겠다든지 짓밟힘을 당하지도 않을 것입니다. 남편과 아내는 다 같이 대접합니다. 그리하여 균형이 완벽하게 이루어집니다.

　　물론 우리는 이 진술에서 사도 바울은 남편과 아내 모두 그리스도인이라고 전제하고 있습니다. 우리가 알듯이 사도 베드로는 베드로전서 3장에서 부분적으로 남편이 그리스도인이 아닐 수도 있다는 가정 아래서 말하고 있습니다. 그러나 우리가 이 에베소서에서 보는 바는 양편이 모두 그리스도인들이라는 전제 위에서 한 말입니다. 그리고 사도는 그 외의 것은 다루고 있지 않기 때문에 나도 그렇게 합니다. 이것은 그리스도인 남자와 여자가 어떻게 결혼을 하여 어떻게 새로운 단위(가정)를 이루는지를 가르쳐 주고 있는 것입니다. 다시 말씀드리지만 그리스도인이 된다는 것이 어떤 차이를 가져오는지를 증거하는 데 있어서 이것보다 더 놀라운 방법은 없습니다.

## 제 16 장 바뀌어진 관계들

 분명히 현대 세계에 있어서 가장 커다란 요구 중의 하나는 바로 이 점에서입니다. 거의 모든 사람들은 국가들간의 불협화음으로 고민하고 있습니다. 그렇게 고심하는 것은 옳습니다. 그리고 국가간의 충돌에 관심을 표명하는 것 역시 옳습니다. 사람들은 그들의 의견들을 나타냅니다. 그리고 대범하게 말하면서 상대방을 저주합니다. 그러나 여러분이 그런 국면에서 가장 웅변적인 사람들 중 어떤 이들의 사생활에 관해 무엇인가를 알게 될 때, 그들의 결혼생활에서 그들이 비난하고 있는 바로 그 일을 하고 있음을 발견하게 될 것입니다! 그 얼마나 괴이한 일입니까!

 기독교와 세속주의의 큰 차이 중 하나는 세속주의는 언제나 일반론을 말한다는 것입니다. 개인은 잃어버린다는 것입니다. 결국 기독교는 군중과 국가는 개인들의 집합에 불과하다는 것을 깨닫습니다. 나는 정치가가 그 자신의 사생활에서 자기의 원리들을 외치지 않는다면 정치가가 무엇을 말해야 하는지 거의 관심이 없습니다. 만일 그가 다양한 분야에 있는 사람들에게 주는 사생활에서의 그의 교훈을 선양하지 못한다면, 무슨 권리로 국제협약의 신성성과 백성들이 이렇게 행해야 하느니 저렇게 행해야 한다고 말할 수 있단 말입니까? 국가가 바른 위치에 놓이게 되는 것은 개인들이 바르게 될 때입니다.

 영국 역사에서 가장 영광스러운 시대는 인격적인 복음이 전파된 후였습니다. 또한 대량의 개인들이 그리스도인이 될 때였습니다. 우리가 기독교 국가에 가까워지는 것은 그때뿐입니다. 그러나 만일 그들이 그리스도인들이 아니거나 기독교 신앙을 개별적인 의미로 이해하지 못하면 그들에게 기독교 원리대로 행동하라고 말하는 것은 쓸데없는 일입니다. 이것이 복음적인 설교와 성경 강해를 비판하는 자들에 대한 나의 답변입니다. 그들은 "난 당신이 비무장회의나 남아프리카에서 일어나는 일에 관해서 말하리라 생각했지요. 그런데 고작 남편과 아내들에 관해서 말하고 있습니다. 난 이 커다란 세계의 문제들을 해결하는 법을 배우길 원합니다."

 나는 지금까지에서 볼 때 장담합니다. 이러한 큰 문제들을 진정으로 처리하는 것은 복음적인 설교밖에는 없음이 확실하다는 것입니다. 그 외 모든 것은 말로만 발라대는 것입니다. 여러분이 어떤 운동을 전개할 수 있거든 한번 해보십시오. 그것은 아무것에도 이르지 못합니다. 어느 누구에게 아주 작은 변화도 가져다 주지 못합니다. 그러나 만일 이 세상에나 한 국가 내에 대량의 개개 그리스도인들이 있다면 국제적이고 국가적인 차원에서의 기독교적인 행위를 그때에나 기대할 수 있습니다. 자신의 개인적인 문제들을 해결할 수 없으면서 세계의 문제를 해결하는 방법을 말하는 사람의 주장은 듣지 않습니다. 만일 한 사람의 가정이 불화상태에 있으면, 국가 상태나 세계의 상황에 관한 그의 견해들은 순전히 이론적인 것에 불과합니다. 우리는 모두 말을 할 수 있습니다. 그러나 문제는 어떻게 하면 기독교 교리를 실생활에 적용시키느냐 하는 것입니다. 그리고 그것이 성령에 충만해야 하는 것은 바로 이 점에서입니다.

해당되는 여러 원리들을 비추어 볼 때 우리는 기독교적인 결혼에 관해 확실한 결론들을 끌어낼 수 있습니다. 첫째로 고린도후서 6:4의 중요성입니다. "너희는 믿지 않는 자와 멍에를 같이 하지 말라." 결혼의 진정한 본질, 특별히 기독교적인 결혼의 진정한 성격을 이해한 마당에서 그 추론은 틀림이 없지 않습니까? 그리스도인은 비그리스도인과 결혼하지 말아야 합니다. 만일 그래도 결혼한다고 하면 고통을 자청하는 것입니다. 둘 다 그리스도인이 아니면 여러분은 양편을 다 택할 수도 없고 마지막 절에서 지시된 균형을 얻지 못합니다. "저희는 믿지 않는 자와 멍에를 같이 하지 말라."

둘째로 진정으로 결혼을 깨뜨리는 유일한 일이 있는데 음행입니다. "둘이 한 육체가 될지니라." 결혼이 깨어지는 것은 "한 육체"가 깨질 때 뿐입니다. 성경 교훈에 따르면-산상보훈이나 그 외 다른 곳에서도 발견되는 교훈-음행이 아니고는 이혼할 이유가 없습니다. 음행이 이혼의 이유가 되는 것은 그것이 "한 육체"를 깨뜨리기 때문입니다.

셋째이자 마지막으로 가장 우선적인 것은 언제나 우리 주 예수 그리스도를 생각해 보는 것입니다. 만일 한 남편과 아내가 함께 그를 생각한다면 상호간의 관계에 대해서 걱정할 필요가 없습니다. 우리의 인간 관계와 애정과 사랑은 주님에 대한 우리의 공통적인 사랑에 의해서 견고해지는 것입니다.

만일 둘 다 그와 그의 영광을 위해서 그를 찬양하면서 살아가고 있다면, 둘이 함께 그의 마음 맨 상층부에서 그리스도와 교회의 관계를 유추해 본다면, 즉 그리스도께서 구속받은 교회를 위해서 무엇을 하는지를 생각하고 있다면, 만일 그들이 그런 생각으로 꽉 차고 그것을 의지하여서 살고 있다면 그들의 인격적인 관계는 재앙을 만날 위험이 전혀 존재하지 않을 것입니다. 그리스도는 교회를 위해서 자신을 주셨으며 교회를 위해 죽으셨습니다.

그리스도는 교회의 생명을 보양하고 보호합니다. 그리스도는 교회를 위하여 계십니다. 그는 교회를 위해서 겸손의 기도를 드립니다. 그의 관심은 교회가 영광스럽고 흠없고 부끄러울 것이 없는 티나 주름잡힌 것이나 그러한 것이 조금도 없음에 있습니다. 그것은 비밀입니다. 그러므로 우리는 언제나 주님을 바라보고 있어야 하며, 결혼이란 그리스도와 그의 교회 사이의 관계를 희미하게 반영한 것에 불과하다고 하는 것을 깨달아야 하는 것입니다.

결혼에서의 성공 원리는 "곧 이 마음을 품으라 그리스도 예수의 마음이니", "남편들아 너희도 각각 자기의 아내 사랑하기를 자기같이 하고 아내도 그 남편을 경외하라." "남편들아 아내 사랑하기를 그리스도께서 교회를 사랑하시고 위하여 자신을 주심같이 하라"입니다. 그러므로 하나님께 감사합시다. 우리는 새생명을 받았습니다. 우리는 새 능력을 받았고 모든 것은 변했습니다. "이전 것은 지나갔으니 보라 새것이 되었도다." 모든 관계들은 변모되었고 바뀌어졌습니다. 그리고 차원이 높아졌습니다. 그러므로 우리는 이제 하나님의 아들의 본과 모범을 따라 살 수 있게 되었습니다.

# 제 Ⅲ 부

# 가 정

― 엡 6:1~4 ―

# 제 17 장

# 순종하는 자녀들

> 자녀들아 너희 부모를 주 안에서 순종하라 이것이 옳으니라 네 아버지와 어머니를 공경하라 이것이 약속 있는 첫 계명이니 이는 네가 잘 되고 땅에서 장수하리라 또 아비들아 너희 자녀를 노엽게 하지 말고 오직 주의 교양과 훈계로 양육하라(엡 6:1-4)

    우리는 이제 새로운 장에 이르게 되었을 뿐 아니라 새로운 소제목 내지 새로운 주제에 도달하게 되었습니다. 즉, 부모와 자녀간의 관계라는 새로운 주제를 맞게 된 것입니다. 이 본문은 사도가 전장(前章)에서 전제한 위대한 원리에 대한 또 하나의 실례라는 것을 명심하는 것이 매우 중요합니다. 사도는 그 원리를 다양한 인간 관계의 차원에서 다루어 나가고 있는 것입니다.
    그 원리는 5:18의 진술입니다. "술 취하지 말라 이는 방탕한 것이니 오직 성령의 충만을 받으라." 이 말씀은 열쇠와 같은 진술입니다. 그 다음에 나오는 모든 진술들은 성령 충만한 그리스도인 남녀들이 다양한 국면들에서 어떻게 살아 나갈까 하는 데 대한 하나의 실례에 지나지 않습니다. 또 하나의 보조적인 보편 원리는 21절에 있는 말씀입니다. "그리스도를 두려워함으로 피차 복종하라." 다시 말해서 우리 그리스도인의 생활이란 전혀 새로운 생활이며, "자연적"인 생활이 아무리 훌륭한 것이라 할지라도 그리스도인의 삶은 그것과 전혀 차원이 다른 삶이라는 점을 명심하고 있어야 한다는 것입니다.

바울 사도가 최우선적으로 관심을 가지는 것은 이 새로운 삶과 이들이 회심하기 전에 가졌던 옛날의 이교도적 삶을 대조시키는 것입니다. 그리고 그 차이란 사실상 술에 취한 사람과 하나님의 성령에 충만한 사람과의 차이라고 할 수 있는 것입니다. 이것을 여러분에게 다시 상기시켜 드리는 것은 우리가 여기서 대하는 것이 단순한 윤리나 도덕성이 아니란 것을 강조하기 위해서입니다.

사도는 그의 원리를 남편과 아내의 차원에서 파헤쳐 보았고 이제 가족간의 관계들, 특별히 부모와 자녀들, 자녀들과 부모간의 관계의 차원에서 그 원리를 적용시켜 나가는 것입니다. 누구나 이 문제는 현 시대에 있어서 엄청나게 중요한 주제임을 인정할 것입니다. 우리는 규율 문제에 있어서 긴급한 붕괴를 알리는 세계에 살고 있습니다. 무율법이 만연하고 모든 삶의 이러한 근본적인 단위들 — 결혼이나 가정 관계에 있어서 — 의 질서가 무너져 있습니다. 무율법 정신이 편만하고 전에는 다소 인정을 받았던 것들이 의문시되고 문제시되고 있을 뿐 아니라 조롱당하고 무시를 당하고 있습니다. 우리는 악이 활발하게 작용하는 소요의 시대에 살고 있다는 것에 의심의 여지가 없습니다. 더 나아가서 — 나는 다만 그리스도인이든 아니든 간에 삶의 관찰자들이 의견을 같이 하는 것을 말하고 있을 뿐입니다 — 많은 방면에서 전체적 붕괴와 소위 "문명화"(Civilization)라고 불리는 것과 사회의 와해를 직면하고 있습니다.

그것이 부모와 자녀들간의 관계에서보다도 명백하고 확실한 것은 없습니다. 나는 우리가 경고하고 있는 것 중 많은 것이 아마도 빅토리아시대의 말기와 20세기 초기에 있어서 너무나 일반화된 어떤 것에 대한 반작용이라는 것을 압니다. 나는 그에 대해서 뒤에 가서 좀더 말하려 합니다. 그러나 지금 지나치면서 그것을 언급하는 것은 이 문제를 분명히 세우기 위해서입니다. 너무 혹독하고 율법적이고 거의 잔인할 정도의 빅토리아풍에 대한 부정적인 반작용이 있다는 것은 의심할 여지가 없습니다. 나는 현 시대의 입장을 변명하고 있는 것은 아닙니다. 그러나 우리가 그것을 이해하고, 그것의 뿌리를 캐들어가 보는 것은 중요한 일입니다. 그러나 이유야 어떻든 그것이 전반적인 기간과 법과 질서에 있어서의 붕괴가 가져온 파편이라는 것을 의심할 수 없습니다.

　성경은 그의 교훈과 역사 속에서 이러한 상황이 언제나 반종교적인 시대와 경건이 없는 시대에 일어나는 일임을 말해 줍니다. 예를 들어서 로마서 1:18에서부터 마지막 절까지에서 그에 대한 주목할 만한 실례를 접하게 됩니다. 바울은 거기서 우리 주님이 오셨을 때의 세상의 상태를 적나라하게 묘사하고 있습니다. 그 상태는 무율법의 시대였습니다. 바울이 꼽고 있는 그 무율법의 다양한 증거들 가운데에 그는 우리가 지금 숙고하고 있는 바로 이 문제를 포함시키고 있습니다.

　첫째로 그는 "하나님께서 저희를 상실한 마음대로 내버려두사 합당치 못한 일을 하게 하셨다"(28절)고 합니다. 그런 후 "곧 모든 불의 추악 탐욕 악의가 가득한 자요 수군수군하는 자요 비방하는 자요 하나님의 미워하시는 자요 능욕하는 자요 교만한 자요 자랑하는 자요 악을 도모하는 자요 부모를 거역하는 자요 무정한 자요 무자비한 자라." 그 가공할 목록 중에서 바울은 부모에게 불순종하는 것을 포함시키고 있습니다. 아마 바울의 맨 마지막에 기록된 서신으로 보이는 디모데후서 3:2에서는 말세에 고통하는 때가 올 것이라고 말하고 있습니다. 그 다음에 그 시대의 특징을 진술하고 있습니다. "사람들은 자기를 사랑하며 자긍하며 교만하며 훼방하며 부모를 거역하며 감사치 아니하며…."

　두 경우에서 사도가 우리에게 상기시켜 주는 바는 배교의 시대, 큰 불경건과 신앙이 없는 시대, 그때에 바로 그 기초들이 흔들려 버리고 무법한 시대의 가장 두드러진 것 중 하나는 "부모를 거역하는" 것입니다. 그러므로 하나님의 성령 충만된 삶이 어떻게 모습을 드러내는가, 그에 대한 실례를 제시하는 마당에서 그 문제에 관심을 모으는 것은 전혀 이상한 일이 아닙니다. 시민의 권위자들이 언제나 불경건과 비도덕성과 예의바른 행동의 결핍 사이에 불가분의 관계가 있다는 것을 배우고 깨닫게 될 것인가? 이러한 문제들에 있어서 하나의 순서가 있습니다.

　"하나님의 진노가 불의로 진리를 막는 사람들의 또는 경건치 않음과 불의에 대하여 하늘로 좇아 나타나나니"(롬 1:18). 만일 여러분이 불경건(Ungodliness)하다면 언제나 불의하게 될 것입니다. 그러나 시민의 공복

(公儀)들이 - 어느 정당이 권학을 장악하든지 그것은 고려하지 말고 - 모두 성경보다 현대 심리학의 통제를 받고 있는 것같이 보입니다. 그들은 다 스스로 불의의 문제를 직접 해결한다고 확신하고 있습니다. 그러나 그것은 불가능합니다. 불의는 언제나 불경건의 열매입니다. 생활에 어느 만큼의 의를 회복시킬 유일한 소망은 경건을 불러일으키는 것입니다. 그것은 에베소서에서 말하고 있는 바로 그것입니다.

영국 역사에 그리고 모든 나라에 있어서 가장 선하고 가장 도덕적인 시대는 언제나 능력있는 신앙의 각성시대 후에 왔습니다. 무율법과 질서의 결핍, 자녀들과 청소년의 문제가 50년 전에는 오늘과 똑같지 않았습니다. 그 이유는 무엇입니까? 18세기의 복음 부흥운동이 아직도 고동치고 있었기 때문입니다. 그러나 그 복음 각성운동이 지나고 나서 이 가공할 도덕적이고 사회적인 문제가 다시 찾아왔습니다. 그 문제들은 달리는 세기들을 통해 내내 찾아 들었던 것입니다.

그러므로 현 시대의 상황들은 사도의 진술을 살펴야 할 것을 요구하고 있습니다. 나는 그리스도인 부모들과 자녀들, 그리스도 가정의 가족들이 세상과 다르다는 것을 보여 줄 독특한 기회가 왔다고 믿습니다. 우리는 부모들과 자녀들 사이의 규율과 질서와 법을 나타냄으로써 진정한 전도자가 될 수 있는 것입니다. 많은 사람들을 진리의 지식으로 인도하시는 하나님의 손 아래서 도구로 쓰여질 수 있습니다. 그러므로 우리는 그것을 그런 식으로 생각해 봅시다.

그러나 우리 모두가 이 교훈을 필요로 하는 두번째 이유가 있습니다. 성경에 의하면 내가 지적해 온 식으로 해서 그리스도인이 아닌 사람들에게 그 교훈은 필요합니다. 그뿐 아니라 그리스도인들도 역시 이 권면을 필요로 합니다. 왜냐하면 마귀는 자주 이 문제로 가장 교묘하게 역사하고 또한 우리로 정도를 벗어나게 하려고 무진 애를 쓰기 때문입니다. 우리 주님은 마태복음 15장에서 주님 당시의 종교인들과 함께 이 요점을 거론합시다. 그들은 십계명의 명백한 명령 중 하나를 아주 교묘한 방법으로 회피하고 있었던 것입니다. 십계명은 그들의 부모를 공경하고 부모를 돌아보라고 말하고 있습니다. 그러나 사실상 그들 중 어떤 이들은 극단적인 신앙을 부르짖던 자들로서 십계명이 요구하는 것을 행하지는 않고 이렇게 변명하고 있었습니다. "아, 난 내가 가진 이 돈을 주께 바쳤습니다. 그러니 부모님들을 돌아볼 수 없습니다."

주님은 그것을 이렇게 지적하셨습니다. "너희는 가로되 누구든지 아비에게나 어미에게 말하기를 내가 드려 유익하게 할 것이 하나님께 드림이 되었다고 하기만 하면 그 부모를 공경할 것이 없다 하여 너희 유전으로 하나님의 말씀을 폐하는도다." 그들은 이렇게 말하고 있었습니다. "이것은 봉헌물이니이다 이것이 주님께 바쳐지나이다. 물론 나는 부모님들을 공경하고 돕고 싶습니다. 그러나 이것은 주께 바쳐진 거예요." 이런 식으로 그들은 자기들의 부모들과 부모에 대한 자기들의 의무를 게을리 하고 있었던 것입니다.

그것은 매우 교묘한 위험이었습니다. 그리고 그것은 아직도 현재 우리에게 있는 위험입니다. 오늘날도 이 문제에 있어서 사탄의 모함에 빠져 기독교적인 당위성에 큰 해를 끼치는 젊은 사람들이 있습니다. 그들은 부모들에 대해 버릇없이 굴고 더욱 심각한 것은 기독교적인 사상과 기독교적인 봉사라는 입장에서 그렇게 행한다는 것입니다. 그래서 자기들의 믿지 않는 부모들에게 방해물이 되고 있습니다. 그러한 그리스도인들은 우리가 그리스도인이 될 때 이러한 대계명들을 한 쪽으로만 치우쳐서 행하지 않고, 오히려 그 전보다 더욱더 그 계명들을 모범적으로 행해 나간다는 것을 알지 못함입니다.

그런즉 우리는 이러한 상황들을 염두에 두고 사도는 문제를 어떻게 진술하고 있는지 직시해 보도록 합시다. 그는 ― 결혼 관계의 경우에서 사용했던 같은 원리를 사용하면서 ― 자녀들로부터 출발합니다. 말하자면 그는 순종 아래 있고 복종해야 하는 자들부터 다루어 나간다는 것입니다. 아내들을 먼저 다룬 다음 남편들을 다루었고 이제는 자녀들을 먼저 다루고 나서 부모들을 다룹니다. 그렇게 하는 이유는 그가 이 근본적인 요점을 예증하고 있기 때문입니다. "그리스도를 두려워함으로 피차 복종하라." "자녀들아 너희 부모에게 순종하라." 그런 다음에 십계명을 상기시키고 있습니다. "네 부모를 공경하라." 우리는 여기서 다시 한 번 기독교를 이교주의(異敎主義)와 다르게 하는 것을 만나게 된다는 흥미 있는 요점에 잠깐 주목합시다. 이교도들은 이런 문제에 있어서 아버지와 어머니를 함께 거론하지 못하고 아버지만 말합니다. 그러나 그리스도인의 입장은 유대인의 입장과 같이 하나님께서 만세에게 주신 바대로 어머니를 아버지와 함께 놓습니다. 명령은 자녀들이 그들의 부모들에게 순종해야 한다는 것입니다.

"순종하라"(obey)는 말은 청종한다는 말뿐 아니라, 자녀들 된 자들은 권위 아래 있으며 "아래서" 듣는 자라는 사실을 듣고 깨닫는 것을 의미합니다. 한 계명을 여러분은 들을 뿐 아니라 도움을 받는 입장에 있다는 것을 깨닫고 나아가서 그것을 실천에 옮기는 것입니다.

그러나 이 계명이 함께 수반하는 사상, 즉 "공경한다"는 사상의 통제를 받고 지배를 받아야 함은 가장 중요합니다. "네 부모를 공경하라." 그 "공경한다"는 말은 "경외하라", "존경하라"는 것을 의미합니다. 이 점은 계명에 있어서 진수와 같은 부분입니다. 자녀들은 기계적이고 마지 못해 하는 복종을 드려서는 안 됩니다. 그것은 아주 잘못된 것입니다. 그것은 의문(letter)을 보는 것이지 영(spirit)을 보는 것은 아닙니다. 그 점은 우리 주님께서 바리새인의 경우에서 아주 통렬하게 저주하신 바입니다. 자녀들은 율법의 문자뿐 아니라 영(정신)도 봐야 합니다. 자녀들은 그들의 부모를 존경하고 경외해야 합니다. 그들은 부모와 자녀간의 사이에서 얻은 입장을 깨달아야 하고 그것을 기뻐해야 합니다. 그들은 그 처지를 하나의 커다란 특권으로 여겨야 하고, 그래서 모든 행동으로 존경과 경외를 보여 주기 위해 늘 힘써야 하는 것입니다.

그리스도인 자녀들은 일반적으로 부모들에 대한 경외심을 나타내지 못하는 불신 자녀들과 완전한 대조를 이루어야 한다고 사도는 호소하고 있습니다. 불신 자녀들은 그들 부모들이야 어찌 되었든 상관할 게 뭐냐고 말합니다. "왜 내가 그들의 말을 고분고분 들어야 해?" 그들은 자기네 부모들을 "백넘버"(back number) 정도로나 여기고 불손하기 이를 데 없이 부모들에 관해서 말합니다. 그들은 스스로를 내세우며 자기들의 권리와 이 윤리의 전체 문제에 있어서의 "현대주의"를 주장합니다. 그것은 에베소교인들이 빠져 나온 이교 사회에서 횡행하고 있었습니다. 마치 그것은 현 시대에 우리의 주변에 있는 이교 사회에서 일어나고 있습니다.

우리는 신문에서 이 무법한 일들이 어떻게 야기되고 세상말로 자녀들이 어떻게 "조숙해 가고 있는가"를 매일 대하게 됩니다. 물론 그런 일이란 없습니다. 심리는 변하지 않습니다. 변한 것은 호전성으로 이끄는 정신구조나 사고방식이요, 성경 원리나 성경적인 교훈에 의하여 통제를 받지 않는다는 것입니다. 사방에서 이런 소문을 듣습니다 – 젊은 친구들은 부모들에 대해 불손하게 지껄이고 무례하게 그들의 부모를 바라본다. 그리고 부모들이 하는 말을 다 조롱하고는 자기들만 옳다고 주장한다. 이 점은 현 시대의 죄악성과 무율법성에 대한 가장 추한 표증 중 하나입니다. 그런 모든 소행에 대해서 사도는 "자녀들아 너희 부모들에게 순종하라 너희 부모를 공경하라 그리고 존경과 경외심을 가지고 대접하라 너희가 자기 위치와 그것이 의미하는 바를 깨달았다는 것을 보여 주라"고 합니다.

그러므로 우리는 그렇게 훈계하는 사도의 이유를 살펴봅시다. 첫째는 – 나는 후에 따라올 이유를 위해 이렇게 특별한 순서를 가지고 그것들을 열거합니다 – "이것이 옳기 때문입니다." 그 말의 의미는 그것은 의롭고 그 자체가 본질적으로 옳고 선한 것이라는 의미입니다. 여러분은 사도가 그것을 그처럼 지적한 것을 놀랍게 생각하십니까? 언제나 이 전류의 논리에 반기를 드는 어떤 그리스도인들이 있습니다. 그들은 주로 스스로 영성의 비상한 수준을 역설합니다. "난 더 이상 자연적인 차원에선 생각지 않는다. 난 이제 그리스도인인 걸." 그러나 위대한 사도 자신이 그렇게 말하고 있지 않습니다. "자녀들아 너희 부모들에게 순종하라." 왜 내가 부모들에게 순종해야만 하는가라고 어떤 이는 말합니다. 첫째로, "그것이 옳기" 때문입니다. 그것은 의로운 일입니다. 그리스도인은 그런 수준을 경멸하지 않습니다. 그리스도인은 자연적인 차원에서부터 시작합니다.

바울이 "옳다"고 한 의미를 다른 말로 바꾸면 이러합니다. 그는 태초에 설정된 창조 질서로 되돌아가고 있는 것입니다. 우리는 이미 남편과 아내의 문제를 다룰 때 정확히 동일한 일을 했습니다. 그는 창세기로 돌아가 창세기 2장으로부터 인용하였습니다. "이러므로 남자가 그 부모를 떠나 그 아내와 연합하여 둘이 한 몸을 이룰지로다." 바울은 결혼 관계를 다루면서 서슴없이 이렇게 말하고 있는 셈입니다. "나는 너희에게 기본적이고 자연적인 것, 즉 태초로부터 남자와 여자, 남편과 아내에 관해서 얻은 바를 행하라고 말하고 있을 뿐이다." 이제 자녀들의 문제에 관해서 원리는 태초부터 있었으며 그것이 내내 그러해 왔고, 그것이 짐승들에게까지도 적용이 된다고 사도는 말하고 있습니다. 또한 그것은 자연질서의 일부이며 삶의 기본적 법칙의 일부가 되는 것입니다.

동물의 세계에서 어미는 갓 태어난 새끼를 돌보고 먹이를 주고 보호합니다. 그뿐 아니라 어미는 여러 가지 일들을 새끼에게 가르치기까지 합니다. 새는 그 새끼에게 어떻게 날개를 사용하는지를 알려 주고 짐승 새끼에게 그 어미는 걷고 뛰고 싸우는 법을 가르칩니다. 이것이 자연질서입니다. 약하고 아무것도 모르는 어린 새끼는 필요한 보호와 안내와 도움과 교육을 그의 어미들에게서 받습니다. 그래서 사도는 "부모에게 순종하라…이것이 옳으니라"고 했습니다.

그리스도인은 피조세계의 어디서나 발견되는 자연질서에서 이탈되지 않습니다. 그리스도인들에게 이것을 전적으로 말할 필요가 있다는 것은 유감스러운 일입니다. 그렇게 명백하고 분명하게 자연질서의 과정에 속한 것에서 벗어날 수 있다는 것이 어느 점에서라도 어떻게 가능할 수 있습니까? 세상 지혜까지도 그것을 인식합니다. 우리 주위에는 전혀 그리스도인들이 아닌 자들이 있습니다. 그러나 그들은 질서와 규율을 철저하게 지키는 자들입니다. 무엇 때문입니까? 삶 전체와 자연 전체가 이 점을 지시하고 있기 때문입니다. 어미들을 거역하고 말도 듣지 않고 순종하기도 싫어하는 것은 어리석고 우스운 일이기 때문입니다. 동물들이 때때로 그럴 때가 있습니다. 그러면 그것을 보고 우리는 웃지요. 그러나 인간이 그런 짓을 할 때에 그것은 얼마나 우스운 일입니까! 자녀들이 부모에게 순종치 않는 것은 자연을 거역하는 것입니다. 그들은 인간 본성의 전 체계 중 어떤 짓을 허물어뜨리고 있는 것입니다. 생명이란 이런 기초 위에 계획된 것입니다. 물론 그렇지 않다면 삶이란 혼돈하게 되고 삶 자체의 종말을 고하게 될 것입니다.

"이것이 옳으니라." 내가 볼 때 신약 교훈 중 이 국면에 관하여 매우 놀랍게 보이는 것이 있습니다. 그것은 신약과 구약을 따로 떼어서는 안 되는 것을 보여 줍니다. 어떤 그리스도인이 "물론 난 이제 그리스도인이니 구약에는 관심이 없소"라고 말한다면 그것보다 더 무지를 드러내는 것은 없습니다. 그 사상은 전혀 그릇된 것입니다. 사도가 여기서 보여 주는 바와 같이 태초에 창조하신 이도 하나님이요, 구원하는 이도 하나님이기 때문입니다. 처음부터 끝까지 한 하나님입니다. 하나님은 남성과 여성, 부모와 자녀를 만드시고 자연 전체를 바르게 하셨습니다. 삶이란 이 원리들을 따라서 해나가야 합니다.

그렇기 때문에 사도는 사실상 이렇게 말함으로써 그의 훈계를 시작하는 것입니다. "이것이 옳으며 기본적이고 근본적인 것이며 자연질서의 일부이다. 그것에서 떨어지지 말라. 만일 그렇게 한다면 너희의 기독교 신앙을 부인하고 있는 것이다. 하나님께서 이 본(本)을 따라 삶을 설정하셨으며 이 원리들을 따라서 그 일을 해 나가셨다고 하는 것을 부정하고 있는 것이다. 순종함이 옳으니라."

그러나 사도는 그렇게 말하고 나서 두번째 요지로 나아갑니다. 이것이 옳을 뿐 아니라 "약속 있는 첫 계명이라"는 것입니다. "네 부모를 공경하라 이것이 약속 있는 첫 계명이니." 부모를 공경하는 것은 본질상 옳을 뿐 아니라 하나님께서 십계명 가운데서 지적하신 일들 가운데 하나라는 것입니다. 제5계명 "네 부모를 공경하라." 여기에 다시 흥미로운 점이 있습니다. 어느 의미에서 십계명엔 새로운 것이 없습니다. 무엇 때문에 그것들이 주어졌습니까? 이스라엘 백성들을 포함한 인류가 죄와 어리석음 가운데서 삶(생명) 전체에 해당하는 하나님의 근본적인 율례들을 잊고 그로부터 이탈되어 방황하고 있었기 때문입니다. 말하자면 하나님은 말씀하시기를, "나는 다시 그 율례들을 하나하나 진술해야겠다. 나는 그것들을 쓰고 새겨서 사람들이 그것을 분명하게 알도록 해야겠다."

부모들에게 불순종하는 것은 언제나 그릇된 것이었습니다. 도둑질하고 음행을 저지르는 것은 언제나 나빴습니다. 그 일들은 십계명을 줄 때에 시작된 것이 아닙니다. 십계명을 행하라고 선포된 것은 사람들의 마음에 그 십계명을 심어주고 "이것은 너희가 지켜야 하는 일이다"는 것을 분명하게 진술해 주기 위해서입니다. 제5계명은 약속 있는 첫 계명이라! 하나님은 바로 이것에 주의를 집중시키려고 애썼습니다. 사도가 "약속 있는 첫 계명이라"고 표현한 의미는 무엇입니까? 이것은 난해한 점입니다. 그래서 완벽하고 최종적인 답변을 할 수 없습니다.

그것은 약속이 첨가된 첫 계명이라는 의미가 아닌 것이 분명합니다. 왜냐하면 그것은 다른 계명들은 어느 계명도 약속을 가지지 않는다는 것을 지시할 것이기 때문입니다. 만일 6~10계명이 각각 약속을 가지고 있다고 하는 것이 사실이라면 물론 바울은 "약속들을 가지고 있는 계명들 가운데서 제5계명이 '첫째'라는 것을 의미한다"는 것으로 말할 수 있을 것입니다. 그러나 약속을 가지고 있는 다른 계명은 없습니다. 그러므로 그런 의미를 가질 리가 없습니다. 그러면 그것은 무슨 의미인가? 그것은 여기 제5계명에서 우리 인간 상호간에 갖는 관계에 관한 명령이 시작된다고 하는 것을 의미할 수 있습니다.

제4계명까지는 하나님과의 관계였습니다 – 하나님의 이름과 하나님의 날 등. 그러나 여기서 하나님은 우리 사람들이 상호간에 갖는 관계로 전환합니다. 그런 의미에서 제5계명이 첫째가 될 수 있습니다. 그보다도 이 5계명이 하나님께서 그 계명을 강화하기 위해서 약속을 첨가할 정도로 이스라엘 백성들의 심중에 못박아 주고 싶어하셨던 것 중 첫째 계명이라는 것을 의미할 수 있습니다. 물론 나열한 순서는 그렇지 않지만 말입니다. 말하자면 중요성에 있어서 첫째라는 것입니다. 궁극적으로 그 말은 어느 한 계명이 다른 계명들보다 더 중요하다는 의미가 아닙니다. 왜냐하면 그들은 모두 중요하기 때문입니다. 그럼에도 불구하고 상대적인 중요성은 있는 것입니다. 그래서 나는 그것을 이러한 측면에서 봅니다. 즉, 그 계명을 무시하면 사회의 붕괴에 이르게 되는 율법들 가운데 하나라는 것입니다. 분명히 이것은 현 시대의 사회상 중 가장 위협적이고 위험한 국면입니다. 일단 가족 개념과 가정 단위 또는 가정생활이 부숴지게 되면 다른 성실은 기대할 수 없게 될 것입니다. 그것은 모든 것 중에서 가장 심각한 것입니다. 그리고 아마 하나님께서 그 계명에 약속을 첨가한 것도 이러한 이유에서일 것입니다.

그러나 여기서 더 큰 문제를 시사하기까지 한다는 것을 믿습니다. 이런 의미에서 부모와 자녀들간의 독특한 관계에 관한 것이 있는데, 그것은 좀더 차원 높은 관계를 지시합니다. 결국 하나님은 우리의 아버지이십니다. 그 용어는 하나님께서 친히 사용하신 것입니다. 그것은 주님께서 그의 기도에서 사용하신 용어이기도 합니다. "하늘에 계신 우리 아버지시여." 그러므로 다시 말하자면 육신의 아버지는 하늘에 계신 하나님 아버지를 연상케 하는 분입니다. 부모와 자녀들과의 관계에서 우리는 모든 인류가 근본적으로 하나님과 관계를 맺고 있는 모습을 보게 됩니다. 우리의 부모들도 하나님의 "자녀"들입니다. 그러므로 그는 우리의 아버지시고 "우리는 모두 그의 소생"입니다(행 17:28).

아주 놀라운 방법으로 부모와 자녀간의 관계는 특별히 그리스도인들과 하나님 자신과의 사이에 존재하는 이 전체적인 관계에 대한 모형과 그림자요 초상화적인 것입니다. 에베소서 3:14-15에서 그 문제에 대해 언급하고 있습니다. 사도는 말합니다. "이러하므로 하늘과 땅에 있는 각 족속에게 이름을 주신 아버지 앞에 무릎을 꿇고 비오니." 어떤 이들은 "하나님은 모든 아버지의 아버지라"고 번역되어야 한다고 말합니다. 그것이 그러하든 그렇지 않든 간에 어쨌든 거기엔 아버지와 자녀의 전체 관계는 우리에게 하나님과 우리의 관계를 연상케 하여야 한다는 암시가 있는 것은 사실입니다. 그런 의미에서 이 부모와 자녀의 관계는 독특한 것입니다. 우리에게 그리스도와 교회의 관계를 연상시켜 주는 남편과 아내의 관계는 독특한 것이 아닙니다.

그러나 이 관계는 우리에게 하나님이 아버지고 우리 자신이 자녀로 생각케 합니다. 말하자면 하나님은 십계명 안에서 그렇게 말씀하고 계십니다. 하나님께서 오셔서 "네 부모를 공경하라"고 하는 이 계명을 선포하실 때 그는 이 계명 위에 한 약속을 덧붙이셨던 것입니다. 어떠한 약속입니까? "이는 네가 잘되고 땅에서 장수하리라." 그 약속이 최초로 이스라엘 자녀들에게 주어졌을 당시 그것은 다음과 같은 뜻을 가지고 있었음에 틀림없습니다. 만일 너희들이 내가 인도할 땅으로 가서 계속 살기를 원한 다면 이 계명들을 지키라. 특별히 이 5계명을 지키라. "만일 너희가 나의 축복을 받고 살고 싶다면 계명들을 지키되 특별히 이 계명을 지키라." 원래의 약속이 그러했었다는 것은 의심할 여지가 없습니다.

그러나 이제 사도는 그 약속을 일반화시키고 있는데 그것은 여기서 이방인뿐 아니라 유대인들 중에서 그리스도인이 된 자들을 다루고 있기 때문입니다. 사도는 사실상 이렇게 말하고 있는 셈입니다. "저희의 모든 것이 잘되기를 원한다. 너희가 땅에서 장수하기를 원한다면 너희 부모를 공경하라." 그 말은 성실하게 본분을 지키는 아들 딸이 반드시 많은 나이가 되기까지 살게 될 것이라는 의미입니까? 아닙니다. 그런 말이 아닌 것입니다. 그러나 그 약속은 만일 복된 생활을 하기 원한다면, 하나님의 축복을 받고 충만한 삶을 살기 원한다면 그 계명을 지켜야 한다는 것을 의미함이 분명합니다. 한 예로 하나님께서 이 땅에서 오랫동안 지켜 주시는 것을 택하실 수도 있습니다. 그러나 이 세상을 떠날 때 여러분의 나이가 얼마나 되든 간에 여러분은 하나님의 축복과 선한 손길 아래 있다는 것을 알게 될 것입니다. 우리는 이러한 문제를 기계적인 식으로 여겨서는 안 됩니다. 그것이 나타내고자 하는 바는 하나님은 이 계명을 지키는 자를 기뻐하신다는 것과 우리가 만일 이 계명들을 선한 이유 때문에 지키기로 작정하고 특히 이 5계명을 지킨다면 하나님께서는 우리를 기뻐하시고 흐뭇해 하시고 우리를 축복하실 것입니다. 그러한 약속을 주신 데 대해 하나님께 감사합니다.

그 점은 우리를 세번째이자 마지막 요점에 인도하여 줍니다. 사도는 "자녀들아 너희 부모를 순종하라 너희 부모를 공경하라"고 합니다. 자연이 그것을 가르칩니다. 그러나 자연뿐 아니라 율법도 그것을 지시합니다. 그러나 우리는 그 이상으로 나아가야 합니다. 즉, 은혜에까지 나아가야 합니다. 순서는 이러합니다. 자연, 율법, 은혜 - 기독교는 우리에게 자연을 거스려 행동하라고 종용하지 않습니다. 우리는 결코 비자연적이어서는 안 됩니다. 기독교는 자연을 고양시키고 거룩하게 하는 것입니다.

율법의 경우에도 마찬가지입니다. 기독교는 삶을 말해 주는 율법과 손을 떼지 않습니다. 기독교는 율법에 은혜를 더하는 것입니다. 그리하여 그 율법을 수행할 수 있게 합니다. "자녀들아 너희 부모를 공경하라." 율법이 그 계명을 지시합니다. 기독교도 마찬가지입니다. 그러나 그것을 순종하는 것에 대한 보다 더 큰 의미를 제시하고 있습니다. 또한 그 계명을 통찰할 수 있도록 하고 그것을 이해하도록 합니다. 그리스도인들인 우리는 우리가 그것을 행하되 "주께 하듯" 합니다. 하늘로부터 오신 "주께 하듯" 한다는 사실을 깨닫습니다.

주님은 그의 아버지의 율법을 영화롭게 하기 위해서 하늘에서 오셨습니다. 그는 율법을 지키셨고 율법에 따라서 사셨습니다. 그리고 그는 우리가 "선행에 열심 있는 특별한 백성들"이 되어 그 율법을 수행할 수 있도록 하기 위하여 우리를 구속하셨습니다. "율법의 의가 우리 안에서 이루어지고 육체를 따라 살지 않고 성령을 따라 살도록"(롬 8:4) 우리를 위해 자신을 주셨습니다. 은혜는 계명을 최고도로 높이고 우리를 내려다보시는 우리 주 구주를 기쁘게 해드리기 위해서 계명을 영예롭게 합니다.

사도는 이미 3:10에서 그 점을 언급하였던 것입니다. "이는 이제 교회로 말미암아 하늘에서 정사와 권세들에게 하나님의 각종 지혜를 알게 하려 하심이니." 여러분은 아셨습니까? 천사들과 정사들과 권세자들은 우리를 내려다보고 우리가 이러한 것들을 우리의 일상 생활에서 적용시키는 것과 성자께서 우리를 그러한 사람들로 만드실 수 있다는 것과 우리가 죄악 세상에서 이와 같이 하나님의 계명을 따라 살 수 있다는 것을 의아하게 생각하는 것입니다. 그것을 아셨습니까?

"주께 하듯 하라." "주 안에서" 여러분의 부모에게 순종하십시오. 주 안에서 – 그것은 모든 것 중에서 최상의 동기입니다. 그것이 주님을 기쁘시게 합니다. 그것은 주님께서 말씀하신 바에 대한 증거입니다. 우리는 그의 교훈을 실험하고 있습니다. 주님은 당신께서 오신 것이 우리를 구속하고 우리의 죄를 씻고 새로운 자연을 우리에게 주며, "자녀들아 너희 부모를 '주 안에서' 순종하라." "주 안에서"라고 하는 구절을 첨가해야 함은 중요합니다. 그 말씀은 "자녀들아 주 안에 있는 너희 부모를 순종하라"는 의미가 아닙니다. 오히려 "너희 부모를 주 안에서 순종하라"는 것입니다. 다시 말해서 사도는 남편과 아내의 관계에서 말한 바로 그 일을 반복하고 있는 것입니다. "아내들아 너희 남편들에게 복종하되 '주께 하듯' 하라." "남편들아 너희 아내 사랑하기를 '그리스도께서 교회를 사랑하듯이' 하라." 우리 종들에 관하여 말하는 것을 듣게 될 때 "종들아…육체의 상전에게 순종하기를 그리스도께 하듯 하라"는 말씀을 대하게 됩니다. "주 안에서"라는 말은 바로 그러한 것을 의미합니다.

다시 말하면 이것이 최상의 이유가 되는 것입니다. 우리는 부모를 공경하고 순종해야 하는데 그 이유는 그렇게 하는 것이 우리 구주 예수 그리스도에 대한 우리의 순종의 일부이기 때문입니다. 궁극적으로 그것이 우리가 그렇게 해야 하는 데 대한 이유입니다. 자연이 그것을 지시하고 율법이 그것을 지시하지만 우리는 그리스도인들로서 이 이유를 하나 더 가져야 하는 것입니다. 그리스도께서 그렇게 할 것을 요구하셨기 때문입니다. 그것이 그리스도의 계명입니다. 그것이 우리가 그리스도와 관계를 맺고 있다는 것과 그에게 복종하고 있다는 것을 보여 주는 하나의 방법입니다. "자녀들아 너희 부모에게 복종하기를 그리스도께 하듯 하라." 그 이외에 부차적인 이유들이 있습니다. 그러나 그리스도를 위해서 그 계명을 지키는 것입니다.

여기서 나는 그것이 신약 교훈의 전형적인 틀이라는 요점을 강조하여야 하겠습니다. 기독교는 결코 자연과 이별하지 않습니다. 이 말을 오해하지 마시기 바랍니다. "타락한 자연"을 말하고 있는 것이 아닙니다. 내가 말하는 자연은 하나님께서 처음 창조하셨을 당시의 본래의 자연을 말하는 것입니다. 그런 의미에서 기독교는 자연과 상반되지 않습니다. 초기 기독교 시대에는 결혼 문제에까지 기독교와 자연이 상반된다고 생각하던 사람들이 있었습니다. 바울은 그런 이유에서 고린도전서 7장을 써야 했던 것입니다. 고린도교회의 어떤 이들은 "나는 그리스도인이 되었고 아내는 그리스도인이 아니다. 그러니 나는 그녀를 버려야겠다"고 하면서 억지를 부리고 있었습니다. 그리고 아내들도 같은 식으로 말했습니다.

그러나 바울은 그렇게 하는 것은 그르다고 말하고 있습니다. 성품을 주며 우리를 새사람으로 만들기 위해서라 하셨습니다. 사도는 말하기를 그것을 실제 생활에서 입증하라는 것입니다. "자녀들아, 너희 부모를 순종함으로 그것을 입증하라. 그럴 때 다른 모든 자녀들과 같지 않을 것입니다." 현 시대에 우리 주위에 있는 오만 불손하고 악을 말하고 무례한 자들과 같지 않을 것입니다. 여러분이 다르다는 것을 보여 주라는 것입니다. 하나님의 성령이 여러분 안에 있다는 것과 여러분이 그리스도께 속해 있다는 걸 보여 주십시오. 여러분은 놀라운 기회를 가지고 있습니다. 그것은 주님에게 큰 기쁨과 큰 즐거움이 될 것입니다.

그러나 우리는 더 나아가서 그리스도께서 이 세상에 계실 때 그렇게 하셨다는 이유 때문에 부모에게 순종해야 한다는 것입니다. 누가복음 2:51에 "예수께서 한 가지로 내려가사 나사렛에 이르러 순종하여 받드시더라"고 하였습니다. 그 말씀은 예수님이 열두 살 때의 일입니다. 그는 요셉과 마리아와 함께 예루살렘에 올라갔었습니다. 그들은 돌아오는 길에 주께서 같이 하시지 않는다는 것도 모르고 하루길을 갔습니다. 그들은 예루살렘으로 돌아가서 성전에서 율법사들과 함께 말씀을 듣고 묻기도 하시는 주님을 발견하였습니다. 그들은 깜짝 놀랐습니다. "예수께서 가라사대 어찌하여 나를 찾으셨나이까?" 그는 열두 살에 자각의식을 가지셨습니다. 그러나 주님은 나사렛에 그들과 함께 가셨다고 기록되어 있습니다. "예수께서 한 가지로 내려가사 나사렛에 이르러 순종하여 받드시더라." 하나님의 독생자가 성육신하여 요셉과 마리아를 순종하여 받드셨다니! 주님은 비록 자기가 아버지의 일을 위하여 세상에 오셨다고 하는 의식을 자기 안에 가지고 있었지만, 주님은 낮추셨고 그의 부모를 순종하여 받드셨던 것입니다.

우리는 그를 바라보십시다. 그렇게 하신 것은 먼저는 하늘에 계신 아버지를 기쁘시게 하며, 우리가 그대로 행할 본을 주시기 위해 모든 방면에서 율법을 완성하셨던 것입니다. 이것을 알도록 하십시다. 이 훈계에 대한 이유들이 이상과 같습니다. 더 이상 말할 것이 없습니다. 자연이 그것을 지시합니다. 또한 그것은 하나님의 율법에 의해서 정립되었고 새겨졌습니다. 그것은 주님을 기쁘게 합니다만 순종은 여러분이 그를 닮았다는 증거입니다. 왜냐하면 주님께서 이 죄악의 세상에 계실 때 친히 하셨던 바이기 때문입니다. 하나님께서 우리를 조명하사 이 계명을 지키는 것의 중요성을 하나하나 이해할 수 있기를 바랍니다.

우리는 앞으로 사도도 언제나 그렇듯이 더 나아간다는 것을 알게 될 것입니다. 그는 한 쪽으로 치우친 교훈을 말하지 않습니다. 역시 부모들에 대한 계명만 생각한다면 심각한 오해에 빠지게 될 것입니다. 바울은 부모들이 지켜야 하는 교훈도 주고 있는 것입니다. 그러나 여기까지는 자녀들에 대한 것입니다. 우리가 자녀들에게 말한 것에 비추어서 생각할 때 어떤 자녀들이 직면한 난제들을 해결할 수 있게 됩니다. 나이가 얼마나 되든 그리스도인이든 아니든 간에 부모를 모시고 있으면서 어떻게 해야 할지 의아해 하는 자들의 문제를 해결할 수 있다는 말씀입니다. 하나님께서 우리에게 은혜를 베푸사 이 훈계를 유의하여 행할 수 있기를 바랍니다.

# 제 18 장

# 믿지 않는 부모들

자녀들아 너희 부모를 주 안에서 순종하라 이것이 옳으니라 네 아버지와 어머니를 공경하라 이것이 약속 있는 첫 계명이니 이는 네가 잘 되고 땅에서 장수하리라 또 아비들아 너희 자녀를 노엽게 하지 말고 오직 주의 교양과 훈계로 양육하라(엡 6:1-4)

우리는 언제나 중요한 이 부모들과 자녀들의 주제가 현 시대에 있어서는 더욱 절실한 문제라는 것을 알아보았습니다. 그리고 그것은 우리 부모를 위해서도 중요합니다. 자녀들과 같이 젊은 사람들에게만 관계되는 것이 아닙니다. 또한 자녀들을 가진 부모들만의 문제가 아닙니다. 이것은 모든 사람들 누구에게나 속한 것입니다. 어떤 그리스도인들이 이런 문제와는 아무런 관계가 없는 것같이 생각하는 사실에 애처로운 감이 듭니다. 예를 들어서 나는 이런 말을 들은 일이 있습니다. 자기들은 결혼을 하지 않았으니 남편과 아내의 주제와는 아무런 관계가 없다는 것입니다. 그것은 정말 태만이 아닐 수 없습니다. 왜냐하면 결혼을 하였든 아니하였든 간에, 부모가 되었든 아니 되었든 간에 그리스도인들이라면 진리의 원리들에 관심을 가지는 것이 원칙이기 때문입니다. 더군다나 여러분 자신들은 결혼을 하지 않았지만 여러분의 친구들 가운데 그 문제로 고민을 하고 있는 결혼을 한 친구들이 있다면 더욱 그러합니다. 만일 여러분이 그리스도인으로서의 기능을 발휘해야 할진대 여러분은 그러한 사람들을 도울 수 있어야 하는 것입니다.

그것을 위하여 성경 교훈을 이해함으로써 그들을 도울 방법을 알아야 하는 것입니다. 그러므로 누구든지 나는 모른다라고 방관하고 앉아 있어서는 안 되는 것입니다. 그런 사람들과는 아무런 관계가 없는 것이라고 생각해서는 안 되는 것입니다. 여러분 가운데는 결혼을 아직 하지 않았거나 결혼을 했더라도 자녀들이 없는 분들도 있을 것입니다. 그러나 어려운 현대 세계에 있어서 현재 부모들이 직면하고 있는 문제에 같은 관심을 가져야 하는 것입니다. 그들을 도와주고 받쳐 주는 것은 여러분의 의무이자 임무입니다. 이러한 특정 훈계들은 특정 사람들에게만 해당되는 것이 아니라 우리 모든 사람들을 위한 것입니다. 그러나 그것보다도 우리는 신성한 진리를 파헤치는 데 관심을 기울여야 합니다. 또한 우리가 이 세상을 살아 나가는 동안 만나는 다양한 상황에서 하나님은 무한한 자비와 지혜로써 우리를 만나시는데, 어떻게 그렇게 하시는가를 관심을 가지고 고찰해 보아야 하는 것입니다.

권세자들은 현 세대의 전반적인 문제의 중요성을 스스로 인식합니다. 교육 문제에 관한 어떤 한 중요한 보고서는 영국이 당면하고 있는 가장 긴급한 문제들 가운데 하나는 가정과 가족들간의 삶의 관계가 깨어진 것이라고 진술하고 있습니다. 그러므로 우리는 사회 전체 또는 영국의 장래를 맡길 수 있는 것이 무엇인지 살펴봐야 하는 것입니다. 이러한 문제에 큰 관심을 보이고 있어야 하는 것은 모든 사람들 가운데 우리 그리스도인들입니다. 우리는 다른 사람들에게 본을 보여서 자녀들과 부모들이 어떻게 살아야 하며, 가정생활이 어떻게 영위되어야 하는지를 알려 줄 수 있어야 하는 것입니다. 이제까지 우리는 자녀들의 입장에서만 살펴보았고, 자녀들이 그들의 부모들에게 순종해야 한다는 것을 생각해 보았습니다.

그러나 이제 4절에서 사도는 다른 입장을 제시하고 있습니다. "또 부모들아 너희 자녀를 노엽게 하지 말고." 이 말씀을 첨가시킴으로 자녀들에 관한 말씀을 무력하게 하는 것이 아닙니다. 오히려 그 말씀을 더욱 안전하게 하는 것입니다. 그들의 부모들에게 순종함으로 인해서 자녀들의 행로에 있을 수 있는 장애를 제거하고 있는 것입니다. 그것은 성경의 균형과 공평을 예증하는 또 하나의 실례입니다. 어느 누가 이처럼 완벽한 균형과 공정, 이 둘을 함께 겸한 균형을 접할 수 있겠습니까! 누가 이 성경 말씀이 하나님의 영감된 말씀이라는 것을 부인할 수 있겠습니까! 우리는 남편과 아내의 경우에서 성경의 신성한 성격을 알았습니다. 여기 부모들과 자녀들의 경우에서 그것을 다시 발견하게 되는 것입니다. 우리는 또한 종과 상전의 경우에서 그것을 발견하게 될 것입니다.

자녀들에게 요구된 순종은 어떤 부모들에게도 드려져야 합니다. 자기들의 자녀들을 노엽게 하는 부모들이 있습니다. 우리가 알아야 할 것은 그런 부모들에게도 자녀들은 순종해야 한다는 것입니다. 그것은 보편적인 진술입니다. 그 명령은 부모들의 성품 여하에 관계없이 순종하라고 합니다. 그것은 비그리스도인 부모들의 경우에도 마찬가지입니다.

나는 이 국면을 조심스레 시험해 보길 원합니다. 그것은 나의 오랜 목회 경력을 통해서 볼 때 내가 다루어야 했던 것 중에서 가장 흔한 문제 중 하나였음을 진정으로 말씀드릴 수 있습니다. 사람들은 그 문제로 내게 찾아와서 해결을 요구했던 것입니다. "내가 땅에 화평을 주러 온 줄로 생각지 말라 화평이 아니고 검을 주러 왔노라." 주님은 말씀하셨습니다. 나의 교훈은 그 문제들을 감싸서 부드럽게 하려는 것이 아니고 분리하여 아버지와 아들이, 어머니와 딸이 분쟁케 하려는 것이다. 그렇기 때문에 한 사람이 그리스도인이 될 때 모든 국면에 영향을 미치는 현격한 변화가 있게 되는 것입니다. 이것이 가장 심각하고 날카롭게 느껴지는 영역은 가장 친밀하고 가장 가까운 관계에서입니다.

왜냐하면 한 사람이 그리스도인이 되는 순간 그 사람의 최종적인 충성은 하나님과 예수 그리스도인에게 드려야 한다는 것을 인식하기 때문입니다. 그것은 필연적으로 모두 다른 형태의 충성에 영향을 미치게 됩니다. 그래서 우리 주님은 자기가 분쟁의 원인이 될 것이라고 말씀하시는 것입니다. "사람의 원수가 네 집안 식구라." 이러한 가능성에 대비하는 것이 필요하다고 주님은 말씀하십니다. 실제적인 모양으로 그것이 입증됩니다.

날카롭고 빈번하게 떠오르는 문제는 자녀들은 그리스도인인데 부모들은 그리스도인이 아닐 경우입니다. 긴장 상태는 즉각 일어나게 됩니다.

이러한 자녀들은 어떻게 해야 합니까? 그들은 어떤 방식으로 행동해야 합니까? 나는 단지 사도가 말하는 바 이 자녀들, 이 젊은이들이 그 궤변을 순종해야 한다는 것을 강조하고 있는 것입니다. "자녀들"이란 용어는 단순히 나이의 차원에서 생각될 것이 아닙니다. 바울이 말하고 있는 것은, "자녀들아 너희 부모를 순종하되 부모들이 그리스도인들이든 아니든 간에 그것을 불문하고 부모를 순종하라"는 것입니다. 그것은 보편적인 진술이요 훈계입니다. 그러나 불행히도 많은 젊은 그리스도인들이 바로 이 점에서 무의식적으로 매우 손상을 입고 있습니다.

다른 어떤 점에서보다 이 점에서 더욱 크게 실패하는 것 같습니다. 이 믿는 자녀들이 그들의 믿지 않는 부모들에 대해서 어떻게 행동해야 하는가가 문제입니다. 무의식적으로 많은 자녀들이 이 점에 대한 성경 교훈을 이해하지 못함과 동시에 그들의 전체적인 사고방식에의 균형을 잃어버림으로 말미암아 많은 해를 입는다는 것입니다. 흔히 그들은 기독교 신앙의 입장에서 그들의 부모들을 반대하는 이유를 합리화합니다. 그러므로 이는 가장 중요한 과제인 것입니다.

"자녀들아 너희 부모에게 순종하라"는 이 일반적인 훈계에 덧붙여야 할 유일한 단서가 있는데 그것은 우리와 하나님과의 관계가 위협을 받을 때에 한하는 조건입니다. 치명적인 의미에서 나는 이 점에 특별한 배려를 기울입니다. 만일 여러분의 부모들이 하나님을 섬기고 순종하는 것을 금지한다면, 여러분은 그런 경우에 부모의 말을 순종하지 않아야 합니다. 만일 부모들이 고의적으로 여러분을 충동하여 죄를 짓게 하거나 죄행을 강요한다면 단호히 거부해야 합니다. 그러나 그러한 때만입니다. 그렇지 않다면(내가 이 점을 강조하고 있음) 극한점까지 가야만 합니다. 이 문제에 있어서도 부모들이 여러분과 하나님 사이에 서서 이것이냐 저것이냐 하는 어느 한 가지만 택해야 하는 극한 상황에 있는지를 자문해 보아야 합니다. 다시 여러분은 부모들을 최대로 화해하고 유화시키는 곳까지 가야 하는 것입니다.

나의 목회 경험에서 발견한 바입니다만 거의 모든 사람들이 봉착하는 어려움이 바로 그 문제인 것입니다. 내가 뜻하는 바는 그리스도인들인 그들이 전혀 중요치 않게 여길 만한 문제로 고민하고 있더라는 것입니다. 물론 그것은 아주 자연적인 것입니다. 우리는 모두 극단적인 사람들입니다. 그러나 우리는 그리스도인들이 되었기에 우리가 어떻게 살아야 할 것인가를 확실히 압니다. 바로 그 점에 있어서 분명히 우리가 빠질 최대 위험은 전혀 문제도 안 될 뿐만 아니라, 그리스도인의 입장에 전혀 영향을 끼치지도 않는 아주 우스운 것들을 고집하는 것입니다.

일화 하나를 말씀드리지요. 결혼 의식이나 결혼 문제로 그런 일이 자주 있습니다. 두 젊은 남녀 그리스도인들이 결혼하기로 결정했습니다. 그런데 양측 부모들이 다 그리스도인들이 아니었습니다. 두 젊은이들은 자기들의 결혼 예식이 훌륭한 기독교 결혼의 모범이어야 한다는 데 굉장한 열을 올렸습니다. 그리스도인 친구들도 그 예식에 초청했습니다. 그러나 물론 양편의 부모들도 그 예식에 참석해야 했고 양편의 부모들이 다 믿지 않는 자기네들의 친구들도 초청을 했습니다. 나는 그런 일을 많이 보았습니다. 훌륭한 그리스도인들의 경향은 이러한 문제도 안 되는 예식장의 구체적인 문제에까지 고집을 부리는 데에 있습니다. 그래서 오히려 유익보다는 해를 끼치는 경우가 더 많습니다. 다른 말로 해서 그들은 모든 것이 오직 기독교적이어야 한다는 것이지요. 그리고 그들은 그러한 문제에 억지를 부려서 믿지 않는 사람들에게 해를 끼치게 되더란 말입니다.

성경에서 발견되는 판단과 균형을 잘못 행사하는 것이 바로 이것이라고 생각합니다. 물론 기독교 예식으로 거행되어야지요. 그러나 내가 볼 때 거기엔 순서상 그저 아무래도 좋은 다른 많은 것들이 있습니다. 만일 우리가 진정으로 기독교적이려면, 바로 그런 점에서 할 수 있는 한에서 최대로 화평을 이루어야 하는 것입니다. 또한 그들이 기독교적인 결혼이 진정으로 무엇인가를 알고 믿음에 매력을 느낄 것을 희망하면서 가능한 한 모든 면에서 그들이 화평할 대로 해야 합니다.

그러나 옹고집을 부리고 그런 구체적인 문제에까지 양보를 하지 않고 우리의 식으로 되어야 한다고 고집한다면, 다른 말로 해서 믿지 않는 부모들은 제쳐놓고 그리스도인 친구들에게만 관심을 갖는다면, 우리의 부모들에게 순종하라는 사도의 훈계를 이행하지 않고 거역하는 것입니다. 즉,

진정으로 치명적인 문제만을 고집하라는 말은 그런 의미입니다. 더군다나 우리가 어떤 입장을 취할 때 올바른 정신으로 해야 함은 더 말할 것도 없습니다.

여러분이 어떤 기독교 원리를 주장하고 있을 때 남을 얕보거나 또는 조급한 태도를 보여서는 결코 안 됩니다. 더구나 거만하거나 혈기를 부리는 태도는 더욱더 금물입니다. 우리가 어떤 것을 말할 때 그런 식으로 말하는 경우가 많이 있습니다. 나와 결혼 예식 순서를 논의하는 자리에서 젊은이들이 그릇된 태도를 나타내는 실수를 범하는 일들을 많이 보았습니다. 그들은 얼굴에 능글맞은 웃음을 띠우고 "물론 우리 부모님들은 예수를 안 믿어요"라고 말하고는 자기 부모들을 그런 식으로 경멸합니다. 그런 식으로 말하는 순간 나는 그 사람이 이미 잘못되어 있구나 하는 것을 알 수 있습니다. 그런 사람이 기독교적인 근거에서 고수할 수도 있는 어떤 입장들은 거의가 쓸모가 없고 확실히 유익보다는 해를 끼치기가 쉽습니다.

만일 부모가 그리스도인이 아닐 때 여러분이 그들에 대해서 경멸하거나 비웃는 태도는 나쁜 것입니다. 여러분은 그런 부모들로 인해 아파해야 하는 것입니다. 그러므로 그들에 대해 말할 때는 슬프고도 심각한 태도로 말해야 합니다. 그러나 난 너무나 자주 기독교적이 아닌 무례함과 입심좋은 뻔뻔스러움을 보았습니다. 그러한 "자녀들"은 자기들의 부모를 순종하고 있지도 공경하고 있지도 않습니다. 여러분은 부모가 그리스도인이든 아니든 간에 여러분의 부모를 공경해야 합니다. 그것이 훈계의 의미입니다. 그것은 너무나 자주 난관에 부딪힙니다. 그러나 그것은 명령입니다. 다시 되풀이하는 바이지만 오직 하나의 한계가 있는데, 여러분의 부모들이 하나님을 예배하거나 섬기는 일을 막는다든지 고의로 죄행을 강요할 때, 그것에 순종해서는 안 되겠지요. 우리가 그런 때에 행동하는 정신 자세는 매우 중요합니다. 우리가 양보를 하지 않고 불순종해야 하는 상황에 도달할 때마다 그것이 우리를 슬프게 하고, 아프게 하고, 가장 무서운 결점이라는 인상을 부모들이 받을 정도로 행동해야 합니다. 왜냐하면 자녀가 부모에 맞서서 버텨야 한다는 것은 우리의 삶 속에 필연코 해야 하는 일 중에서 가장 고통스럽고 슬픈 일 중에 하나이기 때문입니다. 그런 일이 행해질 때마다 상한 심령을 가져야 합니다. 우리는 부모들에게 이렇게 하는 것이 마음 아픈 일이며 슬픈 일이며, 우리에게 너무나 큰 부담이 아닐 수 없다는 인상을 주지 못해서는 결코 안 됩니다. 또한 우리가 그것을 피하기 위해서는 오른손을 자르기라도 해야 할 것이라는 인상을 주어야 하는 것입니다. 그러나 우리는 그런 문제에 결정권은 가지고 있지 않다는 것을 보여 줘야 합니다.

만일 그렇게만 된다면 그것은 하나님에 의해서 그들을 감화시키는 데 사용될 것입니다. 그러나 만일 그것이 거만하거나 무례하게 그리고 혈기를 부리는 식으로 행해진다면 그것은 분명히 해를 끼칠 것입니다. 그것은 전혀 무가치할 것입니다. 그것은 사람들을 그리스도로부터 쫓아내는 것이 될 것이고, 그래서 그들로 하여금 "그리스도인들이기 때문에 이 아이들이 이 모양으로 고집을 부리고 안하무인격으로 엄격하고 율법적으로 행동하지" 하고 말하게 할 것입니다. 그것은 그들이 하나님과 우리 구주 예수 그리스도의 지식에 이르지 못하게 하는 장애물 역할을 하게 될 것입니다. 우리가 어떻게든지 고수해야 한다고 느끼는 입장은 언제나 상한 심령, 겸손한 심령으로 주장되어야 합니다. 그리하여 우리가 하나님께서 우리에게 해 놓으신 이 놀라운 일로 인해서 부모를 반대해야만 한다는 것을 우리의 심령 자체는 퍽 비통해 한다는 것을 보여 주어야 하는 것입니다. 우리는 언제나 그런 일을 그런 식으로 생각해야 합니다.

우리가 그런 입장에 처하게 될 때마다 도움을 받고 인도되기 위하여 우리가 그렇게 해야 할 몇 가지 까닭을 말씀드려야겠습니다. 왜 그리스도인은 앞에서 지적한 방식대로 행해야 하는 것입니까? 그것은 그리스도인 자녀들은 세상에서 가장 훌륭한 타입의 자녀이어야 하기 때문입니다. 그것은 일반적이고 보편적인 진술입니다. 그리스도인은 무엇을 하든지 간에 언제나 그는 그 가장 월등한 수준에서 일을 해야 하는 것입니다. 나는 그것을 보편적인 명제로 전제해 놓습니다. 그리스도인 자녀는 어떤 다른 자녀보다 더 착해야 하고, 그리스도인 남편은 더 훌륭한 남편이어야 하고, 아내도 그러합니다. 또한 그리스도인 사업가도 생각할 수 있는 가장 훌륭한 사업가가 되어야 합니다. 전문가도 그 전문직에서 가장 훌륭한 사람이어야 하는 것입니다. 어떤 수완(手腕)의 입장에서가 아니라 다른 모든 국면에서 본다고 할지라도 그래야 한다는 것입니다.

그리스도인이 하는 일마다 최선을 다해 철저하게 어떤 다른 사람들도 할 수 없는 이해력을 가지고 행해져야 하는 것입니다. 그것은 물론 우리가 연구하고 있는 이들 구체적인 훈계들의 배경입니다. 그리스도인은 성령의 충만을 받은 사람입니다. "술 취하지 말라 이는 방탕한 것이니 오직 성령의 충만을 받으라." 이제 그들의 자녀가 "성령에 충만할 때" 틀림없이 그 자녀는 모범적인 자녀, 성령에 충만하지 않은 자녀보다도 훨씬 더 훌륭한 자녀가 될 것입니다.

그러면 어떤 결론에 이르게 됩니까? 그리스도인 자녀들만이 이 관계에 대해서 진정하고도 참된 이해력을 지니고 있기 때문에, 그들은 세상에서 가장 훌륭한 자녀들이어야 한다는 결론에 이르게 됩니다. 오늘날 가족관계와 가정이 파탄을 겪는 것은 부모들과 자녀들 양측이 모두 이런 일에 대한 의미를 이해하지 못하기 때문입니다. 그들은 성경적인 초점에서 부모들과 자녀들에 관한 것을 알지 못합니다. 그들은 우리가 보는 것처럼 이런 일들을 "주 안에서" 보지 않습니다.

그러나 우리는 "주 안에" 있기 때문에 이런 일들에 관해서 새로운 이해를 가지게 되는 것입니다. 우리는 부모와 자녀의 관계가 하나님과 하나님의 자녀인 그리스도인들의 관계에 대한 그림자라는 것을 압니다. 그래서 우리는 자녀들이 그들의 부모들에 대해 가지는 관계에 대한 고상하고 승화된 개념을 갖고 있는 것입니다. 그리스도인 된 자녀들이 언제나 실제 생활에서 다른 사람들을 능가해야 하는 것은 그리스도인 자녀만이 이러한 관계들을 이해하고 있기 때문입니다. 그리스도인은 어느 것을 하든지 그 까닭을 압니다. 그는 그것을 하는 데 대한 이유와 성경적인 의미와 해답을 가지고 있습니다. 이처럼 그는 그 상황을 이해합니다.

바른 정신을 가지고 있는 사람은 "성령에 충만한" 그리스도인뿐입니다. 이들 문제에 있어서 전체 문제는 적극적 정신의 문제입니다. 현대적인 태도는 "무엇 때문에 내가 부모의 말을 들어? 그들이 누군데? 백넘버에 불과하고 시대에 뒤떨어진 그들이 뭘 안다고 그래?"입니다. 오늘날 이처럼 많은 문제가 야기되는 것은 바로 그런 정신 때문입니다. 한편 부모들도 역시 정신적으로 그들과 같은 범죄를 짓고 있습니다. "이 아이들은 귀찮은 존재들이야. 우리는 그 전과 같이 밤에 밖에 나가고 싶은데, 이 아이들이 생기고부터 더 이상 그럴 수도 없고"—정신이 그릇되어 있으니 모든 실패가 따라올 것은 뻔한 이치입니다. 이들 문제들은 전적으로 "정신"(태도)의 문제입니다. 가련한 정치가들과 정당인들이 그들의 의사진행에서 그들이 다루는 문제의 본질을 알지 못하고 있는 것은 그 정신상의 문제 때문입니다. 여러분은 이 문제들을 법으로 정할 수 없습니다. 왜냐하면 그것은 정신상의 문제이기 때문입니다.

이런 문제에 있어서 그리스도인 자녀가 바른 정신을 가진다는 것은 매우 중요합니다. 그리고 또한 그가 가장 삼가야 되는 것은 자기를 사랑하는 이기적인 생각입니다. 나는 일찍이 그것을 언급한 적이 있습니다. 여기서 매우 미묘한 일들이 야기됩니다. 이들 젊은 그리스도인들은 결혼을 하려고 하고 부모들은 믿지 않는 자들입니다. 이들 젊은이들에게 찾아오는 시험은 "나는 이런 저런 일을 고집할 수밖에 없어. 내가 알기론 나는 그리스도인이다. 그러므로 그것이 내가 주장하는 대로 이루어져야 해" 하는 생각이 드는 것입니다. 그 정신은 이미 틀려 있습니다. 그 젊은이들의 간절한 바람은 자기들이 옳다고 여기는 것을 하려는 것입니다.

부모들에게는 어떻습니까? "누구든지 자기의 유익을 구치 말고 남의 유익을 구하라." "모든 것이 가하나 모든 것이 유익한 것이 아니라." 더 악한 형제들에게는 어떻게 하느냐? 전혀 그리스도인이 아닌 자들에게는 어떻게 하느냐? 그들은 전혀 생각에 넣지 않습니까? 당신의 관심은 다만 모든 것이 당신이 절대적으로 옳다고 고집하는 대로 이루어져야 한다는 데 있습니다. 모든 것이 율법의 문자 그대로 지켜져야 합니까? 그 점이 바리새주의(Pharisaism)의 요점입니다. 바로 그것이 "근채와 박하의 십일조는 드리되 의(義)와 인(仁)과 신(信)은 생각지 않는" 정신입니다. 하나님께서 우리에게 이런 문제에 지혜를 주시기를 원합니다. 나는 내가 특히 강조하고 있는 바로 이 점에 실패함으로써 그리스도에게 오히려 큰 해를 끼치는 것을 보았습니다. 우리는 결코 이기적이거나 자기만이 옳으면 된다는 생각에 빠져서는 안 됩니다.

그러나 나는 이 문제에 대해 몇 가지를 더 부언하려 합니다. 그리스도인은 이러한 문제에 있어서 비할 수 없이 유리한 위치에 있습니다. 그것은 그리스도인 된 그는 자기 부모들의 난제가 무엇인지 이해하고 있었기 때문입니다. 믿지 않는 자녀들이 그들의 믿지 않는 부모들과 의견 충돌을 일으킬 때를 생각해 봅시다. 어떤 일이 생기겠습니까? 인격이 서로 충돌하여 마음이 상합니다. 양쪽이 모두 서로에 관해서 아무것도 모르기 때문입니다. 자식은 말합니다. "부모님들이 이렇게 말할 권리는 없어요." 그리고 부모들은 그들의 자식들을 보고 하는 말이 "이 녀석들 전혀 구제불가능한 놈들이야." 양편이 다 상대방의 관점을 이해하려는 노력을 전혀 하지 않고 팽팽하게 맞섭니다. 그러나 그리스도인 자녀에게는 그런 일이 있을 수 없습니다. 그는 비그리스도인보다 월등하게 유리한 위치에 있습니다.

그리스도인 자녀는 자기 부모가 왜 자기를 이해하지 못하는지, 왜 부모들이 그런 식으로 행동하고 있는지 그 까닭을 이해해야 합니다. 그는 자기 부모들을 골칫거리로 여기지만은 않습니다. 또한 그들의 성품에만 착안하지 않습니다. 오히려 그는 그리스도인이기 때문에, "물론 그분들은 어느 의미에서 그것을 도울 수 없어, 그것은 매우 안된 일이요 슬픈 일이다. 그러나 난 그분들에게 화를 내서는 안 된다. 그분들이 그것을 기독교적인 입장에서 볼 수가 없으니 말이야. 그분들은 그리스도인이 아니잖아. 그들이 그리스도인이 아닌데 기독교적인 관점을 취해 주시라고 기대하는 것은 할 수 없는 일을 요구하는 것이야. 내 자신도 전에는 그런 자리에 있었지 않은가! 나는 꼭 소경이었지. 내 눈을 열어서 지금 밤길을 보게 해 주신 하나님께 감사드린다. 그러나 그들이 그리스도인이 아니니 나는 그들을 긍휼히 여겨야만 한다. 내가 참아야지. 내가 이해할 수밖에 없어. 나는 할 수 있는 한 모든 면에서 양보해야지. 그리고 그들을 도울 수 있고 그들과 화해할 수 있는 최저선까지 가야 한다." 그리스도인이 누리는 유익은 그러한 것입니다.

"자녀들아 너희 부모를 주 안에서 순종하라." 여러분은 이 말씀에 대한 이해를 가지고 있습니다. 한 인격이 다른 인격과 대치되는 상태로만 서 있지 마십시오. 부모들을 여러분과 항상 맞서는 분들로만 여기지 마십시오. 분쟁을 일으키고 사람들을 분리케 하는 죄를 보십시오. 그것은 "검을 주러 왔다", "분쟁케 하려 한다"고 한 주님의 말씀이 뜻하는 것입니다. 우리는 결코 그것을 이상하게 생각해서는 안 됩니다. 그러나 우리는 그것에 대해서 무모하게 반응을 나타내서도 안 됩니다. 우리는 그런 문제에 이해심과 동정심을 가지고 접근해야만 합니다.

이제 마지막 이유를 제시하겠습니다. 여러분과 내가 그리스도인으로서 어떤 일을 하든지, 우리가 그리스도인 자녀들로서 무엇을 행하든지, 우리가 이런 분쟁과 충돌을 맞게 될 때마다 우리가 우리 부모들에게 "아니요"라고 말할 수밖에 없다고 느낄 때라도 우리가 항상 확실히 하고 있어야 할 일이 있습니다. 즉, 그 문제에 있어서 우리의 관심을 가장 기울여야 하는 것은 우리 부모들의 영혼입니다. "네 부모를 공경하라." 여러분은 지금 그리스도인들이고 부모들은 그리스도인이 아니란 사실로 그들을 내려다보고 경멸하고 만홀히 대우해도 된다는 것을 뜻하지 않습니다. 여러분은 그들을 공경해야 합니다. 또한 그들의 영혼에 관심을 기울임으로써 그들에게 최대의 공경을 표할 수 있습니다. 만일 우리가 그리스도인들로서 우리와 가장 가까운 관계를 맺고 있는 사람들의 영혼에 관해서 우리의 마음속에 아무런 관심을 갖고 있지 않다면, 우리의 부모에게 순종하지도 성경이 제시하는 대로 우리의 부모를 공경하고 있지도 않는 것입니다.

그러므로 우리는 이러한 것들을 고려하는 생각을 함으로써 너무나 자주 꾀함을 받는 그럴듯한 피상적이고 기계적인 유의 행동에 빠지지 않도록 주의합시다. 그것을 적극적으로 권하지는 않는다 할지라도 어떤 무식한 그리스도인들은 그런 것을 권합니다. 그런 자들이 허다합니다. 그들은 주장합니다. "자, 당신은 개종하였소. 이것이 바로 당신이 할 일이요." 그들은 여러분의 부모에 대하여 맞서도록 충동질을 합니다. 결코 그런 것을 주장하도록 내버려두지 마십시오. 이런 근본적인 법칙들은 아직도 잔존합니다. 합법적인 오직 유일한 분쟁은 그리스도 자신에 의해서 일어난 분쟁입니다. 우리는 결코 분쟁을 일으켜서는 안 됩니다. 우리는 최선을 다해서 분쟁을 해소해야 합니다. 또한 그런 분쟁을 최소한으로 축소시켜야 합니다. 필연적이고 오직 합법적인 분쟁은 하나님의 아들 예수 그리스도가 부리시는 성령의 검에 의해서 야기된 분쟁뿐입니다. 우리는 결코 고집불통이어서는 안 됩니다. 우리는 결코 사소하게 여겨도 좋을 것을 고집해서는 안 됩니다. 우리는 결단코 분쟁을 일으키는 일을 해서도 안 됩니다. 오직 허용될 수 있는 유일한 분쟁은 우리 주 예수께서 가져오신 검에 의해서 야기된 것뿐입니다.

"내가 세상에 화평을 주러 온 줄로 생각지 말라 화평이 아니요 검을 주러 왔노라 내가 온 것은 사람이 그 아비와 딸이 어미와 며느리가 시어미와 불화하게 하려 함이니 사람의 원수가 자기 집안 식구리라 아비나 어미를 나보다 더 사랑하는 자는 내게 합당치 아니하고 아들이나 딸을 나보다 더 사랑하는 자도 내게 합당치 아니하고 또 자기 십자가를 지고 나를 좇지 않는 자도 내게 합당치 아니하리라."

우리는 이제 우리의 시선을 부모들에게로 돌립시다. "아비들아 너희 자녀를 노엽게 하지 말라." 사도가 아버지만 언급한 것을 유의해 보십시오. 그는 "네 부모를 공경하라"고 한 율법의 말씀에서 인용하였습니다. 그러나 지금은 아버지들만 말하는데 그것은 사도의 교훈 전체에서 아버지는 권위있는 자리에 있다고 말하고 있기 때문입니다. 그 점은 구약에서 우리가 늘 발견하는 바입니다. 그것은 하나님께서 사람들에게 행실을 가르칠 때 쓰는 방식이었습니다. 그래서 사도 바울은 자연히 아비들에게 이 특정 훈계를 주고 있습니다. 그러나 그 훈계는 아버지들에게만 국한되는 것이 아닙니다. 어머니도 포함합니다. 현재와 같은 시대에 있어서 우리는 순서가 거의 거꾸로 된 상황에 도달해 있습니다. 우리는 가정에서 아버지들과 남편들의 지위가 어머니들에게 맡겨지는 사회에 살고 있습니다. 그러므로 우리는 여기서 아버지들에게 말해진 것이 동등하게 어머니들에게도 적용되어야 함을 깨달아야 합니다. 그것은 훈계를 해야 하는 입장에 있는 이에게 적용되는 것입니다. 다시 말해서 여기 4절에서 우리가 발견하는 바는 전편을 포함하여 훈육에 대한 전체 문제인 것입니다.

우리는 반드시 이 주제를 조심스레 시험해야 합니다. 물론 그것은 아주 광범위한 문제입니다. 영국이나 다른 나라에서 이 훈육의 문제만큼 절실하게 중요한 과제는 없습니다. 우리는 사회의 균열을 목도하고 있습니다. 그것은 주로 훈육의 문제와 관련을 맺고 있습니다. 가정에서나 학교나 직장 등 어디서나 그런 유의 문제를 보고 있습니다. 우리가 사는 삶의 모든 영역에서, 즉 오늘날 사회가 직면하고 있는 문제는 궁극적으로 훈육의 문제입니다. 책임성과 관계된 삶을 어떻게 영위해야 하는가? 어떻게 삶이 진행되어야 하는가? 내가 볼 때 문명의 모든 장래는 이렇게 달려 있습니다. 비록 우리가 가장 중요한 빛을 던져 줄 수 있다 할지라도 사회적이고 정치적인 문제들을 다루는 것은 설교의 제1차적인 임무가 아닙니다.

오늘날에 있어서 세계의 가장 중요한 분쟁은 "철의 장막"(Iron-Curtain)이 가져온 분쟁이라고들 합니다. 그것에 입각해서 나는 감히 이런 예언을 해봅니다. "만일 서방 세계가 몰락하고 패퇴한다면 그것은 오직 하나의 이유 때문일 것이다. 즉, 내적인 부패 때문일 것이다. 그러나 그때는 훈육의 문제는 없다. 왜냐하면 독재만이 있고 그래서 그들은 능률을 높이게 될 것이기 때문입니다." 우리는 독재를 믿지 않습니다. 그러므로 우리에게 있어서 훈육의 문제보다 더 중요한 것은 없습니다. 만일 우리가 우리의 책임을 무시하고 잔치 분위기에 속해서 삶을 낭비하고, 일을 적게 하고 더 많은 돈을 요구하며 육체의 정욕에 탐닉해 있다면 결국 한 가지 필연적인 결과에 이르게 될 것입니다. 완전하고 비참한 실패로 말입니다.

어떻게 고트족(Goths)과 반달족(Vandals)과 다른 야만족속들이 고대 로마제국을 정복했습니까? 군사력이 월등해서입니까? 물론 아닙니다! 역사가들은 오직 하나의 대답이 있음을 압니다. 로마의 멸망은 로마 세계에 침투한 도락(道樂)의 정신에 의한 것입니다. 게임과 유흥과 쾌락에 푹 빠진 정신, 로마제국의 심장에 파고든 도덕적 부패는 로마의 "몰락과 멸망"의 원인이 되었습니다. 로마의 멸망은 외부로부터 온 더 월등한 세력에 의한 것이 아닙니다. 로마의 내적인 부패였습니다. 오늘날 경각심을 불러일으키는 경향은 이 나라와 다른 유사한 모든 서방 세계에 있어서의 하향추세입니다. 이 부도덕과 문란, 이러한 사고방식과 정신은 최근 20여 년 동안의 특징입니다. 오락광, 스포츠광, 음주와 마약의 광풍이 대중들을 사로잡고 있습니다. 바로 이 문제야말로 가장 중요한 문제이며, 이것은 순전히 훈육의 결핍과 질서와 정부에 대한 진정한 개념의 상실에서 오는 것입니다.

이러한 일들이 사도가 여기서 말하는 바에 의해서 일어난다는 것은 아주 명백합니다. 나는 앞으로 이 문제를 더욱 구체적으로 언급하려고 합니다. 또한 성경이 이 문제들에 대해서 우리에게 어떻게 조명해 주는가를 알아볼 것입니다. 그러기 전에 나는 여러분의 사고과정을 도와주고 자극을 줄 것을 말해야겠습니다. 오늘날 큰 고통거리 중 하나는 우리가 더 이상 생각하기를 멈추었다는 것입니다. 신문이 우리 대신 그 일을 합니다. 텔레비전에서 인터뷰를 하는 자들이 그 일을 합니다. 우리는 편히 앉아서 그것을 듣습니다. 바로 그것이 자기 훈련이 없는 것을 나타내는 한 가지 표입니다. 우리는 반드시 우리의 마음을 훈련하는 법을 배워야 합니다.

그래서 나는 성경에서 두 인용구를 말씀드립니다. 이 문제의 양면을 다 포함하는 말씀입니다. "초달을 차마 못하는 자는 그 자식을 미워함이라"(잠 13:24). 다른 말씀은 "부모들아 너희 자녀를 노엽게 하지 말라." 훈련의 문제는 이 두 한계선 사이에 놓여 있습니다. 그들은 둘 다 성경에서 발견됩니다. 성경에 있는 문제를 풀어 나아가면서 이 중차대하고 긴급한 문제, 이 시대의 모든 서방 세계가 처한 최대의 문제를 지배하는 위대한 성경적 원리들을 찾아 내려고 하십시오. 우리의 모든 문제들은 극단에 치우치는 데서 결과하는 것입니다. 극단에 치우치는 것은 성경엔 전혀 없습니다. 언제나 어디서나 성경의 교훈을 특징짓는 것은 절대 깨지지 않는 완벽한 균형과 공평입니다. 아주 독특한 방편으로 은혜와 율법이 신성하게 어울려 있습니다. 우리는 이런 문제들에 관해서 상세하게 숙고해 나갈 것입니다.

# 제 19 장

# 훈육과 현대 정신

> 자녀들아 너희 부모를 주 안에서 순종하라 이것이 옳으니라 네 아버지와 어머니를 공경하라 이것이 약속 있는 첫 계명이니 이는 네가 잘 되고 땅에서 장수하리라 또 아비들아 너희 자녀를 노엽게 하지 말고 오직 주의 교양과 훈계로 양육하라(엡 6:1-4)

우리는 삶과 행실 전체에 관련된 이 근본적이고 기본적인 과제들 중 하나에 대해서 우리의 연구를 계속해 나갑니다. 그것은 그리스도인들만의 문제가 아니라 사회 전체를 위한 문제입니다. 우리 그리스도인들에게 특별히 영향을 주는 것은 성경이 우리에게 말하는 바와 같이 우리는, "세상의 빛", "세상의 소금", "산 위의 동리"로 세움을 입었다는 것입니다. 기독교 교훈에서 나오는 빛이 아니고서는 세상엔 아무런 소망이 없습니다. 그러므로 우리 그리스도인들이 사도의 교훈을 조심스레 준수하고 이해해야 함은 이중적으로 중요합니다. 어떻게 사는 것이 진정한 삶인가에 대해서 세상에 본을 보여 주는 것은 우리입니다. 우리는 이러한 시대에 해결하기 곤란한 훈육의 문제에 관련된 기독교적이고 성경적으로 균형있는 관점을 보여 줄 절호의 기회를 맞고 있는 것입니다.

긴급한 문제는 물론 자녀들의 문제에 국한되지 않습니다. 같은 원리가 범행과 전쟁과 모든 형태의 형벌에 대한 현대인의 자세에도 관련되고 있습니다. 그러나 여기서 우리는 특별히 자녀들의 훈련과 가정교육에 영향을 미치는 원리를 살펴보고 있습니다. 우리는 이 훈련 문제에 관한 진정한 생각을 지배하는 것으로 보이는 두 가지 근본적인 진술들이 있음을 알아보았습니다. 한편에선 "벌칙을 준비하여 자녀들을 초달하라"는 진술입니다. 그것은 구약의 잠언과 "지혜서" 가운데 다른 형태로 여기저기서 발견됩니다. 또 다른 면은 "아비들아 너희 자녀들을 노엽게 하지 말라"는 것입니다. 이렇게 두 가지 근본적인 말씀이 있습니다. 이 두 한계선 사이의 범위 안에서 우리는 이 주제에 관한 성경적인 교리를 발견할 것입니다.

먼저 그것을 일반적으로 살펴보아야겠습니다. 즉각적으로 우리에게 충격을 주는 것은 이 훈련 문제에 대하여 금세기에 일어난 대변화입니다. 특별히 그것은 지난 30여 년 동안 더 심했습니다. 그러나 그것은 20세기 전체에 걸쳐서 있어 왔습니다. 이 문제에 대한 사람들의 태도에 커다란 혁명이 있었던 것입니다. 이전 사람들은 안타깝게도 오늘날 사람들이 회상하기 좋아하는 빅토리아 풍의 사고방식을 가지고 있었습니다. 거기엔 어떤 문제도 없었지만 너무 지나친 데가 있었다고 말하지 않을 수 없습니다. 그것은 너무 강압적이고 야만적이고 심지어는 비인간적이라는 평도 들었습니다.

빅토리아 풍을 창시한 선조들은 매우 유명하고 눈에 잘 띄는 타입입니다. 부권과 가정 훈련과 관련해 볼 때 거기엔 폭군적인 요소가 있었던 것입니다. 그것은 생각해 볼 만한 요소입니다. 자녀들은 혹독하고 엄하게 다스려졌고 "아이들은 알기만 해야지 말은 해서는 안 된다"는 식이었습니다. 그 사상이 분명하게 작용한 것이 사실입니다. 자녀들은 자기들의 의견을 말하는 것이 허락되지 않았습니다. 그들은 자주 아무 질문도 하지 말라는 규제를 받았습니다. 그들은 무엇을 해야 하며 어떻게 행할까를 지시받았습니다. 만일 그들이 그것을 거절하면 매우 혹독한 벌을 받았습니다.

우리는 그 문제를 오래 끌고 나갈 수는 없습니다. 누구나 그 방식에 그처럼 친숙해 있다고 하는 것은 기이하고 우스운 일이 아닐 수 없습니다. 우리 대부분은 그것의 실제적인 모습을 기억할 정도로 나이가 많지 않습니다. 60세 이상 되신 분들을 제외하고는 그것이 실제에 있어서 어떠했는지를 알 수 없습니다. 그러나 우리는 모두 그 사상과 그 풍에 친숙해 있습니다. 백년 전만 해도 그 사상이 실제 생활에서 적용되었습니다. 아니

1차 대전 전까지만 해도 그것은 잔존해 있었던 것입니다.

그러나 1차 대전 후에 전적인 변화가 있게 되었습니다. 오늘날 우리는 그것과 거의 정반대의 입장에 처해 있습니다. 그래서 지금은 훈육과는 완전히 손을 끊어가고 있는 형편입니다. 전에 말씀드렸던 바와 같이 그것은 대체로 전쟁과 범행과 형벌, 특히 체형과 사형에 대한 일반적인 태도의 일부가 되었습니다. 새로운 풍조가 일어나게 되고 빅토리아 식의 사고방식을 완전히 일축하게 되었습니다. 실로 우리는 그것을 공의와 의와 진노와 형벌에 대한 보편적인 반대로 묘사할 수 있습니다. 이들 의나 진노나 형벌 같은 용어들은 혐오와 미움을 받고 있습니다.

일반적으로 현대인들은 그 말들을 근본적으로 좋아하지 않습니다. 우리는 신문에서 그에 대한 모형을 볼 수 있고, 의회의 활동에서는 그 주목할 만한 경향들 가운데서 발견할 수 있습니다. 변화 속에서 그것은 더욱 더 증가하게 되었습니다. 의, 진리, 공의, 정의 같은 용어들은 들어보기가 힘듭니다. 오늘날 가장 흔하게 사용되는 말은 평화, 화평, 행복, 오락, 편함, 부드러움 등입니다. 현대인은 인간 역사 가운데서 영웅적인 시대를 특징지었던 그 위대한 용어들에 대항하여 혁명을 일으켰습니다. 그것은 빅토리아시대의 혹독함에 대한 반발로써 되어진 것입니다.

상황을 그처럼 심각하게 만든 것은 이러한 태도가 주로 기독교 용어들로 표현된다는 것입니다. 특별히 신약의 용어들로써 표현되는데 그것도 구약의 교훈들과 대조하면서 표현한다는 것입니다. 그런 경우는 자주 있습니다. "물론 빅토리아시대의 문제는 퓨리탄들이 그랬던 것과 같이 구약적으로 살았다는 데 있다. 그들은 구약의 하나님을 섬겼다. 그러나 우리는 물론 그것을 더 이상 믿지 않는다. 구약의 하나님은 이스라엘 사람들의 부족신(部族神)이었다. 기독교의 하나님은 아니었던 것이다. 구약의 신은 '예수'의 아버지가 아니었다." 그들은 주장하기를 훈육에 관련된 이 현대 사상들은 신약성경에 기초한 것이며, 하나님에 대해서 진정한 신약적인 개념을 가지고 있다는 것입니다. 그래서 자기들은 공의나 의, 진노나 형벌 같은 것에는 관심을 두지 않는다는 것입니다. 사랑과 이해 외에는 아무것도 문제 될 것이 없다는 것입니다. 그 모든 것이 그처럼 심각하게 되는 것은 바로 그 점에서입니다.
    그리스도인이라고 고백조차 하지 않는 이들이 이런 유의 일을 말하고 있다니 흥미로운 일입니다. 서적이나 논문 또는 잡지 신문에서 기독교의 입장이 주로 교회보다는 그리스도인이 아닌 대중 작가들 몇몇에 의해서 세워지고 있다는 주장을 공개적으로 서슴없이 하는 진술을 볼 수 있습니다. 기독교의 주장이 태만에 가까워 가고 있고, 교회도 그것을 표방하지 못하고, 기독교는 사실상 교회 밖의 사람들에 의해서 표현되고 있다는 것입니다. 교회 밖의 인사들이 구약의 교훈들을 반대하고 신약성경에 대한 진정한 해석을 제시하고 있다고 주장합니다. 스스로 그리스도인이라 주장하는 자들과 그리스도인들이 아니라고 공개적으로 표방하는 자들의 신기한 동맹이 있습니다. 그러나 그들은 다 함께 기독교와 신약성경은 훈련에 대해서 이 현대적인 관점을 가르치고 있다는 데 동의합니다. 그래서 그들은 빅토리아 식의 관점과 구약의 관점을 떠났다고 주장합니다.
    그것을 요약해 볼 때, 이 관점의 밑에 흐르는 기본적인 사상은 인간 본성이 본질적으로 선하다는 것입니다. 그것은 근본적인 철학입니다. 그러므로 필요한 것은 자녀의 개성을 개발해서 용기를 주고 발전시키는 것이라고 합니다. 그리고 통제나 강제적인 것이 있을 수 없다는 것입니다. 또한 체벌이나 교정을 위한 작업이 있을 필요가 없다는 것입니다. 그렇게 하면 억압적이 되기 쉽기 때문이라는 것입니다. 보편적인 원리가 그렇기 때문에, 그것은 자연적으로 삶의 매분야에서 그 노선을 따라서 모든 것을 해 나가게 된다는 것입니다.
    예를 들어서 교육 방법들을 생각해 봅시다. 이것은 분명히 오늘날 영국이 직면한 가장 긴급한 문제들의 하나입니다. 지난 20여 년 동안의 교육방법은 바로 이 새 사고방식으로써 인간 본성은 본성적으로 선하다는 이 새로운 심리학에 의해서 진행되었습니다. 그 사상은 자녀들을 꾸짖거나 강압해서는 결코 안 된다는 것입니다. 이 교훈을 최초로 발표한 사람은 마리아 몬테소리 박사(Dr. Maria Montessori)였는데, 그의 교육방법론은 어린아이들로 하여금 자기 스스로 결정하고 선택하도록 허락해야 한다는 것입니다. 그리고 그들이 무엇을 배울 것인가에 대해서도 그들 스스로에게 맡기라는 것입니다.

　물론 그녀의 전 시대에는 3R 교육방식이란 주입식 교육방식이 있었습니다. 그래서 그것을 원하든 않든 간에 그 방법을 채용해야만 했습니다. 어린이들은 구구단과 그 밖에 많은 것을 배우고 암기해야만 했습니다. 그것은 기계적으로 행해졌을 뿐 아이들이 흥미를 지니게끔 가르쳐야겠다는 어떤 시도도 없었습니다. 다만 알파벳(Alphabet)과 문법과 구구표를 주입식으로 가르칠 따름이었습니다.

　모든 것이 귀가 닳도록 반복되어 그들에게 주입시켜졌습니다. 그리고 아이들은 그것을 기억하여 기계적으로 그것을 되풀이할 수 있기까지 반복 교육을 받았습니다. 이제 그 모든 것은 아이들의 개성을 발전시키지 못한다는 이유 때문에 전혀 그릇된 것이라고 밀어 제쳐졌습니다. 교육은 반드시 재미있어야 하고 모든 것이 그에게 풀어서 설명되어져야 한다는 것입니다. 이제 어린아이는 기계적인 방법으로 배워서는 안 되고 자기가 배우고 있는 것을 이해해야 합니다. 그래서 그에게 이해되어 풀려진다. 옛날 방식은 인간 본성에 대한 이 새로운 관점의 입장에서 볼 때 쓸데없이 되어 버렸다는 것입니다.

　그 새로운 관점이야말로 기독교적이라고 주장되고 있습니다. 그러므로 교육이론과 방법면에서 놀라운 혁명이었던 것입니다. 이제 와서 우리는 그것의 몇몇 열매들을 발견하기 시작한 것입니다. 실업가들이나 다른 이들이 그들이 고용한 사무원들이나 타이피스트들이 철자법이나 간단한 수학공식마저 쓰지를 못한다고 불평하는 것을 듣게 됩니다. 그러나 우리의 관심은 실제적이고 경제적인 결과들이 아니라 그 밑에 깔린 원리들입니다.

　다시 벌을 주는 문제에 대해서 생각해 볼 때 이것도 역시 아주 과거의 것이 되어 버리고 말았습니다. 결코 벌을 주어서는 안 된다는 것이지요. 아이들에게 호소하여 그들에게 잘못된 것이 무엇인지 보여 주고 좋은 실례를 들어 줘야 한다는 것입니다. 그리고 그들에게 긍정적으로 대해 주라는 것입니다. 물론 어느 정도 일리가 있는 것이 사실입니다. 그러나 위험한 것은 사람들은 보통 한 극단에서 다른 극단으로 넘어가기가 쉽다는 것입니다. 오늘에 와서는 형벌에 대한 모든 개념이 사라졌습니다. 어떤 이들은 아이에게 벌을 주어서는 안 된다고 말할 정도로 이 개념을 묵살하려는 자들이 있기까지 합니다. 어떤 이들은 여러분의 어린아이가 나쁜 짓을 하거든 여러분 자신에게 벌을 내리라고까지 합니다. 그러면 아이가 부끄러워하며 나쁜 버릇과 행실을 그만두게 될 것이라는 것입니다.

나는 30년 전에 그것을 문자 그대로 자기 가정에서 행한 사람을 잘 기억합니다. 그는 자식 하나가 있었는데 그 아이도 다른 모든 아이들처럼 때때로 말을 만들고 나쁜 짓을 했습니다. 그러나 이 사람은 이 새 이론을 도입하여 자기도 더 이상 어떠한 형태로든지 아이에게 벌을 주지 않기로 결정하고 자신이 벌을 받았습니다. 아이들에게 벌을 주는 대신 아버지인 자기 자신이 그날 저녁을 먹지 않았다는 것입니다. 그것은 길게 계속되지 않았습니다. 그는 자기 건강을 생각해서 옛 방식을 다시 채용했다는 것입니다.

그것은 현대의 태도에 대한 전형적인 예증입니다. 말하자면 인간 본성이 본질적으로 선하니, 그 인간 본성 가운데서 가장 선하고 고차원에 있는 것에 호소를 하라는 것입니다. 벌을 줄 필요도 없고 금할 필요도 없고 단련을 시킬 필요도 결코 없다는 것입니다. 그저 이상적인 것을 말하면 되는 것이고 다른 사람이 잘못한 죄를 자기가 진다는 것을 보여 주라는 것입니다. 그러면 그 잘못한 사람은 반응을 나타내게 될 것이라는 말이지요.

이런 타입의 사람들은 믿기를 히틀러에게 그런 식으로 행한다면 전쟁이란 없게 될 것이라고 합니다. 히틀러에게 친절하고 부드럽게 말하고 여러분 자신이 고통을 당할 용의가 있다는 것을 보여 주기만 했더라면 히틀러도 변화시킬 수 있었다는 것입니다. 2차 대전 중에 매우 인기있는 설교자 한 분이 있었는데, 그는 자기나 또 다른 누군가가 청일전쟁을 할 당시에 일본군과 중국군을 중재해야 한다고 실제로 제안했습니다. 그들은 실제로 그렇게 하지 않았지만 만일 그렇게 하여 자기들이 그들 앞에서 희생되는 것을 보여 주기만 했더라면 전쟁은 즉시 끝났을 것이라는 확신을 가지고 있었습니다.

## 제 19 장 훈육과 현대 정신

되풀이해서 말씀드리지만, 이 모든 견해는 인간 본성이 본질적으로 선하다는 개념에 기초한 것입니다. 그러므로 선한 인간 본성에 호소해야 한다는 것입니다. 벌을 주도록 고소할 필요가 없다는 것입니다. 만일 벌을 주게 되더라도 체형이 되어서는 안 되고 형벌이 되어서도 안 된다는 것입니다. 형벌을 주려 한다면 그것은 인간 개조를 이룰 수 있는 감화적인 것이어야 한다는 것입니다. 이는 재미있는 점입니다. 형벌의 임무 — 어떤 의미로 본다면 이렇게 말할 수 있다는 것입니다 — 는 개조하는 것이어야지 보복을 행사해서는 안 된다는 것이 새로운 주장입니다. 언제나 긍정적이어야 하며 언제나 새로운 타입의 인간성과 성품을 세워 주는 것을 목표로 해야 한다는 것입니다.

그러면 그것은 어떻게 이루어집니까? 형무소를 예로 들어봅시다. 현대적인 의미의 형무소의 임무는 범죄자를 벌주는 것이 아니고 고정시켜 주는 것입니다. 그러므로 감옥이 해야 할 것은 체형과 제재를 폐기하는 것이라는 소리가 점점 드높아 가고 있습니다.

우리는 "죄수"란 말을 폐지하고 모든 형태의 체형을 없애야 한다. 감옥은 정신의학자가 배속되어 있어야 한다. 그리하여 감옥은 정신적이고 심리적인 치료를 받는 곳이어야 한다. 그는 원래 본질적으로 선하니 그가 무엇을 행했다고 해서 그것으로 그를 벌해서는 안 된다. 해야 할 것은 그 안의 선함을 일깨워 주고 개발해 주는 것이다. 그에게 그의 생각 중 어떤 것이 잘못되고 나쁜 것인가를 보여 주자. 그리고 그가 사회에 대해서 어떤 그릇된 일을 했는가를 알게 하라. 그러면 그는 곧 자기의 실수들을 깨닫고 그 잘못을 버리게 될 것이다. 정말 필요한 것은 그의 "다른 측면"을 개발해 주는 것이다. 정신의학적인 처방을 통해서 그 사람을 개선해 주고 그의 성품과 인간성을 세워 주는 것이다.

이상이 범죄의 처리와 범죄자를 어떻게 처벌해야 하는지에 관한 오늘날의 지배적인 사상입니다. 사형은 폐지되었고 모든 형태의 체형도 없어지고 어떤 혹독한 벌도 폐지될 것임에 틀림없습니다. 모든 강조점은 정신의학에 의한 치료에 집중되고 있습니다. 심리학적인 접근, 인격을 쌓아 올리고, 인간성 안에 있는 이러한 긍정적인 것을 개발한다. 물론 그 사상은 자녀들을 다루는 데에도 들어왔습니다. 오늘날의 전반적인 경향은 만일 그 아이가 학교에서 그가 마땅히 해야 할 대로 스스로 행동하지 않거든 그를 아동 정신과 의사에게 보내라는 것입니다. 누구나 정신의학적으로 치료를 받아야 한다. 근본적으로 그들은 모두 선하다. 필요한 것은 그가 원래부터 가지고 있으면서 숨겨진 좋은 면을 끌어내는 일이라는 것입니다. 그러므로 교사가 계속적으로 훈련시키는 것이 그 아이에게는 실패했을 경우에 그 아이를 정신과 의사, 그 중에서도 아동 정신과 의사에게 보내서 진단을 해보고 적당한 치료를 받게 하라는 것입니다.

내가 주장하고 있는 요점은 이 모든 일이 기독교의 이름 밑에 행해지고 있다는 것입니다. 소위 그것이 구약과 반대되는 신약적인 것이라는 호소와 곁들여져 행해지고 있습니다. 그리스도께서 이런 문제들에 대해서 그런 식으로 접근하셨다는 것입니다. 그러므로 여러 의미에서 볼 때 바로 이 점에서 기독교의 입장과 교회 장래가 달려 있다는 것입니다. 여기에 이교도들이 힘을 다해서 변호하고 나서는 관점이 있습니다. 그러나 그것은 기독교와 신약성경이라는 이름 밑에 행해지고 있습니다.

이 문제를 좀더 시험해 보십시다. 이 문제에 관한 성경적이고 기독교적인 가르침은 무엇입니까? 나는 서슴치 않고 이 두 극단에 대해서 성경적이고 기독교적인 태도에서 보면 그것들이 다 잘못되었다고 역설합니다. 빅토리아 풍의 입장도 그릇되었고, 현대적인 입장도 그릇될 뿐 아니라 빅토리아의 것보다 더 나쁠 수도 있습니다. 그러나 우리가 특별히 관심을 기울이고 있는 것은 현재 널리 보급된 논증입니다. 나는 뒤에 가서 빅토리아 식의 개념을 다시 생각해 보려고 합니다. 그것은 "아비들아 너희 자녀를 노엽게 하지 말라"고 하는 말씀의 입장에서 다루어질 수 있는 것입니다. 왜냐하면 그 빅토리아 식은 아비들이 자녀들을 노엽게 하는 그것이기 때문입니다. 그리고 이 현대적인 태도는 그 빅토리아 식에 대한 너무 지나친 반발입니다. 그러므로 우리는 먼저 현대적인 입장부터 생각해 보기로 합시다.

훈련에 대한 이 현대의 개념이 성경과 기독교의 입장에서 완전히 그릇된다고 역설하고 있는 첫째 이유는, 그릇된 훈련방식을 반대한다고 해서 훈련이 전혀 필요없다는 것이 아님은 분명하다는 것입니다. 빅토리아 식은 틀렸다고 했습니다. 그러니 훈련과 형벌을 완전히 없애자. 어린아이가 하고 싶은 대로 내버려두자. 모든 이들이 하고 싶은 것을 하게 두어라. 여기에 근본적인 기만성이 있습니다.

그릇된 훈육에 대한 반대는 훈련이 없어야 된다는 것이 아니라 바르고 진정한 훈련이 있어야 된다는 것입니다. 그것이 에베소서 6장에서 발견되는 바입니다. "자녀들아 너희 부모를 주 안에서 순종하라." 그리고 "아비들아 너희 자녀를 노엽게 하지 말라." 어린 자녀들을 훈련하되 그릇된 훈련을 하지 말도록 하라는 것입니다. 바른 유의 훈련이 있어야 한다는 것입니다. "노엽게 하지 말고 주의 교양과 훈계로 양육하라." 그것이 참된 훈련입니다. 그러나 오늘날의 비극은 얄팍한 생각을 가지고 그릇된 훈련에 대한 반대를 전혀 훈련이 필요없다는 뜻으로 단정하는 데 있습니다. 단순한 사고와 철학의 입장에서 보더라도 그것은 완전히 기만적인 것입니다. 어떤 입장에서 보더라도 그렇습니다.

나는 그 문제를 또 다른 방면에서 살펴보아야겠습니다. "오직 율법" 또는 "오직 은혜"라고 말하는 어떤 입장도 필연적으로 그릇되기 마련입니다. 왜냐하면 성경에 보면 은혜와 율법이 있기 때문입니다. 그것은 "율법" 혹은 "은혜", 어느 하나만이 아닙니다.

그것은 "율법과 은혜"입니다. 구약의 율법에도 은혜는 있었습니다. 모든 번제나 희생제사는 그것을 지시하고 있습니다. 그런 의식들을 명한 이는 하나님이었습니다. 어떤 이라도 모세와 이스라엘 백성들에게 수어진 하나님의 율법에는 전혀 은혜가 없었다고 말하지 못하게 하십시오. 그것은 궁극적으로 은혜에 기초하고 있습니다. 그것은 은혜를 안에 가지고 있는 율법입니다. 한편 은혜가 무율법을 의미한다고 말해서는 안 됩니다. 그것은 무율법주의(Anti-Nomianism)입니다.

그것은 신약성경의 어디에서든지 비난을 받는 주의입니다. 초대 기독교시대에 "아, 우리는 이제 더 이상 율법 아래 있지 않다. 우리는 은혜 아래 있다"고 말하는 사람들이 있었습니다. 그 말은 우리가 어떻게 행하든 상관없다는 뜻입니다.

"우리는 이제 더 이상 율법 아래 있지 않고 은혜 아래 있으니 은혜를 많게 하기 위하여 죄를 짓자! 우리가 하고 싶은 대로 하자. 그것은 문제가 안 된다. 하나님은 사랑이고 우리는 용서함받았다. 우리는 그리스도 안에 있고 거듭났으니 우리가 하고 싶은 대로 하자." 이러한 거짓된 추론들이 로마서와 고린도전후서와 데살로니가 서신들과 요한계시록의 처음 세 장 안에서 다루어지고 있습니다. 은혜를 받았을 때 거기에 율법의 요소가 전혀 없다고 생각하는 것은 비극적인 것입니다. 그것은 일종의 방종입니다. 그것은 율법과 은혜에 관한 모든 성경적인 교훈을 모순되게 하는 것입니다. 율법에도 은혜가 있고 은혜에도 율법은 있습니다. 우리는 "율법 없는" 그리스도인이 아닙니다. 바울은 우리가 "그리스도의 율법 아래 있는 자"라고 말합니다(고전 9:21).

물론 훈육도 있습니다. 사실상 그리스도인은 율법 아래 있는 사람보다 더욱더 훈련이 잘되어 있어야 합니다. 왜냐하면 그는 그 의미를 더 분명하게 알고 더욱더 큰 능력을 가지고 있기 때문입니다. 그는 더 참된 이해를 가지고 있어서 더욱더 선하고 더욱더 절제있는 생활을 그는 해야 하는 것입니다. 신약에는 구약에서보다 훈련이 더 적지 않습니다. 오히려 더 많고 더 깊은 차원에서 그러합니다. 사도가 갈라디아서에서 가르치는 바와 같이 어느 경우에서도 여러분은 율법을 무시해서는 안 됩니다. 그것은 "율법이 그리스도에게 인도하는 몽학선생이 되기" 때문입니다(3:24). 은혜와 율법을 서로 반대되는 것으로 놓지 마십시오. 율법은 사람들을 오실 예정이었던 구세주 그리스도에게 묶어두기 위해서 하나님이 주셨던 것입니다. 그러므로 이 현대사상이 율법과 은혜를 완전히 오해하고 있음을 역설하지 않을 수 없습니다. 그것은 완전한 뒤범벅이요 완전한 혼돈입니다. 실로 그것은 성격적이 아닙니다. 그것은 인간적인 철학과 인간적인 심리학에 불과합니다. 그것은 기독교의 용어를 빌려 쓰기는 하지만 실제로 그 용어의 참된 의미는 전혀 들어 있지 않은 것입니다.

셋째로 이것은 그것에 관련해서 심각한 것 중 하나입니다. 현대적인 교훈은 성경적인 하나님의 교리를 완전하게 오해하고 있음을 드러내고 있습니다. 이것은 너무나 심각한 것입니다. 현대인은 하나님의 영상을 성경에서 취하지 않습니다. 자신의 두뇌와 마음에서 찾습니다. 현대인은 "계시"를 믿지 않습니다. 1세기 반 전에 소위 성경의 고등비평을 착수하게 된 것은 그 때문입니다.

사람이 그 자신의 형상을 따라 하나님을 창조하기 시작했습니다. 그 정신은 빅토리아 풍 교육방식을 창시한 자들의 반명제(Anti-thesis)였음에 틀림없습니다. 나는 20세기의 한 저명한 작가의 말을 인용합니다. "당신들은 구약의 하나님이 빅토리아 풍을 창시한 아버지였음을 알지 못하는가? 그것이 전혀 그릇되었다는 것을 모르는가?" 그러므로 구약은 실제로 버려지게 된 것입니다. "우리가 믿는 하나님은 주 예수 그리스도의 하나님 아버지다"고 사람들은 주장합니다. 그러나 주 예수 그리스도는 구약의 하나님을 믿었습니다. 주님은 말씀하십니다. "내가 율법을 폐하러 온 줄로 생각지 말라 폐하러 온 것이 아니요 완전케 하려 함이니라." 그는 산에서 모세에게 자신을 계시하신 하나님을 믿었고 십계명을 믿었습니다. 우리 주님은 모든 구약의 교훈을 믿고 받아들였습니다.

현대인들은 새로운 노선이 그리스도의 것이라고 외칠 권리가 없습니다. 그것은 그리스도의 가르침이 아닙니다. 그것은 현대인 자신들의 견해입니다. 성경을 통해서 우리에게 자신을 계시하신 하나님은 거룩하신 그 하나님입니다. 우리가 "우리의 하나님은 소멸하는 분이시니 두렵고 떨림으로 하나님께 접근해야"(히 12:29; 신 4:2에서 인용) 한다고 하는 것은 구약뿐만 아니라 신약의 교훈입니다. 신약은 가르치기를 구약에서는 하나님의 거룩과 위엄과 영광과 위대하심에 대한 희미한 개념만 주고 있다고 합니다. 구약에서의 그것은 단지 외형적인 표상에 불과했습니다. 하나님은 무한히 거룩하십니다. "하나님은 빛이시라 그 안에 어두움이 조금도 없으시니라." 하나님은 의로우십니다. 하나님은 언제나 공의로우십니다. 하나님은 사랑입니다만 역시 다른 모든 것도 되십니다. 그리고 그들 사이에는 어떠한 모순도 없습니다. 그들은 모두 하나이며 동시에 함께 표현됩니다. 영원한 능력과 충만함으로 하나님의 신격 안에서 나타나는 것입니다.

그것은 성경의 계시입니다. 하나님이 죄를 눈감아 주시고 그 죄를 안 보신 것처럼 하시며, 죄를 보고도 아무런 진노도 느끼지 않으시며 모든 범죄자들을 다 용서하시며 벌하지 않는다는 견해는 구약을 부정할 뿐 아니라 신약도 함께 부정하는 것입니다. "구더기 하나도 타서 죽지 않고 불이 꺼지지 않는 곳"에 관하여 말씀하신 것도, "나를 떠나가라 나는 너를 알지 못하노라"고 어떤 이에게 말씀하시겠다고 하신 분도 주님이십니다. 이 현대의 가르침이 신약성경과 예수 그리스도의 이름하에 변장하는 것보다 더 기괴한 것은 없습니다.

그것은 구약과 신약 모두에서 발견되는 하나님에 관한 성경적인 교리를 부정하는 것입니다. 하나님은 거룩하시고 공의로우신 하나님이십니다. 죄와 범죄를 심판하실 것이라고 말씀하셨고 역사에서 여러 번 그대로 행하셨던 분은 바로 그 하나님이십니다. 하나님은 자신의 백성인 이스라엘도 율법을 어겼을 때 심판하셨습니다. 그들을 포로로 잡혀가게 하셨던 것입니다. 앗수르와 갈대아인들을 일으켜서 그들을 징계하는 도구로 삼으셨습니다. 사도 바울은 로마서 1:18-32에서 하나님은 죄를 심판하시며 세상을 그 자신의 불의와 악독에 버려 두심으로써 심판을 행하신다는 것을 명백히 하셨습니다. 그리고 지금 현재에도 그렇게 하시고 계시다는 것이 점점 뚜렷해지고 있습니다. 그러나 사람들은 현대의 심리학으로 인해 눈이 멀어서 그것을 알 수 없습니다. 그들은 하나님에 관한 성경적인 진리를 이해하지 못하기 때문입니다.

세상이 왜 이렇게 곤란에 처해 있습니까? 왜 우리가 다음에 무엇이 일어날까 하며 떨고 있습니까? 왜 우리는 이 가공할 신무기와 원자전의 가능성에 관한 경고를 받습니까? 내가 생각하기로 그것은 하나님께서 우리를 제멋대로 하도록 내버려두심을 통해서 우리를 심판하고 있는 것입니다. 왜냐하면 우리가 그에게 복종하기를 싫어하고 그의 거룩하고 의로운 율법에 무릎 꿇기를 거절하기 때문입니다. 하나님에 관한 성경적인 교훈과 훈육과 다스림에 대한 전체 계시, 진리에서의 이탈은 사람들이 늘 멀어져 있는 그 심판을 필연적으로 가져왔습니다.

네번째로 죄가 인간에게 행한 일을 완전히 깨닫지 못한다는 것입니다. 사람은 본질적으로 선하며 만일 그 선(善)이 개발만 된다면 모든 것은 잘될 것이다. 그러므로 네가 할 일은 호소만 하면 되고 절대로 벌주지 말 것이며 고통은 네 자신이 짊어지라. 그러면 잘못을 범한 자들은 그것에 감동된 나머지, 또한 네가 그들에게 베푼 도덕적인 호소로 인해서 이제까지 하던 나쁜 짓을 그만두고 좋은 행동을 하게 될 것이다. 이 모든 견해들은 죄에 대한 성경적인 교리를 거절한 결과로 온 것입니다. 그 견해들에 대해 할말은 인간의 본성은 악하며 타락의 결과로 인하여 전적으로 악하게 되었다는 말밖에는 할 수 없습니다. 인간은 반역자이며 인간이 사는 곳은 무법 천지이고 나쁜 세력에 의해서 지배를 당하고 있기에 그에게 어떠한 호소를 한다 해도 먹혀들지 않을 것입니다.

현 세계는 혹독한 경험을 통해서 그것을 입증하고 있습니다. 현대의 방식은 몇 수년 동안 시련을 받아 왔습니다. 그러나 결과는 무엇입니까? 산처럼 쌓인 문제들 - 소년범죄, 가정에서의 문란, 도둑질, 폭력, 살인, 강도 - 이처럼 현대 사회는 혼란의 도가니입니다! 새로운 이론이 30년 이상 좋은 시련을 받았고, 그 결과로 난제가 주간마다 산더미처럼 쌓이는 어려운 일들이 매일매일 생겨납니다. 그것에 예외는 하나도 없습니다! 인간은 근본적으로 선하지 않습니다. "그 마음이나 생각의 모든 계획이 항상 악할 뿐임을 보시고"(창 6:5) - 노아 홍수 직전의 생활이 그러했습니다. 사람은 조금만 용기를 주면 되는 그러한 선한 존재가 아닙니다. 그의 본성은 꼬이고 부패해 있고 비열해 있습니다. 인간은 폭도이며 빛을 미워하고 어둠을 사랑합니다. 그는 탐욕과 정욕적인 존재입니다. 그리고 이러한 현대의 괴상한 견해를 짊어져야 하는 책임은 이것을 깨닫지 못하는 데 있습니다.

다섯째로 속죄와 구속, 중생의 주요한 교리를 완전히 오해하고 있습니다. 나는 여전히 속죄교리를 이해하는 평화론자와 만나야 합니다. 내가 아직도 속죄교리를 이해하며 이 현대적인 형벌관과 훈련관을 주장하는 사람과 만나야 하다니! 속죄에 대한 성경의 교리는 갈보리 십자가에서 공의롭고 거룩하고 의로우신 하나님은 자신의 아들의 인격을 통해서 죄를 심판하시고 계셨다고 말합니다. 왜냐하면 "자기도 의롭고 예수 믿는 자도 의롭다 하시기 위해서입니다"(롬 3:26). "하나님은 우리 무리의 모든 죄악을 그에게 담당시키셨습니다"(사 53:6). "하나님이 죄를 알지도 못하신

자로 우리를 대신하여 죄를 삼으신 것은 우리로 하여금 저의 안에서 하나님의 의가 되게 하려 하심이니라"(고후 5:21). "저가 채찍에 맞음으로 우리가 나음을 입었고"(벧전 2:24), "여호와께서 그로 상함을 받게 하시기를 원하셨습니다"(사 53:10). 하나님의 공의와 의는 이것을 요구하였습니다. 하나님의 진노가 죄에 임한다고 하는 것이 이런 일을 있게 했습니다.

그러나 우리가 하나님의 사랑을 진정으로 아는 것은 이것에서입니다. 하나님의 사랑이 얼마나 큰지 진노는 전혀 무죄한 그 자신 독생자에게 퍼부어졌습니다. 그것은 여러분과 내가 구원을 받고 해방되게 하기 위해서입니다. 그러나 현대인들은 속죄를 이해하지 못하거나 믿지 않습니다. 그들은 십자가에서 감상적인 것밖에는 보지 못합니다. 그들은 잔인한 로마 군병들이 하나님의 아들을 죽이는데도, 그 아들은 그들을 보고 미소를 머금으면서 "너희들이 내게 행한 일에도 불구하고 난 너희를 용서한다"고 말씀하시는 것을 봅니다.

그래서 그들은 이렇게 말합니다. 그러나 성경은 그렇게 가르치지 않는다. 성경은 번제와 희생제사와 희생의 피가 흘려지는 것을 가르치는 것으로 가득합니다. "피흘림이 없으면 사함이 없습니다"(히 9:22). 그것은 구약과 신약의 교훈입니다. 그러나 이 현대사상은 그것을 철저히 부정하고 있는 것입니다. 심판은 성경 어디서나 가르쳐지고 있습니다. 여러분은 갈보리 언덕의 십자가에서 그것을 확실히 볼 수 있습니다.

그러면 중생의 교리를 생각해 봅시다. 만일 사람이 본질적으로 선하다고 한다면 그는 "다시 날" 필요가 없는 것이고 중생이 필요없습니다. 그러나 중생은 성경에 있어서 중심 교리입니다. 오직 우리의 유일한 소망은 우리가 "신의 성품(본질)에 참여하는" 자가 되는 것입니다. 그것으로 보아서 이 새 교훈은 근본적인 성경의 교리들을 부정하고 있는 것입니다. 그러면서도 기독교의 이름으로 뻔뻔스럽게 행사하다니! 성경의 가르침은 사람이 "은혜 아래" 오기까지는 그는 "율법 아래"에 있어야 한다는 것입니다. 죄나 악은 반드시 굴레 안의 제한을 받아야 한다는 것입니다. 그리고 하나님은 그 일을 행하셨습니다! 누가 방백(方伯)들을 지명했습니까? 하나님입니다!

로마서 13장을 읽어보십시오. "그가 공연히 칼을 가지지 아니하였다"고 하였습니다. 누가 왕들과 지배자들을 지명했습니까? 하나님입니다. 누가 국가들을 세우셨습니까? 하나님입니다! 죄와 악을 테두리 속에 가두어 놓기 위해서입니다. 만일 하나님이 세상을 그렇게 하시지 않으셨다면 세상은 수세기 전에 곪아 터져 아무것도 안 되었을 것입니다. 하나님께서 사람의 죄의 본성 때문에 율법을 세우셨고, 그것을 통해서 사람이 "은혜 아래로" 오기까지 악에서 보호되고 죄를 짓지 않기 위한 것입니다. 모세의 날에 율법을 주신 분은 하나님이십니다. 그리고 그는 바로 그 이유 때문에 율법을 주셨던 것입니다. 그리고 분명한 것은 만일 법이 유효하려면, 그 법이 제재력을 가져야만 합니다. 만일 사람이 법에 저촉되어 붙잡혔는데 그에게 말하기를 "고통스러워할 것 없어, 우리가 너를 붙잡았으니 벌을 받지 않을 거야"라고 한다면 법을 가질 아무런 가치가 없습니다. 그것이 효력을 발생하느냐? 그것이 문제입니다.

이 문제에 관해서 우리의 마음을 만족케 할 예증 하나가 있음이 분명합니다. 길에서 일어나고 있는 혼란을 생각해 보십시오. 어떤 일이 행해지고 있습니까? 당국이 호소하고 담화문을 발표하고 새로운 규제 사항을 발표합니다. TV나 라디오를 통해서 계속 경고를 합니다. 특별히 부활절날, 크리스마스 날 전에는 더욱 그렇습니다. 그러나 그것들이 어떤 효과가 있습니까? 아주 조금밖에는! 왜 그렇습니까? 사람이 악하고 본성적으로 무법하기 때문입니다. 그 문제를 처리하기 위해 국가가 취할 수 있는 유일한 방법은 법을 어기는 자들에게 형벌을 가하는 것입니다. 그것이 범죄자들이 알아 들을 수 있는 유일한 말입니다.

죄에 빠진 사람은 그 외 다른 말을 알아 듣지 않습니다. 달콤한 그럴 듯한 합리적인 정신을 가지고 그에게 가십시오. 그러면 그는 당신을 이용해 먹을 것입니다. 영국 정부는 히틀러에게 그 방법으로 설득하려 노력했습니다. 우리는 그것을 유화정책이라 부릅니다. 만일 거기에 그릇된 것이 있다는 것을 알 수 있다면 무슨 까닭으로 다른 모든 개인들도 그릇되어 있다는 것을 모르십니까? 악하고 정욕과 탐심의 지배를 받고 있는 사람들에게 달콤한 말로 호소한다고 해도 어떤 목적도 달성할 수는 없습니다.

성경의 교훈은 그런 사람들은 심판을 받는다고 말하며 심판을 느끼게 될 것이라 합니다. 만일 그들이 율법에 순종하지 않으면 율법의 강제력이 적용될 것입니다. 하나님은 그의 율법을 주셨을 때 율법을 범하는 자들에게 적용될 법칙의 율법을 함께 주셨습니다. 율법을 어겼을 때 그 법칙이 이행되었습니다. 하나님은 율법을 주시고 그 요구의 불순종에도 상관없다고 하시지 않습니다. 하나님은 그의 율법을 수행하십니다. 여러분이 영국 역사를 살펴볼 때 멀리 보지 마십시오. 그러면 언제나 가장 훈련되고 가장 영광스런 시기는 종교개혁을 필두로 일어난 시기였음을 알게 될 것입니다.

프로테스탄트의 개혁에 잇달아 일어난 엘리자베스시대를 보십시오. 그때 사람들은 성경-신구약성경-을 배경으로 살았고, 실제에 적용시켰고 그들의 법을 강화했습니다. 엘리자베스시대, 크롬웰시대, 18세기의 대 부흥운동 다음에 잇달아 일어난 시대 등, 이 모든 것은 성경적인 원리를 예증하고 있습니다. 성경적인 교훈은 사람이 타락한 존재이고 죄인이며 폭도이며 정욕과 탐욕의 존재이기 때문에, 그는 반드시 강제로 제지를 받아야 하고 질서로 묶어 놓아야 한다는 것입니다. 그 원리는 자녀들에게도 적용되고 비행과 범죄를 저지르고 국가의 법과 하나님의 율법에서 이탈된 어른들에게도 적용됩니다. 그와 다른 방식을 적용해 보십시오. 혼란을 가져오고 말 것입니다.

우리는 이미 그 혼란을 체험하기 시작했습니다. 하나님의 성품과 존재에 기반을 두고, 사람이 죄의 상태에 있다는 것을 인식한 성경의 가르침은 반드시 율법이 강화되어야 함을 요구합니다. 그것은 사람들이 하나님을 알게 하기 위해서입니다. 다음으로 그들이 은혜로 들어가게 하기 위해서입니다. 그리하여 최종적으로는 하나님을 기쁘게 하고 그의 거룩한 계명들을 기쁘게 지킬 보다 더 높은 법에 이르고 그 법에 복종하도록 하기 위해서입니다.

그러므로 우리는 어디서나 훈련이 반드시 있어야 하고, 형벌이 있어야 한다고 말하는 성경 교훈의 이 원리로부터 출발해야 합니다. 그러나 이런 의문이 남게 됩니다. 그 벌을 어느 정도까지 주어야 하느냐, 특별히 기독교 가정에서는? 우리가 다루고 있는 이 에베소서 6장의 본문이 중요한 것은 바로 그 점에서입니다. 여러분은 훈육을 시켜야 합니다. 그러나 "자녀들을 노엽게 할 정도로" 해서는 안 됩니다. 거기에는 훈육을 바르게 하는 방법도 있을 뿐 아니라 나쁜 방법도 있습니다. 여러분이 더욱 관심을 가져야 할 것은 이 바르고 참된 성경적인 방법, 즉 하나님의 거룩한 율법이 우리에게 말하는 그 방법을 발견하는 것입니다. 현대의 개념은 그것을 그리스도의 이름으로 외치지만, 기독교 신앙의 기초적이고 근본적인 교리들을 부정하는 것입니다. 사형이나 전쟁이나 교육이나 감옥의 개혁 등에 관해서 그렇게 큰 소리로 외치고 나서는 것은 놀랄 일이 아닙니다. 나는 말씀드립니다. 그들이 그것을 옹호하는 것은 이상하지 않습니다. 왜냐하면 우리는 그들에게서 기독교적이고 성경적인 이해를 기대하지 않기 때문입니다. 그러나 그리스도인은 반드시 이해해야 합니다.

# 제 20 장

# 균형있는 훈육

자녀들아 너희 부모를 주 안에서 순종하라 이것이 옳으니라 네 아버지와 어머니를 공경하라 이것이 약속 있는 첫 계명이니 이는 네가 잘 되고 땅에서 장수하리라 또 아비들아 너희 자녀를 노엽게 하지 말고 오직 주의 교양과 훈계로 양육하라(엡 6:1-4)

우리는 이제 훈육을 실행하는 문제에 이르게 되었습니다. 사도는 특별히 4절에서 그것을 다루고 있습니다. 훈육의 필요성에 관해서는 의문의 여지가 없으며 그것은 반드시 강화되어야 합니다. 그러나 그것은 어떻게 행해집니까? 큰 훈련이 자주 야기되었던 점이 바로 여기에서입니다. 우리는 이미 빅토리아 풍을 채용하였던 선조들이 바로 이 점에서 오류를 범했다는 것을 기정 사실로 인정했습니다. 그리고 그들이 흔히 바르고 성경적인 방법과 성경적인 태도로써 훈육하지 않은 것이 사실임도 알았습니다.

또한 오늘날 우리는 바로 그 빅토리아 방식이 너무나 지나친 반작용을 일으키고 있다는 것도 알았습니다. 그것은 현재의 입장을 정당시 하는 것이 아니라, 우리로 하여금 그것을 이해하도록 도와준다는 것입니다. 중요한 것은 현재 입장에서 동일하게 잘못되었던 그 다른 극단으로 다시 넘어가는 오류를 저질러서는 안 된다는 것입니다. 그리고 여기서 만일 우리가 성경을 따르기만 한다면 우리는 균형있는 관점을 가지게 될 것입니다. 훈련이란 진수와 같은 것이며 반드시 강화되어야 합니다. 그러나 사도가 우리에게 권면하고 있는 것은 그것을 행사하는 방식에 극히 유의해야 한다는 것입니다. 왜냐하면 만일 우리가 그것을 나쁜 방법으로 행한다면 유익보다 해가 더 많을 수 있기 때문입니다.

물론 일반적으로 현 시대에 있어서 이 교훈의 필요성은 아주 적습니다. 그것은 내가 지적했던 바와 같이 오늘날의 고민은 사람들이 훈련하여 양육하는 것을 전혀 믿지 않기 때문입니다. 우리는 현대인에게 훈육의 필요성, 그것을 인식하도록 강조해야 할 뿐 아니라 그것을 실천하도록 해야 합니다. 그러나 교회의 영역에서 — 아마 특히 복음적인 기독교 그리고 특별히 미국에서 — 사도가 여기 6:4에서 말하는 것은 더욱더 필요해질 것입니다. 그 필요성은 다음과 같은 식으로 일어납니다. 현재까지의 위험은 너무 과격하게 반발한 데 있습니다. 우리의 태도가 우리가 나쁘게 보는 또 다른 태도에 의해서 결정될 때는 언제나 나쁩니다. 우리의 관점은 절대로 단순히 부정적인 반동으로부터 결과해서는 안 됩니다.

이 원리는 이 특정 주제에 관련해서뿐 아니라 삶의 많은 구별과 영역들에 있어서도 진리입니다. 너무나 빈번하게 우리는 우리의 태도가 그릇된 어느 것에 의해서 지배되고 결정되도록 내버려둡니다. 나는 이러한 경향에 대한 현 시점의 한 예화를 말씀드릴 수 있습니다. 세계의 어떤 일부 지역에는 기독교 교리가 현 시대에 그릇된 것은 근본주의에 대해서 너무나 가격한 반동을 나타낸 나머지 주요한 기독교 교리를 고수하지 않거나 양보해 버리는 그리스도인들이 있다는 것입니다. 그것은 그들의 입장을 결정하는 그릇된 어떤 것으로 그들이 괴로움을 당하고 있는 것입니다. 그것은 언제나 그릇되기 마련입니다. 우리의 입장은 반드시 성경에 의해서 적극적으로 결정되어야 하는 것입니다. 그저 반발만 일삼아서는 안 됩니다. 가정에서의 훈육과 자녀들에 대한 이 특정 문제에 있어서 훌륭한 복음적인 그리스도인들이 현대의 태도가 철저하게 잘못된 것을 알아 그것을 인정하지 않기로 작정을 하고서 극단의 옛 빅토리아 식의 사상으로 넘어갈 수 있는 위험은 아주 많습니다. 그러므로 그들에게는 여기 본문에서 보는 권면이 필요합니다.

사도는 그의 교훈을 두 항목으로 나눴습니다. 즉, 부정적(소극적)인 측면과 긍정적(적극적) 측면입니다. 그가 말하는 어려운 문제는 자녀들에게만 국한되지 않습니다. 아버지들, 부모들도 역시 유의해야 하는 것입니다. 바울은 부정적인 측면에서 "너희 자녀를 노엽게 하지 말라"고 합니다. 우리가 이 두 국면을 모두 기억하는 한 모든 것은 잘되어 나갈 것입니다.

우리는 먼저 부정적인 것부터 살펴보기로 하십시다. "너희 자녀들을 노엽게 하지 말라." 이 말은 "너희 자녀들을 격노케 하지 말라 너희 자녀들을 화나게(노엽게) 하지 말라 너희 자녀들이 원망하지(노엽게) 않도록 하라"고 번역될 수 있습니다. 그것은 우리가 훈육을 시킬 때면 언제나 존재하는 위험입니다. 그리고 만일 우리가 자녀들을 노엽게 한다면 유익보다는 해를 더하게 될 것입니다. 그렇게 되면 자녀를 교육시키는 데 성공할 수 없을 것입니다. 단지 그들 속에 격한 반발만 일어나게 하고 분노 원망만 일게 하여 처지가 난처하게 될 것이고 하지 않은 것만 못하게 될 것입니다. 그러나 우리가 아는 바와 같이 두 극단들은 똑같이 그릇됩니다. 다른 말로 해서 우리는 자녀들로 하여금 노하거나 죄스런 원망을 일으키지 않을 그런 방식으로 이 훈육을 반드시 실시해야 한다는 것입니다. 우리는 균형을 반드시 유지해야만 합니다.

그러면 이런 일은 어떻게 해서 이루어집니까? 부모들에 의해서 그런 훈련이 어떤 방식으로 수행되는가? 부모들만이 아니라 학교 선생이나 자기들보다 나이 어린 자들을 담당하고 다스리는 위치에 있는 자에 의해서도 행해집니다. 다시 한 번 우리는 5:18의 말씀을 되새길 필요가 있습니다. "술 취하지 말라 이는 방탕한 것이니 오직 성령의 충만을 받으라." 이 말씀이 언제나 열쇠가 되는 말씀입니다. 우리는 이 구절을 다룰 때 성령 안에서 영위되는 삶과 성령에 충만한 사람의 삶을 특징지을 수 있는 "능력", "자제" 두 가지임을 알았습니다. 절제있는 능력입니다. 바울이 디모데에게 그것을 어떤 식으로 나타냈는지 보시기 바랍니다. "하나님께서 우리에게 주신 마음은 두려워하는 마음이 아니요 오직 능력과 사랑과 근신하는 마음(자제하는 마음)이라"(딤후 1:8)고 하였습니다. 자제할 수 없는 능력이 아니라 사랑과 근신하는 마음으로 자제되는 능력, 즉 절제입니다. 그것은 언제나 "성령에 충만한" 사람의 특징입니다.

다시 말해서 그리스도인은 술 취해 있고 술로 정신이 멍한 사람과는 전적으로 다르다는 말입니다. 그 경우는 언제나 방탕이 있습니다. 그리고 그 사람은 과격하게 반동하는 사람입니다. 여러분은 술 취한 사람을 쉽게 화나게 할 수 있고, 과격한 행동을 하게끔 쉽게 유도할 수 있습니다. 그 사람은 균형을 잃고 판단력을 잃어버려서 하찮은 것으로 큰 죄를 짓고, 나아가 아무것도 아닌 것도 지나치게 환호합니다. 그는 틀림없이 방탕한 행동을 유발하게 합니다. 그러나 그리스도인은 언제나 그런 유의 행동과는 정반대여야 하는 것입니다.

그러면 내가 이 훈육을 어떻게 시킬 것인가? "너희 자녀들을 노엽게 하지 말라." 이것이 우리의 행동을 지배하는 제1원리입니다. 우리가 먼저 자신을 조절하거나 자신의 성질을 절제하지 않고는 진정한 훈육을 행사할 수 없습니다. "술 취한"자의 고민은 자신을 조절할 수 없다는 것입니다. 그는 그의 본능과 정욕과 저속한 본성의 지배를 받습니다. 알콜은 조절 능력을 포함한 뇌의 고등 중추기관의 행동을 억제합니다. 알콜은 뇌의 훌륭한 판별 능력과 모든 것의 고등 중추기관을 마비시키는 억제제(진정제)입니다. 그 결과 본능적이고 저속한 요소가 들고 일어나게 되는 것입니다. 그런 일이 술 취한 사람에게서 나타납니다. 그리하여 그는 방탕하게 되고 자제력을 잃게 되는 것입니다.

그러나 그리스도인들은 성령에 충만해 있어야 합니다. 그리고 성령에 충만한 자들은 언제나 자제력이 특징입니다. 여러분은 어린아이를 훈육할 때 먼저 자기 자신을 조절해야 합니다. 만일 화가 난 상태로 어린아이를 훈육하려 한다면 유익보다 해를 끼칠 것은 뻔한 일입니다. 당신 자신이 훈육을 받아야 할 필요가 있는데 무슨 권리로 자녀들에게 말하겠습니까? 자제력, 기질을 조절하는 것은 다른 사람을 다스리는 데 있어서 선결 조건입니다. 그렇지 않습니까? 우리는 거리 어디에서나 그것을 봅니다. 부모들이 화가 나서 매를 가지고 징계하는 것을 봅니다. 그 결과 아이는 골이 잔뜩 나게 됩니다. 그러므로 최초의 요리는 자신으로부터 시작하는 것입니다. 스스로가 절제하며 냉정을 기하고 있는가를 반드시 확인해야 합니다. 어떤 일이 있더라도, 아무리 화가 북받치더라도 술 취한 자와 같이 격동해서는 안 됩니다. 언제나 그 상황을 객관적으로 바라볼 수 있도록 인격적인 절제와 자제가 반드시 있어야 하는 것입니다.

이것은 얼마나 중요합니까! 국가들이 바로 이 교훈을 배울 필요가 있습니다. 그들의 회합이 깨지는 이유는 사람들이 어린아이들처럼 또는 그보다 못하게 행동하기 때문입니다. 그들은 자신들을 조절할 수 없어 과격하게 행동합니다. 이 "술 취한" 조건, 이 과격한 반동 등이 전쟁의 한 원인이 됩니다. 그것들은 삶에 있어서, 곧 결혼과 가정과 기타 다른 모든 영역에서의 모든 파국의 원인이 됩니다.

그러나 어느 곳에서보다 자녀들을 훈육하는 문제에서 이 교훈은 더 중요합니다. 어느 의미에서 두번째 원리는 첫번째 원리에서 인출되어 나옵니다. 만일 부모가 바른 방식으로 이 훈육을 실시하려 한다면 그는 결코 변덕스러워서는 안 됩니다. 이 훈육을 받는 입장에서 훈육을 하는 사람이 변덕스럽고 확신이 서 있지 않다고 느끼는 것보다 더 화나는 일은 없습니다. 자녀에게 있어서 가장 화나는 것은 부모의 행동과 기분을 예측할 수 없을 정도로 변덕이 심하고 언제나 일정함이 없는 것입니다. 하루는 친절하고 그래서 그 마음을 어찌할 바 모르듯이 기분이 좋아서 그가 하고 싶은 것은 무엇이든지 허락하던 부모가 다음날에는 아이가 그렇게 잘못한 것도 아닌데 매를 들고 때린다. 그런 식의 부모보다 나쁜 부모는 없습니다. 그것은 아이에게 생활을 불가능하게 만듭니다. 부모의 변덕은 다시 이 "술 취한" 조건을 가리키는 것입니다. 술 취한 사람의 행동은 예측할 수가 없습니다.

여러분은 그가 기분이 좋지 않거나 화나 있을 때 어떤 일을 할 것인지 알 수 없습니다. 이성적이거나 냉철하지 못하고 절제도 없고 균형을 잃어버릴 것입니다. 다시 말씀드리지만 그런 부모는 참 도움을 주는 훈련을 시킬 수가 없고, 아이의 입장은 난처하게 되는 것입니다. 아이는 화와 분노로 인해서 부모에 대한 존중심이 곧 완전히 없어집니다.

나는 화를 잘 내는 반발만을 언급하는 것이 아닙니다. 행실도 마찬가지입니다. 부모의 행실에 일관성이 없을 때 그 아이의 경우로 보면 이때 훈육이 제대로 될 수 없습니다. 오늘은 이렇게 하고 내일은 저렇게 하는 부모는 언제나 건전한 절제를 할 수 없습니다. 반드시 일관성이 있어야 하는 것입니다. 남의 행동을 보고 반응을 나타낼 때뿐 아니라 행실에 있어서도 일관성이 있어야 합니다. 반드시 부모들은 생활에 있어서 본이 되어야 하는 것입니다. 왜냐하면 아이는 언제나 지켜보고 있기 때문입니다. 그러나 만일 그 아이가 부모들의 행동이 일관성이 없고 아이에게 하지 말라고 한 것을 부모가 하게 된다면 그런 부모 밑에서 훈육을 받은 아이는 어떤 유익도 기대할 수 없습니다. 결코 이랬다 저랬다 하거나 변덕스러운 것이 있어서는 안 됩니다. 아이들을 훈련시키려는 부모들에게 정함이 없고 변화무쌍해서는 안 됩니다.

가장 중요한 또 하나의 원리는 부모들은 결코 아이들의 이유를 듣는 것을 싫어하거나 비합리적이어서는 안 됩니다. 훈육을 받는 입장에선 전반적인 진행과정이 완전히 비합리적이라는 느낌을 주는 것만큼 기분 나쁜 것은 없습니다. 다시 말해서 어떤 환경도 전혀 고려에 넣지 않거나 어떤 이치에 맞는 얘기를 결코 들으려 하지 않는 철저하게 못된 부모들이 있다는 것입니다. 어떤 아버지들과 어머니들은 교육을 시켜 버릇을 잘 들여야겠다는 욕심을 부리는 나머지 완전히 비합리적이 되기 쉽습니다. 그리고 스스로 많은 실수를 저지를 수 있습니다. 그들이 아이에게 관하여 받는 정보가 나쁠 수도 있고, 또는 그들이 무지한 어떤 독특한 상황일 수도 있는 것입니다. 그러나 아이들은 자기 입장을 말하는 것이 허락되지 않습니다. 또 이유를 말하는 것이 허용되지 않습니다. 물론 아이들이 이것을 이용할 수도 있는 것은 사실입니다. 내가 말하고 싶은 것은 우리 부모들은 결코 비합리적이 되어서는 안 된다는 것입니다. 아이가 자기 입장을 설명하게 하십시오. 그리고 만일 그것이 정당한 이유가 아니라면 아이가 저지른 특별히 잘못된 행동뿐 아니라, 그 잘못된 이유에 대해서도 징계할 수 있습니다. 그러나 그 이유를 아예 들어보지도 않거나 어떤 말대꾸라도 금하게 되면 그것은 이치에 맞지 않는 것입니다.

우리가 그릇된 방식으로 행동하고 있는 한 국가를 볼때 이 원리는 분명한 것입니다. 우리는 경찰국가를 좋아하지 않습니다. 우리는 영국의 인신보호령을 자랑합니다. 그 법령은 어떤 신고를 받지 않았는데 사람을 감옥에 가두는 것은 크게 잘못된 것이라고 말합니다. 우리는 이 법령을 묵살합니다. 그러나 가정에서도 자주 그와 같은 일을 행합니다. 아이들이 자기의 입장을 진술할 기회가 전혀 주어지지 않습니다. 잠시 동안도 이유를 설명할 시간을 주지 않습니다. 우리가 이제까지 들어보지 못한 어떤 이유가 있을지도 모른다는 가능성조차 전혀 인정하려 들지 않습니다. 그런 식의 행동은 언제나 그릇되기 마련입니다. 그것이 자녀들로 하여금 화나게 하는 것입니다. 그것은 분명히 자녀들로 하여금 반발과 적대감정을 일으키도록 합니다.

그러나 숙고되어야 할 또 하나의 원리가 있습니다. 곧 부모들은 결코 자기 중심적이 되어서는 안 됩니다. 부모들이여, 여러분의 자녀들을 노엽게 하지 마십시오. 이런 자녀들을 노엽게 하는 일이 부모들의 이기주의적인 생각 때문에 가끔 일어납니다. 나의 이 주장은 아이들도 자기 자신의 삶과 인격성을 가지고 있다는 것을 인식하지 못하고 아이들을 순전히 자기들의 노리갯감으로만 생각하는 부모들에게 해당됩니다. 그들은 주로 부모들의 권리에 대해 그릇된 개념을 가지고 있습니다. 부모가 되었다는 것이 무엇을 의미하는지를 그릇되게 인식합니다. 그들은 또한 그들에게 주어진 이 작은 생명들을 안전하게 보호하는 자들에 불과하다는 것을 깨닫지 못합니다. 또 우리가 그들을 소유한 것이 아니고 그들에 대해 절대적인 권리를 가진 것도 아닙니다. 또한 그들이 우리에게 "소속되어" 있는 것도 아니고 우리를 취한 "장난감"이나 "물건"이 아닙니다.

그런데 마치 자녀들의 소유권을 가지고 있는 것같이 행동하는 부모들이 있습니다. 그런 유의 부모들에겐 아이들의 인격성이란 것이 전혀 인식되지 않는 것입니다. 권력을 남용하는 부모들처럼 안타깝고 비참한 것은 없습니다. 아이에게 자기의 개성을 억지로 강요하는 부모들을 가리키고 있는 것입니다. 그들은 언제나 어린아이의 인격을 묵살합니다. 그런 유의 부모들은 아이에게서 모든 것을 요구하고 기대합니다. 그것은 주로 소유욕이라 불려집니다. 이는 가장 잔인한 태도이며 이런 일이 안타깝게도 성년이 된 후에도 계속될 수 있으니 큰 일입니다.

나의 목회 경험에서 보았던 가장 큰 비극들 중 몇은 바로 이 일에 기인하였습니다. 나는 이기주의적이고 소유욕이 강하며 권력을 남용하는 부모들에 의해서 자기들의 삶이 실패를 했던 많은 사람들을 압니다. 나는 바로 이 이유 때문에 결혼하지 못하는 많은 남녀들을 알고 있습니다. 그들은 부모들을 떠난다고 생각하는 것조차도 범죄와 같다고 느껴지게 되었습니다. 이것이 아니었다면 무엇을 위해서 그들이 세상에 나왔습니까? 그들은 자기들의 삶을 따로 사는 것이 허락되지 않고 그들 자신의 개성을 발전시키는 것이 금지되었습니다. 마구 권력을 휘두르는 부모는 아들 딸의 삶과 개성과 인격을 깎아 내버리고 말았습니다. 그것이 훈육은 아닙니다. 그것은 가장 어리석은 타입의 폭군이요, 그것은 성경의 명백한 교훈과 상반되는 것입니다. 그것은 전혀 이치에 맞지 않으며 자식의 인격을 깎아 버리는 동안 자식의 화만 부르는 것입니다. 어떻게 해야 그렇게 하는 것을 막을 수 있겠습니까? 우리는 철저하게 그것에서 벗어나야 한다는 것을 확실히 해둡시다.

"성령의 충만을 받으라 이는 방탕한 것이니." 술고래는 자신밖에는 아무도 생각하지 않습니다. 그의 오직 유일한 관심은 그 자신의 만족을 채우는 것입니다. 만일 그가 다른 이들을 생각한다면 그는 결코 술 취하지 않을 것입니다. 왜냐하면 자기가 다른 이들에게 몹쓸 일을 하고 있다는 것을 알겠기 때문입니다. 술 취함은 이기주의의 표입니다. 그것은 순전히 자기 만족에 빠진 것입니다. 우리는 결코 어떤 국면에 있어서도 그런 정신을 가지고 일해서는 안 됩니다. 특별히 부모들과 자녀들의 미묘한 관계에서는 더욱 그러합니다.

다시 말씀드립니다. 벌을 주는 것, 버릇을 고치는 것 – 훈육은 결코 기계적인 방식으로 운영되어서는 안 됩니다. 아이를 훈육하는 것이 자기 자신을 위한 것이라고 믿고 있는 자들이 있습니다. 그것은 성경적인 교훈이 아닙니다. 특무상사의 철학에 지나지 않습니다. 그렇게 말할 하등의 이유가 없는 것입니다. 순전히 영문을 알 수 없는 소리입니다! 그것은 훈육에 있어서 가공할 일입니다. 육군이나 다른 현역 군인들에 있어서 그것은 이해하기 곤란합니다. 많은 사람들이 그런 일을 하고 있습니다. 개성은 전혀 고려되지 않습니다. 거기에서는 그것이 필요할 수도 있습니다.

그러나 가정의 경우에서는 이치에 맞지 않는 일입니다.

다시 말해서 바르고 참된 방식으로 훈육을 하기 위해서는 반드시 그에 대한 이유가 있어야 한다는 것입니다. 그것은 언제나 이해될 수 있어야 합니다. 반드시 이유가 있어야 하고 그 이유는 언제나 명백하고 분명해야 합니다. 결코 단추를 누르고 기계를 작동하는 것, 이런 결과가 반드시 있어야 된다는 식으로 생각해서는 안 됩니다. 그것은 참된 길들이기가 아닙니다. 그것은 인간적이지조차 못합니다. 그것은 기계에나 속할 것입니다. 그러나 참된 훈육은 언제나 이해에 기초를 두고 있습니다. 그 자체가 말할 것을 가지고 있고 해명할 수조차 있습니다.

우리가 내내 균형을 깰 필요성을 발견하고 있다는 것을 주목하십시오. 훈육을 전혀 인식하지 않는 현대적인 관점을 비평할 때에 그 절대적인 관점은 우리가 다만 이해되도록 말해 주고 호소하고, 그러면 모든 것이 다 잘될 거라는 가정에서 출발한다는 것을 우리는 주목해 보았습니다. 그것이 이론에서나 실제에서 진리가 아니라는 것을 명백히 알았습니다. 그러나 다른 극단으로 치달아 가서 "내가 말한 그대로 해야 한다. 어떤 질문도 허락지 않고 설명도 없을 것이다"라고 말하는 것도 역시 나쁜 것입니다. 기독교적으로 균형있는 훈육은 결코 기계적이지 않습니다. 그것은 언제나 살아 있고 언제나 인격적인 것이고 언제나 이해하고 그보다도 언제나 높은 지성을 유지합니다. 그 훈육은 그것이 무엇을 하고 있는지를 알고 과도하게 하는 일은 결코 없습니다. 자제력을 결코 잃지 않습니다. 그것은 무절제하고 과격한 방식으로 마구 퍼부어 대는 것이 아닙니다. 언제나 참된 훈육의 중심부에는 지성적 이해의 요소가 있기 마련입니다.

그것은 필연적으로 여섯째 원리로 유도합니다. 훈육은 결코 너무 혹독해서는 안 됩니다. 오늘날 훌륭한 많은 부모들이 직면한 위험은 그들 주위에 있는 철저한 무율법을 보고 그것에 대하여 탄식하고 저주할 때 너무 혹독해질 수 있다는 것입니다. 그들의 위험은 너무나 격하게 됨으로 인하여 이 극단에만 치우쳐서 너무 혹독하게 되는 데 있습니다. 어떤 훈육도 없어야 된다는 것의 반대가 잔인은 아닙니다. 균형있는 훈육, 자제력을 갖춘 훈육이 그것의 반대가 됩니다. 옛 금언이 바로 이 문제에 관해서 근본적인 법칙을 제공합니다. "죄 지은 것에 맞게 벌을 주어야 한다"라는 말로 해서 우리가 모든 범행에 대해서 작든지 크든지 최대의 벌을 주어서는 안 된다는 것을 유의해야 한다는 것입니다. 이 금언은 그것이 결코 기계적이어서는 안 된다고 말하고 있는 것입니다.

왜냐하면 만일 부여된 형벌이 잘못한 것에 비례하지 않을 때 그 범행이 무엇이든지 간에 그 형벌이 유익을 줄 수는 없다는 것입니다. 그것은 필연적으로 벌 받는 자에게 공정치 못하다는 느낌을 주게 되고 그 형벌이 너무 과중하며, 자기가 행한 것에 너무 맞지 않다고 느껴서 결국은 그 형벌이 반발을 유발시키게 되고 온전한 징계를 이루지 못하게 되기 때문입니다. 그것은 결국 사도가 여기서 말하는 "노여움"을 조장하게 되는 것입니다. 아이는 화가 나서 그것은 합당치 않다고 느끼게 되는 것입니다. 비록 그가 어느 정도까지 자기가 잘못한 것을 인정하려 들다가도, 자기가 그렇게 나쁘지는 않았다고 확신을 하기에 이르는 것입니다. 그것을 다르게 표현한다면 우리는 결코 다른 사람을 얕보아서는 안 된다는 것입니다. 만일 벌을 주거나 꾸지람을 주거나 버릇을 고쳐 줄 때 아이에게 굴욕감을 준다면 부모 자신이 훈육을 받아야 된다는 것은 분명합니다. 결코 창피를 주지 마십시오! 벌이 필요하다면 따끔하게 벌을 주십시오! 그러나 이해에 기초한 합당한 벌을 내리십시오. 그리고 자녀가 생각하기를 난 무시를 당하고 있다거나 부모 앞에서 완전히 굴욕을 당하고 있다거나 또는 나는 사람 앞에서 창피를 받고 있다고 할 정도로 벌을 주지 마십시오.

내가 잘 아는 바는 이 모든 것이 매우 어렵게 될 수가 있다는 것입니다. 그러나 만일 우리가 "성령에 충만해 있다면" 우리는 이런 문제에 있어서 건전한 판단을 하게 될 것입니다. 그때 우리가 아이의 버릇을 고쳐 주는 것이 결코 우리 자신의 느낌에 만족을 주기 위한 수반으로 되어서는 안 된다는 것을 배우게 될 것입니다. 그것은 언제나 그릇됩니다. 우리는 결코 우리 자신이 벌 주는 것을 재미로 알도록 해서는 안 되는 것입니다. 내가 강조한 바와 같이 우리는 결코 우리가 다루고 있는 개인의 인격이나 삶을 모멸해서는 안 됩니다. 성령은 우리에게 바로 이 점에서 극히 조심하라고 경고합니다. 인격이 무시되는 순간 이 기괴하고 혹독하고 거친 형벌 개념이 들어오게 되는 것입니다. 그리하여 바울이 우리에게 하지 말라고 경고한 바로 그 일을 저지르고 말게 됩니다.

그렇게 되면 진실로 우리는 우리의 자녀들로 하여금 노엽게 하고 그들이 반역자가 되도록 충동질하고 있는 셈이 됩니다. 우리가 그들의 존경을 상실하게 되고 결국 그들로 하여금 우리는 그런 일을 거의하지 않았다는 느낌을 주게 되는 것입니다. 불공평하다는 느낌이 그들 가슴에 맺히게 되고 우리가 잔인하다는 느낌을 갖게 됩니다. 그것은 나나 상대방 모두에게 유익을 주지 못합니다. 이러므로 우리는 결코 그런 식으로 훈육하려 해서는 안 됩니다.

우리는 이렇게 해서 어떻게 보든지 부정적인 측면 중에서 마지막 요점에 이르게 되었습니다. 우리는 결코 자녀의 성장과 발전을 눈치채지 못해서는 안 됩니다. 이것은 부모들이 가질 수 있는 결점을 또 달리 경고하고 있는 것입니다. 하나님께 감사하십시다. 이런 일이 이전같이 그렇게 자주 일어나지는 않으니 말입니다. 그러나 여전히 모든 자녀들이 아직도 유아 시절을 벗어나지 않은 것으로 보는 부모들이 있습니다. 자녀들이 25세가 되었는데도 5살밖에는 먹지 않은 어린아이로 다루고 있습니다. 그들은 하나님께서 자기들에게 은혜로 주신 이 인격, 이 개인, 이 자녀가 성장하고 발전하고 성숙해가고 있다는 것을 의식하지 못합니다. 아이의 인격성이 활짝 피었고 지식과 체험이 넓어지며 자녀들이 자기 자신들이 그랬던 것과 똑같이 발전하고 있다는 것을 모릅니다. 이 점은 특별히 자녀들이 사춘기에 이르게 될 때 중요합니다.

그래서 오늘 가장 큰 사회 문제 중 하나는 사춘기에 접어든 청소년들을 다루는 문제입니다. 그것은 일반 학교뿐 아니라 주일학교의 문제입니다. 주일학교 교사들은 어린아이들이 사춘기에 이르기까지는 별 어려움이 없다고 말합니다. 그런데 그들 교사들이 그들을 잃고 있습니다. 부모들도 같은 일을 발견합니다. 이 사춘기는 우리 모두가 지나야 했던 가장 힘난한 시기인 것입니다. 그러므로 그 시기는 특별한 은총과 이해와 가장 주의 깊게 대처함을 요구합니다.

부모들로서 우리는 결코 이 요인을 인식하지 못해서는 안 됩니다. 그리고 우리는 결코 거기에 우리 자신을 억지로 맞추려고 해서도 안 됩니다. 왜냐하면 여러분이 여러분의 자녀를 지배할 수 있고 아홉 살이나 열 살박이 아이에게는 이래라 저래라 할 수 있다고 해서 "나는 이것을 계속하려고 한다. 어떤 일이 올지라도 그 아이의 의지는 나의 의지로 깨뜨려져야 한다. 나는 그가 무엇을 느끼든지 무엇을 이해하든지 신경을 쓰지 않는다. 자녀들은 아주 조금밖에는 몰라. 그러니 나는 나의 뜻을 그들에게 주지시켜야지"라고 말해서는 안 된다는 것입니다.

그런 식으로 생각하고 행동하는 것은 여러분의 자녀들을 노엽게 하는 것이고 큰 해를 끼치게 되는 것입니다. 여러분은 자녀에게 심리적인 해를 끼쳐서는 안 됩니다. 여러분은 자녀에게 육체적인 해까지 끼칠 수 있습니다. 여러분은 자녀 안에서 여러 다양한 타입의 심리적인 질병을 야기시킬 것입니다. 그것은 오늘날 너무 일반화된 일입니다. 부모들 편에서 이렇게 행동하는 것은 그런 후회와 결과들을 산출하는 원인이 되는 것입니다. 우리는 절대로 그런 일을 저질러서는 안 됩니다.

"어떻게 하면 이 모든 악한 것들을 피할 수 있는가?"라고 의문을 가질 것입니다. 하나의 훌륭한 법칙은 우리가 결코 우리 자녀들에게 우리의 관점을 주입시켜서는 안 된다는 것입니다. 어느 나이가 될 때까지 그들에게 어떤 것을 가르쳐 주고 그들에게 어떤 것을 강요하는 것은 좋고 바른 것입니다. 그리고 옳게만 행해진다면 별 어려움이 없을 것입니다. 그들은 그것을 즐기기조차 할 것입니다.

그러나 불원간에 그들은 자기들의 친구나 다른 사람들로부터 생각들과 견해들을 듣기 시작할 나이가 될 것입니다. 아마 학교 무슨 다른 모임에서 그런 것을 접하게 될 것입니다. 이제 하나의 위기가 발견되기 시작합니다. 부모들의 전반적인 본능은 자녀를 보호하려 합니다. 그것은 옳은 것이지요. 그러나 유익보다는 해를 더 끼치는 정도로 그것이 행해질 수는 없습니다. 만일 여러분이 자녀에게 우리가 그렇게 믿고 너의 부모인 우리도 그렇게 했으니 너도 그렇게 믿어야 한다는 식으로 인상을 준다면 필연적으로 반발을 일으키게 될 것입니다. 그렇게 하는 것은 성경적이 아닙니다. 성경적이 아닐 뿐더러 신약의 중생교리에 대한 이해가 말할 수 없이 부족하다는 것을 드러냅니다.

　바로 이 점에서 이 영역에서뿐 아니라 다른 많은 영역에서도 해당되는 하나의 원리가 떠오릅니다. 자기는 그리스도인인데 자기의 사랑하는 사람들은 그리스도인이 아닌 사람들에게 나는 부단히 조심할 것을 말해야 겠습니다. 그들은 스스로가 기독교 교리를 알게 되었습니다. 그런데 그들 가족들 중 어떤 이들 - 남편이나 아내, 어머니나 아이들 - 은 왜 그렇게 되지 못하는가를 이해할 수 없습니다. 그들의 전반적인 경향은 참을 수 없을 정도에까지 자녀들로 하여금 강제로 신앙으로 들어가게 하고, 자기들의 신앙을 그들에게 강요하려고 하는 것입니다. 어떤 이유라 하더라도 그런 일이 있어서는 안 되겠습니다. 문제의 그 사람이 중생하지 않고서는 신앙을 행사할 수가 없는 것입니다. 우리가 믿기 전에 우리도 "소생함을 받는" 것이 필요했었습니다. 사람이 "죄와 허물로 죽어 있을 때" 그는 믿을 수가 없습니다. 그러므로 여러분의 신앙을 다른 이들에게 억지로 떠맡길 수 없는 것입니다. 그들은 그것을 알지 못하고 이해하지 못합니다.

　"육신에 속한 자는 하나님의 성령의 일을 받지 아니하나니 저희에게는 미련하게 보임이요 또 깨닫지도 못하나니 이런 일은 영적으로야 분별함이니라"(고전 2:14). 많은 부모들이 바로 이 점에서 실수하고 맙니다. 그들은 그들의 사춘기에 있는 자녀들에게 기독교 신앙으로 강제로 끌어들이려 합니다. 그리고 그들이 관점을 요하려고 합니다. 또한 자녀들이 진정으로 믿지도 않는 일을 말하게끔 노력해 왔습니다. 이 방식은 언제나 잘못입니다.

　"그래요, 그러면 어떻게 한단 말이요?"라는 질문이 나올 것을 예상합니다. 우리의 할 일이란 그들을 얻으려고 하고 그들에게 우리가 믿는 것과 우리의 됨됨이가 탁월한 것과 그럴듯한 면을 보여 주기 위해 힘쓰는 것입니다. 우리는 반드시 그들에 대해 인내하고 그들의 난관을 참아내야 합니다. 훈육을 시행하는 전반적인 기술은 언제나 바로 이 사람들의 사람됨을 인식하는 것입니다. 여러분 자신을 그의 입장으로 옮겨서 진정한 동정심과 사랑과 이해심을 가지고 그를 도와주려고 노력해야 한다는 것입니다. 만일 자녀들이 여러분의 노력을 거절하고 거부한다면 격하지 마십시오. "참 안되었구나! 너희들 때문에 내가 마음이 매우 슬프구나! 너희가 가장 값진 것을 잃고 있다고 내가 느낀다"라는 인상을 주어야 하는 것입니다.

그리고 동시에 할 수 있는 한에서 최선을 다해 그들과의 담을 헐어 버리려고 노력을 다해야 합니다. 딱딱하게 대하거나 고집불통의 고지식함으로 해서는 안 됩니다. 어떤 이유도 없이 그저 모든 것을 거절해 버리는 식이 되어서도 안 됩니다. 여러분은 부모들이지 않습니까? 이렇게 하는 것이 여러분 부모된 자들의 태도지요, 반대로 여러분은 할 수 있는 모든 합법적인 중재 수단을 강구하는 데 심혈을 기울여야 하는 것입니다. 할 수 있는 한에서 최대한으로 말입니다. 그럼으로써 여러분이 아이의 인격과 개성을 존중하고 있다는 것을 보여 주게 되는 것입니다. 그것은 그 자체가 언제나 선하고 올바른 것입니다. 그것은 언제나 선을 가져올 것이 분명합니다.

나의 주장점을 요약하겠습니다. 훈육이란 언제나 사랑 가운데서 행해져야 합니다. 그리고 그것이 만일 사랑 가운데서 이루어지지 않으면 전혀 그 일을 하려 덤비지 마십시오. 그런 경우에는 먼저 자기 자신을 처리하는 것이 필요합니다. 사도는 이미 우리에게 보다 일반적인 의미에서 사랑이 있는 진리를 말한 적이 있습니다. 똑같은 것이 여기에도 해당됩니다. 진리를 말하십시오. 그러나 사랑 가운데서입니다. 그것은 정확히 훈육에 있어서도 같습니다. 훈육은 사랑에 의해서 조정되고 통제되어야 하는 것입니다. "술 취하지 말라 이는 방탕한 것이니 오직 성령의 충만을 받으라." 성령의 열매는 "사랑과 희락과 화평과 오래 참음과 자비와 양선과 충성과 온유와 절제"인 것입니다.

우리 부모들이 "성령에 충만해" 있고 그러한 열매들을 낸다면 훈육은 우리가 관심 두는 한에서 아주 같은 문제가 될 것입니다. "사랑과 희락과 화평과 오래 참음"—언제나 사랑, 언제나 자녀의 유익을 위하십시오. 훈육의 목적은 여러분의 표준을 고집하는 것이 아닙리다. "난 그것을 이렇게 해야 한다고 결정했다." 그러나 그것은 그렇게 되어야 한다고 말하는 것이 아닙니다. 자녀의 유익이 여러분의 지배적인 동기가 되어야 하는 것입니다. 부모권(父母權)에 대한 바른 관점을 가져야 하고 자녀를 하나님께서 여러분에게 주신 한 생명으로 여겨야만 하는 것입니까? 무엇 때문에 입니까? 여러분 자신을 고수하기 위해서? 여러분의 틀에 맞추기 위해서? 여러분의 개성을 강제로 떠맡기기 위해서? 천만에 말씀입니다. 자녀의 영혼이 궁극적으로 하나님을 알게 되고 주 예수 그리스도를 알게 하기 위해서 하나님에 의해서 맡겨지고 우리의 보호를 받게 된 것입니다.

자녀는 여러분 자신들이 그런 것처럼 하나의 완전체이며, 여러분과 똑같이 하나님에 의해 세상에 주어졌습니다. 그러므로 여러분은 여러분의 자녀들을 볼 때 먼저 영혼을 보아야 합니다. 여러분이 소유하게 된 가축이나 물건으로 보아서는 안 되는 것입니다. 그는 하나님에 의해서 주어진 한 영혼입니다. 여러분은 그의 보호자와 관리자로서 행동해야 되는 것입니다.

끝으로, 훈육은 언제나 자녀들이 그들의 부모를 존경하기에 이를 그런 방식으로 행해져야 합니다. 그들은 언제나 이해하지는 못할 것입니다. 때로는 자기들이 벌 받을 일을 한 적이 없다고 느낄 때도 있을 것입니다. 그러나 만일 우리가 "성령에 충만해 있다면" 우리가 그들을 훈육한 효과는 그들이 우리를 사랑하고 존경하는 것으로 나타나게 될 것입니다. 그들은 우리가 그렇게 한 것을 감사하게 될 날이 오고야 말 것입니다. 그들이 하고 싶을 때조차도 부모님 말씀이 옳다고 자신에게 말하는 마음이 그들 안에서 일어나게 될 것입니다. 그들은 우리의 성품에 대해서 근본적인 존경심을 가지게 될 것입니다. 그들은 우리의 생활들을 바라보고 있습니다. 그들은 우리 자신에게 하는 훈육과 절제를 봅니다. 그리고 그들은 우리가 그들에게 하는 것이 화나서 하는 일이 아니라는 것을 알게 될 것입니다. 그들은 언제나 우리가 자기들을 사랑한다고 하는 것을 알게 될 것입니다. 그리고 그들이 이 죄악 세상에서 잘되고 유익하게 되기를 우리가 얼마나 관심을 기울이고 있는지 알게 될 것입니다. 그리하여 저변에 흐르는 존경심과 사랑과 친근감과 감격이 있게 될 것입니다. "너희 아비들이여! 너희 자녀들을 노엽게 하지 말라." 삶이란 얼마나 엄청난 것입니까! 이들 모든 관계 ― 남편, 아내, 부모, 자녀들 ― 들은 얼마나 경이로운지요! 우리는 우리 주위에 있는 세상에서 사람들이 결혼으로 돌진했다가 갑자기 이혼을 하는 일을 봅니다.

많은 이들의 거의가 부모권이 진정으로 무엇을 의미하는지에 대해 아무런 개념을 가지고 있지 못합니다. 자녀들을 한갖 귀찮은 존재나 한때의 기호품에 지나지 않는 것으로 압니다. 그래서 혹독하게 벌을 내리거나 부모들이 밖에 나가 유쾌하게 보내는 동안 아이들은 집에 홀로 남아 있습니다. 탁아소에 아이들을 맡기고 자기들은 자유로 돌아다닙니다. 아이들에게는 아주 적은 관심밖에 두지 않습니다. 그 아이의 고통이나 감수성이 강한 그의 본성에 찾아오는 두려움에는 아랑곳 하지 않습니다.

그 모든 것의 비극은 그러한 사람들이 신약성경의 교훈에 따라 살고 있지 않다는 것입니다. 그들은 "성령에 충만해 있지" 않습니다. 그들은 그들의 자녀들을 하나님께서 무한한 사랑과 자비와 긍휼로써 우리를 대하듯이 대하지 않습니다. 하나님이 우리를 대우하는 것처럼 우리의 자녀들을 대우할 때가 얼마나 많습니까! 오, 하나님이 우리의 모든 악을 참으시는 그 놀라움이여! 오, 하나님의 오래 참음. 오, 하나님의 인내하심이여! 하나님은 옛 이스라엘 백성들을 그렇게 대하셨도다! 내게 있어서는 하나님의 오래 참으심처럼 놀라운 일이 없습니다. 우리를 향해서 오래 참으시는 하나님! 나는 그리스도인들과 어떤 아이들이나 자녀들을 훈육하는 데 있어서 어떤 면으로든지 책임이 있는 이들에게 말합니다.

"이 마음을 품으십시오. 곧 그리스도 예수의 마음입니다. 그 같은 사랑이 우리 안에도 있게 하여 우리가 자녀들을 노엽게 하지 말게" 하십시오. 우리의 그 실수로 인해 그들과 우리 자신들을 모든 악함으로 휘말려 들게 하지 마십시오.

# 제 21 장

# 경건한 양육

> 자녀들아 너희 부모를 주 안에서 순종하라 이것이 옳으니라 네 아버지와 어머니를 공경하라 이것이 약속 있는 첫 계명이니 이는 네가 잘되고 땅에서 장수하리라 또 아비들아 너희 자녀를 노엽게 하지 말고 오직 주의 교양과 훈계로 양육하라(엡 6:1-4)

    우리는 부모들에게 주는 사도의 권면이 양면성을 가지고 있음을 알았습니다. 우리 자녀들을 성나게 하거나 분개하게 하거나 화나게 만드는 것은 어떤 일이든지 하지 않아야 한다는 부정적인 측면이 있습니다. 그리고 긍정적이고 적극적인 측면이 있습니다. "주의 교양과 훈계로 양육하라." 그래서 우리는 이제 이 긍정적인 측면으로 시선을 돌립니다.
    사도가 권면하는 바로 그 방식 자체가 흥미롭습니다. "양육하라." 이 말은 "성숙하기까지 먹이고 기르라"는 말을 다르게 표현한 것입니다. 다른 말로 해서 부모들이 해야 할 제1차적인 일은 자녀들에 대한 자기들의 책임을 깨닫는 것입니다. 우리가 강조하였듯이 자녀는 우리의 사유물도 아니며 궁극적으로 우리에게 속하지도 않았으며, 잠시 하나님께서 우리에게 주신 바 된 자들인 것입니다. 어떠한 목적 때문입니까? 우리가 그들에게서 기대하는 어떤 것을 얻게끔 하기 위한 것이나 단지 우리 자신들의 기쁨을 위한 것도 아니고 우리의 욕심을 채우기 위한 것도 아닙니다. 그들이 이 세상에서 그들의 삶을 영위하기 위해서뿐 아니라, 하나님과 그들의 영혼이 바른 관계를 가지게 하기 위해서 그들은 "길러져야" 하고 "양육을 받아야" 하고 "교육을 받아야" 한다는 것을 우리가 인식하는 그것이 우리의 임무입니다. 이 권면들은 우리에게 생명의 위대성을 상기시켜 줍니다. 오늘날 세상에 있어서 대중들이 그처럼 엄청난 생명의 위대성을 깨닫지 못하는 것보다 더 슬프고 비극적인 것은 없습니다.

　우리가 한 개인들로서 존재해야 하고 살아야 하는 것 — 그것은 얼마나 엄청난 일입니까! 우리가 가정과 가족의 영역을 생각할 때의 생(生)은 훨씬 더 놀랍기만 합니다. 부모가 된다는 것과 그 부모권에 대해 사도의 교훈이 제시하는 개념은 얼마나 위대한 개념입니까! 사도는 우리에게 이렇게 말하고 있는 것입니다. 우리에게 이 아이들이 주어진 것은 마땅히 우리가 그들을 기르고 훈련시키기 위해서라는 것입니다. 신분들은 사람들이 다양한 유의 동물들을 기르기 위해서 쏟는 돌봄과 보살핌을 우리에게 연상시켜 주고 있습니다. 동물을 훈련시키는 것은 쉬운 일이 아닙니다. 그것이 말이든 개이든 기타 어떤 동물이든지 그렇습니다. 그것은 많은 시간과 관심을 필요로 합니다. 식단을 생각해야 하고 운동시키는 일을 계획해야 하고, 알맞는 잠자리가 준비되도록 하여야 하는 것입니다. 동물을 여러 장애물로부터 보호해야 하는 등 여러 가지 일이 필요합니다. 그 동물이 경연대회에서 상을 받도록까지 기르고 양육하려면 거액의 돈과 많은 시간과 생각을 투여해야 하는 것입니다.

　그러나 때로 우리는 어떤 자녀들을 기르는 데 주어진 시간이나 관심이나 생각이 아주 극소에 불과하다는 인상을 받습니다. 그렇기 때문에 세상이 오늘과 같은 이 모양이 된 것입니다. 그렇기 때문에 우리는 현 시대에서 날카로운 사회 문제에 봉착해 있는 것입니다. 만일 사람들이 자녀들에게 쓰는 신경을 동물이나 꽃을 기르는 것만큼만 썼다면 상황은 많이 달라졌을 것입니다. 그들은 책을 읽고 다른 문제들에 대한 좌담을 듣고 그들이 정확히 어떻게 해야 할지 알기 원합니다. 그러나 자녀들을 양육하는 이 커다란 문제를 생각하는 데 얼마만큼의 시간을 쏟았습니까? "어찌 되었든 다 좋다." 그렇기 때문에 결과는 뻔한 것입니다.

　그러므로 만일 우리가 사도의 권면을 이행하려 한다면, 잠시 기대 앉아서 우리가 무엇을 해야 할지 숙고해 보아야 합니다. 자녀가 생길 때 우리는 자신에게 이렇게 다짐해야 합니다. "우리는 이 영혼의 안내자요 보호자다." 그 얼마나 무서운 책임입니까! 사업이나 직업 전선에서 사람들은 자기들이 어떤 결정들을 내려야 할 때 그들에게 부과된 큰 책임을 잘 압니다. 그러나 그들은 그들의 자녀들을 양육하는 문제와 관련하여 그들이 져야 할 책임이 무한하게 크다는 것을 깨닫습니까? 그들은 과연 거기에다 쏟는 관심과 시간만큼만이라도 자녀를 기르는 문제에 쏟고 있습니까? 그들이 다른 영역에서 느끼는 책임감과 같은 무게만큼이라도 생각하느냐는 것입니다. 사도는 우리에게 이 일을 삶에 있어서 가장 큰 사업으로 여기라고 말하고 있습니다. 우리가 취급하고 당면해야 하는 가장 위대한 과제로 여기라고 강력히 말하고 있는 것입니다.

사도는 거기에서만 멈추지 않습니다. "…그들을 양육하라", "주의 교양과 훈계로"의 사도가 채용한 두 말씀은 흥미진진합니다. "교양"(nurture)이란 말은 "훈계"(admonition)란 말보다 더 일반적인 것입니다. 그것은 자녀를 기르고 양육하고 교육하는 모두를 통틀어 말하고 있습니다. 그러므로 그 말은 일반적인 원리를 포함하고 있는 것입니다. 그리고 모든 권위자들이 요점을 지적하는 데 있어서 의견을 같이하는 바와 같이 그 말의 강조점은 행동에 있습니다.

두번째 말, "훈계"는 말로 하는 "타이름"을 언급하고 있습니다. "교양"은 보다 일반적인 용구이며, 자녀들을 위해서 하는 모든 일을 포함하고 있습니다. 그것은 마음과 정신을 갈고 닦는 일반적인 면에서의 전과정을 포함합니다. 도덕과 도덕적인 행실과 이론의 전반적인 품격을 모두 포함하고 있습니다. 그것이 우리의 임무입니다. 그것은 자녀를 돌아보고 보살피고 인도하는 것입니다. 우리는 이미 남편과 아내의 관계를 다룰 때 같은 어휘를 만난 적이 있습니다. 주께서 친히 교회를 보호하고 양육한다고 하는 말씀 속에서입니다. "누구든지 언제든지 제 육체를 미워하지 않고 오직 양육하여 보호하기를 그리스도께서 교회를 보양함과 같이 하나니." 여기서 우리는 우리의 자녀들에 관해서도 같은 말을 듣게 될 것입니다.

"훈계"라고 하는 말은 말로 하는 것이라는 데 더 큰 강조점을 두는 것을 제외하고는 거의 같은 의미를 주고 있습니다. 이 문제에 두 국면이 있습니다. 첫째는 일반적인 행위와 실제 행동으로 해야 할 일이요, 다음은 그에 더하여 용기의 말과 권면의 말씀과 꾸짖는 말과 책망의 말로 해야 하는 훈계가 있는 것입니다. 바울의 용구는 이 모든 것을 포함합니다. 진실로 우리가 어떤 입장을 가르쳐 주고 무엇이 옳고 그른가를 지적해 주고 용기와 권면을 할 때 실제 말로써 자녀들에게 가르쳐야 할 모든 것을 포함하고 있는 것입니다. "훈계"란 말은 그런 것을 의미하는 것입니다.

자녀들은 "주의 교양과 훈계로 양육"되어야 합니다. 훈계는 모든 것 중에서 가장 중요한 것입니다. "주의 교양과 훈계" — 그리스도인들인 부모들이 자녀들에 대한 자기들의 의무를 감당할 때 믿지 않는 모든 부모들과 전적으로 다른 것은 이 점에서입니다. 다시 말해서 그리스도인 부모들에 대한 이 호소는 단지 일반적인 도덕성과 착한 태도, 또는 일반적으로 칭찬받을 만한 행실을 하도록 자녀들을 기르라고 말하지 않습니다. 물론 그것도 포함합니다. 누구나 그렇게 해야 하지요. 비기독교적 부모들도 그렇게 하고 있어야 합니다. 그들은 착한 태도와 일반적인 착한 행실, 악한 일을 피하는 데 관심이 있습니다. 그들은 자기의 자녀들에게 정직하고 의무를 충실히 이행할 줄 알고 존경받을 만하게 행동하고 가르쳐야 합니다.

그러나 그것은 보통의 도덕성에 지나지 않습니다. 그리고 기독교의 출발점은 그것이 아닙니다. 사회의 좋은 질서에 관심이 있는 이교적인 작가들마저 그들의 추종자들에게 그러한 원리를 가르치라고 늘 권합니다. 사회는 어느 시대고 모든 면에서 원리와 법과 질서가 조금도 없어서는 존속할 수 없습니다. 그러나 사도는 그것만을 언급하고 있지 않습니다. 그는 말하기를 그리스도인들의 자녀들은 "주의 교양과 훈계로 양육받아야" 한다는 것입니다.

고유하고 특별한 기독교적 사상과 교훈이 개입하는 것은 바로 이 점에서입니다. 예수를 믿는 부모들 마음의 맨 상층부에는 자녀들이 주 예수 그리스도를 구세주와 주로 아는 지식 가운데서 양육되어야 한다는 생각이 늘 자리잡고 있어야 하는 것입니다. 바로 그 점이 예수 믿는 부모들이 소명받은 고유한 임무입니다. 그것이 그들의 최상의 임무만은 아닙니다. 그들 기독교 부모들이 자녀들에 대한 최대의 가르침과 야망은 그들의 자녀들이 주 예수 그리스도를 그들의 구주요, 주로 아는 데 이르는 것입니다. 우리 자녀들에 대해서 바라는 주된 욕망이 그러합니까? 그것이 처음에 옵니까? 그들이 예수 아는 것이 영생이라고 하는 사실을 인식하게 되는 것 - 그것이 여러분의 최대의 소망입니까? 그들이 예수 그리스도를 자기들의 구세주와 주로 알아서 따라가게 되는 것 - 그것이 자녀들에 대한 제일의 소망입니까? "주의 교양과 훈계로 양육하라."

우리는 이제 이 일이 어떻게 행해지는가에 대한 실제적인 문제에 이르게 되었습니다. 여기서 다시 우리의 절박한 관심을 필요로 하는 문제가 있습니다. 성경 그 자체 안에는 자녀 훈련에 대해 굉장한 강조가 주어져 있습니다. 예를 들어서 신명기 6장의 말씀들을 생각해 보십시오. 모세는 말년이 되었고 이스라엘 자녀들은 머지않아 약속의 땅에 들어가게 되었습니다. 모세는 그들에게 하나님의 율법을 상기시켜 주면서 그들의 기업된 땅에 들어갈 때 어떻게 살아야 될까를 일러줍니다. 다른 일들 가운데서 그는 그들의 자녀들에게 율법을 가르쳐야 한다고 아주 조심스럽게 말합니다. 그들이 율법을 알고 지키는 것만으로는 충분하지 않습니다. 그들의 자식에게 전수해 주어야 합니다. 자녀들에게 율법을 가르쳐야 하고 율법을 결코 잊어서는 안 됩니다. 그래서 모세는 이 한 장에서 그 권면을 두 번이나 하고 있는 것입니다. 그것은 다시 신명기 11장에서도 나옵니다. 구약을 통해서 그 교훈은 여기저기서 빈번히 발견됩니다. 그것은 신약에서도 유사하게 나타납니다.

기독교의 오랜 역사에서 모든 부흥과 재각성의 시대마다 바로 이 문제가 언제나 다시 나타나고 크게 두드러져 나타나게 되었다는 것을 관찰하는 것은 매우 흥미 있는 일입니다. 프로테스탄트 개혁자들이 그 문제에 관심을 가졌고 도덕적이고 영적인 문제들에서 자녀들을 가르치는 문제는 크게 두드러져 있습니다. 퓨리탄들은 그 문제를 더욱더 두드러지게 하였고 그 백년 전의 복음 부흥운동의 지도자들도 역시 그러했습니다. 많은 책들이 그 문제를 다루었고 그 문제에 대해서 많은 설교가 행해졌습니다.

물론 이런 일이 있게 된 것은 사람들이 그리스도인들이 될 때 그것이 그들의 전체 삶에 영향을 미치기 때문입니다. 그것은 단지 개인적이고 사적인 것이 아닙니다. 그것은 결혼 관계에 영향을 미쳐 비그리스도인들보다 그리스도인들 가운데는 이론이 훨씬 줄어듭니다. 그것은 역시 가정생활에 영향을 미칩니다. 자녀들과 가정에 영향을 줍니다. 영국이나 다른 나라의 역사에 있어서 가장 위대한 시대는 언제고 종교적인 각성, 참된 종교의 부흥 다음에 뒤따라 오는 시대입니다. 사회 전체의 도덕적인 분위기도 상승됩니다. 그리스도인이 아닌 자들까지도 그것의 감화와 영향을 받습니다.

다시 말해서 그리스도의 복음을 제외하고서는 사회의 도덕적 문제들을 다룰 아무런 소망도 없습니다. 그러나 사람들이 경건하게 될 때 그들은 그들의 원리들을 모든 국면에 적용하고 크게는 의가 국가 안에서 보여지게 됩니다. 그러나 불행하게도 어떤 이유 때문에 그 문제의 바로 이 국면이 슬프게도 현 세기에 무시를 당하고 있는 현실에 직면해야 하는 것입니다. 그것은 우리가 삶과 도덕과 가족 관계, 가정이나 삶의 다른 국면들 가운데서 생각하고 있는 파멸의 일부입니다. 그것은 우리 모두 살고 있는 미친 듯이 돌진하는 세계의 일부입니다. 그 미친 듯한 상황에 의해서 우리 모두가 이처럼 많은 영향을 받은 것입니다. 한 가지 또는 다른 이유에서 가정이 옛날부터 그래왔던 식으로 생각되지 않습니다. 그것은 그 전처럼 중추적 역할이 되거나 연합체가 되지 못합니다.

가정생활에 대한 전체 사상이 어쨌든 밑으로 처져 있습니다. 이것은 안타깝게도 기독교 내에서도 사실입니다. 성경에서도 우리가 언급했던 위대한 모든 시기에서 발견되는 가정의 중추적 중요성은 사라져 가는 것 같습니다. 이제 더 이상 가정은 그 전처럼 관심을 받고 특별한 배려를 받지 않게 되었고, 그 점은 우리가 이 국면에서 우리를 지배하는 원리들을 발견하는 것을 더 중요하게 만듭니다.

맨 먼저 자녀를 "주의 교양과 훈계로 양육하는" 것은 가정에서 부모들에 의해서 이루어져야 합니다. 그것은 성경을 통해 내내 강조되고 있는 것입니다. 그것은 학교로 넘겨 버릴 문제가 아닙니다. 아무리 학교가 훌륭하다 해도 그렇습니다. 그것은 부모들의 제일차적이고 가장 진수가 되는 의무입니다. 그것은 부모들의 책임입니다. 부모들은 이 책임을 다른 이에게 넘겨 주어서는 안 됩니다. 내가 이 점을 강조하는 것은 우리 모두가 이 현 세기 동안에 갈수록 더 많이 일어나는 일을 익히 알고 있기 때문입니다. 부모들이 그들의 책임과 의무를 학교로 넘기는 일을 많이 해왔습니다.

나는 이것을 가장 심각한 문제로 여깁니다. 가정의 영향보다 자녀의 삶에 영향을 미치는 것입니다. 가정은 사회의 근본 단위입니다. 그리고 자녀들은 한 가정에서 태어나 가족의 일원을 구성합니다. 그러므로 가정은 자녀들의 삶에 있어서 중요한 영향을 미치는 영역을 가집니다. 그 점에 대해서는 의심의 여지가 없습니다. 그것은 성경 어느 곳에서나 가르쳐지는 교훈입니다. 궁극적으로 사회가 하락하는 것은 가정에 관한 사상들이 하락되기 시작하는 소위 문명 세계에서 늘 있는 일입니다.

기숙사제 학교에 관한 전반적인 문제를 새삼 조심스럽게 숙고하는 것은 우리 그리스도인들의 임무입니다. 정말 자녀들을 그런 제도적인 생활에 일임하여 보내는 것이 옳은 것인지? 그들이 가정을 떠나 거기서 매년 반년 이상을 가정만이 줄 수 있는 그 고유한 영향을 받지 못하고 생활하게 되는 것이 옳은 것인지? 그것이 성경적인 교훈과 조화될 수 있겠습니까? 문제는 긴박합니다. 왜냐하면 그것은 사실상 그럴 만한 여유가 있는 거의 모든 복음적인 그리스도인들의 관례와 실제가 되었기 때문입니다.

성경의 교훈은 자녀의 복지와 자녀의 영혼이 언제든지 우선적인 배려를 받아야 한다는 데 있는 것입니다. 모든 위신이나 – 모든 용어는 어느 것이든 사용하지 말라 – 모든 야망은 엄격하게 배제되어야 합니다. 자녀의 영혼과 하나님과 주 예수 그리스도에 대한 그 영혼의 지식을 해치는 것은 무엇이든지 배제되어야 하는 것입니다. 제1차적인 배려는 필시 영혼과 하나님의 관계여야만 합니다. 기숙사제 학교 교육이 아무리 선하다 할지라도 그것이 영혼의 복락을 해친다고 한다면 그것은 반드시 한쪽으로 제쳐져야 합니다. 영혼의 복락을 촉진하는 것은 주의 "교양과 훈계 안"에 있는 본질적인 요소입니다. 그리고 그것은 부모들의 제1차적인 임무와 의무를 형성합니다.

구약에 보면 아버지가 가정이나 가족 중에서 일종의 제사장이었다는 것이 확실합니다. 그가 대표적으로 하나님께 나아갔던 것입니다. 그는 도덕과 행위에 대한 것뿐만 아니라 그의 자녀들을 교육하기 위한 책임도 지고 있었습니다. 성경의 강조는 어디서나 이것이 부모들의 제1차적인 임무와 의무라는 것입니다. 그것은 오늘날에도 여전합니다. 만일 우리가 전적으로 그리스도인들이라면 우리는 이 큰 강조가 하나님에 의해서 세워진 그 근본적인 단위들, 결혼, 가족, 가정에 기초하고 있다는 것을 인식해야 합니다. 여러분은 그것들을 팽팽하게 하거나 늦출 수가 없습니다. 기숙사제 학교에 자녀들을 보내는 것에 대해서 거의 모든 사람들이 말하듯이 "누구나 이렇게 하고 있다. 그것은 이상적인 교육 시스템을 제공하고 있어"라고 말한 것은 틀림없는 것입니다. 오직 중요한 문제는 그것이 성경적이냐, 그것이 기독적이냐, 그것이 자녀의 영혼의 현재적이고 영원한 유익에 대해 진정으로 이해한 것이냐 하는 것입니다.

　　나는 감히 단언할 수 있습니다. 대영제국의 영성과 도덕을 회복하는 길은 바로 이 노선을 따라서 가는 것이라고 말입니다. 그리스도인들은 다시 한 번 그 나름대로 생각을 해봐야 합니다. 과거에 그래야 했던 것처럼 다시 한 번 우리 그리스도인들이 개척자가 될 필요가 있습니다. 그때 비그리스도인들이 뒤따라 오게 될 것입니다.

　　우리는 가정을 떠나서 생활케 하는 기숙사제도가 이 나라의 도덕을 파탄에 빠뜨린 책임을 어느 정도까지 져야 하는지 깊이 숙고하고 있어야 하는 것입니다. 그저 어떤 특정한 죄만을 생각하고 있는 것이 아니라, 자녀들이 그들의 가정에 대해 가지는 태도를 생각해야 하는 것입니다. 가정은 자녀들이 휴일을 즐기는 정도의 장소가 되어서는 안 됩니다. 그러나 가정을 그저 그들의 휴일을 보내는 장소로밖에는 생각지 않는 자녀들이 많습니다. 그들의 부모들은 마땅히 그들의 자녀들을 훈련시켜야 하는데도 불구하고 오히려 잠시 동안 집에 있는데 어찌 그럴 수 있느냐는 식으로 모든 것을 눈감아 주고 맙니다. 그런 경우에 있어서는 훈육이나 자녀를 주의 교양과 훈계로 양육하는 것에 관한 전체적인 개념이 안중에도 들어오지 않습니다. 그리고 어떤 특별한 환경들이 많이 있지 않느냐는 식으로 논박할지 모릅니다. 특별한 환경이 그렇다면 나는 인정합니다. 그러나 특별한 환경이 전혀 없을 경우에는 내가 진술한 원리가 철칙이 되어야 합니다. 특별한 환경이란 거의 드문 경우입니다. 가정과 부모들의 제1차적인 일은 아주 분명합니다.

부모들이 무엇을 해야 하는가? 부모들은 교회의 교훈을 보충시켜야 하고 교회의 가르침을 적용해야 하는 자들입니다. 한편의 설교로는 아주 조금밖에는 그 일을 하지 못합니다. 그것이 적용되고, 설명되고, 확장되고, 보충되어야 하는 것입니다. 부모들이 맡은 분야는 바로 그것입니다. 만일 그것이 언제나 바르고 중요하다면 이전 어느 때보다 오늘은 말할 나위 없이 더 중요합니다. 나는 그리스도를 믿는 부모들에게 묻습니다. 여러분은 이 문제에 대해 심각하게 생각해 본 적이 있습니까? 여러분은 아마 이전의 어떤 부모들이 겪었던 것보다 더 큰 임무를 지고 있습니다. 다음의 이유 때문에 그러합니다. 학교에서 자녀들이 배우는 것을 숙고해 보십시오. 유기적 진화론에 관한 가설이 아이들에게 하나의 사실로 가르쳐지고 있습니다. 그들에게 그 이론이 부각될 때 증명되지 않은 단순한 가설로 여겨지지 않습니다.

그것은 절대적인 사실이요, 과학적인 학식과 지식이 있는 모든 사람들은 그것을 믿고 있다고 하는 인상을 받습니다. 만일 그들이 그것을 받아들이지 않으면 정신나간 자로 여겨질 것입니다. 우리는 그러한 상황과 부딪쳐야 합니다. 성경의 고등비평 역시 아마 "확실한 결론"일 것이라고 가르쳐지고 있습니다. 내가 알기로는 2, 30년 전에 출판된 교과를 사용하고 있는 학교 교사들이 있습니다. 그들 가운데 고등 비평자들 사이에서는 어떤 변화가 있었는지 아는 자가 거의 없습니다. 아이들은 학교에서 악한 것을 배우고 있고 라디오나 텔레비전에서 나쁜 것들을 듣고 보고 있습니다. 온통 반하나님, 반정통 기독교, 반이적, 반초자연에 역점을 두고 있습니다. 이러한 물결을 누가 막을 것입니까? 그 일이 바로 부모들의 할 일입니다. "주의 교양과 훈계로 양육하라." 우리를 반대하는 세력이 그처럼 크기 때문에 오늘의 부모들에게 더 큰 노력을 요하고 있습니다. 오늘날 그리스도인 부모들은 자신들의 자녀들을 이 강력한 반세력으로부터 보호해야 할 어려운 임무를 띠고 있습니다. 그 반세력은 우리의 자녀들을 삼키려 하고 있습니다.

그러면 못박아 둡니다. 내가 두번째로 바라는 것은 실천적이라는 것입니다. 이런 일이 어떻게 하면 이루어지지 않겠는가를 보여 주기 위해서입니다. 이런 상황을 해결하기 위해서 노력하는 하나의 아주 위험천만한 방법이 있는데 그것은 유익보다는 오히려 더 크게 해만 끼치고 있습니다. 어떻게 하면 그렇게 되지 않을까? 그것은 결코 기계적이고 추상적인 방식으로써 해서는 안 됩니다. 마치 그것이 일종의 연습인 양 수리적으로 해서는 안 됩니다.

약 10년 전에 이 일에 관련한 하나의 경험을 한 적이 있습니다. 어떤 친구들과 만나 함께 있을 예정으로 갔습니다. 내가 어느 곳에서 설교를 하고 있는 중에 그 가족의 어머니인 듯한 부인이 아주 심한 고통을 받고 있는 것을 발견했습니다. 그 부인과 얘기를 나누면서 그 부인의 고통의 원인을 발견했습니다. 바로 그 주간에 거기서 "자녀들을 훌륭한 그리스도인으로 양육하는 법"이란 주제로 어떤 부인이 특강을 하고 있었습니다. 그것은 굉장했습니다! 그 부인은 5남매인가, 6남매인가 하는 자녀들을 거느리고 있는데, 그녀의 가정과 자기의 생활을 어떻게나 조직적으로 관리하였던지 9시에 집안일을 끝내고 여러 기독교 활동에 참여했습니다. 그녀의 모든 자녀들은 훌륭한 그리스도인들이었습니다. 그리고 그것은 그렇게 쉽고 놀라웠습니다.

두 아이를 가지고 고통하는 그 어머니는 내게 이런 말을 했습니다. 자기는 완전히 실패했구나 하고 느끼며 정말 좌절감에 빠져 있다는 것이었습니다. 내가 그녀에게 무어라고 말해야겠습니까? 난 이렇게 말했습니다. "잠깐요, 그 부인의 자녀들이 몇 살이나 된답니까?" 나는 급기야 해답을 알게 되었고 그 고민하는 부인도 알았습니다. 그 자랑하는 부인의 아이들은 다 열여섯 살을 넘지 못한 아이들이었습니다. 난 계속해서 말했습니다. "잠깐 기다리고 생각해 보세요. 그녀는 부인에게 자기 아이들은 모두 그리스도인들이라고 말했지요. 그리고 부인이 필요한 것은 규칙적으로 실행할 계획표를 짜는 일이라고 했지요! 그런데 말입니다. 이야기는 수년 내에 달라질 수도 있습니다." 정말 불행하게도 몇 년 내에 이야기는 달라지게 되었습니다. 그렇게 고분고분하던 자녀들 가운데 여럿이 공개적으로 비그리스도인이 되었고 기독교에서 완전히 등을 돌렸습니다.

여러분은 그런 식으로는 자녀들을 그리스도인 되게 양육할 수 없습니다. 그것은 기계적인 과정이 아닙니다. 어느 경우에라도 그것은 모두 임시적인 것입니다. 나는 다른 장소에서 그 강사가 같은 강의를 하는 것을 들었습니다. 그 장소에 그에 대해서 약간의 만족을 가진 자들이 있었습니다. 그 연설을 듣더니 어떤 부인이 내가 생각하기에도 썩 훌륭한 평을 하는 것을 들었습니다. 강의장을 나가면서 친구에게 하는 말이 "저 여자가 내 어머니가 아닌 걸 하나님께 감사했어!" 그것은 웃음거리입니다. 종시에 거기에는 비극적인 것이 있습니다. 그 논평이 의미하는 바는 그 방법엔 어떤 사랑도 어떤 따스함도 없다는 것입니다. 그녀는 전적으로 "수리적"으로 기계적으로 그것을 행한 여자입니다. 그녀는 얼마나 훌륭한 어머니입니까! 이 다른 여자는 거기에는 사랑도 진정한 이해도 자녀의 마음을 따스하게 할 어떤 것도 없다는 것을 알아차렸습니다. 자녀는 기계가 아닙니다. 또한 여러분은 이 일을 기계적으로 해낼 수 없습니다.

또한 그 일이 전적으로 부정적이고 강제적인 투로써 행해져서도 안 되는 것입니다. 만일 자녀들에게 종교적이 되는 것이 비참해지는 것이라는 인상을 주거나 또한 신앙은 하지 않아야 할 것과 계속적인 압박으로 구성되어 있다는 인상을 준다면, 오히려 그들을 마귀와 세상의 세력으로 몰아넣는 것이 될지도 모릅니다. 전적으로 부정적이거나 강압적이지 마십시오. 나는 이런 국면에 빠진 끊임없는 비극을 목격하게 됩니다. 사람들은 예배가 끝난 후 내게 와서 이런 말을 하곤 했습니다. "20여 년 동안 이 교회당에 출석했지만 오늘 같은 예배는 처음이예요." "무슨 말씀입니까?"

자기들이 자라온 종교의 가혹함과 강제적인 성격에 진저리가 난다는 것입니다. 그들은 기독교에 대한 개념을 전혀 가지고 있지 않았습니다. 그들이 아는 것은 기독교가 아니라, 사람을 가혹하게 다루는 종교나 거짓된 청교도주의였습니다. 불쌍합니다! 아직도 참된 퓨리타니즘을 서툴게 모방하고 있는 사람들이 있다니 말입니다. 그들은 퓨리타니즘의 진정한 의미를 이해한 적이 없었던 것입니다. 그들은 부정적인 것만을 보았지 긍정적인 것은 알지 못했습니다. 그것이 큰 문제입니다.

셋째로, 우리의 자녀들을 "주의 교양과 훈계로" 양육하는 데 있어서 그들을 위선자로 만드는 그런 방식으로 해서는 절대로 안 됩니다. 나는 역시 그런 경우를 많이 보았습니다. 아이들이 자기들이 이해하지도 못하는 경건한 문구를 쓰는 것을 듣는 것은 내게 있어서 구역질나고 매우 슬픈 일입니다. 그러나 그들의 부모들은 자랑이 대단합니다. "저 아이들이 하는 말 좀 들어보세요. 어때요, 훌륭하지 않습니까?" 아이들은 그런 일들을 이해하기에는 아직 어립니다. 나는 많은 아이들이 설교 놀이를 하고 노는 것을 좋아한다는 것을 압니다. 그러한 어린아이들의 행실을 이해할 만합니다. 그러나 부모들이 그것이 놀랍다고 생각한다든지, 어른들이 감탄하며 보는 앞에서 그것을 하도록 아이들을 종용하는 것을 볼 때 그것은 정말 신성모독입니다. 그것이 어린아이에게 극히 해로울 것은 틀림없는 일입니다. 그것은 그들을 어린 위선자로 만들어 주는 것입니다.

이 점에 있어서 부정적인 면에서 마지막으로 지적할 것은 어린아이에게 어떤 결심을 강요해서는 안 된다는 것입니다. 이런 일로 인해서 얼마나 큰 고통과 폭동이 일어납니까! 부모들이 이렇게 말합니다. "어때요, 굉장하잖아요? 내 어린것 믿음이 이러니 저러니 말이예요. 어린것에 불과한 그것이 글쎄 그리스도를 믿기로 결심하다니." 집회에서 합력이 가해집니다. 그러나 그런 일이 있어서는 안 됩니다. 그것은 아이의 인격을 묵살하고 있는 것에 불과합니다. 덧붙여 말씀드리자면, 물론 그것은 구원의 방법에 대해서 얼마나 무지한가를 드러내고 있는 것에 불과한 것입니다. 어린아이가 어떤 일을 결정하도록 하게 할 수는 있습니다. 부모들은 그렇게 할 세력과 수완을 가지고 있습니다. 그러나 그것은 그릇된 것이며 비기독교적이고 영적이지 못합니다. 다른 말로 해서 우리는 이런 문제에 있어서 너무 직설적이어서는 안 됩니다. 특별히 어린아이에게 있어서의 지나친 감정은 금물입니다.

만일 아이가 영적인 문제를 얘기해 주는데 불안해 하거나, 어떤 다른 아이에게 말하고 있는데 그가 불안해 한다면, 당신의 방식은 전적으로 그릇된 것입니다. 아이가 불안을 느끼게 해서는 안 됩니다. 만일 아이가 불안해 한다면 그것은 여러분이 너무 직설적이었다든지, 아니면 너무 흥분해 있다든지, 너무 압박을 가하고 있다든지 그 중에 하나입니다. 이런 일은 그런 방법으로 하는 것이 아닙니다.

　나는 역시 이 방면에서 몇 가지 진정한 비극을 알았습니다. 특별히 15, 6세가 아직 되지 않는 두 소년의 경우를 회상해 봅니다. 그들의 부모들은 언제든지 그들을 앞으로 내몰았습니다. 그 소년들의 어머니가 자기의 자녀들에 관해서 글을 쓰곤 했는데, 그 글 속에는 그녀의 아들들이 다 훌륭한 그리스도인으로 묘사되었습니다. 이들 두 소년들은 오늘까지 기독교 신앙을 전적으로 거부하고 있고 그것의 필요를 전혀 인정치 않습니다. 기독교 부모들은 자기들이 한 생명, 한 인격, 한 영혼을 다루고 있다는 것을 늘 기억하고 있어야 합니다. 결신을 강요하지 마십시오. 내가 주장하는 요지는 여러분의 자녀들에게 압박을 가하지 말라는 것입니다. 자녀는 부모가 느끼는 걱정을 압니다. 그것은 매우 자연적입니다. 그러나 만일 우리가 영적이고 성령에 충만해 있다면, 결코 한 인격을 손상하거나 불공평한 압박을 자녀에게 가하지 않게 될 것입니다. 그러므로 우리의 교훈이 지나치게 직설적이든지 너무 감정적이어서는 안 됩니다. 또한 자녀들이 부모들에 대해서 불신을 느껴 신앙을 가지겠노라 할 정도의 그런 태도로 해서는 안 됩니다. 그런 일은 용납될 수 없습니다.

　그러면 참된 방법은 무엇입니까? 나는 몇 가지 제안을 하려 합니다. 한때 사람들의 집에는 "그리스도는 이 집의 머리이니라"는 문구가 적혀진 액자가 벽에 걸려 있는 것을 봅니다. 지금도 가끔 그런 경우를 발견합니다. 나는 그런 것을 내거는 것을 권하는 사람이 아닙니다. 그러나 거기엔 약간의 좋은 점이 있습니다. 구약에 보면 이스라엘 백성들에게 그들의 "문설주에 주의 말씀을 기록해 두라"고 한 말씀을 대하게 됩니다. 왜냐하면 우리는 망각하기를 잘하는 존재들이기 때문입니다. 초기 프로테스탄트들은 그런 이유에서 교회당의 벽 한쪽에 십계명을 써놓곤 했었습니다. 그러나 그렇게 하든 안 하든 중요한 요점은 그리스도는 그 가정의 머리라고 하는 인상을 언제나 주어야 한다는 것입니다.

그런 인상은 어떻게 줄 수 있습니까? 주로 여러분의 일상적인 행실과 모범으로써입니다. 부모들은 우리는 언제나 그리스도 아래 있으며 그리스도가 우리의 머리라고 자녀들이 항상 느낄 정도의 방식으로 살아야 합니다. 그 사실은 그들의 행실과 행위에서 확실해집니다. 그보다도 사랑의 분위기가 있어야 합니다. "술 취하지 말라 이는 방탕한 것이니 성령에 충만하라." 이 말씀은 이상의 모든 특별한 경우에서처럼 이 면에 있어서도 중추적인 본문입니다. 성령의 열매는 사랑입니다. 가정이 성령에 의해서 맺은 사랑의 분위기로 충만해 있다면 가정의 거의 모든 문제들은 해결함을 받습니다. 직접적인 억압과 호소로써가 아니라 사랑의 분위기 속에서 그 일을 해내십시오.

그 밖에 또 무엇으로 좋은 인상을 줄 수가 있습니까? 보통의 대화 가운데서입니다. 식탁에 앉아서나 어디서나 일반적인 대화는 가장 중요합니다. 아마 라디오에서 뉴스를 듣고 그것에 관해 얘기를 나눌 수도 있습니다. 커다란 사건이 이야기됩니다. 아주 국제적인 사건, 정치적인 사건, 산업장의 문제 등 주의 교양과 훈계로 자녀들을 양육하는 데 있어서 우리의 임무 중 하나는 그런 일반적인 대화에서조차도 기독교적인 입장에서 행동해야 한다는 것을 알아야 하는 것입니다. 우리는 언제나 기독교적인 관점을 나타내야 합니다. 자녀들은 그 같은 사건들에 관해서 다른 사람이 하는 말을 들을 것입니다. 그들이 길을 걷고 있는데 두 사람이 집 안에서 토론했던 바로 그 사건에 관해서 다투고 있는 것을 듣게 될지 모릅니다. 즉시 그들은 한 큰 차이를 주목하게 될 것입니다. 전체적인 접근방식이 가정에서는 달랐다는 것입니다.

다시 말해서 기독교적인 관점은 반드시 삶 전체 속에서 표현되어야 한다는 것입니다. 국제적인 사건이나 지방에서 일어난 사건이나 개인적인 문제나 사업상의 문제들을 논의하고 있을 때 ― 그것이 어떠한 것이든지 간에 모든 것은 반드시 기독교의 이 보편적인 방향 아래에서 숙고되어야 하는 것입니다. 이것은 가장 중요한 요점입니다. 왜냐하면 이렇게 행해질 때 자녀들이 무의식적으로 부모들의 삶에 있어서 지배적인 원리가 있다는 사실을 인식하게 됩니다. 그들의 생각과 그들에 관한 것이 불신 세상에서 보고 듣는 것과 모두 다르다고 하는 것을 무의식적으로 깨닫게 됩니다. 전체 분위기가 다릅니다. 그래서 점차적으로 또는 부분적으로는 무의식적으로든 자녀들은 기독교적인 관점과 같은 무엇이 있음을 알게 됩니다. 진정한 목적 달성은 그러한 것입니다. 자녀들이 일단 그것을 붙잡기만 한다면 문제는 더욱 쉽게 됩니다.

다음 문제는 질문에 대해서 답변하는 태도입니다. 여기서 믿는 부모들은 큰 기회를 얻습니다. 그것은 극히 어려울 때가 있다는 것을 압니다. 그러나 질문에 대해서 답변하게 되는 기회를 얻게 되는 것입니다. 신명기 6:20에 그 문제가 소개된 방식을 나는 퍽 좋아합니다. "후일에 네 아들이 네게 묻기를 우리 하나님 여호와의 명하신 증거와 말씀과 규례와 법도가 무슨 뜻이뇨 하거든 너는 네 아들에게 이르기를 우리가 옛적에 애굽에서 바로의 종이 되었더니 여호와께서 전능의 손으로 우리를 애굽에서 인도하여 내시고…다시 말해서 자녀들이 이것에 관해서 문제 될 날이 이르게 될 거라는 것입니다. "왜 부모님은 이런 일 저런 일을 하지 않지요? 내 어린 친구의 부모는 안 그런데 어머니 아버지는 왜 그렇습니까?" 그 점에서 여러분은 "주의 교양과 훈계로" 자녀를 양육할 기회를 받게 되었다는 것입니다. 그러나 만일 그 기회를 포착하려 한다면 다른 대답을 알고 있어야 하며 그 대답을 할 수 있어야 합니다.

성경과 그 교훈을 알지 못하는 한 여러분 안에 있는 소망의 이유를 말할 수 없으며 자녀들을 "주의 교양과 훈계로" 양육할 수 없게 됩니다. "왜 아버지는 이런 일을 하고 저런 일은 안 하지요? 내 친구들 부모들을 보면 밤 시간을 나가서 지내는데요." 그런 식의 질문을 받았을 때 여러분은 그들의 질문에 성의 없이 "네가 보다시피 네 엄마 아빠는 달라. 우리가 좋아서 하는 일이다"고 말해서는 안 됩니다. 차라리 "원래 마음으로는 다 같은 자들이다. 그리고 우리가 그들보다 본래 더 훌륭해서가 아니다. 나는 이런 성격을 가지고 있고 그들은 다른 성격을 가지고 있어서 그런 것도 아니다. 우리는 모두 '죄 속에서 태어났다.' 우리는 다 본질적으로 죄의 노예들이다. 우리 모두에게는 나쁜 것이 있다. 우리 안에는 모두 악한 씨가 있어서 아무도 하나님을 진정으로 알 수 없다. 너도 알다시피 차이는 바로 이것이다. 하나님께서 나를 깨우쳐서 어떤 것들이 얼마나 나쁜가를 알게 하셨다. 그러므로 내가 하나님께서 그의 독생자 예수 그리스도를 보내셨다는 것을 알지 못하거나 믿지 않는다면, 여전히 네 친구들의 아버지들과 같게 될 것이다." 그리하여 복음을 소개하게 되는 것입니다. 여러분은 얼마나 많은 것을 얘기해야 할까를 결정해야 합니다. 그것은 자녀의 연령에 따라 조절될 수 있습니다.

그러나 그의 질문에 답하여 그로 하여금 여러분이 왜 그렇게 살고 있는가? 그 까닭을 정확히 알게 하십시오. 여러분은 그것을 그에게 강제적으로 떠맡겨서는 안 됩니다. 또한 그 앞에서 설교조로 해서도 안 됩니다. 그러나 질문을 하거든 아주 간단하게 대답하십시오. 나이를 먹어 갈수록 더 많은 것을 말해 주십시오. 그러나 언제든지 질문들에 답변할 준비를 하고 있으십시오. 여러분의 상황을 아십시오. 그리고 복음을 이해하고 그 안에서 자신을 세우십시오. 그렇게 함으로써 그것을 나눠 줄 수 있을 것입니다. 그리하여 "주의 교양과 훈계"로 자녀를 양육할 수 있을 것입니다.

그러면 자녀들의 독서에 대한 안내 역할을 하게 될 것입니다. 그들이 좋은 전기를 읽을 수 있도록 하게 하십시오. 전기는 그들에게 큰 감동을 주게 될 것입니다. 여러 다양한 방법을 통해서 그들의 독서를 안내하십시오. 그들의 마음을 바른 방향으로 잡아주고, 실제로 그들이 기독교 신앙의 영광에 친밀할 수 있도록 하십시오.

그 밖에 또 무엇이 있습니까? 항상 조심하십시오. 음식을 들 때마다 하나님께 감사하는 것을 잊지 마십시오. 그리고 거기에 하나님의 축복이 임할 것을 바라십시오. 오늘날 그리스도인들을 제외하고는 그런 일은 드뭅니다. 자녀들이 여러분이 하나님께 감사하는 것을 언제나 듣게 되고 축복을 원하는 것을 보게 될 때, 그것은 그들에게 무엇인가를 해 줄 것입니다. 매일 가족들이 하나님의 말씀에 둘러 앉아서 소위 가정 제단이라고 하는 것을 가지십시오. 아버지는 그 집의 머리로서 성경을 통독하고 간단한 기도를 드리십시오. 길 필요는 없습니다. 아이가 하나님을 알고 주 예수 그리스도로 말미암아 하나님께 감사하게 하십시오. 자녀들이 하나님의 말씀을 정규적으로 듣게 하십시오. 그 하나님의 말씀에 대해 물으면 대답해 주십시오. 여러분이 할 수 있는 한도 내에서 훈계도 하십시오. 지혜롭고 슬기롭게 하십시오. 그것을 지루하거나 혐오할 만하게 만들지 마십시오. 그들이 그것을 기다릴 정도까지 되어야 합니다. 그들이 그것을 좋아하게 되고 재미있다고 느끼게끔 하십시오.

다시 말해서 – 그것을 요약하여 – 우리가 해야 할 일은 기독교적인 매력으로 이끌어 가라는 것입니다. 우리는 우리의 자녀들에게 세상에서 가장 놀라운 것은 기독교라고 하는 인상을 주어야 합니다. 그리고 그리스도인이 되는 것과 비교될 수 있는 일은 전혀 없다는 인상을 받도록 해야 합니다. 그들 마음속에서 우리 부모님들같이 되어야겠다는 욕구를 만들어 내야 합니다. 그들은 우리를 보고 우리 안에 있는 기쁨을 보고 우리가 전적으로 감탄하고 있는 방식을 보게 됩니다. 그리하여 그들 자신에게 말하기를, "나도 아버지처럼 어른이 되기를 갈망한다. 그래야 난 그들처럼 그 생을 누릴 수 있어"라고 하도록 해야 합니다. 우리의 방식은 결코 기계적이거나 율법적이거나 강제적인 것이어서는 안 됩니다. 우리의 간증이 그들에게 억지로 강요되어서는 안 됩니다.

그러므로 "그리스도 예수의 종"이라고 하는 것을 그들이 알게 하자고 우리 스스로에게 말해야 합니다. 또한 하나님께서 그의 은혜로 우리의 눈을 열어 우리로 하여금 세상에서 가장 영광스러운 것에 눈뜰 수 있게 하셨다는 것도 알게끔 해야 합니다. 그리고 우리가 그들에게 가지는 최대의 욕망은 그들이 우리와 같은 이 지식에 들어가 기쁨에 참여하고, 세상에서 가장 높은 특권을 가지게 되어 주님께 봉사하고 그의 은혜의 영광을 찬양하는 삶을 살기를 바라는 책임이 있음을 그들이 알게 하십시다. 여러분이 무엇을 하든지, 사업이나 직업이나 손노동을 하든지 설교를 하든지, 모든 것을 하나님의 영광을 위해서 하십시오. 그렇게 하여 여러분의 자녀들을 "주의 교양과 훈계로" 양육하게 될 것입니다.

# 제 IV 부

## 일

— 엡 6:5~9 —

# 제 22 장

# 하나님의 것들

> 종들아 두려워하고 떨며 성실한 마음으로 육체의 상전에게 순종하기를 그리스도께 하듯 하여 눈가림만 하여 사람을 기쁘게 하는 자처럼 하지 말고 그리스도의 종들처럼 마음으로 하나님의 뜻을 행하여 단 마음으로 섬기기를 주께 하듯 하고 사람들에게 하듯 하지 말라 이는 각 사람이 무슨 선을 행하든지 종이나 자유하는 자나 주에게 그대로 받을 줄을 앎이니라 상전들아 너희도 저희에게 이와 같이 하고 공갈을 그치라 이는 저희와 너희의 상전이 하늘에 계시고 그에게는 외모로 사람을 취하는 일이 없는 줄 너희가 앎이니라(엡 6:5-9)

    본문은 5:18과 20절에서 사도가 설정한 원리를 또 다르게 적용시킨 것입니다. 전과 같이 중심 사상은 "술 취하지 말라 이는 방탕한 것이니 오직 성령의 충만을 받으라"는 것입니다. 그리고 그 말씀을 실제로 행하는 원리는 21절에 있는 "하나님(그리스도)을 두려워함으로 피차 복종하라"는 것입니다. 그 말씀이 배경이 됨을 명심하고 있어야 함은 진수와 같은 것입니다. 여기서 우리는 성령이 충만해 있는 우리가 어떻게 피차 복종하는가에 대한 실례들 중에 세번째를 살펴보고 있는 것입니다.
    이 말씀들은 세상을 향해 주어진 것이 아닙니다. 세상은 여기서 교훈되는 바를 행하기가 불가능합니다. 경건한 순종은 "성령에 충만한 자"들에게나 가능한 것입니다. 우리는 다시 여기에 어떠한 중요한 진리들이 있음을 상기하게 되는 것입니다. 그 하나는 우리 기독교는 생활의 전체 영역을 장악하고 우리의 모든 관계에 영광을 준다는 것입니다. 그리스도인이 하는 일은 어떠한 일이든지 비그리스도인이 한 일과 같은 것이란 하나도 없습니다. 비그리스도인이 같은 일을 할지도 모르지만 그것은 다른 방법으로 됩니다. 기독교란 주일에만 국한되는 것이 아닙니다. 기독교는 삶 전체에서 스스로를 그려내는 것입니다. 세상에 기독교 신앙과 교훈보다 더 실제적인 것은 없습니다. 사도가 그의 중심적인 원리를 삶의 여러 영역 가운데서 적용시키는 수고를 하였는데, 바로 그 적용 방법 자체가 그 점의 증거가 되는 것입니다.

"자, 이제 성령으로 충만한 너희들은 서로 피차간에 복종해야 한다"는 것으로 만족하거나 그 점에서 멈추지 않습니다. 그는 아주 지혜로운 교사로서 그것이 구체적으로 설명되어야 하고, 이들 요점들을 하나하나 들어가면서 적용할 필요가 있음을 알았던 것입니다. 그래서 그는 이러한 실례들을 거론하는데 그들은 아주 전형적인 일상 생활에 해당하는 것들이며, 특히 삶에 있어서 긴장과 오해가 가장 빈번하게 일어나는 면들입니다. 분명히 바로 그 점이 사도가 이들 특정 실제들을 선택하는 데 있어서 그를 안내했음이 틀림없는 법칙입니다. 모든 것 중에서 가장 복잡 미묘한 관계가 결혼 관계입니다. 바로 그 이유 때문에 결혼 관계에서 긴장과 오해와 분열이 가장 크게 일어날 법도 한 것입니다. 그 다음은 가족간의 관계입니다. 다시 이것 역시 미묘하고 친밀한 관계입니다. 그래서 마귀는 늘 가정과 그 가정의 신성성을 어지럽히기 위해서 바쁘게 설치고 있는 것입니다.

세번째 관계는 상전과 종의 관계입니다. 이 관계는 결혼 관계와 가족 관계 다음으로 긴장과 압박감과 오해가 느껴지기 쉬운 영역입니다. 오늘 산업세계의 만연된 상황은 바로 그 주장을 충분하게 입증하고 있습니다. 그러나 바로 이 관계, 인류역사 전체를 통해서 볼 때 언제나 많은 문제거리를 야기시켰던 것입니다. 구약성경과 세속사의 책들은 그에 대한 충분한 실례들을 제공합니다. 그리고 이 문제는 영국과 오늘날 세계의 모든 나라들이 직면한 가장 긴급한 난제들 가운데 하나인 것입니다. 나는 감히 그 이상을 말할 수 있습니다. 즉, 그것은 언제나 하나의 커다란 문제일 것입니다.

## 제 22 장 하나님의 것들

　인간이 죄에 빠져 있고 그 결과 인간이 언제나 제1차적으로 자기의 유익과 자기 중심적인 사고방식으로 일관해 나가는 한, 이 상전과 종의 관계에는 필연적으로 긴장 사태가 늘 존재하게 될 것입니다. 금세기, 19세기의 후반기 동안에도 역시 이러한 문제를 기상천외의 방식으로 처리하기 위해서 그런 기관을 확장시켰습니다. 기관들과 사회 그리고 의회의 법조항들이 노동에 관한 전반적인 문제, 주인과 고용인과의 관계를 처리해 왔습니다. 그럼에도 불구하고 여전히 그 문제는 고용주와 고용인 그리고 정치인들과 그 밖에 많은 분야의 사람들이 직면한 중대한 문제로 남아 있습니다. 우리는 이러한 상황에 놀라지 않아야 합니다. 왜냐하면 죄에 빠진 죄인은 본질적으로 자기 중심적이고 이기적이기 때문입니다. 그 사람이 어떤 위치에 처해 있든지 간에 그 문제는 모든 자들에게 해당됩니다. 그러므로 이러한 난관과 난제들과 긴장이 존재한다는 것은 피할 수 없는 것입니다. 다행히도 바울 사도는 우리를 위해서 그 문제를 다루는 수고를 하였습니다. 그것도 아주 세밀하게 말입니다.

　정말, 이 문제는 크며 함축적이고 매우 어려운 과제입니다. 그러므로 우리가 그것을 접근할 때 아주 세심한 주의를 요하는 것입니다. 나는 심사숙고를 위해서 일련의 몇 가지 요점을 재연하려고 합니다. 그 요점들 가운데 어느 것도 모든 것을 다 말하고 있지는 않다는 것을 기억하십시오. 모든 요점들이 각각 다른 것에 의해서 제한을 당할 것입니다. 주요한 문제는 그것이 사람들이 피차간에 상대방을 비난하는 슬로건 가운데서 너무 자주 오르내리는 것이라는 데 있습니다. 그러나 그 슬로건들은 어떠한 해결점도 주지 못합니다. 이 문제는 내내 이치에 맞게 처리되어야 하는 것이며, 성경적인 교훈의 충만한 빛 가운데서 아주 주의 깊게 숙고되어야 하는 것입니다.

　사도가 본문에서 말하는 바에 비추어 볼 때 나는 먼저 이 특정 문제에 주어진 기독교 교훈에 어떤 일반적인 특성들이 있음을 강조하는 일부터 해야겠습니다. 첫째로 그것은 아주 독특하다는 것입니다. 우리가 숙고하고 있는 것은 그 외의 다른 곳에서는 찾아볼 수 없는 것입니다. 그 교훈으로부터 빌어 왔기 때문에 그 교훈과 유사하게 보이는 다른 교훈들이 있습니다. 기독교 교훈에서 털어다 쓰는 많은 유형의 철학자들이 있습니다. 비록 그들이 그리스도인들은 아닐 망정 기독교 교훈의 어떤 국면들이 탁월하다는 것을 알았습니다. 그래서 그들은 그들 자신의 의도들에 맞추기 위해서 그것들을 빌어서 채용하였던 것입니다. 그러므로 기독교 교훈과 유사하게 보이면서 기독교 교훈에 있어서 사활을 좌우하는 핵심적인 것은 언제나 빠뜨리고 있는 교훈들이 있습니다. 그들은 이 교훈의 독특함을 확립하고 다른 모든 것과 본질적으로 다르게 만듭니다.

두번째 특징은 이 교훈은 우리가 그리스도인이니 우리는 우리 생(生)의 한가운데에서 현격한 변화를 겪었다고 하는 것을 가정합니다. 나는 이미 이 교훈이 세상을 향한 것이 아니라고 말씀드린 바 있습니다. 그리스도인들이 아닌 노동자들이나 고용자들의 모두에게 주는 것으로 생각하고 말하는 것은 전혀 무의미한 것입니다. 그렇게 하는 것은 우리가 중생을 믿지 않는다고 하는 것을 의미합니다. 그리고 사람이 본질적으로 죄의 결과로 전적으로 부패했다고 하는 것을 우리가 믿지 않는다는 것을 뜻하는 것입니다. 또한 그것은 사람이 본질적으로 자기 중심적이고 이기적이라는 사실을 인정치 않는 것을 지시하는 것입니다. 그러나 전체 성경 교훈은 그 전제에 기초하고 있습니다. 그러므로 이 서신들은 교회에게만 주어졌고 기독 교회의 성도들에게만 보내어졌습니다. 그 서신들은 일간지의 신문 기사와 비교될 수 없는 것입니다. 고대에 신문이란 없었습니다. 그러나 신문이 있었다 하더라도 이 서신들은 결코 그 신문에 실리지 않았을 것입니다. 이것들은 교회들을 위한 편지이고 교회 성도들과 그리스도인만을 위한 것이기 때문입니다. 다시 말해서 거듭난 자들을 위해서 새로운 본성을 가지고, 새로운 사고방식을 가진 "새 피조물" 된 자들을 위해서 주신 것이었기 때문입니다. "이전 것은 지나가고 새것이 되었다"는 것이 해당되는 자들에게만 필요한 것이었습니다.

사도는 에베소교인들에게 이 진리들을 처음으로 세상에서 상기시키고 있습니다. 그런 다음에 4장에서 그 모든 것을 요약하고 있습니다. 17절로부터 시작되는 말씀, 특히 "너희는 그리스도를 이같이 배우지 아니하였느니라"고 한 구절에서 그러합니다. 다시 5:8에 "너희가 전에는 어두움이더니 이제는 주 안에서 빛이라." 에베소교인들은 새로운 피조물이 되었습니다. 그래서 사도는 그의 교훈에서 그 점을 전제하는 것입니다.

    이 원리는 오늘날 특별한 의미를 가지고 있습니다. 자기의 이름과 발언이 지상에 계속 실리는 사람이 있습니다. 그들은 산업과 그와 유사한 문제들에 대한 기독교적인 관점을 잘 알고 있는 전문가들로 인정을 받고 있습니다. 그러나 그들의 진술은 자주 내가 제시한 원리를 그들은 전혀 포착한 적이 없다는 사실을 드러내곤 합니다. 그들은 기독교를 있는 그대로의 세상에 제시될 수 있는 교훈이라고 보는 것입니다. 그들은 사람들에게 그 기독교 교훈을 실천에 옮기라고 합니다. 그럼으로써 그들은 기독교의 제1원리를 부정하는 것이 되며 헛수고를 하는 것이 됩니다. 그들의 노력은 결코 소원하는 결과를 거두지 못합니다. 우리 주님은 그런 사람들을 "그들은 이미 그들의 상을 받았다" 하였는데 그 상은 그들이 받은 인기입니다. 그러나 그들은 상황을 감지하지 못합니다. 사건의 과정이 어떠하든지 어떤 방도도 만들지 못합니다. 그러나 무엇보다도 그들의 생각들은 기독교 교훈의 전체 초석을 완전히 부정하고 있는 것입니다. 기독교 교훈은 그 사람 안에서 근본적이고 엄청난 변화가 일어났다는 것을 전제하고 전해지는 것입니다.

    그러나 셋째로 사도의 교훈은 좀더 나아가 그리스도인은 교리에 대한 지식을 가지고 있으며, 그 교리를 적용해 나갈 능력이 있는 자라는 것을 가정합니다. 기독교적인 삶에 관한 신약성경의 교훈에서는 그 지식과 능력을 전제합니다. 신약성경은 우리에게 다음과 같은 식으로 말하지 않습니다. "당신은 그리스도인으로서 어떤 문제들과 어려움들을 가지게 된다. 당신은 고용인으로서 어떻게 행동하고, 고용주로서는 어떻게 행동할까를 알고 싶을 것이다. 아, 그런데 오직 할 일은 '그것을 주께 맡기는' 것이다. 그것을 위해서 기도만 하시라. 그러면 주님은 당신에게 어떻게 행할까를 이르리라. 정말 그는 당신을 위해서 그것을 하실 것이다." 그러나 그것은 신약성경의 교훈이 전혀 아닙니다. 신약성경에서 보면 무엇보다 먼저 교리와 교훈을 받게 됩니다. 그 다음에 그 교리와 교훈을 우리의 개개인의 처지에 응용해야 한다는 말씀을 듣게 됩니다.

우리가 그 교리를 알지 못하면 그것을 적용할 수 없는 것은 틀림없는 일입니다. 만일 우리가 교훈을 충분하게 이해하지 못한다면 우리는 그것을 실천에 옮길 수 없습니다. 무엇보다 먼저 우리는 가르침을 받게 됩니다. 우리는 반드시 그것을 받고 이해해야 합니다. 그 다음에 우리는 "자, 이제 이것에 비추어 볼 때 내가 할 일은 바로 이것이다"라고 말하게 되는 것입니다. 그것이 성화에 대한 신약성경의 교리입니다. 그리고 우리가 여기서 보는 바는 우리가 성화되고 있다는 것을 어떻게 실천적인 방법으로 보여 줄 것인가에 대한 한 가지의 실례에 불과한 것입니다. 이 "종과 상전"의 문제에서 성화된 삶은 그러하다는 것입니다. 그러나 교리에 대한 지식과 믿음이 없이는 그 일은 될 수 없습니다.

내가 마지막으로 다시 한 번 제시하는 보편적인 관찰은 교훈의 균형성과 공평성입니다. 그 교훈은 종들로부터 시작합니다. 사도는 매경우마다 소위 복종할 자리에 있는 자부터 시작했다는 것입니다. 아내는 남편에게 복종하고 자녀들은 부모들에게 복종하고 좋은 육신의 상전들에게 복종합니다. 그러나 사도는 양편을 기술하는 데에 얼마나 세심한 주의를 기울이는지요! 불공평, 불균형이란 조금도 없습니다. 남편들도 아버지들도, 상전들도 그들의 의무가 어떠한 것인가를 듣게 합니다. "그리고 상전들아 너희도 저희에게 이와 같이 하고 공갈을 그치라 이는 저희와 너희의 상전이 하늘에 계시고 그에게는 외모로 사람을 취하는 일이 없는 줄 너희가 앎이니라." 내가 여러분에게 균형에 대해 생각하게 하는 것은 그것이 이 교훈의 위대한 영광 가운데 하나이기 때문입니다. 이 교훈을 그처럼 유별나게 만드는 것은 바로 그 점입니다.

성경에서 이와 같은 균형을 유지하는 다른 교훈은 없습니다. 내게 있어서는 바로 그것은 진실로 하나님의 말씀이라고 하는 데 대한 충분한 증거가 됩니다. 하나님은 우리 모두를 내려다보시되 우리가 그렇게 많이 만들어 놓은 모든 구분과 구별을 보고 계시는 것입니다. 하나님은 그 모든 것을 알맞은 수준에 놓고 우리에게 바른 시야를 제시하여 줍니다. 그 시야에는 모든 것이 하나님 아래 있습니다. 그래서 우리는 커다란 문제에 접하게 된 자신들을 발견할 것입니다. "종들"(servant) - 우리는 이 말을 어떻게 해석해야겠습니까? 이 점에서 우리의 번역들이 무언가 불안한 느낌이 듭니다. 그 번역들은 우리에게 어휘 의미에 대한 참된 느낌을 주지 않습니다. 그 말은 사실상 "노예"들을 의미합니다. 노예들! 사도는 여기서 임금을 받고 고용된 종들의 경우를 다루고 있는 것이 아닙니다. 그 당시 문명 이전 세계에서는 임금을 받고 고용된 종들이 있었습니다. 삯을 받고 고용된 하인이 있었던 것입니다. 그러나 사도가 여기서 다루고 있는 것은 우선적으로 그런 종들이 아닙니다. 노예들을 다루고 있는 것입니다. 노예제도는 바울이 살던 시대에 보편적인 것이었습니다. 그리고 초대 교회의 성도들 가운데 많은 자들이 문자 그대로 노예들이었습니다. 사도가 사용한 단어가 바로 그 점을 충분하게 증거해 주고 있습니다. 그는 고용된 종들을 가리키는 말이 아니라, 언제나 노예들에게 쓰여졌던 어휘를 썼던 것입니다.

그러나 의심이 가거든 8절의 말씀을 보시고 그 의심을 거두시기 바랍니다. "이는 각 사람이 무슨 선을 행하든지 종이나 자유하는 자나 주에게 그대로 받을 줄을 앎이니라." "종"은 노예요, "자유하는 자"는 자유민을 의미합니다. 이와 같이 노예와 자유민 사이에 대조점이 있습니다. 다시 말해서 사도는 여기서 특별히 노예제도의 문제를 아주 한정적으로 다루고 있습니다. 그리고 노예가 자신을 어떻게 행동할까에 대해서 다루고 있는 것입니다. 우리가 이 문단을 파헤쳐 나감에 있어서 즉각적으로 부딪히는 문제는 노예제도의 문제입니다. 특별히 노예제도에 대한 성경의 교훈이 무엇인가 하는 문제에 부딪히게 되는 것입니다.

우리가 지금 극히 곤란하며 논란이 심한 주제를 살펴보고 있다고 내가 말할 필요조차 없습니다. 자기들이 그리스도인이 아닌 주요 이유는 노예제도에 대한 성경의 특히 신약성경의 태도라고 말하는 사람들이 있습니다. 그들은 그것은 비난받기에 족하고 그래서 자기들은 그것과 아무런 관계를 맺을 수 없다고 주장합니다. 그것은 흔히 많은 그리스도인들을 크게 당황케 하는 하나의 원인이 되어 왔습니다. 160여 년 전 윌버포스(Wilberforce)가 해외에 있는 영국 영지에 있어서 노예제도를 폐지해야 한다는 캠페인을 벌였을 때 그가 얻었던 위치가 어떠했었던가를 상상해 보십시오. 1860년대에 미국의 남북전쟁이 바로 이 문제에 있었다는 것을 생각하면서 그 당시로 되돌아가 보십시오. 거기서 여러분은 즉각적으로 이 문제가 정말 얼마나 교묘하고 어렵고 함축적인 문제였던가를 보게 됩니다. 아직도 이 문제에 관해서 많은 혼란이 야기되고 있습니다. 그러나 나는 그 문제를 살펴봄에 있어서 우연히도 거기에 관계된 여러 문제들을 역시 살펴보게 된다는 것을 부언해야겠습니다.

우리는 그리스도인과 국가의 관계에 대한 전반적인 문제와 현재의 그리스도인과 노동, 작업과의 관계 등 전반적인 문제를 살펴보고 있는 것입니다. 특별히 그리스도인과 노동조합주의와의 관계의 전반적인 문제를 살펴보고 있습니다. 그리스도인의 사회 조건에 대한 자세, 정치와 개혁 그리고 가능한 혁명과 폭동 등에 어떠한 태도를 가져야 하는가를 알아보고 있는 것입니다. 그것이 모두 여기에 함축되어 있습니다.

신약성경은 위대한 원리들을 취급합니다. 그것은 우리의 주의를 집중시킵니다. "예, 좋아요. 신약이 노예제도를 다룬다 해도 그것이 나와 무슨 상관이예요?" 하고 말하는 것은 어리석은 것입니다. 대답은 노예제도는 사람과 사람의 가능한 관계들 가운데 하나에 불과합니다. 그리고 사도가 관심을 두는 것은 다른 이에게 복종하는 처지에 있는 그리스도인들, 어떤 직장에 고용된 그리스도인들의 행위와 행실과 자세입니다. 그것은 더 나아갑니다. 우리는 모두 국가에 대해 복종적이고 사회법률과 사회 조건들에 대해 복종적인 위치에 있습니다. 그러므로 우리가 이 주제를 참되고 철저하게 살펴보려 한다면, 이 주제는 우리를 여러 영역으로 이끌어 갈 것입니다.

여기서의 주제는 노예제도이고 한 그리스도인인 노예 자신을 어떻게 처신해야 하는가의 문제가 야기됩니다. 그가 스스로의 자유를 찾아나서야 할까? 그는 노예제도를 폐지하려고 애써야 할까? 이는 즉시 모든 다른 질문으로 인도됩니다. 생각할 수 있는 모든 고용 형태, 모든 유의 사회적이고 경제적인 관계로 건너가게 됩니다. 이것은 우리가 성경을 주신 데 대해 하나님께 감사해야 할 훨씬 더 큰 이유입니다. 이런 일들을 피상적으로 보는 자들도 있고, 그리스도인 되는 것이 나로 하여금 내가 노동조합에 가입해야 할지 어떨지를 결정하는 데 도움을 주지 못한다고 말하는 자들도 있습니다. 그들은 그 이유로써 고대에 노동조합이란 것이 없었으니 성경에도 노동조합에 관한 것은 없다는 것입니다. 그러나 그 문제를 지배하는 원리는 여기 바로 이 문항 속에 있습니다. 그러므로 우리의 임무란 그 문항을 이해하고 원리를 포착하는 것입니다. 그리하여 그것을 우리 자신들이 직면해 있는 문제의 특정 국면에 적용시켜 나가야 하는 것입니다.

　의심할 여지도 없이 이 온통 복잡한 문제를 접근하는 최선의 방법은 성경 전체를 통해서 그와 관계 있는 교훈을 한군데 모으는 것입니다. 예를 들어서 마태복음 22:15-21을 생각해 보십시오. 우리는 거기서 어떤 바리새인들과 헤롯당들이 우리 주님께 몰려 와서는 트집을 잡기 위해 질문을 던지는 것을 볼 수 있습니다. "우리가 국세를 가이사에게 바칠까, 바치지 말까?" 우리 주님의 답변은 "그 동전을 이리 가져오라." 그것을 보시고 나서 말씀하시기를, "이 화상이 누구의 것이냐?" "가이사의 것이니이다." 그는 결정적인 대답을 하셨습니다. "가이사의 것은 가이사에게" — 주님은 그들이 묻지도 않은 부분을 덧붙입니다 — "그리고 하나님의 것은 하나님께." 우리는 그들이 기이히 여겨 돌아갔다고 하는 말씀을 읽게 됩니다. 그들의 놀람을 족히 이해할 수 있습니다. 그들은 홍정을 붙였던 것보다 더 큰 것을 만난 것입니다. 그 교훈은 그들이 전혀 예기치 못한 것이었습니다.

　이 동일한 것에 대한 또 다른 아주 흥미 있는 실례가 있습니다. 자주 지나쳐 버리는 것인데 마태복음 17:24, 27에서 발견되는 것입니다. "그들이 가버나움에 이르니 반 세겔 받는 자들이 베드로에게 나아와 가로되 "너의 선생이 반 세겔을 내지 아니하느냐" 가로되 내신다 하고 집에 들어가니 예수께서 먼저 가라사대, "시몬아 네 생각에는 어떠하뇨 세상 임금들이 뉘게 관세와 정세를 받느냐, 아들에게냐 타인에게냐?" 베드로가 가로되 "타인에게니이다." 예수께서 가라사대 "그러하면 아들들은 세금을 면하리라." 그러나 우리가 저희로 오해하지 않도록 하기 위하여 네가 바다에 가서 낚시를 던져 먼저 오르는 고기를 가져 입을 열면 돈 한 세겔을 얻을 것이니 가져가서 나와 너를 위하여 세를 내라."

또 다른 중대한 진술은 로마서 13장 처음에 나오는 말씀입니다. "각 사람은 위에 있는 권세에게 굴복하라 권세는 하나님께로 나지 않음이 없나니 모든 권세는 다 하나님의 정하신 바라 그러므로 권세를 거스리는 자는 하나님의 명을 거스림이니 거스리는 자들은 심판을 자취하리라 관원들은 선한 일에 대하여 두려움이 되지 않고 악한 일에 대하여 되나니…." 그 다음 빌레몬서에서 바로 이 노예제도 문제를 아주 직접적이고 특별하게 다루고 있습니다. 베드로전서 2:13 이하에 역시 같은 문제, 같은 원리를 언급하고 있습니다. "인간이 세운 모든 제도를 주를 위하여 순복하되 혹은 위에 있는 왕이나 혹은 악행하는 자를 징벌하고 선행하는 자를 포장하기 위하여 그의 보낸 방백에게 하라." 그런 다음에 그는 "자유하나 그 자유로 악을 가리우는 데 쓰지 말고 오직 하나님의 종과 같이 하라 웃사람을 공경하며 형제를 사랑하며 하나님을 두려워하며 왕을 공경하라." 그리고 이 권세들에게 복종하라는 교훈이 전무후무하게 잔인한 폭군 네로가 황제로 있을 때 쓰여졌다는 것을 기억하십시오. 그리스도인은 네로에게까지라도 그러한 모든 권세자들에게조차도 복종해야 한다고 말씀하고 있습니다.

거기서 우리는 직접적인 교훈의 실례를 대하게 됩니다. 그러나 그에 첨가하여 간접적인 교훈도 있습니다. 예를 들어 다니엘서에 보면 우리는 다니엘의 행실에 관한 기사가 있습니다. 특별히 3장과 6장이 그러합니다. 예를 들어 사도행전 16장에서 아주 흥미 있는 응용적인 교훈을 대하게 됩니다. 사도 바울과 실라를 붙잡아 매를 때리고 차꼬에 채워 깊은 옥중에 가둡니다. 그런데 그 후에 상관들이 사람들을 보내어 이 사람들을 놓아주려고 하였으나 사도 바울은 그것을 거절하고 말하기를 로마 사람인 우리를 정죄하지 아니하고 공중 앞에서 때리고 옥에 가두었다가 이제는 가만히 우리를 내어 보내려느냐? 친히 그들이 와서 우리를 데리고 나가야 할 것이라고 따졌습니다. 그것은 이 전체 문제에 대해서 간접적인 정보를 제공해 주고 있습니다. 사도행전 25장에는 더 좋은 실례가 있습니다. 사도 바울이 가이사에게 상소(上訴)하는 장면인데, 바울은 로마 시민으로서 그렇게 할 권리를 가지고 있었고 그 권리를 사용했습니다.

우리가 성경에서 이 구절들을 살펴볼 때 나는 다시 한 번 어떤 보편적인 논평을 하기에 거북함을 느낍니다. 첫째로 성경에 이 주제에 관해서 직접적으로, 단 특별하게 다룬 교훈이 비교적 아주 적다는 사실로 어떤 충격을 받지 않았습니까? 그것은 주로 일반적인 교훈의 문제이고 이 문제를 지배해야만 하는 원리들을 설정하는 문제입니다. 그러나 성경이 그런 문제들에 대해서 더 이상의 관심을 기울이지 않는 것은 왜 그렇습니까? 왜 나이가 들어감에 따라 인간 생활에 나타나는 그 문제에 관해서 훨씬 더 많은 직접적인 교훈을 주지 않습니까? 왜 그 교훈은 그렇게 적습니까? 분명한 것은 성경 전체의 주요 관심은 하나님께 대한 인간의 관계에 있는 것이라고 대답해야 합니다. 그 모든 긴장과 강조는 바로 그 문제를 향해 주어진 것입니다.

주님께서 바리새인들과 헤롯당에게 하신 대답 가운데서 예증을 보기 때문에 그것은 그 경우를 의미있게 하는 것입니다. 바리새파와 헤롯파의 두 이단은 많은 경우에서 현대인의 전형적인 대표자들입니다. 그들은 묻습니다. "선생님, 가이사에게 세를 바치는 것이 가하나이까?" 오늘날 그 질문은 "교회가 인종차별에 대해서 무어라 해야 합니까?"입니다. 중제에 관해서 또 전쟁에 관해서는요? 실제적인 과제들은 그 형태를 바꾸었을지 모르지만 그 질문들의 뒤에 숨은 원리는 언제나 같습니다. 사람과 하나님과의 관계는 말도 하지 말라는 식입니다. 모든 다양성을 띠고 있는 그 주제는 언제나 사람과 사람과의 관계입니다. 인간의 권리, 사람에 의한 사람의 대우 등의 문제입니다. 주님의 대답은 역시 동일한 것입니다. 주님은 "그리고"를 도입하십니다 — 우리가 잊고 있었던 것, 이 특정 문제들에 관하여 우리를 혼란 속으로 이끌어 넣는 것 — '그리고 하나님의 것을 하나님께 드리라.' 그것은 성경의 전형적인 강조에 대한 완벽한 실례입니다. 성경은 인간이 하나님과 어떠한 관계에 있는가에 관심을 둡니다. 인간과 하나님의 관계는 성경의 대 메시지이며 첫째 메시지입니다.

또 다른 예화를 들어봅시다. 한 서기관이 우리 주님께 와서 물었습니다. "어느 것이 제일 되고 가장 큰 계명이니까?" 그는 바리새파 사람들이나 서기관들처럼 율법의 구체적인 것을 논증하는 데 많은 시간을 보냈던 사람이었습니다. 문제는 사실상 "십계명의 계명 중에서 어느 것이 가장 큰 것이냐?"는 것이었습니다. 어떤 자는 이것이라고 대답하고 다른 자는 저것이라고 하면서 논쟁은 끝이 없었습니다. 그 사람이 우리 주님께 와서 "당신은 어느 것이 가장 크다고 보느냐?"고 물은 것입니다. 우리 주님의 대답은 "마음과 영혼과 뜻을, 힘을 다해 주 너의 하나님을 사랑하라 이것이 제일 되고 가장 중요한 계명이다." 그리고 두번째는 "예, 그러나 그것은 두번째에 불과하니이다 이와 같으니 네 이웃을 네 몸같이 사랑하라." 주님은 두번째 것을 처음에 놓지 않습니다. 인간 관계들은 처음에 오지 않습니다. 성경에서 인간 관계가 처음에 온 적은 한 번도 없습니다. 언제든지 처음은 사람이 하나님께 가지는 관계입니다.

우리 주님은 모든 보잘것없는 율법적인 태도를 무너뜨린 것입니다. 주님은 말씀하시기를 바리새인들과 서기관들이 가지고 있는 문제는 "너희가 근채와 박하의 십일조를 드리면서 율법의 더 중한 것을 잃어버린 것이다"고 하였습니다. "하나의 믿는 자를 얻기 위해서 육지로 두루 다니…너희는 하나님의 사랑을 잃어버렸느니라." 그들은 성경 어디에서나 강조되고 있는 제일로 중요하고 중심적인 것을 놓쳐 버리고 있었던 것입니다.

마음에 이런 것을 염두에 두고 에베소서 6장의 본문을 다시 읽어보십시오. "종들아 두려워하며 떨며 성실한 마음으로 육체의 상전에게 순종하기를 그리스도께 하듯 하라 눈가림만 하여 사람을 기쁘게 하는 자처럼 하지 말고 그리스도의 종들처럼 마음으로 하나님의 뜻을 행하여 단 마음으로 섬기기를 주께 하듯 하고 사람들에게 하듯 하지 말라." 주님은 그 문제를 하나님의 차원으로 끌어 올려 우리와 그와의 관계를 생각케 한 것입니다. 상전들에게도 같은 것을 유의하여 말합니다. "저희 상전들아 너희도 저희와 너희의 상전이 하늘에 계시고 그에게는 외모로 사람을 취하는 일이 없는 줄 앎이니라." 그러므로 그 불변하는 법칙을 명심해 두십시오.

나의 두번째 논평은 오늘날 현실적인 사람들이 되라고 부르짖는 자들에 의해서 혐오를 당하는 것입니다. 성경에서 이 세상에서의 삶은 언제나 2차적인 중요성을 지닌 것으로 간주되고 있습니다. 이 세상의 삶은 순례길이나 여행에 불과합니다. 우리는 무엇입니까? "우리는 외인이요 순례자들이라"고 말합니다. 우리는 이 강조를 구약성경 전체에서 발견합니다. 그것은 히브리서 11장에 장엄하게 요약되어 있습니다. 히브리서 11장은 위대한 성도들과 믿음의 영웅들을 그리고 있습니다. 히브리서 11장의 말씀은 이 사람들이야말로 "하나님이 건축자가 되신 한 성을" 기재하고 있었다고 말하고 있습니다. 그들은 나그네들이었습니다. 모세가 "상 받을 것"에 눈을 둔 것은 바로 그 때문이었습니다.

그래서 그는 "잠시 죄악의 낙을 누리는 것보다 그리스도와 하나님의 백성들과 함께 고난받기를 더 좋아했습니다." 이들 성경의 인물들은 이 세상의 삶에 대하여는 아주 느슨하게 마음먹었습니다. 그들은 이 세상에서 정착하길 원치 않았습니다. 그리고 그들은 꼭 다른 데로 가야만 한다는 것을 알았습니다. 문제 되는 것은 다른 영역이고 계산되는 것은 다른 영원한 세계입니다. 이 교훈은 신약의 어디서나 발견되는 진리입니다. 우리 주님의 교훈은 그것으로 충만합니다. 서신들에서 그것을 발견할 것입니다. 예를 들어서 "위엣 것을 생각하고 땅엣 것을 생각지 말라"(골 3:2). 그것은 역시 요한계시록의 위대한 테마입니다.

이것을 기억하는 것은 우리에게 아주 중요한 것입니다. 왜냐하면 그것이 노예제도와 이들 다른 문제들에 관한 성경의 교훈을 지배하는 원리이기 때문입니다. 중심원리는 하나님과 인간의 관계입니다. 그리고 이 현재 삶은 지나가고 잠깐 동안 계속된다고 하는 관점이 주도적인 원리입니다. 물론 그렇다고 해서 이 세상에서의 삶이 무시되어도 좋다는 말이 아닙니다. 또한 이 세상의 삶은 전혀 중요성을 가지지 않은 것으로 묵살되어야 한다는 것을 뜻하지도 않습니다. 그리스도인은 반드시 수사(修士)나 은자(隱者)나 은둔자여야 한다든지, 그리스도인은 세상에서 자신을 격리시켜야 한다는 것을 의미하는 것은 더욱 아닙니다. 그것은 물론 그 교훈에 대한 완벽한 오해입니다. 그러나 그것은 우리가 이 생을 처음에 놓아야 한다는 것을 의미하지는 않습니다. 우리는 이 세상을 생각하지 않는 것입니다. 이 세상은 오직 또 다른 세계에 비추어서 생각되고 이해되어야 합니다.

우리는 영원의 순례자들입니다. 우리는 "하늘의 식민"이요, "우리의 시민권은 하늘에 있습니다." 우리는 그 하늘에 속해 있는 것입니다(빌 3:20-21). 우리는 아직 이 세상에서 살고 있습니다. 그러나 우리의 참된 본향은 저 세상에 있는 것입니다. 우리의 관심의 초점은 거기이며 우리를 다스리는 보좌는 하늘에 있습니다. 이와 같은 죄에 우리가 이 중심 원리 - 하나님과의 관계에서의 인간과 세상에 대한 인간의 올바른 관계 - 를 붙잡는 것보다 더 중요한 것이 없는 줄로 압니다. 이 세상과 사람은 2차적인 것이지 우선적인 것이 아닙니다. 하나님과 하늘이 첫째이며 "그 영광"이 첫째입니다. 이 생은 잠정적이고 예비적이고 비영구적인 것입니다. 우리는 계속 옮겨가고 있습니다. 우리는 이 세상을 무시하지 않고 세상을 도피하려고 시도하지 않습니다. 그러나 우리는 세상의 바른 위치, 즉 종속적인 위치에 있어야 하는 것입니다. 우리가 이 교훈을 이해할 수 있는 오직 그 원리에 비추어 볼 때만입니다.

앞에서 진술한 것으로 연역에 볼 수 있는 것은 이 특별한 강조가 언제나 교회와 교회의 교훈의 제1차적 특징이어야 한다는 것입니다. 교회의 임무는 성경을 강해하는 것입니다. 그리고 이것들은 우리가 성경에서 얻는 주도적인 원리들입니다. 그러므로 그 원리들은 설교할 때나 교회 교육을 할 때 반드시 지배적인 원리들이 되어야 합니다. 교회의 제1차적인 임무는 이 세상의 조건들을 다루는 것이 아니고 그 조건들에 대한 그리스도인의 관계를 다루고 그 세상의 조건들 가운데서 그리스도인의 관계와 세상에서 그리스도인이 취할 행동을 다루는 것입니다. 성경은 언제나 그의 주요하고 제1차적인 강조점을 하나님과의 관계에서 사람이 어떠한 위치에 있는가에 대해서, 또한 지나가는 이 세상에 대한 잠정적인 관계에 그 강조점을 두고 있습니다. 교회도 그와 같은 식으로 강조점을 두어야 하는 것입니다.

교회는 이 세상에 있는 그러한 조건들을 다룸으로 인하여 시간과 정력을 낭비해서는 안 됩니다. 그것이 교회의 제1차적인 임무는 아닙니다. 그리고 교회가 초대 기독교시대에서 그 일을 교회의 임무로 간주하지 않았다고 하는 것을 주목하는 것은 흥미로운 일입니다. 신약성경에서는 노예제도마저 어떠한 저항감이 없습니다. 되풀이해서 말씀드립니다만 교회의 임무란 그러한 조건들을 취급하는 것이 아니고, 그리스도인이 그러한 기존하는 상황 가운데서 어떻게 일해 나가야 하는가 그 방법을 다루고 있으며, 어떤 식으로 행동하고 자신을 보호하는가 그 방법을 취급하는 것입니다. 나는 오늘날 교회가 이런 모양인 것이 이 원리를 망각해 버렸다는 사실에 아주 크게 기인하고 있다고 주장합니다. 논란을 벌이고 싶은 심정은 추호도 없습니다. 나는 단지 성경을 파헤치고 있을 뿐입니다.

그러나 성경에서는 소위 주의 집에서 영적인 주교라는 개념을 뒷받침할 만한 근거가 없습니다. 나는 성경에서 감독이나 대주교들이 하나님의 집에서 권좌를 차지하고 정치적, 사회적 사건이나 상황에 대한 논란에서 한몫을 담당해야 한다는 성경적인 근거를 발견할 수 없습니다. 나는 서둘러서 다음의 것을 덧붙여야겠습니다. 정치와 경제와 사회 문제에 관해 설교하는 데 자기들의 시간을 바치는 자유 교회나 비국교파의 목사들에 대한 근거도 성경에서는 발견되지 않습니다. 두 무리가 다 잘못되어 있습니다. 그리고 같은 면에서 다 잘못되어 있습니다.

교회의 임무란 우리 주님께서 그러하셨듯이 사람들로 하여금 그들과 하나님과의 관계를 부단히 상기하도록 하는 것입니다. 사람들이 자기들의 문제를 가지고 우리에게 올 때 우리가 할 일은 강조점이 하나님께 있으며, 하나님과 그들의 관계가 우선해야 한다는 것을 알아서 이 현재의 삶과 세상을 향하여 그들의 바른 태도로 그들을 가르치는 것입니다. 오늘날 세상의 비극은 주로 대다수의 사람들이 세상의 병은 세상의 이교주의와 세상의 불경건한 불신앙에 기인하고 있다고 하는 것을 알지 못하고 깨닫지 못하는 데 있습니다. 영국과 다른 모든 나라 사람들은 하나님도 잊고 그들과 하나님의 관계도 잃어버렸습니다. 상황이 그러한데 교회가 제2차적인 문제들, 지나가는 문제들, 다만 성경에서 부수적으로만 다루는 문제들, 그리하여 위대한 보편 원리들에 대한 예증으로써 다룬 문제들을 취급하는 데만 거의 모든 시간을 보내고 있습니다. 소위 교회 지도자들이 우리 주님께서 아주 종속적인 위치에 둔 이들 다른 일들에 대하여만 늘 말하고 있는 동안 인간의 가장 중추적인 필요성이 태만에 의해서 지나쳐 버린다고 하는 것은 비극이 아닙니까?

우리가 구체적인 교훈을 다룰 수 있기 전에 언급해야만 하는 하나의 다른 일반적인 국면이 있습니다. 그리스도인들로서 말하자면 세상에서 떨어져 나가려고 시도하는 사람들이 있습니다. 그리스도인이 어떤 지방선거나 총선거에 투표권을 행사하는 것은 그릇된 것이라고 말하는 사람들이 이전에도 있었고 지금도 있습니다. 그들도 그리스도인이 지방자치나 국가적인 수준에서의 정치에 참여하는 것은 죄로 여깁니다. 그러한 자세는 그 교훈을 철저하게 오해한 처사입니다. 그것은 내가 언급해 온 다른 오류들만큼 나쁩니다. 그것은 성경의 완벽한 균형에서 떨어져 있는 것이기 때문입니다. 우리는 세상 밖으로 나가지 않아야 합니다. 그러나 이 세상의 시민 됨을 멈추지 않고 우리가 이 세상에 있을 동안 시민으로서의 어떤 기능을 수행해야 합니다. 그리고 우리는 늘 바른 위치를 지켜야 합니다. 그것은 우선의 문제입니다. 무엇이 먼저고 무엇이 나중인지의 문제입니다.

우리가 알아본 것을 요약하면 다음과 같습니다. 그 주제는 너무나 많은 난관과 복잡미묘함으로 둘러싸여 있기 때문에 그것에 안전하게 접근하는 유일한 방법은 성경을 유의하여 살펴보고 그 모든 것을 함께 가지고 다니면서 성경과 성경을 비교함으로써 성경의 문맥으로부터 한 본문을 탐색하는 것입니다. 그런 다음에 다른 모든 진술들을 함께 모아보는 것입니다. 그렇게 해서만이 성경적인 교훈의 위대한 원리들을 발견할 수 있는 것입니다.

만일 우리의 첫째 되고 주요한 관심이 우리와 하나님과의 관계에 있다면, 우리가 이들 다양한 문제들에 대해서 무엇을 믿든지 간에 다소 무관합니다. 만일 우리가 이 세상에서 우리의 삶을 잠시 잠깐 지나가는 덧없는 것으로 본다고 말할 수 없으면 우리는 그릇된 것입니다. 만일 우리의 생각이나 말에 있어서 어떤 모양으로든지 이 세상과 이 생이 우리의 전부라는 인상을 준다면 또는 이 생과 이 세상이 언제나 중심이 되어 있다면, 우리는 더 이상 신약성경의 입장에 놓여 있지 않은 것입니다. 어떤 문제들이 있습니다. 그때 우리는 그 문제들에 대해 무언가 해야만 합니다. 그리고 그 문제들에 대해서 어떤 관계인가를 우리는 깨달아야만 합니다.

그러나 우리가 성경이 교훈하는 방식으로 그렇게 하지 못하고 그것이 모두 덧없고 잠정적인 것이라는 것을 기억하지 못한다면 또한 진정으로 문제 되는 것은 우리가 역시 다른 세계에 속해 있다는 것을 기억하지 못한다면, 우리는 전혀 그리스도인의 입장에 서 있지 못할 것입니다. 그러므로 우리의 추론들도 거의가 확실히 잘못되어 갈 것입니다.

　이러한 것들이 말해진 이 마당에서 우리는 이제 우선적으로 노예제도에 관한 성경의 교훈을 숙고해 나갈 수 있게 되었습니다. 그러나 또한 응용을 통해서 다른 사람들과 관계하고 있는 이러한 처지들 중 어느 하나에 관해서도 숙고할 수 있게 된 것입니다. 즉, 고용과 국가 아래서 어떻게 할 것인지 등 그 밖에 어떠한 문제라도 다룰 수 있게 되었습니다. 그리고 우리가 반란이 한 번이라도 정당하고 정당시 된 적이 있는 것인지에 관한 문제도 의중에 간직하고 있어야 하는 것입니다. 지난 세기에 우리의 선조들은 이 문제들을 긴박하게 접해야 하는 사람들이 세상에는 많습니다.

　영국 내에서는 그 문제들이 그렇게 심각하지 않을 수도 있다는 사실이 그 문제들을 생각하지 않아도 된다는 이유는 되지 않습니다. 이 나라에서 그런 문제가 일어날 때 우리가 어떻게 할 것인가를 알아야 합니다. 어떤 경우에 있어서는 다른 자들을 도울 수 있어야 하는 것입니다. 여러분은 다른 나라들과 관련을 가지고 있어서 그들이 여러분에게 편지로 이렇게 문의해 올지도 모르는 것입니다. "당신은 그리스도인인데 내가 어떻게 해야 할지 말해 주시렵니까?" 우리가 그 질문에 대해서 스스로 대답할 수 있고 다른 사람들을 도울 수 있기 위하여 성경적인 교훈을 아는 것은 우리의 의무입니다. 하나님께서 우리에게 은혜를 주사 그런 일을 하게 하시어 그의 거룩한 이름의 영광을 찬미할 수 있기를 바라나이다.

# 제 23 장

# 그리스도인에게 우선적인 것

> 종들아 두려워하고 떨며 성실한 마음으로 육체의 상전에게 순종하기를 그리스도께 하듯 하여 눈가림만 하여 사람을 기쁘게 하는 자처럼 하지 말고 그리스도의 종들처럼 마음으로 하나님의 뜻을 행하여 단 마음으로 섬기기를 주께 하듯 하고 사람들에게 하듯 하지 말라 이는 각 사람이 무슨 선을 행하든지 종이나 자유하는 자나 주에게 그대로 받을 줄을 앎이니라 상전들아 너희도 저희에게 이와 같이 하고 공갈을 그치라 이는 저희와 너희의 상전이 하늘에 계시고 그에게는 외모로 사람을 취하는 일이 없는 줄 너희가 앎이니라(엡 6:5-9)

우리는 한 그리스도인이 그의 상전이나 고용주나 정부나 그 밖에 어떤 것에 복종함에 있어서 관계되는 성경 원리들의 요점을 생각해 보았습니다. 다음으로 우리는 교회의 임무란 정치적이고 사회적이고 경제적인 그러한 조건들을 해결하는 것이 아니라는 것을 기억하면서 그 원리들을 실제적으로 적용하는 문제를 숙고해 봅니다.

그러나 어떤 사람들은 이 점을 반대하여 "그러나 구약선지자들이 무엇을 말하는가? 언제나 이러한 실제적인 문제들과 조건들을 다루고 있었지 않았는가?"라고 반문합니다. 대답은 간단합니다. 이스라엘 국가는 곧 교회였습니다. 그때에는 국가와 교회간에 구분이 없었습니다. 교회와 국가가 하나였던 것입니다. 그러므로 선지자들이 국가에 대해 어떤 것을 말할 때, 그들은 하나님의 백성들, 믿는 신자들에게 말하고 있었던 것입니다. 교회의 임무란 언제나 교회 안의 조건들을 처리하는 것입니다. 선지

자들의 시대는 교회와 국가는 하나였고 정치적이거나 기타의 사건을 다루는 것은 교회의 임무이며 일이었습니다.

그러나 우리가 신약으로 넘어오는 순간 우리는 철저하게 다른 처지를 발견하는 것입니다. 신약에서는 교회가 세상에서 분리되고 세상에서 불러내어진 자들로 구성됩니다. 교회는 국가와 관계맺고 있었으나 이제는 더 이상 국가와 하나가 아닙니다. 우리가 이 구분을 지어 나가는 것은 중차대한 것입니다. 구약과 신약 사이에는 어떠한 충돌도 없습니다. 관심은 언제나 교회, 하나님의 백성 그리고 하나님의 백성들이 영원의 순례자들로서 하나님과 어떤 관계를 가졌는가에 주어져 있습니다.

그러므로 우리가 그로부터 미루어 생각되는 것은 교회의 첫번째 임무는 복음을 전하고 사람들을 인도하여 하나님의 지식에 이르게 하는 것입니다. 그리고 나서 그들에게 하나님의 백성들로서 하나님 아래서 자기들의 삶을 어떻게 영위하느냐는 것을 가르칩니다. 교회는 여기서 세상을 개혁하려 하지 않습니다. 왜냐하면 세상은 개혁될 수가 없기 때문입니다. 교회의 임무란 복음을 전하고 구원의 복음을 죄와 마귀의 세력과 지배로 눈먼 자들에게 전하는 것입니다. 교회가 정치나 경제의 문제 등에 깊숙히 개입하는 순간 교회는 복음화의 제1차적인 임무를 거스르는 일을 하고 있는 것입니다.

하나의 명백한 실례로서 교회와 공산주의의 경우를 생각해 보십시오. 공산주의를 탄핵하는 것이 기독교의 임무는 아닙니다. 실제로 현재 교회는 바로 그 일을 하느라고 많은 시간을 보내고 있습니다. 교회의 제1차적인 임무는 공산주의자를 복음화시키고 그들의 눈을 열어 그들이 회개하고 중생하도록 이끄는 것입니다. 어떤 입장이든 사람들의 정치적 관점이 어떻든 간에 그들이 공산주의자든 자본주의자든 우리는 그들 모두를 죄인으로서 인정해야 하는 것입니다. 그들 모두는 타락되었고 저주받았기에 개심하여 다시 거듭날 것이 필요합니다.

그러므로 교회는 세상과 세상 사람들을 바라볼 때 비그리스도인과 전적으로 다른 방식에서 보는 것입니다. 만일 교회가 공산주의를 타도하는 데 시간을 허비한다면 공산주의자들 사이에서의 복음의 문을 가능한 한

단단히 닫아 두는 것입니다. 공산주의자들은 이렇게 말할 것입니다. "당신들의 기독교는 반공이라 하고 자본주의자들을 치켜 세우는 일 외에는 아무것도 아니한다. 난 기독교의 메시지를 듣지 않겠다." 그리하여 그에게 전도할 수 없게 되는 것입니다. 교회는 정치적인 문제나 또 다른 입장들을 직접적으로 다루어서는 안 됩니다. 교회는 그들이 어떠한 자들이건 간에 죄 아래 있는 모든 자들에게 복음을 전하여 그들에게 그리스도를 아는 데로 인도하는 것을 임무로 삼아야 하는 것입니다. 교회는 그의 제1차적인 임무가 손상당하거나 장애를 받거나 교회 자신이 그가 하고 있어야 한다고 외치는 바로 그 일에 대해 문을 닫지 않기 위하여 그런 구체적인 것들로 나아가지 않도록 해야 합니다. 성경적인 교훈으로부터 그런 추론이 나오는 것입니다. 우리는 언제나 사도가 본문에서 행하고 있는 것과 주님께서 친히 하신 것과 신구약을 막론하고 성경기자들과 교사들이 하는 바로 그 일을 해야만 하는 것입니다.

그러나 이 모든 것으로부터 추론하는 보다 구체적인 원리들은 무엇입니까? 첫번째 원리는 기독교란 분명히 현존하는 사회, 정치, 경제조건과의 관계를 폐지하지 않는다는 것입니다. 초대 교회 성도들 가운데 얼마가 바로 이 점에서 실수를 하였고 아직도 그 실수를 범하는 자들이 있습니다. 여전히 어떤 초대 교인처럼 어느 누가 일단 그리스도인이 되면 그는 더 이상 그리스도인이 아닌 자기의 아내에게 매여 있지 않게 된다고 생각하는 자들이 있습니다. 바울이 고린도전서 7장을 써야 했던 것이 바로 그 때문이었습니다. 그런 일은 남자나 여자의 양편에서 모두 일어났습니다.

예를 들어 남자가 이런 식으로 주장합니다. "우리는 믿지 않았던 이교도 시절에 결혼했어요. 그러나 난 이제 그리스도인이 되고 모든 것이 달라졌어요. 내 아내는 그리스도인이 아닙니다. 그러니 난 더 이상 그녀에게 매여 있지 않습니다. 그것이 내 믿는 생활을 방해하니까요." 여자의 주장도 비슷합니다. 중생한 자는 중생치 못한 반려자를 떠나는 경향이 있었던 것입니다. 그러나 사도는 그들에게 편지를 써 그렇게 하지 말라고 했던 것입니다. 그와 같은 식의 행동으로 기울어지던 자녀들도 있었습니다. 그들은 중생을 했으나 그들의 부모들은 여전히 이교적입니다. 그래서 그들은 말합니다. "물론 우리 부모는 더 이상 우리에 대해 어떤 통제도 할 수 없어요. 그들은 이해하지 못하고 이교도들이에요! 그러므로 우리는 더 이상 그들에게 복종해서는 안 되고 그들의 말을 들어서는 안 돼요." 그러나 바울은 그들에게 그렇게 하지 말라고 가르칩니다.

그것은 역시 종들에게도 문제였습니다. 그들의 상전들에 대한 관계에 있어서 어떻게 할까? 우리는 데살로니가후서 3장에서 일하기를 중단한 그리스도인들이 있었다는 것을 발견하게 됩니다. 그들은 주장하기를 자기들은 이제 새로운 세계에 처해 있으니 주의 재림을 고대하는 데 시간을 보내겠다는 것입니다. 그래서 그들은 매일 하는 일을 포기하고 하늘만 쳐다보면서 주의 나타나심만 기다리고 있었던 것입니다. 사도는 그들에게 "일하지 않는 자는 먹지도 말라"는 것도 명백히 말해 두어야 했던 것입니다. 그들이 그러고 있었던 것은 기독교를 완전히 오해하고 있던 데에 기인한 것입니다.

종들과 상전들의 관계에 있어서의 추세는 주의 보시기에 우리 모두 동등하다는 사실을 통하여 나쁘게 주장하려는 것입니다. "사도 바울은 유대인이나 헬라인이나 종이나 자유자나 그리스도 예수 안에서는 하나라고 말하지 않느냐?"고 말합니다. "우리는 모두 이제 동등하다. 거기엔 남자나 여자나 차이가 없다. 그러니 여자들도 복음의 목사들이 되어서 설교하게 하라. 또한 더 이상 종들은 그들의 상전들에게 복종할 필요가 없다. 우리가 그리스도인이라고 하는 사실은 옛 관계들을 폐지시킨 것이다." 기독교의 완벽한 오해여! 사도가 가르치고 있는 것은 구원의 가능성의 입장에서 볼 때는 차이가 없다는 것입니다. 그러나 사회질서를 무시하는 것이 아닙니다. 그것은 남자와 여자 사이의 선천적인 차이에 있어서나 다른 여러 관계들을 폐지하는 것이 아닙니다.

기독 교회 역사는 사람들이 바로 이 오류에 부단히 빠져 왔음을 보여줍니다. 재세례파로 알려진 이단은 16세기에 일어났는데 바로 그 이단이 이 오류에 빠져 그리스도인들은 국가와 아무런 관계도 가지고 있지 않다고 주장했습니다. 그들은 모든 국면에서 세상과 관계를 끊고 격리되기를 노력했습니다. 아직도 그런 방향으로 기울어지는 사람들이 있습니다. 어떤 이는 그리스도인이 세금을 내는 것은 나쁘고 정치에 참여하는 것도 나쁘다고 생각합니다. 그들은 선거에서 투표권을 행사하지 않습니다. 이제 이 첫째 원리 — 즉, 우리가 그리스도인이 되었다는 사실이 국가와의 관계를 끊고 사회, 정치, 경제의 모든 환경과 관계를 없애버리지 않는다고 하는 점을 알지 못한 데서 모든 잘못된 것이 기인합니다.

사도는 여기서 우리가 그리스도인 되는 것이 심지어 노예신분을 자동적으로 벗어 버리는 것이 아니라는 말까지 합니다. 그는 노예들에게 너희가 그리스도인들이니 이전 조건은 폐지되었다고 말하지 않습니다. 실제 그는 정반대로 말합니다. 노예들은 전과 같이 계속 나아가야 한다는 것입니다. 그러나 사도가 여기서 가르치는 새로운 입장과 자세를 가지고 해야 하는 것입니다. 빌레몬서는 정확히 이와 동일한 것을 가르칩니다. 그러나 아마도 가장 명백한 진술은 고린도전서 7:20-24에서 발견됩니다. "각 사람이 부르심을 받은 그 부르심 그대로 지내라 네가 종(노예)으로 있을 때 부르심을 받았느냐 염려하지 말라 그러나 자유할 수 있거든 차라리 사용하라 주 안에서 부르심을 받는 자는 그리스도의 종(노예)이 되지 말라 형제들아 각각 부르심을 받은 그대로 하나님과 함께 거하라." 이 말씀은 이 전체 문제에 대한 고전적인 진술입니다. "너희가 노예로 있을 때에 부르심을 받았느냐 염려하지 말라." "너희의 생애에 있어서 그런 일을 큰 것으로 만들지 말라 그것에 대해 근심하지 말라 그런 문제에 온통 관심을 두지 말고 그것이 생각의 중심이 되게 하지 말라"는 것입니다. "그것으로 염려하지 말라 그러나 자유할 수 있거든 차라리 그것을 사용하라." 우리가 그리스도인이 되었다고 해서 그것이 사회, 정치, 경제 조건에 대한 우리의 관계를 폐하지 않습니다.

두번째 원리는 대뜸 가장 의아스럽게 들리는 것입니다. 기독교란 이러한 상황들에 대한 우리의 관계를 변화시키지 않을 뿐 아니라, 직접적으로 노예제도 같은 것을 죄스런 것으로 정죄하기조차 하지 않는다는 것입니다. 이것은 많은 사람, 특히 지난 세기 동안에 많은 사람들에게 지침돌이 되었습니다. 사람들은 노예제도는 극히 나쁘고 죄악적인 것이니 기독교는 필연적으로 그것을 비난해야 한다고 주장합니다. 그들은 현 시대의 여러 가지 것들에 관해서도 같은 방식으로 주장합니다.

예를 들어서 전쟁과 싸움 등에 대해서 말입니다. 그들은 이렇게 말하지요. "그러나 그것은 명백하다. 누구나 그것이 나쁘다는 것을 알 수 있다. 그리스도인의 이단자들조차도 그것을 알 수 있다. 공평과 정의의 정신이나 인간의 존엄을 아는 자마다 그것은 아주 잘못되어 있음을 즉시 알아야 한다." 그러나 분명한 것은 성경이 그런 노예제도 같은 것을 그렇게 직접적으로 비난하지 않는다는 것입니다. 만일 성경이 그렇게 한다면 바울도 여기서 그렇게 말했을 것입니다. 바울은 빌레몬서를 쓰면서 그렇게 말하지 않았습니다. 어디에서든지 그런 식의 직설적인 방법으로써 말한 적이 없다는 것입니다. 우리 주님도 마찬가지입니다.

이 점은 단순한 자연인은 도저히 이해할 수 없는 것입니다. 그리고 오늘날의 합리주의들이나 휴머니스트들은 이 점에 논박될 수 없는 요점을 가지고 있다고 생각합니다. 물론 그들의 태도에 대한 우리의 대답은 그들은 우리가 이미 전제해 놓은 이 두 위대한 원리들을 알기조차 한 적이 없다는 것입니다. 그들에게 근본적으로 문제 되는 것은 하나님에 대한 관계라는 것을 알지 못합니다. 그리고 일단 사람이 그것을 알게 되면 그 밖에 모든 것, 노예제도를 포함한 모든 것이 그에게 달라지게 된다는 것입니다. 그가 아직 노예라 할지라도 그는 전에 가졌던 것과 같은 관(觀)을 가지지 않습니다. 그는 이제 "그리스도의 자유인입니다." 그들의 모든 생각이 잘못되는 것은 이들 휴머니스트들이 초자연과 영적인 면에 눈멀었기 때문입니다. 그들은 오직 이 세상, 이 생밖에는 보지 못하는 것입니다.

그리스도의 생각은 모든 점에서 자연인의 생각과는 같지 않습니다. 그렇기 때문에 자칭 그리스도인이라고 하는 자들이 합리주의적인 비그리스도인들과 짝하며 그들의 활동에 참여하는 것을 보는 것은 비극이 아닐 수 없는 것입니다. 전체적인 접근방식과 생각하는 모든 분위기가 전혀 다른 것입니다. 다음에 우리는 기독교란 노예제도 같은 것을 직접적으로 정죄하지 조차 않는다는 것을 압니다. 그리고 노예제도가 수세기 동안 존속했던 이유가 바로 거기에 있음을 의심할 수 없습니다.

세번째 원리로 나아가 보십시다. 기독교는 노예제도를 너그럽게 보아

주지도 그것을 정당하다고 하지도 않습니다. 이 점에서는 더욱더 오해가 많습니다. 기독교란 "현상"을 인정하는 데 불과하다고 생각했던 그리스도인들이 있었습니다. 현 시대에 로마 카톨릭의 함정에 빠져 있는 자들의 눈멀음에 놀라지 않을 수 없습니다 ― 로마 카톨릭은 공산주의와 싸우고 있습니다. 모든 프로테스탄트들과 명목상 기독교를 이용하는 모든 자들에게 그들과 함께 그 일을 할 것을 초대하고 있습니다. 초청장을 받는 자들은 로마 카톨릭이 주로 로마 카톨릭의 전체주의 형태를 방호하는 데 주 관심이 있다는 걸 알지 못합니다. 그것은 단지 다른 체제에 반대하는 전체주의적인 체제의 경우에 불과하고 "현상"을 지키려는 시도에 불과합니다.

기독교는 결코 그렇지 않습니다. 기독교는 노예제도를 비난하지 않습니다. 그러나 그것을 좋게 봐주고 정당시하지 않습니다. 그렇다면 기독교의 태도는 어떠합니까? 나는 그것을 이미 말씀드렸습니다. 기독교가 관심을 두는 것은 예수 믿는 노예가 그의 주인에 대해서 어떤 식으로 처신할까에 대한 것입니다. 기독교는 노예제도의 문제를 직접적으로 다루지 않습니다.

오늘날 문제는 기독 교회의 지도자들이 이러한 일들을 직접적으로 다루기 위해 많은 시간을 보내는 데 있습니다. 그들은 언제나 그런 문제들에 관해서 설교합니다. 그리고 시위하면서 메시지나 항의문을 정부로 보내기만 합니다. 직접적인 행동! 성경은 결코 그런 식으로 하지 않습니다. 성경이 극히 관심을 두는 것은 그 문제나 그 처지의 양편에 있는 그리스도인들이 어떻게 하는가에 있습니다.

이 교훈은 너무나 중차대한 교훈이기 때문에 그것을 좀 다른 방식으로 표현해야겠습니다. 기독교는 그러한 노예제도 같은 현실을 좋게 여겨주는 데 관심이 있지 않고 현 상태를 방호하지도 않습니다. 우리는 다양한 형태의 공격에 대항하여 서구 문명을 방호하는 것을 너무나 많이 듣게 됩니다. 그것은 전혀 잘못된 것입니다. 그리스도인으로서의 나는 서구 문명에는 관심이 없고 하나님의 나라에만 관심이 있습니다. 나는 철의 장막 속에 있는 사람들이 철의 장막 밖에 있는 자들과 같이 구원되어야 하는 것과 마찬가지로 구원받아야 할 것을 염려합니다. 우리는 그리스도로 인하여 구원 얻기 원하는 자들을 향하여 적대 입장을 가져서는 안 됩니다. 만일 우리가 우리의 모든 시간을 그들에 대적하여 말하는 데만 보낸다면 우리는 결코 그들을 얻지 못할 것입니다.

내가 소위 신경질적(감정적)인 설교를 한 적이 한 번도 없는 것은 그 까닭에서였습니다. 나는 술고래가 회심하는 것을 보기 원합니다. 우리의 임무란 술 먹는 것을 고발하는 것이 아닙니다. 가련한 술고래가 주 예수 그리스도를 믿게끔 하는 데 있습니다. 왜냐하면 그것만이 그를 구할 수 있기 때문입니다. 그리고 교회는 이 교훈을 잘못 취급하면 세부적인 것으로 빠져 버리곤 합니다.

같은 요점을 지적하는 또 다른 방식은 국왕들의 신성한 권리를 설교하는 것도 기독 교회의 할 일이 아니라는 것입니다. 교회가 그런 일을 했을 때가 있었습니다. 제임스 1세는 아주 빈틈없는 사람이었습니다. 그는 이렇게 말했습니다. "감독도 없고 왕도 없다!" 그래서 그와 국가 교회가 함께 서는 교회가 왕들의 신성한 권리를 방호해 주고 담장을 쳐주는 역할을 했습니다. 그렇게 함으로써 국가 교회는 그 전체 신분을 잃어버리고 거짓된 교훈을 말하고 있었습니다. 기독 교회의 임무란 어떤 특정 체제 - 정치, 사회, 경제 체제 등 - 를 변호하지 않습니다. 기독교란 노예제도를 비난하지는 않지만 노예제도를 좋게 보지는 않습니다. 기독교의 자세는 관조하며 원리에 관심을 갖는 것입니다.

이제 네번째 원리로 들어갑니다. 성경과 기독교는 그리스도인이 이런 일들에 대해서 어떤 식으로 처신해야 하는가? 이 같은 세상에서 어떻게 살아 나가야 하는지에 대해서 관심이 있습니다. 그것은 교훈의 진수입니다. 우리는 여기서 그것을 대하게 됩니다. 바울이 "종들과 상전들"에 대해서 얘기하게 되었을 때 바울은 노예 문제에 대하여 그리스도인으로서 그의 관점을 제시하기 시작합니다. "종들아 두려워하고 떨며 성실한 마음으로 육체의 상전에게 순종하기를 그리스도께 하듯 하라 눈가림만 하지 말고…." 다시 말해서 그의 하나의 관심은 그들이 그리스도인들로서 그런 상황에서 어떻게 처신할까에 대한 것입니다. 상전들에게도 마찬가지입니다. "상전들아 너희도 저희에게 이와 같이 하고 공갈을 그치라 이는 저희와 너희의 상전이 하늘에 계시고 그에게는 외모로 사람을 취하는 일이 없는 줄 너희가 앎이라." 그는 노예를 포기하라고 말하지 않습니다.

　　베드로전서 2장에서 같은 교훈을 대하게 됩니다. "사환들아 범사에 두려워함으로 주인들에게 순복하되 선하고 관용하는 자들에게도 그리하라." 그는 노예들이 그들의 주인들에게 일어나 반역하라고 말하지 않습니다. 성경은 그렇게 말하지 않습니다. 그러나 그리스도인이 자기의 신분을 확대해서는 안 된다고 주장하는 것은 매우 큰 흥미가 있는 것입니다. "자유하나 그 자유로 악을 가리는 데 쓰지 말라." 그것은 위험합니다. 그리스도인은 그의 그리스도인 입장을 그의 마음에 있는 악을 가지는 데 쓸수도 있습니다. 그 일은 자주 일어납니다. 도저히 그래서는 안 되는 일들이 기독교의 이름하에서 행해집니다. 그 일은 양편 모두에게서 일어납니다. 그것은 언제나 사람들과 상전들이 그들의 의무가 하나님께 있으며, 하늘에 있는 그들의 상전인 하나님께 있다는 것을 잊기 때문에 그런 문제들이 발생하게 되는 것입니다.

　　우리는 쉽사리 이런 문제들을 상세하게 확장시킬 수 있었습니다. 소위 노동하는 계급이 교회 밖에 있는 것은 빅토리아시대의 교회가 주로 고용주들의 교회였기 때문이라고 말하는 사람들이 많습니다. 영국의 어느 탄광지대를 가보면 보통 그렇게 말하는 것이 상례입니다. 그들은 지난 세기에 너무나 자주 같은 사람이 교회에서나 직장에서나 주인노릇을 하였고 수석 집사도 주로 직장의 경영자들이었다는 것을 상기하게 될 것입니다. 그렇기 때문에 그들은 기독교와 교회에 대하여 악감을 가졌다고 말합니다. 그것은 확실히 러시아에서 크게 만연되어 있었습니다. 러시아의 군주가 러시아 정교회의 밀접한 영향권 아래 있었습니다. 악한 수사(修士) 라스푸틴(Rasputin)이 왕가의 가족들을 조종하고 있었던 것입니다. 그리하여 러시아 사람들은 저 무서운 기독교의 남용을 몸소 겪게 되었던 것입니다. 그들은 기독교라고 하는 것을 내팽개쳤던 것입니다. 사실상 그들은 기독교의 가장 가공할 타락에 대해서 반대하고 있었던 것입니다. 그것은 전혀 기독교가 아니었습니다. 그러나 그런 일은 매우 잦았습니다. 그것은 양편에서 일어났습니다. 그리고 사도가 여기서 밝히고 있는 원리를 양편 모두가 다 사용하지도 못하고 이해하지도 못했기 때문입니다. 우리의 임무란 일차적으로 우리 자신들을 우리가 처해 있는 위치에 바로 관계시키는 것입니다.

로마서 13장에서 우리는 정확히 같은 교훈을 발견합니다. 사도는 그 말씀 속에서 그리스도인들은 "위에 있는 권세들에게 굴복하라 권세는 하나님께로 나지 않음이 없나니 모든 권세는 다 하나님의 정하신 바라…거스르는 자들은 심판을 자취하리라." 이 말씀들은 네로 관제의 권세 아래 있던 자들에게 쓰여진 것이었습니다. 그러나 그것은 그리스도인이 해야 할 일입니다. 그리스도인의 제1차적인 관심은 하나님과 그리스도의 종이 되는 것에 있습니다. 그의 지위와 환경이 어떠하든지, 그가 종이든 상전이든, 그가 왕이든 신하이든, 그것은 문제가 되지 않습니다. 그들 모두는 복종해야 하며 매경우에서 그들은 그리스도의 사람들로서 행동하고 있어야 한다는 것을 알아야 합니다. 그들은 우선적으로 상황이나 환경에 제1차적인 관심을 두지 않습니다. "영원의 순례자들"과 "외인들과 나그네들"로서 그들의 관심은 그들 하늘의 상전에게 진실하고 그들의 영구한 집을 위해 준비하는 것입니다.

그러나 나는 이제 다섯번째이자 마지막 원리로 나아가야겠습니다. 어떤 이는 이렇게 반문하실지 모릅니다. "그럼 좋아요, 조건들을 개선하는 것은 어떻습니까? 당신은 단지 현 상태를 방호하라고 말하지 않습니까? 당신은 그렇게 하지 않는다고 했지만 사실 그 일을 하고 있어요. 당신은 그리스도인이란 조건들에는 관심이 없고 그런 조건에서 그리스도처럼 행동해야 하는 것이라고 말하고 있습니다. 이 질문에 대한 대답은 아주 분명합니다. 조건들을 개선하는 데 관심을 가지는 것은 교회의 임무가 아닙니다. 교회의 임무란 언제나 내가 강해해 온 성경 원리들을 정립하는 것입니다. 교회는 환경이나 조건들을 직접적으로 손대서는 안 됩니다. 그러나 그 말은 동시에 개개 그리스도인이 나라의 시민으로서 조건들을 개선하는 데 관심을 가져서는 안 된다는 것을 의미하지는 않습니다. 내가 볼 때 구분하는 선이 있습니다. 그리스도 개개인은 법을 자기 손아귀에 넣고 행동해서는 안 됩니다. 그러나 그 말이 그가 속한 나라의 시민으로서 그와 다른 이들이 살고 있는 환경들과 조건들을 개선하는 데 참여할 권리가 있다는 것을 의미하지는 않습니다.

그것은 다음과 같은 식으로 되어 나갑니다. 기독교 메시지는 우선적으로 그리스도인을 내는 데 관심이 있습니다. 복음을 전하고 사람들로 하여금 죄를 깨닫게 하고 예수의 피로 그들을 불러내며 그들을 말씀 앞으로 인도하는 것입니다. 말씀에 의하여 성령의 능력으로 말미암아 거듭날 수 있고 그것은 사람들을 변화시킵니다. 그 다음에 그런 식으로 그들을 변화시킨 뒤 그것은 이 위대한 원리들을 가르쳐 나가는 것입니다. 그것은 교회의 직접적인 임무요 할 일입니다. 그러나 그렇게 할 때 교회는 그 밖의 것들을 간접적으로 하고 있는 것입니다. 그렇게 함으로써 교회는 그러한 사람들의 전체 품성을 감화하게 되는 것입니다. 그들의 이지와 생각과 그들의 이해력에 영향을 주게 되는 것입니다. 그리고 그런 일이 사람들에게 있기 시작하는 순간 그들은 사물들을 다른 방식으로 보기 시작하며, 그들의 생각을 일상 생활에 적용시키기 시작합니다.

내가 말하고 있는 것에 대한 한 실례가 백여 년 전의 복음 대각성시대에서 발견됩니다. 그 전까지 영국의 일반 대중들의 대다수는 무식하고 글을 몰랐으며 죄악과 불결의 생활을 하고 있었습니다. 그 사실을 일반 역사책에서 찾아볼 수 있습니다. 학교도 몇몇밖에는 없었습니다. 민중들은 무지하고 문맹자들이었고 어리석고도 큰 죄 속에 있었던 것입니다. 왜 지난 세기의 그런 상황이 이렇게 달라졌습니까? 기독 교회가 대 사회적이고 정치적인 캠페인을 벌여서 그렇습니까? 그렇게 설명할 수 없습니다. 그런 일들을 하려고 노력하였던 개개 교회 지도자들이 있었습니다.

그러나 그것은 아무런 가치있는 일도 가져오지 못했습니다. 조지 횟필드, 웨슬리 형제와 같은 자들의 불꽃 같고 끓어 오르는 전도열에 의해서 변화가 일어났던 것입니다. 상황이 바꾸어진 것입니다. 그들의 메시지는 무엇이었습니까? 횟필드나 웨슬리가 대중들에게 전도하지 않았습니까? 예를 들어서 브리스톨 가까이 사는 광부들에게 말입니다. 그들이 사회 조건이나 임금 또는 그들의 참상이나 노동시간에 대해서 말했습니까? 그 전도자들이 그들의 참상에 대해 항거하여 봉기하라고 추켜 세웠습니까? 그에 대한 답변은 그들의 일기에서 발견됩니다. 휫필드는 사람들로 하여금 자기들이 분노하시는 하나님의 손에 있는 죄인들이라는 것과 그런데도 하나님은 용서의 길을 제공하셨다는 것을 알게 하는 메시지를 전했던 것입니다. 그들의 영혼에 관해서 전도하였지 그들의 몸에 대해서는 하지 않았습니다. 그들의 환경이나 조건들에 대해서도 말하지 않았습니다.

존 웨슬리가 뉴캐슬과 타인의 중간 지역에 위치한 극빈 지역의 거리에서 처음 설교했을 때 그가 택한 본문은 이사야 53장이었습니다. "그가 상함은 우리의 죄악을 인함이라 그가 징계를 받음으로 우리가 화평을 누리고 채찍에 맞음으로 우리가 나음을 입었도다." 같은 일이 어디에서나 일어났습니다. 복음주의자들은 언제나 사람들의 처지를 취급하고 있었고 그들의 설교 결과 사람들이 변화되고 회개함을 받았습니다. 그들은 그리스도인들이 되었고 그들은 다시 났던 것입니다. 그 결과는 무엇입니까? 그들은 그들의 지성을 사용하기 시작했습니다. 그 전의 그들은 그 지성을 사용하지 않았습니다. 그리고 술을 마시고 결투 같은 잔인한 운동에 빠져 있었던 것입니다.

그러나 이제 영적으로 깨어나게 되었고 전인이 각성하게 되었던 것입니다. 그들은 자기들이 지성을 소유하고 있음을 알았습니다. 그들이 하고 싶었던 첫번째 일은 성경을 읽는 것이었습니다. 그러나 그들 중 많은 사람들은 읽을 수 없어 읽는 방법을 가르쳐 달라고 청했던 것입니다. 그들은 깨어나게 되고 밝아지고 인간에 관한 진리, 인간의 성품과 존엄에 대한 진리를 깨닫기 시작했던 것입니다. 그리고 그들은 더욱더 나아가 그들이 살고 있는 환경이나 조건들을 보기 시작했습니다. 그들은 그러한 상황들이 공정하고 의로우며 올바른지를 점검하기 시작했고, 그렇지 않다는 결론을 얻고는 그 조건들을 변화시키기 위한 강구책을 세워 나갔던 것입니다. 그것은 옳고 훌륭합니다. 그것은 철저하게 성경 교훈과 일치하는 것입니다. 성경의 교훈은 노예제도를 비난한지도 않고 감싸지도 않습니다. 성경은 사람들이 일어나서 그것을 변화시키기를 기대하지 않습니다. 또한 단순히 현 상태를 유지하라고 하지도 않습니다. 성경은 첫째로 인간 자신을 다루고, 그 다음에 이 교훈의 영향 아래서 새로운 이해력을 가지고 그 사람 자신의 처지를 점검해 보며 그것을 해결하기 시작하는 것입니다.

우리는 그것을 다음과 같은 식으로 요약할 수 있습니다. 교회는 이러한 변화들 가운데 어떤 것도 명하지 않습니다. 노예제도를 폐지하라는 말씀이 성경에는 하나도 없습니다. 그럼에도 급기야 그것을 폐지했던 것은 그리스도인들이었다는 것을 알고 있습니다. 그리고 그것은 성경 교훈과 정확히 일치합니다. 그렇게 하라는 명령은 전혀 없습니다. 성경은 이런 일들을 직설적으로 취급하지 않습니다. 사람들이 그리스도인들이 될 때 그들은 생각하기 시작하고 그 문제의 양면 모두를 생각하게 되는 것입니다. 나는 노동하는 사람들이 어떻게 생각하기 시작해야 하는가의 예를 제시했었습니다. 그러나 양편에 서서 윌리암 윌버포스(William Wilberforce)를 보십시오. 그는 온갖 사회 가운데서 태어난 건강한 사람이었습니다. 어째서 그는 노예제도의 문제에 관심을 갖게 되었습니까? 대답은 오직 하나밖에 없었습니다. 그가 회심하였기 때문이었습니다.

윌버포스는 브리스톨(Bristol) 외곽 지대의 술에 취한 광부들의 경우에서처럼 철저한 회심을 체험했습니다. 그는 철저하게 바뀌었습니다. 그는 사회의 멋쟁이가 되는 대신 위대한 개혁자가 되었고 그의 마음은 더욱 더 그리스도적이 되었고, 노예제도를 바라보기 시작하였고 노예제도가 나쁘다는 것을 알게 되었습니다. 그가 성경에서 어떤 특수한 명령을 발견했기 때문이 아니라, 그의 일반적인 생각과 그리스도적 사고방식으로 인한 때문이었습니다.

지난 세기 공장법의 주역을 담당했던 쇼프트스버리의 이얼(Earl of Schaftesbury)의 경우도 같습니다. 그는 부와 사치 가운데서 태어난 귀족 중의 귀족이었습니다. 그런데 그가 복음적인 회개를 했습니다. 그러나 그의 마음이 그리스도 안에서 새롭게 되었기 때문에 모든 것을 달리 보기 시작하였고, 공장이나 광산의 조건에 관심을 가지게 되었던 것입니다. 극빈 자녀원(Homes for desfifue children)의 창설자 베르나르도 박사(Dr. Barnardo)의 경우도 마찬가지입니다.

그런 일은 언제든지 그렇게 일어났습니다. 이런 문제들을 직접 다루는 것은 교회의 임무가 아닙니다. 오늘날의 비극은 교회가 이러한 특정 문제들에 대해 말하고 정치, 사회, 경제 조건들을 직접 다루고 있는 반면, 그리스도인들은 전혀 내지 못하는 상황은 더 악화되고 갈수록 심화된다는 데 있습니다. 교회가 사회 조건들을 변화시킨 것은 교회가 그리스도인들을 산출할 때입니다. 그러나 언제든 간접적인 방식으로 변화시켰던 것입니다. 나는 동일한 문제에 대한 또 다른 실례를 제시하려고 합니다. 나는 아주 최근에 내 기억에서 사라지기는 하였으나 전부터 알고 있던 어떤 일에 대해서 읽었던 일이 있습니다. 1782년부터 1836년까지 캠브리지의 성공회 교구목사였던 위대한 찰스 시므온(Charles Simeon)의 논문에 대한 것이었습니다. 그는 1860년경까지, 아니 그 이상까지 영국교회에 가장 큰 영향을 끼친 사람 중 하나였습니다.

그 논문이 상기시키는 것은 다음의 사실이었습니다. 찰스 시므온은 프랑스 혁명과 나폴레옹 전쟁 기간인 1790년에서 1815년까지의 25년 동안 캠브리지에서 설교했습니다. 그 모든 위기와 큰 공포에도 불구하고 그는 전쟁에 관해서는 단 한 번도 설교하지 않았습니다. 단 한 번도 말입니다! 이것 때문에 격렬하고 혹독한 비난을 받았습니다. 그는 그런 사건들을 다루지 않았습니까? 왜 그는 한 교구 목사로서 할 법도 한 시사 문제를 거론하지 않았습니까? 그때 시사 문제를 다루고 있던 목사들은 많이 있었습니다. 그러나 그들의 이름들은 오래지 않아 사라져 버렸습니다. 그런 시사적인 것을 설교하는 자들은 그들의 시대에는 인기가 있었는지 모릅니다. 그러나 지금은 아무도 그들에 관해 아는 바 없습니다—아니 그들의 이름조차도 말입니다. 그들은 그런 상황들에 어떤 영향도 미치지 못했습니다. 그들은 나폴레옹에 대해서나 전쟁이나 그 밖의 것들에 대해서 가장 미소한 변화도 가져오지 못했습니다. 그러나 그들의 이름들은 신문에 났고 기사표제로서 대두되었습니다. 그럼에도 그것은 아무것도 가져오지 못하고 헛수고만 한 것입니다. 국민의 생활에 진정한 변화를 가져왔던 국교회 목사는 찰스 시므온이었습니다. 그는 성경적인 방식으로 간접적으로 했던 것입니다. 복음을 전하고 사람들을 변화시킴으로써 그는 사람들의 생활을 변화시켰던 것입니다.

교회는 조건을 변화시켜서도 또 바꾸어서도 안 됩니다. 교회가 그 일을 하려고 노력하는 순간, 교회는 여러 가지 방법으로 복음전도의 문을 닫아 버리고 마는 것입니다. 만일 내가 공산주의를 공격한다면 공산주의자들은 즉각적으로 반감을 가지고 복음에 순종하려 들지 않을 것입니다. 그들은 그것을 듣기조차 거부할 것입니다. 나는 그 일을 피해야 합니다. 나는 그것이 어떤 일이라 할지라도 직접적인 공격을 감행해서는 안 됩니다. 복음전도자로서의 나의 관심은 사람들의 영혼들이고, 내 임무는 그리스도인들을 생산해 내는 것입니다. 그리스도인의 수가 증가하면 할수록 그리스도인의 생각의 폭은 더 커질 것입니다. 윌버포스가 했던 것과 같이 하원(下院)에 들어가기도 하고, 쇼프트스버리의 이얼처럼 상원(上院; Nro)에 들어와서 발언하는 것은 개개 그리스도인의 임무입니다. 또한 훌륭한 시민들로서 일반적으로 행동할 수도 있습니다. 여러분은 여전히 시민입니다. 따라서 시민으로 행동하십시오. 이러한 활동들로 여러분의 모든 시간을 빼앗기지 않도록 하십시오. 그것들을 여러분의 삶의 주요한 일로 삼지 마십시오. 자주 잘못을 범했던 것이 바로 그것입니다. 오늘날 우리 교회들이 이런 상태에 있는 것이 바로 그 사실에 크게 기인한다고 믿습니다.

나는 영국에 있어서 국교회와 비국교도 교회와의 주요한 차이가 수구주의와 자유주의 사이의 차이임을 기억해 낼 만큼 충분한 나이였습니다. 수구주의는 현 상태를 방호하려고 애썼고 비국교도는 개혁을 단행하고 있었습니다. 비국교도 때문에 그 시대는 설교자 정치가들의 시대였습니다. 이미 말씀드린 바와 같이 설교자 정치가는 흔히 궁정목사들에 지나지 않았던 감독이나 대주교들만큼이나 파렴치한 자들이었습니다. 그들 모두가 때때로 사람들의 관심을 하나님 말씀의 메시지로부터 빗나가게 했습니다. 그들은 분명히 그리스도인들을 내는 데 실패하였습니다. 그리고 오늘날 세상에 불경건한 것이 만연하고 있는 것은 그리스도인들이 희귀하기 때문입니다.

이제까지 우리는 지배자와 피지배자, 상전과 종, 고용주와 피고용인의 관계를 주도하는 다섯 가지의 성경적인 원리들을 숙고해 보았습니다. 우리는 성경이 이러한 다섯 가지의 원리들을 충족시키는 방법에 대해서 그 이상으로 어떻게 안내했는가를 발견해 나가야겠습니다. 우리에게 그런 안내가 필요합니다. 하나님께 감사하나이다. 우리를 위하여 그것이 여기 있다니 우리가 주요한 강조점과 중심 원리들을 놓치게 되면 그 이상 생각해 나가는 것이 시간 낭비일 뿐입니다. 나는 묻습니다. 여러분의 제일의 관심은 무엇입니까? 여러분이 처해 있는 사회적이며 정치적인 조건들입니까, 아니면 하나님과 영원에 대한 여러분의 관심입니까? 만일 여러분이 현실 조건에 사로잡혀 있다면, 또한 여러분이 동요되어 그런 현실 조건들에 열심을 가지고 이쪽 저쪽을 보면서 그런 상황들을 비난하는 데만 정신이 있다면, 여러분은 이미 신약성경의 입장에서 벗어나 있는 것입니다.

그리스도인의 불타는 일념은 하나님과 하늘과 영원에 대한 그의 관계입니다. 그렇기 때문에 그는 그 밖의 모든 것을 2차적인 것으로 보는 것입니다. 그는 자기의 첫째 임무는 생활 속에 있는 모든 것에 대해서 그리스도인의 입장에 서서 관계를 맺는 것임을 인식하면서 그러한 현실적인 것들을 냉철하고 숙연하게 바라보는 것입니다. 이 세상에 사는 시민으로 그가 이러저러한 것을 변화시켜야 할지, 개선해야 할지, 유지해야 할지를 숙고하기 시작하는 것은 그의 영(정신)이 바로 되어 있을 때만입니다. 그 관점이 어떤 식으로 나타나든 간에 말입니다. 그러나 최종적이며 사활적인 관심은 언제나 이것입니다. "나의 상전은 하늘에 있다. 내가 종이든 상전이든, 내가 고용주든 피고용인이든, 나는 지금 주께 복종하고 있으며 그의 영광을 위해 살고 있는 것인가?"

# 제 24 장

# 사회 안에서의 성도들

> 종들아 두려워하고 떨며 성실한 마음으로 육체의 상전에게 순종하기를 그리스도께 하듯 하여 눈가림만 하여 사람을 기쁘게 하는 자처럼 하지 말고 그리스도의 종들처럼 마음으로 하나님의 뜻을 행하여 단 마음으로 섬기기를 주께 하듯 하고 사람들에게 하듯 하지 말라 이는 각 사람이 무슨 선을 행하든지 종이나 자유하는 자나 주에게 그대로 받을 줄을 앎이니라 상전들아 너희도 저희에게 이와 같이 하고 공갈을 그치라 이는 저희와 너희의 상전이 하늘에 계시고 그에게는 외모로 사람을 취하는 일이 없는 줄 너희가 앎이니라(엡 6:5-9)

나는 하나님의 교회의 임무는 정치와 사회 조건을 설교하는 것이 아니라 온전히 복음을 전하는 것임을 강조하여 왔습니다. 동시에 나는 악한 조건들이 개선되고 개개 그리스도인이 그런 일에 참여하는 것은 옳고 합법적인 것임을 암시하였던 것입니다. 어떤 이는 이 점에 반대 의견을 표명하여 "그러나 순교자들은 어떻게 되는가? 과거에 국가에 의해서 죽임을 당했던 사람들 — 그 예로 초대 교회시대의 순교자들에 대해서 어떻게 되는가? 그 순교자들은 가이사를 주(Lord)라고 말하기를 거절하고 로마의 형장에서 사자들에게 던짐을 당했지 않은가? 16세기의 프로테스탄트 순교자들은 어떠한가? 영국의 퓨리탄 순교자들은 어떻게 되며, 17세기의 스코틀랜드의 계약주의자(Covenantor)들은 어떻게 되는 건가?"라고 말할지 모르겠습니다.

나의 대답은 이러합니다. 그들 성도들은 정치 문제에 대해서 설교했기 때문에 죽은 것도 아니고, 국가에 대해 직접적으로 어떤 일을 행하고 있었기 때문에 죽은 것도 아니라는 것입니다. 그들은 진리를 위해서, 신앙을 위해서 죽었던 것입니다. 초대 교회의 그리스도인들은 로마제국을 공격하지 않았습니다. 그들은 정치적인 항거자들이 아니었습니다. 그들은 오직 복음을 전하고 그리스도적인 삶을 영위하는 데만 관심이 있었던 것입니다. 그러면 그들이 왜 죽었는가? 그것은 국가가 그들에게 "가이사를 주(主)라"고 말하라고 강요했기 때문입니다. 그들은 그렇게 말하기를 거절했습니다. 왜 그들은 이러한 말을 하지 않았는가? 그들은 "예수가 주(主)라"는 것을 알았고, 그 밖에 누구도 주가 될 수 없음을 알고 있었기 때문입니다. 그들은 굴복하는 것보다 차라리 죽는 편을 택한 것입니다. 그들은 수동적인 자들이었지 능동적인 반항자들이 아니었습니다. 그들은 그들의 행동 때문에 고난을 받은 것이 아니라, 그들이 국가의 명령이라 할지라도 죄 짓기를 거부하였기 때문에 고난을 받게 된 것입니다.

16세기의 프로테스탄트 순교자들이나 다른 자들의 경우에도 마찬가지였습니다. 17세기의 계약주의자들이나 다른 이들의 경우도 같습니다. 어떤 때는 영적인 것과 정치적인 것 사이의 선이 아주 미묘하다는 것을 인정합니다. 모든 사람들이 인간이기 때문에 때로는 정치적 요소가 개입하는 경향이 있습니다. 그러나 일반적으로 말할 때 내가 말해 오고 있는 것은 명료한 역사적인 진리입니다.

이 문제는 1939-45년의 제2차 대전 당시 매우 날카롭게 대두되었습니다. 그리고 그것은 오늘날 모든 나라들에서 부상되고 있습니다. 하나님은 아십니다. 머지않아 우리 국가들 가운데 어느 나라에 그 문제가 일어난다는 것을, 그러므로 이런 일들을 숙고해 보는 것이 그처럼 중요한 하나의 이유입니다. 전쟁이 일어나기 전에 나치와 히틀러의 지배 아래 있던 전전(戰前) 독일 성도들의 입장을 생각해 봅시다. 그들은 어떻게 해야 했습니까? 이 모든 것에 대해 우리의 관점이 성경적이 되는 것은 극히 어렵습니다. 우리 가운데 어떤 이들은 천성적으로 영웅 숭배자들입니다. 우리는 용감한 사람, 즉 진리들을 위해서 싸우고 지킬 용의가 있는 사람을 보고 감탄합니다. 그러므로 우리의 판단은 편견으로 치우치기 쉽고 비성경적인 입장에 도달할 수도 있습니다. 우리는 모두 전쟁 전 독일에서 그들의 입장에 서서 그들의 전부를 비난하고 감옥에 들어가고 집단 수용소에 들어갔던 어떤 목회자들이나 설교자들에 대해 들었습니다. 우리는 그들을 용기있고 확신있는 사람들로 감탄합니다.

그러나 아마 결국은 그들은 우리가 진정으로 감탄하고 있을 사람들은 아닙니다. 독일이나 그런 나라들에는 우리가 들어보지도 못한 무명의 목회자들도 많았습니다. 감옥이나 집단 수용소에는 가지 않았으나 주일마다 복음을 충실하게 설교해 나갔던 자들이 있었다는 말입니다. 형(刑)을 받은 유명한 인물들은 대부분 그들이 마땅히 해서는 안 될 정치를 설교하고 있었기 때문에 권세자들에게 정죄받은 자들입니다. 물론 그렇게 하는 것은 자연인(예수 믿지 않는)들에게는 부각됩니다. 영웅주의적인 차원에서 말입니다. 그러나 우리는 그것이 성경적인 것인지에 의문을 제기해야 합니다.

사도 바울은 그런 식으로 행동하지 않았습니다. 사도들 가운데 누구도 그런 일을 한 사람은 없었습니다. 분명히 성경적인 본을 따르는 사람들은 주일마다 구원의 복음을 설교해 나가던 목회자들이었습니다. 그리하여 그리스도인의 수를 더하고 성도를 세워 주고 그들이 그런 폭군에 대하여 참으며 그것에 대해 자신을 정비하는 것을 도와주었던 것입니다. 그들은 진정으로 어려운 일을 하고 있었고 참된 기독교적인 일을 하고 있던 자들이었습니다. 우리는 많은 나라들에서 그와 같은 일을 하고 있는 겸허한 목회자들을 주신 데 대해 감사하십시다. 또한 기도할 때마다 그들을 위하며 기도하십시다. 우리는 언제나 주의를 기울여 순전히 정치적이고 자연적인 것을 배제해야 하겠고, 성경적 교훈을 비추어서 스스로의 행동을 확실하게 하도록 해야겠습니다.

그 점은 많이 논란되고 많은 복잡성을 띠고 있는 또 다른 문제로 이끌어 줍니다. 그들은 노예제도 같은 문제에 대해서 역사가 얼마나 오랜 시간을 끌고 나왔는가를 알지 못합니다. 역사에서 볼 때 그것은 얼마나 명백합니까? 그래서 그 문제가 자주 논의되는 것입니다. 사람들은 교회와 그리스도인들이 18세기경까지는 노예제도에 대해서 아무런 항거도 하지 않은 것은 어째서인지 이해할 수 없노라고 말합니다. 이 주장은 현대 합리주의자들과 그리스도인이 아닌 지성인들에게 친숙한 논증입니다. 이것이 그들이 비그리스도인이 된 데에 대한 일반적인 이유 중 하나입니다.

그들은 이렇게 주장합니다. "노예제도는 그릇되지 않습니까? 그것이 단번에 명백하지 않습니까? 한 사람이 다른 사람을 소유하고 있다는 것이 원리상 철저하게 잘못되지 않습니까?" 또 "그것은 누구나 다 알지 않습니까? 오늘날 다 그것을 인정하지 않습니까? 그런데도 기독교는 근 18세기 동안을 그것에 대해서 아무 항거도 하지 못한 채 지내왔다니" – 이것이 그들의 주장입니다.

우리는 그리스도인들로서 이 시간적으로 더딘 것을 어떻게 그럴듯하게 설명할 수 있습니까? 그것은 좋은 질문입니다. 우리는 그 질문을 받게 될 것이고 그것에 직면해야 합니다. 그리고 오늘날 사상의 전선에는 그런 일이 매우 많습니다. 지금은 노예제도의 문제에 대해서는 그렇게 많은 문제가 되지 않지만 사람들이 같은 원리와 같은 접근방식을 사용한 다른 문제들에 대한 것은 많습니다. 오늘날 많은 유인물, 특히 종교지에서 그 순간 크게 필요한 것은 우리의 신학을 시대에 맞추는 것이라는 식으로 쓰여진 글들이 매우 많습니다. 어떤 저자들은 과거의 많은 고통거리들은 주로 그릇된 신학에 기인한 것이라고 생각합니다. 그들은 말하기를 어떤 거짓된 관점들과 교훈을 붙잡고 있는 교회는 인류의 발전을 저해하는 장애물이었다는 것입니다. 그리고 어느 의미에선 아직도 그러하다고 그들은 말합니다. 인류학과 사회학과 과학의 영역, 특히 인간 체제의 발전의 국면에서의 우리 학식은 새로운 빛을 던져 주었으나 교회는 여전히 방해를 하고 있다고 그들은 역설합니다.

그들은 무엇을 언급하고 있습니까? 그것은 불쾌한 주제입니다. 그러나 그것이 자유롭게 토론되고 있고, 그렇기 때문에 의회가 그 문제를 통과시킨다는 것이지요. 나는 그것을 언급해야 하겠습니다. 예를 들어서 성적 도착들에 관해서 주장되는 것을 들어보겠습니다. 결혼이나 이혼에서뿐 아니라, 목회에서도 여자들이 목사가 되어 남녀 회중들에게 설교하도록 허락하자는 것 등에 관해서 같은 것이 말해지고 있습니다. 논증은 이와 같습니다. 과거의 교회는 이런 일들에 대해서 항상 완고하였다. 동성애를 도착적이고 죄악적인 범죄로 여겨 왔다. 여자는 본질상, 한계상 기독교 목사로 세워져서는 안 되고 설교를 해서도 안 된다고 말해 왔다. 또한 결혼에 관해서는 그 결혼을 불가분해의 것으로 고집해 왔다.

그러나 이제 우리는 그러한 태도들이 잘못되었다는 것을 알았다. 해부학과 심리학, 정신의학, 인류학의 차원에서 인간에 대한 새로운 지식을 가지게 되어 우리는 과거에 무섭고 나쁘고 죄스런 것으로 여겨졌던 것이 어느 정도까지 정상적이고 자연적임을 알았고 범죄로 여겨지지 않아야 할 것도 알았다. 그것은 죄로 여겨지기조차 해서도 안 된다. 어떤 이는 그것은 아름다운 것이라고까지 말합니다. 그들은 주장하기를 옛날의 그릇된 관점은 전적으로 성경의 교훈에 입각하고 있었다는 것입니다. 그래서 결론은 — 나는 그것을 최근에 종교 간행물에서 다시 읽었습니다. 교회의 신학을 "시대에 맞게"(최신식으로, up to date) 고치는 것이 크게 필요하며 현대 지식에 보조를 맞추어야 한다는 것입니다.

내게 있어서 그것은 성경적인 입장에서 볼 때, 인간이 상상할 수 있는 범위에서 성경의 교훈을 가장 심각하게 벗어난 것입니다. 그것은 바로 이런 이유에서입니다. 신앙과 행위의 모든 문제에 있어서 최종적인 권위는 언제나 전적으로 성경의 외침을 취하는 것입니다. 성경은 더 이상 하나님으로부터 온 계시나 하나님의 진리가 뜻 닫는 마음으로 인정되지 않습니다. 새 권위는 무엇입니까? 현대 지식, 지식에 있어서의 현대적인 지식, 특히 과학적인 지식이 바로 그것입니다. 그러므로 과거에 있어서 모든 것은 틀려 있었고 현대인만이 옳다는 것이지요. 물론 그들은 50년도 채 못되어 그들이 독실하게 주장하는 바로 그것이 그릇되었다고 하는 것이 입증된다는 사실에 착안하지 못하고 있습니다. 논리상 그들의 주장은 전적으로 옳은 것이란 없다는 결론에까지 나아가게 되는 것입니다. 우리는 변화하는 현세 가운데 살고 있다. 오늘 옳은 것이 내일은 그릇된 것이 되고, 그래서 절대적인 표준은 존재하지 않는다는 것입니다.

그러나 두번째로 그러한 현대 지식은 언제나 옳다고 가정합니다. 나는 어떠한 과학지식도 이 가공할 부패가 자연적인 것이라는 것을 입증할 것이 없음을 말씀드립니다. 현대적인 지식이 언제나 옳다고 하는 것은 단순히 독단적인 주장에 불과합니다. 여자 설교자의 문제도 마찬가지입니다. 결론에 관해서도 역시 같습니다. 여전히 근본적인 진리는 성경에서만 발견되는 확고부동한 사실입니다. 또한 우리가 당하는 현대의 고민이나 문제들은 세상이 성경의 교훈을 받아들이지 않는 데 기인하고 있는 것입니다. 틀린 것은 현대적인 관점들입니다. 필요한 것은 성경과 그 교훈으로 돌아가는 것입니다. 오늘날 사회에 도덕이 문란해진 것은 남녀 모두가 성경에서 떠나 있기 때문입니다. 런던의 거리들의 밤이 점점 위험해 가고 있는 것도 무서운 일들이 공동체를 흔들고 불안케 하는 것도 바로 그 때문입니다.

그러나 우리는 성경을 옆으로 밀어 제치고 현대 지식이나 현대의 이해에 부합되도록 하라는 소리를 듣고 있습니다. 그것은 극에 달한 죄상이며 하나님과 그의 거룩한 율법에 대한 반역입니다. 크게 필요한 것은 성경으로 돌아가는 것입니다. 그렇다고 해서 그리스도인들이 성경을 잘못 해석했던 시대가 있었다는 것을 부인하고 있는 것은 아닙니다. 그 예로 이 문제를 완전히 매듭지으리라고 사람들이 상상했던 유명한 논증을 생각해 봅니다. 그들은 말합니다. "당신도 알다시피 현대적인 우주관을 반대했던 자들이 그리스도인들이었고, 그들은 천문학에 관해서 너무나 잘못되어 있지 않았던가! 그리스도인들은 지구가 평평하거나 정방형이라고 주장했고 약 4백 년 전에 이루어 놓은 과학적인 진보를 방해하였다." 대답은 아주 간단합니다. 성경은 땅이 평평하다고 말하지 않습니다. 어떤 사람들은 성경적인 표현의 본질을 인식하지 못하고 헬라 철학을 따라감으로 말미암아 과거에 성경은 이런 식으로 말했다고 결론을 내렸던 적이 있습니다. 그러나 그것은 성경을 잘못 해석한 것으로 그들 자신의 그릇된 개념을 가미한 것입니다. 그렇지만 그것은 성경이 틀렸다는 것을 뜻하지는 않습니다.

다른 문제들에 관해서도 요점은 같습니다. 성경적인 교훈이 초석이 되는 것입니다. 그것은 하나님의 진리입니다. 하나님의 진리와 참된 과학 사이에는 어떠한 모순도 없습니다. 그러나 하나님의 진리와 사람들의 이론 사이에는 그처럼 많은 충돌이 있는 것입니다. 그러나 그러한 이론들은 진정한 과학이 아니고 철학이나 사변의 영역에 속한 것입니다. 그러므로 그것으로는 시간적인 지체를 설명할 수 없습니다.

    그러면 무엇으로 그것을 설명할 수 있습니까? 우선적으로 우리가 처음부터 전제해 온 것, 곧 성경의 주요 관심은 하나님과 인간의 관계, 영원에 대한 인간의 관계라는 것입니다. 그러나 2차적인 해답이 있는데, 그것은 하나님의 나라가 "누룩"에 비유된다는 것입니다. 그것은 역시 "땅에 심은 씨" 또 "자라나는 나무" 등으로 비유됩니다. 물론 그 모든 유추들의 요점은 하나님의 나라는 침투와 성장과 발전의 매우 늦은 과정을 통해서 넓혀진다는 것입니다. 그것은 신약성경 어디서나 발견되는 우리 주님의 교훈입니다. 그것은 의사진행이나 그와 유사한 법령 제정처럼 순식간에 모든 것을 변화시키지 않습니다. 하나님의 나라는 누룩과 같아 시간을 요하고 매우 느리게 진행되는 것처럼 보입니다. 자연에서의 하나님의 방식도 역시 같습니다. 때때로 우리는 아무것도 일어나지 않는다고 생각합니다. 그러나 진전되어 나가는 것입니다. 그것은 우리 주님께서 한 비유 가운데서 말씀하신 바와 같습니다. 한 사람이 밭에 씨를 뿌리고 가서 몇 밤을 지냈습니다. 아무 일도 일어나지 않은 것 같습니다. 그러나 오래지 않아서 결과를 보게 됩니다. 점차적으로 진행이 이루어집니다. 하나님의 나라도 그와 같습니다. 지난 2천여 년의 역사를 돌이켜 볼 때 작동하는 이 진리를 보게 됩니다.

    더 나아가서 기독교 신앙은 결코 그 임무가 사회를 개혁시키고 변화시키는 것이라고 말하지 않았습니다. 그렇게 하려고 착수를 해서도 안 됩니다. 문명의 모든 변화와 발전은 기독교의 간접적인 열매들이지 직접적인 것들은 아닙니다. 간접적인 결과들은 언제나 더 많은 시간을 요합니다. 다른 말로 해서 시간이 지체된 것은 오직 한 가지 일에 기인한다는 것입니다. 즉, 세상의 상태에 기인하는 것입니다. 문명이란 언제나 매우 느린 속도로 이루어졌습니다. 선교사업의 역사가 그것을 증명합니다. 전도자들이 미개한 나라들에 가서 복음을 증거했습니다. 개종자가 있게 되었습니다. 그러나 그들의 모든 생활을 변화시켜야 한다는 것을 그들에게 설득시키는 데 오랜 시간이 걸렸습니다.

　그러나 모든 방면, 모든 것 중에서 가장 중요한 것은 처음부터 노예제도의 문제를 진정으로 해결한 것은 기독교였다는 것입니다. 빌레몬서의 메시지를 보십시오. 바울은 사실상 이렇게 말하고 있는 것입니다. "빌레몬이여, 내가 너의 도망한 노예 오네시모를 돌려 보낸다. 그는 나와 같이 같은 옥에 갇히게 되었다. 그리고 그는 그리스도인이 되었다. 나는 그를 너에게 보내는데, 이제 노예로만이 아니라 형제로도 보낸다. 빌레몬 너는 그리스도인이며 오네시모도 그렇다. 그가 옛 신분을 찾아서 네게로 돌아 간다. 그러나 물론 그는 이제 다른 사람이 되었다. 그러므로 실제적인 상황, 외적인 관계는 변하지 않지만 사실상 모든 것은 변한 것이다. 오네시모는 이제 사랑받는 형제가 되었다. 그를 사랑받는 형제로 받아들이라." 여기서 우리는 노예문제에 관한 진정한 해결책을 갖습니다. 두 사람, 상전과 노예 모두 그리스도인이 되었습니다. 그러나 여러분도 아시다시피 사실상 그것의 가장 진수가 되는 요점은 "해결"했지만 정치적이거나 사회적 문제는 그대로 놔두었습니다. 그것이 기독교의 방식입니다.

　기독교의 방식이 왜 그러합니까? 내가 볼 때 여기에 그 문제에 대한 진정한 비밀과 해답이 있습니다. 만일 기독교가 그 밖의 정치적이고 사회적인 의미에서 어떤 무서운 일을 시도했다면 처음부터 기독교는 근절되었을 것입니다. 기독 교회가 복음을 전하는 일에 더하여 노예제도를 공격하기 시작했다는 것을 상상해 보십시오. 어떤 일이 일어났겠습니까? 모든 그리스도인들이 죽음에 이끌려졌을 것이 뻔합니다. 로마제국은 기독교를 말살하기 위해 비난할 뿐 아니라 근절시켰을 것입니다. 그리스도인은 결코 정치적, 사회적, 경제적인 일에 끼여들지 않았습니다. 그것을 역사는 말합니다. 그런데도 로마제국은 무엇이 잘 안되어 갈 때면 언제나 그 책임을 그리스도인들에게 돌렸다는 것입니다. 일반 역사책은 이 점을 아주 분명히 하고 있습니다. 로마에 무엇이 잘못될 때, 로마에 불이 나거나 로마가 전쟁에서 졌을 때 그것은 그리스도인들이 로마의 옛 신(神)들을 섬기지 않았기 때문이라고 말했습니다. 그리스도인들이 여러 원소들을 붙들고 주장하는 여러 신(神)들을 믿지 않기 때문에 무신론자들로 간주되었습니다. 그 신들을 믿지 않기 때문에 그 신들이 지진과 재앙을 내린다는 것입니다. 수천의 그리스도인들이 죽음에 넘기워졌습니다. 그들이 어떤 나쁜 일을 했기 때문이 아니라, 반역자로 낙인 찍히고 폭동을 일으킨다는 이유로 말미암은 것입니다. 이 이후의 교회 역사도 마찬가지입니다. 초기 메소디스트들은 자코바이트(Jacobites)의 앞잡이라는 나쁜 누명을 썼습니다. 그러므로 만일 기독교가 1세기에 커다란 정치적이고 사회적인 계획을 가지고 나타났다면, 노예제도가 나쁘다고 외치면서 나타났다면, 전체 사회 체제를 개혁하려고 시도했다면, 기독교는 급기야 근절되었을 것임에 틀림없습니다.

그러므로 우리는 이 문제에 있어서 하나님의 지혜를 보게 됩니다. 노예제도가 남아 있었다는 사실에도 불구하고 사람들이 복음전파의 결과로 개종되었습니다. 노예로 묶여 있는 많은 자들이 "말로 할 수 없는 기쁨과 충만한 영광"으로 즐거워했습니다. 왜냐하면 그들은 자기들이 하늘의 시민들이라고 하는 사실을 알았기 때문입니다. 그리고 노예제도를 옳다고 하는 것은 노예제도가 없어지기까지 왜 그처럼 많은 시간이 걸렸는가 하는가를 이해시켜 줍니다. 노예제도가 나쁘다는 것을 1800여 년이나 모르고 있었던 것은 기독교의 교훈이 미치지 않던 세상에 있습니다. 기독교 교훈은 그것이 사회를 한꺼번에 전환시키지는 못한다는 것을 압니다. 점차적으로 그 교훈은 누룩처럼 작용하여 사람들이 더욱더 밝은 데서 보게 되리라는 것을 믿고 나가야 하는 것입니다. 시간 자체는 성경 교훈이 실패했다는 입장에서 설명되지 않습니다. 세상이 기독교 교훈에 어둡기 때문에 그렇게 된 것이라고 설명해야 합니다. 그리스도인들은 하나님에 의해서 지혜를 받았고 인내하는 능력과 행동을 위한 바른 시기가 도래하기까지 기다리는 능력을 받았습니다.

우리의 지배적인 원리들은 이상과 같습니다. 그러나 나는 이것을 좀 더 상세하게 풀어 나가야겠습니다. 그것은 어렵고 함축적인 것입니다. 어떤 이는 그렇게 하는 것이 정말 필요한 것인지 의아해 할지 모릅니다. 그것은 그들을 위한 개인적인 문제가 아니기 때문입니다. 그러나 이미 말씀드린 바와 같이 현대 세계에 있어서 그리스도인은 어느 날 이런 상황에 처하게 될지도 모릅니다. 오늘날 중공이나 소련이나 그와 유사한 나라들에 있어서 그리스도인들의 위치는 어떠합니까? 우리는 "다른 사람의 짐을 져야" 합니다. 우리에게 도움이 될 뿐 아니라 다른 사람들을 돕기 위해서 이러한 일들을 이해할 태세를 갖추어야 합니다. 전세계의 그리스도인들은 머지않아서 그런 문제들에 직면하게 될지도 모릅니다. 지금 우리는 징조가 좋지 않은 시대에 살고 있으니 말입니다.

그리스도인들이 해결해야 할 몇몇 실제적이고 구체적인 사항들이 있습니다. 물론 나는 개개 그리스도인을 언급하고 있는 것입니다. 그리스도인은 먼저 정부나 국가 사법과 사회질서가 하나님에 의해서 세워진 것이라는 것을 인식해야 합니다. "권세마다 하나님께로 났나니"(롬 13:1). 지도자들과 재판장들과 그 밖에 권위자들을 세우신 것은 하나님이시며, 그것은 악을 제어하기 위해서입니다. 사람들이 국가를 발명해 낸 것도 아니고, 사람들이 왕이나 지도자나 권세자들을 세운 것도 아닙니다. 하나님이 악을 어느 울타리 안에 가두어 두기 위해 그들을 세우셨던 것입니다. 그들은 결코 그 이상으로 행동해서도 안 되고 그 이하로도 안 됩니다. 만일 하나님이 그들을 세우지 않았다면 세상은 완전히 무정부 상태에 빠지게 되었을 것입니다. 지금 상황도 이렇게 나쁜데 법이 전혀 없고 법률이나 사회질서나 경찰이 전혀 없다면 상황은 더욱 악화될 것입니다.

경찰이나 법이나 법률조항은 모두 악과 죄를 한계 안에 두기 위해서 하나님께서 만들어 내신 것입니다. 또한 생활이 엉망이 되거나 파괴되는 것을 방지하기 위한 것입니다. "존재하는 권세들은" 기본 조건입니다. 우리 그리스도인들이 어떠한 정치적인 조건들에 처하게 되든지, 그것들이 우리에게 얼마나 해롭든지 간에, 우리는 "좋아, 어쨌든 국가 모든 권세는 하나님께서 세우신 바다"라고 말해야 합니다. "그런 놈은 없애버려!"라고 말해서는 안 됩니다. 질서와 정부와 체제가 있어야 합니다. 그것은 하나님의 세우신 바입니다.

그리고 어떤 체제도 완벽하지는 않다는 것을 알아야 합니다. 과거에 있어서 문제는 흔히 어떤 자들이 자기들의 정치 체제, 그것만이 완벽하다는 개념을 취했던 것에서 비롯되어 일어났습니다. 어떤 이들은 과두정치를 믿었고 또 다른 이들은 입헌 군주제를 선봉했습니다. 또한 어떤 이들은 자기들이 민주주의라고 칭했던 것을 믿었고, 다른 이들은 공화제를, 또 다른 이들은 공산주의를 믿었습니다. 그것을 더 나누자면 한이 없을 정도입니다. 그리고 주로 이 지지자들이 자기들의 생각들과 자기들의 체제가 유일하게 옳고, 유일하게 참되고, 유일하게 완벽한 것이라고 주장하기 때문에 일어나는 것입니다. 그들은 이 일들로 서로 싸웁니다.

그리스도인은 이 모든 것들을 관망합니다. 그리하여 이 이론들 중 아무것도 완벽하지 않다는 것을 압니다. 성경은 그들 중 어느 것을 명하지도 않으며 변호하지도 않습니다. 이 모든 것은 논란되는 일이며 인간적인 의견의 문제입니다. 그리고 사람들은 반드시 국가의 시민들로서 이것들을 탐사해 보아야 합니다. 이 일들에 관해 모든 측면에서 얼마나 많은 넌센스가 말해지고 있습니까! 어떤 이들은 과두정치나 군주제를 옹호하여 "왕권신수설"을 말합니다. 성경이 우리에게 분명하게 보여 주고 있는 것은 그런 것은 없다는 것입니다. 처음 이스라엘 자녀들이 왕을 모시고 싶어했을 때 하나님께서 그들에게 말씀하셨던 것을 기억합니다. 그러나 그런 다음에 다른 극단으로 일어서서 "모든 사람은 동등하다"고 외치는 자들이 있습니다. 기능의 어떤 분업이나 다스림이나 명령도 없애야 한다는 것입니다. 그것은 때로 커다란 슬로건이었습니다. 그러나 그것은 간단하게 말해서 진리가 아닙니다.

모든 사람들은 분명히 하나님의 보시기에는 동등합니다. 성경이 그렇게 가르칩니다. 그러나 모든 사람들은 동등하다고 말하지는 않습니다. 모든 사람들이 동등한 것이 아님이 확실하기 때문입니다. 단 두 사람도 동일한 예가 없습니다. 여러분의 한 사람은 아주 유능한 사람이고, 다른 사람은 둔하고 바보스런 사람인데 두 사람이 다 같다고 말할 수는 없습니다. 모든 사람들이 결코 같은 속성과 같은 기능과 같은 기질을 가지고 있다고 말할 수 없는 것입니다. 한 사람은 다른 사람보다 더 좋은 마음을 가지고 있고, 다른 사람이 가지고 있지 않은 지도력의 요소를 갖고 있습니다. 그렇게 태어나기 때문입니다. 분명히 그들은 같지 않습니다. 인류의 일반적이고 통상적인 지혜는 언제나 사회를 조직하고 삶을 가능케 하기 위해서 어떤 구분을 받아들여야 한다는 것을 언제나 인식했습니다. 슬로건을 내거는 것은 언제나 위험합니다.

현 시대에 있어서 이 모든 점은 러시아 지역에서 과시됩니다. 그들은 러시아에서 계급 없는 사회의 이론을 믿습니다. 그러나 이미 거기에도 발전하고 있는 새 계급인 인민위원(Commissar), 지도자, 관료, 공무원 등의 계급이 있게 되었습니다. 경제 계급이 커가고 있습니다. 그들은 그러한 차별을 없애기로 결심했는지도 모릅니다. 그들은 모든 자연적인 차별과 구분을 없애버리려고 노력할지도 모릅니다. 그러나 그들은 뒤로 돌아가게 되거나 돌아가려 할 것입니다. 왜냐하면 모든 사람들이 같지 않기 때문입니다. 유식한 사람은 분명히 머리노릇을 하게 될 것이고, 다른 이들은 위기가 올 때 그를 쳐다보게 될 것입니다. 그와 같이 민주주의 애호가들에 의하여 위대한 주장이 외쳐졌습니다. 프랑스 혁명주의자들은 "자유, 평등, 형제애" 등을 선포했습니다. 그러나 그것은 한 폭군을 불러왔고, 무신론을 야기시켰고, 그것은 다른 악한 귀족들을 불러왔습니다.

나의 요점은 개개 그리스도인은 모든 것들을 관망할 때 어떤 체제도 완벽하지 않다는 것을 알게 된다는 것입니다. 그러므로 나는 "허둥대서는" 안 된다는 것입니다. 나의 전생애를 바쳐서 어느 한 체제를 옹호하며 그 체제가 완벽하게 모든 문제들을 해결할 것이라고 외치지 말아야 하는 것입니다. 간단하게 그렇게 하는 것은 진리가 아니기 때문입니다. 문제와 고민은 모든 생각할 수 있는 체제 가운데 존재하고 있습니다. 언제나 그러합니다. 그 점은 개개 그리스도인이 사회의 문제들을 보는 방식입니다.

다음 단계는 논리적으로 따라옵니다. 완벽한 체제라는 것은 없다는 것을 인식한 후에 그리스도인은 가능한 최선을 소유하길 원하고 모든 것을 하기 위해서 가능한 최선을 산출할 수 모든 것을 다하고 싶어합니다. 그는 그것에 관해서 "허둥대지 않습니다." 그리고 그것에 관해서 우리 선조들이 그랬던 것같이 흥분하지 않게 됩니다. 과거 100여 년 동안 우리 비교도 선조들 중 많은 수가 복음을 잊고 자유당이 사회적인 입법을 통해서 하나님의 왕국을 이 땅에 도입하러 하고 있다고 참말로 믿었습니다. 그리스도인은 결코 그러한 엄청난 실수를 범하지 않아야겠습니다. 그리스도인은 가능한 가장 좋은 것을 얻으려고 노력한다는 것을 믿고 거기에까지 갈 준비를 갖추고 있습니다. 그것은 성경의 교훈과 일치합니다.

그리스도인은 마지막 단계로 계속 나아갑니다. 폭군과 압제와 불의는 국가의 그 기능에 관련하여 성경 교훈과 뼈아프게 어긋나 있다는 것입니다. 그러므로 그는 그것들을 반대할 권리가 있습니다. 그러나 그렇게 함으로 해서 자신을 정치운동가로 내세우는 것은 아닙니다. 그리스도인은 국민을 압제하는 폭군노릇을 한다든지, 불의를 만연시킬 때 그것은 바울 사도가 로마서 13장에서 말하는 것과 일치하지 않다고 말하고 있는 것입니다. 그러므로 그는 결점에 대항하여 다른 이들과 연합하여 그것을 변화시키려 노력합니다. 사도 바울 자신은 그가 빌립보 감옥에 억울하게 갇혀 있을 때 같은 식으로 행동하였습니다. 그는 그렇게 함으로써 법을 어기고 있었던 것이 아닙니다. 다만 법이 바르게 이행되어야 한다고 말하고 있을 뿐이었습니다. 그는 한 시민으로서 정당한 항거를 하고 있었습니다. 그는 이런 일들에 관하여 말하고 있었습니다. 그러나 개인적인 실제 행동에 있어서는 법이 반드시 바르게 집행되어야 한다고 주장했던 것입니다. 그것은 언제나 개개 그리스도인을 위해 바른 행동입니다.

그처럼 그리스도인은 개인으로서 자신과 다른 이들을 위해 최선의 조건들을 얻기 위해서 어떤 변화를 시도할 완전한 권리를 가지고 있는 것입니다. 만일 필요하다면 어떤 방향을 가리키는 의견을 가지고 있는 큰 무리가 있다면, 그가 혁명이나 폭동에 일익을 담당하는 것이 정당시되게 한다는 것을 말씀드립니다. 그리스도인은 프랑스 혁명시대에 사람들이 했던 것처럼 그렇게 해서는 안 됩니다. 그는 "자유와 평등과 형제애"를 숭배해서는 안 됩니다. 그는 하나님을 떠나서 "모든 사람은 동등하다"고 말하지 말아야 합니다. 그는 어떤 이기적이고 개인적인 이유나 동기로 인하여 행동하지 말아야 합니다. 그는 늘 국가 민중을 위한 최선을 추구하여야 합니다.

나는 이 시점에서 17세기의 몇몇 퓨리탄들의 입장을 생각하고 있습니다. 어떻게 할까를 결정하는 것이 그들에겐 어려웠습니다. 찰스 1세 (Charles I)에 대항한 전쟁에 동참해야 되는지, 해서는 안 되는지 나는 반란을 일으킨 크롬웰(Cromwell) 일당의 입장을 정당화시키려고 노력하고 있습니다. 나는 모든 개개인들이 한 것들을 다 정당시하는 것은 아닙니다. 그러나 만일 한 사람이 왕이나 권세자들에 관련하여 성경적인 교훈에 반대되는 폭군이나 불의에 자기나 다른 이들이 복종하고 있다는 관점을 가지고 있다면, 그는 그런 경우에 혁명이나 모반에 참여할 응분의 권리를 가집니다. 그러나 그가 어떻게 행할까에 관하여 조심하도록 하십시오.

이제 마지막으로 언급할 말씀을 드립니다. 그러므로 이 생과 이 세상에 있을 동안 인류를 위하여 가능한 최선의 조건을 위해 계획된 모든 운동이나 모든 조정에 있어서 그리스도인이 한 일익을 담당하는 것은 아주 옳습니다. 그리스도인이 정치에 참여하고 정치가가 되고, 투표뿐 아니라 지방의 지사나 국회의원이 되는 것은 합법적인 일입니다. 같은 원리로 한 그리스도인이 국가가 승인하는 노동조합에 가입하는 것은 동등하게 옳습니다. 사람들이 공평과 조합을 결성하는 것의 공정을 위하여 법률로써 합법화시켰습니다. 그들은 역시 파업을 위한 법적인 권리를 갖고 있습니다. 법은 역시 고용주들에게 유사한 조직을 가질 수 있게 해 주었습니다. 이 조합이나 저 조합에 속하는 것은 합법적이고 옳습니다.

그러나 노동조합에 가입하는 것이 죄라고 느끼는 많은 그리스도인들이 있습니다. 그것은 성경의 교훈을 전적으로 오해한 처사입니다. 그러한 조합에 가입하는 것은 어떤 식으로든지 종과 상전에 관한 사도의 교훈에 위배되는 것이 아닙니다. 이 교훈은 말하기를 나는 언제나 합법적인 방식으로써 현재 처지에 부합해야 한다고 합니다. 그러나 만일 합법적인 절차를 거쳐서 조건을 변화시킬 수 있다면, 나는 그렇게 할 권리를 가지고 있다는 것입니다. 경솔하게나 무법하게 해서는 안 된다는 것입니다. 여러분은 그리스도인의 평판을 좋지 않게 하는 사람이 되어서는 안 됩니다. 그러나 옳고 합법적인 방식으로 나의 투표권을 행사하고 발언권을 행사하고 합법적인 모든 것을 조직할 수 있습니다. 이와 같이 개개 그리스도인은 이런 여러 단체들과 법인체에 가입할 수 있습니다. 그렇게 한다고 해서 그의 기독교적인 원리들을 침해당하고 있는 것은 아닙니다. 여러 정당에 가입해 있는 그리스도인들이 있습니다. 그리고 어려운 사회적이고 산업적인 단체들에서도 그리스도인들을 발견할 수 있습니다. 이러한 모든 분파들은 기독교 신앙고백과 아주 일치합니다.

극히 중요한 문제로 강조할 것이 남아 있습니다. 그리스도인은 그 자신이 처한 특별한 상황에서 진정으로 기독교적인 자세로 처신하기 위해 극히 조심해야 합니다. 그는 이런 것들에 관하여 혼동해서는 안 됩니다. 그는 어떤 체제에 동의하지 않을지도 모르기 때문에 법을 자기 멋대로 해석하거나 어겨서는 안 됩니다. 사도는 환경과 조건이 어떠하든지 간에 언제나 준법적인 자세로써 신자의 도리를 행하라고 권면하고 있습니다. 만일 한 입장이 옳고 합법적인 것이 입증될 수 있다면, 그것을 나타내기 위해서 다른 사람들과 합동할 자유가 있습니다. 그러나 그것이 우리의 현재 행위를 방해하도록 해서는 안 됩니다. 폭군 네로의 통치 아래서 살던 그리스도인들이 있습니다. 그러나 그에게 덤벼들어 그를 거꾸러뜨렸다는 말씀을 전혀 듣지 못했습니다. 그들은 복종하라는 권면을 들었습니다. 그러나 좀더 긴 안목을 가지고 개개 그리스도인들로서 그들은 합법적인 수단과 방식을 사용하여 그러한 군주들을 폐하고 그 죄악 세계에 가장 좋은 정부 형태를 이룩할 자유가 있었습니다.

우리는 지금 이 일에 있어서 가장 어려운 국면임에 틀림없는 것을 다루었습니다. 우리는 좀더 간단하고 보다 직접적인 방법으로 그것을 고찰해 나갈 것입니다. 하나님께서 우리를 밝히시고 가르치사 기독교적인 방식으로 어떻게 행해야 할지 알게 하옵소서. 그리고 모든 것을 하나님 말씀에 밝히 드러난 이 위대한 원리들에 비추어서 보게 하소서! 그것이 종이나 상전으로서 여러분의 행동이 된다는 것을 알기만 하면, 그것은 그를 사로잡아서 이 영광스런 복음진리를 알게 하는 수단이 될 것입니다. 이 영광스런 복음 진리는 그의 전체 사고방식을 변화시킵니다. 그래서 여러분이 하는 일이 무엇이든지 여러분의 일을 하는 것만으로도, 심지어 여러분 기독교적인 태도로써 나쁜 것을 참아내는 것만으로도, 여러분은 그리스도를 위한 사신이 될 수 있고 하나님 나라를 전하는 자가 될 수 있습니다.

# 제 25 장

# 그리스도의 노예들

> 종들아 두려워하고 떨며 성실한 마음으로 육체의 상전에게 순종하기를 그리스도께 하듯 하여 눈가림만 하여 사람을 기쁘게 하는 자처럼 하지 말고 그리스도의 종들처럼 마음으로 하나님의 뜻을 행하여 단 마음으로 섬기기를 주께 하듯 하고 사람들에게 하듯 하지 말라 이는 각 사람이 무슨 선을 행하든지 종이나 자유하는 자나 주에게 그대로 받을 줄을 앎이니라 상전들아 너희도 저희에게 이와 같이 하고 공갈을 그치라 이는 저희와 너희의 상전이 하늘에 계시고 그에게는 외모로 사람을 취하는 일이 없는 줄 너희가 앎이니라(엡 6:5-9)

우리는 자기가 처한 조건과 환경에 순응하는 것이 그리스도인의 임무라는 일반적인 결론을 얻었습니다. 그리스도인이 되었다는 이유로 우리가 처한 상황에서 자동적으로 탈출하거나 탈출하려 시도하지 않아야 합니다. 우리는 역시 생활조건을 개선하고 변화되기 위해서 다른 이들과 협조할 권리를 가지고 있다는 것도 알았습니다. 그러나 법이 정하는 한계 내에서입니다. 법이 정한 한계 내에서는 그렇게 해야 하는 것입니다. 그러나 무엇보다 우선하는 원리는 그리스도인의 주임무와 목적은 자신이 처한 환경에 대해 그가 가지고 있는 이 새로운 이해를 가지고 어떻게 대해 나갈까를 발견하는 것입니다.

이 모든 것으로부터 우리는 확실한 결론들을 끌어낼 수 있습니다. 그리스도인은 자기가 포함된 체계와 관련하여 그런 일들을 할 때 아무런 죄도 안 되는 것입니다. 비록 그가 개인적으로 그런 일들을 하지 않는 쪽을 택한다고 할지라도 그렇습니다. 예를 들어서 사도가 이 서신을 쓰고 있을 당시에 노예와 같은 처지에 있는 그리스도인이 있습니다. 그들은 그리스도인들로서 많은 원치 않는 일을 요청받았을 것입니다. 심지어는 분명히 나쁘게 여겨지는 일을 하도록 요구되었을 것입니다. 그러나 내가 볼 때 이 교훈은 그들이 그 일들을 해야 한다는 것입니다. 그들은 그것이 그들이 처해 있는 체제의 일부이기 때문에 복종해야 합니다. 노예는 스스로 자유로워지려고 하라든지 그의 처지를 벗어나라는 말씀을 듣지 않았습니다. 오히려 그는 거기에 순응하여 복종해야 한다는 것입니다. 이것은 매우 중요한 원리입니다.

이것을 오늘날의 상황에 적용시켜 보겠습니다. 주일에 일을 해야 하는 사람들이나 직장에 있는 많은 그리스도인들이 있습니다. 그들은 흔히 이것 때문에 매우 고민합니다. "주일에 일을 함으로써 죄를 짓고 있는 것이 아닌가?" 나는 대답의 방편으로 그런 사람에게 주로 이와 같은 질문을 던집니다. "만일 당신이 완전히 자유를 얻게 되고 이런 일에 있어서 절대적 선택의 자유가 있다면 당신은 주일에 일하는 편을 택하겠습니까? 당신은 주일에 일하면 배의 수당을 번다고 나에게 말합니다. 네, 좋습니다. 그렇지만 나는 이렇게 답하겠습니다. 만일 당신이 절대적으로 자유롭다면 하나님의 집에서 공적 예배에 참석키 위해서 두 배의 수당을 포기하겠습니까?" 만일 그가 내게 말하기를 자기는 하나님의 집을 택하겠노라고 아주 솔직하게 답변할 수 있다고 한다면, 나는 그에게 주일날 일하는 것이 당신이 처해 있는 체제상 어쩔 수 없으면 주일날 일하는 것이 죄가 아니라고 할 것입니다. 만일 주일에 일하기를 거절한다면 자기의 직위를 잃고 자기 직장을 잃게 될 것입니다. 그리스도인은 그런 식으로 일하도록 하는 요구를 받아들이면 안 됩니다. 그가 믿지 않을 수도 있는 체제에 휩쓸려 들어가 있는 것입니다. 마치 노예들처럼 말입니다. 그러나 그 권면은 비록 그것이 자기 자신이 하겠다고 선택하지 않은 일들을 하는 것을 수반할지라도 그 체제 안에 복종해야 한다는 것입니다.

또 다른 실례를 듭니다. 아주 얼마 전에 의사들 측에서 파업이 있을 것 같다는 이야기가 있었습니다. 많은 그리스도인 의사들은 이 문제에 아주 큰 관심을 보이면서 "우리 그리스도인들이 그 파업에 참여할 수 있을까요?"라고 물어왔습니다. 나는 "물론입니다"라고 답하겠습니다. 여러분은 하등 새롭거나 예외적인 위치에 있지 아니합니다. 같은 질문이 어떤 업무에 참여하고 있는 어느 그리스도인에게도 떠오릅니다. 파업이 제기될 때 그리스도인은 거기에 참여해야만 하는가? 내가 생각할 때 대답은 아주 분명할 것같이 보입니다. 그 자신의 의견이 어떠하든지 간에 그는 그 체제에 포함되어 있는 것이기 때문입니다.

오늘날 산업이 너무나 조직화되었기 때문에 한 노동자는 그의 주인들을 개인적으로는 대할 수 없습니다. 그는 한 그룹의 일원이며 그의 주인들도 역시 어떤 그룹에 가입되어 있을 것입니다. 개인적인 요소가 사라져 가고 있습니다. 실로 아주 크게 사라져 갑니다. 노동자는 체제의 부분입니다. 보통 그는 지위를 지키기 위해서 노동조합에 가입해야 합니다. 그처럼 그리스도인은 사실상 여기에서 아무런 선택권을 행사하지 않습니다. 그는 체제에 순응해야 합니다. 그리고 만일 그가 함께 일하고 있는 대다수의 사람들이 파업에 임하면 그의 개인적인 관점이 어떠하든 간에 그들과 합해야 합니다. 그렇지 않으면 그의 생활은 불가능하게 될 것이고, 급기야는 다른 사람 눈에 우습게 보이기 때문에 기독교의 평판을 떨어뜨리게 됩니다. 모든 그리스도인은 스스로 그 문제를 깊이 생각하고 검토해 보아야 합니다. 일반적인 원리는 그리스도인은 분명히 그가 처한 체제의 일부여야 한다는 것입니다. 그는 체제를 바꾸고 개선하기 위해서 다른 이들과 최선을 다할 수 있습니다. 그러나 배반자로서 행동하지 않아야 합니다. 단지 자기는 그리스도인이라고 해서 체제를 역행하지 않아야 합니다.

두번째 요점은 그리스도인이면 반드시 고수해야 하는 요점입니다— 내가 서둘러서 이것을 덧붙이는 것은 그것이 내가 말해 온 모든 것의 조건이 되기 때문입니다—그것은 하나님과 주 예수 그리스도에 대한 그의 개인적인 관계에 영향을 미치는 일을 하라는 요청을 받았다든지, 그런 상황에 휩쓸려 들어가야 할 때의 문제입니다. 그는 결과가 어떻게 되든 간에 절대적인 위치를 지켜야 합니다. 만일 그가 어떻게든 그의 주님을 부인해야만 하는 상황으로 빠져 들어가게 된다면, 그 일을 하기를 거절해야 합니다. 그는 조심해야 합니다. 그는 이 두 원리에 의해서 통제를 받아야 합니다. 그는 결코 병적으로 조심해서는 안 됩니다. 그러나 그는 늘 한계선을 그어야 할 자리를 알아야 합니다. 그가 그의 입장을 들고 나설 때는 그와 주님 사이의 인격적인 관계나 구원에 관한 전체 문제가 문제시될 때입니다. 저 초대 교회의 성도들은 노예로서 봉사를 계속했습니다. 그러나 "가이사가 주님이시다"고 말하지 않았을 것입니다. 그들은 차라리 죽음을 선택했을 것입니다.

다니엘 1장에 이 요점에 대한 하나의 좋은 실례를 볼 수 있습니다. 다니엘은 어떤 점에서 자기가 고집을 부려야 할 것을 느꼈습니다. 그는 아주 납득할 만한 방식으로 그 일을 했고 그는 자기의 위치를 확보하였습니다. 그러나 모든 사람은 각자 자기의 경우를 판단해야만 합니다. 그는 결코 그의 주님을 은근히 부인하는 일은 어떤 일도 하지 않았습니다. 또는 어떤 식으로든지 그의 구원의 문제를 간섭하는 일은 하지 않았던 것입니다.

그것이 그 문제에 대한 일반적인 국면입니다. 그것은 우리로 하여금 종(노예)과 상전들에 관련된 행위의 보다 실제적인 국면들을 숙고해 나갈 수 있게 합니다. 노예는 계속 노예로 있어야 합니다. 그러나 어떻게 그럴 수 있습니까? 그들은 어떻게 처신해야겠습니까? 이제 그리스도인들로서 그들은 그들의 새로운 관점과 그들이 계속 처하게 될 처지와를 어떻게 조화시킵니까? 그 문제 자체가 자연히 두 가지 항목의 대답을 요하는 것 같습니다. 첫째는 우리가 어떻게 봉사하느냐? 다시 사도는 그것을 두 가지 항목으로 구분합니다. 그는 굉장한 수고를 하면서 구체적인 곳으로 들어갑니다. 사도는 처음에 부정적인 요점을 전제합니다. 그들의 상전들에게 복종해야 합니다. 그러나 "눈가림만 하지 말라"고 합니다. 그것은 6절에서 시작되는 소극적인 측면입니다.

우리는 "눈가림만 하지 말라"는 것을 어떻게 이해해야 합니까? 이것은 우리 모두가 친숙한 것입니다. 그것은 종들이 그들의 상전들에게 복종하되 언제나 주인의 눈치만 보아서는 안 된다는 것입니다. 또한 그가 하는 일보다 주인을 더 많이 바라보아서는 안 된다는 것입니다. 다시 말해서 그들은 최소한 말하지 않고 또한 스스로 매맞지 않기에 충분할 정도로만 해서도 안 된다는 것입니다. 무슨 일을 하든지 자기 상전의 눈치만 보는 종들이 있습니다. 그래서 그 주인이 와서 우리를 보고 있지는 않나 하고 기다리는 종들이 있습니다. 만일 아무도 보는 사람이 없으면 아무 일도 하지 않든지 아주 최소한만 합니다. 그러나 주인이 나타나면 그는 열심히 일하고 자기는 아주 충성스런 종인 척합니다. 그것이 "눈가림만 하는 봉사"입니다. 그리스도인이 그런 식으로 일해서는 결코 안 된다고 사도는 말합니다. 또한 그가 받는 보수나 삯을 받을 정도에서 가능한 최소한 만큼만 권하는 식으로 되어서도 안 된다는 것입니다. 고통이나 면하고 겨우 현상유지나 하는 것만 신경을 쓰는 태도를 사도는 저주하고 있는 것입니다. 일에는 전혀 관심이 없고 주인이 볼 때만 최소한으로 일한 사람의 태도를 비난하고 있는 것입니다. "눈가림만 하는 것"은 전적으로 참다운 그리스도인의 태도로 상존할 수 없는 것입니다.

그러면 우리는 어떻게 해야 합니까? 눈가림하는 것의 정반대여야 합니다. 사도의 방식을 주목해 보십시오. 그는 긍정적인 것만으로는 만족하지 않습니다. 오늘날 많은 어리석은 사람들은 부정적인 것을 싫어합니다. 오늘날 세상이 이 모양인 것은 부정적인 측면을 관찰하지 않기 때문입니다. 무엇 무엇은 하지 말아야 한다는 것은 무엇 무엇은 해야 한다는 것만큼 중요한 것입니다. 그러면 우리는 어떻게 봉사해야겠습니까? "종들아 두려워하고 떨며 성실한 마음으로 육체의 상전에게 순종하기를 그리스도께 하듯 하라." 사도가 다른 곳, 곧 고린도전서 2:3에서 사용한 표현과 똑같은 것을 채용한 것을 보십시오. 고린도교인들에게 말하면서 "내가 너희 가운데 거할 때에 약하며 두려워하며 심히 떨었노라"고 했습니다.

다시 고린도후서 7:15에 디도의 고린도 방문을 언급하면서 "저가 너희 모든 사람들이 두려워하고 떪으로 자기를 영접하여 순종한 것을 생각하고 너희를 향하여 그의 심정이 더욱 깊었도다." 다시 빌립보서 2:12의 유명한 구절 가운데서 "그러므로 나의 사랑하는 자들아 너희가 나 있을 때뿐 아니라 더욱 지금 나 없을 때에도 항상 복종하여 두렵고 떨림으로 너희 구원을 이루라." 말하자면 눈가림만 하거나 사람을 기쁘게 하려는 것처럼 하지 말라는 것입니다. 바울은 "내가 너희와 같이 있든지 없든지 나는 너희와 같이 행동할 것이다. 그러므로 나의 사랑하는 자들아, 너희가 항상 복종한 것처럼 내 보는 앞에서뿐 아니라 나 없을 때에도 두렵고 떨림으로 너희 구원을 이루라"고 합니다.

다른 인용구들은 여기서 의미하는 바를 해석하는 데 도움을 줍니다. 바울은 이 노예들에게 그들의 상전을 영구적으로 두려워하는 상태에서 살라고 하지 않습니다. 병적으로 소심한 두려움에 빠져서는 안 된다는 것입니다. 상전을 매나 채찍으로 다스리는 자로 생각하는 불쌍한 노예의 두려움을 가지라는 말이 아닙니다. 또한 종들은 그들에게 어떠한 일이 일어나든 간에 두려워하고 떨고 있어야 한다는 것을 뜻하지는 않습니다. 여기 본문이나 그 밖에 다른 곳에서도 그런 식으로 해석됨은 상상할 수 없는 것이며 불가능한 것입니다.

그 말이 뜻하는 바를 알아내기 위해서 우리는 고린도에 설교하러 갔던 때의 사도 자신을 살펴보아야 합니다. 그는 말하기를 자기는 "약함과 두려움과 많은 떨림으로" 나아갔었노라고 합니다. 그 두려움의 원인은 무엇이었고, 그를 떨게 만든 것은 무엇이었습니까? 고린도교인들을 무서워했기 때문이 아닌 것은 분명합니다. 사도는 그런 식으로는 어떠한 사람에게도 두려워하지 않았습니다. 그는 에피큐러스 학자들과 아테네의 스토아 철학자들, 헤롯이나 벨릭스나 베스도 같은 로마의 통치자들을 두려워하지 않았습니다. 바울은 그의 말을 듣는 어떤 사람과도 지적으로 필적할 수 있는 사람이었으며 지적으로 우월한 사람이었습니다. 율법의 지식에 관하여서도 유대인들 중 어느 누구에게도 두려움을 갖지 않았고, 이방인들은 하나님에 관련하여 무지하다는 것을 알았던 것입니다. 그러므로 그의 두려움은 그런 식의 두려움은 아니었습니다.

사도의 두려움은 주님과 하늘의 주인을 어떻게 하다 잘못 대언하지는 않을까? 그가 전해야 할 복음을 잘못 전하지는 않을까 하는 두려움이었습니다. 그는 사람들이 그것을 범할 위험이 있다는 것을 알았습니다. 그래서 두려워졌고 떨렸던 것입니다. 사도는 복음설교를 아주 심각한 일로 생각했습니다. 어느 때든지 강단에 뛰어 오를 용의가 있는 사람들이 있습니다. 사도는 그렇지가 않았습니다! 그리스도 사랑에 의해서 강권함을 받은 것이 아니었다거나 "복음을 전하지 않으면 내게 화로다"고 말할 수가 없었다면, 그는 복음을 결코 전하지 않았을 것입니다.

우리는 그런 식으로 "우리의 구원"을 이루어 나가야 하는 것입니다. 그리스도인들은 병적이 되어야 한다고 권면하지 않습니다. 그 대신 우리가 이 생과 이 세상에서 하는 일은 엄청나게 중요한 것이라는 것을 인식해야 하는 것입니다. 우리는 모두 그리스도의 심판대 앞에 서게 될 것입니다. "선한 일을 했든 악한 일을 했든 몸을 입고 행한 대로 회개를 받는 것입니다." 바로 그 의미입니다. 잘못 전달되든가 무엇이 잘 되지 않을까 하는 "두렵고 떨림"입니다. 사도는 노예들이 "육체의 상전에게" 그런 식으로 "복종해야 한다"고 말하고 있는 것입니다. 그리스도인이라는 사실은 얼마나 엄청난 것입니까! 그것은 모든 것을 들어 줍니다. 노예의 조건까지도 그리고 그것을 더 높은 차원으로 승화시켜 줍니다. 여기에 천한 노동을 하는 가련한 노예가 있습니다. 그는 사도가 복음을 설교할 때 한 것과 같은 식으로 그 일을 해야 한다는 말을 듣게 된 것입니다.

다음 어구는 "성실한 마음으로"입니다. 이 말은 산상설교 가운데에서 하신 주님의 말씀과 다른 곳에서의 "바른 눈"에 대한 표현과 유사합니다. 그것은 이중으로 보는 것과 반대 의미입니다. 두 가지 일을 하는 것의 반대요, 동시에 두 일을 보는 것에 대한 반대입니다. "바른 눈"은 초점을 맞추고 어느 한 가지에 집중시키는 것을 지시합니다. 그것은 우리가 산만치 않는 수의와 노력을 기울여 해야 할 것을 해야 한다는 것을 의미합니다. 여기서 사도는 동기들에 대해서 생각하고 있는 것입니다. 특별히 신실한 동기를 언급하고 있는 것입니다. 우리의 동기는 가능한 한 최선을 다해 일을 하는 것입니다. 그리하여 최선의 방법을 동원하여 무엇보다 주님을 기쁘게 하는 것입니다. 우리는 모두 그리스도인들로서 이것을 우리 자신에게 적용시켜야 된다는 것을 깨닫습니까? 사도는 이들 노예들에게 그들의 일을 그런 식으로 하라고 말하고 있는 것입니다. 어떤 순간이나 주인의 눈치만 살피는 자들처럼 해서는 안 된다는 것입니다. 그들이 그리스도인들이기 때문에 주인이 보거나 안 보거나 그것이 문제가 되지 않아야 합니다. 왜냐하면 그들은 그들의 맡은 일을 "성실한 마음으로" 수행하여야 하기 때문입니다. 그들은 그 일에 주의를 집중시키고 모든 관심을 기울여야 하는 것입니다.

다른 일들의 경우에서 이 말은 자기의 맡은 임무에 전력을 다하고, 일하고 있는 동안 상전이나 주인에게 충성을 다하는 것이 종이나 피고용인의 임무라는 것입니다. 그를 고용한 자가 누구이든 간에 상관하지 않습니다. 그의 시간은 자기 자신의 시간이 아니고 주인의 시간입니다. 그가 맡은 돈은 자기의 것이 아니고 주인의 것입니다. 그의 일과 관련된 모든 것은 다 주인의 것입니다. 다시 말해서 만일 그가 주인의 시간이나 주인의 일을 해야 하는 시간에 딴전을 부리고 있다면 그 그리스도인은 사도의 명령에 불복하고 있는 것입니다.

복음을 전하기 위해서라도 내 고용주의 시간을 사용할 권리가 없습니다. 이 점에서 잘못을 범하는 많은 그리스도인들이 있습니다. 그들의 일을 하도록 주어진 시간에 – 자기들의 시간이 아니고 주인의 시간에 – 기독교 신앙이나 영혼 구원 같은 일을 얘기하느라고 시간을 보내는 사람들이 있습니다. 이런 일을 하느라고 한 주간 내에 몇 시간을 허비할 수도 있고 일년 동안을 계산한다면 헤아릴 수도 없는 많은 시간을 낭비하게 될 것입니다. 그러나 그것은 이 사도의 훈계를 완전히 불순종하고 있는 것을 뜻하는 것입니다. 그것은 정직하지 못한 것이며 일종의 도둑질입니다. 사도는 우리가 "성실한 마음으로" 복종해야 한다고 말합니다. 또한 우리의 마음을 모아서 의무를 다하기 위하여 전력을 다하라는 것입니다. 우리의 동기가 아무리 선하다 하더라도 우리 주인에게 속한 것을 우리 자신을 위해서 사용할 권리는 전혀 없습니다. 그러나 어떤 사람이 "한 사람의 영혼을 위한 것이라면 그것은 옳아야 합니다"라고 말한다고 합시다. 그렇지가 않습니다! 당신은 복음전도자로 고용된 것이 아닙니다. 그런 일은 합의되지 않은 것입니다. 여러분이 일을 떠맡을 때 그것은 거론되지 않았습니다. 그렇게 할 권리도 없고 그래서도 안 됩니다. 만일 여러분이 그런 식으로 행동한다면 복음에 해를 끼치고 있는 것입니다.

이 점은 고용주에게 속한 모든 것에 골고루 적용됩니다. 나는 행정부나 큰 기업체와 관련된 기독교 연합에 와서 설교해 달라는 초청을 받을 때 다시 한 번 충격을 받습니다. 그 초청장이 그 행정부나 기업체의 용지에 기록되어 있는 것을 보는 건 놀랄 일입니다. 이것은 심각합니다. 왜냐하면 그것은 도둑이나 강도와 같은 것이기 때문입니다. 어떤 그리스도인도 기독교 연합의 일을 그가 속한 그 회사나 그 직장의 용지에 쓸 하등의 권리가 없습니다. 특별히 당국으로부터 허락을 받지 않고서 그러는 것은 안 됩니다. 자기의 것이 아닌 것을 자기 것으로 돌려 버리고 있는 것입니다. 그것은 더 이상 "성실한 마음으로" 하는 일이 아닙니다. 우리는 시간이나 재산이나 다른 모든 국면에 있어서 이 점을 철저히 적용시켜야 합니다. 그리스도인들은 이 일들에 관하여 유의하여야 합니다.

사도가 사용한 다음 구절은 "마음으로 하나님의 뜻을 행하며"입니다. "눈가림만 하지 말고 그리스도의 종들처럼 마음으로 하나님의 뜻을 행하라." 더 좋은 번역은 "목숨을 다하여"(from the soul)일 것입니다. 여기서 사용된 세 용어가 주님께서 어느 계명이 크고 첫째 되느냐는 질문을 받았을 때 쓰신 말과 같은 말입니다. "네 마음을 다하고 목숨을 다하고 뜻을 다하여 주 너의 하나님을 사랑하라." 우리는 이미 마음을 살펴보았습니다. 이제 우리는 목숨(혼)을 보고 있는 것입니다. "선한 뜻"이란 말로써 마음을 알아냅니다. 다시 말해서 강조점은 전인(全人)에 있는 것입니다. 사도는 전 인격이 그 일에 집중되어야 한다고 말하고 있습니다. "목숨을 다하여"라는 말은 "마음으로부터"(진심으로), 또한 "네 존재의 깊은 곳으로부터 나오는 것으로"란 뜻입니다. "마지못해 하는 식으로 하지 말라"는 것입니다.

이것은 불쌍하게도 일반적인 실수를 연상케 합니다. 사람들은 마지못해 하는 식으로 일을 합니다. 그 일을 안 하는 것이 차라리 나을 것입니다. 그리고 그들도 안 했으면 하고 바랍니다. 그런 식으로 해서는 어떤 은혜도 없습니다. 그들은 그 일이 "비위에 거슬린다"는 인상을 풍깁니다. 일을 하되 뽀루퉁하게 합니다. 그러므로 그들의 손에서 그 일을 빼앗아야 하는 것입니다. 사도는 우리가 그런 식으로 일해서는 안 된다는 것입니다. 언제나 "마음으로" "목숨을 다하여" 속에서 우러나는 마음으로 해야 한다는 것입니다. 우리는 "전력을 다하여" "온 정성을 다하여야" 합니다. "무릇 네 손이 일을 당하는 대로 힘을 다하여 할지어다." 한마음 한뜻되어 영혼 깊은 곳으로부터 나오게 하십시오. 노예는 그런 식으로 그들의 상전들에게 복종해야 한다는 것입니다. 어떤 일에 고용되었든지 간에 고용된 모든 사람들이 스스로의 몸가짐을 어떻게 가질까에 대한 방식입니다. 마지못해 하지 말고 단 마음으로 정성을 다하여 해야 한다는 것입니다.

　마지막 구절은 "단 마음으로 섬기라." 단 마음! 말씀드린 바와 같이 이것은 마음과 이해심을 가리킵니다. 다시 말해서 그리스도인은 자기는 이 일을 끝까지 생각해 보았다는 것을 보여 주어야 한다는 것입니다. 그는 어리둥절한 사람이 아닙니다. 다시 여기서 때때로 우리가 잘 마주치는 주제를 대하게 됩니다. 사람들은 다음과 같은 복잡미묘한 문제를 가지고 내게 옵니다. 영문학을 가르치는 어떤 사람이 있습니다. 그가 갑자기 회심하게 되고 그리스도인이 됩니다. 그런데 곧 하나의 난제를 만나게 됩니다. 그는 "내가 이 일을 계속해 나갈 수 있을까요?"라고 묻습니다. "그것은 정말 기독교적이 아니예요. 나는 그리스도인이 아닌 학생들에게 세익스피어(Shakespeare)를 가르치고 있습니다. 그런데 세익스피어 문학에는 기독교적인 교훈이라고는 전혀 없습니다. 이런 일을 계속해 나가는 것이 옳은 것인가요?" 그런 식으로 그리스도인들이 혼란에 빠집니다. 그래서 마음이 엇갈리게 됩니다. 그리고 그들은 더 이상 "단 마음"으로 일을 할 수 없게 됩니다. 아주 확신이 없습니다. 그들 마음 가운데서 한 쪽에서는 그것을 나쁘다고 말하고 다른 한 쪽에선 옳다고 말합니다. 그래서 어찌할 바를 모르게 됩니다. 사도는 그런 문제에 대하여 "단 마음"이란 말로써 대답을 대신하고 있습니다. 여러분의 마음속에서 어떤 일들을 명료하게 하시고 전체적인 기독교적 생활관에서 문화가 차지하는 자리가 어디인지 아십시오. 그러면 여러분의 일을 단 마음으로 하게 될 것입니다.

　그 문제는 더 많은 주의를 기울일 만합니다. 왜냐하면 많은 그리스도인들의 경우에 있어서 "전적인 기독교 일꾼"이 되어야 한다고 느낄 때가 오기 때문입니다. "나는 그리스도인이니 기독교적인 일 외에는 아무것도 해서는 안 된다." 그것은 신약의 교훈과 전적으로 배치되는 것입니다. 만일 전적으로 온 시간을 기독교적인 봉사에 바치라는 소명을 받을 때는 그렇게 하십시오. 그러나 그렇지 않을 때는 여러분이 있는 곳에 머무르십시오 (고전 7:20). 자동적으로 "난 그리스도인으로서 살기 위해서 모든 일을 포기해야 한다"고 말하진 말아야 합니다. 내가 만일 하나님에 의하여 그 일에 부름을 받지 않았더라면 설교자나 목회자가 되지 않았을 것입니다. 만일 내가 다른 일은 아무것도 할 수 없다고 말할 수 없었다면 난 목사가 되지 않았을 것입니다. 만일 여러분이 다른 일을 할 수 있거든 그 일을 계속하십시오. 그럴 수 없거든 하나님께서 당신을 특별한 기독교 사업으로 부르신 것을 확신할 수 있습니다. 내가 비난하고 있는 것은 나는 그리스도인이 되었고, 내가 하고 있는 일이 실제 기독교적인 것이 아니기 때문에 그리스도인으로서의 삶과 조화되지 않는다고 하는 생각입니다. 그럴지도 모르지요! "종들아 너희 육체의 상전에게 순종하라." 그 일이 여러분의 마음에 명료해지도록 하십시오. 그러면 여러분의 일을 단 마음으로 할 수 있게 될 것입니다. 여러분은 분명하게 이해하게 될 것이고, 그 일에 대한 여러분의 태도도 명백해질 것이며 망설이거나 주저하지 않게 될 것입니다. 그리고 분리된 마음으로 그 일을 하지 않을 것입니다. "단 마음"—여러분의 전인(全人)이 그 일에 몰두하게 되고 선한 태도로써 그 일을 하게 될 것입니다.

그 점은 두번째의 중대한 대목으로 인도해 줍니다. 왜 사도는 노예인 그들에게 상전들에게 그런 식으로 처신하라고 권면합니까? 왜 우리가 그런 식으로 일해야 합니까? 이 질문이 중요한 이유는 이 두번째 대목의 교훈을 이해하지 못하면 첫번째 대목의 교훈을 결코 이해할 수 없기 때문입니다. 우리의 일을 "눈가림으로가 아니고 마음으로, 영혼 깊숙이에서 나오는 단 마음으로" 행할 수 있게 되는 것은 우리가 이 두번째 대목을 이해할 때만입니다.

사도는 한 번 더 그의 진술을 부정적인 측면과 긍정적(적극적)인 측면으로 이분합니다. 그것은 내 나름의 나눔이 아니고 사도가 나눠 놓은 것입니다. 부정적인 측면은 "눈가림만 하여 사람을 기쁘게 하는 자처럼 하지 말라"는 것입니다. 여러분은 일을 할 때 상전의 눈치만 살피는 "눈가림"만 한다든지 사람을 기쁘게 하면서 상전과 우호를 계속하는 일만을 주요 동기로 삼아서는 안 된다는 것입니다. 그것이 너무나 중요하기 때문에 7절에서 다시 그 사상을 되풀이합니다. "단 마음으로 섬기기를 주께 하듯 하고 사람들에게 하듯 하지 말라." 부정적인 것의 반복은 강조를 위해서입니다.

다시 말해서 우리가 첫째로 깨달아야 할 것은 우리의 눈을 사람들에게는 전혀 두지 않아야 한다는 것입니다. 비그리스도인과 비기독교적인 생활에 있어서 전체 문제는 바로 그것이 아닙니까? 비그리스도인은 언제나 그의 눈을 사람들에게만 둡니다. 자기 자신이나 다른 사람에게 둡니다. 그래서 그는 끊임없이 어떻게 하면 이것이 나를 기쁘게 할까? 나를 위하려면 어떻게 해야 할까를 생각합니다. 그리고 만일 그리스도인인 나의 동기가 그러하다면 나는 언제나 다른 사람에게 시선을 줄 것입니다. 그들이 나를 어떻게 생각할까? 그들이 나를 어떻게 볼까? 그들이 나를 어떤 사람으로 생각할까? 그들이 내 능력에 대해서 무어라 생각하는가? 설교자로서 나를 어떻게 생각할까 등에만 관심을 가지게 될 것입니다. 그들이 백 가지 측면에서 나를 볼 때 어떻게 생각할까? 이것들이 지배적인 생각이 됩니다. 이웃 사람들이 어떻게 생각할까? 사무실이나 공장에 있는 다른 사람들이 어떻게 생각할까? 모든 삶이 사람들과 그들의 견해에 의하여 조종됩니다. "사람에게 하듯" 그 불쌍한 불신자의 전생애는 전적으로 사람의 지배를 받고 사람에게 매어 있습니다. 그는 사람의 칭찬을 원하고 그래서 언제나 사람의 눈치만 살피고, 언제나 다른 사람들을 바라봅니다. 그러나 그것이 그리스도인의 경우가 되어서는 안 됩니다. "사람을 기쁘게 하는 자처럼 되지 말라." 사람들을 기쁘게 하는 것이 우리의 야망이 되어서는 안 됩니다.

적극적이고 긍정적인 측면으로 시선을 돌리면 사도가 가장 흥미로운 네 구절을 말하고 있는 것을 발견하게 됩니다. 첫째는 5절에 있는 것입니다. "그리스도에게 하듯" "두려워하고 떨며 성실한 마음으로 육체의 상전에게 순종하기를 그리스도께 하듯 하며." 다음은 6절에 있는 말입니다. "눈가림만 하여 사람을 기쁘게 하는 자처럼 하지 말고 그리스도의 종들처럼", 그 다음은 "마음으로 하나님의 뜻을 — 사람의 뜻이 아니라 — 행하여 단 마음으로 섬기기를 주께 하듯 하고 사람들에게 하듯 하지 말라."

바울이 아내들에게도 똑같은 식으로 권면하였다는 것을 기억하십시오. "아내들아 너희 남편들에게 복종하기를 주께 하듯 하며…남편들아 아내 사랑하기를 그리스도께서 교회를 사랑하시고 위하여 자신을 주심같이 하라." "자녀들아 너희 부모를 주 안에서 순종하라." 모든 것이 "주 안에서"입니다. 여기에서도 노예들과 관련하여 같은 것을 발견하게 됩니다. "그리스도께 하듯 하고", "그리스도의 종들처럼 하고", "하나님의 뜻을 행하며", "주께 하듯 하고 사람들에게 하듯 하지 말고." 우리는 여기서 사도의 전체 입장을 이해하는 열쇠를 얻게 됩니다. 그리스도인이 아니고서는 이런 식으로 말할 수 있는 자가 없습니다. 세상 사람들은 이런 일에 흥미를 가지지도 않으며 그것을 전혀 이해하지도 못합니다. 그러나 이것이 바로 그리스도인의 보증인입니다. 한 사람이 명실공히 진정한 의미에서 그리스도인이 되는 순간 그는 모든 것을 다른 식으로 봅니다 — 그의 일이나 아내나 자녀들이나 그의 가정이나 그의 일상 생활 모두를 말입니다. 그의 사고방식 전체가 변화되는 것입니다. 같은 것이란 아무것도 없습니다. "이전 것은 지나갔으니 보라 새것이 되었도다."

우리는 이 용구들을 취하여 그것들을 다른 방식으로 놓음으로써 이 일들이 어떻게 이루어지는가를 보여 줄 수 있습니다. 그리스도인의 주요 바람은 하나님의 뜻을 행하되 마음으로 하나님의 뜻을 행하는 것입니다. 하나님을 기쁘게 하는 것이 그리스도인의 첫째 되는 주요한 소망입니다. 그리스도인은 어떠한 사람입니까? 무엇보다도 그는 자기가 죄인이라는 깨달음에 이르는 자입니다. 죄인은 무엇입니까? 죄인은 그가 해서는 안 되는 어떤 것들을 행하는 자뿐만이 아닙니다. 죄인은 먼저 하나님의 영광을 위해서 살지 않는 사람입니다.

"첫째 되고 큰 계명은 이것이니 마음을 다하여 목숨을 다하여 정성을 다하여 주 너의 하나님을 사랑하라." "인간의 제일 되는 목적은 하나님을 영화롭게 하고 영원토록 그를 즐거워하는 것이라"고 소요리문답은 우리에게 가르치고 있습니다. 죄는 무엇입니까? 죄는 그 본질에 있어서 하나님께 영광을 돌리거나 그를 즐거워하는 것을 거부하는 것입니다. 죄란 사람이 하나님의 뜻을 행하기 위해서 살고 있지 않다는 것을 의미합니다. 어떤 사람이 자기가 죄인이라는 깨달음에 이르게 될 때 자기는 그 위대한 목적을 위해서 살아오지 않았다는 것을 알게 됩니다. 그는 자신과 자신의 동료 죄인들을 위하여 살아왔습니다. 그래서 "오호라 슬프도소이다! 난 하나님을 위하여 산 적이 없나이다. 또한 하나님의 뜻을 행하지도 않았습니다. 나는 모든 자를 기쁘게 했지만 하나님만은 기쁘게 하지 못했나이다. 나는 하나님을 기쁘게 하는 것이 내 인생에 첫째 되는 일이어야 한다는 것을 생각해 본 적이 없나이다."

그러나 이제 그는 그것을 알게 되었습니다. 바로 이 점이 그리스도인의 경우에 있어서 첫째 되는 일입니다. 그가 삶의 모든 국면에서 제일 먼저 고려하는 것은 하나님의 뜻을 아는 것이어야 하며 하나님의 뜻을 행하는 것임을 안 사람입니다. 그리고 그는 그런 식으로 살도록 결정되어 있습니다. 그의 첫번째 생각은 늘 나를 향하신 하나님의 뜻이 무엇인가? 이대로 계속해도 좋은 것인가? 또는 나는 그 밖에 다른 것으로 바꾸어야 하는 것은 아닌가? 그가 하나님의 뜻이라고 믿는 것은 무엇이든지 행하기 위해 나가는 것입니다.

그러나 두번째 결정적인 구절을 살펴보도록 하십시다. "사람을 기쁘게 하는 자처럼 눈가림만 하지 말고 그리스도의 종들처럼 하라." "종들"은 5절에서와 같이 "노예들"로 번역되어야 합니다. 사도 바울은 사실상 이렇게 말하고 있는 셈입니다. "나의 사랑하는 그리스도의 형제들아 가이사의 집에서 노예로든지 다른 어떤 곳에 처해 있다 하더라도 내가 너희에게 말할 것은 이것이다. 너희가 매일 아침 일어날 때에 자 또 한 날이 시작되었구나. 나는 어려운 일을 맡고 있다. 그 일을 해내지 못하면 매를 맞게 될 것이다. 먹을 것도 잘 못 먹고 나는 노예에 지나지 않아 모든 것이 나쁘다. 이 이교도 주인은 이해하지 못하고 "나는 더 이상 참을 수 없어. 나는 반역을 시도할 거야"라고 자신에게 말하지 말라. 너희는 그런 식으로 말해서는 안 된다. 내일 아침 일어날 때에 이렇게 자신에게 다짐해라. "나는 이 사람의 노예다. 그러나 사실상 나는 주 예수 그리스도의

## 제 25 장 그리스도의 노예들

노예이며 나의 봉사는 모두 그리스도에게 하듯" 행해져야 한다. 이것이 바울이 언제나 자신에 대하여 한 말입니다. 특별히 그의 여러 서신들의 서론에서 그러합니다. "예수 그리스도의 종 바울" 그 말은 "예수 그리스도의 노예라는 뜻입니다. 그런 생각으로 모든 일을 했습니다. 그는 그리스도의 노예였습니다. 그리고 그는 이 노예들에게도 같은 것이 적용된다고 하는 것을 상기시켜 주고 있습니다.

우리는 "값으로 산 바" 되었으며 우리가 더 이상 우리의 것이 아니라는 것을 깨닫는 것은 중차대한 것입니다. 우리 그리스도인들은 무엇을 하기 원하며, 우리가 무엇을 생각하고 말할까를 결정할 어떠한 권리도 가지고 있지 못합니다. 어떤 그리스도인은 천성적으로 정치적이고 사회적인 운동가일 수도 있습니다. 폭도들을 일으켜 체제를 박살내고 싶습니다. 그러나 더 이상 그런 식으로 생각하거나 행동해서는 안 된다고 사도는 말하고 있는 것입니다. 그리고 그가 상전이라 할지라도 더 이상 그런 식으로 생각해서는 안 되는 것입니다. 그는 더 이상 그의 일꾼들을 위협하지 않아야 합니다. 그 자신도 역시 노예라는 것을 알기 때문입니다.

우리 그리스도인들은 "주 예수 그리스도의 노예들"입니다. 그리스도는 우리를 위해 죽으셨고 우리를 위하여 그의 몸이 찢기고 그의 피가 흘려졌습니다. 그는 시장(市場)에서 우리를 샀으며 우리를 속량하셨습니다. 그리고 우리를 구속하셨습니다. 이제 우리는 그의 소유물입니다. 나는 더 이상 내 나름대로 생각해서는 안 됩니다. 나는 실제 행동에서뿐 아니라 생각에서 그에 의하여 통제를 받아야 합니다. 여러분이 "그리스도의 노예들"이라고 하는 사실을 잊지 말라고 사도는 말하고 있는 것입니다.

내가 인출하는 세번째 원리는 이 앞의 원리가 그리스도인에게 진리일진대 그리스도인의 주요한 바람은 그의 구주를 기쁘게 하는 것이고 그리스도의 탁월성을 나타내고 그에게 찬양을 드리는 것입니다. "그리스도께 하듯 하며 단 마음으로 섬기기를 주께 하듯 하고 사람들에게 하듯 하지 말라." 다시 말해서 그리스도인의 주요한 동기는 하나님과 그리스도를 영화롭게 하며 모든 일로써 하나님과 그리스도를 기쁘시게 하는 것입니다.

우리는 그 문제를 요약하여 이렇게 나타낼 수 있습니다. 우리가 일하는 방식을 통해서 우리가 이 세 원리들의 지배를 받고 있다는 것을 보여 준다는 것입니다. 바로 그것이 사도가 말하고 있는 바입니다. 우리는 우리 생의 주요 야망은 하나님의 뜻을 행하고, 우리 자신이 그리스도의 노예들이라는 것을 증명하고, 그의 보배 피로 값주고 사신 바 되었다는 것을 보여 주어야 한다는 것입니다. 그리고 그것은 우리의 일상 업무를 수행하는 방식에 의해서 명백해집니다.

이 모든 것은 현 시대에 있어서 두드러지게 중요한 것입니다. 예배처소에 참석하는 수가 몇 십 퍼센트밖에 안 되는 나라에 살고 있습니다. 그러므로 설교자들이 아무리 훌륭하다 할지라도 그 설교를 들으려고 오는 사람들이 적기 때문에 많은 것을 할 수 없습니다. 그러나 개개 그리스도인은 매일 그런 사람들과 일하고 그들 가운데서 삽니다. 그러므로 그는 말하자면 전도자가 되는 것입니다. 어떻게 하여 그의 전도가 열매 맺습니까? 그가 무슨 일을 하든지 그의 직장에서 하는 방식으로 행동함으로써 그 일을 할 수 있습니다. 그에게 기회가 주어져 있습니다. 나쁘게 일하는 것처럼 기독교를 깎아 내리는 것은 없습니다. 게으른 일, 되는 대로 건성으로 하는 일, 전심으로 하지 않는 일은 철저하게 나쁜 간증이 됩니다. 그것은 세상 사람이 일하는 방식입니다. 세상 사람은 최소의 일을 하고 최대의 보수를 요구합니다. 만일 그가 어느 일에서 빠져 나올 기회만 있으면 그렇게 할 것입니다. 만일 주인이 거기에 없으면 일하는 시늉만 내고, 주인이 갑자기 나타나면 그는 눈에 띄게 일을 합니다. 그러나 그리스도인은 그와 정반대입니다. 그리스도인이 그릇되게 일한다든지 태만하게 일하는 것은 아주 불쌍한 간증입니다. 그리고 그것은 하나님의 나라에 해를 끼칩니다. 이것은 모든 국면에 해당됩니다. 나쁜 노동자는 그가 어떤 일을 맡았든지 하나님의 아들과 하늘나라를 "깎아 내리고" 있는 것입니다.

나는 기독 학생이 시험에 실패하는 것을 볼 때마다 서글프고 편치 못합니다. "아, 그러나 난 내 시간을 기독교 일에 바쳐왔어요. 나는 많은 전도를 했지요"라고 변명합니다. 그러나 학생이 대학에 가는 것은 전도하러 가는 것이 아닙니다. 그는 거기서 학업을 쌓아 어느 직업을 가지게 되고, 다른 소명을 받들기 위해서 학교에 가는 것입니다. 만일 그가 시간과 그를 거기에 가도록 도와준 그의 부모들과 국가의 돈을 전도하는 일에만 써 버리고, 학업을 등한히 한다면 그는 사실상 기독교를 깎아 내리고 있는 것입니다. 어떤 실패든지 그리스도에게 있어서는 나쁜 것을 증거하는 격이 됩니다.

그리스도인은 언제나 그의 일을 잘 해내야 합니다. 이것은 손으로 하는 일이나 학교나 대학 시험에만 적용되는 것이 아닙니다. 그것은 전문직업에 있어서도 마찬가지입니다. 자기의 직업에 무관심한 사람은 그리스도의 나라에 큰 해를 끼치고 있는 사람입니다. 의사이든 사업가든 변호사이든 그 밖의 어떤 직종에 종사하든 불쾌하게 하는 그리스도인은 그 아래나 그 위에 있는 다른 사람들을 대함에 있어서 불쾌한 – 아주 불쌍한 간증을 하고 있는 것이며 큰 해를 끼치고 있는 것입니다. 그가 설교를 하고 경건한 대화를 주고 받는 것은 크게 문제 되지 않습니다. 사람들이 주목하는 것은 그의 일상의 대화나 그의 평소의 행동입니다. 그리고 그들은 그에게서 보는 바로 하나님과 그리스도를 판단합니다.

그러나 나는 그것을 부정적으로 표현하겠습니다. 그리스도인은 언제나 모든 방면에서 가장 훌륭한 자여야 합니다. 그렇다고 해서 그리스도인은 그가 속한 그룹에서 가장 유능한 사람이어야 한다는 뜻은 아닙니다. 그렇지 않을 수도 있는 것입니다. 그리스도인이 아닌 사람들이 훨씬 유능할 수도 있습니다. 그리스도인이 된다는 것이 비지식인을 지식인으로 만들지 않습니다. 그러나 진수가 되는 것은 – 사도가 지적하고 있는 – 그가 어떤 능력을 가지고 있든지 최선을 다하도록 한다는 것입니다. 그것은 비밀스런 일입니다. 비그리스도인이 더 큰 능력을 가질 수가 있습니다. 그러나 그것이 문제가 아닙니다. 만일 그리스도인이 그가 가지고 있는 능력을 최대로 발휘한다면 그는 아마 비그리스도인보다 더 훌륭한 일을 할 것입니다.

그리스도인은 "전력을 다해야" 합니다. 언제나 부지런해야 하고, 언제나 정직하고, 언제나 신실하고, 언제나 믿을 만하고, 언제나 사랑할 만해야 합니다. 그리스도인 안에서 언제든지 그 점이 나타나야 합니다. 여러분은 그에게 새로운 수완과 새로운 기질을 줄 수 없습니다. 그러나 그리스도인은 그가 아무리 무지하다 할지라도 정직할 수 있고, 곧을 수 있고, 믿을 만한 사람일 수는 있는 것입니다. 격에 맞는 사람, 신뢰할 만한 사람, 신실한 사람, 말이 신용있는 사람, 언제나 의뢰할 만한 사람일 수는 있지 않느냐 말입니다. 이 모든 것, 그것은 그가 그리스도인이기 때문입니다. 그것이 바로 여기 본문 가운데서 말하는 사도의 말이 보이는 것입니다. "노예들아, 언제나 최선을 다하거라. 할 수 있는 한에서 최선을 다해서 네 일을 하라. 그 일이 무엇이든지 최선을 다하라. 너희가 노예라 할지라도 전력을 다하라."

왜 그리스도인이 그렇게 행동해야 한다고 느낍니까? 그것은 분명합니다. 이런 일을 함으로써 그리스도인은 하나님을 영화롭게 하고 그를 기쁘게 하는 것이기 때문입니다. 이것이 그리스도인을 향하신 하나님의 뜻입니다. 그렇게 함으로써 창조 시에 그랬던 것처럼 사람에게 보다 친밀하게 되는 것입니다. 하나님은 그러한 그를 보시고 기뻐하십니다. 또한 그것은 내가 말씀드린 바와 같이 큰 선교 기회입니다. 그것이 모든 자들에게 길을 열어 줍니다.

우리는 성경에서 이것에 대한 실례를 너무나 많이 봅니다. 요셉의 이야기를 회상해 보십시오. 요셉, 그는 하나님의 백성 중 하나였지만 이교도의 노예가 되었습니다. 그러나 그는 경건한 자였기 때문에 그가 어디서 일을 하든지 총애를 받게 되었고 승진되었습니다. 왜 그렇습니까? 그가 다른 사람들에게 설교했기 때문이 아니라, 그에게 주어진 일을 최선을 다하여 했기 때문입니다. 그러므로 그가 보디발의 집에 있을 때 그는 승진되었고 감옥에 있을 때도 그러했습니다. 그가 어디에 처하든지 언제나 총애를 받았습니다. 경건하고 무슨 일이든지 최선을 다했기 때문입니다. 다니엘과 느헤미야의 경우에도 같습니다. 이에 대한 예는 성경 어디서나 발견할 수 있습니다.

로마의 초기 기독교시대사에서 그 점은 역시 분명했습니다. 교활한 콘스탄틴(Constantine) 황제가 그리스도인이 되었고, 로마제국이 국가적으로 기독교적이 된 것은 바로 그 때문입니다. 그들 빈틈없는 정치가들은 제국 내에서 가장 견고한 요인은 그리스도인들의 존재임을 발견했습니다.

그들은 법을 지켰고 화평한 존재였으며 조용하였고 그들의 일에 최선을 다했으며, 급기야 그들은 총애를 입게 되었습니다. 다른 문제들을 애도하고 있기는 합니다. 그러나 원리는 선한 것을 고수하는 것입니다.

    1939-45년 제1차 대전 동안 러시아에서 있었던 같은 것을 이해하게 되었습니다. 나는 그 전쟁 기간에 러시아에서 기독교에 관한 법이 갑자기 스탈린에 의해서 완화되었다는 보도가 신문에 난 것을 보았습니다. 우리 모두 깜짝 놀랐습니다. 내가 알게 된 그 이유는 이러했습니다. 스탈린마저 그 영토 내에서 가장 신뢰할 만한 노동자들은 그리스도인들이라는 것을 주목한 것입니다. 그는 그들의 일을 그리스도인들에게 맡길 수 있었던 것입니다. 그래서 그들을 너무 가혹하게 대하지 않기로 결정했던 것입니다. 그는 그리스도인이 되지 않았습니다. 그러나 그는 이것을 주목했던 것입니다. 기독교가 실제로 그런 인상을 주고 있었던 것입니다. 그것은 언제나 그러합니다.

    이는 가장 훌륭한 전도 방법입니다. 어떻게 해서 기독교가 1세기에 전파될 수 있었던가를 설명해 줍니다. 그들은 거액의 돈을 뿌려 가면서 광고를 하는 매머드 집회를 열었던 것이 아닙니다. 기독교는 이미 공산주의가 판도를 잡고 있기 때문에 "세포 조직"을 통해서 전파되는 것입니다. 한 사람이 그의 이웃이나 같은 동료 노동자에게 말합니다. 오늘날 복음주의가 취해야만 하는 방식 중에서 주요한 것입니다. 우리는 다 우리가 어디 있든지 무엇을 하든지 간에 많은 기회를 갖고 있는 것입니다.

    끝으로 나는 이 교훈만큼 우리가 이 생에서 하는 모든 일의 중요성과 신성성을 보여 주는 것은 없음을 알았습니다. 우리가 그리스도인들로서 하는 모든 것은 그리스도께 하듯 하며 "주님께 하듯" 해야 합니다. 이것은 마틴 루터가 발견한 깜짝 놀랄 발견이었습니다. 그는 로마 카톨릭의 거짓된 체제 속에서 자라났습니다. 그리스도인들은 두 부류로 분류된다는 생각을 가지고 자라났습니다. 즉, 종교적인 사람들과 보통인들로 나뉜다는 생각이었습니다. 그 사람이 진정으로 종교적인 사람이 되기를 원한다면 세상을 떠나 수도원으로 가서 수도사가 되는 것이었습니다. 그래서 루터도 수도사가 되었습니다. 그러나 그는 화평이나 만족을 찾을 수가 없었습니다. 갑자기 그는 믿음으로만 의롭다 함을 얻는다는 위대한 교리를 깨닫기에 이르렀습니다. 그것이 그의 눈을 열어 모든 입장이 바뀌었습니다. 이제 그는 하녀가 방을 쓰는 것으로도 하나님을 위해서 일을 할 수 있다는 것을 알았습니다. 수도사가 될 필요도 없고 하나님을 위하여 일하기 위하여 방에서 땀을 흘리며 기도만 하고서 시간을 보낼 필요가 없습니다. 천만에요! 방을 쓰는 하녀도 똑같이 하나님께 봉사할 수 있는 것입니다. 그것이 훨씬 더 낫지는 않지만은 말입니다. 이 발견으로 해서 생활 전체가 변했습니다.

우리는 그리스도인이 되기 위해서는 은자나 수도사가 될 필요가 없습니다. 다 설교자들이 될 필요가 없습니다. 우리가 어디 있든지 우리가 무슨 일을 하든지, 방을 쓸든지 그 밖에 다른 일을 하더라도 최선을 다해서 하도록 합시다. "사람을 기쁘게 하는 자처럼 눈가림만 하지 말고 마음으로" 일합시다. "단 마음으로 주께 하듯 하고 사람에게 하듯 하지 맙시다." 언제 누가 여러분을 보고서 "이 사람은 다른 사람들과 다르다. 난 이렇게 일하는 사람을 보지 못했어. 이 사람들 정말 재미있어 보이는데, 그들은 최선을 다하고 있으니 말야. 어찌된 영문인가?"라고 말할지 우리는 알지 못합니다. 그리하여 그들로 하여금 "나는 구원받기 위해서 무엇을 해야 하는가? 내가 그와 같이 되려면 어떻게 해야 할까?"라는 일련의 생각을 일으켜 줄 수 있습니다. 여러분이 어디 있든지 그것은 문제가 아닙니다. 발에 착고를 채우고 옥에 갇혔던 바울과 실라와 같이 될 수 있습니다. 그러나 그리스도인다운 행동을 통해서만 다른 이들에게 자극을 주고 그들이 의문을 가지고 생각해 보게 할 수 있습니다. 그리하여 그들을 그리스도에게 인도할 수 있습니다.

이 위대하고 가장 영광스러운 교훈은 이상과 같습니다. 그리스도인이 하는 일 가운데 어느 것도 무의미한 것은 없습니다. 여러분이 아침에 일어날 때, 사무실로 갈 때 그리고 거기에 있을 동안 여러분은 그리스도의 노예요, 하나님의 종이라고 하는 것을 잊지 마십시오. 설교단에서 설교하는 나와 같은 자만이 하나님의 종이 아닙니다. 만일 여러분이 그리스도인이라면 여러분은 하나님의 종이요, 노예요, 그리스도의 노복"입니다. 이 위대한 사도가 그랬던 것같이 말입니다. 여러분의 일 가운데서 그것을 나타내십시오. 여러분이 행하는 모든 일 가운데서 그것을 나타내십시오 - 여러분의 가정과 여러분의 레크리에이션이나 점심식사 때나, 차를 마실 때, 모든 것에서 그것이 나타나게 두십시오. 그러므로 여러분은 여러분의 소명이 어떠하든지 간에 생활에 있어서 여러분의 위치가 어떠하든지 간에 그것은 영광스러운 것입니다.

조지 허버트는 그의 잘 알려진 찬송에서 그것을 이렇게 나타내고 있습니다.

> 이 낙인을 가진 종
> 고된 일을 거룩하게 만들고
> 주의 법을 위하여 방을 쓰는 자
> 고된 일을 거룩하게 하고
> 행동을 훌륭하게 하네.

결코 고되다는 의식을 가지지 마십시오. 여러분이 하는 일이 기계적이고 반복적이고 맥빠지는 일일 수도 있습니다. 그렇다면 이 생각을 품으십시오 - "이 낙인을 가진 종은 고된 일을 거룩하게 만든다." 그리고 스스로에게 "난 그리스도를 위하여 고역을 당할 것이다. 아마 어떤 사람이 나를 보게 될 것이고 내가 고된 일을 즐겁게 해내고 있는 것을 볼 것이다"라고 다짐해 보십시오. 세상이 해낼 수 없는 매력과 영광과 훌륭함을 가지고 그 일을 해내는 것을 보게 될 것입니다. 그리하여 그는 갑자기 죄를 깨닫게 되고 구원의 길을 추적하는 자가 될 것입니다. 복음화시키기 위해서는 외적인 설교나 교육을 해야 한다는 생각을 제거하십시오. 여러분은 여러분이 있는 곳을 여러분 모습 그대로 복음화시킬 수 있습니다. 첫째로 여러분의 생활을 통해서 여러분이 일상 업무를 수행하는 방식을 통해서 복음을 전할 수 있습니다. 그런 식으로 여러분이 그리스도인인 것을 입증하게 됩니다. 왜냐하면 그리스도인만이 그런 식으로 일할 수 있기 때문입니다. "종들아 육체의 상전에게 순종하되 그리스도께 하듯 주께 하듯 하라."

# 제 26 장

# 하늘에 있는 우리의 상전

    종들아 두려워하고 떨며 성실한 마음으로 육체의 상전에게 순종하기를 그리스도께 하듯 하여 눈가림만 하여 사람을 기쁘게 하는 자처럼 하지 말고 그리스도의 종들처럼 마음으로 하나님의 뜻을 행하여 단 마음으로 섬기기를 주께 하듯 하고 사람들에게 하듯 하지 말라 이는 각 사람이 무슨 선을 행하든지 종이나 자유하는 자나 주에게 그대로 받을 줄을 앎이니라 상전들아 너희도 저희에게 이와 같이 하고 공갈을 그치라 이는 저희와 너희의 상전이 하늘에 계시고 그에게는 외모로 사람을 취하는 일이 없는 줄 너희가 앎이니라(엡 6:5-9)

    우리가 이 위대한 진술에 대한 관찰을 매듭 지음에 있어서 사도가 상전들에게 그들의 책임과 몫을 상기시키는 방식을 살펴보아야 합니다. "상전들아 너희도 저희에게 이와 같이 하고 공갈을 그치라 이는 저희와 너희의 상전이 하늘에 계시고 그에게는 외모로 사람을 취하는 일이 없는 줄 너희가 앎이니라." 다시 한 번 우리는 성경의 완벽한 균형과 완전한 공정에 감탄하게 됩니다. 그런 의미에서 물론 성경은 독특합니다. 세상 문학에는 성경과 비교할 만한 것이 전혀 없습니다. 성경 어디에서나 처음부터 마지막까지 균형은 완벽하게 유지됩니다. 우리는 이미 아내들과 남편들, 부모들과 자녀들의 경우에서 그 점을 보았습니다. 성경이 불공평하다는 말은 결코 할 수 없습니다. 성경의 균형과 공평과 공정은 성경의 가장 두드러지고 영광스런 특징들 가운데 하나입니다.
    이는 성경 교훈이 사회의 제 문제를 해결하는 방식들 중 하나입니다.

그것은 역시 왜 이런 문제들을 풀 수 있는 것이 전혀 없는가 하는 것을 설명해 줍니다. 모든 고통과 충돌과 상충의 원인은 무엇입니까? 분명히 인간의 지식과 능력이 그것들을 처리할 수 없는 데 그 원인이 있습니다. 이 "관계성"의 문제를 해결할 수 있는 유일한 매개체가 있습니다. 기독교 신앙과 메시지가 바로 그것입니다. 그 나름의 놀랍고 독특한 방식으로 그 일을 해내는 것입니다. 모든 것은 본문 5:18의 근본적인 진술에 기초하고 있습니다. "술 취하지 말라 이는 방탕한 것이니 오직 성령의 충만을 받으라." 사람들이 성령에 충만해 있을 때만이 진정한 화평과 화해 가운데서 살아 나갈 수 있습니다. 이런 유의 생활을 진정으로 영위할 수 있는 것은 사람들이 성령에 충만해 있을 때뿐인 것입니다. 왜냐하면 사람들이 성령에 충만해 있을 때는 어떠한 잡음도 있을 수 없습니다. 잡음은 생활의 저줏거리입니다. 그것은 모든 관계성에 있어서 문제를 야기하는 주요 원인입니다. 그 문제들을 풀려는 모든 사람들의 노력들은 잡음에 의해서 깨어집니다. 이것은 대립하는 양편 모두에게서 발견됩니다. 흔히 종들을 대표하는 정치 운동가에게서 그 일을 발견합니다. 그는 조건을 개선하려고 갈급합니다. 그것은 옳은 것입니다. 그러나 굉장한 잡음을 내지 않고서의 그 일들이란 거의 드뭅니다. 다른 편에서도 역시 마찬가지입니다. 사람들이 풀지 못하는 것은 각 사람이 다 자기밖에는 모르기 때문입니다.

  그것은 이 시점에서 사도가 보여 주고 싶어하는 바입니다. 그는 사실상 상전들에게 이렇게 말하고 있는 셈입니다. "자, 이제 내가 노예들에게 말해 온 모든 것이 역시 너희들에게 해당된다." 기독교는 모든 것을 같은 입장이 되게 합니다. 맨 먼저 우리를 공통적인 지배자 아래로 이끌어 줍니다 — 우리는 모두 죄인들이다. 우리는 모두 저주 아래 있다. 우리 모두는 타락했어. 우리는 전혀 차별이 없습니다. "유대인과 헬라인과 야만이나 종이나 자유자나 남자나 여자가 없습니다." "모든 사람이 죄를 범하였으매 하나님의 영광에 이르지 못하였느니라." 그런 다음 우리는 다 같이 같은 구세주, 같은 하나님과 같은 구원을 바라보게 됩니다. 그래서 모든 사람을 지배하는 공통적인 원리가 있습니다.

  우리는 사도가 이 점을 어떻게 펼쳐 나가는가 유심히 살펴보아야 합니다. 그는 상전들에게로 시선을 돌려 "너희들도 같은 식으로 행하라"고 말합니다. 세상이 결코 이와 같이 말할 수 없는 것은 신분들과 차별들을 양극화하는 경향이 있기 때문입니다. 세상은 종들에게는 호소를 합니다. 그러면서 상전들에게는 다른 호소를 합니다. 그러나 사도는 "같은 식으로 하라"는 것입니다. 그것은 그들도 종들이 그들의 일을 하는 것과 정확히 같게 행동해야 한다는 뜻입니다. 그들이 비록 상전들이긴 하지만 "두렵고 떨림으로" 살아야 합니다. "두렵고 떨림"은 소심하게 겁을 먹는 것을 뜻하지는 않습니다. 하늘에 있는 상전을 불쾌하게 할까봐 걱정하는 것입니다. 복음이나 하나님의 나라에 해를 끼칠까봐 두려워하는 두려움입니다. 그들은 "두렵고 떨림으로" 살아야 합니다. 역시 그들의 노예들에 관해서도 "성실한 마음으로" 노예들이 해야 하는 바와 같이 정확히 같이 행동해야 합니다. 그들은 "그리스도께 하듯 해야" 하며, "그리스도의 종들처럼 마음으로 하나님의 뜻을 행하여 단 마음으로 섬기기를 주께 하듯 하고 사람들에게 하듯 하지 말라." 그런 국면들에서는 노예나 상전이나 차이가 없습니다. 노예들의 경우에서 전제될 모든 원리들은 상전들의 경우에도 동등하게 적응됩니다.

그 다음 사도는 노예들의 경우에서 부정적인 측면 하나를 말했던 것과 같이 이 상전들의 경우에도 하나의 부정적인 측면을 덧붙이고 있습니다. 노예들의 경우에는 "눈가림만 하지 말라"는 것입니다. 우리는 "눈가림"이 노예에게 독특한 위험이라는 것을 알았습니다. 언제나 자기 주인의 눈치만 살피고 가장 적게 일하고 가장 많이 얻기를 바라는 경향이 노예에겐 있기 쉽습니다. 그러나 상전이 된 사람에 있어서 고유한 시험거리는 무엇입니까? "공갈(위협)"입니다! 그래서 바울은 "공갈을 그치라"고 덧붙이고 있습니다.

여기서 다시 우리는 기독교 교훈의 심오한 심리적 통찰력을 대하게 됩니다. 상전의 위치에 있는 사람에게 부딪히는 많은 위험들이 있으나 가장 큰 위험은 공갈을 치는 죄를 범하게 되는 것입니다. 그리스도인 상전은 그의 종을 불친절하게 다루어서는 안 됩니다. 잔인하게 대우하거나 때리거나 채찍질하지 않아야 하는 것은 말할 나위도 없습니다. 심지어 보통의

## 제 26 장  하늘에 있는 우리의 상전

인간적인 품위도 그 정도까지는 갑니다. 그러나 기독교는 그보다 훨씬 더 나아야 합니다. 바울은 말하기를 종들에게 그렇게 하지 않아야 함은 물론이고 그들을 위협해서는 안 된다는 것입니다. 상전들은 종들에 대해 그릇된 정신을 보여서도 안 되고, 그들을 일부러 억압해서도 안 되고 너희는 노예고 나는 상전이라는 것을 의식하도록 해서도 안 된다는 것입니다. 왜냐하면 그것은 일종의 위협이기 때문입니다. 은근하게 사람들을 위협할 수 있습니다. 어떤 일을 행하지 않고도 그들을 위협할 수 있습니다. 그들을 매서운 눈초리로 보든지, 내내 무뚝뚝한 행동으로 공갈에 상당한 일을 할 수 있습니다. 그들을 줄곧 복종하는 위치에서 가혹하게 가두어 놓고 너희가 서 있는 자리는 그곳이며, 앞으로도 줄곧 그 자리에서 벗어나지 못할 것이라는 것을 알게 하고 조심하는 게 신상에 좋다는 식으로 눈치를 주는 것, 그 모든 것이 손으로 때리거나 큰소리로 고함을 치지 않고서도 있을 수 있는 것입니다. 여러분은 그 정신과 태도로써도 그 일을 할 수가 있습니다. 사도는 그리스도인 상전은 결코 그런 식의 행동은 안 된다는 것이며, 결코 마음으로 불공평하면서 실제 행동에 있어서는 그렇지 않은 것처럼 행동해서도 안 된다는 것입니다.

이 모든 것에 대한 완벽한 주석은 다시 빌레몬서에서 발견됩니다. 바울은 빌레몬에게 그의 도망한 노예 오네시모를 다시 받아들이라고 권고합니다. 노예로뿐 아니라 "사랑하는 형제로서" 받아들이라는 것입니다. 그것이 종과 상전 사이에 존재해야 하는 관계입니다 ― "공갈을 그치라." 어느 경우라 할지라도 상전은 자기를 섬기는 자의 심정을 불안하게 하는 태도를 취해서는 안 된다는 것입니다.

사도가 여기서 공급하는 동기는 정확히 다른 경우에서 똑같습니다. 종(노예)들은 "두렵고 떨림으로, 성실한 마음으로, 단 마음으로" 섬겨야 합니다. 그리고 그들이 그렇게 하는 것은 주를 기쁘시게 하고 주님 앞에서 다른 이들을 얻기 위해서 그리고 주의 영광과 그의 높음을 내세우기 위해서입니다. 상전도 이런 식으로 주를 섬겨야 합니다. 그것이 생의 최대의 욕망이요, 그의 가장 중추적인 동기가 되어야 합니다. 상전은 그의 노복과 같이 예수 그리스도의 노예이며 그리스도의 영광과 그의 영예를 위하여 살고 있습니다. 그것이 이 시점에서 사도가 나타내고자 하는 비밀입니다. 그것이 바울이 상전들에게 말한 제1차적인 동기입니다.

우리는 두번째 동기에 이르렀습니다. 이것은 다시 양편에 다 해당됩니다. 그것은 특별하게 8-9절에서 강조되고 있습니다. 사실은 5절에서 실마리를 보여 주었던 것입니다만 진술은 이렇게 계속됩니다. "이는 각 사람이 무슨 선을 행하든지 종이나 자유하는 자나 주에게 그대로 받을 줄을 앎이니라 상전들아 너희도 저희에게 이와 같이 하고 공갈을 그치라 이는 저희와 너희의 상전이 하늘에 계시고 그에게는 외모로 사람을 취하는 일이 없는 줄 너희가 앎이라." 이것이 우리 그리스도인의 삶과 생활 자체를 지배해야 하는 두번째로 큰 동기입니다. 주 예수 그리스도에 대한 우리의 책임입니다. 그것은 우리가 주의 노예들이며, 우리 모두 그에게 드려져야 한다는 사실을 인식하는 것입니다. 이것은 오늘날 많은 사람들이 싫어하는 원리입니다. 실로 책임성과 심판에 대한 전체 사상을 싫어하는 것은 20세기 내내 많은 종교적 사고의 특징이 되어 왔습니다. 그것은 혐오거리이며 가장 인기가 없는 것이 되었습니다.

사람들은 이렇게 말합니다. "아, 그러나 그것은 그리스도적인 삶을 영위하는 데 있어서 동기가 될 만한 가치가 전혀 없다." 그들은 기독교적인 삶이 고상하고 탁월한 삶이니 기독교적인 삶을 사는 것이라고 주장합니다. 지옥을 두려워하거나 천국에 가게 될 것을 소망하면서 살아서는 안 된다는 것이지요. 그 삶 자체를 위해서 살라. 그것이 좋고 훌륭하기 때문이다. 여러분은 몇몇 찬송가들 가운데서 그러한 감상에 젖은 부분을 볼 수가 있습니다. 그들은 보수를 목적으로 하거나 타산적인 동기로 여기는 것을 저주합니다.

5, 60년 전의 설교책 가운데 자주 인용되었던 옛날 이야기가 있습니다. 아라비아인가 어디에 한 손에는 화로를, 다른 손에는 물그릇을 들고 종일토록 걸어 다니는 어떤 사람이 있었습니다. 어떤 사람이 그에게 와서 묻기를 "한 손에는 화로를, 또 한 손에 물그릇을 들고 다니며 무엇하느냐?"고 했습니다. 그 사람은 "예, 난 화로로는 하늘을 불사르고 물그릇으로는 지옥의 불을 끄기 위해서지요"라고 말했답니다. 그것은 매우 이상주

의적으로 보이고 고상한 마음을 소유한 것처럼 보였고, 지옥이나 천국에는 전혀 관심을 두지 않은 것처럼 보였습니다. 그는 진(眞), 선(善), 미(美) 자체를 위해서 그것들을 믿는 자였습니다.

그런 유의 교훈은 19세기 중엽에 들어왔습니다. "학자들"이라고 불리었던 자들은 성경은 특이하게 신적인 영감으로 된 것이 아니라고 말하기 시작했고 성경을 그들 나름의 철학으로 대치하기 시작했습니다. 그들은 "진·선·미"를 이론적으로 사람들이 살아가는 위대한 원리로 놓고 전적으로 자기 자신을 생각하는 것은 바람직한 일이 아니라고 주장합니다. 그러나 그것은 결코 기독교적인 입장일 수가 없습니다. 그것은 철학이요 이상주의는 될망정 기독교는 아닙니다. 내가 그렇게 말하는 것은 신약의 가르침 때문입니다. 신구약 전체를 보아도 그러합니다. 성경은 처음부터 끝까지 우리 앞에 천국과 지옥에 대한 생각을 가져다 줍니다. 두 산(山) - 그리심 산과 에발 산을 지적한 이는 하나님이십니다. 하나님은 이스라엘 백성들이 약속된 땅에 들어갔을 때 이스라엘의 자녀들에게 하나의 사활적인 교훈을 가르치기 위해서 이 두 산을 지명했던 것입니다. 그들이 하나님께 순종하느냐 하지 않느냐에 따라서 그들은 축복을 받을 수도 저주를 받을 수도 있었습니다

우리 주님께서 친히 이와 동일한 진리를 가르치셨습니다. 누가복음 12:42-48까지에 기록된 주님의 비유 가운데서 종들은 주인이 올 때 판단을 받아야 했습니다. 어떤 이는 적게 맞고 어떤 이는 많이 맞을 것입니다. 다른 비유에서도 그는 같은 진리를 가르치십니다. 예를 들어 어리석은 처녀들의 비유나 마태복음 25장의 달란트 비유, 누가복음 19장의 므나 비유 등에서 그것을 가르치십니다. 그 모든 비유들은 심판과 상급의 사상을 강조하기 위해서 말해졌던 것입니다. 고린도전서 3장에서 그것은 아주 명백하고 노골적입니다 - "각각 자기의 일하는 대로 심판을 받으리라." 다음 고린도후서 5장에서 그 점은 매우 명백하게 됩니다. "이는 우리가 다 반드시 그리스도의 심판대 앞에 드러나 각각 선악간에 그 몸으로 행한 것을 따라 받으려 함이라"(9-10절) - 여기서 우리는 그리스도인들을 말함 - 그것은 신약성경의 교훈입니다. 그러므로 우리는 거짓된 이상주의

적인 교훈을 묵살해 버려야 합니다. 본성을 드러내는 것은 바로 여기서입니다. 성경보다 더 훌륭해질 것처럼 하는 것, 그것은 전혀 불가능한 일입니다. 그러나 이 교훈을 두둔하는 가장 높고 위엄있는 논증은 히브리서 12:3입니다. 우리의 복되신 주님께서도 그를 기다리고 있는 즐거움을 생각하면서 참았다는 말이 있습니다. "모든 무거운 것과 얽매이기 쉬운 죄를 벗어버리고 인내로써 우리 앞에 당한 경주를 경주하며 믿음의 주요 온전케 하시는 이인 예수를 바라보라 저는 그 앞에 있는 즐거움을 위하여 십자가를 참으사 부끄러움을 개의치 아니하시더니 하나님 보좌 우편에 앉으셨느니라." "그 앞에 있는 즐거움을 위하여" 그것이 주님을 돕고 그를 붙들어 주었습니다.

물론 성경은 그렇게 함으로써 여러분의 구원을 여러분의 힘으로 얻으라는 것을 의미하지 않습니다. 구원은 전적으로 은혜로 말미암았으며 하나님의 값없는 선물입니다. 성경은 "우리가 은혜로, 믿음으로 말미암아 구원을 얻지 우리 스스로 구원받지 못한다. 그리고 구원은 하나님의 선물이라"고 가르칩니다. 사람이 의롭다 함을 받는 것은 율법의 행위에서가 아니라 오직 믿음으로 말미암아서입니다. 우리는 다 같은 방식으로 구원받습니다. 오직 주 예수 그리스도를 믿음으로 말미암습니다. 우리가 회심하기 전에 도덕적인 의미에서 선했든 악했든, 죄를 많이 지었든 적게 지었든 그것은 문제가 안 됩니다. 우리는 다 같이 취급되며 오직 믿음으로 은혜로 구원받고 의롭다 함을 얻습니다.

그러나 성경은 그것을 아주 명백하게 한 후에 우리의 그리스도적 삶과 일에는 구분이 있다는 것입니다. 구원은 동등하게 받지만 일과 살아가는 것에는 구별이 있다고 하고 있습니다. 사도는 그리스도 예수를 기초하여 "나무나 풀이나 짚으로" 집을 지은 사람은 그의 모든 공력이 타지는 큰 날을 만날 것이며 "누구든지 공력이 불타면 해를 받으리니 그러나 자기는 구원을 얻은 것 같으리라"(고전 3:11-15)는 것입니다. 다른 말로 해서 나무나 풀이나 짚으로 집을 짓는 자가 믿음으로 말미암아 의롭다 함을 받기는 하지만 불 가운데서 구원을 얻음 같은 것이라는 겁니다. 우리가 어떻게 될지 모릅니다. 그러나 우리는 보상을 위한 심판이 있을 것을 압니다. 그리고 "몸 안에서 행한 대로 선악간에" 보상을 받을 날이 올 것이라는 것도 믿습니다. 사도의 교훈은 그러합니다. 사도가 이 고용주와 종이라는 어려운 관계에 있는 노예들과 상전들에게 주는 그러한 교훈은 정확히 그와 같습니다. 그것은 언제나 우리의 마음, 우리의 모든 생각, 그리고 우리의 모든 생활 속에 간직하고 있어야 하는 교훈입니다. 그것은 우리에게 큰 용기를 북돋아 줍니다.

사도는 그의 권면을 계속해 나가면서 8절에서 했던 바와 같이 "안다"고 하는 말을 사용합니다. 종들에게 말하면서도 "앎이니라"고 하고 상전들에게 "앎이라"는 말을 합니다. 그것을 "알아야 할 대로 아느니라"(knowing as yon do know)고 번역할 수 있습니다. 다시 말해서 사도는 이것을 당연한 것으로 여깁니다. 이것은 그가 갑자기 소개하는 어떤 새롭거나 낯설고 놀라운 교리가 아닙니다. "저희가 안다"고 했습니다. 다시 말하여 "난 이것을 당연한 일로 본다. 이것은 어떤 기독교 훈련을 받는 자는 누구나 아는 것이라고 간주한다. 그러므로 그것을 아니까 그것에 따라 살아야 한다." 그는 그들에게 이미 알고 있는 것을 상기시키고 있는 것뿐입니다.

그러면 그들은 무엇을 아는가? 여기서 우리는 피차 복종하는 것에 관련되어 사도가 말해 온 모든 것의 절정에 이르게 됩니다. 그는 5:21에서 바로 그 테마를 시작하였습니다. 새로운 진술이 6:10에서 시작됩니다. 그러나 9절은 '술' 취하지 않고 피차 복종하는 교리의 절정을 제공합니다. 이것은 우리가 아는 바입니다. 이 생과 이 세상에서 우리에게 일어나는 그 모든 것은 "육체를 따라서"만 일어납니다. 바울의 그 진술은 5절에서 출발합니다. "종들아 두려워하고 떨며 성실한 마음으로 육체의 상전에게 순종하라." 그것은 사실상 모든 것을 말합니다. 그것은 즉각적으로 노예 제도의 문제를 대면하는 기독교적인 방법을 보여 줍니다.

여기 한 노예, 손과 발에 쇠사슬이 묶여 있는 가련한 노예가 있습니다. 그의 운동이 제약되고 그 일을 감독하는 잔인한 상전이 그를 주시하고 힘에 너무 벅찬 일을 맡기고 그를 벌하려 준비하고 있습니다. 사도는 그에게 말합니다. "육체를 따라 상전에게 복종하라." 그것은 한 관계에 지나지 않는다고 바울은 말하고 있는 것입니다. 또 다른 더 우월한 관계가 있습니다.

　이 점에 있어서 장엄한 원리가 나타납니다. 이 세상에서 우리에게 일어나는 것은 잠정적인 질서에 따른 것입니다. 이 일들은 "육체 안에 있을 때, 몸 안에 있을" 동안만 효력이 있습니다. 이것은 지나가는 잠깐 동안의 삶이요, 이 세상은 영구한 세계가 아닙니다. 우리는 "옮아 가고 있다"고 말하기도 합니다.

　　　　여기서는 몸 안에 갇힌 나
　　　　주 없이는 방황하고
　　　　밤에는 내 장막 내리고
　　　　낮에는 본향을 향해 더 가까이 가네.

　"육체를 따라서" 그러므로 여러분이 이 생과 이 세상에서 어떠한 지위를 가지고 있더라도 그것은 잠깐 동안의 머뭄에 불과하다는 것을 기억하시기 바랍니다. "보이는 것은 잠깐이요 보이지 않는 것은 영원함이니." 여러분이 어떤 위치에 있다 하더라도 그 구별을 깨닫는 것보다 더 중요한 것은 없습니다. 이것은 상전이나 종에게만 해당될 뿐 아니라, 남편과 아내, 자식과 부모에게도 더 나아가서 모든 관계와 환경 가운데도 해당됩니다. 여러분은 이 순간에 여러분을 거의 짓눌러 버리고 있는 어떤 가공할 문제와 투쟁하고 있을지도 모릅니다. 여러분은 어느 누구나 참아내기 힘든 어떤 상황에 있을지도 모릅니다. 여러분의 어려움이 건강과 관계있는지도 모릅니다. 그것이 무엇이든 그것은 문제가 안 됩니다. 여러분의 위치와 여러분이 부딪힌 문제가 무엇이든 간에 그것은 잠깐 동안의 상태에 불과합니다. 그것은 지나가는 것이고 "육체를 따라" 온 것입니다. 그것은 영구적인 것이 아닙니다.

　하나님께 감사하십시오! 이 진리에 대한 인식은 모든 세기의 성도들의 비밀이었고 순교자들과 신앙고백자들, "가이사는 주가 아니라"고 하는 사람들의 비밀이었습니다. 굴 속에 있는 사자들에게 던져졌을 때 미소를 머금던 자들과 "주의 이름을 인하여 고난받는 것은 당연한 일로" 여기게 된 것을 하나님께 감사하던 사람들의 비밀이었습니다.

주님께서 그의 제자들에게 말씀하셨던 것을 잊지 마십시오. "몸은 죽이고 그 후에는 능히 더 못하는 자들을 두려워하지 말라"(눅 12:4). 그는 제자들이 전도하고 가르치고 귀신을 쫓아내도록 보내고 있었습니다. 그는 그들에게 경고합니다. 너희들은 어느 곳에서나 환영받을 줄 생각지 말라. 너희를 핍박하는 자들이 많을 것이다. 너희를 죽이려고 작당하는 자들까지 있을 것이다. 주님은 그들이 두려워 떨지도 말 것이며, 그들의 메시지를 중단하지도 말며 자기들의 목숨을 구하려고 주님을 부인하지도 말라고 하십니다. 왜냐하면 사람들이 할 수 있는 한계가 있기 때문입니다. 주님은 계속 말씀하시기를 "곧 죽은 후에 지옥에 던져 넣는 권세 있는 그를 두려워하라 내가 참으로 너희에게 이르노니 그를 두려워하라." 즉, 하나님을 두려워하라는 것입니다. 그러므로 여러분의 위치가 어떠하든지 이 생은 잠시뿐이며 지나가는 것이라는 것을 스스로 상기하라는 것입니다. 우리는 "오늘은 여기 있지만 내일은 가버립니다" – "육체를 따라서."

바울의 두번째 구절은 어느 의미에서 첫번째 구절을 강조하고 있는 것입니다. 그는 그것을 "하늘에 있는"이라는 말로 적극적으로 표현합니다. 그는 상전들에게 권고하기를 "같은 식으로 행하라. 공갈을 그치라." 왜냐하면 그들은 "육체를 따라서" 사는 상전이기 때문입니다. 그 다음에 적극적으로 "저희의 상전이 하늘에 있는 것을 앎이니라." 이 구절에서 그는 영구한 세계, 성령의 세계를 소개합니다. 그곳은 실체(實體)요, 여기는 그림자요 외모의 세계입니다. 복음을 믿지 않는 이들이 눈먼 것은 바로 여기에서입니다. 그들은 자기들이야말로 실제적인 사람들이라고 생각하고 또 그렇게 주장하고 있습니다. 그리고 경멸하는 태도로 "천상 낙원"이나 다른 세계를 믿는 것을 조롱합니다. 그들은 말하기를 우리는 여기서 실체를 가진다고 말합니다. 돈, 집, 자동차, 여러 가지 견고하고 확실한 물건들을 말합니다. 물론 진리는 그들이 그것을 사용하고 누리고 있을 동안에도 그 모든 것을 해치고 만다는 것입니다. 나의 모든 주위에서 변화와 부패를 봅니다. 그것은 우리의 육체적인 몸에도 해당됩니다. 우리는 우리의 몸 속에 7년 전에 가지고 있었던 세포를 하나도 가지고 있지 않습니다. 모든 것은 변하고 움직입니다. 아니 눈에 보이는 것은 실체가 아니고 꾸며진 세계입니다. 그것은 지나가 버립니다. 그리고 그것은 숙명적으로 사라지며 낡아집니다. 그러나 하늘에 다른 세계가 있습니다. 보이지 않는 영원하고 절대적인 세계, 끝이 없고 모든 국면에서 완벽한 세계!

그리스도인은 그의 눈을 이 하늘의 일들에 두고 사는 사람입니다. 바울은 빌립보 성도들에게 "우리의 시민권은 하늘에 있다"(3:20)고 하였습니다. 우리 그리스도인이 속한 곳은 하늘입니다. 이 에베소교인들에게 보내는 편지에서 바울은 노예들에게 당신들은 하늘에 속해 있다고 일러주고 있습니다. 그들의 상전들은 "육체를 따라서"만 상전입니다. 현재는 지나가 버리는 순간에 불과합니다. 영구한 세계가 뻗쳐 있습니다. 바울은 상전들에게도 하늘은 궁극적인 세계라고 하는 것을 상기시킵니다. 히브리서 11장이 우리에게 상기시켜 주고 있는 바와 같이 믿음의 사람들은 언제나 "하나님의 경영하시고 지으실 터가 있는 성(城)을 바라보고" 있었습니다. 지나가는 세계에 견고한 터란 있을 수 없습니다. 이 세상에 속한 모든 것은 현재 흔들리고 있지 않습니까? 급기야 원자폭탄, 수소폭탄이 사람들로 하여금 이 세상은 영구하지도 견고하지도 않다는 것을 알게 하기 시작하였습니다. 이 옛 세상은 흔들리고 사라져 가고 있습니다. 오직 견고하고 영속적인 터인 거기 "하늘에서" 보십니다.

그 점은 모든 그리스도인들, 특히 상전들이 그들의 마음 맨 상층부에 간직하고 있어야 하는 것이라고 사도가 말합니다. 왜냐하면 그것은 그들로 하여금 모든 것 위에 계셔서 모든 것을 조정하고 계시며, 변하지 않으시는 분이 계심을 기억하게 하기 때문입니다. 그는 여러분의 상전입니다. 또한 여러분의 주가 되십니다. "이는 각 사람이 무슨 선을 행하든지 종이나 자유하는 자나 주에게 그대로 받을 줄을 앎이니라."

사회의 어려운 문제들을 해결하는 유일한 방도는 본문에서 발견됩니다. 이 복되신 분의 이름만 들어도 그리스도의 종들과 상전들은 다 함께 그들의 무릎을 꿇고 그의 얼굴을 우러러보고 그에게 자신들을 복종시킵니다. 그들이 그렇게 하는 것은 그분이 "주님"이시기 때문입니다. 그는 주님들 중 주님이요 왕 중 왕이십니다. 그는 이 세상이나 장차 올 세상에서 최고의 권좌에 계신 분입니다. 모든 권위는 하늘과 땅에서 그에게 주어지고 그로 말미암아 "모든 것이 이루어집니다. "여러분이 하늘에 계신 그를 바라보는 순간 "종"이나 "자유자"가 그와 함께 중요치 않게 되고 거의 무관하게 됩니다. 사도는 또한 말하기를 "종이나 자유자가 다 같이 주께로 그대로 받을 줄 앎이니라"고 합니다. 여러분이 절대적인 세계에 이르게 될 때 다른 모든 구분이 폐해지고 차별을 멈추게 될 것입니다. 여기서는 "육체를 따라서 된" 것들이 종이나 노예들이 정확히 다른 자들같이 될 것입니다. "종"이나 "자유자"라는 말이 고정적인 용어가 아닙니다. 잠깐 동안만 사용됩니다.

끝으로 우리가 그것을 이해하고 있음을 확실히 하기 위해 사도는 "그에게는 외모로 사람을 취함이 없다"는 말을 첨가합니다. 주님은 땅에서 우리가 현재 당하고 있는 인간적인 차별을 보지도 않고 관심도 두지 아니합니다. 오늘의 세계는 고대와 같이 차별과 구분으로 가득 차 있습니다. 그 당시에는 유대인과 이방인, 택한 백성들과 개들, 헬라인과 야만인 등의 구별이 있었습니다. 전세계는 그대로 지금도 여러 가지 방면에서 분화되어 있습니다. 그러나 이 하늘의 상전이신 주께서 보실 때는 그것은 큰 문제가 아닙니다. 그의 큰 관심은 그 자신과 사람의 관계에 있습니다. 그와 함께 한 영혼은 최고입니다. 여러분이 영국인이든 러시아 사람이든 큐바인이든, 중국인이든, 대도시의 시민이든, 시골 사람이든, 주체는 그것이 문제가 되지 않습니다. 문제 될 것이 하나 있는데 그것은 여러분이 하나님이 보시기에 죄인이라는 것을 알았느냐는 것입니다. 여러분은 하나님의 은혜로만 구원받을 수 있는 비참한 죄인이라는 것을 알고, 새로운 생명을 받았다는 것도 알았느냐는 것입니다.

나는 기독교가 이런 말을 한다고 해서 모든 인간적인 차별과 계획들이 폐해지는 것이 아님을 심혈을 기울여 지적한 바 있습니다. 그러나 기독교는 우리로 하여금 그 구별을 바로 보고 바른 전망 아래에 놓게 합니다. 그리하여 그것들이 문제나 불행이나 비참을 일으키지 않도록 그것들을 조종하게끔 합니다. 상전과 노예는 다 같이 언제나 "주께는 사람을 외모로 취하심이 없다"는 것을 알아야 합니다. 우리가 이 세상에 있을 때 중요하거나 중요하지 않거나 간에 이러한 자였고 저러한 자였다고 말하는 것은 저주의 큰 날에 아무런 소용이 없을 것입니다. 그것은 전혀 계산되지 않습니다. 그러나 세상은 이것을 알지 못합니다. 그리고 우리는 세상이 그것을 알 것이라 기대하지 않습니다. 그리스도 안에 있는 새 마음을 갖기 전에는 세상은 그것을 알지 못합니다.

그러나 그리스도인이라고 자처하는 모든 사람들이 이런 것들에 의미를 부여하고 중요성을 부여하는 것은 믿음을 부정하는 것입니다. 만일 우리가 다 세상 사람처럼 생각하고 행한다면, 기독교의 원리들을 실제에 적용시켜서 살지 못한다면, 그것을 보는 사람들은 "그리스도인이 된다는 것이 무엇을 다르게 하는가? 그들이 행동하는 것을 보면 전과 똑같지 않은가? 기독교가 어디에 영향을 미치는가?"라고 물을 것입니다. 그와 같이 함으로 하나님 나라와 조물주 하나님에게 해를 끼치게 되는 것입니다. 그러나 세상이 종과 상전이 서로 형제로서 대하고 함께 예배하고 기도하는 것을 볼 때, 세상은 "이게 어찌된 것이냐? 난 전에 이런 일을 본 적이 없는데, 이것은 특이한 일이야"라고 할 것입니다. 그래서 그들은 의문을 갖기 시작할 것입니다. 상전과 노예가 그들에게 다 같이 일러줄 수 있습니다. "우리가 그리스도 안에 있는 새사람이기 때문에 그렇습니다. 우리는 전과 같이 경제적, 사회적 관계에서 같은 위치에 있습니다. 그러나 우리는 그리스도 안에서 하나입니다. 문제는 거기에 있습니다. 그리고 우리는 영원을 함께 할 것입니다." 주께서는 사람을 외모로 취하지 않습니다. 그 안에서 모든 인간적인 구별과 차이가 완전히 무관하게 됩니다.

이제 마지막으로 이런 결론에 이르게 되었습니다. 그리스도인은 그 모든 것을 아는 사람이며, 그는 우리 모두가 이 복되신 주님과 상전 앞에 서게 될 것과 "선악간에 몸을 입고 행한 대로 받을 것을 아는" 사람입니다. 8절에서 사도는 그것을 말하고 있습니다. "이는 각 사람이 무슨 선을 행하든지 종이나 자유하는 자가 주에게 그대로 받을 줄을 앎이니라." 그는 받을 것입니다! 상급을 결정하는 심판이 있습니다. 그것이 모든 생각과 모든 방면에서 우리의 행동을 지배하고 주도하는 것이 되어야 합니다. "이는 우리가 다 반드시 그리스도의 심판대 앞에 드러나 선악간에 그 몸으로 행한 것을 따라 받으려 함이라"(고후 5:10). 우리가 거기에 이르기 전에 이 생에서 매우 많은 것을 받습니다. 우리는 매우 엄격한 상전일 뿐 아니라 고결한 그분을 섬깁니다. 그는 상급을 줍니다. 그리고 그는 용기를 북돋아 줍니다. 우리의 생애나 모든 세계에서 우리를 향하신 그분의 미소와 흐뭇해 하시는 그것과 족히 비교할 만한 것이 있습니까?

그러나 특별히 우리는 그분 앞에서의 궁극적인 심판대 앞에 서게 될 것과 상급이나 심판에 대한 문제의 차원에서 그 모든 것을 생각해 봅시다. 심판의 요소가 있는데 불타진 비율에 따라서 적게 맞고 많이 맞습니다. 사도의 "그는 해를 받으리라"는 표현을 생각해 보라는 것입니다. 우리는 그것을 온전하게 이해하지 못합니다. 그것에 관해서 상세한 것을 충분히 전달받지 못했습니다. 확실한 것은 우리가 정확히 알지 못한다는 것입니다. 그러나 우리는 쓰여진 것만큼은 압니다 — 우리는 그것을 의식하고 있어야 하는 것입니다. 사도 바울 자신은 하나님 나라에서 그 모든 설교와 행동을 하여 우리에게 이 진리를 항상 그의 마음에 간직해 두라고 했습니다. 그것은 어느 것이든지 "두렵고 떨림으로" 해야 하는 까닭을 설명합니다. 그것은 우리가 "주의 두려움"을 알았기 때문이며, 거기 그리스도 심판대 앞에 서야 할 것을 알기 때문입니다. 그리고 몸 안에 행한 것을 계시받은 줄을 알기 때문입니다.

나는 그리스도인들이 감히 어떤 일들을 모험하는 방식을 보고 놀랍니다. 또한 그들이 다른 일들에 실패하는 것을 보고 놀랍니다. 그렇게 많은 사람들이 이렇게 상상하는 것 같습니다. 자기들은 믿고 "구원"받았으니 그것으로 모든 것이 되었다고 생각하고 이 상급의 문제를 완전히 잃어버렸습니다. 그들은 하나님의 나라와 하나님의 교회 안에서 최소한만 일해 나갑니다. 그리고 그들은 하나님에 대한 그들의 참된 관계를 이해하지 못한 것 같습니다. 여러분이 행한 모든 것, 실패한 모든 일이 다 하나님께 알리신 바 된다는 것을 결코 잊지 마십시오. 또한 여러분 자신의 기록부를 다시 대하게 된다는 사실을 잊지 마십시오. 그리고 "선악간에 음으로 행한 것은 다 받는다"고 하는 것을 잊지 마십시오. 사도가 언급하는 "해를 받는 것"은 잠깐이어야 합니다. 나는 추측하고 있습니다. 그러나 고통이 될 수 있는 것이 있습니다. 나는 때때로 그것은 바로 하나님의 얼굴과 그의 눈을 쳐다보는 것의 문제라고 생각합니다.

우리는 자녀들로서 어떤 나쁜 짓을 했을 때, 부모님께 벌을 받지나 않을까 하는 굉장한 두려움을 갖게 되고, 부모들이 우리에게 아무런 일도 하지 않았는데 우리가 받은 것 중에서 가장 혹독한 벌이 되었던 경우를 기억합니다. 부모들은 우리를 바라보고 그들의 눈으로 우리에게 실망을 느꼈다는 것을 보여 주는 표현을 합니다. 그래서 우리는 부끄럽게 되고 우리 자신을 미워하고 경멸하게 되는 것입니다. 그때 우리는 우리가 가장 값진 것을 잃었구나 하는 것을 느끼게 됩니다. 부모들은 사실상 우리로부터 아무것도 빼앗아 가지 않았습니다. 그들은 우리에게 체벌을 가하지 않았습니다. 그러나 그 눈총! "우리는 그를 얼굴과 얼굴을 대하는 것처럼 보게 될 것입니다." 우리는 그의 눈을 보게 될 것입니다. 우리는 우리의 욕심과 우리의 왜소함으로 그를 실망시킨 것을 기억하게 될 것입니다. 우리 중 어느 누구도 해를 받아서는 안 됩니다.

그러나 다른 측면을 살펴봅시다. 상급이 있습니다. "잘하였다. 착하고 충성된 종아, 네가 작은 일에 충성하였다." 그래서 하나님은 그에게 더 많은 것을 줍니다. 그는 그에게 맡겨진 돈을 잘 사용하여 그것으로 장사하였습니다. 그에게 더 많이 주라. 그 얼마나 큰 상인가! 주님으로부터 "잘하였다. 착하고 충성된 종아, 내가 너에게 이것을 맡겼다. 너는 나의 너를 향한 신뢰를 드높였다. 넌 나의 은사를 더 많게 했다. 너는 참 훌륭한 청지기이구나. 난 하늘에서 너를 보고 네가 하는 일에 자랑을 느꼈다. 난 그것을 즐기고 기뻐했다. 자, 이제 난 너를 영접하노라. 너의 주인의 즐거움에 참여하자." 뜻밖의 표상! 마태복음 25장에 있는 "양과 염소"의 비유에서 보는 바와 같이 우리가 행한 것을 전혀 모르고 있을 수가 있습니다. 모르고 있다는 것은 아무것도 변화시켜 주지 못합니다. 하나님은 계산을 하고 있습니다. 그는 그 모든 것에 관해서 계산을 하시고 우리에게 넘치는 상을 주십니다.

사도는 고린도후서 5장에서 "우리가 주의 두려우심을 앎으로 사람을 권하노니"라 말합니다. 전도여행 가운데서 사도를 계속 격려하고 이끌어 주었던 두 가지 커다란 동기는 "그리스도의 사랑이 나를 강권한다"는 것이었고, "주가 두렵다"는 것이었습니다. 그들 두 동기는 언제나 우리 그리스도인들을 지배하고 있어야 합니다. 상전들이든지 종이든지 간에 그것은 우리를 지배하는 동기가 되어야 합니다. "이는 각 사람이 무슨 선을 행하든지 종이나 자유하는 자나 주에게 그대로 받을 줄을 앎이니라." 비록 여러분의 땅의 상전이 여러분에게 상을 주지 않을지라도, 여러분을 가장 부당하게 대우한다 하더라도, 비록 다른 자들이 여러분을 비웃고 조롱한다 하더라도, 여러분의 동료들이 넌 바보라고 말한다 할지라도 근심하지 마십시오. 여러분은 여러분의 상을 받을 것입니다. 여러분의 하늘에 계신 상전이 여러분을 내려다보고 있습니다. 그에게는 결단코 잊어버리는 일이 없습니다. 그는 여러분의 지위가 어떠하든지 간에 부요하고 넘치도록 상주실 것입니다. 그리고 상전들에게도 같은 말을 드립니다. "상전들이여, 여러분도 하늘에 있는 여러분의 상전을 기억하십시오."

그에게는 사람을 외모로 취하심이 없습니다. "우리 그리스도인들은 영원에 속해 있습니다. 우리는 하나님 나라의 시민들이요 영의 세계에 속해 있습니다. 우리 중 누구도 이 세상의 입장에서 일을 해서는 결단코 되지 않습니다. 이 세상은 "육체를 따른" 것입니다. 우리는 "오늘은 여기에 있지만 내일은 갈 사람들"입니다. 문제는 "우리가 얼굴과 얼굴을 대하여 그를 보게 될 것이라"고 하는 것입니다. 우리 모두 그리스도의 심판대 앞에 서서 몸으로 행한 선악간의 모든 것을 받게 될 것입니다. "그러므로" — 우리는 저 위대한 바울 사도와 함께 이렇게 말합시다. "그러므로 주의 두려우심을 알았으니" — 우리는 그 교훈을 노예와 상전들과 자녀들과 부모들과 남편들과 아내들에게 적용해 나갑시다. 어떤 관계이든지 다 그 교훈을 적용시킵시다. "우리 주의 두려우심을 알아" 그를 위해서, 그의 영광을 위해서 삽시다. 이 세상이 비록 지나가는 잠깐 동안의 삶이라 하더라도 저 세계에 영향을 끼칩니다. 그리고 이 세상은 우리가 해를 받을 것인지 큰 상을 받을 것인지 결정해 줍니다. 그러므로 우리는 영원의 빛 아래서 살아갑시다. 우리는 언제나 "하늘에 계신 우리 상전" 앞에서, 그의 보시는 앞에서 살고 있다는 것을 알고서 삶을 영위하십시다.

# 역자후기

먼저 모든 것을 합력하여 본서를 출간케 해 주신 하나님께 감사와 찬송을 드립니다.

많은 사람들이 현 시대를 일컬어 혼란의 시대라고 합니다. 질서가 없고 모든 권위들이 흔들리는 시대에 우리가 살고 있다는 것을 누구도 부인하지 못할 것입니다. 이러한 와중에서 하나님의 진리를 지켜 나간다는 것은 어렵고 그러면서도 절실해지는 것입니다. 그리고 우리 주님의 복음 진리를 우리의 실생활에 적용시키는 일이 그리 쉬운 일은 아닌 줄 압니다. 가정생활이나 사회생활을 영위하는 문제는 우리에게 무엇보다 큰 문제가 아닐 수 없습니다. 그런데 우리가 '영적'이라는 말을 붙여 놓고 우리의 현실 생활과 동떨어진 것으로 간주하는 경향은 우리가 당면한 큰 문제점이라 하겠습니다. 그런 면에서 볼 때 본서는 그리스도인에게 영적인 실제 생활의 개념이 무엇이고, 그것이 어디에 기초하고 있는가를 예리하게 파헤쳐서 가르쳐 주고 있는 것입니다.

그러나 원저자 특유의 주장을 설명한 것이 아니라, 성경 말씀 가운데 숨겨진 보화를 캐내는 작업을 하고 있는 것입니다. 그렇기 때문에 본서의 가치가 큰 것입니다. 본서는 신앙과 실제 생활 영역에서 그리스도인의 생활을 정립하지 못하는 우리 한국 교회 성도님들에게 큰 지침서가 될 것이라 확신합니다. 부부간, 부모와 자녀간, 상사와 부하 사이의 권위와 질서를 영적인 차원에서 정립시켜 줄 것입니다.

    항상 드리는 변명 같지만 역자의 부족을 시인합니다. 넓은 사랑으로 양해하시길 원합니다. 원고 정리에 협조해 주신 노계옥, 박수남, 조윤희 자매님께 감사드리고, 비지땀을 흘리며 편집과 교정에 애쓰신 기독교문서선교회 직원들에게도 감사를 드립니다. 본서의 저자가 머리말에서 기원한 바대로 우리 성도님들께 큰 영적 도움을 주는 책이 될 수 있도록 하나님께서 축복하시기를 바랍니다.

1978. 8. 20.
서문 강

CHRISTIAN LITERATURE CRUSADE

기독교문서선교회는 청교도적 복음주의신학과 신앙을 선포하는 국제적, 초교파적, 비영리 문서선교기관입니다.

기독교문서선교회는 한국교회를 위한 교육, 전도, 교화에 힘쓰고 있습니다.

만일 당신이 예수 그리스도와 그리스도인의 생활에 대하여 알기를 원하시면 지체말고 서신연락을 주십시오. 주 안에서 기쁜 마음으로 도움을 드리겠습니다.

서울 서초구 방배동 983~2
Tel. 586-8761~3

# 기독교문서선교회

# 영적 생활

Life in the Spirit

1999년 12월 30일 초판 발행
2008년 12월 10일 초판 3쇄 발행

**지은이** | D.M. 로이드 존스
**옮긴이** | 서문강

**펴낸곳** | 사) 기독교문서선교회
**등록** | 제16~25호(1980. 1. 18)
**주소** | 서울시 서초구 방배동 983-2
**전화** | 02) 586-8761~3(본사)  031) 923-8762~3(영업부)
**팩스** | 02) 523-0131(본사)  031) 923-8761(영업부)
**홈페이지** | www.clcbook.com
**이메일** | clckor@gmail.com
**온라인** | 기업은행 073-000308-04-020, 국민은행 043-01-0379-646
    예금주: 사)기독교문서선교회

ISBN 978-89-341-0123-9(93230)
ISBN 978-89-341-0645-6(세트)

* 낙장 · 파본은 교환해 드립니다.